ESSENTIALS OF MANAGEMENT INFORMATION SYSTEMS

管理信息系统

（精要版第11版）（ELEVENTH EDITION）

Business Administration Classics
工商管理经典译丛

[美] 肯尼思·劳东（Kenneth C. Laudon）
简·劳东（Jane P. Laudon） 著
劳帼龄 译

中国人民大学出版社
·北 京·

工商管理经典译丛

出版说明

随着中国改革开放的深入发展，中国经济高速增长，为中国企业带来了勃勃生机，也为中国管理人才提供了成长和一显身手的广阔天地。时代呼唤能够在国际市场上搏击的中国企业家，时代呼唤谙熟国际市场规则的职业经理人。中国的工商管理教育事业也迎来了快速发展的良机。中国人民大学出版社正是为了适应这样一种时代的需要，从1997年开始就组织策划"工商管理经典译丛"，这是国内第一套与国际管理教育全面接轨的引进版工商管理类丛书，该套丛书凝聚着100多位管理学专家学者的心血，一经推出，立即受到了国内管理学界和企业界读者们的一致好评和普遍欢迎，并持续畅销数年。全国人民代表大会常务委员会副委员长、国家自然科学基金会管理科学部主任成思危先生，以及全国MBA教育指导委员会的专家们，都对这套丛书给予了很高的评价，认为这套译丛为中国工商管理教育事业做了开创性的工作，为国内管理专业教学首次系统地引进了优秀的范本，并为广大管理专业教师提高教材甄选和编写水平发挥了很大的作用。其中《人力资源管理》（第六版）获第十二届"中国图书奖"；《管理学》（第四版）获全国优秀畅销书奖。

进入21世纪后，随着经济全球化和信息化的发展，国际MBA教育在课程体系上进行了重大的改革，从20世纪80年代以行为科学为基础，注重营销管理、运营管理、财务管理到战略管理等方面的研究，到开始重视沟通、创业、公共关系和商业伦理等人文类内容，并且增加了基于网络的电子商务、技术管理、业务流程重组和统计学等技术类内容。另外，管理教育的国际化趋势也越来越明显，主要表现在师资的国际化、生源的国际化和教材的国际化方面。近年来，随着我国MBA和工商管理教育事业的快速发展，国内管理类引进版图书的品种越来越多，出版和更新的周期也在明显加快。为此，我们这套"工商管理经典译丛"也适时更新版本，增加新的内容，同时还将陆续推出新的系列和配套参考书，以顺应国际管理教育发展的大趋势。

本译丛选入的书目，都是世界著名的权威出版机构畅销全球的工商管理图书，被世界各国和地区的著名大学商学院和管理学院所普遍选用，是国际工商管理教育界最具影响力的教学用书。本丛书的作者，皆为管理学界享有盛誉的著名教授，他们的这些著作，经过了世界各地数千所大学和管理学院教学实践的检验，被证明是论述精辟、视野开阔、资料丰富、通俗易懂，又具有生动性、启发性和可操作性的经典之作。本译丛的译者，大多是国内各著名大学的优秀中青年学术骨干，他们不仅在长期的教学研究和社会实践中积累了丰富的经验，而且具有较高的翻译水平。

本丛书的引进和运作过程，从市场调研与选题策划、每本书的推荐与论证、对译者翻译水平的考察与甄选、翻译规程与交稿要求的制定、对翻译质量的严格把关和控制，到版式、封面和插图的设计等各方面，都坚持高水平和高标准的原则，力图奉献给读者一套译文准确、文字流畅、从内容到形式都保持原著风格的工商管理精品图书。

本丛书参考了国际上通行的MBA和工商管理专业核心课程的设置，充分兼顾了我国管理各专业现行通开课与专业课程设置，以及企业管理培训的要求，故适应面较广，既可用于管理各专业不同层次的教学参考，又可供各类管理人员培训和自学使用。

为了本丛书的出版，我们成立了由中国人民大学、北京大学、中国社会科学院等单位专家学者组成的编辑委员会，这些专家学者给了我们强有力的支持，使本丛书得以在管理学界和企业界产生较大的影响。许多我国留美学者和国内管理学界著名专家教授，参与了原著的推荐、论证和翻译工作，原我社编辑闻洁女士在这套书的总体策划中付出了很多心血。在此，谨向他们致以崇高的敬意并表示衷心的感谢。

愿这套丛书为我国MBA和工商管理教育事业的发展，为中国企业管理水平的不断提升继续做出应有的贡献。

中国人民大学出版社

译者序

Essentials of Management Information Systems

继第9版后，时隔几年，能够再次将劳东教授的《管理信息系统》（精要版第11版）带给国内的读者，是中国劳老师的荣幸。

作为管理信息系统领域的专业人士，同时又与MBA学生亲密接触了20多年，在这一版的译者序中，我还是要强调曾经说过的那句话：我本人非常赞同劳东教授在本书中所提出的观点，即今天（或明天）的商界人士——不管他们原本的专业背景如何——都应该对如何在工作中使用信息系统和信息技术有一个基本的了解，因为信息系统是企业经营管理者借以实现企业目标的主要工具之一；同时，如今的企业在招聘时更愿意录用那些知道如何利用信息系统和信息技术来帮助企业达成经营目标的人员。

为此，本书清晰地阐明了驱动企业运用信息系统和信息技术的六大主要目标：实现卓越运营，推出新的产品、服务和商业模式，亲近客户和供应商，提高决策能力，取得竞争优势，在竞争中生存。

但要实现这些目标并不是一件容易的事情，企业将面临巨大的挑战。从商务视角来看，信息系统为企业面临的问题或挑战提供解决方案，信息系统代表了人员、组织和技术三方面因素的综合。为此，本书为读者提供了一种从人员、组织和技术维度来分析和解决问题的框架。同时提供了一种解决商业问题的四步骤方法，即如何识别商业问题，如何设计可选的方案，如何选择正确的方案，以及最后如何实施该方案。

本书在内容的编排上非常合理，全书共四篇，即数字时代的信息系统、信息技术基础设施、数字时代的关键系统应用、开发和管理系统。

第Ⅰ篇介绍了全书的主题以及在书中使用的问题解决方法，围绕信息系统在当今企业中的作用，着重从以下几方面提出问题并予以解答：什么是信息系统？为什么如今信息系统在企业中如此重要？信息系统如何提升企业的竞争力？要在职业生涯中取得成功应掌握哪些有关信息系统的知识？广泛地使用信息系统引起了哪些伦理与社会问题？

第Ⅱ篇通过分析硬件、软件、数据库、网络技术以及同安全与控制有关的工具和技术，介绍了信息系统的技术基础，着重从以下几方面提出问题并予以解答：如今在商业领域完成各项工作需要怎样的技术和工具？我们需要了解哪些能够提高公司业绩的技术？未来这些技术有怎样的发展趋势？

第Ⅲ篇分析了当今企业正在使用的可以提高它们的经营效益和决策能力的核心的信息系统应用，包括：企业应用系统、供应链管理系统、客户关系管理系统、知识管理系统、电子商务应用系统以及决策支持系统。围绕这些关键系统，着重从以下几方面提出问题并予以解答：信息系统的企业应用如何提高企业绩效？企业如何利用电子商务拓展业务？系统如何提高决策能力，帮助企业更好地利用知识资产？

第Ⅳ篇介绍了如何利用在前面的章节中获得的知识来分析和设计信息系统以解决商业问题，着重从以下几方面提出问题并予以解答：如何针对信息系统出现的问题设计解决方案，以创造真正的商业价值？企业应如何适应采用新的系统方案带来的变化？有哪些方法可用于构建系统方案？

此外，每一章都包括下列丰富的内容：一个章首案例，通过现实世界的企业案例引出本章主题和重点；一张流程图，从人员、组织和技术三个维度分析章首案例；一系列学习目标，简要阐明学习要点；两个互动讨论案例，辅以案例思考题；一个章末小结，与学习目标相呼应；若干复习题，帮助测试对内容的掌握情况；若干讨论题，围绕主题引发思考；一个管理信息系统实践项目，包括三类子项目：两个管理决策问题分析、一个需要动手的应用软件练习（使用 Microsoft Excel、Access 或网站、博客工具）、一个有关网络开发技能的练习；一个章末案例，利用所学知识对重要问题进行分析。上述内容构建起了本书理论概念介绍＋实际案例辅助＋动手能力培养的全方位体系。

本书有三个突出的特点：一是提供最新的业务驱动的真实案例，阐述企业如何在全球商业环境中借助信息系统达成目标；二是更加强调互动，强调学习管理信息系统的最好方法就是亲自实践管理信息系统；三是结合目前国际上商学院的认证热，提供符合国际高等商学院协会（AACSB）认证标准的内容。

作为在教材的编写方面硕果累累且积累了丰富经验的著名作者、信息系统与信息技术领域的知名学者，以及世界 500 强企业的信息系统管理顾问，劳东教授编写的这本书非常适合作为 MBA 以及相关专业的信息管理教材或企业培训教材，同时也可供所有对企业信息管理感兴趣的人士作参考用。

本书由劳帼龄主译，参加本书翻译工作的还有吴继兰、田博、邹蓝、邱诗阳、周明炜、张姝涵、张蕊、代曦。作为从事 20 余年 MBA“管理信息系统”课程教学工作的一线教师，本书的翻译对本人来说是一次难得的学习过程，使自己对企业信息管理的理论及其应用的了解进一步加深。由于译者水平有限，书中难免有翻译不当之处，敬请广大读者批评指正。

劳帼龄

前言

Essentials of Management Information Systems

本书的目的是使商学院的学生深入了解当前企业是如何运用信息技术及系统实现企业目标的。信息系统是管理者使用的一种重要工具，能够帮助企业实现卓越运营、开发新产品和提供新服务、提高决策水平以及取得竞争优势。书中包含当今企业信息系统应用的最新最全面的观点。我们希望学生在读完此书后，能参与甚至引导公司信息系统管理的讨论。

如今，企业在招聘时，往往会录用那些知道如何利用信息系统和信息技术来完成业绩的人员。因此，不管你的专业是会计、金融、管理、运营管理、市场营销，还是信息系统，本书提供的知识和信息在你的整个职业生涯中都将是有价值的。

第 11 版的新增内容

新的内容

第 11 版所有的章首案例、章末案例和互动讨论案例都是全新的，章节内容、图表和案例进行了更新，资源来自行业和管理信息系统研究的最新资料。

新的板块

- 章首案例增加了新的案例学习问题。
- 更多在线案例：管理信息系统经典案例，即上一版本的 5 个优秀案例，如凯马特和 Blockbuster/Netflix 等公司的案例，可以在本书网站上找到。另外，所有上一版本的章末案例 (Ess10e) 也能在网站上找到。
- “信息系统的伦理和社会问题”一章前移至第 4 章，以强调该主题的重要性。

新的专题

- 社交商务：延伸了社交商务的内容，将其引入第 2 章并且相关讨论贯穿全书。详细讨论了企业（内部控制）社交网络和电子商务社交网络。
- 社交化、移动化、本地化：第 10 章中加入了新的电子商务内容，描述了社交工具、移动技术和基于位置的服务（LBS）正在改变营销和广告。
- 大数据：第 6 章（数据库与信息管理）深入讲述了大数据和新型数据管理技术等内容，包括 Hadoop、内存计算、非关系数据库和分析平台。
- 云计算：第 5 章（信息技术基础设施）延伸更新了云计算的内容，详细介绍了云服务的类型、私有云和公共云、混合云、云服务管理，新的章末案例介绍了亚马逊的云服务。云计算也在第 6 章（云端的数据库）、第 8 章（云安全）、第 9 章（基于云的 CRM）、第 10 章（电子商务）和第 12 章（基于云的系统开发）出现。

- IT 和 BYOD 的定制化。
- 物联网。
- 可视化网络。
- 位置分析。
- LBS（地理社交服务、地理广告服务、地理信息服务）。
- 社交图谱、社会化营销、社会化搜索、社会化 CRM。
- 建立电子商务网站。
- 移动设备管理。
- 响应式网页设计。
- 包括大数据分析在内的商务分析内容拓展。
- 移动和本地应用。
- 云盘。
- 软件定义网络。
- 3D 打印。
- 量子计算。

管理信息系统的新内容

新的信息技术正在改变传统的企业世界。技术、管理和业务流程的持续变革使管理信息系统成为商学院最吸引人的学科。（第 1 章详细描述了这些变革。）

信息技术的不断变革正在改变传统的企业，云计算、基于智能手机和笔记本电脑的移动数字平台、社交网络等都有助于管理者实现企业目标。大多数变革都是近几年发生的，它们能帮助企业推出新产品和新服务、建立新的商业模式、改变日常的商业行为。在此过程中，旧的企业甚至行业消失了，新的企业和行业则雨后春笋般涌现。

例如，类似于 Netflix 这种流媒体在线视频商店和苹果 iTunes 下载型在线视频商店的出现，永远地改变甚至创造了优质视频的发布方式。2013 年，Netflix 吸引了 3 000 万订阅者来租用 DVD 和流媒体电影。Netflix 现在拥有 90%的流媒体优质电影和电视节目，占用了约 33%的美国互联网流量。Netflix 已经进军优质电视节目制作，如《纸牌屋》（House of Cards）、《发展受阻》（Arrested Development），挑战 HBO 等有线电视台，也可能动摇有线电视产业在电视节目制作上的统治地位。苹果的 iTunes 现在占据了 67%的电影和电视节目下载量，且与主要好莱坞工作室达成交易，来获得发布最新电影和电视节目的权利。许多观众正抛弃有线电视，仅使用互联网来娱乐。

电子商务热潮又来了，2013 年电子商务创造了 4 200 多亿美元的利润，预计 2017 年将增长到 6 370 亿美元。尽管是经济萧条期，但 2013 年 6 月 30 日前的 12 个月内，亚马逊的收入较上年同比增长了 27%，而线下零售增长了 5%。电子商务正在改变公司设计、生产和销售产品和服务的方式。电子商务又一次进行了自我创新，它颠覆了传统营销和广告产业，并使主要的媒体和内容公司陷入困境。脸书和其他社交网络如 YouTube、推特和汤博乐等展现了 21 世纪电子商务的新面貌。它们出售服务。当我们想到电子商务时，通常认为其出售的是实体产品。尽管电子商务这种标志性的印象仍然强大，但它是美国发展最快的零售方式，随之出现的是一种全新的基于服务而不是商品的价值流。这是电子商务的一种服务模式。社会化电子商务的增长正受到移动平台增长的有力刺激：35%的脸书用户通过手机和平板电脑获得服务。信息系统和技术是这种新的基于服务的电子商务的基础。

同时，公司的管理也随之改变：智能手机、高速无线 Wi-Fi 网络、无线笔记本电脑拉近了原本遥远的距离，销售人员能很快回答经理提出的问题，为经理提供更全面的视野。处于移动状态的经理也能更直接、持续地和员工沟通。企业信息系统增长迅速，能存储大量数据，这意味着经理能在线快速、及时、精确地掌握所需信息，再也不会一团迷雾了。网络、维基和博客成为公司交流、协作和信息共享的重要工具。

第 11 版：管理信息系统课程的全面解决方案

本书自始至终致力于定义全球的管理信息系统课程。这一版仍然是权威的，但更加亲近用户、更灵活、更能满足不同学校和个人的需求。

现在这本书有完整的学习套装，包括核心内容以及提供补充材料的网站。本书的核心内容由 12 章组成，每一章都有与各章的核心话题相关的项目实践。MyMISLab 网站提供深度内容，覆盖了章节主题、职业资源、额外的案例研究、补充性材料、项目实践的数据资料。

核心内容

核心内容概括描述了管理信息系统的基本概念，使用整体框架图描述和分析信息系统，即信息系统是由人员、组织和技术因素组成的，关于这一点在学生项目和案例研究中也有所强调。

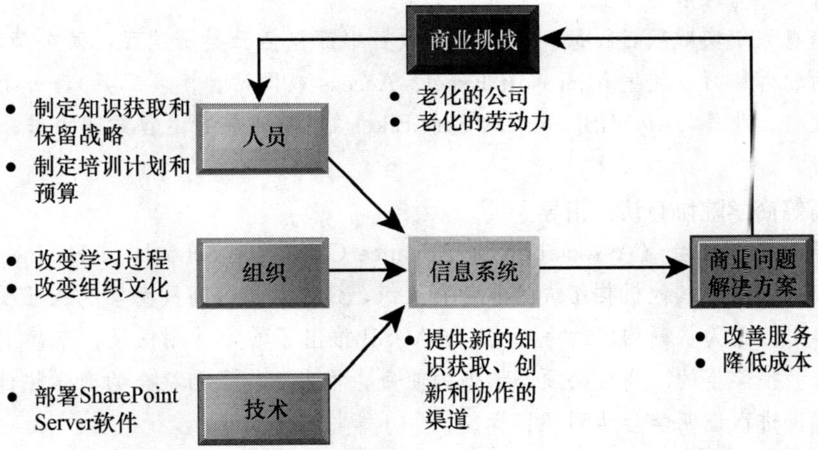

说明：各章章首案例的流程图形象地描述了人员、组织和技术因素如何结合才能为案例中讨论的商业挑战设计一个信息系统解决方案。

■ 每章的组成

每一章都包括以下几部分内容：

- 一个章首案例，通过对企业的描述引出章节的主题和重点。
- 一张流程图，从人员、组织和技术三个模块依次对章首案例进行分析。
- 一系列学习目标。
- 两个互动讨论案例，以及案例思考题。
- 一个强调学生学习目标的回顾总结。
- 若干复习题，用于测试学生对本章内容的掌握情况。
- 若干讨论题，根据每一章的内容设置。

● 一个管理信息系统实践项目，包括两个管理决策问题、一个需要动手的应用软件练习、一个有关网络开发技能的练习。

● 一个章末案例，帮助学生应用所学内容。

重要特色

这一版内容更具交互性、更前沿，对学生和教师更具吸引力，其特点和所包括工具如下：

■ 业务驱动的真实案例

本书帮助学生理解信息系统和企业绩效的直接联系。企业的几个主要目标驱使全球的企业使用信息系统和技术：实现卓越运营，推出新的产品、服务和商业模式，亲近客户和供应商，提高决策能力，取得竞争优势，在竞争中生存。案例描述了企业如何使用信息系统实现这些目标。

我们使用最新的案例来阐述各章节涉及的重要概念，所有案例描述的都是学生熟悉的企业，如旧金山巨人队、脸书、沃尔玛、谷歌、苹果和宝洁等。

■ 互动

学习管理信息系统的最好办法就是亲自实践管理信息系统！我们提供各种动手练习，学生可以基于真实的企业场景和数据工作，了解管理信息系统是什么，从而增加学生的参与度。

● 交互式案例。每一章都提供了两个小案例供学生在课堂上（或网上）进行交互讨论，以此激发学生的兴趣和学习主动性。每个案例都包含案例思考题。案例思考题可以在课堂上或网上讨论，也可以作为课后的作业。

● 管理信息系统实践项目。每一章的实践项目中都包括三类子项目：两个管理决策问题、一个实践应用软件练习（使用 Microsoft Excel、Access 或网站、博客工具），一个开发互联网商业技能的项目。此外，MyMISLab 上的 Dirt Bikes USA 公司的运营案例为每一章提供了更多的实践项目。

■ 国际高等商学院协会认证指导

国际高等商学院协会（Association to Advance Collegiate Schools of Business，AACSB）是一个由高校、社团和其他机构组成的非营利组织，致力于通过高校商学院认证项目来提高商学院的教育水平。作为认证内容的一部分，AACSB 推出了学习计划保证，来确定高校是按照所做的承诺来教授学生的。高校必须有清晰的使命，推出与使命相符合的商学院计划，明确学生的学习目标，进而证明学生达到了目标。

本书内容支持 AACSB 认证标准的教育。章首明确学生的学习目标，章末的项目实践彰显预期结果。劳东的网站上提供了更详细的认证指标，明确每一章的学习目标，列出所有可能的评估工具，以确定学生确实实现了目标。但因为不同的高校有不同的使命和学习目标，所以不可能用同一份文档来同时满足所有高校的需求。作者愿意根据不同高校的情况，就如何使用本书提供个性化的建议。教师可以给作者发邮件或者联系当地的培生教育集团代表处获取作者的联系方式。

若想了解更多有关 AACSB 学习计划保证项目的信息，以及了解本书是如何支持基于认证的学习，请访问本书的网站。

■ 学生学习重点

学习目标由一系列问题组成，以此来吸引学生的注意。每一章都有围绕这些问题的小结和复习题。

MyMISLab

MyMISLab是一个基于网络的评估和教学工具，可以根据教学的个性化需求组织课程内容，为学生提供练习和测试，为课程提供评估报告。如今的教学与过去在教室上大课不一样了，因此，所有的教学参与者包括教师和学生都应关注——教学内容灵活、易于组织，同时尽可能发挥教师的教学经验专长。登录www. mymislab. com网站，看看你该如何教授、学习和体验管理信息系统。

■ **职业资源**

劳东的网站上也为你提供了广泛的职业资源，包括就业指导，以及对你如何创建数字文件来展示自己从本书中获得的商业知识、熟练掌握应用软件和网络技能的指导。该文件可以用在简历或工作申请表中，也可以用于教师评估学生的学习。

教学辅导材料

■ **教师资源**

各章节的辅助材料能在教师资源中心找到。

■ **图片库**

图片库是能使教师的授课更加生动的资源。为了便于使用，书中的每一张图表和照片都按章进行了编排。教师可以很方便地利用这些图片和授课资料生成新的幻灯片，或添加到已有的幻灯片中。

■ **教师手册**

教师手册中不仅有复习题、讨论题、案例分析和小组练习的答案，还提供了授课大纲、教学目标、关键术语、教学建议和互联网资源。

■ **题库**

题库中包含判断题、选择题、填空题以及简答题。所有问题都按照难度分级，每一部分都有参考答案。题库中还包括涉及AACSB学习标准的题目。题库的电子版在BlackBoard或WebCT课程管理系统的TestGen部分。所有的TestGen文件都可以从教师资源中心下载。

■ **幻灯片**

由作者制作的电子彩色幻灯片可以通过Microsoft PowerPoint放映。该幻灯片涵盖并突出了书中的关键概念。

目录

Essentials of Management Information Systems

第Ⅰ篇

数字时代的信息系统

Information Systems in the Digital Age

第 1 章　管理信息系统与职业发展

第 2 章　全球电子商务与协作

第 3 章　利用信息系统获得竞争优势

第 4 章　信息系统的伦理与社会问题

第Ⅰ篇介绍了本书的主题和使用的问题解决方法。为了考察信息系统在现代商务中的作用，这一篇主要讲述了以下几个问题：什么是信息系统？为什么如今信息系统在企业中如此重要？信息系统如何提升企业的竞争力？要在职业生涯中取得成功，应掌握哪些有关信息系统的知识？广泛地使用信息系统引起了哪些伦理与社会问题？

第 1 章
管理信息系统与职业发展
Business Information Systems in Your Career

学习目标

学完本章后，你将能够回答以下问题：

1. 信息系统是怎么改变企业的，它和全球化有什么关系？
2. 为什么如今信息系统对商业运营和管理如此重要？
3. 信息系统到底是什么？它是如何运作的？它的人员、组织、技术组成分别是什么？
4. 解决商业问题的四步骤方法如何用来解决与信息系统相关的问题？
5. 信息系统会对职业造成哪些影响？必须掌握哪些与信息系统相关的技能和知识？

章首案例

旧金山巨人队运用信息技术赢得比赛

旧金山巨人队是美国历史最久，同时也是最成功的棒球队之一。在美国棒球历史上，以及任何北美职业运动队伍中，它都是赢得比赛最多的球队。巨人队获得过 22 个国家联盟冠军，19 次出现在世界棒球大赛的赛场上。他们最近的一次胜利是 2012 年赢得的世界大赛冠军。巨人队有杰出的球员（拥有数量最多的职业棒球名人堂球员）和教练，但是，无论是作为一支球队还是作为一个商业组织，其成功在一定程度上应归功于对信息技术的应用。

棒球是一种对数据统计要求非常高的运动，所有的主要球队都不断地分析球员表现以及赛场最优位置的数据（可见第 11 章章首案例）。而巨人队在这方面做得更多。他们已经开始使用 Sportsvision 公司的一种名为“Fieldf/x”的视频系统，来帮助球队分析球员的反应时间。系统呈现的关于球员速度和反应时间的信息，如外野手跑进场内有多快，或对平飞球的反应有多快，会使球员数据分析更加准确。在某些情况下，会提供之前所没有的信息。Fieldf/x 在每场比赛中产生上百万条记录。三年中记录数量达到 50 亿条，这也是对提供高质量数据的要求。除了球员和球队统计，巨人队还开始收集包括门票购买和社会媒体活动方面的关于球迷的数据。

在首席信息官比尔·施洛夫（Bill Schlough）的领导下，旧金山巨人队在动态门票定价方面处于领先地位，他们使用的是 Qcue 系统，在这个系统中，根据特定比赛的需求水平，门票票价会有波动。这与航空业使用的动态定价相似。如果比赛属于系列赛中的一场、巨人队在打分级赛或者比赛门票抢购快速，票价会提高。如果一场比赛没有太大的吸引力，票价会下降。自 2010 年 10 月，巨人队主场比赛的门票 100% 售出，并且季度门票销售由 2010 年的 21 000 张上升到 2012 年的 29 000 张。

持季票的球迷通常不去观看每一场比赛，这将会对球队的收入造成损失。每当一名拥有季票的球迷决定在家观看比赛，职业运动联盟在特许经营和商品销售上会平均损失 20 美元。为确保体育馆的座位始终坐满，巨人队建立了一个二级在线门票市场，让季票持有者可以在线转售他们不使用的门票。巨人队的信息技术专家找到了办法来激活或停用条形码，让其可以被转售。这个系统同样也是巨人队为客户提供额外服务的途径。

巨人队已经利用无线技术来提升球迷的体验。在 AT&T 球场——巨人队的体育场，有庞大高速的无线网络，球迷可以用其来查看分数，观看视频集锦以及收发邮件。一个名叫“@Cafe”的“社交媒体总部”为球迷提供空间，球迷可在此聚会，接入电源，购买咖啡，浏览推特，看其他球迷的照片，甚至联络球员。

资料来源：Peter High，“Interview with World Champion San Francisco Giants CIO and San Jose Giants Chairman，Bill Schlough，” *Forbes*，February 4，2013；Nicole Laskowski，“Tech-savvy San Francisco Giants Aim for Bleachers with @Café，” SearchCIO. com，June 20，2013；Michael Vizard，“Sport Franchises Use IT to Keep Fans in Seats，” *CIO Insight*，January 18，2013；www. sanfranciscogiants. mlb. com，accessed April 19，2013；and Fritz Nelson，“Chief of the Year，” *Information Week*，December 17，2012.

旧金山巨人队和其他棒球队面临的挑战体现了当今信息系统的重要性。职业棒球联盟是一种运动组织也是一种商业组织，像巨人队这样的球队需要在比赛中取得收入来保有商业竞争性。职业棒球联盟也是最关心输赢的一种商业组织，任何可以提升球员表现的信息就是竞争的边际效用。

下图显示了本案例以及本章的重点。为增加球场收入，旧金山巨人队开发了动态定价系统，根据客户需求调整票价并以最优价格卖出座位。巨人队还开发了一种门票系统，使现有的门票持有者可以便捷地在线转售门票。另一个培养客户的方法是在 AT&T 赛场部署现代信息技术，包括配有交互服务的庞大 Wi-Fi 网络。为提升球员表现，巨人队实施了可以采集球员的视频，然后使用该数据来分析球员速度和反应时间的系统。

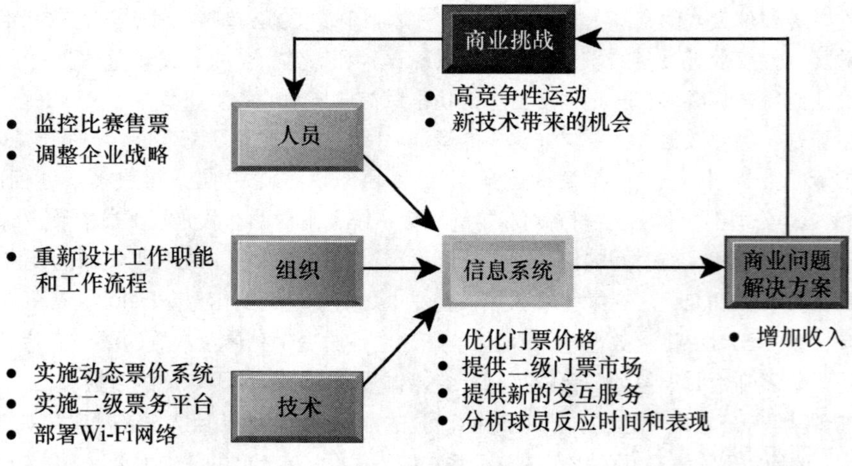

考虑以下问题：技术对旧金山巨人队这支棒球队取得成功起到什么作用？评估本案例所描述的系统的贡献程度。

1.1 当今企业中信息系统的作用

不只是美国的企业，世界经济已今非昔比。2013 年，美国企业在信息系统硬件、软件及电信设备上投入约 1 万亿美元——达到美国所有资本投资的一半以上。另外，还在商务、管理咨询及信息技术服务方面投入 6 000 亿美元——这其中的很大一部分涉及企业运营方式的重新设计，从而实现对新技术的充分利用。在美国，每年超过半数的商业投资涉及信息系统和技术，2012 年，这些投资以 4%的速度增长，远超过整体经济的增长速度（BEA，2013；Gartner，2013）。世界范围内，信息技术的花费已超过 3.6 万亿美元。

1.1.1 信息系统与企业转型

观察商业的运作方式，便可以看出在信息系统方面的巨额投资所带来的效用。蜂窝手机、智能手机、平板电脑、电子邮件以及基于互联网的网络会议都已成为重要的办公工具。2012 年，1.02 亿家企业注册了互联网网址。美国每天有 1.93 亿人次在线，1 900 万人每天在线购买商品，4 000 万人收到商品，1.16 亿人使用搜索引擎。这意味着，如果个人和企业不使用互联网及无线网络，则会失去很多机会（Pew Internet and American Life，2013）。

尽管经济尚未从衰退中走出，2012 年联邦快递（FedEx）在美国国内的送货量仍然超过了 10 亿件，美国联合包裹服务公司（United Parcel Service，UPS）的送货量则多达 40 亿件，且几乎都是连夜送达，这是因为企业希望快速感知和响应变化的顾客需求，将存货尽可能降至最低水平，实现更高的运营效率。电子商务的增长对 UPS 的运输量有显著影响。各种规模的企业根据即时库存交付来提高竞争力，供应链由此变得更有效率。如今的企业可以通过接近于实时的库存管理来减少间接成本并快速响应市场。如果企业不能成为这种新供应链管理经济的一部分，那么它就放弃了能够提高效率的机会。

当报刊读者量持续下降时，在线浏览新闻的人数却达到 1.5 亿，在线阅读报纸的人数为 1.1 亿，使用社交网络如脸书（Facebook）、汤博乐（Tumblr）或 Google+的人数为 1.7 亿。在线银行数量超过 1 亿家，大约 7 400 万人阅读博客，随之涌现出一大批新的网络写手、读者，以及从前并不存在的顾客反馈形式。加入新的混合社交媒体的人中，有 1 亿推特（Twitter）用户使用在线和手机的文本通信服务，《财富》500 强中 80%的企业也是通过它来与顾客沟通。这也意味着客户有权并能够相互交流关于企业产品和服务的信息。那么，你拥有一个合适的在线客户关系规划吗？你知道你的客户对你所在公司的评价吗？你的市场营销部门在关注这些吗？

2013 年传统广告和商务表现平平，但是电子商务和互联网广告以 7%的速度增长。2012 年，谷歌的在线广告收入超过 500 亿美元。你的广告部门猎寻到这些新的互联网顾客了吗？

美国新的联邦证券和会计法要求一些企业将电子邮件保留 5 年，现行的职业和健康法则要求企业将员工接触化学物品的数据保留 60 年之久，这些法律促使数字信息量急剧增长，据估计已经达到 1.8 泽字节（18 万亿亿字节），相当于 5 万多个国会图书馆信息量的总和。你的合规部门是否满足了存储这些财务、健康和职业信息的最低要求？如果没有，那么你的企业可能面临风险。

总之，这是一个企业运营的新世界，它将极大地影响你将来的职业生涯。企业中的变化会体现在工作和职业生涯上。无论你所学的专业是金融、会计、管理、营销、运营还是信息系统，如何工作，在哪里工作，薪酬多少，都将受到企业信息系统的影响。本书的目的就是帮助你了解这些新的现象和机遇，并从中受益。

1.1.2 管理信息系统的新发展

管理信息系统已成为企业界最令人兴奋的话题，原因在于新技术的不断涌现、管理中对技术的使用，以及其对企业成功的推动作用。随着新的企业和行业的兴起，传统行业逐渐衰退，只有那些懂得如何利用新技术的企业才能取得最终的成功。表 1-1 总结了商业领域与信息系统相关的一系列新发展。这些主题将贯穿整本书的所有章节，因此，不妨现在就花些时间，老师和同学一起讨论。

表 1-1 管理信息系统的新发展

变革	对企业的影响
技术	
云计算平台的出现是商业领域的一大变革	灵活地在线集成一批计算机来承担原来由企业内部计算机完成的工作。主要的商务应用是作为网络服务的在线交付（如 Service-SaaS 软件）。
大数据	从网络流量、邮件信息、社交媒体内容以及机器（传感器）的庞大数据量中得到商业视角的解析。
作为商务系统的移动数字平台与个人计算机展开竞争	苹果 iPhone 和安卓移动设备可以下载成百上千的应用来支持协作、基于位置的服务、与同事联络。小型平板电脑（包括 iPad 和 Kindle Fire）作为个人和企业计算平台向传统笔记本电脑发起了挑战。
管理	
管理者通过在线协作和社交网络软件更好地进行合作、协同工作和知识共享	全球超过 1 亿企业人员用 Google Apps，Google Sites，Windows SharePoint Services 和 IBM Lotus Connection，来管理博客、管理项目、召开在线会议、制作个人简历、制作社交书签和参与在线社区。
商务智能软件加速发展	更强大的数据分析软件及动态仪表盘能提供实时的企业运营信息，提升了管理者的决策质量。
虚拟会议数量激增	利用远程呈现视频会议技术和网络会议技术，管理人员既节省了时间又减少了差旅费用，同时还提升了协作和决策的效率。
组织	
社会化企业	使用社交平台，如脸书、推特和企业内部社交工具，企业可以与员工、客户和供应商进行深入的互动。在网络社区里，员工使用博客、维基、电子邮件和即时通信来互相交流。
远程办公日益增多	互联网、上网本、智能手机和平板电脑使越来越多的人可以走出传统办公室完成工作。55%的美国企业具有一定形式的远程办公机制。
共创商业价值	商业价值的创造方式发生了转变，由简单的产品销售转变为提供解决方案和优化客户体验，由单一依靠公司内部人员转向与供应商及客户进行协作。供应链与产品开发进一步全球化、协作化；企业与客户进行互动，让客户参与到新产品、新服务的设计和研发中来。

在技术领域中，有三方面的变革息息相关：(1) 由智能手机和平板设备组成的移动数字平台；(2) 企业不断增长的对“大数据”的应用；(3)“云计算”的增长，越来越多的商用软件通过互联网来运行。

iPhone、安卓手机、黑莓和高清平板电脑并不只是单纯的工具或娱乐设备，它们是一系列软件及硬件领域新技术的产物，是新型计算和媒介平台的代表。越来越多的商务计算工作正在从 PC 端和台式机转向这些可移动设备。管理者越来越多地使用这些设备来协调工作、与员工交流、为公司决策提供信息。2013 年，超过一半的互联网用户将通过移动端接入网络。这些设备在很大程度上改变了商业领域计算的特质。

管理者每天使用协同工具、社交网络来做出更快更好的决策。随着管理行为的改变，工作的组织、合作和评估方法也发生了改变。团队或项目中的成员可以通过社交网络的连接来完成工作、执行计划、实现管理。社交网络与网站流量的输出，以及传感器中机器生产的数据共同形成了巨大的大数据池，这将可能形成更加精细的数据分析和解析。

云计算和移动数字平台的进一步发展意味着企业可以更多地依靠电子办公、远程办公和分布式决策。企业也可以利用这一平台将更多的工作外包，依靠市场（而非员工）创造价值。此外，该平台还令企业可以与供应商及顾客开展合作，一同推出新产品、提高现有产品效率。

这些工作中的趋势在“互动讨论：人员”专栏中可以看到。几百万管理者高度依赖数字平台来协调供应商和运货商、满足客户、管理员工。对当今企业而言，没有移动设备和网络是不可想象的。阅读这个案例时，观察移动平台是如何改变工作和制定决策的方式的。

互动讨论：人员

新的移动工作者

有多少工作可以在你的手掌上完成？可能超出你的想象。如今许多工作业务可以通过 iPad、iPhone、黑莓或者安卓移动设备来完成，不仅普通员工可以，老板们也可以。无论大企业还是小企业都可以。

由于电子邮件以及信息服务得到优化，拥有极高安全性和可接入内部协同系统的工具，黑莓曾经是商务人士最爱的移动手持设备。但如今情况已经改变。许多企业，无论大小，更多地开始使用苹果 iPhone 和 iPad 以及安卓设备来完成大部分工作。它们加强了安全系统，让移动用户能够安全便利地远程接入公司系统。并且，为了利用惊人的移动和图像能力，它们正在开发更广泛的应用。

最近许多移动应用是关于收发电子邮件的，或作为现有工作任务的补充，比如航空飞行员在 iPad 上使用的数字飞行手册，或酒店客人入住方面的应用。但是现在，随着移动技术变得更易于使用且成本更低，它的核心功能逐渐扩展，相关的应用包括医药代表可用的营销材料，维修技术员使用的客户账户软件，农民使用的检测牛奶质量的手机软件等。

Jackson Kayak 是领先的激流皮划艇制造商。董事长埃里克·杰克逊（Eric Jackson）是一位皮划艇冠军，一年中有半年的时间参加北美的各项赛事。为了经营好公司，他需要参加运动赛事，在现场观察行业趋势，直接会见经销商和客户。使用 iPhone 和 iPad，杰克逊可以远距离管理拥有 120 人的公司。

杰克逊的无线装备房车可无线连接总部设在田纳西州斯巴达的公司。当没有 Wi-Fi 时，杰克逊使用 iPad 3G 连接。iPad 让他能立即处理运营事务，他可以分析客户数据，更新网站内容，或批准新的设计。杰克逊的 iPad 有日历、电子邮件、联系人管理等功能，能够创建和编辑文档、电子表格和幻灯片——这位执行官联络总部、经销商和客户所需的所有工具。

在商店里，Jackson Kayak 的经理和员工同样发现 iPad 和 iPhone 极具价值。在工厂里，首席运营官约翰·拉特利夫（John Ratliff）可以将公司的制造设备与 iPad 上替换件的图片进行并排比较，确保他拿到了正确的零件。iPhone 和 iPad 已变得不可或缺，公司给所有员工——从客户服务人员、设计人员到质量控制人员——都配备了 iPhone。许多人还配备了 iPad。

使用手持设备来运行企业的不仅仅是小公司。百事公司在全球制造和销售的品牌包括百事、佳得乐、激浪、果缤纷、桂格和菲多利，并拥有 30 万名员工。公司使用复杂的连锁分布系统网络来从制造商处和仓储设施上将商品移到卡车上，然后及时送达以满足客户需求。百事公司每天的配送路线将近 17 000 条。iPhone 和 iPad 帮助百事北美饮料公司的员工确保正确的商品最快最高效地抵达正确的地点。

过去，百事公司的司机和跟单员通过打印的时间表来开始一天的工作，时间表上列出了订单数量和需要完成的任务，包括从卸载苏打到建立新的产品展示。很难对订单做临时变更，因为当司机在路上时难以联络他们。

百事北美饮料公司在 iPhone 上创建了一个自定义内部应用，叫做 Power4Merch，当司机抵达商店时，它可以立即通知跟单员。跟单员的 iPhone 拥有一个电子计时卡片，他可以看到自己的时间表、商店的细节、客户档案和为商店服务所需要知道的任何信息。

百事公司的管理者使用 iPad 应用程序来监督团队绩效，提取定价、货架展示图和合同等信息，并通过产品促销协调交货。管理者公文包应用给区域销售主管提供所有文书工作和团队管理资源的电子版本，包括库存审计、员工培训形式和给跟单员的自动通知。经理可以在 iPad 上直接进行人力规划。例如，iPad 给跟单员的 iPhone 自动发送通知，告知他有一个额外的站点需要到达。过去，经理必须花费大量时间打电话，在办公室里查收邮件，检查文件。使用 iPad，经理每天与团队一同开始和结束工作。

第二个 iPad 应用叫做聚光灯，让管理者立即访问他们的网络平台内容。他们可以提取定价、货架展示图、客户关系协议和新的合同。

百事公司的 iPhone 和 iPad 系统与已有的企业信息系统进行了整合。公司使用 AirWatch 的移动设备管理系统来安全部署和管理移动应用，并利用 iPhone 和 iPad 内置的安全功能来阻止未授权的访问。

百事公司主要的竞争对手——瓶装饮料公司可口可乐同样受益于移动技术。可口可乐公司使用 ServiceMax 公司的移动现场服务软件来简化技术员的工作。技术员负责为餐厅冷饮柜台提供服务，修理自动贩卖机。以前，在现场见了客户之后，他要返回车上，将信息从纸质记录转录入笔记本电脑的数据库，并传送到可口可乐公司老旧的集中的软件系统中。许多技术员在每日工作结束后需要多花半小时来整理文书。

2012 年，大约 100 名可口可乐公司的员工开始使用 iPhone 的 ServiceMax 应用来为技术员分配一天的服务任务，提供详细的客户信息，自动更新货车中储存的配件的列表，将信息发送给开票部门。新的系统将技术员的行政事务处理时间减少了 1/3，这样他们就有时间为公司的其他设备提供服务。订购一次 ServiceMax，每人每年花费 1 000 美元。

资料来源：Shira Ovide，"Meet the New Mobile Workers，" *The Wall Street Journal*，March 11，2013；"Apple iPad in Business，" www. apple. com，accessed April 18，2013；and Aaron Freimark，"Apple Offers More iPad Management Features Than You Might Think，" searchconsumerization. com，April 2，2013.

案例思考题

1. 该案例描述了哪些应用？它们支持哪些商务功能？它们是如何提高运营效率和决策水平的？

2. 列出案例中通过使用移动数字设备解决的问题。

3. 什么样的企业可以通过为员工配备像iPhone和iPad之类的移动数字设备而获利？

4. 一家使用iPhone的公司曾经说："iPhone创造的不是游戏，而是一个产业。它改变了企业与客户、企业与供应商的交互方式。"讨论这句话的含义。

1.1.3 全球化的机遇与挑战：世界是平的

早在1492年，哥伦布一行到达美洲，当时世界上并没有连接各个大洲的真正意义上的全球贸易经济体。过了15个世纪，一个全球化的贸易系统开始形成。由哥伦布航行所催生的国际贸易拉近了全世界民族和文化的距离，而贸易扩张为全球范围内的"工业革命"提供了动力。从世界一端到另一端的沟通并不容易且成本较高，全球经济是低效的，直到互联网出现。

2005年，新闻工作者托马斯·弗里德曼（Thomas Friedman）的新书面世。在这部颇具影响力的著作中，他宣称：世界是"平"的——互联网和遍及全球的通信网络极大地拓展了世界各地的人们交流的机会，削弱了发达国家在经济、文化方面的领先优势。为了保持经济活力，获得更多的就业机会、市场份额、自然资源乃至知识创意，美国和欧洲各国正同一些经济发展相对滞后的地区展开竞争。这些地区的薪资水平较低，却有着大量满怀热情、受过良好教育的人才（Friedman，2007）。从这一意义上讲，全球化既带来了挑战，也带来了机遇。

美国及亚欧一些发达工业国家的经济构成中，进出口商品所占的比重逐渐增大。2013年，包括进出口在内的外贸占到美国经济的33%以上；而在亚洲和欧洲，这一比重超过了50%。一半的美国《财富》500强企业，超过半数的收入来自海外市场。例如，2012年英特尔公司海外市场微型处理器的销售额占到其年收入的50%以上，通用电气、福特、IBM、陶氏化学以及麦当劳也是如此。又比如，在美国销售的玩具有80%是中国制造的，在中国制造的个人电脑有90%使用的是美国英特尔或AMD公司（Advanced Micro Device）的芯片。

跨境流动的不只是商品，还有工作岗位和就业机会，其中包括一些高层次、高报酬、要求高学历的工作。在过去的10年里，美国有数百万制造业工作岗位流向劳动力成本更为低廉的国家。然而，制造业只是美国就业市场中的很小一部分（不到12%）。美国每年大约有30万个服务岗位流失海外，其中大多属于对技术要求较低的信息系统类工作，但也有建筑、金融服务、客户呼叫中心、咨询、工程乃至放射医疗诊断等"交易服务"领域的工作。

从积极角度来看，美国经济每年创造超过350万个新的工作岗位。信息系统和其他服务业领域的工作在绝对数量、薪资水平、生产率和工作质量方面持续增长。事实上，生产外包极大地加速了新系统在美国以及世界各地的发展。哪怕在经济衰退期间，信息系统的相关工作依然是需求量最大的。

而作为商科学生来说，当前要务是通过学习和工作经验来掌握无法外包的高层次技巧。对于公司来说，则是避开可以用更低价格外包的产品和服务领域。虽然挑战严峻，但机会也同样巨大。你可以学习到如何从世界市场的低成本中获益，并有机会为成千上万的消费者服务。你将有机会开发更高层次和更加有益的产品和服务。在本书中提供了诸多成功或失败的案例，反映了企业以及个人运用信息系统应对全球新环境的情况。

全球化究竟与管理信息系统有怎样的关系？答案是显而易见的：方方面面息息相关。作为一套成熟的全球通信系统，互联网极大地削减了企业的国际化运营和交易成本。位于上海的生产车间和位于美国南达科他州苏福尔斯的配送中心之间可以实现实时交流，而成本却几乎为零。客户全天 24 小时都可以通过网络在全球范围内获取准确的产品价格和质量信息，并在线采购。企业可以在全球范围内通过寻找报价更低的供应商，管理位于他国的工厂，显著地降低产品和服务的成本。如谷歌、eBay 等网络服务公司能够将商业模式和服务复制到多个国家，而无须重新设计固定成本高昂的信息系统基础设施。

1.1.4 信息系统驱动企业运营

是什么使如今的信息系统如此重要？为什么企业要在信息系统和技术上投入巨资？因为信息系统有助于企业完成六个重要的目标：实现卓越运营，推出新的产品、服务和商业模式，亲近客户和供应商，提高决策能力，取得竞争优势，在竞争中生存。

■ **实现卓越运营**

为了取得更好的收益，很多企业一直在寻找提高运营效率的办法。对于企业管理者来说，信息系统和技术是他们可获得的有助于提高效率和生产率最重要的工具，在企业经营实践和管理行为发生变革的今天更是如此。

全球最大的零售商沃尔玛用实践证明了信息系统在辅助商务实践和支持管理达到世界一流方面的能力。2013 财年，沃尔玛的销售收入突破了 4 690 亿美元——几乎占全美零售业收入的 1/10——这主要归功于能够数字化地连接其供应商与全球9 600 家门店的 RetailLink 系统。只要顾客买走一件商品，实时监控该商品的供应商马上就知道该向货架补货了。沃尔玛是整个零售业效益最好的零售商，每平方英尺的收入超过 450 美元，其最强的竞争对手——塔吉特，每平方英尺的收入为 425 美元，而其他大型零售企业每平方英尺的收入还不足 12 美元。

世界最大的在线零售商亚马逊 2012 年的销售额达到 610 亿美元，它在信息系统上投入了 21 亿美元，当其 17 000 万客户中的任何一个人搜索某一商品时，亚马逊都可以在几毫秒内做出响应并呈现正确的商品（同时向客户推荐其他商品）。

■ **推出新的产品、服务和商业模式**

信息系统和技术对于企业来说是提供新产品、新服务，进而推出新的商业模式的主要工具。**商业模式**（business model）描述的是一家企业如何生产、配送、出售产品和提供服务，以创造利润。如今，音乐行业与 10 年前相比已大为不同。苹果公司将原来出售唱片、磁带和 CD 进行音乐产品分销的传统商业模式转变为基于自己的运营系统和 iTunes 商店实现的在线、合理合法的分销模式。苹果公司从创新中获得持续收益，这些收益来自：最早的 iPod、迷你 iPod、iTunes 音乐服务、iPhone 以及 iPad。

■ **亲近客户和供应商**

如果一家企业真正了解其客户的偏好，并且能很好地为之服务，那么客户通常会以再次光临和购买来作为回应，从而提高企业的收入和利润。对于供应商也同样如此：让供应商参与得越多，供应商提供的服务就会越好，从而降低企业的成本。如何真正地了解客户和供应商，对于那些拥有几百万线下和在线客户的企业来说至关重要。

位于曼哈顿的文华东方酒店（Mandarin Oriental）及其他高级酒店已经证明了应用信息系统和技术提高客户忠诚度的作用。这些酒店借助计算机来跟踪客人的偏好，包括他们喜欢的房间温度、入住的时间、经常拨打的电话号码、经常观看的电视节目等，并将这些数据存储在大型数据库中。酒店的每个房间都与中央服务器联网，这样酒店就可以实现远程监控。当客人入住这些酒店中的任何一家时，系统会根据客人的电子档案自动调节客房的环境，如减暗灯光、设定房间温度或选择合适的音乐。酒店还会分析客人的数据以识别出最佳客户，并根据客人的偏好量身定制营销策略。

JC彭尼公司（JC Penney）则印证了信息系统在改进与供应商的关系方面的益处。在美国的JC彭尼商店里每售出一件衬衫，销售信息就会立即出现在位于香港的合约制造商——联业制衣有限公司的计算机上。联业制衣是美国衬衫市场的巨头，美国市场上有1/8的衬衫是该公司生产的。联业制衣通过其开发的计算机模型运行这些数据，由此决定生产多少补货的衬衫，以及生产何种样式、颜色和尺寸。联业制衣随后将这些衬衫发往每一家JC彭尼商店，完全省去了零售商仓库。也就是说，JC彭尼商店的衬衫没有剩余存货，没有储存成本。

- **提高决策能力**

许多企业管理人员并没有在正确的时间获得正确的信息从而做出正确的决策，相反，他们更多地依靠预测、猜测和运气。结果是：产品和服务过剩或不足、资源分配不合理、对市场的反应缓慢，导致成本上升、顾客流失。在过去的10年里，信息系统和技术让管理者利用实时市场信息进行决策成为可能。

例如，美国最大的区域性贝尔运营公司——威瑞森公司（Verizon）——利用基于网络的数字仪表盘向管理者提供精确的实时信息，包括顾客投诉、每个地区服务网络的运营情况、线路停电或暴风雨损坏的线路瘫痪等。借助这些信息，管理者能快速地将维修资源分配到受影响的地区，告知客户维修措施并尽快恢复服务。

- **取得竞争优势**

实现卓越运营，推出新的产品、服务和商业模式，亲近客户和供应商，提高决策能力，当企业实现了上述目标中的一个或多个时，就有可能已经获得了竞争优势。比你的竞争对手做得更好，对优质产品定价稍低，对客户和供应商实时响应，这些都可以增加企业的收入和利润，使你的竞争对手望尘莫及。苹果、沃尔玛和UPS之所以能够成为行业引领者，正是因为它们懂得如何运用信息系统来达到这些目的。

- **在竞争中生存**

商业企业对信息系统和技术进行投资，因为这对于其业务经营来说是必需的。有时这是由行业层面的变革所驱使。比如，花旗银行率先在纽约地区引入自动取款机（ATM）来吸引顾客以提高服务水平之后，它的竞争对手随即也争先恐后地引入ATM来赶上花旗银行。如今，美国几乎所有的银行都有ATM，并且这些地域性的取款机与全美及全球的ATM网络（如CIRRUS）相连。为零售银行客户提供ATM服务已经成为零售银行进入行业和求得生存的最基本要求。

美国很多联邦和州的法规规定公司及其员工有保存记录（包括电子记录）的法律义务。比如，1976年出台的《有毒物品控制法案》（Toxic Substances Control Act）

规定，对美国工人接触的超过 75 000 种有毒化学品，公司需要将员工的接触记录保留一定年限。为了增强上市公司及其审计师们的责任感，2002 年出台的《萨班斯-奥克斯利法案》(Sarbanes-Oxley Act) 要求上市公司保存审计工作底稿和记录（包括电子邮件）长达 5 年。企业借助信息系统和技术来获取对这些信息予以保留和报告的响应能力。2010 年出台的《多德弗兰克法案》(Dodd-Frank Act) 要求金融服务企业极大地扩展对其衍生品及其他金融工具的公告。

1.2 信息系统和信息技术的视角

迄今为止，信息系统与信息技术在文中反复出现，却尚未加以定义。**信息技术**(information technology, IT) 是企业实现其商业目标所需的所有软件和硬件。这其中不仅包括计算机主机、磁盘驱动器和便携式移动设备，还包括如 Windows 或 Linux 操作系统、Microsoft Office 桌面办公套装软件以及其他上千种典型的大型企业所需的应用软件。信息系统则更加复杂。为了更好地理解，我们分别从技术和商业两个角度对其进行分析。

1.2.1 什么是信息系统

信息系统 (information system, IS) 是由一系列相互关联的组件构成的，是通过信息收集（或检索）、信息处理、信息存储及信息发布，为组织决策和组织控制提供支持的系统。另外，信息系统还可以帮助管理者和员工分析问题、简化复杂项目并研发新产品。

信息系统囊括公司内部以及周围环境中所有重要人员、重要地点和重要事务的信息。这里我们把**信息** (information) 定义为经过整理，以某种有意义且有效用的形式呈现的数据。**数据** (data) 则是持续生成的原始资料，记录着公司或其周边环境中不断发生的事件的符号表示；这些资料没有经过组织和整理，人们无法直接理解和应用。

一个简单的例子可以说明信息与数据的不同。超市的收银台每天都会扫描大量的条码，得到有关售出商品的大量数据。将这些数据进行整合、分析，即可得出许多有意义的信息。比如，某家商店的餐具清洁剂销量、该商店或所属销售区最畅销的餐具清洁剂品牌、该品牌餐具清洁剂的总销售额等（见图 1-1）。

图 1-1 数据和信息

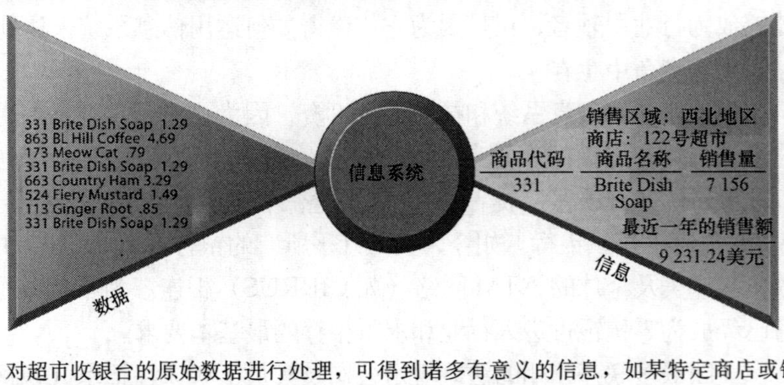

说明：对超市收银台的原始数据进行处理，可得到诸多有意义的信息，如某特定商店或销售区域的餐具清洁剂销量、销售额等。

信息系统通过三个环节生成所需信息，为组织的决策制定、运营控制、问题分析、新产品及服务的研发提供支持。这三个环节分别是输入、处理和输出（见图1-2)。**输入**（input）是指从组织内部或周围环境获取或收集信息。**处理**（processing）是指将输入的原始数据转换为有意义的形式。**输出**（output）是指将处理好的信息传送至使用者或需使用该信息的活动的过程。此外，信息系统还需要**反馈**(feedback)，即将输出信息回送给组织中的合适人选，以对输入环节进行评估和校正。

图1-2 信息系统的功能

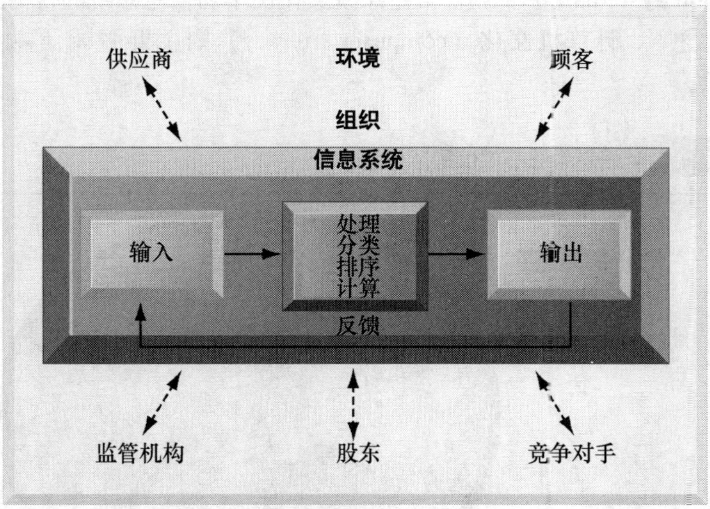

说明：信息系统包含组织及其周边环境的相关信息，通过输入、处理、输出这三个基本环节为组织提供所需的信息。反馈是将输出信息回送至组织中合适的人选或活动，对输入环节进行评估和校正。环境因素（如顾客、供应商、竞争对手、股东和监管机构）与组织及其信息系统互相作用、互相影响。

在旧金山巨人队的售票系统中，原始输入是订票数据，如购票人的姓名、地址、信用卡号、订票数量以及与所购门票对应的比赛日期等。另一个输入是门票价格，计算机将分析对于某场特定的比赛，定价多少会达到最优。计算机存储并处理这些数据，来计算订票总额、跟踪票务订单并向信用卡公司发送支付请求。输出是在线打印的门票、订单收据以及在线票务订单报告。该系统提供了很多有用的信息，比如某场比赛的售票数量和售票价格、每年门票出售的总量，以及哪些顾客经常购买。

虽然基于计算机的信息系统用计算机技术把原始数据处理成有意义的信息，但是计算机、计算机程序和信息系统之间有本质的不同。电子计算机及其相关的软件程序是现代信息系统的技术基础、工具和原材料，计算机提供了存储和处理信息的设备，计算机程序或者软件是一系列指导和控制计算机进行处理的操作指令。了解计算机和计算机程序如何工作，在设计针对组织问题的解决方案时非常重要，但计算机仅仅是信息系统的一个组成部分。

这就好比建造房子，虽然需要铁锤、钉子和木材，但是仅有这些材料还不够。结构、设计、装修、景观以及所有与此有关的因素，都是房屋的组成部分，并且对于房子的完工有决定性意义。计算机及其程序是信息系统的铁锤、钉子和木材，但仅有它们并不能提供任何一个组织所需要的信息。为了更好地了解信息系统，你必须首先了解它想要解决的问题、相关的架构和设计因素，以及形成解决方案的组织流程。

1.2.2　不仅仅是技术：信息系统中人员和组织的作用

要充分了解信息系统，我们必须理解系统的组织维度、人员维度和技术维度（见图 1-3），以及它们赋予企业的解决问题、应对商业挑战的能力。我们将这种对信息系统更加全面的认知（包括组织、人员、技术三个维度）称为**信息系统文化**（information systems literacy）。信息系统文化由学习信息系统的行为方法和技术方法组成。相比之下，**计算机文化**（computer literacy）则主要强调信息技术这个单一维度的知识。

图 1-3　信息系统不仅仅是计算机

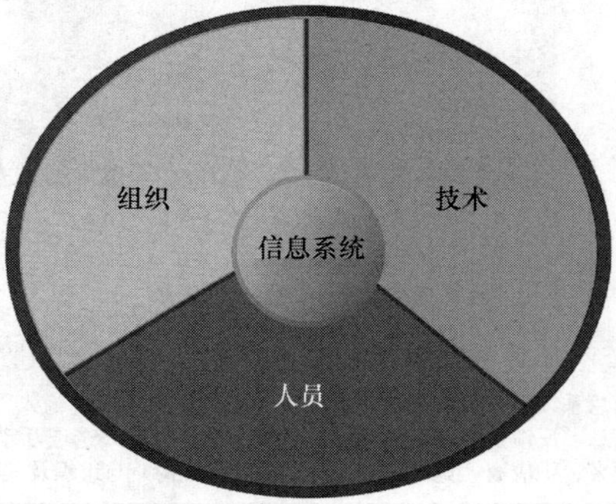

说明：高效地使用信息系统，要求对构成系统的组织、人员和技术有全面理解。信息系统通过解决企业组织和管理方面的问题，帮助企业应对周边环境中的各种挑战，为企业创造价值。

管理信息系统（management information system，MIS）这一学科所努力实现的，正是建立这种更加全面的信息系统基本素养。与企业的信息系统的开发、应用及影响相关的行为与技术问题均是管理信息系统所关注的。

1.2.3　信息系统的三个维度

下面，我们依次分析信息系统的三个维度——组织、人员和技术。

■ **组织**

信息系统是组织中重要的组成部分。虽然我们试图利用信息技术来改变组织和企业，但事实上这种作用是相互的：企业的历史和文化同样影响技术的使用方式。为了解一个特定的企业如何使用信息系统，我们需要了解它的组织结构、历史和文化。

组织的结构由不同的层级和方面构成，它揭示了一个轮廓清晰的人员维度。一个企业的权力和责任被组织成金字塔形的权力结构。该结构的上部由管理层、专家层以及技术人员组成，底部则由操作工人组成。专家们受聘于不同的业务部门，如销售和营销部门、制造和生产部门、财务和会计部门以及人力资源部门，并获得相关的培训。公司建立信息系统就是为了满足这些不同部门和不同层级的需要。我们将在第 2 章详细讨论这些业务部门和组织层次，以及信息系统对它们的作用。

一个组织通过这种结构化的层级和**业务流程**（business processes）来完成和协调它的工作，这里的业务流程是指在逻辑上与要完成的工作相关的任务和行为，比如研发一个新产品，完成一份订单，或者雇用一个新员工。

大部分组织的业务流程包括长期以来为完成任务而形成的正式规则。这些规则引导员工在不同的阶段开展工作，包括如何开发票、如何响应顾客的投诉等。有些业务流程已经被记录下来，但是还有一些不太正规的工作实践，如来自同事或者顾客的回访电话需求，就没有正式记录备案。信息系统可以自动完成很多业务流程，如顾客如何获得信用额度或者顾客采取什么方式买单，这些常常被纳入一系列正规的业务流程，由信息系统来执行。

每个组织都有其独特的**文化**（culture），或一系列基本的假设、价值观和做事情的方式，这些都已被其大多数成员所接受。在信息系统中常常可以看到组织文化的影子。比如，美国 UPS 公司把首先关注对顾客的服务作为公司文化的一个方面，这一特点体现在公司的包裹跟踪系统中。

组织中不同的层级和不同的方面会有各自不同的利益和观点。这些观点经常冲突，但冲突又常常是一个组织制定政策的基础。信息系统正是基于组织中不同的观点、冲突、希望和共识而产生的。

■ **人员**

一个企业的好坏通常取决于公司的员工和领导。同样，一个信息系统如果没有技术人员来建立和维护，没有员工知道如何使用信息系统实现企业目标，信息系统将毫无意义。

比如，一个呼叫中心通过先进的客户关系管理系统（将在后面的章节介绍）向顾客提供帮助。如果其员工没有接受过关于如何应对顾客的投诉、找到解决问题的办法并且让顾客感觉到来自公司的关注等方面的应有培训，那么这个呼叫中心也就没有多大意义了。同样，员工对于其工作、上司和技术所持的态度也会对他们使用信息系统开展工作的能力产生重大的影响。

商业企业需要具备各种技能的人才，既需要管理人员也需要普通员工。管理者的职责就是了解公司面临的形势，制定决策，采取行动解决公司的问题。他们要意识到企业经营环境中面临的挑战，制定组织战略应对这些挑战，分配人力和资金来协调各项工作以达到目的。在这一过程中，他们必须履行领导职责。

但是管理者还要管理比这更多的事情。他们必须创造出新的产品和服务，甚至经常对组织进行再造。一个管理者的核心职责是在新知识和新信息的驱动下创造性地工作。信息技术在帮助管理者针对各类问题制定新颖的解决方案方面扮演着重要的角色。

正如你将在本书中了解到的，如今的技术变得相对廉价，人才却非常昂贵。因为唯有人，才拥有解决商业问题的能力，能够把信息技术转变为有用的企业解决方案。我们在本书中将着重分析信息系统中的人员这个维度。

■ 技术

信息技术是管理者用来应对变化的众多工具之一。**计算机硬件**（computer hardware）是指信息系统中用于输入、处理和输出活动的物理设备。它包括如下组成部分：不同型号和款式的计算机，不同的输入、输出、存储设备，以及连接这些计算机的通信设备。

计算机软件（computer software）是指信息系统中控制和协调计算机硬件的详细的、预先编制好的程序指令。第 5 章将详细介绍当今企业使用的软件和硬件平台。

数据管理技术（data management technology）指在物理存储介质上管理数据的软件。更多的关于组织数据和获取方法的内容参见第 6 章。

网络与通信技术（networking and telecommunications technology）是指连接各种硬件并将数据从一个物理位置传递到另一个位置的物理设备和软件。计算机和通信设备以网络的形式相互连接，从而共享声音、数据、图像和视频。**网络**（network）可以将两台或更多的计算机连接起来以共享数据和资源（如打印机）。

这个世界上最大的使用最广的网络是互联网。**互联网**（Internet）是一个全球化的“网络的网络”，使用统一的标准（详见第 7 章）来连接遍布全球 230 多个国家和地区的几百万个不同的网络。

互联网已经创建了一个“通用”的技术平台来创建新的产品、服务、战略和商业模式。这个技术平台可以在内部使用，提供企业内部不同的系统和网络间的连接。基于互联网技术的企业内部网络称为**内联网**（intranet）。扩展到企业外部授权客户专用的内联网叫做**外联网**（extranet）。公司利用这种网络来协调公司与其他企业间的采购活动、协同的设计以及其他跨组织的工作。对于当今的大部分商业企业来说，利用互联网技术不仅是企业生存的需要，还可以为企业带来竞争优势。

万维网（World Wide Web）是通过互联网提供的一种服务，利用通用的被普遍接受的标准，在互联网上以网页的形式存储、检索、生成和显示信息。网页上有文本、图片、动画、音乐和视频。通过点击网页上显示的文字或按钮，你可以链接到相关的网页寻找更多的信息或者链接到其他的网站。新型的信息系统（如 UPS 公司的网上包裹跟踪系统）就是建立在网络的基础上。

所有这些技术以及运行和管理这些技术所需要的人，作为可以在组织中共享的资源，组成了公司的信息技术基础设施。**信息技术基础设施**（information technology (IT) infrastructure）提供了基础或平台，企业可以在此之上建立自己的信息系统。每个组织都必须仔细地设计和管理信息系统基础设施，使之能为利用信息系统完成工作提供一系列的技术服务。从第 5 章到第 8 章将详细阐述信息技术基础设施的每个主要的技术组件，并且介绍这些组件如何协同工作创建组织的技术平台。

“互动讨论：技术”专栏中介绍了在当今的计算机信息系统中应用的典型技术。美国 UPS 公司在信息系统技术上投入巨资，目的是提高工作效率，一切为顾客服务。它使用了一系列的信息技术，如条形码扫描系统、无线网络连接、大型主机、便携式电脑、互联网，以及许多用来跟踪包裹、计算费用、维护客户账户、管理物流的软件。阅读这个案例，试着分析公司面临的问题，设想可以采取哪些管理措施，并了解最后所选择的方案是如何发挥作用的。

互动讨论：技术

UPS用信息技术进行全球竞争

1907年，美国联合包裹服务公司（UPS）在一间狭小的地下办公室里创立了，创办者是两个来自西雅图的十几岁青年吉姆·凯西（Jim Casey）和克劳德·赖安（Claude Ryan），他们靠两辆自行车和一部电话起家。两人当时的承诺是：最好的服务，最低的价格。UPS公司坚持这一理念成功运营了一个世纪，如今已经成为世界上最大的陆路和航空包裹配送公司。它拥有40万名员工、96 000辆运货车，公司的航空运输部门在全球排名第九。

如今，UPS的业务遍及世界220多个国家和地区，每天要配送1 630万件包裹和文件。面对联邦快递和空中快递公司的竞争，UPS在先进的信息技术方面投入巨资，在小型包裹运送服务领域一直保持领先地位。UPS每年投资超过10亿美元来提高服务水平，保持较低的成本和运作的自动化。

UPS的每件包裹上都贴有可扫描的条形码，存储有寄件者的详细资料、目的地以及包裹到达的时间。顾客可以使用UPS提供的软件或者进入UPS的网站下载并打印自己的标签。在包裹寄出之前，智能标签上的信息就被传送到位于新泽西州马瓦或佐治亚州爱尔法利塔的某个计算机中心，然后被传至目的地附近的配送中心。

配送中心的调度员下载标签中的数据，用特定的软件分析交通、天气和停靠站等信息，为每位司机规划出最优的配运路径。2009年，UPS开始在配送车上安装传感器来获知车辆的速度、位置、被反向停放的次数，以及司机的安全带是否系好。每天的工作结束时，这些信息会上传到UPS的计算机中心并进行分析。通过GPS信息与安装在超过46 000辆运货车上的燃气效率传感器的数据，2011年UPS节约了840万加仑燃油消耗，减少了8 500万英里的运输里程。

UPS的司机每天上班做的第一件事就是使用一种叫做配送信息获取设备（Delivery Information Acquisition Device，DIAD）的手持电脑接入移动无线网络。一旦司机登录上去，他一天的配送路线就会被下载到手持电脑中。DIAD也会自动获得客户的签名以及收件和配送信息。之后，包裹跟踪信息被传输到UPS的计算机网络中进行存储和处理。在这之后，员工可以随时随地访问网络中的信息，告知顾客包裹的运送状态，回答顾客的咨询。从司机在DIAD上按下“完成”按钮到相应信息上传到网络，所花时间不超过60秒。

通过自动包裹跟踪系统，UPS能够对包裹的运输进行全程监控，甚至重新规划路线。从发送者到接收者的整个路程中，每到一个地点，条码设备就会扫描包裹标签上的配送信息，随后将这些信息传送到中央计算机。客户服务代表用与中央计算机相连的电脑就能查到任何包裹的信息，从而快速响应顾客的咨询。UPS的顾客也可用自己的电脑或手机从公司的网站上获得这些信息。UPS现在拥有面向iPhone、黑莓和安卓手机用户的移动应用和移动端网站。

顾客可以访问UPS的网站，追踪包裹的配送信息，查询配送路线，计算运费，确定配送时间，安排取件时间。UPS网站上的信息会先传输到UPS的中央计算机上，经过处理后再返回给顾客。UPS还向客户提供一些可以嵌入UPS功能的工具，如思科就把跟踪包裹费用计算的功能嵌入自己的网站，这样员工不必登录UPS的内联网站就能追踪包裹的信息了。

一个基于Web的售后订单管理系统（OMS）用来管理全球服务订单和关键零部件库存。该系统使高科技电子公司、航空公司、医药设备公司和全球其他公司能够快速评估关键零部件库存，制定满足顾客需求的最优配送路径策略，网上直接下单并跟踪零部件从仓库到最终用户的整个过程。运输里程碑以及运输零部件的航班的飞行计划发生任何改变，OMS系统都能自动发送邮件和传真告知顾客。

UPS 现在将其几十年的专业化全球运输网络管理经验运用到其他公司的物流和供应链管理中。公司成立了 UPS 供应链方案部门，该部门为其他要建立自己系统和基础设施的公司提供一整套标准化的服务，除物流管理外，还提供包括供应链设计和管理、提货方支付运费、客户代理、邮件服务、多模式联运以及金融等方面的服务。

2006 年，UPS 开始经营医疗设备和制药公司的供应链。例如，在肯塔基州路易斯维尔的总部，公司药剂师每天为美敦力公司（Medtronic Inc.）客户所下 4 000 份订单提供胰岛素泵和其他物资，美敦力是位于明尼阿波利斯市的医疗公司。在路易斯维尔的 UPS 的药剂师登录美敦力公司的系统，利用网站设备处理订单，并安排 UPS 将其交付到病人手中。UPS 的服务使美敦力可以关掉它自身的配送中心，显著地减少了处理成本。为了快速服务不同的制药公司，UPS 和其他包裹配送公司对仓储、药剂冷藏和存放管制药品的高安全金库投入了巨资。

美国普惠公司（Pratt & Whitney）在航空发动机、空间推进系统以及工业燃气轮机的设计、制造和服务上处于世界领先地位，UPS 与普惠公司开展合作，来运行位于佐治亚州的配送中心，该中心拥有 98%的用来检修普惠公司的喷气发动机的零件，并将其转运到世界各地。UPS 和普惠公司的员工通力合作，一同跟踪 25 000 个不同的零件，并每天完成 1 400 个不同的订单——从螺母螺栓到制造一个完整的发动机所需要的所有零件的工具包。在 25 万平方英尺的接收场地中，UPS 的质检员对照图纸检查新到的零件。

资料来源：Steve Rosenbush and Michael Totty, "How Big Data Is Transforming Business," *The Wall Street Journal*, March 10, 2013; Thomas H. Davenport, "Analytics That Tell You What to Do," *The Wall Street Journal*, April 3, 2013; Elana Varon, "How UPS Trains Front-Line Workers to Use Predictive Analytics," DataInformed, January 31, 2013; www.ups.com, accessed April 17, 2013; Jennifer Levitz and Timothy W. Martin, "UPS, Other Big Shippers, Carve Health Care Niches," *The Wall Street Journal*, June 27, 2012; and "Logistics in Action: At Pratt & Whitney Facility, Silence Is Golden," *UPS Compass*, August 2012.

案例思考题

1. UPS 包裹跟踪系统的输入、处理、输出分别是什么？
2. UPS 应用了哪些技术？这些技术和 UPS 的商业战略有什么关系？
3. UPS 的信息系统实现了哪些商业战略目标？
4. 如果没有这些信息系统，UPS 会怎么样？

首先让我们来界定 UPS 包裹跟踪系统中的组织、人员和技术因素。组织因素在 UPS 的销售和生产环节发挥作用（UPS 公司的主要产品即包裹运输服务）。它详细说明了如下流程：界定包裹的发件人和收件人的信息，管理库存，跟踪在途的包裹，为公司的顾客和客户服务代表提供包裹状态的报告。

系统还必须提供信息以满足管理层和员工的需求。UPS 的司机需要接受有关配送程序和如何使用包裹跟踪系统的培训，以提高工作效率。UPS 的顾客可能需要接受一些有关如何使用 UPS 自行开发的包裹跟踪软件，或者如何使用 UPS 网站的培训。

UPS 的管理层负责监督服务的质量和企业的成本，推进以低成本提供高水平服务的企业战略。管理层决定应用自动化技术，通过 UPS 系统来提高运送包裹和检查运送状态的便捷程度，进而降低运送成本并增加企业的收益。

支持该系统的技术包括便携式电脑、条码扫描器、有线和无线的通信网络、桌面计算机、UPS 的中央计算机、包裹运送数据的存储技术、UPS 自行开发的包裹跟踪软件，以及访问万维网的软件。最终公司得到了一个信息系统方案，利用该方案可以在面对众多竞争对手的业务挑战时，凭借以较低的价格提供高质量服务取胜。

1.3　理解信息系统：一种面向商业问题的解决方案

我们理解信息系统的方法是把信息系统和技术作为应对挑战和解决商业问题的方案，即“问题的解决方案”。企业面临很多挑战和问题，信息系统是解决这些问题的主要途径。本书的所有案例都在分析某公司是利用信息系统来解决某个特殊问题的。

问题的解决方案与你将来的工作直接相关，你未来的老板雇用你的主要原因是：你有能力解决业务中遇到的问题并实现企业目标。因此，如果你掌握了利用信息系统来解决问题的知识，对你和你的老板都会有帮助。

1.3.1　问题的解决方案

从表面上看，日常生活中遇到的问题解决起来非常简单：某台机器坏了，零件和机油洒了一地，很显然，必须有人来解决这个问题。随后，你在附近的商店找到了工具，开始修理机器。在清理干净地面并检查了其他的部件后，你重新启动机器，生产又恢复了。

虽然企业在经营中遇到的有些问题确实很简单，但现实中很少有问题会如此简单。在现实的商业企业中，问题会同时涉及许多方面的因素，通常可以把这些因素归为三类：组织、技术和人员。换言之，几乎所有的问题都会涉及这三个方面的因素。

1.3.2　问题解决过程的模型

这里有一个简单的解决问题的方案模型，将有助于你理解什么是问题的解决方案，并利用信息系统解决业务问题。你可以把商业问题的解决过程看作由四个步骤组成的（见图 1-4）。大多数工作人员都通过这样的模型找到了解决办法。让我们来简要介绍各个步骤。

图 1-4　解决问题是一个持续的四步骤过程

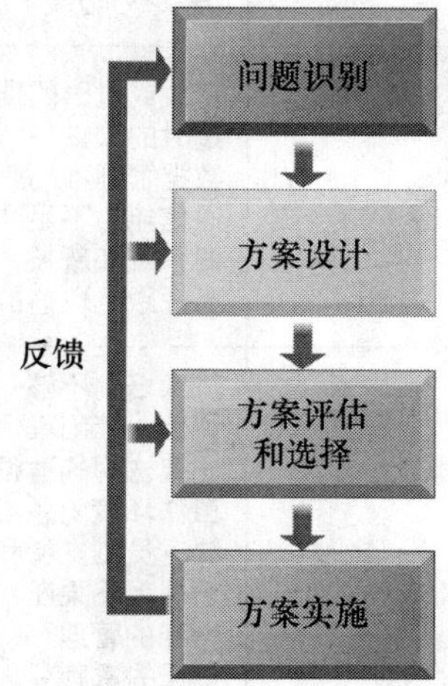

说明：在实施过程中和实施过程后，需要对结果进行不断的评测，并且将方案运行情况的信息反馈给问题的解决者。通过这种方法，可以随时调整对问题的识别，进行方案的修改，做出新的选择，而所有这些都需要依靠经验。

■ **问题识别**

问题解决过程的第一步是了解目前遇到的是什么样的问题。与流行的看法相反，问题并不像赛场上的篮球，静静地等待被“客观”的问题解决者发现。在问题被解决之前，人们必须就现存的问题是什么，主要原因是什么，以及在组织给定的资源条件下我们能做什么等方面达成共识。在问题能够被解决之前，组织中的人员必须对问题有正确的定义。

比如，一个员工没有以及时和正确的态度响应顾客的要求，很可能是由于跟踪顾客的信息系统已经过时，或者是由于对于员工如何更好地对待顾客的激励不够。一旦你明白了这一重要事实，就可以用你的创意去解决问题了。寻找这些问题的答案需要收集事实，访问涉及该问题的所有人，并且对收集到的资料进行分析。

在本书中，我们强调商业问题的三个不同的典型维度：组织、技术、人员（见表 1-2）。典型的组织问题包括：糟糕的业务流程（经常与过去有联系）、不匹配的文化、相互矛盾的政策以及组织外部环境的变化。典型的技术问题包括：硬件无效或过时、软件未及时更新、数据管理不当、通信能力不足以及旧系统与新技术之间的矛盾。典型的人员问题包括：员工培训不够、评估业绩困难、法律法规的遵循问题、人事关系问题、管理不当以及员工支持和参与方面的问题。当你开始分析一个商业问题时，你将发现这三个维度会帮助你更好地分析将要解决的问题。

表 1-2　商业问题的维度

维度	说明
组织	过时的业务流程 不协调的文化和态度 政策的冲突 混乱和变化的商务环境 任务复杂 资源不充分
技术	无效或过时的硬件 过时的软件 数据管理不当 通信能力不足 旧系统和新技术之间不协调 无法跟上快速的技术变化
人员	员工培训不够 评估业绩困难 法律法规的遵循问题 工作环境问题 缺乏员工支持和参与 管理上不果断 糟糕的管理 错误的激励

■ **方案设计**

第二步是为已识别的问题设计解决方案。对于任何问题都会有很多解决方案，而方案的选择常常反映出组织中各类人员的不同观点。你可以尝试尽可能多的方案，从而了解这些方案的作用。有些方案强调问题的技术维度，有些则强调问题的组织维度和人员维度。你将在本书中发现，最成功的解决方案来源于整合的结果，即把新技术与人员及组织的变化融合在一起。

■ **方案评估和选择**

本过程的下一步是为你的企业选择“最佳”方案。在选择唯一的最佳方案时，我们要考虑的因素包括：方案的成本，在企业现有资源和技能条件下实施该方案的可行性，以及设计和实施该方案所需的时间。同时企业的员工和经理的态度也是非常重要的，一个得不到企业中所有主要的利益相关者支持的方案必将走向失败。

■ **方案实施**

最佳方案应是能够实施的方案。一个信息系统的实施包括方案的创建和把方案导入组织。其中包括软硬件的采购和软件的编制——这是方案中的技术部分。要在现实商务环境中对软件进行测试，要对员工进行培训，还要撰写新系统的使用手册。

你还必须考虑变革管理的问题。**变革管理**（change management）是指能够应用技术在企业中进行成功的改革。几乎所有的信息系统都会对企业的业务流程进行变革，也就是改变成千上万的员工每天所做工作的流程。你需要设计新的更有效率的业务流程，并且明示如何鼓励员工采纳这些新流程。这可能需要开会向员工说明这些变化，需要安排新的培训让员工快速掌握新系统和新流程，还需要提供一些奖励以鼓励员工热心支持企业的革新。

实施还包括对结果的评估。一个方案实施后，必须进行评估以判断该方案是否有效，以及为了达到最初的目标是否需要做出新的改变，并将这些信息反馈给方案的提出者。通过这种方式，可以随时调整对问题的识别，进行方案的修改，做出新的选择，而所有这些都需要依靠经验。

■ **问题的解决：是一个过程，而非一个事件**

人们常认为，某个问题一旦解决，事情就过去了，问题就会被遗忘。而且人们很容易陷入这样的误区，认为问题会像一个事件一样在某个时刻消逝，像接力比赛和篮球比赛一样结束。其实在现实世界中并非如此，有时被选中的方案不起作用，就需要选择新的方案。

比如，美国宇航局（U.S. National Aeronautics and Space Administration, NASA）曾耗资 10 亿美元来解决太空垃圾问题，但结果证明，最初的方案并没有奏效。更普遍的情况是，被选方案只发挥了部分作用，还需要通过持续的改进来使其与所要解决的问题真正“吻合”。最初的方案和最终起作用的方案常常只是在表面上略有相似，有时是因为问题的性质发生了变化而导致最初的方案无效。比如，黑客一直在制造新的计算机病毒的变种，反病毒程序只有不断地改进，才能检测出病毒。所以，问题的解决也是一个持续的过程，而非一个事件。

1.3.3　批判性思考在解决问题中的作用

要接受别人关于问题的定义，或者接纳某些专家组通过客观分析问题而提出的意见和措施，是非常容易的。但你应该尝试去怀疑对于任何问题的现存的界定。在整个决策过程中，你应该与特定的解决方案保持一定的距离，除非你确认自己已经充分识别了问题，理解了问题，并且分析了所有的选择方案。否则，你可能迷失方向，解决了错误的问题，同时浪费了资源。所以你应该做一些批判性思考的练习。

批判性思考（critical thinking）指从多个角度、用多种方法进行持续的怀疑性判断。它至少包括四方面的内容：

- 保持怀疑和质疑的态度；
- 有多角度思考的意识；
- 检测各种备选方案并借助经验的指导；
- 对组织和人员的局限性有所认识。

仅仅依据一个决策过程或者决策模型，并不能确保产生正确的方案。为了防止产生不正确的结果，你最好在整个问题的决策过程中都进行批判性思考。

首先，保持怀疑和质疑的态度。在解决问题时，最常犯的错误就是对于问题的本质过早地做出判断。如果一开始就质疑所有的方案，拒绝过早地做出判断，你就可以创造必要的条件来重新审视问题，这样就有机会做出创造性的贡献。

其次，意识到所有的商业问题都有多面性，即使是同样的问题也可以从不同的角度来审视。在本书中，我们强调了商业问题的三个重要的视角：技术、组织和人员。在每一个大视角中还包括很多不同的子视角。比如，技术视角包括企业 IT 设施的所有组件及其工作方式；组织视角包括企业的业务流程、组织结构、文化和制度；人员视角则包括公司管理层、公司员工，以及他们在工作团队中的相互关系。

以上哪个视角对于给定的问题是最重要的，你必须自己做出判断。判断的最终标准是有用性，即所选定的视角能否告诉你更多的对于解决问题有用的信息。如果不能，那就放弃这个在该情形下没有意义的视角，转而寻求新的视角。

此外，批判性思考还涉及测试备选方案或为问题的解决方案建模，并借助经验的指导。因为并不是所有的意外都能预料到，许多是根据经验才感知到的，所以我们要定期做试验，收集数据并重新评估问题。

1.3.4 商业目标、问题以及解决方案之间的联系

现在让我们在企业信息系统和问题的解决方法之间建立联系。在本章的开头，我们讨论了商业企业投资于信息系统和技术的六个原因，定义了建立信息系统的六个商业目标，即实现卓越经营，推出新产品、新服务和新的商业模式，亲近客户和供应商，提高决策能力，取得竞争优势，求得继续生存。如果企业不能达到这些目标，它将面临“挑战”或“问题”。那些意识到这些挑战的管理层和员工经常求助于信息系统，将信息系统作为解决问题的办法之一，甚至是唯一的办法。

回顾一下本章开头处的图解。该图显示了旧金山巨人队的系统是如何在竞争激烈的领域增加收入来解决商业问题的。该系统提供了利用互联网创造的新数字交互技术和新机会来解决问题的办法。它们开辟了新的销售渠道，通过与客户的交互来提高业务绩效。该图同时也阐明了人员、技术和组织因素如何相互协调构成一个系统。

本书的每一章都以类似的图开始，以帮助你分析章首案例。你可以用这些图示作为分析任何信息系统和你遇到的任何信息系统问题的一个起点。

1.4　信息系统与你的职业

展望 2020 年，美国经济将会创造出 2 000 万个新的工作岗位，2 400 万个现有的岗位会因为退休而空缺，超过 95%的新工作岗位将会在服务业中产生。这些新的工作岗位和需要接替的工作岗位将主要由本科生来填补（Statistical Abstract，2013；U. S. Bureau of Labor Statistics，2013）。

这意味着美国的企业正在寻求拥有更强的问题解决能力（阅读、写作和陈述观点的能力，以及特殊的技术技能）的人。无论在商学院的专业学习过程中，还是在将来的职业生涯中，信息系统和技术都将扮演重要的角色。你的职业机会和薪酬将部分依赖于你帮助企业利用信息系统实现目标的能力。

1.4.1　信息系统将如何影响职业

在接下来的章节中，我们将介绍信息系统是如何影响某些特定职业的，基于美国劳工统计局的调查，在这个新的劳动力市场中你需要掌握什么样的技能才能更有效地工作（Bureau of Labor Statistics，2013；U. S. Census，2011）。

- **会计**

如今，在美国劳动力市场上有 200 万名会计师，预计到 2020 年，会计行业要扩容 16%，新增 20 万个就业岗位，同时还有相同数量的退休空缺岗位。会计行业岗位的增长速度高于平均水平的主要原因是：针对上市公司的新会计法的出台，针对上市公司和私人企业的税务审计检查越来越多，以及日益增长的管理和运营咨询的需要。

会计高度依赖于信息系统来汇总交易数据、制作财务报表、组织数据和进行财务分析。随着新国际法的诞生，会计要具备更多的关于数据库、申报系统和网络的知识来追踪财务交易。因为有许多交易是在网络上进行的，会计需要了解在线交易和报告系统，以及如何在在线、无线及移动商务环境中使用系统来实现会计职能的管理。

- **财务**

如果涵盖财务分析师、股票分析师、保险担保人和其他与财务相关的服务岗位，目前美国财务方面的管理者有 220 万人。财务经理制作财务报表、指导投资活动、实施现金管理战略。预计到 2020 年，这些财务相关岗位数量将增长 20%，新增 40 万个新的工作机会。

财务经理在规划、组织和实施信息系统战略方面起着非常重要的作用。财务经理直接与公司的董事会及高级经理共事，确保在信息系统上的投资能帮助公司达到既定目的，赢得更高的回报。信息系统和现代财务管理与金融服务实践之间的联系非常密切，所以很多主修财务金融专业的学生也辅修信息系统（反之亦然）。

- **市场营销**

没有一个行业像营销和广告业那样，在过去的 5 年里经历了由技术带来的翻天覆地的变化。之前所描述的电子商务的蓬勃发展，说明人们已经把注意力转移到了互联网上。由此不难解释，互联网广告是各类广告中成长最快的一种类型，2013 年的收入达 400 亿美元。产品品牌的宣传及与顾客的交流正以极快的速度转移到线上。

美国劳动力市场上，有 150 万个公关、市场分析、销售和营销方面的经理职位。该行业的增长速度高于平均水平 12 个百分点，预计到 2020 年将新增 30 万个工作岗位。此外还有近 260 万个与市场营销相关的非管理类岗位需求（涉及艺术、设计、娱乐、体育和媒体），以及超过 1 590 万个销售岗位。所以预计到 2020 年，合计将新增 310 万个工作岗位。市场营销和广告管理人员在进行品牌推广、销售产品和服务的过程中，每天在线上和线下处理庞大的客户行为数据。他们制作产品行情报告，跟踪客户反馈，并管理产品开发。这些管理人员需要了解如何应用企业集成信息系统中的生产管理系统、销售团队管理系统、客户关系管理系统，来开发消费者需要的产品，管理客户关系，管理日益庞大、分布在各地的销售队伍。

■ **服务和制造业中的运营管理**

现代工业生产的规模扩大和复杂化，以及大型跨国服务型企业的出现，使得对于能够协调和优化资源来生产产品和提供服务的员工的需求量大大增加。作为一门学科，运营管理与以下三类职业直接相关：企业生产经理、行政服务经理以及运营分析人员。

企业生产经理、行政服务经理和运营分析人员每天都会与信息系统及技术打交道来完成他们的工作，他们大量运用数据库和分析软件。

■ **管理人员**

管理人员是美国劳动力市场上最大的一个群体，拥有超过 1 500 万人，另有 627 000 名管理咨询师。总的来说，在美国，管理人员群体预计以平均 15%的速度增长，到 2020 年，将新增 320 万个工作岗位。来自美国劳工统计局的数据显示，管理职位有 20 多种类型，从首席执行官到人力资源经理、生产经理、项目经理、旅店经理、医院经理和社区服务经理等。

信息系统改变了企业的管理方式。可以说，离开了信息系统，如今的企业，即使是小企业，其管理工作也将寸步难行。在美国，几乎所有的管理人员每天在工作中都要使用信息系统和技术，小到桌面办公软件，大到协调整个企业资源的企业集成系统。如今，管理者使用多样化的信息技术进行管理，没有它，管理人员无法对企业进行控制和领导。

■ **信息系统**

信息系统是完成企业主要目标的最重要的工具之一，信息系统领域可以说是所有的商务领域中变化最快的一个领域。企业信息系统的快速发展导致对信息系统员工和管理人员的需求量大增，他们与其他的商务专业人士合作，设计和开发新的软硬件系统以满足企业的需求。预计到 2020 年，在前 20 个发展最快的职业中，信息系统相关职业将排在第五位。

目前美国有约 30.7 万个信息系统经理职位，正以 15%的速度增长，预计到 2016 年，将会增加超过 5.5 万个新职位。随着企业和政府机构越来越依赖互联网通信和计算机资源，系统和网络安全管理职位的需求量正迅速增加。美国职业需求中增加最快的是网络系统和数据交流分析岗位，预计增长率为 21%。

外包及离岸外包 与其他众多的服务业和制造业一样，互联网为信息系统工作的外包创造了新的机遇。外包主要有两种类型：外包给美国国内的公司，以及离岸外包给劳动力价格低的国家，如印度、中国和东欧国家。尽管在国内服务供应商看来两者区别并不大，但诸如 IBM 等公司在印度建立了全球外包服务中心。

最常见也最成功的离岸外包项目包括：产品编程、系统维护编程以及与客户关系管理系统有关的呼叫中心。然而，印度和中国技术岗位工资的增长和外包项目所增加的管理成本令这些工作又回流到美国。另外，即使像软件维护这样的常规的信息系统技术工作可以很容易地外包出去，但系统开发所要求的管理和组织任务——包括商业流程设计、客户界面、供应链管理——通常保留在美国。软件设计和新的编程工作由于对企业具有战略作用而很少外包，并且国内软件设计者更了解美国市场和客户群。常规信息系统工作软件外包给劳动力成本低的国家降低了在美国建立和维护系统的成本，随着系统成本降低，系统的数量更多了。最终结果就是离岸外包将增加美国国内对信息系统管理职位以及前文所提到的相关职位的需求。

在列出了 IT 劳动力市场的所有影响因素后，我们讨论信息系统专业的学生应该掌握什么样的技能。下面是我们认为可以提高就业竞争力的几项通用技能：

- 深入了解软硬件的新发展，了解如何利用这些技术来提高企业的工作效率，增进与客户及供应商之间的关系，提高决策能力，获取竞争优势，并确保公司的生存。这包括深入了解数据库、数据库设计、信息系统实施和管理方面的知识。

- 具备在设计和实施新的信息系统时的领导能力，为确保系统达到商业目标而与其他业务专家一起共事的能力，以及使用新的系统解决方案的软件包的能力。

1.4.2 信息系统与职业发展：总结

回顾上述特定专业所需要的信息系统技能，其中一些是所有商科专业都必须具备的，包括：

- 所有的商科学生，无论什么专业，都需要了解信息系统是如何帮助企业实现商业目标的，比如提高运营效率、开发新的产品和新服务以及维持与客户的密切关系。

- 在我们总结必需的工作技能时，数据库在现代企业中的核心作用或许是最值得关注的，前面介绍的每一种职业都高度依赖数据库。

- 随着数据库应用的普及，数字化信息呈指数级增加，使管理者面临了解所有这些信息的挑战。无论什么专业，商科学生都需要培养分析信息以帮助企业了解其所处环境的技能。商业分析和商务智能是分析庞大的企业网络环境所产生的大数据的重要手段。

- 所有商科学生都要具备与创建和实施信息系统的专家和系统设计者合作共事的能力，只有这样，才能保证该系统真正服务于企业目标，提供企业管理者和员工所需要的信息，真正为他们所理解。

- 每个商科专业都会受到企业中道德、社会、法律环境变化的影响。商学院的学生需要理解信息系统是如何满足商务需求的（包括向政府管理者和公众提交企业的报表），以及信息系统对该领域中商业伦理道德的影响。

1.4.3 本书如何帮助你为将来做准备

本书精心设计的内容旨在帮助你为将来的职业生涯做准备。本书提供了必备的知识和基本概念，让你更好地理解信息系统在商业组织中所起的重要作用。你可以利用这些知识来识别可以提高企业工作效率的机会。你将学习如何利用信息系统来提高运营效率、推出新产品和新服务、提高决策能力、增强客户的亲密度以及增强竞争优势。

同样重要的是，本书将帮助你培养利用信息系统解决工作中遇到的实际问题的能力。你将学习如何分析和定义商业问题，如何设计合适的信息系统解决方案，同时增强批判性思维和解决问题的能力。以下所列的本书特点以及随后的学习项目将强调解决问题和以职业为导向。

■ **描述和分析信息系统的框架**

本书为你提供了一种从信息系统的三个组成要素——人员、组织和技术入手，来分析和解决问题的框架。该框架在书中反复使用，目的是帮助你了解信息系统在企业中的作用，分析信息系统问题。

■ **解决问题的四步骤模型**

本书为你提供了一种解决商业问题的四步骤方法，我们在本章已作了介绍。你将学习如何识别商业问题，如何设计可选的方案，如何选择正确的方案，以及最后如何实施该方案。你需要用这种解决问题的办法来分析每一章的案例。第 12 章将介绍如何利用这一方法来设计和建立新的信息系统。

■ **激发批判性思考和解决问题能力的管理信息系统实践项目**

每一章都会提供管理信息系统实践项目，以培养你批判性思考和解决问题的能力。这些项目包括两个管理决策问题、实际的应用软件练习以及培养互联网技能的练习。对于每一个项目，我们都给出解决问题所需的商业技能和软件技能。

本章小结

1. 信息系统是怎么改变企业的，它和全球化有什么关系？

电子邮件、网络会议、智能手机和平板电脑已经成为开展企业活动的重要工具。信息系统是快速供应链的基础。互联网使企业能在网上进行交易、做广告、征求顾客反馈意见。通过极大地降低全球范围内的生产成本和交易成本，网络促进了全球化进程。

2. 为什么如今信息系统对商业运营和管理如此重要？

如今，信息系统是开展企业活动的基础。在许多行业中，不能广泛使用信息系统的企业难以生存。信息系统可以帮助企业完成六个主要目标：实现卓越运营，推出新的产品、服务和商业模式，亲近客户和供应商，提高决策能力，取得竞争优势，在竞争中生存。

3. 信息系统到底是什么？它是如何运作的？它的人员、组织、技术组成分别是什么？

从技术的角度来看，信息系统从组织环境和内部运营中收集信息，并进行存储，然后分配到相关的部门中，以此来支持组织功能，进行决策制定、沟通、协调、控制、分析和可视化管理。信息系统通过三个步骤（输入、处理、输出）将原始数据转变为有用的信息。从企业的角度来看，当企业遇到困难或面临挑战时，信息系统有助于提出解决方案，它代表了人员、组织和技术的融合。

信息系统的人员维度涉及：培训、工作态度和管理行为。技术维度包括：计算机软硬件设施、数据管理技术、网络/远程交流技术和互联网。信息系统的组织维度有：组织层级、部门划分、企业流程、企业文化和政治利益集团。

4. 解决商业问题的四步骤方法如何用来解决与信息系统相关的问题?

问题识别就是理解需要解决什么样的问题，识别出人员、组织和技术因素。问题解决方案设计就是为识别出的问题设计不同解决方法。评估和选择就是考虑各个方案的成本和可用的资源及技能，从中选择最优的方案。信息系统方案的实施包括购买和设计软硬件设施、测试软件、培训员工、进行管理变革及测量实施结果。解决问题需要进行批判性的思考，即从多个角度、多方面进行考虑。

5. 信息系统会对职业造成哪些影响? 必须掌握哪些与信息系统相关的技能和知识?

会计、财务、市场营销、运营管理、人力资源管理和信息系统管理等职业都要求从业者：理解信息系统帮助企业完成目标和数据库的重要性，对信息系统引发的道德、社会和法律问题的敏感性高，能够和技术专家以及其他系统设计和构建方面的专家一起工作。

复习题

1. 信息系统是怎么改变企业的，它和全球化有什么关系?

- 描述信息系统改变企业运营、生产产品及提供服务的方法。
- 描述在这个“扁平化”的世界里，全球化带来的挑战和机会。

2. 为什么如今信息系统对商业运营和管理如此重要?

- 列出并描述信息系统对今天的企业如此重要的六个原因。

3. 信息系统到底是什么? 它是如何运作的? 它的人员、组织、技术组成分别是什么?

- 列出并描述信息系统的组织、人员和技术维度。
- 定义信息系统并描述它执行的活动。
- 区分数据和信息，以及信息系统知识和计算机知识。
- 解释互联网以及万维网是怎么和信息系统的其他技术成分相关的。

4. 解决商业问题的四步骤方法如何用来解决与信息系统相关的问题?

- 列出解决企业问题的四个步骤，并进行描述。
- 给出企业中有关人员、组织和技术问题的例子。
- 简述批判性思考和解决问题有什么关系。
- 描述信息系统在问题解决过程中的角色。

5. 信息系统会对职业造成哪些影响? 必须掌握哪些与信息系统相关的技能和知识?

- 描述信息系统在会计、财务、市场营销、运营管理等职业中的作用，并解释新技术和外包是怎么影响信息系统中的这些职业的。
- 对于这些职业，哪些信息系统技能和知识很关键? 解释原因。

讨论题

1. 全球化对你找工作有什么影响? 在全球化环境中你要做哪些准备工作来提高自己的竞争力? 信息系统的知识怎么帮助你提高竞争力?

2. 如果你为旧金山巨人队建立网站，你在人员、组织和技术方面将遇到什么问题?

3. 辨识 UPS 在建立成功的信息系统过程中必须解决的人员、组织和技术问题。

管理信息系统实践项目

本部分的实践项目涉及以下几个方面：提供关于财务报表及库存管理问题分析的实际运用，使用数据管理软件提高决策水平，增加销售收入，使用互联网软件了解职位需求。

管理决策问题

1. Snyders of Hanover 公司每年要售出 8 000 万袋椒盐脆饼、薯条和有机食品，它的财务部门通过手工处理电子表格来完成数据收集、制作财务报告。财务分析师在每个月末要花一周的时间从全球 50 多个部门收集表格，然后将这新数据重新合并到新的报表中，形成公司的月度利润表。如果某个部门要更改已上交的表格数据，分析师就要将原始表格退给该部门，然后等他们重新提交新的表格，再将改过的数据并入合并报表。评估这种情况对企业绩效及管理决策制定的影响。

2. Dollar General Corporation 是一家日用消费品折扣店，销售家居用品、清洁用品、服装、保健和美容用品以及袋装食品，大多数商品的售价仅为 1 美元。这种商业模式要求公司必须尽可能地降低成本。尽管公司也有信息系统（例如点对点的跟踪柜台销售系统），但为了节省开支，信息系统的配置并不够，不能自动跟踪每家店铺的库存。送货时，经理们只大概知道每种商品需要的箱数，且店铺中缺少能够浏览商品箱数及箱内物品数量的技术。意外损失（如盗窃）的商品数量正在逐渐增加，损失额已经占到总销售额的 3%。为解决这些问题，在投资信息系统前应该先做哪些准备？

提高决策能力：利用数据库分析销售趋势

软件技能：数据查询和输出

管理技能：销售趋势分析

在这个练习中，有原始的销售数据，你可以使用 Microsoft Access 数据库软件来进行查询和输出，帮助管理者制定相关决策，如产品定价、促销和库存补货。在 MyMISLab 中，Microsoft Access 给出了一个店铺和区域销售数据库，其中包括各个区域的店铺每周的计算机设备的原始销售数据。这些数据包括店铺的识别号码、所属的销售区域、商品数量、商品描述、单位价格、销售数量以及销售日期。通过查询和输出将这些数据转化为对企业有用的信息。销售和产品经理想知道以下几个问题：

- 哪些商品需要重新进货？
- 哪些店铺或区域会从促销及加大市场宣传力度中获利？
- 商品什么时候要全价出售，什么时候需要打折？

你可以通过修改数据库表格来找出答案，这是件容易的事情。将查询的结果和表格打印出来。

提高决策能力：利用互联网了解各种职位对信息系统知识的需求

软件技能：互联网软件

商业技能：工作搜索

访问找工作的网站，如 Monster.com，花点时间搜索关于会计、财务、销售、市场营销和人力资源等的职位，找出 2～3 个职位描述中要求具备信息系统知识的工作，并列出这些工作要求具备哪些信息系统知识。为了适应这些工作需要做哪些准备？写篇 1～2 页的报告来总结你的这些发现。

章末案例

电子医疗记录的新发展

你经常会发现医生的书架上放满了存储医疗档案的文件夹和纸张。每次你去就诊，你的记录就被创建或修改，通常会生成多份副本。目前大多数的医疗记录是纸质的，这些记录非常难以获取和分享。有人说过美国的医疗行业是全世界应用信息最低效的。

低效的医疗记录是造成美国医疗保健花费极高的原因之一。2012 年医疗费用达到 2.8 万亿美元，占有美国国内生产总值（GDP）的 18%。若不加理会，到 2037 年医疗费用将会达到 GDP 的 25%，并消耗联邦总花费的近 40%。行政成本和医疗记录成本占美国医疗费用近 13%，因此改进医疗记录系统成为节省成本甚至提高医疗质量的主要途径。

一个电子医疗记录（electronic medical record，EMR）系统包含一个人所有的重要医疗数据，包括个人信息、完整的医疗历史、检验结果、诊断、治疗、处方药和治疗效果。医师能从 EMR 中立刻直接地获取所需信息而不用仔细研读纸质文件。如果记录对象到了医院，检验的记录和结果可以立即在线获取。手头拥有完整的病患信息可以帮助医师防止处方药物相互作用，避免冗余检验。许多专家相信，电子记录将减少医疗失误、提高治疗水平、产生更少的纸质文件、提供更快捷的服务，所有这些在未来带来的节约每年有望达到 800 亿美元。

美国政府的短期目标是到 2015 年所有的医疗服务人员都能够使用满足基本功能标准的 EMR 系统，长期目标是拥有功能完善的全国电子医疗记录网络。埃森哲咨询公司预计，2015 年美国 50% 的医院可能因达不到联邦要求而面临受罚的风险。

投入使用的 EMR 系统表明，电子记录为医院和病人都提供了极大的便利。美国退伍军人管理局（Veterans Affairs，VA）系统就是一个很好的例子。几年前 VA 系统转变为数字化记录，在预防服务和慢性病护理的质量上远远超过私营部门和医疗保险机构。VA 也提供全美最低成本的医疗服务。VA 的设施使用 VistA，这是一个由政府开发的能让医生和护士共享病人病史的记录软件。典型的 VistA 记录列出了病人所有的健康状况，病人开始治疗以来的体重和血压、病人的 X 光图像、实验室检测结果、其他检测结果，药物列表，以及即将到来的预约提醒。

VistA 有助于改善治疗质量。例如，护士能够浏览病人和药品的标签来确保病人使用了正确剂量的药品。这能够减少药物使用错误（这也是最常见且成本很高的医疗错误类型），并可以加快治疗进程。这个系统同时根据特定的条件自动发出警告。如果病人的血压超出特定水平，或者未能按时注射流感疫苗或进行预防癌症的定期检查，它可以提醒使用者。测量病人生命特征的设备可以自动将结果传送给 VistA 系统，系统会自动更新，一旦出现问题，医生就能够发现。VA 家庭监控项目的 40 000 名病人的入院率下降了 25%，在医院停留的时间减少了 20%。

与那些以纸质办公为主的医疗服务机构相比，VA 系统还使得病人的后续治疗流程更加方便，因为 EMR 系统支持对报销和支付流程的即时响应。以往保险公司即使在收到报销的请求后就立即处理，也需要两周左右的时间才能完成整个流程，政府规定的最长理赔周期也有 15 天之久。另外，现在的报销流程中要求医疗机构提供投保人准确的诊断书、化验结果和费用清单等材料，而这些材料难以计数，多数医疗机构都会单独安排人员负责报账。电子系统能够即时处理信息，做到实时的报销审核，整个流程就像你使用信用卡一样方便，因为报销所需信息都可以在系统中随时读取和调用。

《美国复苏与再投资法案》（American Recovery and Reinvestment Act）有两种方式为医疗机构提供经济刺激资金。首先，20 亿美元预付给医院和医师来建立电子记录。另外 17 亿美元用来奖励 2015 年前成功实施了电子记录系统的机构。为了取得奖励资格，机构必须证明"有效使用"了电子医疗记录系统。评选标准是成功实施了认证的电子记录产品，能够以电子化方式开具 40% 的处方，能够向政府医疗机构报送数据。

除了激励机制外，联邦政府还在评估对不符合无纸化办公系统新标准的医疗服务机构的惩罚力度。如果这些机构在 2015 年还未达到标准，它的医疗保险和医疗补助的报销比例将逐年递减 1%。到 2018 年，如果使用电子病历的医疗服务机构依旧很少，惩罚将更为严厉。

为实现医疗记录自动化所做的这些努力值得吗？迄今为止，结果难辨。典型的电子医疗系统的花费平均到每名医生约为 30 000～50 000 美元，其中只有一小部分资金是预付的。这会加重许多机构的负担，尤其是少于 4 名医生、50 个床位的医疗机构的负担。根据埃森哲的报告，全面改善医疗记录系统会显著增加医疗机构的短期预算和工作量——增幅近 80%。相对于大机构，小机构更不会为数字化医疗记录提前做准备。

实施 EMR 系统同样要求医师和其他医疗工作者改变工作方式。接听病人的电话、检查病患、开处方都需要使用和更新电子医疗记录。纸质的记录必须转化为电子形式，很可能要在系统中勾选符合原来治疗方案的众多选项和调整数据结构以便存储。培训可能花费医生 20 小时，而医生的工作是极其紧张的。你的医生可能正花费不少时间来将你过去的医疗历史输入 EMR。为了运行这个系统，医师可能必须录入一些数据，这将占用他们和病人相处的时间。马萨诸塞州对 49 名医师的研究显示，过去 5 年中的平均损失达到 44 000 美元，即使这些医师使用免费的电子健康档案（Electronic Health Records，EHR）系统和操作支持。小机构，尤其是继续同时使用纸质记录和 EHR 系统的机构，遭受的损失更大。尽管记录的成本已经下降，但会产生更高的持续发生的医师时间成本。

许多健康技术公司正急切地等待着 EMR 产品即将到来的需求高峰，并开发了多样的医疗记录结构。哈门那公司（Humana Inc.）、安泰保险（Aetna Inc.）和其他健康保险公司在为一些医生和医院支付建立 EMR 系统的花销。

医疗机构选择不同的医疗记录结构带来两个问题。第一，在不同系统间共享医疗数据可能会出现许多问题。尽管主要的 EMR 系统将满足向政府机构报送电子化数据的特定标准的要求，但可能无法向另一个机构报告数据，而这是全国性系统的重要要求。在 2015 年前后开发和实施的不同类型的 EMR 系统不大可能立即相互兼容，这阻碍了构建所有医疗机构可以共享信息的全国系统。缺乏国家性的组织和交换医疗信息的软件标准已经成为问题。这意味着如果你去一家医疗机构就诊，然后去另一家医院接受治疗，这些机构一般不能电子化地共享你的医疗记录。

第二个问题是对于参与建立健康记录系统的保险公司来说可能会有潜在的利益冲突。保险公司经常被谴责逃避或延迟医疗理赔。拥有可迅速高效处理理赔的医疗系统对它们来说并没有好处。

在 2005 年曾预言信息系统的完善可以让美国医疗系统每年节约 810 亿美元的兰德公司（RAND Corporation）最近变得更加谨慎。它发现自 2005 年以来，即使数字化医疗系统有所增加，美国每年的健康花费还是剧增到 2.8 万亿美元，而在质量和效率上只有小幅提升。兰德的研究员认为电子医疗记录系统缺乏互操作性是一个主要障碍。

越来越多的迹象表明，电子健康档案可能是导致医疗保险费用增加的原因。因为医院和医师可以轻易地在账单中加入一些没有真正提供的服务，此外 EMR 系统会对过去并不收费的某些服务提示收费。有的电子健康档案程序允许医师设置批量填写的功能，系统会自动把某一体检结果复制粘贴到多个病人的记录中；有些程序允许把并没有进行的检查记录输入到系统中。要想让电子健康档案达到最初设想的目的，就需要更多的限制条件和联邦政府的监管。

尽管大多数保险公司坚称只有医生和病人可以获取系统里的数据，但许多人对此持怀疑态度。2012 年 5 月由哈里斯互动公司（Harris Interactive）开展的调查发现，只有 26% 的美国人想把其医疗记录由纸质转换为电子形式。调查中大多数人担心电子记录的安全、潜在的个人信息滥用以及在电力或电脑中断期间医师不能获取病人记录的风险。对于隐私和安全的担心会影响 EMR 系统的成功实施和治疗质量的提升。出于隐私方面的担忧，1/8 的美国人曾经跳过诊所医生或常规检查，让医生修改某个检验结果，或私自付钱做某项检查。一个未能好好设计的 EMR 网络会增加这些担忧。

资料来源：Paul Cerrato，"Healthcare IT：Savior or Sinkhole?" *Information Week*，January 11，2013；Ken Terry，"Some Physicians See Revenue Loss After EHR，Study Says，" *Information Week*，March 14，2003；Reed Abelson and Julie Cresswell，"In 2nd Look，Few Savings from Digital Health Records，" *The New York Times*，January 10，2013；Reed Abelson，Julie Cresswell，and Griffin J. Palmer，"Medicare Bills Rise as Records Turn Electronic，" *The New York Times*，September 21，2012；Nicole Lewis，"Healthcare Cost Cutting Hinges on IT，" *Information Week*，August 10，2012；Neil Versel，"Consumers Still Wary of Electronic Health Records，" *Information Week*，August 9，2012；Ken Terry，"Docs May Overestimate EHR Capabilities，" Information Week *Health Care*，August 2012；Steve Lohr，"Seeing Promise and Peril in Digital Records，" *The New York Times*，July 17，2011；Mrianne Kolbasuk McGee，"Better Clinical Analytics Means Better Clinical Care，" Information Week，May 21，2011；Jeff Goldman，"Implementing Electronic Health Records：Six Best Practices，" *CIO Insight*，March 7，2011；Robin Lloyd，"Electronic Health Records Face Human Hurdles More than Technological Ones，" Scientific American，April 16，2011；Katherinc Gammon，"Connecting Electronic Medical Records，" and Technology Review，August 9，2010.

◆ 案例思考题

1. 识别并描述本案例中的问题。

2. 建立电子医疗记录系统会遇到哪些人员、组织和技术上的难题？解释原因。

3. 不实施数字化医疗系统有什么商业、政策和社会影响（对个人医师、医院、保险公司、病人、美国政府而言)？

4. 数字化医疗记录有什么商业和社会好处？

5. 对于美国的医疗成本上升问题，电子医疗记录系统是一个好的解决方案吗？解释原因。

第 2 章

全球电子商务与协作

Global E-business and Collaboration

学习目标

学完本章后，你将能够回答以下问题：

1. 企业的主要职能有哪些？这些职能对于理解信息系统有何重要作用？
2. 不同的系统是如何为不同的管理层提供服务的？
3. 企业应用软件和内联网是如何提高企业绩效的？
4. 为什么协作系统和社交商务系统如此重要？它们采用了什么技术？
5. 信息系统部门在企业中发挥了什么作用？

章首案例

研科公司的社会化学习

研科公司（TELUS）是一家具有百年历史的加拿大电信公司，公司的宗旨是确保每一个加拿大人都能通过无线设备、互联网、电视或传统电话线等方式与世界上的其他人实现互联。公司拥有 1 300 万客户。

公司把提供卓越服务作为自己的重要目标。管理层相信，良好的团队合作和员工学习对于实现这一目标极为重要。直到最近，研科公司大多数员工的学习都是在公司外部的正规化教学场所完成的，员工们所学习的就是老师所教授的知识，这种学习方式成本不菲。实际上，若员工们能在各自的专业知识和管理心得方面相互学习，效果会更佳。此外，未来 10 年，研科公司将有 40%的员工步入退休年龄，所以寻找多样化的手段以分享和保留员工的经验和知识，已成为公司的当务之急。

公司决定通过指导、训练、轮岗、视频、博客、维基网站等方式让员工进行非正规化的社会化学习，以让团队教育更具连续性、协作性、关联性。2010 年，研科公司的培训预算是 2 100 万美元，其中 40% 用于非正规化的社会化学习，60% 用于正规化培训。（而前一年的培训预算是 2 850 万美元，其中正规化培训占了 90%。）

为配合新的学习方式，研科公司应用了 Microsoft SharePoint Server 2010 软件。这个软件能让团队成员在公司内部分享知识，搜索全公司的学习资源。利用 SharePoint 软件的“我的网站”功能模块，团队成员能创建个人门户页面，分享专业领域的知识和特殊技能。团队成员能在组织架构中了解各自的职位，联络同事，拥有相似技能的员工可以成立非正式小组。“专家搜索”功能通过特定领域的专业知识来辨别员工，提供排序后的搜索结果。“我的网站”模块还提供博客功能，团队成员能建立自己的博客，也能向他人的博客投稿。通过博客，团队成员能找到专家，叙述各自经历，分享观点，不必上课或打扰同事就能找到问题的答案。

利用 SharePoint 软件，研科公司建立了名为“我的社区”的团队网站，项目团队、部门和其他小组能在这里协同工作，分享文件。他们创建分类以对用户产生的内容进行分类和标注。Tube

功能允许团队成员发布和浏览自制的、关于工作经验的视频，也能向同事提问。视频数量已超过 1 000 个。新型学习管理系统与 SharePoint Server 2010 软件紧密配合，能让团队成员找到和播放自己或他人进修过的正式课程。

研科公司意识到，在正规化培训转变为合作参与式学习的过程中，公司文化更需要变革。“这并非像按一下开关那样简单，任何人不可能在一夜之间就改变习惯。”一位管理者观察到。为了鼓励员工接受和参与新的社会化学习，公司建立内联网站，展示关于新型协作工具的真实案例，设立维基网站鼓励员工讨论。研科公司负责培训的高管丹·庞蒂弗拉克特（Dan Pontefract）在博客上介绍新的学习方式，帮助团队成员接受转变。

利用新的 SharePoint 系统，团队成员能在需要帮助的领域更快获取详细的技能和知识，而不需要等待下一轮的正规化学习课程。团队成员能快速接触在特定领域有经验的同事，也能通过阅读维基网站和博客、观看视频、参与讨论找到答案。

实施 SharePoint 软件后，研科公司 2010 年的学习预算减少至 2 100 万美元。未来几年内，公司将更注重非正规化的社会化学习，这将削减 20% 的开支。掌握新的培训方法能节约更多的成本。在研科公司的 3 年计划中，正规化培训将仅占培训总预算的 50%。

资料来源：“TELUS Telecom Company Embraces Social Computing, Streamlines Formal Learning,” www.microsoft.com, accessed April 5, 2013; www.telus.com, accessed April 26, 2013; and Sharon Gaudin, “Telus Links Social, Traditional Training,” *Computerworld*, March 27, 2012.

研科公司的案例表明，现在的公司非常依赖信息系统来提高其工作业绩和竞争力。这也说明了支持团队协作的系统在公司执行计划、提供卓越客户服务和盈利增长中的重要性。

下图列出了上述案例和本章的要点。研科公司是一家传统企业，但它希望能随时代的变化不断改变，并坚持以客户为中心的思想。由于 40% 的员工步入退休年龄，寻找多样化的手段以分享和保留员工的经验和知识，已成为公司的当务之急。

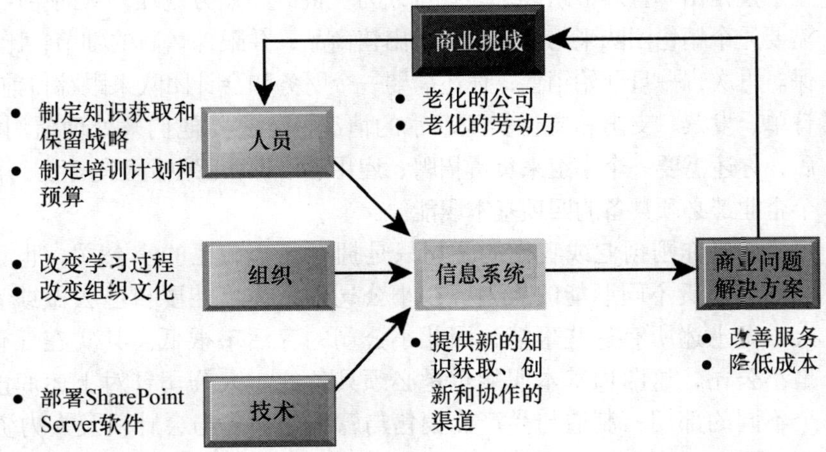

研科公司的管理层认为，最好的解决方法是有效利用新技术，将正规化学习方式转变为一种互相贡献和获取知识的方式。公司将 Microsoft SharePoint Server 2010 软件作为公司内部合作、知识获取、知识转移的平台，并且利用微软的新社交工具以方

便员工接触和合作。现在，研科公司利用内部社交网络来促进员工学习和解决问题，且 SharePoint 软件整合了员工学习和分享知识的所有渠道——正式的培训课程、播客、博客、维基网站、视频分享和企业社交网络。这种方法能更有效地分享公司内部知识，降低成本。

仅有新技术并不能解决研科公司的问题。为使解决方案更有效，研科公司不得不改变企业文化和业务流程，方便知识传播和员工学习。

思考以下问题：协作式的社会化学习是如何让研科公司更具竞争力的？案例中讨论的每种协作和社交工具的优点是什么？

2.1 企业的构成

企业（business）是一个以盈利为目的的生产产品和提供服务的正式组织，通过以高于成本的价格销售产品而获利。顾客购买商品是因为他们认为获得的价值至少大于所支付的价格。企业从更大的环境中（通常是从其他的供应商处）购买原材料，在生产过程中由员工加工所购买的原材料。

也有一些非营利的公司和政府中介等复杂的正式组织，虽然也提供产品和服务，但是并不以盈利为目的。然而，即使是这类组织，也必须从外界获取原材料，并赋予价值，将产品交付给消费者。大体上说，非营利组织中的信息系统与私人企业极其相似。

2.1.1 组织一个企业：基本的商务职能

假设你要建立自己的公司。决定自己建立公司是一个非常重要的决策，但下一个问题是你想提供什么样的产品和服务。关于生产什么的决定被称为战略选择，因为这将决定你的顾客群体，你需要什么样的员工、生产方法和设备，以及市场条件等许多其他选择。

在你决定了生产什么之后，就要确定需要什么样的组织。首先，你需要设计整个生产过程由哪些环节组成——安排人力、机器和业务流程，从而生产产品。其次，你需要一个销售团队来与顾客联系，出售商品，并跟踪售后的细节，比如保修和质量担保。再次，一旦开始销售，你还需要一个财务和会计团队来跟踪目前的财务状况，如订单、发票、支出和支付员工薪水的情况，还需要他们来处理信用和财务问题。最后，你还需要一个小组来负责招聘、雇用、培训和留住员工等事务。图 2-1 总结了每个企业都必须具备的四项基本职能。

如果你刚创业或者你的公司只是拥有几个员工的小公司，也许不需要也不可能拥有负责不同职能的人力。在小公司中，你可能要自己去做或者由极少的几个人去做上述所有这些事情，因此小公司的存活率很低。其实在任何情况下，即使是小公司，这四项基本职能也是必须具备的。大公司针对上述职能通常会设立几个不同的部门：制造与生产、销售与营销、财务与会计以及人力资源等部门。

图 2-1 对于思考构成一笔业务的基本实体是有帮助的。一笔业务中必须涉及的五个基本实体是：供应商、客户、员工、发票和账单、产品和服务等。公司还必须管理和监控许多其他的实体，但以上这些是任何业务的基本组成部分。

图 2-1　一个企业的四项主要职能

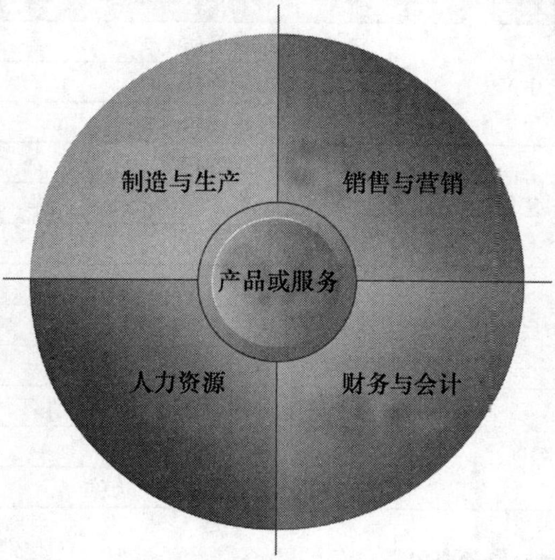

说明：每个企业，不管规模大小，都必须成功地执行四项不同的职能。它必须生产产品或提供服务，销售产品，跟踪会计和财务交易，执行基本的人力资源任务，比如雇用和留住员工。

2.1.2　业务流程

一旦确定企业的基本职能和实体，下一步就应该考虑如何让你的员工来实施这些职能。你需要销售人员以怎样的顺序、怎样的进程执行怎样的具体任务？你希望生产人员以怎样的步骤将原材料转化为成型的产品？客户的订单是如何完成的？库存费用是如何支付的？

描述一个企业中业务的具体组织情况的实际的步骤和任务叫做业务流程。一个业务流程是一系列逻辑上相关联的活动，它们反映出企业中具体的任务是如何执行的。业务流程也反映了工作、信息和知识在一个特定的企业里是如何协调的。

每个企业都可以被视为一系列业务流程的集合。大型流程往往由一些子流程构成。业务流程一般归属于特定的职能部门。例如，识别客户是市场销售部门的职能，招聘员工是人力资源部门的职能。表 2 - 1 描述了企业各职能部门的一些典型业务流程。

有些业务流程可能跨越不同的部门，也需要不同部门的分工。比如，考虑一个完成客户订单的流程（见图 2 - 2）。首先，销售部门收到销售订单。该订单首先传递到财务部门，确认客户可以通过信用赊账或者必须在发货前付款。一旦客户的信用得到确认，生产部门将从库存中调出商品或者开始生产商品。接着，需要把商品配送出去（这需要与诸如 UPS 或者联邦快递等物流公司协作）。财务部门将生成一张账单或发票，客户将会收到告知其产品已经发出的通知。销售部门将收到装运的通知，随后准备接受电话咨询或提供担保服务。

表 2-1 部门业务流程的例子

部门	业务流程
制造与生产	组装产品
	检查质量
	生成物料清单
销售与营销	识别客户
	向客户推销产品
	销售产品
财务与会计	付款给债权人
	生成财务报告
	管理现金账户
人力资源	雇用员工
	评估员工业绩
	制定员工福利方案

图 2-2 订单完成过程

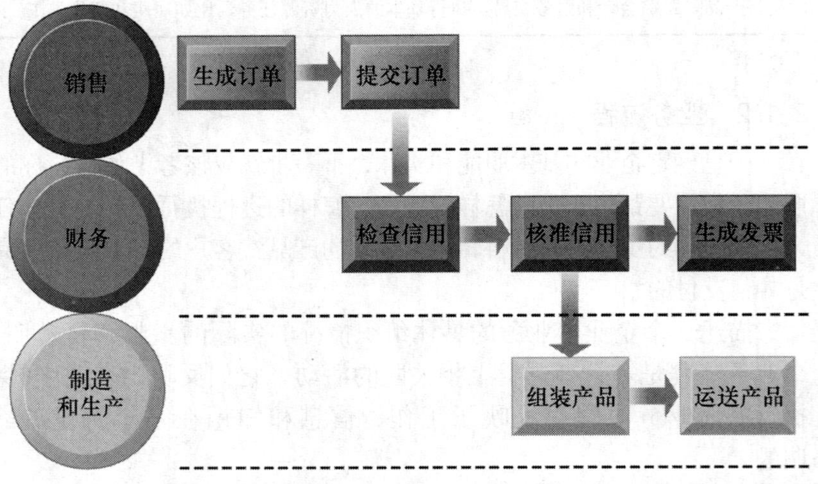

说明：完成一个客户的订单包括一系列复杂的步骤，它需要销售、财务和制造部门的密切协作。

完成一份订单看似简单，实际上却是一系列复杂的业务流程，需要企业内主要职能部门密切协作。此外，为有效推进订单执行流程中的所有环节，还需要大量信息。所需信息既需要在公司与合作伙伴（如快递公司）之间迅速流动，也需要在企业与客户之间迅速流动。前述订单处理流程不仅是跨职能的，而且是跨组织的，因为它包括那些公司范围以外的运输公司和客户的相互影响。从供应商处订购原材料或部件是另外一个跨组织的业务流程。

大范围而言，商业公司的效率取决于其内部和跨组织业务流程的设计和协调的好坏。如果能够使公司比竞争对手在创新或操作上更好，一个公司的业务流程可以是一种具有竞争力的资源。业务流程如果建立在妨碍组织响应和效率的过时的工作方式上，就会是一种不利条件。

■ **信息技术如何完善业务流程**

信息系统如何完善业务流程？借助信息系统，业务流程中许多原来要靠手工完成的环节可以进行自动化处理。但是如今，信息技术的功能更为多样化。新技术能改变信息流，方便更多人存取和共享信息，将先后进行的环节变为可同时运行的任务，避免决策的延误。新技术能改变企业的运营方式并促进新的商业模式的形成。在亚马逊网站订购一本书，或从 iTunes 音乐商城下载音乐，都属于基于新经营模式的新的业务流程，如果没有信息技术，这些是无法实现的。

这就是人们不仅要在信息系统课堂上还要在未来的工作中关注业务流程的原因。通过分析业务流程，你可以清晰地了解企业是如何运营的。此外，你也要开始了解如何让企业更高效地运营。本书对业务流程进行了考察，理解它的变化或更新，旨在利用信息技术取得更高的效益，实现创新和优质的客户服务。在第 3 章会讨论使用信息技术重新设计业务流程带来的影响。

2.1.3　管理一个企业的组织结构

图 2 - 1 和图 2 - 2 中缺少的内容是：如何协调和控制这四个主要的职能，各职能所涉及的部门以及它们的业务流程。每一个职能部门都有自己的目标和流程，为了整个企业的成功，它们需要相互配合。与其他组织一样，企业会雇用职业经理人来确保组织各个部门相互协调与配合。公司通过建立一个金字塔形的权力等级机构来协调不同部门员工的工作（当局者处于金字塔的顶端）。

管理的层次包括：**高级管理层**（senior management），制定关于产品和服务的长期的战略决策，以确保公司的财务业绩；**中级管理层**（middle management），实施高层管理者制定的项目和计划；**运营管理层**（operational management），管理日常的商务和活动。**知识工人**（knowledge workers），比如工程师、科学工作者和建筑师，负责设计产品和服务，并为公司创造新的知识。**数据工人**（data workers），比如秘书和职员，负责处理公司各个层次的文书工作。**生产或服务工人**（production or service workers）负责生产产品或提供服务（见图 2 - 3）。

图 2-3　企业中的层次结构

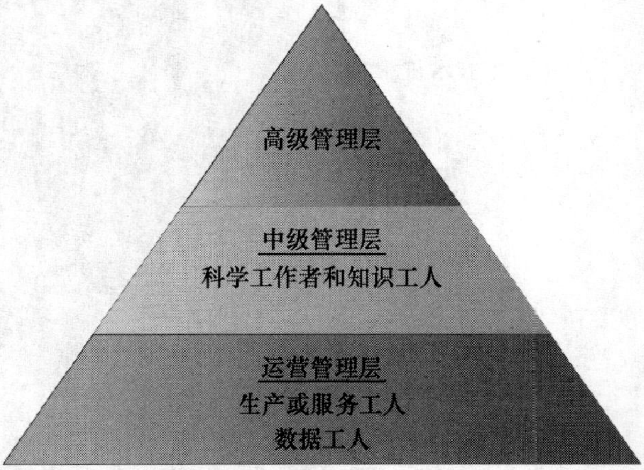

说明：一个企业的组织包括三个主要的层次：高级管理层、中级管理层和运营管理层。管理信息系统为每个层次服务。科学工作者和知识工人通常处于中级管理层。

每一个层次都会因其不同的责任而需要不同的信息，而且每一层次都可以看作主要的信息要素。高层管理者需要一些汇总的信息，以便快速地了解公司的总体业绩，比如：总销售收入、按产品或区域统计的销售额，以及总利润。中层管理者更多地需要有关某个职能区域或部门的特定信息，比如：销售员签订的销售合同、某个生产线或工厂的生产统计数据、员工的级别和成本、每月或每天的销售额。运营经理需要交易层面的信息，比如：每天的零部件库存数、每个员工在星期二的工作小时数。知识工人需要访问有关组织知识的内部数据库，还需要访问外部数据库。生产工人需要获取关于生产机器的信息，服务工人需要了解顾客记录来跟踪订单并回答顾客的问题。

2.1.4 商务环境

此前我们讨论的是独立于外界环境而运行的企业，实际上这样的企业是不可能存在的。任何一家企业都十分依赖它所处的外部环境来提供资本、劳动力、顾客以及新的技术、服务和产品，还需要稳定的市场、法律体系环境和教育资源环境。即使是一个比萨饼生产商，如果离开了提供奶酪、土豆和面粉的外界环境也是无法生存的。

图 2-4 总结了每个公司所处环境中的主要因素。要想生存，一个公司必须随时注意外界环境的变化，并与环境中的实体共享信息。比如，一个公司必须对政局的变动作出反应，对整体宏观经济环境（如工资标准的变化和通货膨胀的变化）作出反应，关注新技术，并对全球商务环境（如汇率的变化）作出反应。在这种瞬息万变的环境中，企业必须及时了解并与各方面的实体共享信息，这些实体包括供应商、客户、股东、政府监管部门、物流合作伙伴（如货运公司）。

图 2-4 商务环境

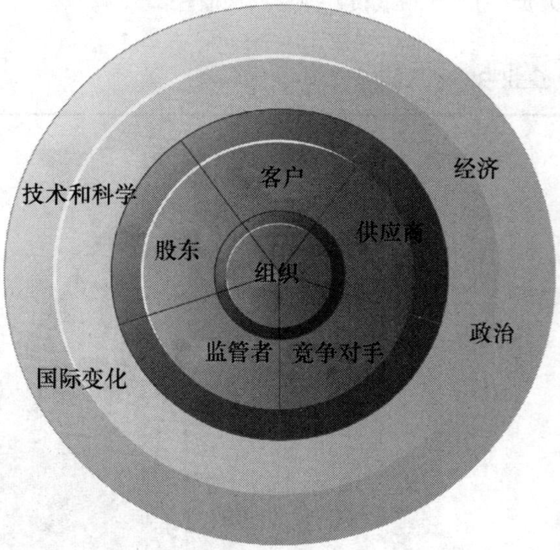

说明：为了获得成功，组织必须随时监控其所处环境的发展，并对此作出反应，甚至参与其中。一个公司的环境包括特定的群体，如客户、供应商和竞争对手，同时也包括更广泛的总体环境，如社会经济发展趋势、政治条件、技术创新以及全球的大事件。

商务环境在不断变化，技术、政治、客户偏好以及法规也会随时发生变化。一般来说，一个公司之所以失败，多半是由于它不能对其所处环境的变化作出恰当的反应。

比如，像互联网这样的技术进步，迫使整个行业和领先的企业改变它们的商务模式，否则将会遭遇失败。苹果公司的 iTunes 和其他在线音乐下载服务使音乐行业中基于唱片发行的传统商业模式过时。另一个相似的例子是关于照相行业的。数码照相技术迫使柯达公司不得不缩小公司规模，转而生产数码相机，提供网上照相服务，因为大多数消费者不想再使用带胶卷的传统相机。

2.1.5　信息系统在企业中的作用

虽然我们还没有提及信息系统，但是从提到的商务职能、实体和环境中，你可以明白信息在企业中的重要作用。直到 20 世纪 50 年代中期，许多公司还在使用文字报告来管理信息。但在过去的 50 年里，越来越多的商业信息和企业间信息的流动已通过计算机来实现。

公司投资信息系统，是它们处理和管理内在的生产职能和满足环境需要的主要手段。我们在第 1 章曾提及，公司投资于信息系统主要是出于以下目的：

- 实现卓越运营（高产、高效、敏捷）；
- 推出新的产品和服务；
- 亲近客户和供应商；
- 提高决策能力（精准和快速）；
- 取得竞争优势；
- 在竞争中生存。

2.2　商务信息系统的类型

接下来我们更详细地探讨公司如何利用信息系统来支持业务流程。因为一个组织的目标、特点以及层次不同，所以可能会有很多不同的系统。单个系统不能提供企业所需要的所有信息。

企业通常有相应的信息系统支持每个职能部门的业务流程，如销售与营销系统、制造与生产系统、财务与会计系统以及人力资源系统。各自独立运行的系统已经过时，因为它们之间无法共享信息，不能支持跨职能的业务流程。如今，它们正逐渐被大型跨职能系统所替代，这种系统可将各职能部门与相关的业务流程活动结合起来。我们稍后会阐述这些综合的跨职能应用系统。

企业也有不同的系统，支持各主要管理层制定决策。基层管理人员、中层管理人员和高层管理人员分别使用特定的系统类型，支持公司运营中的决策。下面详细介绍这些系统及其支持的决策类型。

2.2.1　针对不同级别管理层的系统

一个商业公司有支持不同级别的部门做出决策和采取行动的系统。这些系统可以分为事务处理系统和商务智能系统。

■ **事务处理系统**

运营管理层需要利用信息系统来跟踪公司日常的活动和交易，如销售、发票、保证金、信用额度以及工厂的物流。**事务处理系统**（transaction processing systems, TPS）可以提供这些信息。事务处理系统是一个计算机信息系统，处理和记录每天的日常交易，如销售订单的输入、酒店客房的预订、员工工资的发放、员工记录的维护以及货运数据的处理。

服务于这一层次的系统的主要目标是满足公司日常的需要并跟踪整个组织的交易流程。如：有多少零部件库存？威廉先生的工资支付出了什么问题？要回答这类问题，必须可靠、及时、准确地获取相关信息。

运营管理层的任务、资源和目标是事先定义好且高度结构化的。比如，批准某个客户的信用额度的决策是由一个低层主管根据事先定义好的标准来做出的，需要确定的只是该客户是否符合标准。

图 2-5 显示了工资的事务处理系统。工资处理系统记录了员工的工资支付情况。员工考勤卡上包含员工姓名、社会安全号码以及每周工作小时数，每个员工记录在系统中代表一个待处理的事务。一旦这个事务输入系统，系统文件（或是数据库，见第 5 章）将会更新，该系统文件或数据库能为公司永久保存员工信息。系统中的数据以不同方式组合，创建所需的报表提交给管理层和政府机构，或生成薪金支票发给员工。

图 2-5 一个工资单事务处理系统

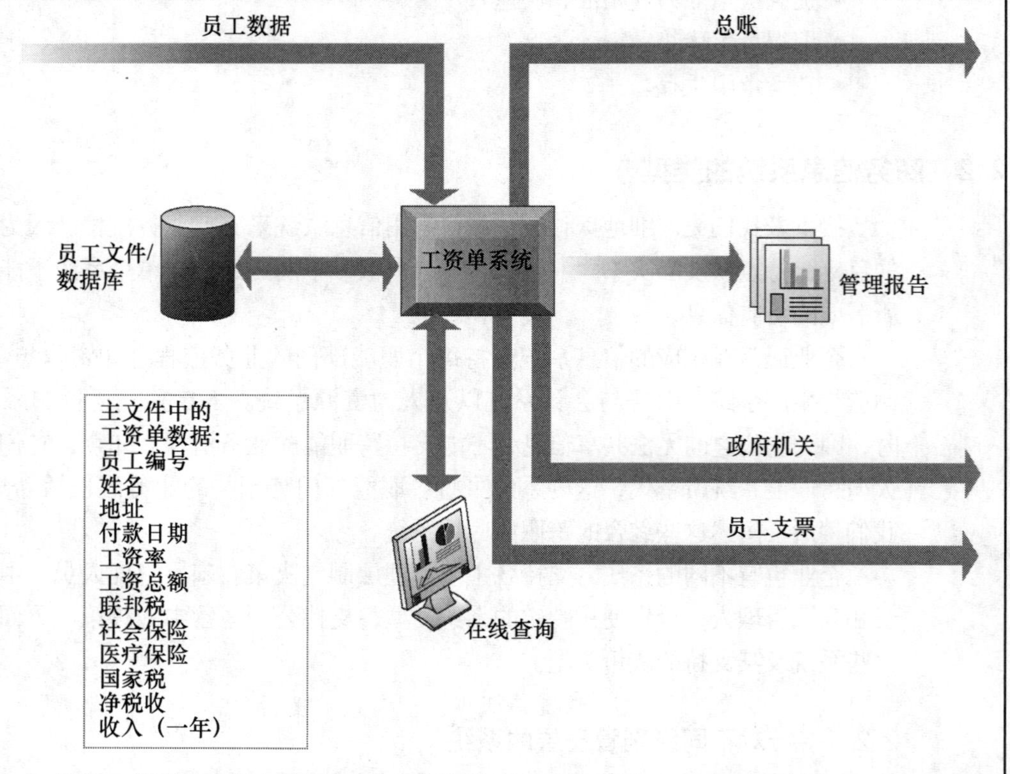

说明：工资单事务处理系统获取员工的支付交易数据（如考勤卡）。系统输出包括在线和硬拷贝管理报告及员工薪水。

借助TPS，经理们可以了解企业内部的运营状态以及公司和外部环境的联系。TPS还是其他系统所需信息的主要提供者。例如，图2-5中的工资系统以及其他会计事务处理系统为公司的总账系统提供数据，总账系统则负责维护公司的收入和支出记录，并生成利润表和资产负债表等报表。工资处理系统还向公司人力资源系统提供公司付给员工的保险金、养老金和其他福利的历史数据，向美国国税局（Internal Revenue Service，IRS）和社会保障署（Social Security Administration，SSA）等政府机构提供付给员工各项费用的相关数据。

事务处理系统是企业的核心系统，因此仅仅出现几个小时的故障就可能导致公司崩溃，甚至波及其他相关公司。试想，如果包裹跟踪系统不能正常运行，UPS会怎么样？如果没有计算机订票系统，航空公司该怎么办？

■ **商务智能系统**

公司也需要商务智能系统，方便信息传送，支持管理层制定决策。**商务智能**（business intelligence，BI）是一个现代词汇，指的是能组织、分析、访问数据，帮助管理者和其他企业使用者制定正式决策的数据和软件工具。商务智能满足所有管理层的决策制定的需求。本小节简要介绍商务智能，你将在第6章和第11章了解更多关于这个主题的内容。

中级管理层需要利用商务智能系统来帮助进行监督、控制、制定决策和支持各类管理活动。在第1章，我们将管理信息系统定义为对商务和管理中的信息系统的研究。管理信息系统（MIS）也指服务于中级管理层的某种具体的信息系统。MIS为中层管理者提供有关组织目前业绩的报告，这些信息用来监控企业业务并对将来的业绩进行预测。

MIS使用TPS提供的数据来汇总和报告公司的基本运营状况，MIS对来自TPS的基本交易数据进行精简，并通常以定期报告的方式给出结果。如今，这类报告大都通过网络传递。图2-6显示了一个典型的MIS是如何将库存、生产和财务这类事务层的数据传递到MIS文件，从而为管理者提供报告的。图2-7显示了该系统生成的一份报告。

图2-6　管理信息系统如何从企业的事务处理系统中获取数据

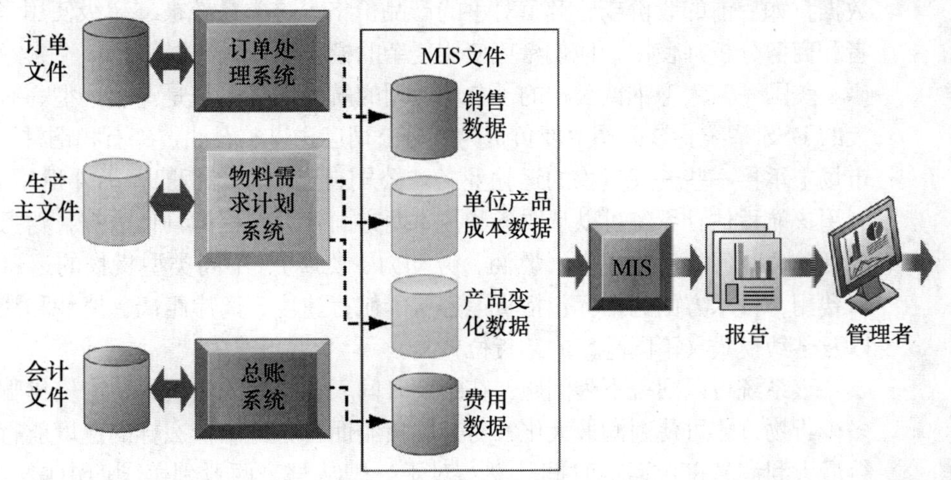

说明：如图所示，在该系统中，三个事务处理系统在某个统计时段末期，向MIS提供汇总后的交易数据。MIS向管理者提供相应的报告，使之了解企业的情况。

图 2-7 管理信息系统报告样本

按产品和销售区域划分的产品销售报告：2014 年

产品编号	产品名称	销售区域	实际销售	计划销售	实际/计划
4469	地毯清洁剂	东北部	4 066 700	4 800 000	0.85
		南部	3 778 112	3 750 000	1.01
		中西部	4 867 001	4 600 000	1.06
		西部	4 003 440	4 400 000	0.91
	总计		16 715 253	17 550 000	0.95
5674	房屋空气清新剂	东北部	3 676 700	3 900 000	0.94
		南部	5 608 112	4 700 000	1.19
		中西部	4 711 001	4 200 000	1.12
		西部	4 563 440	4 900 000	0.93
	总计		18 559 253	17 700 000	1.05

说明：该报告显示了汇总后的年销售数据，该报告是由图 2-6 中的 MIS 生成的。

MIS 一般会提供关于日常问题的回答，当然这些问题都是事先定义好的，而且有事先定义好的流程来回答这些问题。比如，MIS 可能会给出某个快餐连锁店本季度用了多少生菜的统计报告，也可能如图 2-7 所示，对某些产品的年实际销售数与计划销售数进行比较。总体来说，这些系统的灵活性较差，并且几乎没有分析功能。多数 MIS 只有日常简单的汇总和比较功能，不使用精密的数学模型和统计技术。

其他类型的商务智能系统支持更多非日常的决策制定。**决策支持系统**（decision-support systems，DSS）主要解决独特的和快速变化的问题，解决这些问题的办法通常不是事先完全定义好的。DSS 试图回答这类问题：如果我们想要使 12 月的销量翻番，对生产计划会有什么影响？如果某个工厂的计划延后了 6 个月，对我们的投资回报会有什么影响？

虽然 DSS 主要使用来自 TPS 和 MIS 的内部数据，但也经常使用来自外部资源的数据，如目前的股价或者竞争对手的产品价格。这类系统被“超级使用者”——管理者和商务分析师使用，他们希望使用复杂的模型来分析数据。

美国一家大型钢铁公司的子公司所用的航程估计系统是一个小型、有趣且功能强大的 DSS 系统。该公司主要负责为其母公司运送煤、石油、矿石和钢材，也在开放的市场上承接一些一般货物的运输业务。公司自己有一些货船，另外租用了一些货船。利用该航程估计系统可以从财务和技术两方面计算航程的具体数据，财务方面的指标包括单位时间的运输成本（燃油、劳动力、资金）、不同类型货物的运费比率以及港口费用，技术方面的指标包括货运容量、航行速度、离岸距离、燃油和淡水的消耗量以及装载模式（不同港口的卸货位置）。

该系统可以回答下列问题：在给定时间表和费率的情况下，应安排哪艘船，装载多少货物，才可使利润最大化？对某艘货船而言，应以什么样的速度航行，既能够获得最大利润又符合运输时间计划？对于一艘从马来西亚到美国西海岸运送货物的货船，哪种装载方式是最好的？图 2-8 显示了该公司的 DSS 是如何运作的。该系统在功能强大的个人电脑上运行，并提供菜单，可以让用户方便地输入数据或获取信息。

图 2-8 航程估计决策支持系统

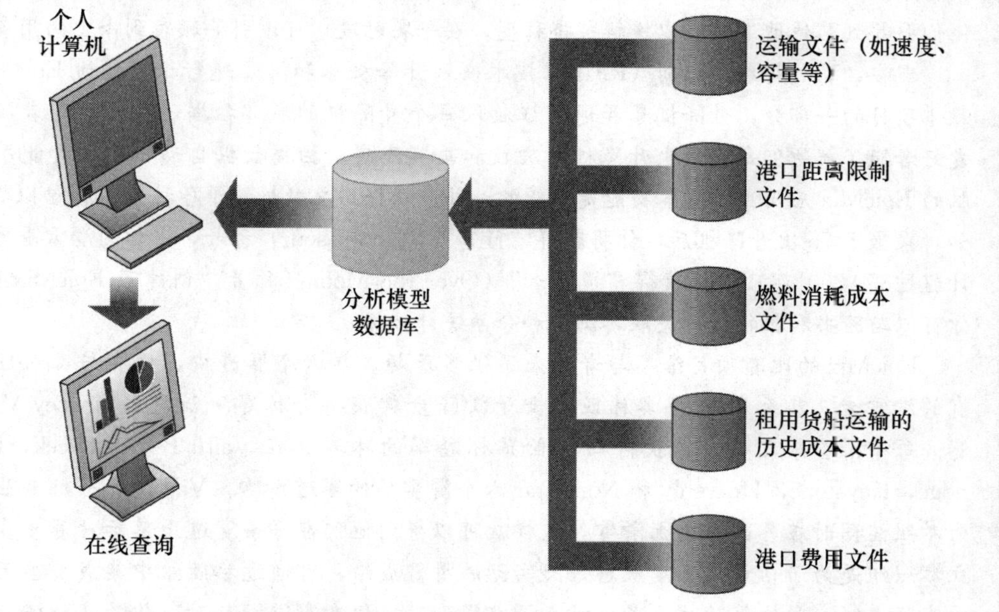

说明：该 DSS 在强大的个人计算机上运行，负责确定货运合同价格的经理每天要使用它。

该航程估计 DSS 十分依赖分析模型，其他类型的 DSS 则主要是数据驱动的，它们主要从大量的数据中提取出有用的信息。比如，大型滑雪场运营商 Intrawest 和 Vail，就从呼叫中心、住宿和餐饮预订、滑雪学校和滑雪用品出租商店等，收集和存储了大量的客户信息。公司应用专门的软件来分析这些数据，从而确定每个客户的价值、利润潜力和忠诚度，这样管理者就可以做出更好的目标营销决策。

“互动讨论：组织”专栏中提供了更多关于 Vail 度假村利用这些数据培养顾客和提升客户体验的细节。当你阅读这个案例时，尝试识别 Vail 度假村的信息系统解决的问题，了解系统是如何改善业务运营和决策制定的。

互动讨论：组织

Vail 滑雪场通过高科技与滑雪者建立紧密联系

Vail 滑雪场是美国最大的单体山脉滑雪场，面积达 5 289 英亩，是世界上地形最多样、价格最高昂的滑雪胜地。为了保持世界顶级滑雪场的美誉，Vail 竭力提供顶级的客户服务——豪华套餐，温泉中心，随时替你托运、装载、取回装备的侍者，加热过的靴子，暖手袋。Vail 的季卡是全行业最具价值的产品，其免费“PEAKS Rewards”会员计划更提高了客户忠诚度。会员能在线购买最实惠的升降机券，关联 PEAKS 卡和信用卡，使用积分兑换免费升降机券、滑雪课程和享有各种折扣。

2012 年，Vail 滑雪场安装了全美最快、负载量最大的缆车。每个座舱可以容纳 10 位乘客，上升速度可达每分钟 1 200 英尺。这一最先进的缆车每小时能承载 3 600 名滑雪者，行驶时间从 9 分钟缩短至 7.5 分钟。提供加热的座位和 Wi-Fi 也使它成为世界上最人性化的滑雪升降机之一。

长长的升降机路线总是让滑雪者头疼。过去，估计人流量的唯一方法是询问升降机的操作人员或者查看升降机底部的通知栏布告。现在，利用社交网络、实时提醒、滑雪场的推特账户，Vail的滑雪者可以获取准确的升降机线路信息。滑雪场为顾客提供特别奖励，将他们引导到其他坡道，可以缓解拥挤程度。在午餐时段，可以引导顾客到山上的用餐点。

现在，Vail将射频识别（RFID）技术嵌入升降机券和滑雪通行证。作为EpicMix社交媒体项目的一部分，升降机券和通行证放入每个升降机的底部扫描，这样滑雪者和滑雪板爱好者能了解他们每天乘坐升降机的次数和垂直高度。扫描数据自动传送到智能手机或电脑的EpicMix应用上。基本功能是免费的，并能根据用户数据授予各种荣誉和虚拟奖励。比如，乘坐了75次升降机后，你将获得“行家”(Connoisseur）称号，当你的滑雪垂直高度累计超过350 000 英尺，将获得“揽月者”(Over the Moon）称号。创建了EpicMix账户后，你可以与脸书和推特账户关联，浏览和分享统计数据。

EpicMix的比赛项目给参与者带来了很多乐趣。在六个赛道中，你能与家人朋友、所有的滑雪者，甚至2010年奥林匹克女子滑降金牌获得者林赛·沃恩（Lindsey Vonn）比赛。每个滑雪季之初，曾获得四次世界杯冠军的林赛会在Vail，Beaver Creek，Breckenridge，Keystone，Heavenly和Northstar六个滑雪场的赛道滑雪。Vail选取一批专业人士作为参照组同时在各条赛道上滑雪，这样就可以得到他们在每条赛道上落后林赛多少秒。建立参照组是为了估计该季度沃恩每天实际的滑雪成绩，可通过参照组中某成员当天在赛道的实际成绩，和他落后林赛多少秒来调整得到。当你在赛道滑行时，你的实际滑行时间会被自动记录，并根据性别、年龄和训练程度调整。滑雪板爱好者、特里马滑雪者、身患残疾和有特殊需要的滑雪爱好者也能参与。分数根据每个滑雪者与林赛相比较的成绩来计算，金银铜牌会颁给每天排在前三名的滑雪者。比赛结果和排行榜能在EpicMix. com上和苹果、安卓智能机的EpicMix移动应用上查询。你的数字仪表盘将展现你在林赛·沃恩系列比赛中的分数、获得的EpicMix比赛奖牌、去滑雪场的次数、滑雪总天数、垂直高度、获得的称号、EpicMix拍摄的照片数量。

六条赛道所在的雪山上配备了140名专业摄影师。滑雪者升降机券中嵌入了智能芯片，轻轻一扫，照片就能被自动识别并上传。照片能免费附加说明并在脸书和推特上分享；你也能在儿童滑雪学校等地购买印刷品。购买一份30美元的季度套餐，能无限制下载所有地点的照片，然后将它们打印出来。这些便利能让滑雪假期变成一次能与家人朋友分享的“经历”，滑雪场与滑雪者有了情感维系，也就留住了滑雪者。

为了保证能充分运用收集到的客户数据，Vail滑雪场的母公司Vail度假村使用了SAS客户智能软件。以前，客户数据存储在一些分散的系统中。现在，这些数据被编写在单个数据库中，包含了所有客户的相关信息，能完整描绘客户的习惯和偏好。Vail度假村的营销维度不再只有一两个，针对特定的客户群，营销维度可以达到30～50个。未来，公司希望能开展上百种甚至上千种个性化交流。SAS的预测分析功能可以帮助Vail度假村识别客户行为、预测客户偏好，而客户细分模型能辨别出可带来盈利的那部分人。Vail度假村希望与客户的接触方式变得更加个性化，在客户未开始滑雪前就丰富他们对滑雪场的了解。

资料来源：“EpicMix,” snow. com（http：//www. snow. com/epic-pass/pass-benefits/epicmix. aspx），accessed May 30，3013；Bill Pennington，“Getting Comfortable With the New Vail，” *New York Times*，March 1，2013；“EpicMix FAQ，” epicmix. com（http：//www. epicmix. com/faq. aspx），accessed May 30，2013；Spencer Reiss，“Vail Resorts Creates Epic Experiences with Customer Intelligence，” *SAS Case Study*，March 20，2013；Lauren Glendenning，“Vail's New Gondola Lifts Off，” Vail Daily，November 16，2012；and Nicole Perlroth，“Nine Ski Apps to Make the Most of the Mountain，” *New York Times*，December 26，2012.

案例思考题

1. 列出并描述案例中的系统类型。
2. 这些系统是如何改善业务运营的？
3. 这些系统是如何支持决策制定的？识别出三种这些系统能支持的决策。
4. 为何对于 Vail 滑雪场来说客户体验如此重要？

商务智能系统也能满足高层管理者的决策制定需求。高层管理者需要利用信息系统来处理战略性的问题，了解长期的发展趋势，这里既包括企业内部的问题，也包括外部环境中的问题。他们往往关心这类问题：5 年后的就业率水平是怎样的？从长远来看本行业的成本趋势是怎样的？5 年后我们该生产什么产品？

主管支持系统（executive support systems，ESS）帮助高层管理者做出决策。ESS 主要解决一些非常规的决策问题，做出相关决策需要具备判断、评估及洞察问题的能力，因为事先没有对这类问题的解决方案达成一致的意见。ESS 通过一个易于被高层管理者使用的界面来输出众多的图形和数据。通常，这些信息通过**门户**（portal）传递给高级主管，即通过 Web 界面来展示集成了个性化商务内容的信息。

ESS 的设计整合了来自外部事件的数据，如新的税收制度或者新的竞争对手的数据，但是同时也从内部的 MIS 和 DSS 中获取汇总后的信息。系统过滤、压缩并跟踪关键的数据，把这些至关重要的数据展示给高层管理者。逐渐地，这样的系统包含了商务智能分析功能，能分析趋势、进行预测、在更细节的层次“向下深挖”数据。

比如，美国最大的个人用维生素的制造和供应商——Leiner Health Products 公司的 CEO 所使用的 ESS，可以在他的计算机上实时显示公司的财务业绩，包括运营资本、应收账款、应付账款、现金流以及库存。信息以**数字仪表盘**（digital dashboard）的形式提供，在一个屏幕上以图表展示公司所有的关键绩效指标。数字仪表盘成为一种越来越流行的用于管理层做决定的工具。

现代的商务智能和分析技术推动了数据驱动下的管理，决策制定者十分依赖手头的分析工具和数据来指导他们的工作。在主管仪表盘和报告中，工厂或销售层捕获的数据能立刻提供高层视图或详细视图。这种管理是即时的、高度虚拟的。宝洁公司是世界一流的领导者。在“互动讨论：人员”专栏中描述了这个公司中的管理是由信息驱动的。

互动讨论：人员

宝洁公司实施 Decision Cockpits

宝洁是世界上最大的、盈利最多的快销品公司，在 180 个国家共拥有 126 000 名员工，公司拥有 300 个品牌，2012 年的营收超过 830 亿美元。得益于公司在主要消费品上的品牌创新、营销、销售能力，宝洁长期占据“最受尊敬的公司”排行榜前几位。宝洁公司全面应用信息技术，并应用最新信息技术，保持行业内的竞争优势，是其成功的一个主要原因。

宝洁公司制定了数字化、点到点流程改造的目标，从根本上改变收集、报告、阐释数据的方式。尽管宝洁在公司的其他领域压缩了开支，但它的全球业务服务部正在建立智能决策支持系统，尝试使用新的分析解决方案，比如 Business Sufficiency，Business Sphere 和 Decision Cockpits。

这些方案减少了因数据集不同而浪费的时间，系统使领导者可在某一时刻获取、利用最精确的数据，专注于即时的商业决策。

从主管到品牌管理者，甚至基层员工，全公司上下利用数据制定决策的方式转变了，这些方案正是基于这些转变。宝洁早期的决策支持模型从识别人们需要的报表，获取相关数据，到将结果发送给关键决策者会花费数天甚至数周的时间。相比之下，新的模型更为即时，问题一发生就会通过面对面或者视频形式的碰头会，以及邀请合适的专家参与来立即解决问题。这就需要更多实时数据和建立智能决策支持系统。

始于 2010 年的 Business Sufficiency 项目，向主管提供了未来 6～12 个月宝洁的市场份额、其他关键业绩指标的预测。基于一系列的分析模型，该项目能呈现目前的企业情况（货运、销售、市场份额）、情况发生的原因、可以采取的行动。“原因”模型考虑了国家、地区层面的具体经济数据，突出国家、地区、产品线、商店层面的销售数据及广告和消费等的驱动。“行动”模型描述了宝洁公司可以对预测做出的反应，如调整价格、广告、产品结构。

比如，宝洁公司 CEO 鲍勃·麦克唐纳（Bob McDonald）每周一与执行委员会开会，他们会重点关注那些占到销售额 60%的产品（如头发护理用品）和国家（如意大利）。可视化的数据显示了销售和市场份额的变化。主管可能会想要更多详细的数据：在德国洗涤剂的销量下降了，是不是一个大型零售商引起的？这个零售商只在德国减少了购买量，还是在整个欧洲都减少了？对手夺走了市场份额是因为宝洁公司提高了价格还是减少了营销？是否整个系列的产品的销售量都下降了？

宝洁的 Business Sphere 是一个交互系统，设计目标是让宝洁的领导者把握意见、趋势和机会，并促使他们着眼于重要的、能利用数据当场解决的问题。两个巨大的 32 英尺×8 英尺的凹显示屏环绕着这些管理者，屏幕上显示着销售、市场份额、广告支出数据，帮助管理者制定切实可行的决策。数千种算法和分析模型，按国家、地区、产品线、商店层面和其他类别组织数据，监测顾客对广告的反应和每个国家、地区的消费量等趋势。与会的每个人能看到相同的信息。

这个项目分析了宝洁公司 200TB 的数据，这些数据量相当于 20 000 本大不列颠百科全书，并且该项目能快速清晰地展现信息。Business Sphere 可比普通报告更直观、可视化地展现数据，使高层管理者能回答自己的具体业务问题。Business Sphere 被设想为命令中心，高层管理者能面对面或者通过思科网真（Cisco Telepresence）等高质量视频会议技术聚在一起，快速确定业务中最严重的问题、问题发生时能尽快解决问题的人员。现在，宝洁在全世界有超过 50 个 Business Sphere 系统。

Business Sphere 常被高层管理者和执行者使用，不过公司决定将系统的原理扩展到整个公司，于是引入了 Decision Cockpits。越来越多的宝洁公司员工开始接触到相同的通用数据源，超过 58 000 名员工现在使用这项技术。Cockpits 是一种仪表盘，能以简单的方式呈现描述业务状况和趋势的图表。Cockpits 的功能包括重要事件发生时的自动提醒、控制图、即时统计分析和“向下深挖”细节数据。

邮件、电子表格、信件和报告中的数据版本可能相冲突，Decision Cockpits 的一个主要目标就是减少宝洁公司员工讨论数据有效性的时间。通过提供一站式、准确、详细、即时的商业数据来源，所有的宝洁公司员工能够专注于改善业务的决策。Business Sphere 和 Decision Cockpits 都鼓励宝洁公司员工和管理者管理“异常情况”。这意味着通过观察数据和异常情况，如市场份额流失最快的地区或者发展最快的、需要更多资源的地区，宝洁公司能及时对最需要时间和精力的地方增加投入。

相较过去，管理者和员工现在能制定更快更好的决策。另外，这个项目的优点是减弱了生成统计报告的复杂度，此外通过在全公司保留同一标准的数据集，避免了数据重复冗余，从而降低了成本。宝洁发现员工的邮件数量大幅减少，因为越来越多的员工能自己解决问题，并通过使用 Decision Cockpits 获取自己需要的信息。制定决策时，更好的信息和视频渠道能帮助员工找到任何需要的人。公司也能更好地预测影响业务的未来事件，并更快地对市场刺激做出反应。现在，宝洁公司能通过更好的信息和视频渠道开展工作。

资料来源：Chris Murphy, “P&G CEO Shares 3 Steps to Analytics-Driven Business,” *Information Week*, February 7, 2013; Tom Davenport, “How P&G Presents Data to Decision-Makers,” *Harvard Business Review*, April 4, 2013; Peter High, “Data Analytics Allows P&G to Turn on a Dime,” CIO Insight, May 3, 2013; www.pg.com, accessed April 25, 2013; ShirishNetke and Ravi Kalakota, “Procter & Gamble-A Case Study in Business Analytics,” *SmartAnalytics*, March 5, 2012; and Brian P. Watson, “Data Wrangling: How Procter and Gamble Maximizes Business Analytics,” *CIO Insight*, January 30, 2012.

案例思考题

1. Business Sufficiency，Business Sphere 和 Decision Cockpits 的优点是什么？
2. 当实施 Business Sufficiency，Business Sphere 和 Decision Cockpits 时，人员、组织和技术问题应如何处理？
3. 这些决策制定工具是如何改变公司开展业务的方式的？效果如何？为什么？
4. 宝洁 CEO 鲍勃·麦克唐纳认为，宝洁制定决策的新方法代表着一次“文化改革”。讨论这句话背后的含义。
5. 这些系统与宝洁的企业战略有何关系？

2.2.2　贯穿整个企业的系统

回顾我们刚刚介绍的各种不同的系统，你可能会问：企业是如何管理这些来自不同系统的信息的？你也可能很好奇：维护这么多不同的系统的费用该有多大啊！你可能还想知道这些不同的系统是如何共享信息的。事实上，这些对企业来说都是必须面对的问题和挑战。

■ **企业应用**

在一个企业中让不同类型的系统一起工作是件很有挑战性的事情。尤其是当公司通过正常的成长或兼并小公司成长起来后，公司原有的一系列系统中，大多数都已经陈旧了，这时公司就面临让这些系统互相适应并作为整体来工作的挑战。这一问题有几种解决方法。

一种方法是实施**企业应用**（enterprise applications），该系统覆盖了所有的职能板块，关注整个企业的高级业务流程，并且涉及各个管理层。企业应用通过紧密协调业务流程，整合各组不同的流程，以实现对资源和客户服务的有效管理，帮助企业提高灵活性和生产效率。

目前主要有四种企业应用：企业系统、供应链管理系统、客户关系管理系统和知识管理系统。每一种企业应用都集成了一些相关的功能和业务流程来提升整个公司的业绩。图 2－9 给出了这些企业应用的框架，这些企业应用涉及企业内部的全部流程，部分还扩展到了企业的客户、供应商和其他主要业务伙伴。

图 2－9 企业应用的架构

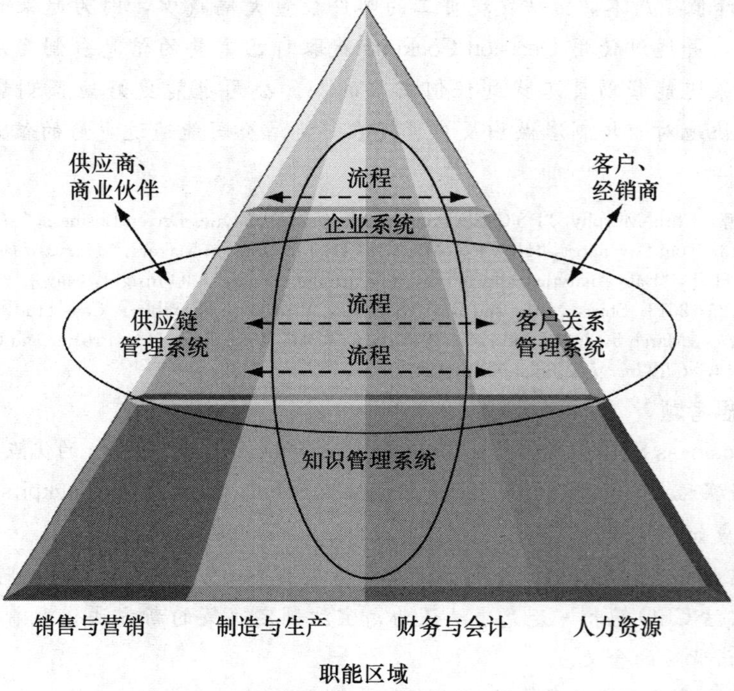

说明：企业应用能使跨职能部门和组织层面的流程自动化，并且可以延伸到企业外部。

企业系统（enterprise systems），又称企业资源计划（ERP）系统，能把制造与生产、财务与会计、销售与营销以及人力资源等部门的业务流程集合到一个软件系统中。原本分散在不同系统中的信息将存储在一个专门的中央数据库中，方便企业不同部门共享。

比如，客户下单后，信息会自动传递到公司相关部门。仓库管理部门根据订单查找所订产品并安排送货，如有缺货，则通知工厂补充所需物品，财务部门会接到给客户开具发票的通知，客服代表则可以跟踪该订单的每一个环节并将订单的状况告知客户。管理者能利用这些大量的信息，为日常运营和长期计划制定更加及时准确的决定。

供应链管理系统（supply chain management（SCM）systems）帮助企业管理它们与供应商的关系。这类系统提供信息，帮助供应商、采购公司、分销商和物流公司共享有关订单、生产、库存水平以及产品和服务的信息，以便更有效地进行采购、生产以及产品和服务的递送。该系统的最终目标是：在最短的时间内，以最低的成本把最合适的产品从供应商那里递送到消费者手中。这些系统通过降低运输和制造产品的成本，让管理者能更好地制定组织和规划采购、生产和分销方面的决策，提高公司的盈利能力。

供应链管理是**跨组织系统**（interorganizational system）的一种，因为它使信息在不同部门之间自由流动。本书稍后介绍其他内部信息系统，这些系统可以帮助企业与客户联系，方便企业进行业务外包。

客户关系管理系统（customer relationship management (CRM) systems）帮助企业管理它们与客户的关系。CRM 系统提供的信息可以帮助协调所有与客户有关的业务流程，包括销售、营销和服务，以提高收益水平、客户满意度和客户保留率。这些信息帮助公司识别、吸引以及保留最有价值的客户，为现有客户提供更好的服务，增加公司收入。

运用**知识管理系统**（knowledge management systems，KMS）的企业能够取得更突出的业绩，因为它们有更多的关于如何创造、生产和运输产品和服务的知识。每个企业的知识都是独一无二的、难以模仿的，并可作为长期战略优势。知识管理系统可以帮助企业对获取和运用知识及专家经验的流程进行更好的管理。这些系统汇集了企业内部所有相关的知识和经验，可以随时随地用来改进业务流程，辅助管理决策。系统还连接了企业外部的知识。

我们将在第 9 章详细讨论企业系统、供应链管理系统和客户关系管理系统。在本章，我们将讨论支持知识管理的协作系统，在第 11 章将介绍其他类型的知识管理应用。

■ **内联网和外联网**

企业应用深刻改变了企业开展业务的方式，为将重要业务信息整合到一个系统中提供了许多机会。但企业应用系统的实施通常也要付出高昂的代价。企业使用外联网和内联网整合数据，以及企业与客户、卖家的业务流程。

内联网只是一个简单的公司内部网络，只允许员工访问。内联网是一个内部网络，互联网则连接组织和其他网络。内联网与互联网使用的技术相同，但它通常只是一个大型公司网站的私人访问区域。外联网则允许卖家和供应商访问公司网站，通常用于协调公司生产设备的供应。

比如，六旗（Six Flags）在北美运营了 19 家主题公园，建立了内联网，为 2 500 名员工提供公司相关的新闻和信息，比如每个公园每天的运营信息，包括天气预报、演出日程、旅行团和名人游览公园的详细情况。我们将在第 7 章更详细地介绍内联网和外联网技术。

2.2.3 广义电子商务、狭义电子商务和电子政务

前面介绍的系统和技术，使企业与客户、员工、供应商以及物流合作伙伴间的关系通过网络和互联网转变成数字化的关系。如今众多的业务都是通过或者主要基于数字化网络来开展的，这些就是本书中多次提到的广义电子商务和狭义电子商务（有时又称电子贸易）。

广义的**电子商务**（electronic business/e-business）是指利用数字技术和互联网来处理企业主要的业务流程，既包括企业的内部管理，也包括与供应商及其他业务伙

伴的协作。电子商务中还包括狭义的**电子商务**（electronic commerce/e-commerce），它是广义电子商务的组成部分，主要涉及在互联网上进行的商品和服务的买卖，还包括支持这些市场交易的相关支持活动，如广告、营销、客户支持、安全、物流和支付。

电子商务相关技术也给公共部门带来了相似的变革。各级政府利用互联网技术向公众、员工以及所服务的企业传递信息、提供服务。**电子政务**（e-government）是指政府及公共部门利用互联网相关技术这类数字化应用来改进与公众、企业和其他政府部门的关系。除了改进政府的服务，电子政务还可以让政府的运转更高效，赋予公民更多的权利，让他们更容易获取信息，并能与其他公众进行电子化的联网。比如，在美国的某些州，公民可以在线更新驾照或者在线申请失业救济金；互联网对于某些利益团体来说已经成为进行政治活动或筹款活动的即时的、移动的有用工具。

2.3 团队协作系统和社交商务系统

面对这么多系统和信息，你可能想知道：如何使用它们？公司如何把它们整合到一起，使其朝着共同的目标，协调计划并采取行动？信息系统仍有很多不能完成的工作，比如制定决策，聘用或解雇员工，签订合同或协议，以及根据市场调整商品价格。除了之前提到的几类系统，公司也需要专门的系统来支持团队协作。

2.3.1 什么是协作

协作（collaboration）就是和别人一起工作来达到共同的明确的目标。协作的目标是完成任务，它通常发生在一家公司或一个组织内部，也可以跨组织进行。比如，你和身在东京的同事协作，他有你不具备的技术专长；你和许多同事协作管理公司微博。如果你在一家律师事务所工作，可能与会计师事务所的税务师协作处理客户的税务问题。

协作的时间可能很短，仅几分钟，也可能很长，这取决于任务的性质和协作伙伴之间的关系。协作可以是一对一的或者多对多的。

员工可能在非正式的团队里协作，这些团队不属于公司组织架构中的正式部门或者被组建成一个正式团队。**团队**（teams）肩负着企业分配的特定使命。团队成员需要完成各自承担的任务并协作完成团队的任务。团队的任务可能是“赢得比赛”“在线销售额增长 10%”或者“防止绝缘泡沫从航天飞机上脱落”。通常，团队存续的时间较短，其存在的时间主要取决于他们处理的问题和找到完成任务的方案所需的时间。

如今，团队协作由于下列原因而显得格外重要：

- 工作性质的改变。与以前的工厂生产和无计算机时代的办公室工作相比，如今的工作性质已发生了变化。以前，每个生产流程是相互独立且受上级协调的，即工作的组织呈竖井状，在这样的竖井里，工作从一台机器传送到另一台机器，从一个桌面传递到另一个桌面，直至最终产品制造完成。今天，我们生产产品、提供服务时的各种工作需要参与各方更紧密的协调和互动。来自麦肯锡咨询公司的报告显示，美国有 41%的劳动力从事交互类工作，如相互交谈、电子邮件联系、展示介绍以及劝说劝导等，交互是这类工作中最主要的增值活动。即便在传统的工厂里，如今工人们也常常以生产组或生产小组的方式开展工作。

- 专业岗位的增加。“交互类”工作往往是需要密切协调和协作的服务行业中的专业岗位。专业岗位需要接受可持续教育，并且共享信息和意见来完成工作。每个员工都具备解决问题的专业知识，并且能听取他人意见以完成工作。
- 组织架构的变化。在工业时代的大多数时间，管理者以分层管理的方式开展工作，各项命令按照层级下达，再按照层级层层反馈。如今，工作的完成依靠群体和团队，它们按照自己的方式完成任务。高级管理人员观察和评估成果，但并不下达具体的指令或操作步骤，部分原因在于专业知识的普及和决策权的下放。
- 公司规模的变化。公司的办公地点从一个变为多个——一个地区、整个国家甚至全球。例如，福特公司在美国密歇根州迪尔伯恩建成了第一个大规模生产汽车的工厂。2012 年，福特在全球的 90 家工厂拥有超过 166 000 名员工。在这种全球化形势下，设计、生产、营销、物流和服务等部门间的密切配合显得更加重要。大型全球化公司需要基于全球的团队协作。
- 对创新的重视。我们常常将商业和科技上的创新归功于伟人，这些伟人与一群聪明的同事组成团队工作。比尔·盖茨和史蒂夫·乔布斯都是创新者，并且都建立了强大的协作团队来培育和支持公司创新。他们最初的创新就来自同事和合作伙伴的密切协作。简言之，创新是一种群体和社会行为，许多创新来源于实验室、公司或者政府部门。高效的协作实践和技术可以提高发明率和发明质量。
- 企业文化的改变。许多有关协作的研究支持这种观点：团队能比个人更快、更好地得出结果。群体观念（“众包”和“群体智慧”）的流行也为团队协作提供了文化支撑。

2.3.2 什么是社交商务

如今，许多公司利用社交商务加强协作。**社交商务**（social business）指的是使用社交网络平台，包括脸书、推特和公司内部社交工具，与其员工、客户和供应商保持联系。这些工具能让员工建立文档、形成小组、“跟进”每个人的状态更新。社交商务的目标是加深公司内外群体的联系，促进和加强信息分享、创新和决策制定。

社交商务的关键词是“对话”。客户、供应商、员工、管理者甚至监督机构持续地进行有关公司的对话，大部分对话不涉及企业知识或企业的关键执行者（员工和管理者）。社交商务的支持者声称，如果公司能融入这些对话，就可以维系与客户、供应商和员工的纽带，增进他们对公司的情感联系。

这些要求信息高度透明。人们可以直接分享观念和事实，而没有高管或其他人的介入。员工能直接了解客户和其他员工的想法，供应商能非常直接地了解供应链上合作者的想法，甚至管理者也能更直接地了解员工的工作绩效。几乎所有涉及价值创造过程的人都会对其他人有更多的了解。

如果能创造这样一个环境，极有可能提高运营效率，激励创新，加速决策制定。如果基于消费者反馈，产品设计者能更直接、即时地了解他们的产品在市场中表现如何，那么他们会加速再设计的过程。如果利用公司内外部社会化的联系，员工能获取新知识和意见，他们能更有效率地工作，解决更多的商业问题。

表 2－2 描述了社交商务在公司内外部的重要应用。本章主要介绍社交商务在公司内部合作的应用。第 10 章会描述社交商务在公司外部的客户和供应商处的应用。

表 2－2　社交商务的应用

商务应用	描述
社交网络	通过个人资料和企业资料联系
众包	培育集体知识，产生新主意和解决方法
共享工作区	协调项目和任务，共同创造内容
博客和维基平台	发布和快速获取知识；讨论观点和经验
社交化电子商务	分享关于购物的观点或在社交平台购物
文档分享	对图片、视频、音频、文本文件进行升级、分享、评论
社会化营销	利用社交媒体和客户交互，了解客户的观点
社区	在公开论坛讨论话题、分享经验

2.3.3　团队协作和社交商务带来的利益

尽管研究协作的文章和书籍很多，但几乎所有关于这个主题的研究都未经证实。然而，不论是商界还是学术界，有一个普遍观点认为：越注重协作的公司越容易成功，公司之间的协作也比以前更加不可或缺。一项关于企业和信息系统管理者的全球调查显示，对协作技术的投资可以改善整个组织，带来相当于投资额四倍的回报，为销售、营销、研发带来巨大的好处（Frost and White，2009）。另一项关于协作价值的研究发现，协作带来的经济效益十分显著，员工之间通过电子邮件沟通协作，每个单词能产生 70 美元的额外收入（Aral，Brynjolfsson，and Van Alstyne，2007）。麦肯锡咨询公司预测，公司内外部使用社交技术可能将互动的员工的生产率提高 20%～25%（McKinsey，2012）。

表 2－3 总结了一些学者提出的协作带给企业的益处。

表 2－3　协作带给企业的益处

益处	概述
生产力	相对于独立工作，团队协作能够更快地完成复杂的任务，出错更少。
质量	相对于独立工作，团队协作能够交流错误，更快地纠正错误。 生产单元之间的时间延迟和缓冲区将减少。
创新	相对于独立工作，团队协作能够为产品、服务、管理者提供更有新意的想法，小组的多元化和“群体智慧”有很多优势。
客户服务	相对于独立工作，团队协作能更快更有效地解决客户的投诉。
财务绩效（利润、销售额和销售增长）	由于以上原因，协作公司有出色的销售业绩和财务表现。

图 2－10 说明了协作是如何影响企业绩效的。

图2-10　协作的需求

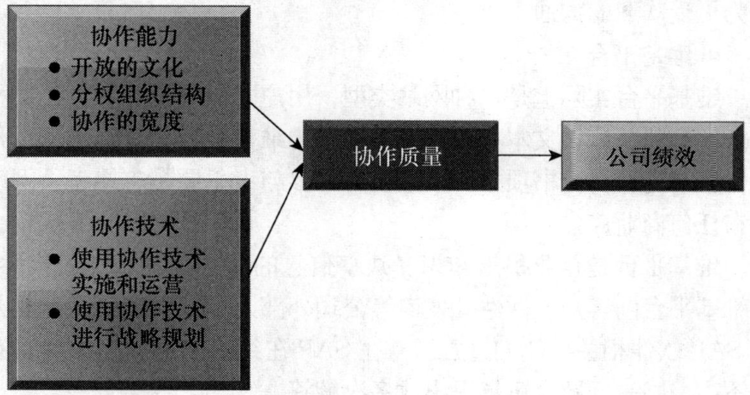

说明：成功的协作需要合适的组织结构和企业文化，以及合适的协作技术。

2.3.4　建立协作的企业文化和业务流程

在公司里，协作通常不会自发形成，特别是在没有支持协作的企业文化或业务流程时。过去，公司特别是大公司会采用命令和控制式组织形式，高层领导考虑所有重要事情，再命令基层员工执行高层下达的计划。中层管理者的工作就是在不同层级间来回传递信息。

命令和控制式公司只需要基层员工执行命令，不需要他们问为什么，也不需要他们承担改进流程的责任，在团队绩效方面对他们也没有任何赏罚。如果你的团队需要另一个团队的帮助，由老板决定。同一层级的员工之间不需要交流，沟通是垂直的，所以流程可由管理层控制。管理层和员工的期望共同形成了一种企业文化，即一系列关于共同目标和大家应如何行动的假设。如今仍有很多企业以这种方式运作。

支持协作的企业文化和业务流程完全不同。高级管理人员负责获得结果，但这要靠员工去获取并实现。企业的政策、产品、设计、流程和系统都更依靠各层级的团队来提出想法并付诸实施。团队凭借其业绩获得奖励，个人凭借其在团队里的表现获得奖励。中层管理者的职责就是创建团队，协调他们的工作，监督他们的表现。在协作的氛围下，高级管理层建立协作关系和团队对公司来说极其重要，这实际上推动了企业高层的协作。

2.3.5　团队协作和社交商务的工具和技术

如果只有以团队协作为导向的企业文化氛围，而没有信息系统来增强协作和社交商务，就不会创造效益。现在有数百种工具被设计用来应对这个情况，使我们的工作获得成功，使员工、客户、供应商和管理者都更加相互依赖。一些高端的工具（如IBM的Lotus Notes）非常昂贵，但是对全球化公司非常有用。另一些软件在线免费提供或者价格适中，对小型企业很有用。让我们仔细看看这些工具。

■ **电子邮件和即时通信**

电子邮件和即时通信是支持交互工作的主要交流协作工具。这些软件被安装在电脑、手机和其他无线手持设备上，能够共享文件和发送消息。许多即时通信系统允许用户参与多人的即时会话。近几年来，电子邮件的使用减少了，即时通信和社交媒体成为更受欢迎的沟通工具。

■ **维基平台**

维基平台实际上是一种网站类型，用户即使不了解网页开发和编程技术，也能在网站上创建或编辑文本和图形。最知名的维基平台莫过于维基百科，它是全球最大的协作编辑的百科全书项目。维基百科的参与者主要是志愿者，网站为非营利性质，不发布任何商业广告。

维基平台是企业积累知识、共享信息的理想工具。企业软件供应商 SAP 公司使用维基平台向客户及软件开发商等公司外部人员提供信息，这些人员所实施的项目多与 SAP 软件相关。他们过去通常在 SAP 在线论坛上提出或解答问题，但论坛系统效率不高，同一问题会重复提出或多次解答。

■ **虚拟世界**

“第二人生”（Second Life）是一个在线 3D 虚拟世界，在这个虚拟世界中，“居民”以虚拟形象生活。一些企业和院校，如 IBM 和欧洲工商管理学院（Insead，一所国际商学院，在法国和新加坡均设有分校），利用虚拟世界召开网络会议，开设培训课程，开展休闲娱乐活动。在这些虚拟场所中，现实世界的人依靠虚拟形象，利用手势、聊天框的对话、语音交流（需要麦克风），会面、交往和交流思想。

■ **协作平台和社交商务平台**

现在，有一系列的软件产品为在不同地点一起工作的员工之间的协作和社交商务提供多功能平台。使用最广泛的有互联网音频会议和视频会议系统、云协作服务（比如谷歌在线工具和云盘）、企业协作系统（比如 Lotus Notes，Socialtext 和 Microsoft SharePoint），以及企业社交媒体工具（比如 Salesforce Chatter，Microsoft's Yammer，Jive 和 IBM Connection and SmartCloud for Business）。

虚拟会议系统 无论大公司还是小公司，纷纷采用视频会议及网络会议技术，努力减少差旅方面的花销。诸如亨氏、通用电气和百事都已使用虚拟会议系统，进行产品介绍、课程培训、战略宣讲，甚至励志的会谈。

视频会议让在两地或多地的个人能通过双向视频和音频传输同时交流。最尖端的视频会议技术叫做**“远程呈现”**（telepresence），整合了音频和视觉环境，力求使身处异地的与会人员感到对方真实地呈现在彼此面前。免费的、低成本的、基于互联网的系统包括 Skype，Google+ Hangouts，Zoom 和 ooVoo，它们的质量不高，不过对于小型公司十分有用。苹果的 FaceTime 和 Google Chat 对于一对一的视频会议来说十分有用。

大大小小的公司都发现，基于网页的在线会议工具（比如 Cisco WebEx，Microsoft Lync 和 Adobe Connect）对于培训和销售演示格外有用。这些产品用于音频会议和视频会议，能让参与者分享文档和演示文稿。

云协作服务：谷歌工具和云盘 谷歌提供了许多便于协作的在线工具和服务，包括 Google Drive，Google Docs，Google Apps，Google Sites，Google+，大部分是免费的。

Google Drive 是一种文档存储和同步设备，包括云存储、文档分享、协作编辑等功能。Google Drive 是云盘的一种。**云盘**（cyberlocker）是在线文档分享工具，能让用户将文档上传到安全的在线存储网站，网站上的文档能分享给他人。Microsoft SkyDrive 和 Dropbox 同样是领先的云服务，可根据需要的存储空间提供免费或付费服务。用户能在本地电脑和其他设备上同步存储文档，可以将文档设为私有的或公开的，或与特定的用户分享。

Google Drive 和 Microsoft SkyDrive 整合了创建和分享文档等功能。现在，Google Drive 是 Google Docs 的主页，Google Docs 是一套办公软件，能协作编辑文档、电子表格，演示文档。SkyDrive 可以兼容 Office Web Apps 及微软网页版本的 Word，Excel，PowerPoint，OneNote，能为 Microsoft Office 的文档和文件提供在线存储。

谷歌的云办公软件套装 Google Apps（包括文字处理、电子表格、演示文档、日历和邮件），也可以配合 Google Drive 工作。Google Apps 的专业版需要用户每年支付 50 美元，它提供 25GB 的邮件存储空间，保证 99.9%的邮件接收正常，为订阅的企业提供管理工具。

Google Sites 让用户能快速创建团队导向的网站，员工能协作、分享文档。即使不具备专业技术，Google Sites 的用户也能在几分钟内设计并更新网站，发布各种文件，如日历、文本、电子表格，还有供私人、小组、公众观看和编辑的视频。

为了让这些工具和谷歌的其他产品及服务对客户和企业来说更加“社会化”，谷歌发布了 Google+。用户能创建属性和“Circles”，将人们归类到特定的群组，方便分享和协作。“Hangouts”能让人们参与视频群聊，人数上限为 10 人。这个功能在安卓、苹果手机中都有，短信软件 Messenger 能让人们在“Circles”里通过即时通信交流。

Microsoft SharePoint 这是基于浏览器的协作和文件夹管理平台，包含安装在服务器上的强劲搜索引擎。SharePoint 有一个基于网页的接口，能与 Microsoft Office 等日常工具紧密协作。SharePoint 软件使员工共享办公文件以及利用办公文件进行项目合作变得可行。

SharePoint 产品和技术为企业中基于网页的协作提供了平台。SharePoint 可以作为网页主机在中央单元安排和存储信息，以促进团队协作，维护任务清单，合作创建文件，执行工作流程，并且通过维基和博客来分享信息。用户能控制文档的版本，确保文档安全。因为 SharePoint 会在一个地方存储和组织信息，用户围绕一个任务、项目和文件工作时可以快速有效地找到相关信息。企业搜索工具能帮助定位人员、专业知识和内容。如章首案例描述的，SharePoint 已被作为社交工具。

总部在新西兰奥克兰的 ASB 银行，为 25%的人口提供个人和企业银行服务。管理层希望在三年内在员工协作、灵活性和创新性方面有所改善，使纸张使用量减少 40%。由于员工使用过一些微软工具（Lync 和 Office2010），SharePoint 能兼容平板电脑、智能手机和其他移动设备，因此公司部署了 Microsoft Sharepoint 2013 软件。ASB 银行建立了“SharePoint 2013 Team Site”，这个独立的部门负责管理文档扫描、存储、归档和安全。全公司的员工能快速搜索文档，通过个人网站、团队网站、博客和维基平台，方便地查找所需信息和专业知识。利用 SharePoint 2013 整理信息，ASB 能在 2015 年实现其纸张节约目标（Microsoft，2012）。

Lotus Notes 这是群件的早期产品，作为协同软件系统，它提供了共享工作日历、集书写和编辑功能于一体、共享对数据库的操作以及举行电子会议等功能，让每个参与者都可以看到其他人的行动并展示相关信息。Notes 软件能安装在台式和平板电脑上，获取 IBM Lotus Domino 服务器上的应用。现在，Notes 提供的是基于网页的服务，提供脚本和应用开发环境，以便用户根据自己的独特需求来开发定制的应用。

Notes 软件可以安装在用户的客户端电脑上，提供电子邮件、即时通信（与 Lotus Sametime 兼容）、网页浏览、日历/资源安排等平台服务，同时还可以与其他协同应用系统互动。如今的 Notes 还有博客、维基、RSS 聚合器、帮助桌面系统、语音和视频会议及在线会议等功能。Lotus Quickr 是 IBM Lotus 的相关产品，为团队提供更多专业工具（团队空间、内容图书馆、研讨论坛、维基平台），也能从 Lotus Notes 中获取信息。

超大型企业选用 IBM Lotus Notes，是因为其承诺了产品的高安全性和高可靠性，同时让这些公司觉得自己保有对于敏感信息的控制权。比如，丹麦奥胡斯大学医院（Aarhus University Hospital）的医学实验室临床生物部，一年内在超过 100 万患者身上进行超过 1 000 万次试验。它的纸质系统常常出错，耗费大量时间且难以审计。部门开始使用 Sherlock 应用，它基于 IBM Lotus Notes，能对临床流程精简、存档和更新。该应用满足员工和供应商报告、运营流程、机密标准和校准指导等方面的所有要求，帮助部门符合 ISO 15189 的规范。Sherlock 所有关于质量管理的电子邮件都产生于 IBM Lotus Notes 软件，追踪流程更为方便。当需要执行具体流程或校准以保证合规时，Sherlock 会自动发送提醒。系统产生一个审计路径，帮助部门判断是否符合 ISO 15189 的所有要求。获得控制权的管理者能决定谁能进入系统。Sherlock 也可以利用 Lotus Notes 的功能，用五种不同语言通信（IBM，2012）。

企业社交网络工具 前面讨论的工具都支持社交商务，此外还有为这一目的专门开发的社交工具，比如 Salesforce Chatter，Microsoft 的 Yammer，Jive 和 IBM 的 Connection。企业社交网络工具通过文档、更新、通知等功能，联系组织内成员，创造商业价值，类似于脸书，但这是为了企业内部用途量身定做的。IBM 最近发布了一套社交商务工具，在社交商务云平台 SmartCloud 上运行，功能包括用户文档、社区、电子邮件、即时通信、网页会议、日历、个人仪表盘和文档分享。

表 2-4 描述了更多内部社交功能的细节。

表 2-4 企业社交网络软件的功能

商务应用	描述
文档	建立成员档案，描述个人信息、教育背景、兴趣，包括与工作相关的关系和专业知识（技能、项目、团队）。
内容分享	分享、存储和管理内容，包括文档、演示文档、图片和视频。
反馈和通知	反映即时信息流、状态更新以及个人和群体声明。
小组和团队工作区	建立小组来分享信息，就文档协作，围绕项目工作，同时能建立私有的或公开的小组，归档对话内容来存储团队知识。
标签和社交书签	对特定内容表明偏好，类似于脸书的“点赞”（Like）按钮；标签让人们对喜欢的内容加上关键词。
允许和隐私	能保证私人信息保留在正确的圈子内，这取决于关系的性质；在企业社交网络中，需要设立公司员工查看某些资料的权限。

从 2011 年 5 月开始，总部位于达拉斯的 7-Eleven 公司有大约 2 000 名员工使用 Yammer。该便利连锁店利用这个应用，帮助区域顾问与当地特许经营业主共事，分享知识，从他人身上学习最优方法。比如，有人在加盟店贴出一张表演的海报，效果非常棒，其他人也会效仿。社交软件创造了一个“虚拟的办公场所闲聊处”，人们能以非正式的方式讨论正在发生的事，以正式的记录来追踪最优方法。

尽管 7-Eleven 和其他公司从企业社交网络中受益，内部社交网络却不能像脸书、推特和其他公共社交网络产品那样快速流行起来。章末案例讨论了这个话题。

■ **管理者的清单：评价和选择协作软件工具**

面对如此多可供选择的协作工具和服务，你如何为自己的公司选择合适的协作技术？为了回答这个问题，你需要一个框架来了解这些工具是用来解决什么问题的。这是一个对于我们讨论协同工具非常有帮助的框架，称为时间/空间协同工具矩阵，20 世纪 90 年代初由一批从事协同研究的学者提出（见图 2－11）。

图 2－11　时间/空间协同工具矩阵

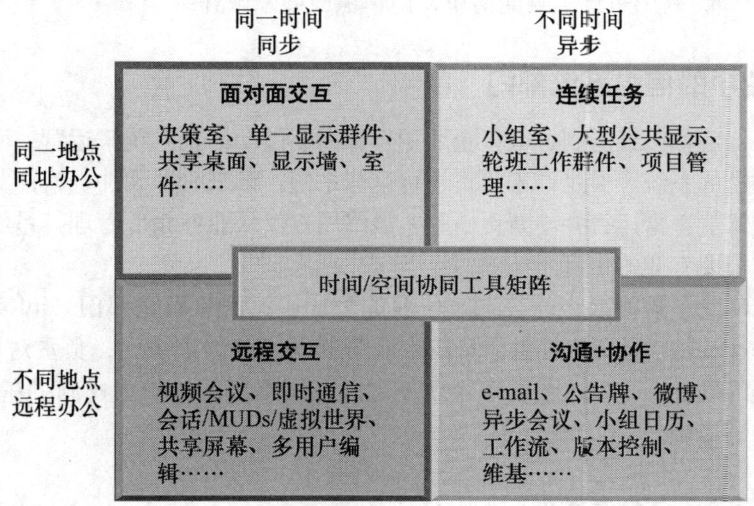

说明：协同工具矩阵可以根据其是否支持不同时间或者地点的交互、这种交互是远程的还是协作的进行分类。

时间/空间协同工具矩阵聚焦于协作问题的两个维度：时间和空间。比如，你需要和不同时区的人进行协作，却不能在同一时间会见所有人。纽约的半夜是孟买的正午，所以即使召开视频会议，也会很困难（地处纽约的人会非常困）。时差是全球化协作的一个很明显的障碍。

地点也制约了全球化甚至全国性和地域性公司内的协作。召集人员开会的困难在于，各分公司相对分散（公司有多个办公地点），出差的成本较高，经理们的时间有限。

上述协作技术是克服时间、空间难题的途径。使用时间/空间框架会帮助你选择最适合的合作和团队协作工具。请注意，有些工具可使用于有一个以上时间/地点的情形。比如，Lotus Note 可以同时用于同步的互动（即时通信、电子会议工具）和非同步的互动（电子邮件、维基、文件管理）。

这里有一张“怎么做”的清单，试着按照这张清单来做。清单上的六个步骤可以引导你以可接受的价格和可承担的风险来购买合适的协作软件。

1. 公司开展协作时，面临哪些时间和空间上的挑战？确定公司在时间/空间协同工具矩阵上的位置，公司在矩阵上的位置可以不局限于一个单元内。每个单元有不同的协作工具需求。

2. 针对公司所处的矩阵单元，明确哪些解决方案是可行的，列出产品清单。

3. 分析每个产品对公司而言的成本和效益，注意在成本预估中要包括培训成本，以及可能需要成立信息系统部门的成本。

4. 明确每个产品的安全风险和弱点。公司是否愿意把信息通过互联网交给外部服务提供商？公司是否愿意面对重要系统的运行交给其他公司控制所带来的风险？供应商是否有财务风险？3～5 年后该供应商还在吗？一旦供应商倒闭，公司不得不转换供应商的成本是多少？

5. 向可能使用该工具的用户寻求帮助，以了解将来在实施和培训中可能会遇到的问题。有些工具可能比其他工具更易于使用。

6. 列出可选工具的清单，邀请供应商来做介绍。

2.4 企业中的信息系统部门

我们已经看到，很多企业如今都需要借助信息系统来运营，而且会使用很多不同类型的系统。但是谁来负责运行这些系统？谁来确保硬件、软件及其他应用于系统的技术能正常运行并不断更新呢？最终用户仅从业务角度管理其系统，而技术方面的管理需要专业的信息系统部门。

除了规模很小的公司，一般的公司中，**信息系统部门**（information systems department）是一个提供信息技术服务的正式的组织单元，负责对构成公司 IT 基础设施的硬件、软件、数据库管理技术以及网络进行维护。我们将在第 5 章详细介绍 IT 基础设施。

2.4.1 信息系统部门

信息系统部门由相关专业人员组成，如程序员、系统分析员、项目主管和信息系统管理员。**程序员**（programmers）是负责编写计算机软件指令的技术人员。**系统分析员**（systems analysts）主要担任信息系统部门与企业其他部门间的联络员，其职责是将商业问题和需求转换成信息需求和系统。**信息系统管理员**（information systems managers）是程序员、系统分析员、项目管理员、设备管理员、通信管理员以及数据库管理员的领导，也是计算机操作员和数据输入员的领导。同时，外部的专家，如硬件制造和供应商、软件公司、咨询公司等，也经常参与到信息系统的日常运营和长期规划工作中。

在很多公司中，信息系统部门都设有**首席信息官**（chief information officer，CIO）。CIO 是一个高层管理者，负责管理一个公司的信息技术。今天的 CIO 需要强大的商业背景和丰富的信息系统知识，在把技术融入企业经营策略的过程中发挥主导作用。一些大型企业还设有 CSO，CKO 和 CPO 等职位，与 CIO 密切配合。

首席安全官（chief security officer，CSO）负责公司的信息系统安全并负责执行公司的信息安全政策（见第8章）。（有时为了将信息系统安全与物理安全进行区分，首席安全官也可称为首席信息安全官（chief information security officer，CISO）。）CSO主要负责对用户和信息系统专业人员进行安全方面的教育和培训，警惕和防范安全威胁和安全故障，维护工具，执行和完善安全策略等。

信息系统安全与个人资料保护在企业运营中至关重要，因此那些涉及大量个人资料信息的企业设立了**首席隐私官**（chief privacy officer，CPO）一职。CPO主要负责贯彻落实与个人资料隐私相关的现行法律。

首席知识官（chief knowledge officer，CKO）负责公司的知识管理项目。CKO帮助设计项目和系统，发掘新的知识来源，或更好地利用组织和管理方面的现有知识。**最终用户**（end users）是信息系统部门以外的部门代表，他们使用信息系统部门为其开发的系统。这些用户在设计和开发信息系统方面扮演着越来越重要的角色。

在信息化的早期，信息系统部门主要由程序员组成，这些人的工作非常专业化，但仅限于技术性工作。如今，信息系统部门中系统分析员和网络技术人员的比例越来越大，同时信息系统部门也在组织中扮演了强有力的改革角色。信息系统部门提议新的商务战略，提出新的基于信息的产品和服务，并协调技术发展与组织变革间的关系。

2.4.2　信息系统服务

信息系统部门提供的服务包括：

● 计算机平台服务，即将员工、客户、供应商连接到一个统一的数字化环境中，其中包括大型主机、台式机、笔记本电脑、个人数字助理（PDA）以及其他上网工具。

● 通信服务，即向员工、客户、供应商提供数据、声音、图像的链接。

● 数据管理服务，即存储并管理公司的数据，并提供数据分析服务。

● 应用软件服务，即为公司的信息系统提供开发和支持服务，其中既包括各部门的信息系统，也包括全企业范围的系统，如企业资源计划系统、客户关系管理系统、供应链管理系统以及知识管理系统，这些系统可以为公司各部门所共享。

● 硬件设备管理服务，即提供用于计算、通信和数据管理服务的硬件设施的开发、安装等。

● IT管理服务，即规划和开发IT基础架构，与业务部门一起协调IT服务，管理IT开支，提供项目管理服务。

● IT标准服务，即为公司及各部门提供信息技术的使用标准，包括用什么、何时用、怎么用。

● IT教育服务，即为员工提供使用系统的培训，为管理层提供规划和管理IT投资的培训。

● IT研发服务，即为公司提供关于未来潜在信息系统项目的研究和投资，帮助公司在市场竞争中脱颖而出。

过去，公司一般都是自己开发软件系统，自己管理公司的计算机设备。如今，许多公司转向寻求外部服务商来提供这些服务（见第5章和第12章），并由公司的信息系统部门来管理这些服务提供商。

本章小结

1. 企业的主要职能有哪些？这些职能对于理解信息系统有何重要作用？

企业是一个正式的、复杂的组织，它通过生产产品和提供服务来创造利润。企业有其特定的职能，如财务与会计、人力资源、制造与生产以及销售与营销。企业组织分为不同的层次。一个业务流程是一系列逻辑上相关联的活动。企业必须适应它们所处的环境。

2. 不同的系统是如何为不同的管理层提供服务的？

事务处理系统（TPS）为基层管理人员提供服务。系统追踪企业运营中的日常交易，如薪金或订单流程。管理信息系统（MIS）与决策支持系统（DSS）支持中层管理人员。多数管理信息系统报表浓缩了事务处理系统信息，但没有较为详细的分析。决策支持系统通过先进的分析模型和数据分析能力，支持独特且变化较快的管理决策。主管支持系统（ESS）支持高层管理人员，为他们提供图表形式的数据，这些数据涉及的信息来自企业内联网和外联网，通过门户传递。

3. 企业应用软件和内联网是如何提高企业绩效的？

企业应用软件用于协调多种功能和业务流程，企业系统能够将主要的企业内部流程整合到单一的软件系统中，使之更为协调、高效，并提高决策水平。供应链管理系统帮助企业管理它与供应商之间的关系，优化各个环节，包括产品和服务的规划、采购、制造以及递送。客户关系管理系统利用信息系统，协调有关企业与客户关系的所有流程，以增加企业收益，提高客户满意度。知识管理系统能够促进企业创造、共享和传播知识。内联网和外联网利用互联网技术和标准，从不同的系统中整合信息，以网页的形式呈现给用户。外联网能将企业内联网不公开的信息部分提供给企业以外的人。

4. 为什么协作系统和社交商务系统如此重要？它们采用了什么技术？

协作就是和别人一起工作来达到共同的明确的目标。社交商务就是利用内外部社交网络平台，联系员工、客户和供应商，加强协作。由于全球化、分散决策、增加企业价值的交互工作增加，协作和社交商务在企业中变得越来越重要。协作和社交商务能促进创新，提高生产力，改善质量和客户服务。协作工具包括电子邮件、即时通信、维基平台、视频会议系统、虚拟世界、云服务和云盘，类似 Microsoft SharePoint 和 Lotus Notes 的企业协作平台，类似 Chatter，Yammer，Jive 和 IBM Connection 的企业社交网络工具。

5. 信息系统部门在企业中发挥了什么作用？

信息系统部门是正式的组织部门，负责提供信息技术服务。信息系统部门也负责企业信息技术基础设施的维护，包括硬件、软件、数据存储器和网络等设施。该部门通常受首席信息官领导，由各类专业人员构成，如程序员、系统分析师、项目主管以及信息系统主管等。

复习题

1. 企业的主要职能有哪些？这些职能对于理解信息系统有何重要作用？

- 定义企业并描述企业的主要职能。
- 定义业务流程并描述它们在企业中的作用。
- 简述企业的不同层级以及它们所需要的信息。
- 解释为什么环境对了解一个企业很重要。

2. 不同的系统是如何为不同的管理层提供服务的？

- 定义商务智能系统。
- 描述 TPS 的特征以及它们在企业中的作用。
- 描述 MIS，DSS 和 ESS 的特征，并说明它们是如何帮助管理者做出决策的。

3. 企业应用软件和内联网是如何提高企业绩效的?

- 解释企业应用系统如何提高企业绩效。
- 定义企业系统、供应链管理系统、客户关系管理系统和知识库管理系统，并描述它们如何使企业受益。
- 解释内联网和外联网如何帮助企业提高绩效。

4. 为什么协作系统和社交商务系统如此重要? 它们采用了什么技术?

- 定义协作和社交商务并解释为什么它们在企业中如此重要。
- 列举并描述协作对企业的好处。
- 描述支持协作的企业文化。
- 列举并描述各种类型的协作和社交商务工具。

5. 信息系统部门在企业中发挥了什么作用?

- 描述信息系统部门如何支持一个公司的运作。
- 比较程序员、系统分析员、信息系统管理员、CIO、CSO和CKO所分演的角色。

讨论题

1. 图2-2中，信息系统是如何支持订单完成的? 这些系统应采集哪些重要信息? 解释你的答案。

2. 识别从图书馆借阅一本书所需的步骤以及此过程中信息的流动。绘制这一流程图。存在可改进的流程吗? 绘制改进后的流程图。

3. 用时间/空间协作和社交工具矩阵来对TELUS使用的社交技术进行分类。

管理信息系统实践项目

本部分的实践项目涉及以下几个方面：分析利用新的信息系统完善业务流程的可能性，使用电子表格软件提高选择供应商的决策水平，使用互联网软件制定高效的运输路线。

管理决策问题

1. Don's木材公司位于哈德逊河岸边，是纽约州历史最久远的木材零售商。它主要经营地板、舱板、模具、窗户、墙板和天花板等木材。由于木材和其他建筑材料的价格不断变化，如果有客户询问预加工木地板的价格，销售代表就需要查询价格单，然后给供应商打电话了解最新报价。供应商会查询每日更新的价格单，给销售代表回电话，告知其价格。这是因为Don's公司手头没有最新的报价信息。请评价这种情况对企业的影响，谈谈如何利用信息技术改善这一过程，并说明为解决这个问题需要制定什么样的决策，应该由谁负责制定决策。

2. 亨利在加利福尼亚的萨克拉门托经营一家小型五金商店。商店空间有限，房租在过去五年内翻了一番。亨利和凯瑟琳两位店主压力很大，他们需要利用有限的店面空间尽可能多地获利。他们从来不记录库存和销售情况。新货一到，就马上摆到货架上。供应商开具的发票也仅仅用于纳税。如果货物售光，他们就把货物编号和价格录入收银机。他们依靠自己的判断决定是否需要进货，要进哪些货。因此，商店经常出现缺货或断货的现象。这种情况对他们自己的业务有什么影响? 信息系统将如何帮助亨利和凯瑟琳经营业务? 系统需要哪些数据? 应生成哪些报表? 系统能提高哪些决策能力?

提高决策能力：利用电子表格软件来选择供应商

软件技能：电子表格软件的数据功能、数据筛选、DAVERAGE功能

商业技能：分析供应商的情况和报价

在本练习中，你将学习使用电子表格软件，来提高管理者选择供应商的决策水平。现有一张大表

单，记录着供应商的原始交易数据，请你依据不同的标准，利用电子表格软件筛选数据，为公司挑选出最合适的供应商。

假设你经营一家制造飞机零部件的公司。许多竞争对手都在为客户提供优质低价的服务，你正考虑自己能否从更好的供应链管理中获利。在 MyMISLab 中，你能找到一个电子表格文件，里面包含过去三个月公司从供应商处订购的所有产品。电子表格里的字段包括供应商名称、供应商编号、订单编号、产品编号和产品名称（从供应商处订购的每一款产品）、单价、数量、每笔订单的总价、付款期限、每笔订单的订购日期以及实际到货日期。

准备一份建议书，说明你如何利用电子表格软件数据库中的数据提高选择供应商的决策水平。提出相关标准，作为确定首选供应商的参考，包括准时交货记录最多的供应商、能提供最佳付款条件的供应商以及同等产品报价最低的供应商等。利用电子表格软件准备相关报表，作为附件支持你的建议书。

实现卓越运营：利用互联网软件规划高效的运输路线

在本练习中，你将使用 MapQuest 软件为企业规划运输路线，选择最佳路径。

假设你刚到俄亥俄州克利夫兰市的 Cross-Country 运输公司担任调度员，这是一家新开的货运快递公司。你的第一项任务就是规划路线，将一些办公设备和家具从印第安纳州埃尔克哈特市（E. Indiana 路和 Prairie 街的路口处）运到马里兰州黑格斯顿市（Eastern Blvd. N. 街和 Potomac 路的路口处）。你需要了解两个城市之间的最佳行驶路线，以使货车司机在规定时间内将货物送到。在 MapQuest 网站上找出两地之间距离最短的行驶路线，再找出两地之间用时最少的行驶路线。比较两个结果，考虑应采用哪一种路线。

章末案例

企业应该使用社交商务吗

社交网络从未像现在这样流行。ComScore 显示，社交工具的使用占到所有线上活动的 20%。超过半数的成年人每月至少浏览一次社交网站，许多员工非常精通公共社交网络。不过，当公司尝试在内部使用同样的技术时，所得到的结果喜忧参半。Forrester Research 调查了近 5 000 名从事信息工作的美国人，发现仅有 28% 的员工出于工作目的每个月使用一次社交软件，大多数人使用脸书等公共社交网络。2013 年，《信息周刊》（*Information Week*）对企业内部社交网络进行调查发现，仅 18% 的被调查者认为他们的内部社交网络项目是成功的。

大部分商业技术专家认为，企业内部社交网络只达到平均水平甚至低于平均水平，主要原因在于员工的使用率低。《信息周刊》的调查显示，使用内部社交网络的公司中，有 35% 认为很少使用是其网络系统成功的主要障碍。另外，大多数企业社交网络系统在被调查公司的协作方式中不处于核心地位。

为何数量众多的内部社交网络没有流行起来？对这些项目的投资能否得到显著回报？随着许多技术的更新，尝试使用内部社交网络的公司发现，员工习惯以某种方式工作，克服这种惯性是相当困难的。比如，IT 领导者希望形成一种更注重社交、协作的办公室文化，却常发现大部分员工仍倾向于使用电子邮件。员工可能觉得没时间学习一种新软件。

员工习惯以传统的方式协作和工作，因此需要鼓励他们使用社交软件。大部分公司并不激励员工，因为只有 22% 的社交软件用户认为，技术对其工作必不可少。你加入脸书是因为所有的朋友都在使用，而在工作场所，易用性和提高工作效率是更重要的使用原因。

Altimeter Group 咨询公司调查了一家有 250 名员工的公司，分析了 13 名技术提供商、185 名终端用户和 81 名社交网站决策制定者，发现仅有 34% 的被调查者相信内联网络对团队和部门协作有“显著”影响。约半数的被调查者认为，内部社交网络对留住员工、加快决策制定的速度或减少会议“几乎没有影响”。

IT 组织需要加强监管，以保证对内外部社交网络的投入能为企业带来价值。网络内容应是相关的、最新的、容易获取的；用户能联系拥有其所需信息的人，否则难以接触。社交商务工具应与现实的任务、组织的商业流程相符，用户需了解使用方法和原因。

2009 年夏天，美国宇航局的戈达德太空飞行中心（Goddard Space Flight Center）开通了名为“Spacebook”的定制的企业社交网络，帮助小团队在不需要给上级团队发邮件的情况下开展协作。Spacebook 的功能包括个人文档、团队工作区（维基平台、文档分享、论坛区、用户组）和社交书签。因为几乎没有用户使用，Spacebook 在 2012 年 6 月 1 日下线了。美国宇航局的马歇尔太空飞行中心（Marshall Space Flight Center）和戈达德太空飞行中心负责社交媒体和组织战略的分析师凯文・琼斯（Kevin Jones）认为，Spacebook 的失败源于对人的关注不够，在设计和创造时没有考虑组织文化和政治。人们不知道 Spacebook 如何帮助他们完成工作，在工作中使用已有的协作方法（如电子邮件）就足够了。

许多开发了内部社交网络的公司发现，有许多功能员工从来不用。大多数企业网络最常用的功能是文档。论坛、博客和维基平台是基础性功能，却很少使用。利用电子邮件整合网络资源也是一个重要功能。邮件能提醒网上新发布的内容，直接链接到网页，快速回复网络评论，这些能力对于建设易用的内部社交网络非常重要。

许多公司缺乏分析能力，难以评估内部社交网络创造的绩效和价值。Altimeter 的报告称，只有 26% 的被调查者认为商业流程得到改善，只有 7% 的人将网络和经济结果联系起来。没有人认为内部社交网络的评估结果非常好。

有的公司开发内部社交网络失败，但也有公司十分成功。与其他项目相比，实施这些系统的入门成本非常低。CSC 是一家收入高达 160 亿美元的信息技术和咨询公司，希望利用社交网络为其庞大的全球组织注入协作文化。相比大多数公司，该公司中知识工作者的比例更高，通过集中、可行的方法获取知识是创造价值的重要来源。CSC 启动了名为“C3”的项目——C3 是联系、交流、协作（connect，communicate，collaborate）的缩写，使用了 Jive 的社交商务软件。

CSC 选择 Jive 是因为其持续创新，每年有两款主要软件发布，CSC 认为 Jive 的技术能一直跟上市场标准。Jive 宣传其社交商务软件在内外部社区架起桥梁的能力，这既能让公司在内部建立联系，也能让公司和外部供应商、协作者和客户建立联系。

CSC 进行了为期 6 个月的试点，全公司 92 000 名员工都可以参与进来。前 20 周，25 000 名员工开始使用社交网络工具，2 100 个小组浏览了 100 万个页面。从用户的评价可以看出，解决方案的普及率快速上升，让管理者确信 C3 能成为一个永久的协作平台。

CSC 不得不决定是积极推动技术，还是任由它像病毒一样扩散。CSC 采取了被动举措，让用户自发形成小组。公司通过 12 项“冠军赛”征募了超过 100 个参与者来帮助形成普及计划、核心内容，并在试用之前测试了超过 200 个团队。团队领导和其他高管通过在社交工具上写博客树立榜样。公司还利用 Jive 提供“虚拟茶水间”，内容为与工作不相关的话题，帮助员工在一个更为放松的环境尝试这个工具。

CSC 需要全球不同时区的团队协同为潜在客户准备投标和报告。有了 C3，在美国发布的一条有关报告的信息，30 分钟内就能得到世界各地同事的多条回复和准确响应。由此可见，C3 对 CSC 的收益有直接影响。

C3 的普及率现在达到了 100%，大量被频繁搜索的知识产生于网络社区和团队。一位高管声称，现在员工完成工作会使用网络。

克里斯・雷平（Chris Laping）是拥有 30 000 名员工的红罗宾（Red Robin）汉堡餐饮连锁店

的 CIO，见证了从电子邮件和类似 SharePoint 的协作门户到社交网络和社区聊天的变化。他希望团队成员的协作方式类似于在办公室外协作，使用一种能让人们创建会话、更新状态、上传或分享文档、为小项目团队建立工作组的工具。

公司决定尝试 Yammer，因为社交协作软件能发送消息，并立刻接收反馈，方便公司快速做出调整。比如，2012 年 4 月，红罗宾推出 Tavern Burger 产品线，在 4 周内就能完善餐厅食谱和操作步骤。过去，这要花上 6～18 个月。餐厅服务员收到顾客反馈，将信息发送给管理者。随即所有管理者在 Yammer 上讨论。

红罗宾使用病毒式方法来促使员工使用这个软件。第一个月，20～25 名员工开始使用该软件访问他人页面，现在已增至 400 人。从普及率来看，虽然此时的 Yammer 不是具有“绝对话语权”的主角，但毕竟有约 95% 的红罗宾信息系统项目仍使用 SharePoint。不过，Yammer 的用户正在增长，雷平相信，如果可以提供正确的工具，信息系统部门加以引导，Yammer 最终会替代 SharePoint。与 SharePoint 相比，Yammer 相当便宜，在雷平看来，它十分接近现实中人们的协作方式。

更小的公司也发现内部社交网络十分有用。2009 年，拥有 450 名员工的牙科设备制造商 Den-Mat，希望更新其早已过时的信息系统。该公司在业务中使用一个 30 年前的旧系统和大部分纸质流程。公司选择了 Salesforce CRM 和 Salesforce Chatter 作为系统现代化的核心，希望克服发展初期不可避免的困难，最终提高生产率。

这些困难从未出现。实际上，从第一天起 Den-Mat 就发现生产率有所提高。30 天后，Den-Mat 缓慢地推出 Salesforce 和 Chatter，从市场部陆续推向客户服务部和销售部。之后，团队基于 Salesforce 系统接受在线培训。Chatter 让 Den-Mat 的更新方式从以邮件为中心转变为以 Chatter 为中心。当一个项目的状态改变时，Chatter 的反馈会标注出来。团队交流更有效率，对以团队形式工作的员工来说，地点变得不再重要。公司成功地节约了成本，并将员工流失率降至 7%。员工通过 Chatter 与消费群体、第三方供应商交流，这在以前是不可能实现的。因为团队利用 Chatter 可有效协作，所以 Den-Mat 在印第安纳州关闭了一个业绩不好的营业部，让部分员工在家办公。

资料来源：Michael Healey, "Why Enterprise Social Networking Falls Short," *Information Week*, March 4, 2013; Debra Donston-Miller, "10 Ways to Foster Effective Social Employees," *Information Week*, March 6, 2013; Jacob Morgan, "How to Market Collaboration to Employees," *Information Week*, March 21, 2013; www.nasa.gov, accessed May 5, 2013; Tom Kaneshige, "Consumerization of IT: The Social Networking Problem," CIO, March 12, 2012; Justin Kern, "Enterprises 'Like' Social Networks, Don't 'Love' Results," *Information Management*, February 28, 2012; Kristin Burnham, "Inside an Enterprise Salesforce Chatter Rollout," CIO, February 02, 2011; Charlene Li, "Making the Business Case for Enterprise Social Networks," February, 2012, Altimeter Group; Micheal Healey, "Why Employees Don't Like Social Apps," *Information Week*, January 30, 2012; and David F. Carr, "What Enterprise Social Success Stories Have in Common," *Information Week*, January 13, 2012.

◆ 案例思考题

1. 从人员、组织和技术角度，分析内部社交网络普及率低的原因。
2. 为何在此案例中描述的大多数公司实施内部社交网络都很成功?
3. 是否所有的公司都应该实施企业内部社交网络？为什么?

第3章 利用信息系统获得竞争优势

Achieving Competitive Advantage with Information Systems

学习目标

学完本章后，你将能够回答以下问题：

1. 波特的竞争力模型如何帮助企业利用信息系统制定竞争战略?
2. 价值链和价值网模型如何帮助企业识别战略信息系统的实施机会?
3. 信息系统如何帮助企业利用协同能力、核心竞争力和基于网络的战略获得竞争优势?
4. 如何在全球范围内开展竞争，以及通过提高质量来增强竞争优势?
5. 业务流程管理对提升竞争力起到什么作用?

章首案例

沃尔玛能保持领先吗

沃尔玛是全球最大和最成功的零售商，2013财年，仅美国地区的营收就达4 690亿美元。公司拥有210万员工，是全美员工数量最多的企业，公司同时也是全美最大的杂货零售商。

沃尔玛的这块业务目前出了点问题。沃尔玛曾凭借其先进的供应链管理创造了一种有效的商业模式，使公司不仅保持低价而且货架不会缺货。只要有消费者在收银台为某个商品结账，公司的持续库存补货系统马上就会直接向供应商发送新商品的订单。因为该系统在补充库存上十分迅捷，所以沃尔玛避免了为储存所销售的商品而在仓库、设备和人力上大量投入。借助该系统，沃尔玛还能将其库存量调整到恰好满足消费者所需，这是一套无懈可击的计算方案。

问题是，这套方案现在好像不太灵了，尤其是对于生鲜食品。在大型沃尔玛超市，消费者抱怨超市的商品品质差并且沃尔玛自营的商品种类少。这是一个严重的问题，因为2012年，食品销售占据了沃尔玛在美国业务的55%。那些不再采购沃尔玛农产品的消费者，同样不会采购其他商品。

据相关新闻报道，与竞争者相比，沃尔玛的食品价格要低15%左右。尽管沃尔玛的谷物畅销，但生鲜食品却需要更多的人力来储存和运输，并且此类商品不在极短的保质期内售完就会造成浪费，这些都增加了运作的成本。为了平衡低成本策略，沃尔玛选择减少服务顾客的员工数。2007年初，沃尔玛在全美每家店（包括山姆会员商店）平均有338名员工，而现在每家店只剩下281名员工，甚至都不能及时补充超市货架。很多时候，货架是空的或者摆放着即将过期的商品。不仅如此，员工短缺也开始波及收银以及顾客在沃尔玛应该享受到的其他服务。

人们对此的抱怨不断增多。劳工组织和一部分员工指出，人员短缺不利于员工在沃尔玛工作经验的提升。策哈伊·斯科特（Tsehai Scott，沃尔玛洛杉矶店的经理，同时是工会组织"我们的沃尔玛"中的一员）透露，由于没有足够的收银员，有时顾客排队等待的时间长达30～40分钟。在这个218 000平方英尺的商店里，夜班时只有11个人在补货，像食品和厨房纸巾等消费品区域的货架没有被准确补充的问题随处可见。超市失去了它应有的整洁，食品区变质的食物没有被清理掉，如果人手充足，食物可被及时放入冰箱或冰柜而不会在保质期内变质。斯科特先生提出需要更多的员工或者安排员工加班，对于这一提议，管理层的答复是提高现有员工的工作效率。沃尔玛的女发言人布鲁克·布坎南（Brook Buchanan）表示，沃尔玛人员充足，提供的商品也是有史以来最多的。沃尔玛管理层强调，在两年之内，公司仅在新鲜果蔬上就为顾客节省了 23 亿美元。

沃尔玛在全美引进了一套新的库存管理系统用于生产环节，它能够追踪商品运输了多少天，保质期还剩多久，以及根据在售商品订购相应货物。这个系统能够帮助商店处理像木梅这样棘手的商品，这类商品的特点是保质期极短，并且需要从不同的供应商那里采购。同时，为了保证生鲜食品不被整夜扔在货架上，沃尔玛修改了工作职责，并且增加了标签来帮助员工分辨食物是否新鲜。商店以展示少量商品取代过去将大量商品摆放在外的做法，这样可以保证总是在出售新鲜食物。每周都有神秘顾客出现，检查商品的质量。这些是否足以让沃尔玛领先了呢？

资料来源：Stephanie Clifford，"Walmart Strains to Keep Aisles Stocked Fresh，" *The New York Times*，April 3，2013 and Ashley Lutz，"Wal-Mart Could Be In Big Trouble If It Doesn't Fix Customer Service Fast，" *Business Insider*，April 12，2013.

沃尔玛的案例描述了信息系统帮助企业竞争的方法，同时也提出了维持竞争优势的挑战。今天的零售业已经处于饱和状态，无论是线上还是线下都有很多强大的参与者与竞争者。多年来，沃尔玛一直是美国乃至世界的顶级零售商，但公司无懈可击的"以最低价卖给消费者所需的"策略，现在受到了挑战。

下图指出了上述案例和本章的要点。多年来，沃尔玛一直是零售业的领跑者，公司成功的关键在于能将库存成本保持在最低，并能将库存量调整到恰好是消费者所需的量上。在实现这种策略时，以沃尔玛著名的持续库存补货系统为主的信息技术起到了至关重要的作用，这使得沃尔玛处于领先地位。这个系统在储存生鲜食品时就不太灵了，而自身的发展又迫使沃尔玛涉足这部分业务。现在该业务已占据了沃尔玛销量的一半以上。生鲜食品业务需要投入更多的人力。因为要保证货架上都是新鲜的商品并且存量适中，管理生鲜食品货架要比其他类食品或非食品占用更多的人力。这就使沃尔玛陷入了一种窘境。储存生鲜食品增加了成本，但公司又需要以低成本来获得竞争优势。

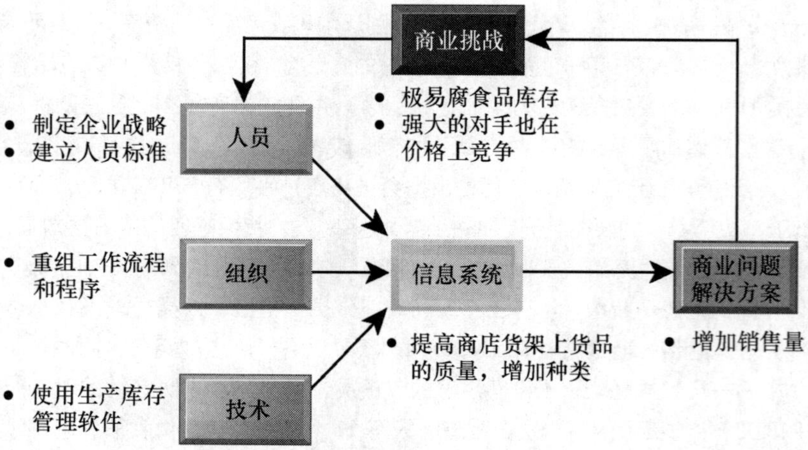

沃尔玛的对策是减少为顾客服务的员工数。但员工的短缺给生鲜食品库存和其他可选商品带来更多的问题，反而使消费者减少了。沃尔玛现在有了一个包含技术和人员两种因素的解决方案，即一个可用于商品、换班调整以及人工储存商品过程的系统。这个方案是否有效，现在判断还为时过早。

思考以下问题：沃尔玛的经营策略需要一些细微调整吗？为什么？为什么沃尔玛在实施这一战略时有这么多困难？

3.1　应用信息系统获得竞争优势

你会发现，几乎在所有领域中，总有一些企业比其他企业优秀，总会有那么一家杰出的企业存在。汽车制造业中，丰田汽车是行业中的佼佼者；纯粹的在线零售行业中，亚马逊是领袖；非在线零售行业中，全球最大的零售商沃尔玛是领导者；在线音乐下载行业中，市场占有率超过75%的苹果公司的iTunes是领导者；电子音乐播放的相关领域中，苹果公司的iPod是领导者；网络搜索方面，谷歌则是领头羊。

我们说一家企业比其他企业好，实际上是指这家企业比其他企业更有竞争优势：它们或者能获得其他竞争者不能获得的特殊资源，或者能更有效地使用常规资源——通常是拥有更多的知识和信息资源。一般来说，这些企业在收入增长、盈利能力或生产效率等方面做得更好，所有的这些将最终转化为比竞争对手更高的股票市值。

但为什么一些企业会比其他企业好，它们是如何获得竞争优势的呢？你如何分析一个企业并识别出它的战略优势？你如何为自己的企业创造战略优势？信息系统对这些战略优势有什么贡献？这些问题的答案之一就是迈克尔·波特的竞争力模型。

3.1.1　波特的竞争力模型

理解竞争优势最常用的模型是迈克尔·波特的**竞争力模型**（competitive forces-model）（见图3-1）。该模型提供了关于企业、竞争对手和环境的总体概况。在第2章中，我们介绍了企业环境的重要性和企业对环境的依赖，竞争力模型就是关于企业的总体商业环境的模型。在这一模型中，五项竞争力决定了企业的命运。

图3-1　波特的竞争力模型

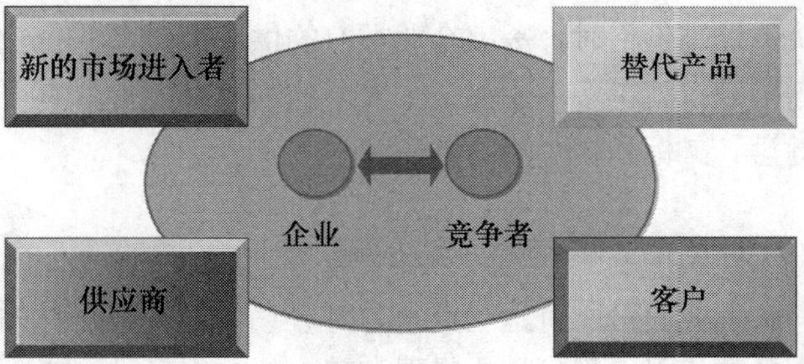

说明：在波特的竞争力模型中，一个企业的战略地位和它的战略不仅取决于原有的直接竞争者，还取决于它所处的行业环境中的四种力量：新的市场进入者、替代产品、客户和供应商。

- **原有的竞争者**

所有企业都与它们的竞争者瓜分市场份额，这些竞争者不断地以新的、更有效率的方式进行生产，引进新的产品和服务，并且通过建立品牌和加大转换成本来吸引客户。

■ **新的市场进入者**

在自由经济中，劳动力和金融资源是流动的，经常会有新的市场进入者。有些行业的进入壁垒很低，有些则很高。比如，开一家比萨店或者小型零售店是非常容易的，进入电脑芯片行业则是非常困难的，它需要大量的资本支出和难以轻易获得的专业技能和知识。新的企业可能有以下优势：它们不会受到旧厂房和旧设备的限制，经常雇用薪水不高但更有创新精神的年轻员工，不会受制于过时的品牌，并且比行业里的传统企业更加“饥渴”（有更高的积极性）。这些优势同时也是它们的劣势：新厂房和设备要依赖大量的外部投资，劳动力的经验相对较少，且品牌的知名度较低。

■ **替代产品和服务**

几乎在每一领域都是如此，即如果价格定得太高，你的顾客就很有可能选择替代品。新技术一直在创造新的替代品。即使是石油也有替代品：乙醇可以代替汽油用于汽车，菜油可以代替柴油用于货车；风能、太阳能、煤以及水能都可以用来发电。再比如，互联网的电话服务能代替传统的电话服务，接入家庭的光纤电话线能代替闭路电视线。另外，你可以通过互联网的音乐服务将音乐在线下载到 iPod 上，这是对 CD 音乐商店的替代。在你的行业中替代产品和服务越多，你对价格的控制能力就越弱，你的利润率也就越低。

■ **客户**

一家企业能否盈利很大程度上取决于它能否吸引并留住客户（防止他们流失到竞争对手那里），再收取高价。如果客户能轻易地转向竞争者的产品和服务，或者客户能迫使企业和其竞争者在一个透明的市场上竞争——透明市场上**产品差异化**（product differentiation）很小且所有的价格都能即时被知晓（如在互联网上），则客户的力量就很强。比如，在互联网的二手教科书市场上，学生（客户）可以很快地找到很多供应商供应的现行的大学教材。在这种情况下，网上客户比二手书供应商更具有主导权。

■ **供应商**

供应商的市场力量会对企业利润产生明显影响，特别是当这家企业不能像其供应商那样快速提高价格时。一家企业拥有的供应商越多，企业在价格、质量和送货安排上拥有的控制权就越多。比如，个人电脑制造商通常就有很多互相竞争的零部件供应商，如键盘、鼠标和显示器的供应商。

3.1.2 应对竞争力的信息系统战略

当一家企业面对所有这些竞争力时，它该怎么做呢？如何使用信息系统来应对这些竞争力？如何阻止替代品的出现和禁止新的市场进入者？怎么成为产业中最大的成功者，获取最大的利润和市场份额？

■ **基本战略 101：IT 要和企业目标对齐**

企业 IT 战略的基本原则就是确保技术服务于企业。对 IT 和企业绩效的研究表明：(a) IT 越迎合企业目标，企业越成功；(b) 只有 1/4 的企业完成了 IT 与企业目标的匹配。企业将近一半的利润可以归功于 IT 与企业目标的匹配（Luftman，2003；Henderson，et al.，1996）。

大多数企业有这样的错误认识：即IT发展成型了，但它对管理和股东利益并没有起很大的作用。企业人士并没有为企业中IT的成型做出积极的贡献，相反，他们忽视IT，或者说不理解IT的本质，认为它只是个累赘从而能够容忍IT领域的失败。这种企业为其低绩效水平付出了沉重的代价。而那些成功的企业和管理者理解IT能够为他们做什么，是怎么做到的，在IT的实施中扮演重要的角色，并且测量其对资产和利润的影响。

因此，作为一个管理者，怎样才能使IT与企业保持一致呢？接下来，我们将讨论一些基本的方法，但是首先做一个总结：

- 识别企业战略和目标；
- 将这些战略目标分解成具体的活动和流程；
- 找出测量目标进展的方法（如量度法）；
- 反思：信息技术如何帮助实现企业目标，它对企业流程和活动有哪些提高；
- 测量真实的绩效，让数字说话。

让我们来看看这些是如何在实践中实现的。这里有四种战略，每一种都要使用信息技术和信息系统：低成本领先、产品差异化、关注市场空白、加强与客户和供应商的联系。

■ **低成本领先**

利用信息系统可以达到最低的运营成本和价格。最典型的例子是沃尔玛。通过利用著名的持续库存补货系统来保持低价和最优库存，沃尔玛成为美国最大的零售企业。只要顾客在收银台交款，沃尔玛的库存补货系统就立即直接向供应商发出新的订单信息。销售终端记录每一个经过收银台的商品条形码，并向沃尔玛总部的中央计算机发送交易处理信息。该计算机系统收集沃尔玛商店的所有订单，然后将它们发送给供应商。供应商还可以利用网络得到沃尔玛的销售和库存数据。

因为这一系统可以快速补充库存，所以沃尔玛不需要为在自己的仓库中保持大量存货而支付很多费用。该系统还使沃尔玛能够通过调整商品采购来满足顾客的需求。沃尔玛的竞争对手如西尔斯，要将销售收入的24.9%花费在企业运营方面。而通过使用该系统来控制运营成本，沃尔玛在营运成本上的支出仅占销售收入的16.6%。（在零售行业，运营成本平均占销售收入的20.7%。）

沃尔玛的持续库存补货系统还是一个**有效客户反应系统**（efficient customer response system）。一个有效客户反应系统将客户的行为直接与分销、生产及供应链连接在一起。沃尔玛的持续库存补货系统提供了非常有效的客户反应。我们将在后面讨论的戴尔电脑公司的“按订单组装”系统则是有效客户反应系统的另一个例子。

■ **产品差异化**

利用信息系统能够帮助企业推出新产品和新服务，或者极大地提高客户使用现有产品或服务的便利度。例如，谷歌在其网站上不断推出新的特色搜索服务，如Google Maps。苹果公司开发了iPod这种独特的便携式电子音乐播放器，并附带独特的在线音乐服务，只要支付0.69～1.29美元就能购买一首歌曲。苹果公司持续创新，开发出了iPod，iPad和iPhone。

制造商和零售商正在携手利用信息系统开发个性化定制的产品和服务来满足个人用户的特殊需求。例如，耐克公司通过其网站上的 NIKEiD 项目销售定制化的运动鞋。顾客可以选择鞋子的款式、颜色、材质、外底，还可以定制最多 8 个字母的 logo。耐克公司通过电脑将这些订单交给有特殊机器的中国和韩国工厂生产。定制化运动鞋只贵了 10 美元，约三周后顾客就可以收到鞋子。这种大批量生产个人定制产品或提供个性化服务的能力被称为**大规模定制**（mass customization）。

表 3-1 列举了一些基于 IS 开发产品和服务的企业，其他企业很难去模仿。

表 3-1　基于信息系统的新产品和新服务为企业带来了竞争优势

一键式购物：亚马逊	亚马逊拥有一键式购物的专利，它将其授权给其他在线零售商。
在线音乐：苹果 iPod 和 iTunes	一个集成的便携式播放器中可容纳在线下载的 1 000 万首歌曲。
定制高尔夫球杆：Ping	顾客可以从 100 多万种不同的球杆中选择自己需要的；基于订单的系统会在 48 小时内将球杆送到顾客手中。
在线"个人对个人"支付宝：贝宝	支持个人银行账户、银行账户和信用卡账户之间的转账交易。

■ **关注市场空白**

利用信息系统能锁定特定的市场，并且比竞争对手更好地为市场提供服务。信息系统通过分析来自销售和市场的数据来支持这一战略。利用信息系统，企业可以分析顾客的购买类型、品位和偏好，这样企业就能以更高的效率对更细分的市场进行广告投放和促销。

这些数据有一系列的来源——信用卡交易、人口统计数据、超市或者零售商店中收银台扫描仪里的购买数据，以及人们与互联网接触和互动而产生的数据。成熟的软件工具从这些海量数据中寻找模式，并以此推导用于指导决策的规则。通过对数据的分析可以推动一对一营销，可以根据个人的偏好创建个人信息。例如希尔顿酒店的 OnQ 系统，会记录下在它的所有酒店入住过的顾客的详细资料，分析出每位顾客的偏好及给酒店带来的利润，并给予最有价值的顾客更多的优待，比如可以推迟结账时间。客户关系管理（CRM）系统主要对这些大量的数据进行分析（见第 2 章和第 9 章）。

■ **加强与客户和供应商的联系**

利用信息系统能加强与供应商的联系，并且提升与客户的亲密度。丰田、福特和其他的汽车生产商都利用信息系统使供应商能直接了解公司的生产计划，甚至可以由供应商来决定在什么时间、用什么方法将供应的原材料运到公司的生产工厂。这使供应商在生产产品时有了时间上的主导权。在客户关系这一方面，亚马逊的做法可圈可点，它能记录顾客买书和 CD 的偏好，以便向他推荐其他商品。公司与客户和供应商走得越近，**转换成本**（switching costs）也就越高（转换成本是指客户从一种产品转向其竞争产品所付出的成本），二者对公司的忠诚度也就越高。

表 3-2 总结了上面介绍的竞争战略。有些企业主要集中于某一战略，但有些企业同时追求几种战略。比如，全球最大的精品咖啡零售商星巴克一边供应独特的高端精品咖啡和饮料，一边努力降低成本。

表3-2 四种基本的竞争战略

战略	说明	实例
低成本领先	利用信息系统降低产品和服务的价格，同时提高服务的质量和水平。	沃尔玛
产品差异化	利用信息系统提供差异化的产品并开发新的产品和服务。	谷歌、eBay、苹果、LandsEnd
关注市场空白	利用信息系统关注市场空白；实现专业化。	全美汽车租赁公司、哈拉斯
加强与客户和供应商的联系	利用信息系统和客户及供应商建立稳定的关系并提升其忠诚度。	丰田、亚马逊

执行任何一种战略都不是一件容易的事情。但是很多企业的案例证明，在争夺市场时利用信息系统来实施战略是可行的。就像本书中的案例所表明的，成功地利用信息系统来获得竞争优势需要技术、组织和人员方面的精确协调。事实上，正如我们多次提到的沃尔玛、苹果和亚马逊的例子中描述的，成功实施信息系统的能力不是均等的，有些企业在这方面比其他企业强。

3.1.3 互联网对竞争优势的影响

虽然传统的竞争力仍发挥着作用，但是互联网使竞争对手的实力变得旗鼓相当(Porter，2001)。互联网技术基于统一的标准，这一标准任何企业都可以使用，这就使竞争对手很容易进入市场，并在价格上进行竞争。因为每一个人都能从互联网上获得信息，可以很快地在网络上找到价格最便宜的供应商，所以客户的议价能力增强，而供应商的利润被大大压缩。一些行业（如旅游业和金融服务业）比其他行业受到的影响更大。表3-3显示了波特教授归纳的互联网给企业带来的潜在负面影响。

表3-3 互联网给竞争力和行业结构带来的影响

竞争力	互联网的影响
替代产品和服务	替代品以新的方式满足客户需要，实现新功能。
客户的议价能力	客户可以了解全球各地的产品价格和信息，其议价能力有所提高。
供应商的议价能力	供应商的议价能力有增强的趋势；供应商能从降低进入壁垒、减少分销商和其他中介等方面获益。
新进入者带来的威胁	互联网降低了市场进入壁垒，简化了业务流程，公司更容易得到销售人员、销售渠道和实物资产。
竞争对手	互联网扩大了市场，增加了竞争对手，减小了竞争对手间的差异，使维持竞争优势难度加大，增大了价格战的压力。

互联网的出现已经摧毁了一些行业，还在威胁着更多的行业。譬如，相应网络替代品的出现，让纸质百科全书和旅行社几乎销声匿迹。同样，互联网给零售、音乐、图书、房屋中介经纪、软件、通信和新闻出版行业也带来了不小的冲击。章末案例对互联网对出版行业的影响进行了详细的讨论。

然而，互联网的出现同时也开辟了一个个崭新的市场，为成千上万的新产品、新服务、新商业模式奠定了基础，为企业打造品牌、争取庞大而忠实的客户群创造了契机。亚马逊、eBay、iTunes、YouTube、脸书、Travelocity和谷歌都是很好的例子。

如此看来，互联网在所有行业掀起了“转型”的浪潮，迫使它们转变经营策略。

3.1.4 企业价值链模型

虽然波特的竞争力模型对于识别竞争力和提出一般建议是很有帮助的，但是它并没有详细说明该怎么去做，而且没有提供指导企业增强竞争优势的方法。如果你的目标是实现卓越运营，你将从哪里开始？下面将介绍企业价值链模型的有用之处。

价值链模型（value chain model）强调了企业中的特定活动，在这里竞争战略能得到最好的应用（Porter，1985），信息系统也最有可能发挥战略影响。该模型明确界定了企业能最有效地利用信息系统增强竞争优势的关键杠杆点。价值链模型将企业看成由基础性的活动组成的链条，这些活动能为企业的产品和服务增加边际价值，被划分为基本活动或支持活动（见图 3-2）。

图 3-2 价值链模型

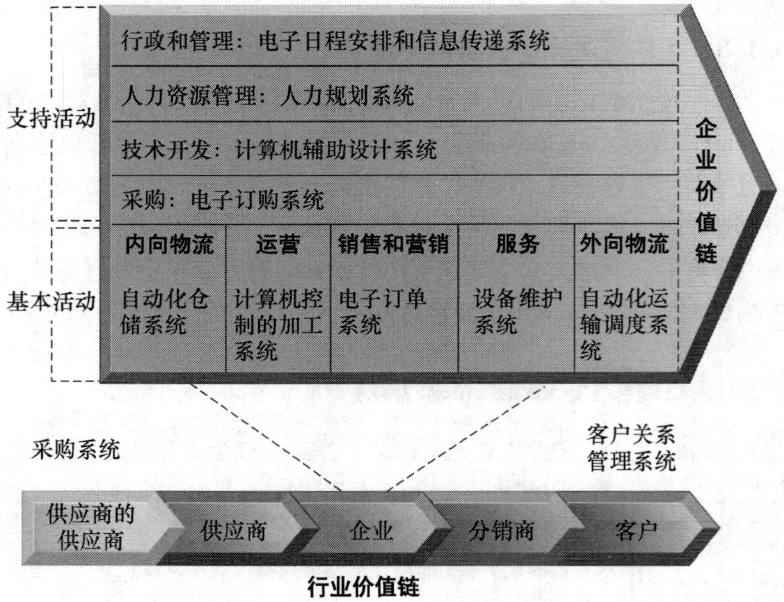

说明：该图提供了包括基础活动和支持活动在内，可以增加企业产品和服务边际价值的合作伙伴的系统的例子。

基本活动（primary activities）主要与公司的产品和服务的生产、分销过程直接相关。基本活动包括内向物流、运营、外向物流、销售和营销以及服务。内向物流包括接收和储存用于生产的物料。运营指将原料转化为成品。外向物流负责储存和运送成品。销售和营销指促销和销售公司的产品。服务活动包括维护和改进公司的产品和服务。

支持活动（support activities）由组织架构（行政和管理）、人力资源管理（招聘、雇用和培训）、技术开发（改进产品和生产流程）和采购（购买原料）组成。支持活动使基本活动的实施成为可能。

在价值链的每一个阶段你可能都会问：“我们如何使用信息系统来提高运营效率，

加强与客户和供应商的联系?”这将促使你严格检查在每一个阶段自己是如何执行价值增值活动、如何改进业务流程的。例如，价值链分析表明沃尔玛（章首案例）可以在产品开发和质量控制方面有所提高。同时，你也可以检查信息系统是如何改进与客户和供应商之间的关系的。客户和供应商虽然在企业的价值链之外，但是属于企业的扩展价值链，并且对企业的成功非常重要。通过分析企业价值链可知，协调企业资源流的供应链管理系统，以及协调销售、支持员工和客户的客户关系管理系统是两个最常见的系统应用软件。我们将在第 9 章详细讨论企业实施软件的问题。

利用企业价值链模型，你可以考虑如何针对竞争对手或者相关行业的其他厂商来使企业的业务流程标准化，并识别行业最佳实践。**标杆管理**（benchmarking）是把业务流程的效率和效益与严格的标准进行比较，然后据此衡量企业的业绩。行业**最佳实践**（best practices）常常被咨询公司、研究机构、政府机构和行业协会定义为：为持续有效地达到企业目标而采取的最成功的解决方案或解决问题的办法。

在分析了企业价值链的各个阶段之后，就会遇到信息系统实施中的选择问题。如果你有一个实施的清单，就能决定先做什么。通过改进企业价值链中竞争对手易于忽略之处，你就可以实现卓越运营，降低成本，提高边际利润，增强与供应商及客户的联系，进而获得竞争优势。如果你的对手正在做相似的改进，那么你至少将不具备竞争劣势——这是最糟糕的情况。

在“互动讨论：技术”专栏里，我们将了解到价值链分析是如何帮助汽车制造商改善它们的竞争策略的。福特、通用汽车和其他一些领先的汽车生产商正在通过提供软件接口和应用来增加产品的价值，这些新增部分提高了汽车性能，添加了娱乐功能，并且能够和其他系统整合在一起，方便日后的维护和交通管控。

互动讨论：技术

汽车生产商变为软件公司

在智能手机市场不断扩张的同时，另一个结合了软件和应用的产业也在变得更加“智能”——汽车产业。福特、宝马和其他汽车生产商正在用可以提升客户体验的车载软件改进它们的汽车，与此同时，它们也在研发通过云来控制汽车的技术。

汽车生产商发现，它们并不需要投入大量资金研发新型汽车，在软件上下功夫反而能获取更多的价值和新鲜感。例如，福特汽车公司计划、设计以及最终生产出一款新车要花两年半左右的时间。在汽车开始生产前的很长时间，包括五金冲压设备和装配线的安装在内的设计和生产准备工作必须完成。但是汽车生产商只要几个月的时间就能为汽车开发一个新的软件接口，并且能在汽车生命期内反复更新，更重要的是这不需要太长的提前期。这样，汽车生产几年后，福特和其他汽车生产商也可以显著提升驾驶体验，增加一些新功能。

在研发软件和应用方面，福特可能是汽车生产商中做得最多的。福特车载多媒体系统是嵌入式触屏应用，可以选择汽车导航控制、音乐、电话以及温度调控等功能。福特已经升级了这款应用和接口背后的 Sync 软件，添加了写字板、智能手机集成和更好的语音应答等功能。2010 年，福特增加了在线音乐流媒体服务——“潘多拉”，该应用深受年轻的潜在消费者欢迎。这次升级后，驾驶员能将他们的平板电脑和智能手机连到 Sync 系统上，通过声音指令就可以调用音乐或者其他的应用。

福特的总裁比尔·福特（Bill Ford Jr.）一直支持通过软件来解决城市交通拥堵问题，这个愿景的实现，需要投资于能对大城市的交通拥堵作出应对的技术。从理论上看，技术有可能帮助车辆远离交通堵塞，向驾驶员推荐更满意的路线，提前预留停车位，甚至实现无人驾驶。

为了实现上述车辆管理，每辆车都需要与某个中心系统相连，这个系统能够协调公共交通和其他的交通方式，而这就要求每辆车都要配有最基本的可以监控和加强汽车性能的软件。最终系统将要求每辆车都将信息反馈给系统，目的是把高速公路的堵车控制在最低程度。这个系统也需要一个工业标准，当然目前尚未出现。福特在汽车间连接技术上的投资翻倍，宝马也在持续研发道路上汽车对接沟通的技术，这些都是为了避免撞车事件。

汽车中装入软件，意味着汽车生产商进入了一个未知领域。现在，它们必须一边投入资源升级和测试软件，一边建立渠道将升级后的软件提供给顾客。汽车生产商需要将它们的汽车研发周期与软件研发周期紧密结合在一起。同时，汽车软件包中的很多技术都带来了有关定位追踪的隐私问题，这也是智能手机生产商和应用开发商一直头疼的问题。

福特用最好的方式解决了向用户推广升级软件的问题。福特向 250 000 名用户邮寄了 U 盘，这些用户车内有运行着福特车载多媒体系统的高级触屏控制桌面。这个 U 盘里有升级软件，可以改进导航控制、音乐、手机和车内温度调控等功能。这个升级版也包含提升系统运行速度的代码，并基于福特使用者的反馈对界面进行了改善。

尽管福特声称打算继续用这种方式解决软件升级问题，但公司还是希望顾客可以养成查看福特主页自己完成更新的习惯。尽管大多数汽车驾驶者习惯车内的系统从始至终都保持不变，但新型汽车将改变这一切。

福特雇用了“人机界面工程师”，他们的工作就是分析顾客如何与车载软件交互。通常，这些工程师会根据顾客的反馈对软件进行修改。顾客抱怨应用的每个屏都显示了过多信息，所以福特将最常用的功能移到更突出的位置并调大了字体，将其他的功能移入子菜单。这一改变得到了很好的反馈。福特还要求经销商在这方面花更多的时间，并亲自动手学习实践以帮助顾客掌握该应用。

通用汽车、戴姆勒和其他一些公司都在为它们的汽车（通过在云端操作）研发新的功能。使用者将可以远程追踪自己的汽车（你将再也不会忘记把车停在哪里了）并诊断车是否有问题，比如轮胎没气了或者需要加油了。公司将可以追踪员工用公司车辆的过程，只要查看一下汽车传感器和引擎有关信息即可。生产商将可以收集和分析来自顾客汽车的数据，从而发现质量问题，甚至必要时迅速实现产品召回。与应用相同，所有可能性的唯一的局限是汽车生产商的想象力。

通用汽车公司将允许应用开发商访问其车载电脑系统来提升软件功能，这引发了一系列老生常谈的隐私担忧。汽车分析师认为，汽车生产商在学会如何合理地处理敏感的顾客数据和提供强大的隐私选项的过程中，会不可避免地犯错。另外，汽车生产商希望，伴随着脸书长大的年轻一代不会太在意主要针对汽车位置和驾驶习惯收集的信息所涉及的隐私。

宝马也在移动应用上投入了高达 1 亿美元，希望作为“优质服务”出售给顾客。一些分析者对投入巨资持怀疑态度，但宝马坚信对于 BMWi 纯电力和混合动力车的顾客来说，移动应用将变成一个越来越具吸引力的销售点。尽管汽车之间共享信息的时代依然触不可及，但智能软件和应用所带来的可能性已经让汽车生产商为之兴奋了。

资料来源：Jaclyn Trop，"Tired of Silicon Valley? Try Motor City，" *The New York Times*，July 1，2013；Ian Scherr and Mike Ramsey，"Drive into the Future，" *The Wall Street Journal*，March 11，2013；Michelle Maisto，"Ford，Google，Facebook Team Up to Reconsider Mobility，" *eWeek*，March 28，2013；Ian Sherr，"Cars Pump Up IQ To Get Edge，" *The Wall Street Journal*，January 13，2012；Chris Murphy，"4 Ways Ford Is Exploring Next-Gen Tech，" *Information Week*，July 27，2012；Mike Ramsey，"Avoiding Gridlock with Smart Autos，" *The Wall Street Journal*，February 27，2012；Joseph B. White，"New Driver's Ed：Tutors to Decode High-Tech Dashboards，" *The Wall Street Journal*，May 8，2012；and Chris Murphy，"Ford is Now a Software Company，" *Information Week*，November 28，2011；and "Why BMW Suddenly Loves Mobile Apps，" *Information Week*，March 2，2011.

案例思考题

1. 软件是如何增加汽车生产商的产品价值的？
2. 汽车生产商如何从装配软件的汽车上获利？顾客又是如何获益的？
3. 在配置了软件的汽车上存在哪些价值链？
4. 软件为汽车生产商带来了多少竞争优势？请做出解释。

■ 扩展价值链：价值网

图3-2表明一个企业的价值链是与其供应商、分销商和客户相连接的。显而易见，大部分企业的业绩不仅依赖于企业内部，同时还依赖于企业如何与直接的及间接的供应商、运输公司（物流伙伴，比如联邦快递和UPS）以及客户进行协调。

如何应用信息系统在行业层面上获得战略优势呢？通过与其他企业的合作，市场参与者可以利用信息技术来制定用于信息交流或者电子商务交易的行业标准——行业标准会迫使所有的市场参与者使用相似的标准。通过这些努力，企业可以提高效率，降低产品的可替代性，增加进入成本，而这些是不利于新的竞争者的。同时，市场成员可以通过行业范围内的IT合作、讨论会和交流活动来协调与政府机构、国外竞争者及竞争企业之间的活动。

关注行业价值链将使你思考如何利用信息系统来更有效地与供应商、战略伙伴及客户联系。战略优势来自把你的价值链与流程中其他伙伴的价值链相连接的能力。比如，如果你是亚马逊，你可以构建这样一个系统：

- 使供应商能方便地在网站上开设商店和陈列货物；
- 使顾客能方便地支付；
- 开发能协调商品运送的系统；
- 开发能跟踪商品运送情况的系统。

事实上，这正是亚马逊成为最受欢迎的在线零售网站之一的原因。

互联网技术创造了高度同步的行业价值链——价值网。**价值网**（value web）是一些独立公司的集合，这些公司共同使用信息技术来协调价值链，从而生产产品或提供服务。与传统价值链相比，价值网以客户为驱动和非线性化的特点更加突出。

图3-3说明了价值网如何使同一行业或相关行业中的不同企业与其客户、供应商及合作伙伴的相关业务流程做到同步。这些价值网在供求上具有灵活性和适应性。价值网中的联系可以根据变化的市场条件建立或者解除。企业通过优化价值网中的联

系，可以加快对客户和市场的反应速度，从而快速地决定由谁、以何价格和在何地点运送客户所需的产品和服务。

图3-3 价值网

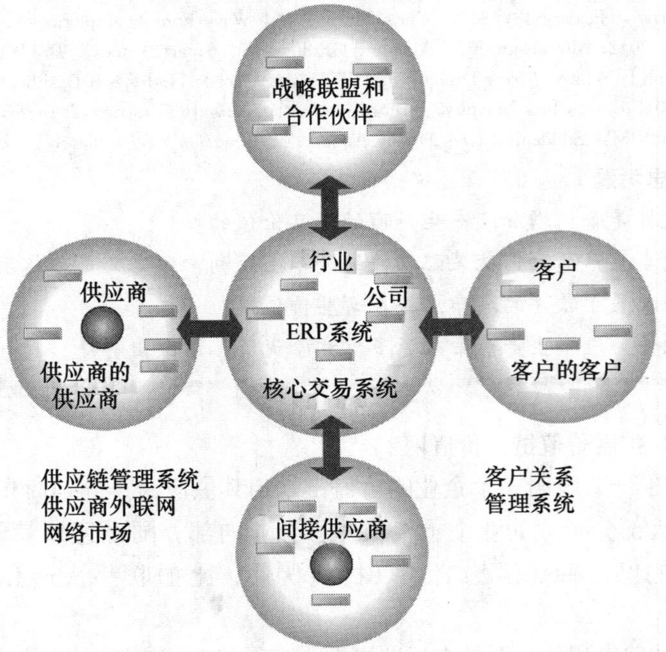

说明：价值网是一个网络系统，它能同步行业内商业伙伴的价值链，从而对变化的供给和需求做出快速反应。

3.1.5 协同能力、核心竞争力和基于网络的战略

大企业一般有多种业务。通常，这类企业是许多战略业务单元构成的集合，而且企业的收益也直接与这些业务单元有关。例如，世界上最大的工业企业之一通用电气，集航空航天、重型制造、电气、医疗、电子和金融服务等业务于一体，它们称为业务单元。信息系统通过增进业务单元间的沟通、提高协同能力和核心竞争力，来提高总体业绩。

■ **协同能力**

协同能力是指当某些业务单元的输出可以成为另一些业务单元的输入，或者两个组织可以共享市场和专有技术时，这种关系可以降低成本，增加利润。近来一些银行和金融机构的合并，如美国银行（Bank of America）、美国国家金融公司（Countrywide Financial）、摩根大通（JPMorgan Chase）、华盛顿互惠银行（Washington Mutual）等的合并就是基于这一目的。

在协同环境中利用信息技术的目的是将分散的业务单元集成起来，以便它们能整体运作。例如，收购美国国家金融公司，使美国银行扩展了抵押贷款业务，得到了大批新顾客，这些顾客可能对其信用卡业务、消费金融业务或其他理财产品感兴趣。信息系统将有助于合并后的银行巩固运营，降低成本，增加跨市场的金融

产品。

■ **核心竞争力**

利用信息系统增强竞争优势的另一种方法是提高核心竞争力。一般认为，当某个业务单元发展或创造出一种核心竞争力时，所有业务单元的业绩都可以提高。**核心竞争力**（core competency）是一个公司成为世界级领导者的因素，可将公司打造成为世界上最好的微型零件的设计公司、最好的包裹运输服务公司或者最好的薄膜制造商。一般说来，核心竞争力依赖于知识的多年积累、一流的研发机构、遵循学术规范或掌握外部新知识的关键人物。

任何鼓励跨部门的知识共享的信息系统都能增强竞争力。这样的系统可以提升企业现有的能力，帮助员工了解外部的新知识，还可以帮助企业在相关市场上充分利用现有的能力。

比如，在品牌管理和产品创新方面居世界领先地位的宝洁公司，就借助一系列信息系统来增强公司的核心竞争力。宝洁公司使用一种名为“InnovationNet”的内联网，帮助在工作中面临相似问题的员工交流想法和经验。该系统连接了全球所有研发、工程、采购、市场、法务和信息系统等方面的工作，利用基于浏览器的端口，来连接不同渠道的文件、报告、图表、视频和数据。InnovationNet 添加了问题专家指南，在解决问题和开发产品方面提供建议和合作，并与外部研究机构的专家及 150 个正在寻找新的创新产品的企业家建立联系。

■ **基于网络的战略**

互联网和网络技术已经催生了利用企业能力建立网络或企业间网络的战略。基于网络的战略包括利用网络经济和虚拟企业模型。

基于网络的商业模式利用**网络经济**（network economics）在战略上帮助企业。传统经济中，工业和农业的生产回报率正在降低。生产所用的资源越多，边际产出越低，直至为零。这就是边际收益递减规律，它是许多现代经济学理论的基础。

但在某些情况下，边际收益递减规律并不总是有效的。比如，在网络中，增加参与者的边际成本几乎是零，而边际收益却很大。一个电话系统或互联网中的用户越多，所有参与者的价值就越大，因为每一个用户能联系到的人更多。一家拥有 10 万个用户的电视台的运营成本不会比拥有 1 000 个用户的电视台的成本更高。群体价值随着群体规模的扩大而变大，而加入新成员的成本可以忽略不计。

从网络经济的角度看，信息技术能从战略上加以应用。企业可以利用网站建立用户社区——志趣相投的客户可以在线分享经验。这可以提升客户的忠诚度和愉悦感，有利于与客户建立独一无二的联系。在线拍卖网站的领头羊 eBay 及针对女性的在线社区 iVillage 就是这方面的例子。两家企业都以拥有大量用户的网络为基础，利用网站和互联网交流工具来建立社区。eBay 上的商户越多，eBay 对于每个人的价值就越大，因为网站上的商品越多，供应商之间的竞争就越激烈，商品的价格就会越低。网络经济也能为商业软件供应商提供战略利益。当越来越多的人使用它们的软件和软件替代产品时，产品的价值就增加了，就会有更大的用户群需要后续的产品和厂商支持。

另一个基于网络的战略是利用虚拟企业模型创建一个有竞争力的企业。**虚拟企业**（virtual company），或称为虚拟组织，通过网络来连接员工、资产和想法，以便能够与其他企业结成联盟来创造并分销产品和服务，而不受传统的组织边界或地理位置的限制。一家企业可以使用另一家企业的资源而不需要与这家企业进行物理上的联系。当企业发现从外部厂商获取产品、服务或者功能的成本更低，或者当它需要快速开发新的市场而自身缺乏时间和资源时，虚拟企业模式是非常有用的。

一些时尚类用品公司，如 GUESS、Ann Taylor、李维斯和锐步，通过香港的利丰公司来管理服装的生产和分销。利丰公司负责产品开发、原料采购、生产计划、质量保证和分销，但公司没有任何面料，也没有工厂或机器，而是把所有这些工作外包给全球 37 个国家的 7 500 多家供应商。客户通过利丰公司的外联网发出订单，利丰公司向合适的原料供应商和生产厂商发出指令。利丰公司的通信系统可以跟踪每份订单的整个生产流程。虚拟企业的形式使利丰公司拥有了极大的灵活性和适应性，所以它能在短时间内设计并生产出客户定制的产品，并紧跟时尚潮流。

3.1.6 颠覆性技术：掀起改革的浪潮

有时，一项技术带来的商业创新会彻底改变整个商业环境，这类创新被称为“颠覆性的”（Christensen，2003）。在某些情况下，**颠覆性技术**（disruptive technology）是指那些与现有的任何产品相比，性能相同或更好（通常是好得多）的替代性产品。汽车代替了马车，文字处理器代替了打字机，苹果公司的 iPod 代替了便携式 CD 播放器，数码摄影代替了胶片摄影。在这些例子中，颠覆性技术抢了整个行业的生意。章末案例探讨了互联网对书店的影响。

还有一些颠覆性技术，通常比现有的产品有更简洁的功能和更低廉的成本，凭借以上优势，它们不断拓展市场，最终成为现有产品的低成本竞争对手。磁盘驱动器就是一个例子：个人计算机中使用的小型硬盘驱动器，为小型文件提供了廉价的数字存储，受到了大家的欢迎。小型硬盘驱动器的出现扩大了磁盘驱动器的市场，并最终成为磁盘驱动器市场中最大的细分市场。

有时新技术的兴起如同一场海啸。有的公司正是海啸的发起者，它们乘风破浪，将高额利润收入囊中；有的公司能够快速跟进，紧随潮流，分得一杯羹；有的公司由于产品、服务和商业模式陈旧过时，为潮流所淘汰；还有的公司做得再多，效率再高，也尽是些无用功。当然，有时技术也不会给任何企业带来好处，而是使消费者成为唯一的获益者。历史上颠覆性技术的例子数不胜数。表 3-4 展示了过去和将来可能会出现的一些颠覆性技术。

表 3-4 颠覆性技术的赢家和输家

技术	描述	赢家与输家
微处理器芯片（1971 年）	最初在一小块硅片上可以集成几千或几万个晶体管，而现在可以集成数千万个	微处理器公司（如英特尔和得州仪器公司）获益，而晶体管公司（如通用电气公司）衰落。

续前表

技术	描述	赢家与输家
个人计算机（1975年）	体积小、价格便宜、功能齐全的台式计算机	个人计算机制造商（如惠普、苹果、IBM）和芯片制造商（如英特尔）大获成功，而大型计算机公司（如IBM）和小型计算机公司（如DEC）势衰。
个人计算机文字处理软件（1979年）	个人计算机中用于文本编辑和排版的软件，价格便宜且功能强大	个人计算机制造商和软件商（如微软、惠普、苹果）兴盛，而打字机行业退出历史舞台。
万维网（1989年）	一个全球性的数据库，用以存储数字文件和即时可用的页面	网络资源的拥有者和新闻媒体获益，而传统发行商（报纸、杂志和广播电视）日渐式微。
互联网音乐服务（1998年）	存储音质可靠的音乐并提供下载的网站	音乐收藏网（如MP3.com，iTunes）、拥有网络中枢的电信运营商（如AT&T、威瑞森）和本地互联网服务提供商获益，而唱片公司和音乐零售商（如Tower Records）衰落。
PageRank算法	一种网页排名的方法，根据网页的流行程度排名，弥补了以关键词排序的搜索引擎的不足	谷歌是大赢家（拥有专利权），而传统的关键词搜索引擎（如Alta Vista）势衰。
网络服务软件	利用互联网提供远程访问的在线软件	在线软件服务公司（如Salesforce.com）获益，而传统盒装软件公司（如微软、SAP、甲骨文）受损。

颠覆性技术通常难以驾驭。作为先驱者，发明这些技术的企业并不总是盈利的，它们可能缺乏继续探索这些技术的资源或者没能看见其中的机会。众所周知，MITS Altair 8800是第一台个人电脑，但是它的发明者并没有抓住这个先动优势，而它的快速跟随者（如IBM和微软）摘取了这些果实；ATM彻底改变了零售银行业务，它的发明者是花旗银行，但最后所有的银行都在使用ATM，消费者成了最大受益者。

3.2 全球范围的竞争

仔细看看你的牛仔裤或运动鞋，即使贴有美国的标签，它们也很可能是在加利福尼亚州设计，然后利用中国或印度的原材料在危地马拉等地生产的。拨打微软或威瑞森的咨询服务电话，你极有可能是在与身处印度的客服代表通话。

看看iPhone推向市场的途径，如图3-4所示。iPhone在美国由苹果公司的工程师设计，从世界各国采购100多个高科技组件在中国组装完成。在iPhone5的主要供应商中，韩国的三星电子公司提供应用处理器，意大利和法国的意法半导体公司（STMicroelectronics）制造加速器和回转仪，日本的旭化成微电子公司（AKM Semiconductor）制造电子罗盘，德国的戴乐格半导体公司（Dialog Semiconductor）设计电源管理的芯片，美国的得州仪器（Texas Instruments）和博通公司（Broadcom）提供触摸屏控制器，日本的日本显示器公司（Japan Display）和夏普电子以及韩国的乐金显示公司（LG Display）提供高清显示屏，最后在中国组装。

图 3-4 苹果手机全球供应链

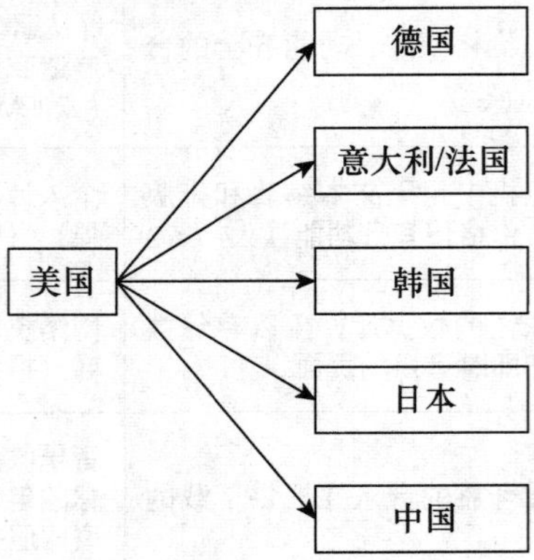

说明：iPhone 由美国的苹果公司设计，其零部件由美国、德国、意大利/法国、韩国等国的供应商提供，最后在中国完成组装。

全球性战略有利于形成规模经济和降低成本（通常是工资成本的降低）。苹果在全球范围内进行 iPhone 的设计、采购、生产，有利于降低物流、关税和劳动力成本。数字内容公司在全球市场中可多销售数百万张最受欢迎的好莱坞影片。

3.2.1 互联网和全球化

直到 20 世纪 90 年代中期，全球竞争市场仍被一些大型跨国企业所占领，如通用电气、通用汽车、丰田和 IBM。这些大企业可以投巨资在国外建工厂、仓库、分销中心以及支持全球运营的网络和系统。互联网已经成为一个完全成熟的国际通信系统，大大降低了全球运营成本，给大企业提供了更多的机会，同时也给中小企业创造了大量的机会。

伴随内部信息系统的发展，国际互联网使制造商能与供应商保持即时联系；互联网通话使成千上万通向美国公司的电话在印度和牙买加接听成为可能，就像服务台在新泽西州和加利福尼亚州一样便宜和方便。同样，互联网使大量的含有图片或复杂工业设计的计算机文件在全球范围内的传输只需几秒钟就能完成。

中小企业已经创造了全新的“微型跨国公司”。例如，Sundia 是一家销售鲜切水果的公司，它的 CEO 布拉德·奥伯维格（Brad Oberwager）住在旧金山，却把产品卖到了美国和加拿大的 6 000 家杂货店和便利店。公司的员工来自美国各州、印度以及菲律宾，他们用基于网络的信息系统进行管理和协调。菲律宾的员工可以从波士顿的杂货店订西瓜汁，而做西瓜汁的西瓜则来自墨西哥。在华盛顿榨的西瓜汁也可以送给位于加利福尼亚的奥伯维格。

3.2.2 全球商务和系统战略

全球商务主要有四种方式：国内输出、多国公司、特许经营、跨国公司，分别有着不同的组织结构和治理模式，它们的商务职能可能是集权型的（被集中在国内）、分权型的（分散给当地的业务单元）或者协同型的（各业务单元是平等的）。

国内输出（domestic exporter）战略的特点是：公司活动被最大化地集权于母国。

生产、财务/会计、销售/营销、人力资源和战略管理等部门都设立在母国，以优化资源。国外销售有时会由子公司或签订代理协议的企业代理，但是营销战略仍由母公司决定。重工业制造公司适合这种战略。

多国公司（multinational）战略将财务管理和控制集权于母国，但是将生产、销售和市场运营分权给当地的业务单元。产品和服务根据各个国家的风俗习惯而不同。这种组织方式将产品和市场分散于各个国家。为福特汽车和英特尔等制造公司服务的金融服务公司适合这种战略。

特许经营（franchiser）是将产品开发、设计、融资、最初的生产放在母国进行，而将以后的生产、营销、人力资源管理等分散于各个国家。食品专卖店（如麦当劳和星巴克）适合这种战略。麦当劳在美国建立了一种新模式快餐链，产品开发、战略管理和财务管理仍集中于美国本土，某些产品的生产、市场营销、人员招募则被分散在各个国家。

跨国公司没有单一的全国总部，取而代之的是各个地区总部和一个世界总部。在**跨国**（transnational）战略中，要从全球视角无国界地管理增值活动，优化供需来源，利用当地的竞争优势。强大的中央管理机构是决策制定的核心，但是各区域也有相当大的权力和财力。实际上，真正做到跨国的企业很少，但花旗、索尼、雀巢等企业正在为之努力。

雀巢是世界上最大的食品饮料公司，是最大的全球化企业之一，在200个国家拥有500个工厂和接近328 000名员工。雀巢投资了24亿美元，使用mySAP商业软件，采用集生产、分配、销售管理于一体的业务流程和系统。雀巢在全球的业务单元都使用相同的流程和系统制定生产和销售计划，进行客户结算，编制管理报告和财务报表。雀巢已经学会了如何将遍布全球的各个业务单元作为一个整体来运作。

3.2.3　全球系统结构

表3-5列出了四种全球商务组织的系统结构。集权系统是指系统建立和运营都在母国。复制系统是指系统在母国建立，但是各个业务单元都使用该系统。分权系统是指各业务单元建立自己独特的解决方案和系统。网络系统是指系统是在整合和协调各个业务单元的基础上建立和运营。

表3-5　全球商务组织和系统结构

系统结构	战略			
	国内输出	多国公司	特许经营	跨国公司
集权	✓			
复制			✓	
分权	×	✓	×	
网络		×		✓

说明："✓"代表主要的模式，"×"代表新出现的模式。例如，国内输出主要是集权系统，但在某些当地市场也渐渐出现了分权系统。

由表3-5可知，国内输出战略需要有高度集权的系统，由统一的国内系统研发团队推出在世界范围内适用的系统。多国公司战略允许各业务单元根据当地独特的需求建立自己的系统，少量的应用要跟总部一致（如财务报表和远程应用）。特许经营是应用统一系统的典型案例，由母国建立系统，复制到各个业务单元，全球范围内的公司都使用相同的系统。雀巢等跨国公司适用网络系统，在多个国家范围内使用远程网络，共享管理文化，跨越了国家界限。

3.3 质量和设计方面的竞争

质量已经从一个商业流行词汇发展成为很多企业追求的目标。质量是差异化的一种形式。质量信誉高的企业，比如雷克萨斯（Lexus）或者诺德斯特龙（Nordstrom），可以为它们的产品和服务索取更高的价格。信息系统在改善质量方面做出了巨大的贡献。尤其在服务行业，质量战略都是通过高级信息系统和服务来实现的。

3.3.1 什么是质量

质量（quality）既可以从生产者的角度来定义，也可以从消费者的角度来定义。从生产者的角度来看，质量是指符合某种规定或与规定没有差异。以一部电话机为例，也许会包括这种规定：当电话机从四层楼的高度掉到木地板上时，是安然无恙还是有损坏。一个简单的测试就可以检测出这种规定。

消费者对质量的定义更加宽泛。首先，消费者关心产品本身的质量——如耐用性、安全性、使用的便捷性以及安装的难易性。其次，消费者关心产品的服务质量——如广告的真实性、准确性、保修服务以及后续产品支持。最后，消费者认为质量还应包括一些心理方面的内容——公司对自己产品的了解程度、销售人员和服务人员的礼貌程度和敏感程度、产品的信誉。

目前，在质量管理方面，更多的是从消费者的角度定义质量。消费者关心自己花钱买到的价值，关心产品的适用性、耐用性以及产品的售后服务。

许多企业已经开始接受**全面质量管理**（total quality management，TQM）的概念。全面质量管理使质量控制成为所有员工以及机构所有部门的职责。全面质量管理是质量控制的最终目标。每个员工都需要为提升产品质量而不懈努力——工程师要避免设计失误，生产工人要留意每一处瑕疵，销售主管要把产品卖给合适的潜在客户，甚至秘书都要避免打字错误。全面质量管理概念来源于质量管理概念，这些概念由美国质量管理专家（如爱德华兹·戴明（W. Edwards Deming）和约瑟夫·朱兰（Joseph Juran））提出，但是日本人使这些观念得以流行。

当今比较流行的另一个质量管理概念是六西格玛管理，它曾是爱默生网站用来减少订单完成过程中的失误的一种方法。**六西格玛**（six sigma）是质量管理中的一种特殊方法，它要求每百万次操作中只有 3.4 次失误。大多数企业不能达到六西格玛标准，但可以以六西格玛为目标，实施一系列提高质量和降低成本的方法和技术。大量研究发现，在商业活动中，问题越早得到解决，企业的成本就越低。因此提高质量不仅会提升产品和服务的质量水平，而且会降低生产成本。

3.3.2 信息系统怎样提升质量

让我们看看一些企业在面对提升质量的挑战时采用的方法，以此来了解信息系统是怎样成为提升质量过程的一部分的。

■ **缩短周期和简化生产流程**

研究发现，也许最简单的减少质量问题的方法就是缩短周期。**周期**（cycle time）指一个流程从开始到结束的总时间。较短的周期意味着在流程中问题可能会较早地发生，通常有瑕疵的产品在完工之前就被发现了，这样就避免了生产的潜在成本。缩短周期通常还意味着减少生产环节。生产环节越少，花费的时间越少，发生错误的可能性也越小。信息系统有利于减少生产环节，缩短周期。

有数百万美元资产的800-Flowers公司通过电话和互联网销售鲜花，公司以前的规模很小，留不住客户。公司服务差，质量不稳定，手工订单流程复杂。电话客服要记下每一个订单，获得信用卡许可，确定哪一个加盟花店距离配送点最近，选择一个插花造型，并将订单发送给花店。手工流程中的每一步都增加了人为失误的概率，并且整个过程至少需要半个小时。为此，公司所有者吉姆和克里斯（Jim and Chris）部署了一个新的信息系统，该系统可以把从电信服务中心和网站上下载的订单传送到中心计算机，然后自动将订单传送给当地的花店，订单更加准确，并且在两分钟之内就会到达花店。

■ **标杆管理**

企业通过标杆管理来为生产、服务以及其他活动制定严格的质量标准，然后测试这些活动是否达到既定的标准，这样企业便可以达到质量要求。有些企业也许会使用外部行业标准、其他企业的标准、内部开发的高标准或者这三种的混合标准。L. L. Bean，Freeport及Maine是生产户外服装的公司，通过标杆管理可以使订单传送的准确率达到99.9%。公司原来的批量订单系统无法处理紧急订单以及包括多种产品的订单。通过研究德国和斯堪的纳维亚地区的公司先进的订单操作系统，L. L. Bean公司重新设计了订单系统和信息系统，从而使得订单在接受和传送后的24小时内得到处理。

■ **用客户需求来改进产品和提升服务**

改进客户服务，让客户服务成为企业第一要务，将有助于提高产品质量。达美航空公司（Delta Airlines）决定把重点放在客户身上，在机场大门口设置了一个客户服务系统。每个航班的飞机座位图、预留座位情况、检票信息以及起降数据都与中央数据库连接。不管乘客在哪里检票，机组人员都可以利用该系统来追踪哪些乘客已经登机了。该系统还可以帮助乘客到达他们的目的地，即使乘客因为航班延误错过了转机航班。

■ **提高设计质量和精度**

计算机辅助设计软件为很多企业提高质量做出了主要贡献，从手机制造商到激光刀片的设计者都从中受益。一个**计算机辅助设计系统**（computer-aided design (CAD) system）应用计算机和复杂的制图软件自动创建和修改设计。该软件能帮助用户设计数码模型的一部分、一个数码产品或一种结构，并且可以在计算机上更改设计而无须建造实体模型。

生产运动头盔的Troy Lee Design公司最近投资了可以设计3D头盔的CAD软件。这项技术在定义架构方面优于传统手段。传统的方式包括将创意勾勒在纸上，手工制作黏土模型，将模型运送给亚洲的工厂做成塑料原型。如今，亚洲的工厂通过电子邮件收到电子设计图后就可以生产出一模一样的复制品，这使得现在的生产比原来少花六个月左右，费用节省了 35%左右。

CAD 系统能够为 **3D 打印**（3-D printing，也称增材制造）提供数据，3D 打印依据电子文件中的说明，采用逐层自组装技术，利用机器生产出实物。传统的方法是从模具中切、钻得到产品，这样做会产生废料，而 3D 打印可以让工人在电脑上制作产品模具并用塑料、金属或者复合材料打印出来。3D 打印近来被用于生产原型和小件物品，如珠宝、电子产品、玩具和汽车部件。例如，福特汽车公司正在用 3D 打印为试验车辆制造诸如气缸盖、刹车片和后轴这样的汽车配件，比传统制造方法更快。美泰公司用 3D 打印为诸如芭比、钢铁骑士、风火轮车等知名品牌的玩具制作部件。3D 打印也开始应用于医疗行业，通过打印出病人器官的 3D 复制品来帮助医生制定手术方案并提高准确度。

■ **提高生产精确性和减小生产容许误差**

对于大多数产品而言，可以通过精确的生产流程来提高产品的质量，所以减小一个部件和另一个部件的差异是必要的。CAD 软件经常为生产加工和制作过程制定设计规格，这样就可以节约额外的时间和金钱，生产流程中的问题也会更少。软件的使用者可以设计出更精准的生产系统，这个系统比人工操作的误差更小。你能够在第 11 章“互动讨论：技术”专栏发现更多 CAD 带来的好处。

3.4 业务流程方面的竞争

通常仅仅有技术还难以使一个组织更有竞争力、更有效率或者更加以质量为导向。组织本身可能需要变革以充分利用信息技术。这些变化可能需要在业务活动中略微做出调整，但通常是整个业务流程都可能需要重组。业务流程重组顺应了这些要求。

3.4.1 什么是业务流程管理

业务流程管理（business process management，BPM）是企业持续改进业务流程的方法。BPM 使用各种工具和方法分析现有的流程、设计新的流程、优化这些流程。BPM 永远没有终点，因为持续改进要求不断变化。进行业务流程管理的公司要经历以下几个步骤：

1. 识别需要改进的流程。在制定流程重组战略时，最重要的不是解决如何通过计算机改进业务流程，而是知道哪些流程需要改进。如果系统加强了错误的流程，那么公司将会提高做错误事情的效率，结果就是被那些发现了正确流程的竞争者打败。大量的时间和成本也有可能花在了那些对公司绩效帮助甚小的流程上，所以管理者必须识别出哪些流程是最重要的，改进这些流程对公司绩效有哪些帮助。

2. 分析现有的流程。对于现有的流程，应该画出它们的模型，记录投入、产出、资源和活动顺序。只有这样，流程设计团队才能识别出多余的步骤、文件密集型任务、瓶颈和其他的无效活动。

图 3-5 是在实体书店买书的“as-is”流程，显示了顾客到达书店找书的过程。如果顾客找到了书，就会到柜台付钱。如果顾客找不到书，店员就会通过库存记录查看是否有这本书，如果有就卖给顾客，如果没有，店员就会查找其他仓库或者从书的分销商、出版商处订货。一旦到货，店员就会通知顾客。如果书店订不到这本书，顾客

只能到其他书店去。这个流程有多个步骤，顾客买书也有很多种情况出现。

图 3-5　实体书店买书的流程

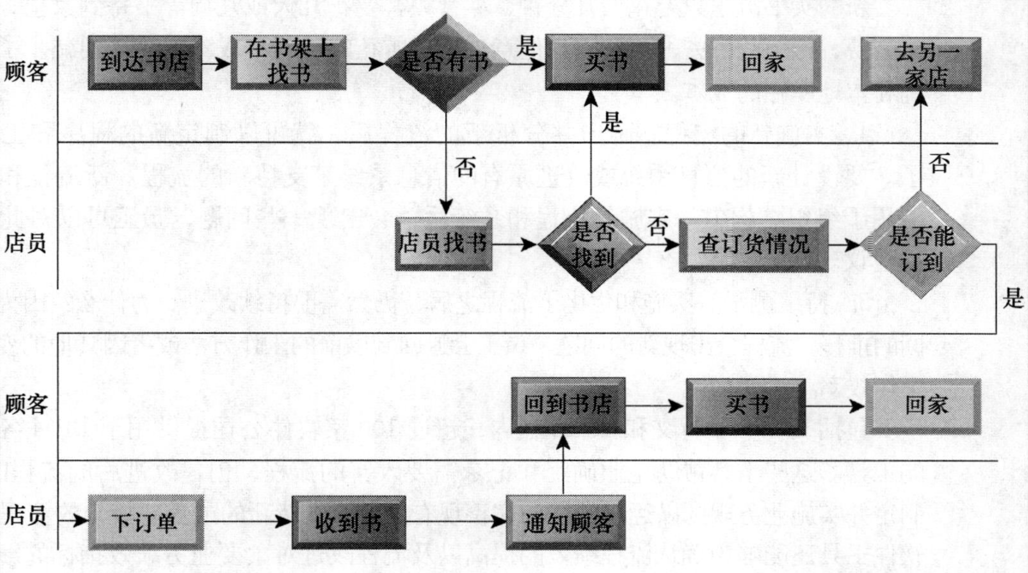

说明：到实体店买书，买卖双方都要经历多个步骤。

3. 设计新流程。画出现有流程，度量时间和成本后，流程设计团队就可以在此基础上设计新的流程以提高绩效了。可以将新的“to-be”流程和旧的流程相比较。

图 3-6 是使用网络后优化的买书流程。顾客访问网上书店，从书店清单中找需要的书，如果找到了，就在网上下订单，并提供信用卡账号和地址，书店就会把书寄到顾客家里。如果没有找到这本书，顾客就会去其他网站继续寻找。这个流程比在实体书店买书少了一些步骤，顾客少了一些活动，店铺也减少了服务人员。因此，新的流程更有效，更节约时间。

图 3-6　网上买书的新流程

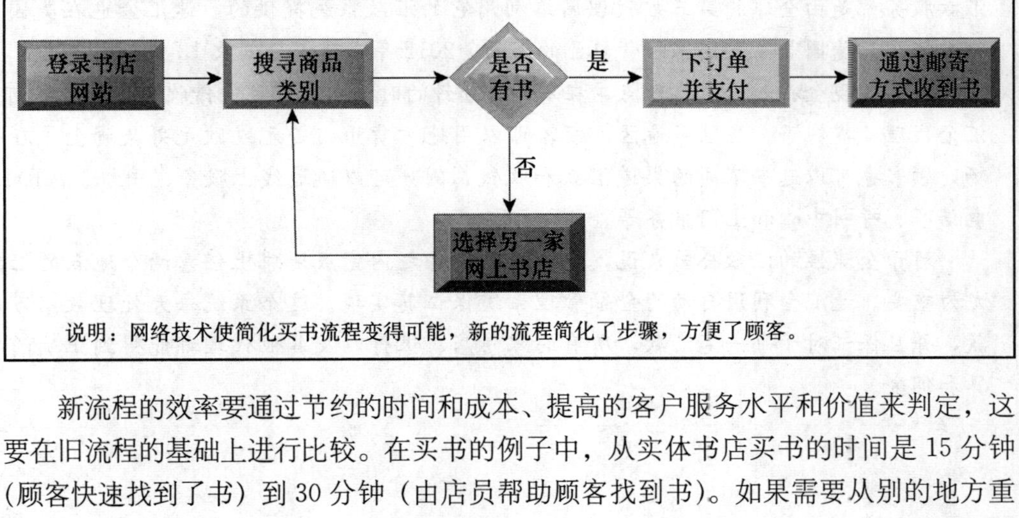

说明：网络技术使简化买书流程变得可能，新的流程简化了步骤，方便了顾客。

新流程的效率要通过节约的时间和成本、提高的客户服务水平和价值来判定，这要在旧流程的基础上进行比较。在买书的例子中，从实体书店买书的时间是 15 分钟（顾客快速找到了书）到 30 分钟（由店员帮助顾客找到书）。如果需要从别的地方重新订书，需要花一到两周，而且顾客要再来书店一趟。如果顾客离书店很远，这个时间还会更长。书店有实体店铺成本、库存成本、店员工资、运输成本（如果要从其他地方订书）。

新的买书流程只要花费几分钟，尽管顾客要花几天或几周等书寄到家里，还要支付运费，但节约了去书店和因其他意外情况所花的时间和成本。书店则减少了实体店铺和本地库存的成本。

4. 实施新的流程。画出并分析新的流程后，就可以制定新的程序和工作规范了。要设计新的信息系统或改进原有的信息系统来支持新的流程。新流程和系统被应用于组织结构中。实施新流程和系统后，会出现一些问题，员工可以对此提出改进建议。

5. 持续测量。实施和优化了流程之后，仍然需要持续改进。为什么？因为随着时间的推移，流程会出现新的问题，员工会退回到以前的工作方法或者因其他的变化降低工作效率。

包括 IBM、甲骨文和 Tibco 在内，超过 100 家软件公司提供用于 BPM 各个方面的工具。这些工具帮助企业确定和记录需要改善的流程，创建改进后的流程的模型，制定并实施业务规则以运行流程，完善现有系统来支持新的或重新设计的流程。BPM 软件工具还能够为确认流程绩效的提高以及流程改进对主要业务绩效指标的影响提供分析。

下面的“互动讨论：组织”专栏中说明了一个公司如何从业务流程管理中获益。速汇金（Money Gram）发现，任何一个向海外扩张的公司都会出现部分业务流程过时的问题。你在读这个案例时，试着分析业务流程重组和底层技术是如何提高速汇金的业务绩效和帮助它参与全球竞争的。

互动讨论：组织

新系统和业务流程使速汇金财源滚滚

如果你常用贝宝（PayPal），可能还没有听说过速汇金，但每分钟全球有数百万人在用它汇钱。总部位于达拉斯的速汇金，在 197 个国家和地区拥有 293 000 个代理点以及 2 350 名员工，是全球第二大提供汇款业务的公司。从沃尔玛到巴黎的烟草店，速汇金的大多数汇款服务都是由全球的第三方代理网络利用它的汇款系统提供的。速汇金也在美国、比利时、法国和德国等主要国家经营自己的店面。2012 年，速汇金创收 13 亿美元。

顾客将现金存入一家代理点，在不到 2 分钟的时间内，就可凭借收据在全球任何一个速汇金代理处提钱了。在很多地区，顾客可以用地方货币、美元或欧元筹集资金。在一些市场，顾客也可以选择不同的渠道汇款和收钱，例如可以通过线上服务、手机、ATM、公用电话亭、呼叫中心和上门服务等。

对于全球性的汇款公司来说，能够在几分钟之内完成地球上任意两个地点的汇款显得尤为重要。速汇金利用自动的金融管理系统保证其实现。这个系统每天处理数以万计的汇款，并且保证对于每一笔汇款，所有的零售店、银行以及其他代理都能得到正确的财务结算和佣金。

然而由于多年来业务成倍增长，速汇金的操作系统不太好用了。原系统需要使用电子表格和耗时较长的人工流程来计算报酬，而且每个月都要关账，这种过时的系统成为公司的负担。在过去很长一段时间内，这些系统运行良好，但最终因复杂性和缺乏灵活性限制了速汇金响应市场需求、增加新产品以及服务销售团队的能力。并且，由于没有中央数据库，生成报告、分析市场机会、发现系统瓶颈都难以实现。

高层管理者决定对速汇金冗余的业务流程和遗留系统进行检测。参与检查的人员包括公司财务总监、审计主任、财务主管、销售总监、经营和技术的执行副总裁等，都是公司业务和技术的高层管理者。他们得出如下结论：除了更新技术，速汇金还需要对关键业务流程做出改变。

员工只有更了解公司的业务流程和方法才能改善它们，所以速汇金的管理者对员工的职责进行了调整。员工会接受培训以了解他们参与的业务流程的每一步，而不是只了解个人的工作职能。公司利用在线会议和其他工具向员工展示业务流程是如何变化的。

为此，速汇金成立了一个由管理者组成的团队，名为“全球流程所有者”（global process owners，GPO）。每个GPO都负责一个流程（比如现金管理、客户培训、贷款等流程）的绩效。GPO要明白他们所负责流程的现状，流程之间是如何相互影响的，以及如何才能改进这些流程。同时还要明确流程的成功该如何评估，并且要收集绩效数据加以量化。

速汇金在运营中用到了GPO和“子流程所有者”（subprocess owners，SPO），后者处理日常活动和问题。这种以流程为导向的思想，使速汇金原来孤立的部门变成了紧密合作的交叉功能团队，这些团队拥有一致的长远目标，即做最有益于企业的事情。

在技术方面，速汇金选择包含激励报酬模块的Oracle电子商务套件支持新的全球流程。Oracle电子商务套件由企业资源计划（ERP）和供应链管理（SCM）应用组成，这些都用到了Oracle关系数据库管理系统。Oracle激励报酬模块使设计、实施和分析可变薪酬计划可以自动完成。管理层相信Oracle软件能够处理定制工作，这要求公司内部和代理商的流程实现统一，并且能够处理客户特殊的业务需求。Oracle的这个系统集在线创建、浏览和管理客户信息功能于一体。

2012年9月，速汇金开始引入Oracle电子商务套件。新的软件和业务流程使大部分的速汇金内部运营一体化，这样代理商和开单人能更轻松地处理更多的客户交易和问题，同时更新公司总分类账也更容易。新的合作伙伴也能更快加入。

佣金对于增加速汇金新旧产品的收益很重要。速汇金必须在全球范围内追踪计算根据不同的佣金计划合作商所获得的佣金。公司原系统不能自动生成这么多的佣金计划，所以速汇金不得不用电子表格和人工方式来管理数百个佣金计划。利用Oracle激励报酬软件，速汇金建立了一个灵活的佣金模型，这个模型能自动生成超过90%的非标准化佣金计划。

速汇金业务管理者还能以更快的速度提供新产品，以保持公司在全球市场上的竞争优势。过去，在新区域创新需要计划几个月的时间，但引入Oracle后节省了大约40%的时间。这是因为对于新产品引进有一个很大的挑战是保证它和速汇金后端操作实现无缝对接，只有这样新的交易才能被正确地记录和解释。这个新的Oracle系统让速汇金能很容易地形成流程，只需在现有基础上简单地调整参数而不用编码或开发新的软件。速汇金不再可能将一个需要人工初始化的产品投入市场。

全企业的中央数据库可让速汇金的员工更好地服务客户，也有利于代理商更好地管理汇款。中心数据一直保持最新和可读状态。过去报告的生成需要 3 名员工用 40 小时完成，现在减少了 80%的时间。这些员工可以将更多的时间用来分析报告，而不是将数据汇总到一起。

将速汇金原来 40 多个 IT 系统合并成一个全企业的 Oracle 电子商务套件，共节省数百万美元的费用。现在，企业不用雇用更多的员工就能处理更多的交易。公司估计，在一年之内 Oracle 软件的投资就能收回。

资料来源：www. moneygram. com，accessed March 19，2013；www. businesswire. com，February 6，2013；and Alan Joch，“On the Money” and “MoneyGram Exploits the Flexibility of Oracle Incentive Compensation,” *Profit Magazine*，February 2012.

案例思考题

1. 对于速汇金来说，为什么关注业务流程很重要？它们与公司的全球扩张计划有什么联系？

2. 对速汇金这样的全球化公司来说，使用像 Oracle 电子商务套件这样的软件有哪些优势？

3. 新系统和流程在多大程度上改变了速汇金经营业务的方式？这些改变是如何帮助它在全球范围内竞争的？

■ 业务流程重组

大多数企业的流程改进是增值且持续的，但有时需要更彻底的改进。实体书店重新构造网上买书流程就是一个彻底改进的例子，是更长远的改进。这种对企业流程进行彻底的思考和再设计的方法就叫做**业务流程重组**（business processors reengineering，BPR)。

如果实施得当，BPR 将带来生产率和运营效率的极大提高，甚至改变企业的运营方式。在一些案例中，BPR 改变了企业的本质，引领了“模范式的改变”。这种变化在零售书行业真实地发生过，亚马逊的网上售书模式就对传统的实体书店提出了挑战。通过对买书方式的彻底思考，亚马逊等网上书店获得了非凡的业绩，降低了成本，改变了经营业务的方式。

BPM 带来了挑战。管理者指出企业流程重组的最大障碍是组织文化。员工不喜欢不熟悉的规则，抵制变化，因为组织变化影响深远。管理变革既不简单也不直观，广泛的流程改进需要良好的管理战略变革（见第 12 章)。

本章小结

1. 波特的竞争力模型如何帮助企业利用信息系统制定竞争战略？

在波特的竞争力模型中，企业的战略地位和战略由传统的直接竞争对手决定，同时它们也受到新的市场进入者、替代产品和服务、供应商和客户的影响。信息系统可以通过诸如维持低成本、差异化产品和服务、关注市场空白、加强与客户和供应商的联系、用卓越运营增加市场的进入壁垒等方式帮助企业保持竞争力。当技术与经营目标相一致时，信息系统是最成功的。

2. 价值链和价值网模型如何帮助企业识别战略信息系统的实施机会？

价值链模型强调了企业中的特定活动，在这些活动中，竞争力战略和信息系统将对企业产生很大的影响。在这一模型中，企业由一系列基本活动和支持活动构成，这些活动能为企业的产品和服务增加价值。基本活动与生产及分销直接相关，支持活动使基本活动成为可能。一个企业的价值链可以与供应商、分销商及客户的价值链相连。通过提升行业标准，在行业范围内进行合作，与合作伙伴更有效率地合作，信息系统能在行业层面提高企业竞争力。

3. 信息系统如何帮助企业利用协同能力、核心竞争力和基于网络的战略获得竞争优势？

企业是由很多业务单元组成的，信息系统可以通过连接不同业务单元的运营来达到更高的效率或者改进服务。信息系统通过促进不同业务单元之间的知识共享来影响企业的核心竞争力。信息系统还可以为基于大型网络的商业模式和利用网络经济的用户提供便利。虚拟企业的战略是利用网络与其他企业相连，利用其他企业的能力来提供、营销并配送产品和服务。颠覆性技术为企业提供了战略机会，尽管先驱者并不一定会获得长期收益。

4. 如何在全球范围内开展竞争以及通过提高质量来增强竞争优势？

一些企业与客户和供应商的距离相对较远，信息系统和互联网通过为这些地理上分散的业务单元提供沟通便利，来帮助企业开展国际化运营。信息系统通过简化产品和服务、实施标杆管理、缩短产品开发周期、改善质量、提高设计和生产的精确度等方式来提高产品质量。

5. 业务流程管理对提升竞争力起到什么作用？

为了成功地执行企业战略，组织必须经常改变业务流程。如果这些业务流程涉及技术，则它们可以被重新设计以使技术更有效。BPM 可以合并、简化业务流程中的步骤，以减少重复和繁重的工作，在质量、服务和速度方面取得重大改进。当 BPM 用于强化好的商业模式或者对企业业绩有显著影响的流程时，其效益是最佳的。

复习题

1. 波特的竞争力模型如何帮助企业利用信息系统制定竞争战略？
- 定义波特的竞争力模型，并给出解释。
- 列出四种能被信息系统支持的竞争战略。
- 描述信息系统对每种竞争战略的支持，并举例说明。
- 解释将 IT 与企业目标结合对系统战略的重要性。

2. 价值链和价值网模型如何帮助企业识别战略信息系统的实施机会？
- 定义并描述价值链模型。
- 解释价值链模型如何用于识别信息系统的实施机会。
- 定义价值网并指出它和价值链的关系。
- 解释价值网如何帮助企业识别战略信息系统的实施机会。
- 描述互联网如何改变竞争力和竞争优势。

3. 信息系统如何帮助企业利用协同能力、核心竞争力和基于网络的战略获得竞争优势？
- 解释信息系统如何提升协同能力和核心竞争力。
- 描述提升协同能力和核心竞争力怎样帮助企业提高竞争优势。
- 解释网络经济给企业带来的利益。
- 定义并描述虚拟企业，以及虚拟企业战略带来的利益。
- 解释颠覆性技术带来的战略机会。

4. 如何在全球范围内开展竞争以及通过提高质量来增强竞争优势？
- 描述全球化给企业带来的机会。
- 列出并描述开展全球业务的四种方法，以及和这些全球组织相匹配的系统类型。
- 定义质量，比较生产者和消费者对质量的定义。

- 描述信息系统提高质量的各种方法。

5. 业务流程管理对提升竞争力起到什么作用？

- 定义 BPM，并解释它如何帮助企业提高竞争力。
- 区别 BPM 和 BPR。
- 列出并描述确保 BPM 成功的步骤。

讨论题

1. 有人说可持续的战略竞争优势是不存在的。你同意该观点吗？为什么？

2. 对于“互联网能否为你的企业带来竞争优势”这一问题，应该考虑哪些方面？

3. 有人说，对于戴尔和沃尔玛等世界领先的零售商来说，优势不在于技术而在于管理。你同意该观点吗？为什么？

管理信息系统实践项目

本部分的实践项目涉及以下几个方面：通过识别信息系统来支持企业战略，解决保留客户问题；使用数据库提高制定企业战略的决策能力；使用网络工具进行汽车的配置和定价。

管理决策问题

1. 梅西百货（Macy's）在美国拥有大约 840 家分店，销售各种商品，包括服装、配饰、化妆品和家居用品。高管们认为梅西百货应该更加本土化，也就是说，商品的颜色、款式、品牌等都要符合当地的风格。信息系统怎样帮助梅西百货实施新战略？系统需要哪些数据支持战略决策？

2. 尽管 T-mobile 以很低的价格进行手机促销，但公司每月客户流失严重。管理层想知道如此多的客户离开公司的原因以及怎么样才能挽回这些客户。客户流失是因为客户服务差、网络覆盖不均还是手机定价太高？信息系统怎样帮助企业找到答案？信息系统能帮助做哪些管理决策？

提高决策能力：利用数据库明确企业战略

软件技能：数据库查询、输出、设计

商业技能：订房系统、客户分析

在此练习中，使用数据库软件分析旅馆的订房业务，并利用这些信息调整酒店的经营战略和营销活动。

在 MyMISLab 上你会找到一个旅馆预订交易的数据库，它是在微软数据库环境下开发的，记录的是位于五月岬（Cape May）的总统旅馆的信息。五月岬位于美国东北部的新泽西州，是大西洋边上的一个旅游胜地。旅馆有 10 个房间可以俯瞰街景，10 个房间能够看到部分大海，剩下的 10 个位于旅馆前部的房间面向大海。房间的等级是根据房间的类型、住宿时间、每一个房间的客人数量而定的。第一到第四位客人的房间是一种等级。第五位和第六位客人必须每天额外多付 20 美元。住宿达 7 天或者 7 天以上的旅客可以得到每天 10%的折扣优惠。

旅馆老板目前使用的是人工预订和登记系统，管理者不能得到旅馆日常运营和营收的实时信息。利用数据库输出的报告应包括：每种房间的平均入住天数、平均旅客数，某个特定时间段每个房间的基本收入（单位价格乘以入住天数），最佳客户群。回答完这些问题，请写一份关于公司最近业务情况和未来政策的建议的报告。

优化决策：利用网络工具为汽车选择配置和定价

软件技能：网络软件

商业技能：研究产品信息、定价

此练习要求你登录售车网站，选中一款汽车，找到相关的产品信息，然后根据收集的信息做出购车决定。你需要在售车网站中任选两个网站进行评价。

假设你有意购买一辆新的福特公司的福克斯汽车（如果你对另一款汽车感兴趣，也可以将其作为研究对象）。访问 CarsDirect 网站（www. carsdirect. com）进行调查研究。找到福特公司的福克斯车型，浏览该车型的各种配置，根据自己的喜好确定汽车的配置。考察该车型的各种信息，包括报价、标配和可选项。浏览至少两条评论。然后登录汽车制造商的网站，也就是福特公司的网站（www. ford. com）查询。比较福特公司的网站和 CarsDirect 网站上福克斯车型的信息。尽量在本地经销店中找到最低价格的福克斯。分别为 CarsDirect 和福特公司的网站提出改进建议。

章末案例

这家书店能活下来吗

博德斯集团（Borders Group，旗下包括之前改名为 Border Express 的沃尔登书店）在 2011 年下半年清算了资产，之后关闭了所有的场地。前一年，于 1987 年成为巴诺书店子公司的 B. Dalton 就已经倒闭了。自 1991 年以来，美国主要的 11 家连锁书店已经减少至 6 家，在 2011 年接近 3 300 家书店，如今只剩下 2 200 多家。

统治市场 20 多年，巴诺书店依然保持领先，它常被认为很蛮横，通过积极的定价策略和不可超越的库存迫使区域连锁店和小型独立书店退出市场。在电子商务对格局重新定型之前，它的超市使小规模的对手陷入了“提供最多书目”的竞争中。小型连锁店要想跟上竞争，企图从印刷商那里得到支持是没有可能的。这种短期的底线策略最终反而会困住印刷商。

巴诺书店考虑了线上售书的想法，与 20 世纪 80 年代网络零售商的原型 Trintex 合作，于 90 年代中期在 CompuServ 上卖书，并在美国在线开了一家网店。然而，直到整整两年后的 1997 年亚马逊成立，它才建立了自己的第一个网站。现在，从新兴电子商务市场得到的大量数据证实，书是用于吸引第一批购买者最理想的初始产品。巴诺书店却早已落后于形势了。

亚马逊最初是以在线书店的形式成立，颠覆了“书目竞争”。尽管巴诺书店的实体书店可以提供超过 20 万种图书，但亚马逊的库存仅受限于可选出版商的数量。巴诺书店可以继续经营是因为采取了精明的金融举措，包括在 1998 年将其 50%的在线业务出售给德国巨头贝塔斯曼（Bertelsmann）。公司建立了一个拥有 750 000 种图书的新行业标准，还对外宣称可以为顾客从供应商那里采购到超过 800 万种的新书、绝版书和珍本书。然而，亚马逊仍旧在创新上胜过了巴诺书店。1999 年巴诺书店建立了在线音乐商店，之后几个月将 barnesandnoble. com 网站公之于众并刷新其先进的储备量，然而这都是在追随亚马逊一年之前就提出的理念。

2009 年初，当巴诺书店收购北美最大的电子书企业之一 Fictionwise 时，它又一次在技术上落后了。亚马逊已经在六个月之前发布了它的电子阅读器 Kindle。而且，亚马逊对《纽约时报》（*The New Times*）畅销书和其他的流行电子书的定价不超过 10 美元。

出版商担心在读者的心中纸质书的价值降低，实体书店为了竞争不得不尽可能打折，去争夺电子书的市场。直到 2009 年 7 月（在收购 Fictionwise 两个月之后），巴诺书店才公布了自己的网上书店。它的 Nook 电子阅读器在 9 月发布，又一次比亚马逊晚了两年。十分讽刺的是，早在 1998 年，巴诺书店就与 NuvoMedia 这样的软件公司合作开发名为“Rocket”的电子阅读器原型，但是在 2003 年因无法预测其可能带来的收益而终止了该项目。现在公司不得不迅速将它重新设计成集电子书、电子阅读器和应用于一体的产品，以便提升阅读体验。

策略奏效了，一年之后巴诺书店发起了价格战，Nook 开始瓜分 Kindle 的市场。巴诺书店瞄准了巨头，将 Nook 从 259 美元降到了 199 美元，同时发布了只要 149 美元的 Wifi-only 模型。亚马逊对此迅速做出了反击，8 小时后将 Kindle 的价格降到 189 美元，并在一个月后发布了 Wifi-enabled

3G Kindle，依然比巴诺书店低 10 美元。

像苹果和谷歌这样的巨头加剧了新的竞争，前者研发了 iPad，后者先推出了 iRiver，2012 年研发了 Nexus 7。竞争格局已改变，巴诺书店能在与科技巨头的对抗中存活下来吗？

答案仍有待揭晓。巴诺书店是唯一的全面掌控电子阅读器的开发、推广、生产和零售的书商。连锁书店市场的紧缩波及巴诺书店及其电子商务改革，它最有力的一些竞争对手已经退出市场。对于拥有 1 363 家店（689 个零售店和 674 个大学店）的巴诺书店来说，拥有大约 250 家店的布米（Books-A-Million）是剩下的最有力的竞争对手。

尽管巴诺书店仍然依靠实体书店来推动它的业务，但电子书市场将是一匹黑马。电子书的规模经济与传统图书完全不同。顾客登录巴诺书店的网站，就同一本书而言，电子书的销量是纸质书的 3 倍，但书商从纸质书上获利仍然比电子书多。尽管拥有有竞争力的电子阅读器看起来对成功抢占市场很重要，但这耗费了大量的成本。而且，电子阅读器也不是控制电子书市场的关键因素。

由于为了与亚马逊竞争而采取了价格战，电子阅读器硬件必须以成本价或接近成本价出售，利润来自电子内容，包括电子书、音乐、视频、应用以及游戏。亚马逊从 Kindle 硬件中获取全部可得利益后，马上采取增加应用功能并积极争取跨平台的策略。亚马逊开始利用安卓、Windows 和 OS X 操作系统的平板电脑、智能手机和个人电脑来推广它的电子阅读器。除此之外，与苹果和另一个竞争对手 Kobo 相同，亚马逊也是一个全球化公司，而巴诺书店却不是。

尽管巴诺书店在与亚马逊和苹果争夺平板电脑和电子阅读器市场的竞争中，花费了数百万美元，Nook 仍然在继续赔钱，并且巴诺书店在电子书市场上的份额也在减少。据估计，2011 年巴诺书店大概控制美国电子书市场的 27%，亚马逊则是 60%。此后，亚马逊一直稳定发展，而巴诺书店的份额逐渐被苹果夺走。巴诺书店的电子书市场份额已经跌至 25%，而且还在下滑。

2013 年 6 月 25 日巴诺书店宣布，截至 2013 年 4 月 27 日，公司在 Nook 数字业务上的损失已经翻番，抵消了书店的利润。因此，公司决定停止自己生产彩色屏幕的产品，转而让第三方生产联合品牌机。巴诺书店将继续设计和推广自己的黑白 Nook 电子阅读器，这占到公司电子书销量的大部分。但是电子阅读器的销量在下降，有竞争力的巴诺书店不进入平板电脑市场（该市场预计会持续增长）将如何长期生存下去，目前还不明朗。

2009 年以来，巴诺书店关闭的零售店数一直超过新开的书店数。CEO 万克尔・克利佩尔（Michael Klipper）计划在未来 10 年将巴诺书店减少 1/3，每年约减少 20 家，直到剩下 450～500 家书店。

虽然巴诺书店的处于困境，但它还有多种生存策略。巴诺书店面对着一个估价是它的 121 倍的主要对手（巴诺书店的市值是 10.62 亿美元，亚马逊则是 1 215 亿美元），但它也是有盟友的。出版社可从巴诺书店的存在获益。在图书推广和销售过程中，纸质书零售商是不可或缺的。书店通过“浏览效应”促进图书销售。调查显示，到书店的人中只有 1/3 是明确知道要买哪本书的。

据相关数据和兰登书屋（Random House）的销售及运营总裁马德琳・麦金托什（Madeline McLntosh）的观点，书店的展示空间是与读者交流最有价值的地方，它表明了书是重要的东西。实体书店不仅对于销售纸质书很重要，而且有助于增加电子书、音频书的销量，为商场带来客流量，成为一个社交聚集地并提供服务。一本书越可见，读者就越可能购买它。随着 B. Dalton，Crown Books 和 Borders 的倒闭，巴诺书店成了唯一一个有着大量纸质书库存的零售商。

如果没有巴诺书店，亚马逊很有可能是填补这个空白的候选者，可出版商并不希望这种情况发生。亚马逊在电子书业务上的目标是跳过出版社直接出版图书，这样可以通过大幅折扣促进

Kindle 的销售。编辑、出版商和出版领域的其他实体都视亚马逊为敌人。从长远利益来看，出版商以亚马逊的折扣价出售图书不是一个明智的商业模式。

巴诺书店如果想生存下去，必须维护好其有利可图的零售书店，发展规模小、基于社区的地方性门店，扩大数字内容，进军数字教育市场，创新营销手段引导电子书读者购买纸质书。巴诺书店已经尝试了很多方法为实体店吸引顾客流。例如，你在巴诺书店里用 Nook 连接 Wi-Fi 网络，就可以获得免费的应用和游戏升级（如愤怒的小鸟），通常解锁这些游戏是要收费的。巴诺书店同时也减少了储存的图书数目，将多出的空间分给可以带来更多利润的玩具和游戏。尽管这个策略增加了公司的收益，但出版商担心这会使一部分喜欢读书的人选择亚马逊。亚马逊宣称它的图书销量一直在增加。

未来将会是什么样子？巴诺书店能成为一个成功的数字公司吗？公司的实体店还有未来吗？就像纸质书增加了相应的电子书的销量一样，是否有一种方法可以让电子书促进纸质书的销售？虽然巴诺书店已经尽最大努力去改进业务并与科技巨头们激烈竞争，但成为一家传奇的书店不是一件易事。

资料来源：Jeffrey A. Trachtenberg，"How to Rescue Barnes & Noble? Here are Ideas from Five Experts," *Wall Street Journal*, July 1，2013；Leslie Kaufman，"Barnes & Noble Rethinks Its Strategy for the Nook," *New York Times*, February 28，2013；Tom Gara，"Barnes & Noble: Stores Are Bad，But E-Books Are Worse," *Wall Street Journal*, February 28，2013；Jeffrey A. Trachtenberg，"B&N Aims To Whittle Its Stores For Years," *Wall Street Journal*, January 28，2013；Horace Dediu，"Apple iBooks at 24% Worldwide Ebook Market Share? One Analyst Thinks So," *Digital Book World*, February 28，2013；Michael J. De La Merced and Julie Bosman，"Microsoft Deal Adds to Battle over E-Books," *The New York Times*, May 1，2012；Shira Ovide and Jeffrey A. Trachtenberg，"Microsoft Hooks Onto Nook," *The Wall Street Journal*, May 1，2012；Julie Bosnan，"The Bookstore's Last Stand," *The New York Times*, January 29，2012；Paul Vigna，"E-book，Apple，Amazon：The Deadly Hallows for Publishers," *The New York Times*, April 11，2012；Brian X. Chen，"Barnes & Noble Uses Apps to Lure Customers Into Stores," *The New York Times*, January 27，2012；Alter，Alexandra，"Blowing Up the Book," *The Wall Street Journal*, January 20，20112；Jim Milliot，"Tracking 20 Years of Bookstore Chains," *Publisher's Weekly*, August 26，2011；and Jeffery A. Trachtenberg and Martin Peers，"Barnes and Noble：The Next Chapter," *The Wall Street Journal*, January 6，2011.

◆ 案例思考题

1. 运用价值链和竞争力模型评估互联网对巴诺书店这类图书出版商和图书零售商的影响。
2. 巴诺书店是如何运用互联网技术和电子书技术来改变其商业模式的？
3. 巴诺书店的新战略能否成功？给出你的答案。
4. 为扩大业务，对于巴诺书店等图书出版商来说，还应该做些什么？

第 4 章
信息系统的伦理与社会问题

Ethical and Social Issues in Information Systems

学习目标

学完本章后，你将能够回答以下问题：

1. 信息系统引起了哪些伦理、社会与政治问题？
2. 有哪些具体的行为准则可用来指导伦理决策？
3. 为什么现代信息系统技术和网络对个人隐私和知识产权保护提出了挑战？
4. 信息技术如何影响日常生活？

章首案例

遍布网络的盗版问题

2012 年，超过 1 100 万 HBO 订阅用户观看了《权力的游戏》(Game of Thrones) 剧集，却有 370 万～420 万人同样观看了这部剧未付一分钱。他们观看的是盗版，有些公司专门免费传播、使用数字内容而不向所有者和创作者付费。电视节目、音乐、电影和视频游戏都遭受了这样的掠夺。

这样的“内容强盗”自万维网出现以来就在网络上横行，但今天，它们比之前更加大胆，速度更快且装备更好。2012 年，反盗版和内容安全公司爱迪德（Irdeto）检测出 140 亿内容盗版实例，在 2009 年这一数字是 54 亿。

内容盗版威胁到电视行业的利益，像 HBO 和 USA 这样的有线频道的利润来自会员费。观看盗版的观众很少会花钱订阅有线电视或从 Netflix 这样的公司购买或租借电影 DVD。根据一项估测，盗版问题对美国经济造成的损失每年达到 580 亿元，其中包括因内容偷窃、减少娱乐产业岗位带来的损失以及给联邦和州政府税收造成的损失。

网络速度变快为盗版电视节目和电影的激增提供了土壤。较长的视频可以从端对端网络和在线网盘上几分钟之内下载完毕。包括体育直播在内的大量非法视频也可以通过即时流媒体获取。媒体公司也认为，在线广告网络中，在那些靠未经授权的内容获得流量的网站上投放广告会催生“金融强盗”。2012 年，一项由谷歌主导的夏季研究发现，86% 的点对点共享网站依赖广告收入生存。

最大的内容盗版网站之一是位于瑞典的海盗湾（The Pirate Bay），它提供上百万有版权的歌曲和上千部影片的免费入口。海盗湾使用比特流文件共享技术，将大的计算机文件分解为小块从而经压缩后在网络上传播。2012 年 6 月，海盗湾拥有 600 万注册用户，在全球点击率最高的网站中排名第 74 位。曾采取过许多法律措施来将海盗湾关掉，但它总会找到方法来继续经营。

怎样可以停止盗版？谷歌调整后的搜索算法可以屏蔽有盗版内容的搜索结果。NBC 环球公司利用一批自动爬虫来发现网络中未经授权的视频内容，并在自己的节目中融入了“内容认证”的技术，这样就可以防止内容被非法上传到 YouTube 这样的视频网站上。NBC 公司通过给 YouTube 和其他视频网站分发节目的数字水印来避免受版权保护的节目被非法上传。包括 NBC 环球的母公司——康卡斯特（Comcast）在内的五大互联网服务提供商联合创建了一个警报系统，用以公布涉嫌盗版的用户，并对其进一步惩罚，包括公布它的 Web 访问地址。为美国林务局（Forest Service）发布广告的广告理事会声明，一旦其广告出现在可疑网站上，就要求其立刻撤下。

新的产品和服务减弱了盗版内容的吸引力。现在，仅花少量费用就可以在固定或移动设备上获得高质量的内容。苹果的 iTunes 让购买单首歌曲变得便宜且容易，而新的基于订阅的服务如 Spotify 和 Rhapsody 已经吸引了 2 000 万付费用户。Netflix 和其他视频服务商提供低价的影片和电视节目。现在，内容盗版仍然存在，但新的、更好的听音乐和看视频的方法可能最终会将盗版淘汰。

资料来源：Christopher S. Stuart，"As TV Pirates Run Rampant，TV Studios Dial Up Pursuit，" *The Wall Street Journal*，March 3，2013；"Pirate Bay Sails to the Caribbean，" 14U News，May 2，2013；and L. Gordon Crovitz，"A Six-Strike Rule for Internet Privacy，" *The Wall Street Journal*，March 3，2013.

章首案例中普遍存在的而且厚颜无耻的盗版行为，体现出技术是一柄双刃剑。它可以为我们带来好处，让我们在网上高速地分享和传输合法的照片、音乐、视频和信息。但同时，数字技术为违法行为或侵犯别人的权益，包括音乐、视频、电视节目等受版权法保护的权益创造了新的机会。

下图指出了上述案例和本章的要点。宽带通信技术和覆盖全球的互联网为盗版提供了诸多便利，使内容盗版日益猖獗。许多不同的政策和技术手段被用于叫停盗版行为，但盗版现象依然盛行。新的基于技术的产品和服务让在线内容的购买和下载变得快速和便宜，这可能是最终的解决盗版之道。

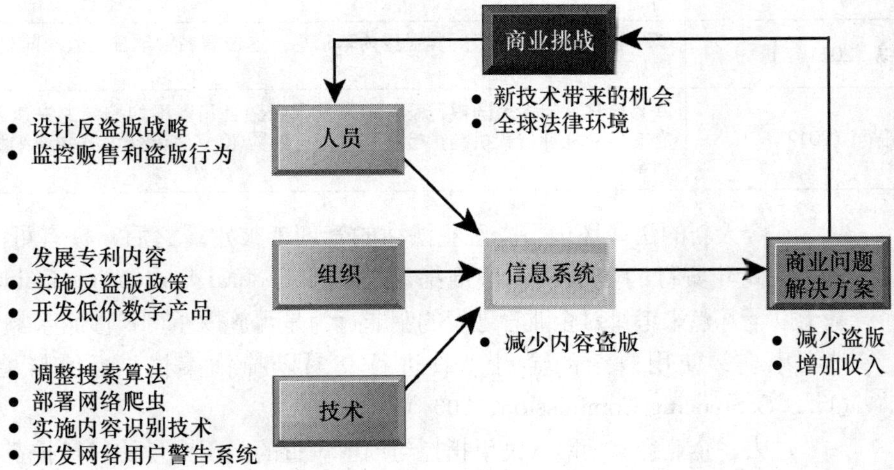

该案例揭示了一种伦理困境，它体现了工作中两方的利益：一方是从事智力工作，通过知识产权获得报酬的人和组织，另一方是认为互联网应该鼓励内容和想法的免费交换的人和组织。作为管理者，你需要对信息系统对于公司、员工和客户的利与弊都有一定的敏感度。你需要学习解决信息系统中存在的伦理困境。

思考以下问题：内容盗版产生伦理困境了吗？为什么？如果版权法不被支持，或者每个人不需要付费就能在线观看视频和电视节目会怎样？

4.1 理解与系统相关的伦理和社会问题

过去 10 年，如我们所见，可以说是美国和全球经济伦理受到严峻挑战的时期。表 4-1 列举了近些年中高层管理者伦理判断的失误几个案例。这些伦理和商业判断失误的现象在各行各业都有发生。

表 4-1 中高层管理者伦理判断失误的案例

巴克莱银行（2012 年）	世界最大的银行之一，承认其操纵了提交给伦敦同业拆借的基准利率，以有利于其交易头寸和媒体对其财务状况的评价。被处罚 1.6 亿美元。
葛兰素史克（2012 年）	全球医疗巨头，承认违法促销了某些特定的处方药，未能报告这些安全数据，对于涉嫌虚假价格报告的做法负有民事责任。被处罚 30 亿美元，是美国历史上最大的医疗欺诈处罚金额，也是医药公司最大的付款金额。
沃尔玛（2012 年）	墨西哥的沃尔玛高管被指控向墨西哥官员行贿数百万，以获得建筑许可。高管接受司法部的调查。
矿业管理局（美国内部管理部门）（2010 年）	管理者接受石油公司的贿赂，让石油公司操纵员工撰写检验报告，并且对墨西哥湾近海钻井平台放松监管。其员工有计划地篡改信息记录系统。
雅虎（2012 年）	2012 年雅虎聘用贝宝前总裁斯科特·汤普森任总裁，来扭转颓势。股东维权组织发现汤普森以具有计算机和会计双学位美化了其简历，实际上他仅拥有会计学位。2012 年 5 月，汤普森被解雇。
帆船集团（2011 年）	帆船集团的创始人因内幕交易被判处 11 年有期徒刑，他用 2.5 亿美元向华尔街银行换取其他投资者没有的市场信息。
西门子（2009 年）	这个全球最大的工程公司向德国和美国政府行贿 40 多亿美元，为得到潜在的客户和政府的支持，它在全球范围内行贿数十年，并且是经高层批准的，这些支出隐蔽于日常的报告会计系统之外。
IBM（2011 年）	IBM 由于向韩国政府官员行贿现金长达 10 年，向美国证券交易委员会支付了罚金。
麦肯锡（2011 年）	CEO 古伯塔的录音表明其泄露内幕信息。这位著名管理咨询公司前 CEO 在 2012 年被判处两年有期徒刑。
美国银行（2012 年）	联邦检察官起诉美国银行及其下属全国金融公司以不加控制的快速还款方式欺诈政府支持的抵押贷款机构，检察官对银行处罚 10 亿美元作为其强迫纳税人担保次贷的罚金。

在今天新的法律环境下，触犯法律的管理者被定罪之后，极有可能面临牢狱之灾。1987 年实行的美国联邦量刑指南（U.S. Federal Sentencing Guidelines）规定，基于以下几点来考量对企业管理者的犯罪行为是否施以重刑：涉案金额大；故意隐瞒涉案事实；使用复杂的金融工具进行交易以掩饰案情；拒绝与检查人员合作（U.S. Sentencing Commission，2004）。

过去，企业经常为陷入民事指控与刑事调查的员工支付法律辩护费。而现在，企业倾向于与检察人员合作以避免给企业带来妨碍调查的指控。这些新的情况意味着无论你是管理者还是员工，都要自己判断什么是合法的、合乎伦理的行为。

尽管上述违反伦理与法律的案例并不是由信息系统部门策划的，但是信息系统在这些欺诈行为中起着推波助澜的作用。在许多案例中，当事人利用财务报告信息系统将决策隐藏，逃避公众监督以期逃脱法律的制裁。

在第 8 章中，我们将探讨对信息系统进行监控的问题。本章我们讨论在应用信息系统的行为中所涉及的伦理制度。

伦理（ethics）是个人行为表现中用来引导判断是与非的伦理标准，可作为个人行为选择的指引。信息技术与信息系统之所以会产生个人或社会的伦理问题，是因为它们带来激烈的社会改变，并且威胁到现有的权力、财富、人权以及义务的分配。就像蒸汽机、电力、电话与收音机等其他技术一样，信息技术可以推动社会的进步，但也可用来从事犯罪并威胁人们所珍视的社会价值观。信息技术的发展使许多人获益，同时也使另一些人付出代价。

互联网与电子商务已唤起人们对于信息系统在伦理与社会方面的影响的关注。互联网和数字化企业所采用的技术让我们可以更容易地收集、整合并传播信息，也让我们对妥善使用客户信息、保护个人隐私与保护知识产权等方面给予新的关注。

其他因为广泛使用信息系统而引发且迫切需要解决的伦理问题还包括：建立对信息系统后果的责任机制，建立保护个人及社会安全的保障系统质量标准，维护对信息社会中的生活质量极为重要的价值观与制度，等等。当我们使用信息系统时必须问问："什么才是符合伦理和社会责任的做法?"

4.1.1 伦理、社会与政治问题的思考模式

伦理、社会与政治问题三者密切相关。信息管理者所面临的伦理难题，通常可由社会与政治的争论反映出来。图 4-1 可供我们思考这三者之间的关系。若将社会视为夏日里一汪平静的池塘，人、社会体制与政治体制就构成了微妙的生态平衡。池塘中的每个人都应知道如何做才是对的，因为社会体制（家庭、教育及组织）已提供了行为规范，并且通过政治的运作制定法律来规范人们的行为，严惩违反社会制度的人。现在向池中央掷入一块大石头。想象新的信息技术与系统就是那块巨石，掷向平静无波的社会，会发生什么呢？毫无疑问，会产生一串串的涟漪。

图 4-1 信息社会中伦理、社会与政治三个问题之间的关系

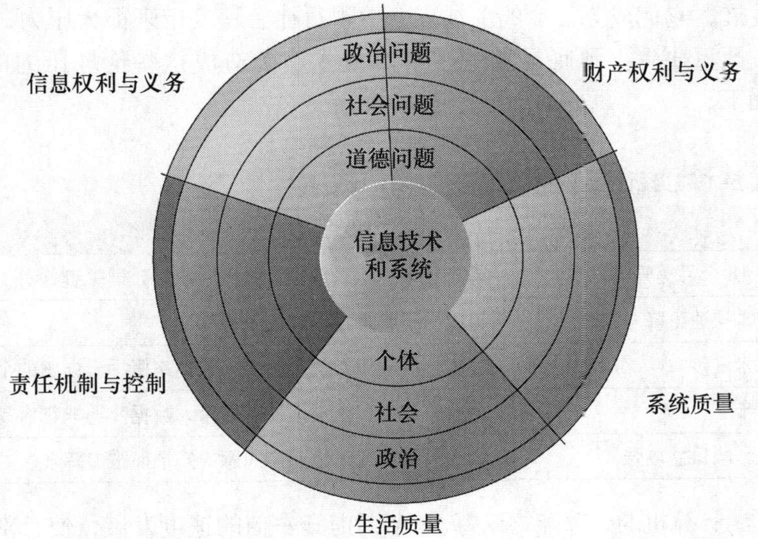

说明：引入信息技术产生的涟漪，涉及新的伦理、社会与政治问题，可以从个人、社会与政治三个方面讨论。这些问题包含五个伦理维度，分别是信息权利与义务、财产权利与义务、系统质量、生活质量以及责任机制与控制。

现在信息技术和信息系统带来的强烈震荡就好像往湖中心扔进了一块石头，冲击着原本平静的社会。当个人突然面临并非由旧规则引发的新情况时，社会制度也无法立刻作出反应，它可能需要花几年时间才能规范礼仪、明确期望值、履行社会责任、表明正确的政治态度或改进规则。政治机构也得花一些时间来制定新的法律或者在行动之前证明可能带来的危害。但这时，难免有些行为处在法律的灰色地带。

我们可以用此模型来描述伦理、社会与政治三者之间的动态关系，该模型跨越了个人、社会与政治三个不同层次的行为，可以用来确认“信息社会”的伦理维度。

4.1.2 信息时代的五个伦理维度

信息系统引发的主要的伦理、社会与政治问题包括以下几个伦理维度。

信息权利与义务：个人或组织对与其相关的信息具有什么**信息权利**（information rights）？这些权利可以保护什么？

财产权利与义务：在数字化社会中，很难追溯和确定所有权，而且这类问题常被忽视，应该如何保护传统的知识产权？

责任机制与控制：如果个人或团体的信息权利或财产权利受到侵犯，是否可以明确，谁可以或应该负责任？

系统质量：为保护个人权利与社会安全，数据和系统需要什么样的质量标准？

生活质量：在一个以信息与知识为基础的社会中，应该维护何种价值观？应该维护何种制度使其免受破坏？信息技术又将对文化价值观与实践提供怎样的帮助？

我们将在 4.3 节对这些伦理维度作详细介绍。

4.1.3 产生伦理问题的关键技术趋势

在信息技术发明以前，我们的社会就已出现了许多伦理问题。随着信息技术的发展，它们成为社会的关注点，给现行社会秩序带来很大压力，并使现有法律过时或严重缺失。到底是哪些主要的技术趋势造成这些伦理压力的呢？表 4－2 归纳如下。

表 4－2 技术趋势所导致的伦理问题

趋势	影响
计算能力每 18 个月提升一倍	越来越多的组织依赖计算机系统来处理关键任务
数据存储成本快速下降	组织易于维护个人详细数据库
数据分析技术进步	公司分析收集到的大量个人数据来概括出详细的个人行为表现
网络技术进步	从他处复制数据及远程存取个人数据变得非常容易
移动设备的影响日益增强	个人电话可能未经用户同意或知情而被追踪

计算机的计算能力以每 18 个月提升一倍的速度发展，使大部分的组织纷纷在核心生产流程中采用信息系统，造成对计算机系统的依赖性增强，系统错误增加，数据质量下降。社会规范与法律尚未对此依赖性有所调整，确保系统的可靠度与正确性的标准并未被普遍接受或执行（参阅第 8 章）。

数据存储技术快速发展，存储成本快速下降，因此不论是私人企业还是公共部门都大量地使用数据库来存储个体（如员工、客户和潜在客户）的资料。借助数据存储技术，侵犯个人隐私变得快捷且成本低。海量数据存储系统的价格非常低，连区域性或地方性的零售商都可以用它们来记录客户的详细数据。

大型数据库的数据分析技术的发展是引起伦理关注的又一科技趋势，它让公司和政府机构可以找到更详细的个人信息。利用现代数据管理工具（参阅第6章），公司比以前更容易收集和整合大量个人数据。

你的各种活动都可以在计算机中产生相关的信息：信用卡消费记录、通话记录、杂志订阅记录、录像带租借记录、邮购记录、银行记录，以及地方、州及联邦政府的记录（包括法院与警方的资料）。将这些数据放在一起并且适当地进行挖掘，除了可得到你的信用信息之外，还会得到你的驾驶习惯、兴趣、社交行为与政治倾向等信息。

有些想要出售产品的公司会从以上来源购买相关的消费信息，以便更准确地制定营销计划。第6章和第11章描述了厂商如何从大量不同来源的数据中，利用数据挖掘技术快速地识别客户的购物风格并提出建议。使用计算机整合有多处来源的数据，并将之结合，产生个人详细的电子档案，这项技术称为**概况分析**（profiling）。

例如，上千个网站允许互联网广告经纪公司 DoubleClick（谷歌旗下）去追踪它们网站上访客的活动，并利用分析结果来争取广告以增加收入。DoubleClick 公司利用获取的信息来产生每一位在线访客的概况，并随着访客参观与 DoubleClick 公司有关联的网站，在其概况中增加更详尽的数据。随着时间的推移，DoubleClick 公司能够产生个人在网站上消费及使用计算机习惯的电子档案，并将之卖给厂商，以帮助其更加精准地投放广告。

ChoicePoint 公司收集数据的途径包括：警察局信息、犯罪记录和机动车驾驶记录；信用卡信息和就业经历信息；原居住地址与现居住地址；执业执照；保险卷宗（收集并更新几乎所有美国成年人的信息）。它将个人信息出售给公司或政府机构。对个人信息的极大需求促使像 ChoicePoint 这样的数据经纪公司繁荣发展。2011年，最大的两个信用卡网络——维萨国际组织和万事达卡国际组织计划将信用卡购买信息、消费者的社交网络和其他信息连接起来，形成可以卖给广告公司的消费概况记录。2012年，维萨完成了超过450亿笔交易，万事达卡完成了超过230亿笔交易。当前，该交易信息还未与消费者网络活动相联系。

一项称为**模糊关系认知**（nonobvious relationship awareness，NORA）的新的数据分析技术，可以为政府和私人机构带来更为强大的概况分析能力。NORA 可以从不同的来源（如求职申请书、通话记录、客户名单、“通缉人员”名单等）提取相关的个人信息，分析其中的关联，以找出有助于辨识罪犯或恐怖分子的模糊隐性关联（见图4-2）。

NORA 技术可以在数据产生的过程中扫描数据、提取信息，因此可能会立即发现登机口的某个男性与一名恐怖分子有相同的电话号码，从而在他登机前及时阻止。这项技术在国防安全上有重大意义，但由于它涉及太多的个人行为与社交信息，因此有侵犯个人隐私之嫌。

图4-2 模糊关系认知

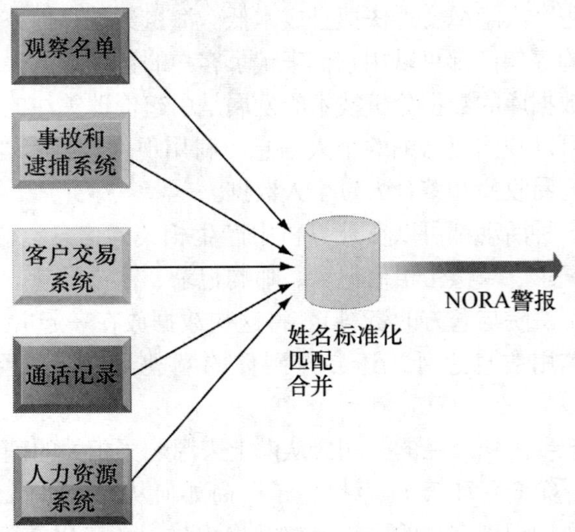

说明：模糊关系认知技术可以取得人们不同来源的相关信息，并找出模糊、不明显的关系。举例来说，这项技术可以发现一家赌场求职者与一名臭名昭彰的罪犯的电话号码相同，从而发出警示信息给招聘经理。

一份描述美国国家安全局（National Security Agency，NSA）的“棱镜”项目的泄密文件让人们知道，政府机构和隐私行业不仅用同样的数据挖掘技术来识别和追踪个体，而且出于国家安全的角度互相之间密切合作来收集数据。2013年6月，爱德华·斯诺登（Edward Snowden，美国拥有高级安保审核资格的500万人之一），向英国《卫报》（*The Guardian*）提供了NSA棱镜监控项目的细节。他描述了NSA如何收集美国网络用户的通话信息、电子邮件、社交网络信息、搜索信息以及其他网络通信信息。该数据由硅谷的数据收集巨头——谷歌、脸书、推特、微软、雅虎和其他大型网络公司提供给政府部门。

棱镜项目的目的是在恐怖计划实施之前识别出恐怖分子及其计划。该项目没有收集网络通信内容，收集的只是元数据（基本上是谁正在联络谁）。使用这些数据，棱镜建立了一个网络通信的社会图表，识别出可疑模式，然后要求这些公司提供更加详细的包含通信内容的信息。NSA和政府官员声称该项目在现有章程下是合法的，在国会的监督下已运行多年，对特定对象的主动监控服务于司法审查。尽管是针对外国人的监控，但显然全体美国居民、公民和非公民都牵涉到数据收集行动中。评论员注意到，政府和网络公司对同样的数据和数据挖掘技术的使用感兴趣，后者是为了赚钱，而前者是为了识别恐怖分子。该项目的批评者认为，其监控程度迄今为止只出现在反乌托邦小说的想象之中，在美国和其他民主国家是前所未有的。

最后，包括互联网在内的网络的快速发展大幅降低了数据的移动与获取成本，利用小型台式个人计算机就能远程挖掘大量数据，信息的精准度与对个人隐私的侵犯规模都达到了前所未有的程度。

4.2 信息社会的伦理

伦理为拥有自由选择权的人们所关注。伦理关乎个人抉择：面临许多不同行为方案时什么才是正确的伦理选择？伦理的选择有哪些主要特征？

4.2.1 基本概念：责任、责任机制与法律责任

伦理选择是可以为自己的行为后果承担责任的个体所作出的决定。**责任**（responsibility）在伦理行为中至关重要，也就是你接受你所作出的决定带来的潜在成本、责任和义务。**责任机制**（accountability）是系统和社会机构的一个特征，即该机制决定了谁采取负责任的行为以及谁将对行为负责。一些系统和机构表示，在责任机制中不能找出谁采取了什么行为，因为这些行为在本质上都是不能进行伦理分析或不能算作伦理行为的。与一般的责任相比，法律责任的外延更广。**法律责任**（liability）是政治系统的一个特征。在该系统中，有一系列的法律条文允许人们就其他行为人、系统或组织对他们造成的损害要求赔偿。**法定诉讼程序**（due process）是法治社会的一个相关功能，在该程序中，法律被广泛知晓和理解，允许人们向更高层的权威机构申诉以确保法律运用得当。

这些基本概念构成信息系统与系统管理者伦理分析的基础，包括以下几点：第一，信息技术是经由社会制度、组织或个人的洗礼而得到发展的。系统本身不会产生影响。任何信息系统若存在影响，都是制度、组织、个人层面的举措造成的。第二，若信息技术产生任何不良后果，责任应当归属于当初选择使用信息技术的制度、组织或者个人管理者。秉持对社会负责的态度使用信息技术，意味着你有能力为自己的所作所为负责。第三，在一个注重伦理且政治健全的社会里，若个人或其他团体受到伤害，可以依据法律提起诉讼来保护自己。

4.2.2 伦理分析

我们面临会引起伦理问题的情境时该如何分析呢？以下五个步骤可以引导你作出决策。

1. 清楚地识别和描述事实。找出是谁损害了别人的利益，以及是何地、何时及如何做的。在许多实例中，你常常会感到惊讶，起初报告的事实中有那么多错误，然而，只要厘清事实，问题就会很容易解决。不仅如此，让伦理冲突中针锋相对的各方认清事实，也是有帮助的。

2. 确认冲突或困境，并辨认隐藏其中的更高层次的价值观。伦理、社会与政治问题总是涉及更高的价值观。争论的双方都会认为他们在追求更崇高的价值观（例如自由、隐私权、财产保障及自由企业体系）。典型的情况是，陷入伦理问题争论的对立双方所支持的价值观均令人信服。例如章首案例所提到的两种相反的价值观：是需要增加数字内容的获取还是需要尊重内容所有者的权利？

3. 确认利益相关者。每一个伦理、社会或者政治问题的发生都牵涉到利益相关者，包括谁是获利者、谁在该情况下介入、谁表达了意见。找出这些人或团体并确认他们的需求是什么，对于未来设计解决方案会有很大帮助。

4. 确定各种合理的行动方案。伦理困境的特点是没有一种方案可以满足所有的利益相关者，但是有些方案会较其他方案好。有时形成一个好的或合乎伦理的方案，并不一定表示利益相关者的关系都达到平衡。

5. 确认所选择方案执行后的可能结果。某些方案可能伦理上是正确的，但从另

一个角度来看可能糟糕至极。有些方案只能适用于某些情况，而不适于其他类似状况。因此必须经常问问自己："如果我坚持这一选择，结果会怎样？"

4.2.3 备选的伦理原则

在完成分析后，你应该使用哪些伦理原则或规则来制定决策？哪些较高层次的价值观会影响你的判断？尽管只有你自己可以决定遵守何种伦理原则，以及如何排列其优先次序，但是借鉴传承多年的伦理原则，对你作出决定会有所帮助。

1. "己所不欲，勿施于人"（**黄金法则**，Golden Rule）。换位思考，把自己当成决策中的对象，可以帮助你作出公平的决定。

2. "我所要做的要符合世间普遍的行为准则"（**康德的绝对律令**，Immanuel Kant's Categorical Imperative）。问问你自己："如果每个人都这样做，那么组织、社会能否继续存在？"

3. "如果一种行为不能被反复做，那么在任何时候都不应该做"（**笛卡尔变化规则**，Descartes' rule of change）。该原则又被称为**滑梯原则**（slippery-slope rule）：一种行为在短期所带来的小改变是被容许的，但长期重复会带来不可接受的变化。简言之，"一旦走下坡路，就可能停不下来了"。

4. 采取受益最大的行动（**实用原则**，Utilitarian Principle）。该原则假定人们可排列价值观的优先等级，并知道不同的行动会造成哪些结果。

5. 采取危害最小或潜在成本最低的行动（**风险规避原则**，Risk Aversion Principle）。有些行为具有极高的失败成本但其失败的概率非常小（如在市区兴建核电厂）；或者风险中等但失败的成本很高（如超速与车祸）。避免这些高失败成本的行为，要将注意力从这些高失败成本行为转向有一定失败的可能性但成功率适中的行为。

6. "所有有形的或无形的物品，除非有特别说明，否则都归某些人所有"（**伦理上的"无免费午餐"原则**，ethical "no free lunch" rule）。假若某人创造的某个物品对你有用，它便有价值，并且你应该假设该创造者会向你要求相应的报酬。

以上六个伦理原则不是行动的所有准则，但是如果有些行为不符合这些原则就应当特别注意并加以警惕，因为这表明这些不符合伦理的行为对你及公司可能会造成危害。

4.2.4 职业行为准则

当某个团体声称自己是专业人士时，就表示他们因某个方面的博学、睿智与尊重而拥有特定的权利与义务。许多专业团体，例如美国医师协会（American Medical Association，AMA）、美国律师协会（American Bar Association，ABA）、信息技术专业人员协会（Association of Information Technology Professionals，AITP）、美国计算机协会（Association for Computing Machinery，ACM）都制定了自己的职业行为准则。通过决定会员的入会资格与能力，这些专业组织对部分职业规定负有责任。专业人员遵守这些考虑到大众利益所制定的伦理原则，是各行各业的自律承诺。例如，ACM伦理与职业守则中的一般伦理规定包括：避免侵害他人、尊重财产权（包括知识产权）、尊重他人的隐私权等。

4.2.5　现实世界中的伦理困境

信息系统让利益团体之间彼此对立，造成伦理困境。例如，美国的许多大型电话公司开始使用信息技术来减少人力需求。语音识别系统可以代替接线员回答客户的一系列程式化问题，从而减少了接线员的人数。许多公司监控员工在互联网上的所作所为，防止他们浪费公司资源从事非工作性质的事情。脸书监控其用户，将这些信息出售给广告商和应用开发者（见章末案例）。

在每一个例子中，你会发现工作场所中可能存在价值观冲突，争论的双方背后有不同的利益群体。公司宣称它们有权使用信息系统来提高生产率、减少人力、降低成本以求生存。被信息系统所取代的员工则要求获得他们应有的福利。企业负责人也许感到他们有义务监督员工对电子邮件与互联网的使用，以使消耗最少，但员工认为他们可以在上班时使用电脑代替电话处理一点个人的小事情，这是应该被允许的。细致分析这些情况可能会让双方各退一步，找到一个折中的方案。运用前面描述的原则来分析这些案例，怎样做才是正确的呢？

4.3　信息系统的伦理维度

本节将深入探讨图4-1所描述的五个伦理维度，对于每个维度，我们都从伦理、社会与政治三个方面来分析，并用实例说明所涉及的价值观、利益相关者和所选方案。

4.3.1　信息权利：互联网时代的隐私与自由

隐私权（privacy）是指个人拥有独立空间，不受他人或组织甚至政府的监督或干涉的权利。在工作场所也常有侵犯隐私权的情形：许多员工受到电子或其他形式的高科技的监控。由于信息技术和信息系统的发展使入侵个人信息变得成本低、快速且有利可图，因此个人隐私权受到了严重威胁。

美国、加拿大和德国都在宪法中以不同的方式来保护隐私权，其他国家也有各种法规来保护隐私权。美国对隐私权的保护源于《宪法第一修正案》（First Amendment），它保障国民言论及结社的自由，《宪法第四修正案》（Fourth Amendment）保护个人的文档、住宅免受无正当理由的搜查、扣押，并保证执行正当的司法程序。

表4-3描述了美国主要的联邦法令，列出了在处理个人信息上的限制，涉及信用报告、教育、财务记录、报刊内容与电子通信等方面的数据。1974年的《隐私权法案》（Privacy Act）是这类法案中最重要的一部，它规范了联邦政府收集、使用和发布信息等方面的内容。目前，大多数联邦隐私权法仅应用于联邦政府，监管私营部门中的极少数领域。

表4-3　美国联邦隐私权法

普通的联邦隐私权法	对私营部门有影响的隐私权法
1966年的《信息自由法修正案》（Freedom of Information Act（5 USC 552））	1970年的《公正信用报告法案》（Fair Credit Reporting Act）
1974年的《隐私权法修正案》（Privacy Act of 1974（5 USC 552a））	1974年的《家庭教育权利和隐私权法案》（Family Educational Rights and Privacy Ac:）

续前表

普通的联邦隐私权法	对私营部门有影响的隐私权法
1986 年的《电子通信方面的隐私权法案》(Electronic Communications Privacy Act)	1978 年的《财务隐私权保护法案》(Right to Financial Privacy Act)
1988 年的《计算机对抗与隐私权保护法案》(Computer Matching and Privacy Protection Act)	1980 年的《隐私权保护法案》(Privacy Protection Act)
1987 年的《计算机安全保护法案》(Computer Security Act)	1984 年的《光纤通信政策》(Cable Communications Policy Act)
1982 年的《联邦管理层财务综合法案》(Federal Managers Financial Integrity Act)	1986 年的《电子通信隐私权保护法案》(Electronic Communications Privacy Act)
1994 年的《驾驶员隐私保护法案》(Dirver's Privacy Protection Act)	1988 年的《视频隐私权保护法案》(Video Privacy Protection Act)
2002 年的《电子政府法案》(E-Government Act)	1996 年的《健康保险流通与责任法案》(The Health Insurance Portability and Accountability Act，HIPAA)
	1998 年的《儿童在线隐私权保护法案》(Children's Online Privacy Protection Act，COPPA)
	1999 年的《金融现代化法案》(Financial Modernization Act (Gramm-Leach-Bliley Act))

美国和欧洲的大多数隐私权法是以**公平信息惯例**（Fair Information Practices，FIP）为基础的，该原则在 1973 年美国联邦政府顾问委员会的一份报告中首次提出，最近一次修订是 2010 年，增加了重视新的侵犯个人隐私技术的内容（FTC，2010；U. S. Department of Health，Education，and Welfare，1973）。FIP 是一套规范收集和使用个人信息的原则，其理念是信息持有者和个人彼此尊重双方的利益。个人会因从事交易而获利，而信息持有者（通常是企业或政府机构）也需要个人的信息才得以完成此交易行为。一旦获得信息，也就得到了相关利益的记录，未经本人同意，该记录不得另作他用。1998 年，美国联邦贸易委员会（Federal Trade Commission，FTC）重申并扩展了既有的 FIP 原则，提出了保护在线隐私权的指导方针。表 4－4 描述了美国联邦贸易委员会的公平信息惯例原则。

表 4－4 美国联邦贸易委员会的公平信息惯例原则

1. 通告/提醒（核心原则）。网站必须在收集数据前公开其信息策略，包括收集者的身份、使用的数据、其他人获得的数据、现有的或非现有的数据、拒绝的结果、保护数据可靠性及完整性的措施。
2. 选择/许可（核心原则）。个人信息除了用于办理相关事务外，能否供内部使用或与第三方共享，客户对此有选择的权利，必须提供一种制度来保护这种权利。
3. 参与/共享。客户应该能够及时、方便地查看自己的信息是否被完整地、准确无误地收集。
4. 安全性。数据收集者有责任确保所收集的客户信息的正确性，并且避免未经授权使用。
5. 实施。必须有一种机制来保证公平信息惯例原则的实施，这涉及自我规范、当客户权益受到侵害时的法律援助、联邦政府的法律法规等。

美国联邦贸易委员会的 FIP 原则是促使隐私法案改革的指导方针。1998 年 7 月，美国国会通过《儿童在线隐私权保护法案》（COPPA），要求网站在收集 13 岁以下儿童的信息时须先征得其父母的同意。联邦贸易委员会已建议增设其他的法

令，来保护广告网络中在线消费者的隐私。消费者的在线活动往往被记录，用于其他公司为精准投放广告而制定详细计划。2010 年，联邦贸易委员会在其框架中增加了三项保护隐私权的内容：公司应基于“从设计着手保护隐私”的理念来打造保护隐私的产品和服务，公司应增大其数据使用的透明度，公司收集信息应得到客户同意并应为客户提供明确的可取消数据收集行为的选择（FTC，2010）。其他提议的电子商务隐私法案有：保护个人身份识别号码（如社会保险号）的在线使用；保障处于 COPPA（1998）范围之外的个人信息收集；限制以国土安全为目的的数据挖掘的使用。

从 2009 年起到 2012 年，联邦贸易委员会扩展了 FIP 的条款来解决行为追踪问题。它举行了听证会讨论关于行为追踪规范的行业准则来规范行为追踪。网络广告贸易组织——网络广告促进协会（稍后会对其进行讨论）积极响应联邦贸易委员会的号召，制定了自律准则。然而，政府、隐私组织和网络广告公司仍然对两个问题相持不下。隐私拥护者希望出台知情同意进入政策，发布全国范围内的不跟踪清单；网络广告行业对此表示反对，认为知情同意退出是避免追踪的唯一办法。2011 年 5 月，参议院消费者保护、产品安全和保险商业小组委员会主席杰伊·洛克菲勒（Jay D. Rockefeller）举行听证会来讨论用户隐私问题，以及探讨移动市场中联邦政府在消费者保护方面的作用。洛克菲勒支持 2011 年提议的《不追踪法案》（Do-Not-Track Online Act，它在 2013 年被再次提出）。该法案要求公司告知用户其网络行为正在被追踪，并允许用户选择取消追踪（U. S. Senate，2011）。虽然如此，各方都认为更高的透明度和用户控制，尤其是针对追踪和默认选择制定知情退出政策，是处理行为追踪的必要准则。

如今在解除金融服务监管与保障个人健康信息的维护和传播的法律中，也加入了隐私权保护的内容。美国 1999 年通过的《金融现代化法案》，解除了银行、证券公司与保险公司等相互间跨行业经营的限制，同时对于金融服务客户提供一些隐私权保护。所有的金融机构必须披露它们保护非公开个人信息的隐私权的政策和做法，并允许客户拒绝将自己的信息与第三方共享。

1996 年提出、2003 年 4 月 14 日生效的《健康保险流通与责任法案》（HIPAA）明确了有关医疗档案隐私权保护的规范。这一法案让病人可以存取由健康护理机构、医院或健康保险公司等维护的个人医疗档案，并有权决定如何使用或公布其受保护的个人信息。医生、医院及其他医疗相关机构必须尽可能地将病人个人信息的公开程度降至最低。

■ **欧洲数据保护指令**

欧洲有关隐私权保护的指令比美国更加严谨。和美国不同的是，欧洲国家不允许企业在获得客户同意前使用可用来识别个人身份的信息。1998 年 10 月 25 日，欧盟执行委员会（European Commission）的《数据保护指令》（Directive on Data Protection）正式生效，使欧盟国家隐私保护的范围扩大了。这项指令要求公司在收集个人信息时必须告知当事人，并公布如何存储和使用这些信息。公司必须告知客户并取得客户的同意之后才可以合法地使用其相关信息，同时客户有权访问他们的信息，进行修改以及限制公司获取更多资料。**知情同意**（informed consent）是指在知道制定合理决策所需的所有事实之后表示同意。欧盟成员国必须将这个原则贯彻到自己的法律中，且不能将个人数据传送到没有类似隐私权保护规范的国家。2009年，欧洲议会通过了管理以行为追踪为目的的第三方 cookie 的新条例。新条例于2011年5月实施，要求网站访问者必须对被 cookie 追踪明确表示同意。如果有第三方 cookie 正在追踪，网站必须给出明显的警告（European Parliament，2009）。

2012年1月，欧盟提出了改变数据保护条例的重要提议，其首次修订要追溯到1995年（European Commission，2012）。新的条例将应用于欧洲所有服务性的公司，并要求亚马逊、脸书、苹果、谷歌以及其他网络公司针对个人数据的使用需要用户明确表示同意，必须按照当事人要求删除涉及个人隐私的数据，并只保留绝对必要的信息。这项提议对违反条例的公司的罚款额最高达到其年度收入总额的2%。关于用户同意的要求涉及网络上以追踪为目的的 cookie 和超级 cookie 的使用（第三方 cookie），不涉及网站自身的 cookie。与美国联邦贸易委员会所提出的框架一样，欧盟新的提议同样强调追踪管理，提高透明度，限制数据保留时限，以及获得用户同意等几方面。

美国商务部（U. S. Department of Commerce）与欧盟执行委员会合作，为美国的企业制定"安全港"协议。**安全港**（safe harbor）是一种由企业制定自我规范的政策并执行的机制，它符合政府管理者和立法者的目的，但又不需要由政府来管理和强制执行。如果美国企业制定的隐私权政策符合欧盟的标准，它就可以使用来自欧盟国家的个人数据。因此，在美国企业自己制定政策、自我监管的情况下，政府需要重视贸易公平。

■ **互联网对隐私权的挑战**

互联网技术的使用给个人隐私权的保护提出了新的挑战。信息在被送到目的地之前，就已通过众多不同的计算机系统，其中每个系统都具备监控、抓取及存储所经过信息的能力。

网站追踪许多在线活动记录，包括搜索的内容、浏览过的网站、查看的在线内容以及上网查看和购买的商品。这种监控与追踪网站访问者的行为大多是在访问者不知情的情况下发生的。除了网站外，还有像 DoubleClick 这样可以了解网站浏览情况的网络广告公司在监控和追踪访问者。网络出版商和广告企业为网络追踪个体行为辩称，这能使其广告更具针对性，并且它们会支付网站发布信息的成本。这就像广播电视一样，广告商发布的内容对消费者而言是免费的。这种对个人信息的商业需求是贪得无厌的。然而，这些行为侵犯了个体隐私权，可参见"互动讨论：技术"专栏的相关内容。

互动讨论：技术

关于个体的大数据：行为定向

曾感觉到有人在网络上追踪你，查看你的每一条点击记录吗？想过为什么你在网上搜索了一款车、一条裙子或一种化妆品之后，就开始看到展示广告和弹出窗呢？你猜对了：你的行为正被追踪，随着你从一个网站转移到另一个网站，你成为网络上的目标，暴露在特定的"定向"广告之下。这就是大数据的阴暗面。

个人网站以及为广告商和营销人员辨识互联网用户的公司正在收集你在网络上一举一动的数据。每天处理超过5亿条网络搜索的谷歌，比你的妈妈更了解你。不可思议的是，很多追踪工具收集的个人信息包括年龄、性别、种族、收入、婚姻状况、健康烦恼（你所搜索的健康话题）、电视节目和观影记录、阅读的报纸杂志以及购买过的书籍。310亿美元的在线广告产业正推动着数据收集。维护超过10亿用户详细数据的脸书，用“点赞”按钮在网络上追踪用户，即使用户注销也无妨。它的社交网络是一个巨型追踪系统，它记忆你的喜好，你朋友的喜好，以及你在网上所展示的任何内容（参见章末案例）。

尽管追踪公司称它们收集的信息是匿名的，但也只是没有显示名字而已。学者证明，在获得了少量信息（如年龄、性别、邮编、婚姻状况）之后，很容易辨识出这个特定的个体。而且，这些追踪公司与不在线追踪零售商店购买情况的公司合作，得到几乎所有美国公众的线上与线下数据。在这些信息中，难免有个人姓名信息和其他个人标识符。

在网络上使用真实身份已经迅速成为主流。《华尔街日报》（*The Wall Street Journal*）的一项调查显示，排名前1 000家的网站中有75%带有社交网站符号，如脸书的“点赞”或推特的“转发”（Tweet）按钮。这些符号使人们的身份与其网站浏览活动连接在一起，即使人们从不点击这些按钮，其访问的页面也可以被追踪到。

在另一项研究中，《华尔街日报》调查了当人们随意登录70家受欢迎的要求注册的网站，会发生什么。调查发现，大概一刻钟之后，网站将用户的真实姓名、邮箱地址及其他个人信息发送给了第三方公司。

在线广告巨头如谷歌、微软和雅虎都在寻找让它们收集的在线行为数据变成钱的办法。尽管搜索引擎营销在过去可以说是最有效的形式，但因为没有针对性的横幅广告完全不考虑个人兴趣，所以营销效率非常低。因此，这些公司并不能在横幅广告上赚到多少钱。然而，通过追踪24 500万美国网络用户的在线行为，这些公司可以描绘出你是谁，用这些信息向你呈现你所感兴趣的广告。这可以使市场营销过程更加高效，并且让所有参与方有利可图。

当你使用手机连接网络、访问脸书主页、接收推特消息、看视频、听音乐时，你同样会被追踪。移动网络同样致力于记录你的行踪、位置、爱好和朋友，以期卖给你更多产品和服务。

智能手机上的新技术可以定位你的位置，误差不超过几码。使用智能手机进行常规操作就可以追踪到你一天的行踪，手机将这一信息报告给公司数据库，保留或分析信息，然后将其卖给广告商。大多数受欢迎的应用都会报告你所在的位置。执法机构当然想知道罪犯和嫌疑犯的下落。因此，你有时希望自动报告你的位置信息，有时希望按照你的指令报告。比如，如果你受伤了，会希望自己的手机能够自动向有关部门报告你的位置，或者你在一家饭店里，会希望能够通知你的朋友你在哪里和正在做什么。但当你不想让别人知道，尤其是广告商和市场营销人员知道你在哪里时，该怎么办呢？

手机所收集的位置信息极具商业价值，因为广告商可以根据你的位置发送给你针对性极强的广告、优惠券和其他特价商品信息。这项技术是许多基于位置服务的基础，包括手机地图和图表、购物应用和其他你想让朋友们知道你在哪里、正在做什么的社交应用。根据高德纳咨询公司（Gartner）的数据，2015年全球基于位置服务的市场收入预计达到103亿美元。

苹果手机和谷歌的安卓手机都收集涉及个人隐私的位置信息，并且两家公司都在建立可以指出用户所在位置的庞大数据库。广告公司向苹果和谷歌购买这些信息，并付钱来发布移动端上的广告，这正成为苹果和谷歌重要的收入来源。（2012年，谷歌来自移动广告的收入达22亿美元。）根据手机的GPS功能，提供基于位置服务的智能手机应用同样是个人位置信息的来源。

未来，随着行为定向更加精确，关注着你一举一动的眼睛会更多。正在开发的新的软件通过建立跨屏的身份帮助广告商在不同设备上追踪用户。这意味着广告公司可以基于你在PC端的上网浏览记录而在你的手机上向你推送广告。

资料来源：Natasha Singer，"Their Apps Track You，Will Congress Track Them?" *The New York Times*，January 5，2013；Spencer E. Ante，"Online Ads Can Now Follow Your Home，" *The Wall Street Journal*，April 29，2013；Wendy Davis，"New App Lets Mobile Users Opt Out of Behavioral Targeting，" Online Media Daily，April 11，2013；Jennifer Valentino-Devries and Jeremy Singer，"They Know What You're Shopping For，" *The Wall Street Journal*，December 7，2012；Julia Angwin，"Online Tracking Ramps Up，" *The Wall Street Journal*，June 17，2012；Christina DesMarais，"Location Tracking of Mobile Devices Gets Really Nosy，" PC World，June 2，2012；"This Smart Phone Tracking Tech Will Give You the Creeps，" PC World，May 22，2012；Julia Angwin，"Digital Privacy Rules Taking Shape，" *The Wall Street Journal*，March 26，2012；and Julia Angwin，"Latest in-Web Tracking：Stealthy 'Supercookies，'" *The Wall Street Journal*，August 18，2011.

案例思考题

1. 为什么如今行为追踪是重要的伦理困境？辨识支持或反对行为追踪的利益相关者。
2. 企业如何从行为追踪上获益？人们获益了吗？解释你的答案。
3. 如果网络上没有行为追踪将会怎样？

cookie 是用户访问特定网站时存储在计算机硬盘上的小文件，它记录访问者浏览器的类型和访问网站的路径。当访问者再度访问该网站时，由于其计算机存有该网站的 cookie 文件，故网站的软件会自动搜寻访问者的计算机，找到它的 cookie 文件，得到访问者以前在网站上的活动。网站亦可在访问者浏览网站的过程中更新其 cookie 文件。通过这种方式，网站能根据每位访问者的兴趣设计出他所需的内容。例如，如果你从亚马逊购买了一本书，之后又用相同的浏览器再度访问，网页上便会显示你的名字来欢迎你，并根据你过去的购买习惯推荐你可能感兴趣的书籍。本章前面介绍的 DoubleClick 公司，就使用 cookie 文件来建立网站访问者的采购、行为方面的详细档案。图 4-3 介绍了 cookie 是如何工作的。

图 4-3 cookie 如何识别网站访问者

注：1. 网络服务器读取用户的网络浏览器信息，确认操作系统、浏览器名称、版本号、互联网地址以及其他信息。

2. 服务器传回一个 cookie，即包含用户身份信息的小型文本文件，经由用户的浏览器接受之后存储在用户的硬盘上。

3. 当用户再度访问这个网站时，服务器会先接收之前存储在用户计算机上的 cookie。

4. 网络服务器读取这个 cookie，确认访问者身份，调出用户数据。

说明：cookie 是通过网站写入计算机硬盘的文件。当用户再度访问该网站时，网站服务器会从 cookie 中找出识别码，并找出硬盘中访问者的数据。网站利用这些数据来显示个性化的相关信息。

虽然使用 cookie 技术并不能直接获得访问者的姓名和地址，但是，如果一个人已经在网站上注册过，这些信息就可以和 cookie 数据结合来识别这个访问者的身份。网站所有者也可以结合他们从 cookie 中收集的信息，利用其他的网络监控工具以及其他来源（如由问卷调查或纸质目录营销所获得的离线数据），概括出网站访问者的详细信息。

现在还有许多监控互联网用户的隐蔽工具。超级 cookie 或 flash cookie 不易被删除，一点击 Flash 视频就会安装。这些被称为“本地共享对象”的文件被 Flash 用来播放视频，无须经过用户同意就会安装在用户的计算机上。营销人员也使用网络信标来监控在线行为。**网络信标**（Web beacons），又称网络爬虫（或追踪文件），是嵌入电子邮件或网页中用来监控用户行为的非常小的软件程序。它可以记录用户的在线点击流，将此数据报告给追踪文件的拥有者，且不易发现。网络信标被第三方公司放在受欢迎的网页上，这些公司为获取用户会向网站支付一定的费用。那么，网络追踪有多普遍呢？2010 年和 2011 年《华尔街日报》刊登的一系列文章披露，研究者检测了美国最受欢迎的 50 家网站，由此揭露了一个分布广泛的监控网络。在这 50 家网站中，他们发现了 3 180 个追踪文件被安装在访问者的电脑上。仅有维基百科一个网站不含有追踪文件。一些受欢迎的网站，如“字典网”（Dictionary. com）、MSN 和康卡斯特，含有超过 100 个追踪文件！2/3 的追踪文件来自 131 家从事网络用户识别和追踪的公司，它们以此制作用户报告卖给寻找特定用户的广告公司。最大的追踪商是谷歌、微软和 Quantcast，它们都拥有向广告公司和营销人员出售广告的业务。2012 年的一项跟踪调查显示，情况变得更严重了：对 50 家最受欢迎网站的调查显示追踪文件几乎翻了 5 倍！其原因是：广告商竞相购买用户网络浏览行为数据，导致在线广告竞拍增长。

其他**间谍软件**（spyware）隐藏于较大的应用程序之中，偷偷安装在用户的计算机上。一旦安装成功，间谍软件就触发网站发送横幅广告和未经同意的信息，并且将用户在互联网上的一举一动报告给其他计算机。关于更多入侵软件的内容参见第 8 章。

全球大约有 83%的用户使用谷歌搜索或谷歌其他相关服务，这让谷歌成为世界最大的在线用户数据收集商。无论谷歌如何使用其数据，都将对在线隐私产生巨大影响。大多数专家认为谷歌拥有世界最多的个人信息资料——比任何政府机构拥有的人员和数量都要多。其最大的竞争者是脸书。

自 2007 年收购了 DoubleClick 之后，谷歌根据用户的搜索活动锁定行为目标，在用户网页跳转时投放与用户更相关的横幅广告。谷歌允许其搜索页面上有追踪软件，并使用 DoubleClick 在全网范围内追踪用户。在其一个项目中，广告商可以根据谷歌用户的搜索历史或谷歌自身能获得的信息，如用户的年龄、人口特征、地区或其他网络行为（如博客）等，有针对性地推出广告。谷歌的广告联盟项目可以让广告商根据搜索历史选择关键字，为不同的细分市场设计不同的广告，例如帮助服装网站设计并测试针对少女群体的广告。最近的一项研究发现，40 万家网站中 88%拥有至少一个谷歌追踪器。

此外，谷歌还利用免费邮件服务 Gmail 获取用户的邮件信息内容。用户读邮件时，看到的广告就与邮件主题相关。基于这些邮件内容，谷歌建立用户的个人档案。现在，谷歌在 YouTube 和谷歌移动应用上投放有针对性的广告，它的 DoubleClick 广告网络提供有针对性的横幅广告。

美国允许企业收集市场中产生的交易信息，并使用这些信息来达到它的营销目的，而无须取得用户的知情同意。美国的电子商务网站在其网页上都有大量详尽的公告，告知访问者他们的信息将被如何使用。有些网站会在其信息政策公告处加入一个选择不接受的选项。知情同意的**选择退出**（opt-out）是指除非客户明确要求其信息不允许被收集，否则允许收集其个人资料。隐私权保护团体希望知情同意的**选择加入**（opt-in）被广泛应用。在此情况下，不允许企业收集任何个人信息，除非客户明确地表示同意信息的收集和使用；默认选项是不允许收集个人信息。

在线行业倾向于采用自我规范的方式来保护客户。在线行业于1998年成立了在线隐私联盟（Online Privacy Alliance），通过为其成员建立一套隐私指导方针来鼓励自我规范。这个团体声称，使用如TRUSTe所提供的在线“图章”，依据某些隐私政策可对网站进行验证。包括DoubleClick在内的广告网络行业成员，还另外成立了一个称为“网络广告计划”（Network Advertising Initiative，NAI）的行业协会，来发展这个行业独有的隐私政策，帮助处理网络广告方面的消费者投诉和赔偿事件。

微软、Mozilla基金会、雅虎和谷歌等企业针对大众对于在线数据追踪的日益关注，推出了新的政策。2013年，微软推出的IE10浏览器将选择退出选项作为默认值。其他的浏览器也设有选责退出选项，但用户需要手动开启，而大多数用户并没有打开这个按钮。美国在线推出的选择退出政策能使用户避免被追踪；雅虎的NAI指南能使用户不被追踪、拒绝网络爬虫；谷歌也缩短了追踪数据的保留时间。

总的来说，大部分互联网企业很少采取措施来保护用户的隐私，用户也没有尽力保护自身信息。对于依赖广告支持的商业网站来说，出售用户信息是其主要收入来源。有些公司即便在网站上发布了隐私政策，半数以上不会监督其是否实施到位。尽管绝大多数在线用户声称对隐私问题感到担忧，但是他们当中会阅读网站的隐私声明的人数还不足一半。总的来说，网站的隐私政策只有拥有法学学位的用户才能理解，此外其关键条款往往含义模糊不清（Laudon and Traver，2013）。

加州大学伯克利分校的学生对网络用户进行了深入调查，研究消费者对网络隐私的态度，以及对联邦贸易委员会的隐私条例的抱怨。下面列举了一些调查结果：人们觉得无法控制针对自己的信息收集行为，不知道应向谁申诉；网站收集了这些信息，但是拒绝用户访问；政策不明确，它们与附属公司共享信息，但是从不清楚是哪些附属公司以及数量是多少；网络爬虫追踪器无处不在，并且当访问的页面存在爬虫时并未告知用户。这类研究表明消费者并没有说“拿走我的隐私，我不介意，给我免费服务”，反之，他们在说“我们想访问这些信息，想控制被收集的内容，知道它们的用途，可以选择退出追踪；我们想知道政策究竟是怎样的，我们不想让这些政策随意变更而不经过我们的参与和允许”（可以在knowprivacy. com上查看完整的报告）。

■ **技术解决方案**

除了立法保护外，新技术也可以用来保护互联网上用户的隐私。这类工具被用于加密电子邮件，隐匿发送电子邮件或网络冲浪时的身份，阻止用户的计算机接受cookie，以便识别和阻止间谍软件。但大多数情况下，当用户从一个网站进入另一个网站时，这些技术手段并不能保护用户不被追踪。

由于公众对行为追踪、有针对性的广告以及行业未能自我规范的批评增多，人们的眼光开始转向浏览器。许多浏览器带有“请勿追踪”（Do Not Track）选项。当用户选择了该选项，浏览器会向网站发送请求，要求对用户的行为不予追踪。但网站没有义务来兑现使其访问者不被追踪的请求，目前也没有关于如何响应不追踪请求的在线广告行业协议，也没有法律来要求网站停止追踪。

4.3.2 产权：知识产权

当前的信息系统给保护个人知识产权的法律与社会惯例带来了严峻挑战。**知识产权**（intellectual property）是指个人或组织所创造的无形资产。由于数字信息可以在网络上轻易被复制和传播，因此信息技术使知识产权的保护变得很困难。知识产权有多种不同的保护方式，在法律惯例中通常分为三种：商业机密、版权和专利权。

■ **商业机密**

任何知识工作的成果，如果不能由公开方式获得，则不管它是处方、设计、流行样式还是数据的汇编，只要用于商业用途，均可归为**商业机密**（trade secret）。商业机密的保护在美国各州各不相同。一般来说，商业机密主要是授予产品拥有者独占权，但这种权利是非常有限的。

软件包含了新奇或独特的单元、程序或编译，因此也算是商业机密。商业机密法保护的是工作成品中蕴含的实际想法，而不只是保护外在成品。为此，开发者或拥有者必须与员工及客户达成不公开机密协议，以防机密外泄。

保护商业机密执行上的限制在于，虽然任何复杂程度的软件程序都有其独特之处，但当软件被广泛使用时，想保护软件的独特性是很难的。

■ **版权**

版权（copyright）是法律赋予知识产品所有者的，保护其知识产品不因任何目的被复制的权利，法律保护期限为作者的一生及其死后 70 年。如果作品的拥有者是公司，版权保护期从产品被创造之日起延续 95 年。美国国会已将知识产权保护的范围扩展到书籍、期刊、演讲、戏剧、音乐作品、地图、绘画、其他种类的艺术作品、动画等。版权法旨在确保发明者得到他们应得的经济回报和利益，激励发明创造和创作。大部分工业化国家都有自己的版权法，还有若干国际惯例和双边协定，以使各国协调和加强法律。

20 世纪 60 年代中期，美国专利局（Copyright Office）开始接受软件程序的注册。1980 年国会通过《计算机软件版权法案》（Computer Software Copyright Act），其中清楚地规定，商业用途的软件出售，要对原始程序和目标程序加以保护，并明确了创作者具有所有权，购买者有权使用软件。

版权保护禁止程序被全部或部分拷贝。毁坏或删减程序也将被认为是侵权。版权保护的欠缺在于不能保护软件背后的思想，而仅保护了软件的表现形式。竞争者可以使用软件，了解它是如何运行的，然后按照同样的思想去开发新的软件，这样的行为不认为是侵犯版权。

侵犯版权的“外观与感知”的诉讼就是关于软件思想和表现形式的争论。例如，20 世纪 90 年代早期，苹果电脑起诉微软和惠普侵犯了 Macintosh 界面，声称被告复制了重叠视窗的表现形式。而被告反驳说，重叠视窗只能由一种方式表现，因此不能得到版权法的合并理论的保护，即当思想和形式合而为一时，表现形式不能被授予版权。

总的来说，法院借鉴了 1989 年 Brown Bag 软件公司诉赛门铁克公司（Symantec Corp.）一案的推理。在这个案件中，法院分析了声称被侵犯的软件部分。法院发现相似的概念和功能、一般功能特征（如下拉菜单）和颜色都没有得到版权法的保护（Brown Bag Software vs Symantec Corp.，1992）。

■ **专利权**

专利权（patent）是指法律赋予专利所有者对其发明享有 20 年的专有权。在专利权法的背后，美国国会的真正意图是：确保新机器、新设备或新方法的发明者可以因其所付出的劳动得到足额的报酬或其他方面的奖励，同时也便于专利拥有者将专利发明的详细图样和资料的使用权授予希望使用该专利的人，从而使发明得到广泛使用。专利的授权归属美国专利和商标局（Untied States Patent and Trademark Office），依据法院判决执行。

专利权的关键概念是独特性、新颖性和创造性。直到 1981 年美国最高法院通过了准予计算机程序纳入专利申请对象的决议后，专利局才开始接受常规的软件专利申请。从那时起，有成百上千的专利获得批准，并且每年还有成千个专利在等待批准。

专利保护的好处在于，它给软件的内在概念和思想以垄断权。其难点在于确定非显而易见性（如作品必须具有特殊的理念和贡献）、新颖性和独创性的严格标准，并且软件专利一般需要等待几年的时间才能得到专利保护。

2011 年，苹果起诉三星侵犯其 iPhone，iPad 和 iPod 专利权，被一些人称为世纪专利权之战。2012 年 8 月 24 日，美国加利福尼亚州的联邦地方法院的陪审团判定苹果胜诉，三星败诉；苹果可获得 10 亿美元的损失补偿金。这个决议为判断行业竞争者是否侵犯领先者的产品设计和使用专利建立了标准。该法庭还裁决三星的新平板电脑 Galaxy 10.1 将不能在美国售卖。在之后的专利纠纷中，三星在一项侵权案中胜了苹果。2013 年 6 月，由于在多年前侵犯了三星的专利权，美国国际贸易委员会（Untied States International Trade Commission）对 iPhone 和 iPad 的早期版本发布了一项禁令。让事情更加复杂的是，苹果是三星最大的客户之一，苹果的 iPhone，iPad，iPod Touch 和 MacBook 的闪存处理器、绘图芯片、固态硬盘及其他显示部分都来自三星。由于业内领先公司的复杂关系，三星和苹果的专利案具有象征意义。

■ **知识产权面临的挑战**

当前的信息技术（尤其是软件）对现有的知识产权保护带来了严峻的挑战，引发了一系列显著的伦理、社会和政治问题。数字媒体与书籍、期刊及其他媒体不同，它易于复制、传播、更改，并且很难像程序、书或音乐一样进行分类，容易被窃取，很难确立其唯一性。

电子网络（包括互联网）的激增增大了知识产权保护的难度。在网络普及之前，软件、书籍、杂志文章或影片的复制或抄袭必须借助有形介质（如纸张、计算机磁盘或录像带），为复制品的发行设置了一道屏障。而网络的使用使信息更快、更广地复制和传播。由国际数据公司（International Data Corporation）和商业软件联盟（Business Software Alliance）主办的第九届全球盗版软件研究活动发现：2011 年全球有 42%的软件是盗版，造成的损失达 630 亿美元。全球范围内，每售出 100 美元的正版软件，就会有另外价值 75 美元的软件以盗版形式出售（Business Software Alliance，2012）。

互联网使信息（包括有版权的信息）自由地在世界范围内传播。利用万维网，你可以轻易复制任何信息，将它发送给世界各地成千上万的人，即使他们使用不同型号的计算机系统。即使他们不愿侵权，信息也能够从一个地方通过其他系统和网络进行非法复制和传播。

多年来，互联网的个人用户一直利用互联网非法复制和散发数字MP3文件。文件共享服务商，比如Napster以及晚些时候出现的Grokster，Kazaa和Morpheus，可以帮助用户寻找和交换数字音乐文件，包括那些受版权保护的音乐文件。非法的文件共享严重威胁到唱片业的生存，并且一度消耗20%的网络带宽。虽然唱片业打赢了一些官司，使这些服务的数量减少了，但不能完全阻止。如章首案例所描述的，电影和有线电视行业正经历着相同的战争。

随着诸如iTunes商店等合法的在线音乐商店及诸如Pandora等在线广播服务的发展，盗版文件的共享有所减少。技术从根本上改变了知识产权保护的前景，至少对音乐、视频和电视节目而言如此（对软件来说要少得多）。苹果的iTunes商店要求为音乐和娱乐付费，并创造了一个封闭的环境，即在苹果以外的设备上，音乐和视频不能被轻易复制和广泛传播。网络广播（如Pandora和Spotify）以及好莱坞电影网站（如Hulu和Netflix）同样阻止了盗版，因为在分离设备上流媒体不易被记录。而且，大型网络公司（如苹果、谷歌和亚马逊）不会鼓励音乐或视频盗版，因为它们需要版权收入。

1998年**《千禧年数字版权法案》**（Digital Millennium Copyright Act，DMCA）出台，提供了一些知识产权保护方案。《世界知识产权组织版权公约》（World Intellectual Property Organization Treaty）明确指出，逃避利用技术方法保护版权的行为是非法的。互联网服务提供商被要求，一旦发现它们托管的网站出现了侵犯版权的问题，应立即关闭这些网站。软件和信息产业协会（Software and Information Industry Association，SIIA）代表微软等软件和信息公司致力于推动新法律的出台和现行法律的实施，以保护全球知识产权。SIIA开通了反盗版投诉热线来接受有关盗版活动的投诉，提供教育项目帮助相关组织反盗版软件，并提供软件使用指南。

4.3.3　责任机制、法律责任和控制

随着盗版和产权法的出现，新的信息技术正冲击着现有的法律及社会规则中对个人和组织责任的界定。如果一个人被受控制的机器伤害，或者说被软件伤害，那么谁应该为此负责并承担法律责任呢？是否应该允许美国在线之类的公司通过公告牌或电子服务传输色情或暴力的内容呢（像广播一样）？是否允许它们不对用户传输的内容承担法律责任（就像普通的传输服务，例如电话系统）？对于互联网应怎样规定呢？如果你把信息处理外包，你能要求外部的承包商承担对客户的损失赔偿责任吗？一些现实中的例子也许能回答这些问题。

■ **与计算机有关的法律责任问题**

2011年10月的一周，上百万的全球黑莓用户体验了黑莓最主要的服务即邮件服务的崩溃。这一为期三天的邮件崩溃事件涉及亚洲、欧洲、中东和美洲的客户，他们是黑莓7 000万用户中主要的用户群。长期以来，黑莓凭借其卓越的邮箱安全性、与邮件供应商的良好合作而在智能手机市场上占统治地位。iPhone和安卓智能手机已经瓜分了新增的企业移动设备市场份额的一半以上。这次邮件中断事件可能会使更多公

司放弃黑莓手机。从好的方面来说，全世界交通部门的报告显示，城市的汽车事故在邮件中断期间大大降低，因为司机在开车时不能使用黑莓来发短信或打电话（Austen，2011）。

在此次事件发生后，黑莓公司的首席软件技术官戴维·亚茨（David Yach）表示，是由于欧洲的传送数据积压导致全世界范围的连锁中断。

黑莓公司认为事件的根源是欧洲黑莓邮件服务器的中断，不涉及黑客攻击或安全漏洞问题。

黑莓的欧洲客户的邮件中断了好几天，但是直到美国的黑莓用户开始在推特上抱怨邮件延迟并且无法在黑莓设备上访问，这一问题才被发现。亚茨表示，最初的中断是由于黑莓一台核心交换机的损坏。然而，当黑莓的冗余系统也损坏时导致了真正的麻烦。亚茨说："尽管我们定期检测故障切换系统，但故障切换机制没有如期生效。"这使邮件备份变得极为重要。

谁该对这三天因不能访问邮件而遭受经济损失的个体和公司负责呢？如果消费者为移动电话服务付费，并且依赖它，却在一段时间内不能获得服务，那么移动电话供应商需要为这种损失负责吗？

这个案例显示出信息系统执行官们面临的困难，他们需要为员工应用该系统造成的所有损失负责。总之，由于软件是计算机的一部分，当计算机造成了使用者的人身或经济损害时，软件出版商和操作员应该对计算机造成的损失负责。通常法院不得不要求作者、出版商和售书商对书籍内容负责（涉及诈骗和诽谤的内容除外），由于软件扮演了与书籍类似的角色——它们都可以存储、展示信息，因此法院出于谨慎的考虑，要求软件发明人对软件内容负责。

通常，当把软件产品看作书籍类产品时，不论导致的是人身的伤害，还是经济的损失，要求软件提供商对其软件产品负责都是非常困难的。过去，出版商不对所发行书籍的内容承担法律责任，因为它们担心发表责任声明会干涉《宪法第一修正案》所保障的言论自由。由软件故障引起的损失很少是致命的，它们只是让用户感到不方便，而不会对他们造成物理伤害（医疗设备除外）。

将软件看作服务会怎样呢？自动取款机就是银行为客户提供的一种服务，如果客户因不能及时拿到资金而遭受经济损失，那么这种服务是失败的吗？是否应该将责任扩展到软件出版商以及金融、会计、模拟和营销系统的操作员呢？

软件和书籍有很大不同，例如：软件使用者期望软件产品绝对可靠；软件不像图书那样容易检查，很难与其他软件进行质量比较；软件要求真实地执行任务而不像图书那样描述一个任务。人们开始依赖建立在软件基础上的服务，考虑到软件在日常生活中的中心化趋势，即使软件仅提供信息服务，相关法律也应当借此机会将承担责任的范围扩大到软件领域。

因为电话系统被作为普通载体进行监管，所以它们未被要求对其传播的信息承担责任。作为对这项权利的回报，电话系统提供商要以合理的价格提供电话系统接入，并提供一定程度的可靠性。广播和有线电视在内容和设备上必须接受联邦和地方的监管。网站的所有者应对其网站上的暴力内容负责；对于在线服务，诸如美国在线等公司应对用户发布的信息负责。虽然美国政府已经免除了网站和互联网服务提供商对第三方发布信息承担的责任，但诉讼仍威胁着小公司或个人，因为他们难以承担诉讼费用。

4.3.4　系统质量：数据质量和系统错误

2012年12月25日圣诞节，上百万Netflix用户和社交网络用户的网络中断。该中断由亚马逊的云计算服务的故障引起，该服务提供了几乎所有类型网站（其中包括Netflix）的存储和计算。服务中断持续了一天，亚马逊将其归因于“弹性负载均衡”（Elastic Load Balancing），这是一种平衡所有云服务器的载荷以防止过载的软件程序。云计算服务的中断极其少见，但会反复出现。这些中断使人们对云服务的可靠性和质量产生了疑问，这些中断是可接受的吗？

对系统使用中无意造成的后果应承担什么责任与义务？由此产生的争论引发了一个相关但独立的伦理层面的问题：怎样才算得上是可接受的、技术上可行的系统质量水平？系统经理什么时候可以说“停止测试，我们已经完善了该软件，安装吧”？个人和组织应该对可避免和可预见的结果负责，对此，他们有责任察觉和纠正。然而，预见和纠正有些系统的错误要付出很大的代价，这种支出是如此之大，以至于在经济上不可行，没有人可以承担得起。

比如，尽管软件公司尽量在将产品投放市场前反复调试软件，它们还是心照不宣地将有小错误的产品投放市场，因为它们认为花费时间和资金修正这些小错会延误产品的上市。如果产品不投放市场会怎样呢？整个社会会停止发展甚至会倒退吗？进一步说，计算机服务提供商的责任究竟是什么？它们是应该撤下永远无法完善的产品、警告用户，还是忽视这些风险（将责任转嫁给用户）？

系统表现不佳有三种原因：（1）软件的漏洞和错误；（2）硬件或设备功能失常；（3）输入数据质量差。因此，完善软件存在着技术障碍，用户必须警惕潜在的灾难性危险。软件行业尚未达成一致认可的软件生产检测标准。

虽然软件漏洞和硬件故障可能被媒体广泛报道，但目前，大多数商业系统失败的原因应归于数据质量问题，很少有公司定期评估它们的数据质量，但研究报告显示：数据的错误率为0.5%～30%。

4.3.5　生活质量：公平、访问和界限

引入信息技术和信息系统的消极的社会影响与技术力量息息相关，很多负面的社会影响虽然没有侵犯个人权利或财产，但对个人、社会和政治团体造成了极大的伤害。计算机和信息技术能够逐渐地侵蚀文化和社会中有价值的因素，即使它在其他方面让我们收益颇丰。是否存在信息系统消极和积极影响的平衡点？谁将对消极影响负责？接下来我们简要地探讨系统带来的一些负面的社会影响，考虑个人、社会和政治层面的反应。

■ **中心与周边的平衡**

对计算机最初的恐惧来自巨大的、集中控制的计算机主机将会使公司总部、国家首都的权利集中化，导致“老大哥社会”，就像1984年乔治·奥威尔（George Orwell）的小说中描述的那样。伴随着计算机由集中式向分布式转变，成千上万的工人得到更多授权，同时决策权向组织低层下放，人们对公司集权的恐惧逐渐减轻。然而大多数商业杂志认为各种授权是微不足道的。低层次的员二也可能有权做出小决策，

但重大战略性决策权仍像过去一样非常集中。同时，诸如谷歌、苹果、雅虎、亚马逊和微软等巨头已经占据了全体公民个人隐私信息收集和分析的主导地位。从这个意义上讲，权力更多地集中在少数寡头的手中。

■ **闪电式变化：对竞争的快速反应**

信息系统的应用使我们能够创建高效率的国内国际市场。过去，企业需要花许多年的时间适应竞争环境的变化，如今高效的国际市场大大缩短了这一缓冲期。“与时间赛跑”有消极的一面：你的公司也许没有足够的时间来应对来自全球市场的竞争，也许在一年之内你的公司将会垮掉，而你也会失去工作。我们要承担“即时社会”的风险，将拥有“即时的工作”和“即时的办公室”，甚至“即时的家庭和假期”。

■ **分清界限：家庭、工作和休闲**

本书的部分内容是在火车上、飞机上、度假时，或者在其他应是“家庭时间”的时间撰写的。随着计算机、远程通信、便携式计算机的普及，“在任何地方做任何事情”也许真的将成为现实，传统的工作时间与闲暇时间的界限会变得模糊。

虽然作家可以在任何时间、任何地点工作（便携式打字机也是在近一个世纪才出现的），但随着信息系统的应用以及脑力工作的增加，越来越多的人在本应该与亲人、朋友游玩或交流的时间工作。如今，每天的实际工作时间已经远远超过了 8 小时。

在计算机上打发闲暇时间不利于维护亲近的社会关系。过度使用网络，即使是为了休闲娱乐，也会使人疏远朋友和亲人。在中学生和青少年群体中，这可能会引起其反社会的有害行为，如最近出现的大量的网络欺凌。

工作时间与闲暇时间的模糊界限带来了明显的危机。过去，家庭和朋友给予个人莫大的支持，他们作为社会的平衡点，维护个人的私人生活，为人们提供了一个可以整理他们的想法的地方，让他们为自己的梦想而不是雇主思考。

■ **依赖性和脆弱性**

如今，我们的企业、政府、学校和私人社团都对信息系统有着惊人的依赖性，因此，如果系统出现故障，它们的正常运转将受到威胁。例如，中学高度依赖教学软件，考试结果经常存储在系统上。如果这些系统崩溃了，没有备份可以弥补这些损失。目前系统像电话一样普及，但令人难以置信的是，信息系统行业并没有像电话、电子、广播、电视和其他公共设施等领域那样有监管制度和行业标准。由于行业标准的缺失以及信息系统的重要性，出台国家标准或设立监管机构迫在眉睫。

■ **计算机犯罪和滥用**

在工业时代，许多新技术的出现都为罪犯提供了新机会和新手段。包括计算机在内的新技术创造了新的可以被偷窃的物品、新的行窃方式以及其他危害他人的方法。**计算机犯罪**（computer crime）是指通过使用计算机或破坏计算机系统而进行的非法行为。计算机和计算机系统既可以是犯罪目标（毁坏公司计算机中心或计算机文件），又可成为犯罪工具（使用家用电脑进入计算机系统非法盗取计算机文件）。现在，未经授权进入计算机系统、蓄意侵入计算机系统，甚至偶然进入计算机系统都触犯了联邦法律。计算机犯罪有多普遍呢？由国家白领职员犯罪投诉中心（National White Collar Crime Complaint Center）和联邦调查局（FBI）合办的网络犯罪投诉中心（Internet Crime Complaint Center，IC3）可以为我们提供信息。IC3 的数据可以有效地判定消费者所投诉的电子商务犯罪类型。2012 年，IC3 处理了 290 000 起网络犯罪投诉，这是其成立 11 年以来的第二高的投诉量。超过半数的投诉伴随有经济损失，总额达 52 500 万美元，平均每起投诉的经济损失超过 4 573 美元。最常见的投诉是关于欺诈（需要 FBI 配合处理）、身份窃取和预付款欺诈的（National White Collar Crime Complaint Center and the Federal Bureau of Investigation，2013）。计算机安全协会（Computer Security Institute）发布的年度计算机犯罪和安全调查报告是另一个关于计算机犯罪的信息来源。2011 年，对美国 351 名在公司、政府机构、金融机构、媒体和大学工作的计算机安全从业人员的调查显示，46%的被调查机构在过去的一年内发生过计算机安全事故。这些机构遭受的常见的攻击类型最主要是恶意软件感染（67%），其次是网络钓鱼诈骗（39%），笔记本电脑和移动硬件失窃（34%），僵尸网络攻击（29%），以及内部滥用（25%）。所有计算机犯罪造成的实际损失估计达上亿美元。

计算机滥用（computer abuse）是指使用计算机时合法的但被视为不道德的行为。互联网和电子邮件的广泛使用使计算机滥用的一种形式——垃圾邮件——对个人和企业产生严重影响。**垃圾邮件**（spam）是由组织或个体发送给互联网用户的推销其产品或服务的邮件，而用户对此并不感兴趣。垃圾邮件发送者通常推销色情作品、欺骗性的交易和服务、欺诈性的或其他的未被社会普遍认可的产品。很多国家都通过了法律，将发送垃圾邮件视为违法行为并加以限制。在美国，如果垃圾邮件不涉及欺诈，并且邮件的发送者和主题能够被识别，则发送垃圾邮件是合法的。

由于向互联网用户发送上千条信息宣传商品只需几美分，因此垃圾邮件的数量在迅速增长。2012 年所有电子邮件中垃圾邮件的比例约为 69%（Symantec，2013）。大多数的垃圾邮件源于僵尸网络，它由上千台被感染的可以发起或回复垃圾信息的计算机组成。2011 年罗斯托克僵尸网络事件发生后，管理部门采取了一定措施使垃圾邮件的数量有所减少。垃圾邮件具有季节性周期，并受到新技术（不论对垃圾邮件有利还是有弊）、新的起诉、对产品和服务的季节性需求的影响而有所变化。由于上亿的垃圾邮件占用计算和网络资源，并且要耗费时间对其进行处理，因此垃圾邮件造成的商业损失很高（估计每年超过 500 亿美元）。

网络服务提供商和个人可以使用垃圾邮件过滤软件阻止这些邮件进入邮箱。但是，过滤软件可能会阻止合法的邮件。垃圾邮件制造者也可以通过不断变更邮箱、将邮件压缩成图片、将垃圾邮件放在附件和电子贺卡中、使用植入了僵尸网络的电脑来逃避过滤软件的监控（见第 8 章）。有的垃圾邮件网站可以从别的国家发送垃圾邮件。

欧洲对发送垃圾邮件的管制要比美国严厉得多。2002 年，欧洲议会（European Parliament）通过的一项关于主动提供商业信息的法案规定：电子商务营销的对象只能是事先已经同意接受该信息的人。

美国《反垃圾邮件法案》（CAN-SPAM Act）2003 年颁布，2004 年起生效，不禁止垃圾邮件，但禁止欺诈邮件，要求电子邮件注明准确的主题、收件人，并为收件人提供一种将他们从电子邮件名单中删除的简易办法，禁止使用虚假的回信地址。已经有一些人被这项法律指控，但是由于网络本身的安全性低，以及僵尸网络多由海外服务器操控，因此它对垃圾邮件没有什么影响。2008 年，被称为西雅图“垃圾邮件之王”的罗伯特·索洛韦（Robert Soloway），因在 3 个月之内使用两台服务器发送超过 9 000 万封垃圾邮件被判处 47 个月有期徒刑。2011 年，被称为脸书“垃圾邮件之王”的桑福德·华莱士（Sanford Wallace）被指控向脸书用户发送超过 2 700 万封垃圾邮件。由于之前发送垃圾邮件的罪行，他面临 40 年有期徒刑的判决。

■ **就业：渗透式技术以及流程再造的损失**

流程再造通常被认为是信息系统得益于新的信息技术的典型应用。人们很少关注流程再造可能会使数百万的中层管理者和从事文书工作的员工失去工作。一位经济学家已经提出了这种可能性：推动社会的将是一小部分“高等工学院的精英组成的专业公司……整个国家将永远陷于失业中”（Rifkin，1993）。2011 年，一些经济学家认为要警惕信息和计算机技术，理由是它们威胁到中产阶级、白领的工作（不包括蓝领在工厂的工作）。埃里克·布林约尔松和安德鲁·麦卡菲（Erik Brynjolfsson and Andrew P. McAfee）则认为，近年来自动化的进程大大提高，正是由于其结合了包括机器人、数控机器、信息化库存管理、模式识别、声音识别和在线电子商务在内的信息技术。其中一个结果就是计算机现在可以代替人工完成技术援助、呼叫中心工作、X 射线检查，甚至法律文件审查等多项工作（Brynjolfsson and McAfee，2011）。

其他的经济学家则对潜在的失业问题显得更乐观。他们相信聪明且受过教育的工人将会在高速发展的行业中找到更好的工作。失去工作机会的只会是那些没有技能的蓝领、老人以及没有受过良好教育的中层管理者。很难确定这些群体能否很轻松地接受再教育而从事高质量（高薪）的工作。详细的计划以及灵活地对待员工的需求将使公司的流程再造带来的失业人数最少。

■ **公平和访问：种族和社会阶层的分化加剧**

是否每个人都有平等的机会进入数字时代呢？信息系统技术会减小社会、经济和文化差异，还是会使优秀的人更优秀，从而增大这种差异？

这些问题还没有完整的答案，因为没有对不同社会层级所受的信息技术的影响进行研究。现在所知道的就是信息、知识、计算机以及通过教育机构和公共图书馆来获得这些资源的机会在各种族和社会阶层之间的分配并不公平，这与很多其他的信息资源一样。一些研究发现，虽然电脑拥有者的数量在过去的几年里剧增，但某些族群和收入群体的电脑、网络使用量并没有增加。虽然差距正在缩小，但是每个族群的高收入者比低收入者更有可能拥有家用电脑和互联网。

类似的**数字鸿沟**（digital divide）还存在于美国的学校里，高贫困率地区的学校很少有计算机，没有高质量的技术教育项目，学生访问互联网的可能性很小。如果不对这种情况加以改变，将导致社会中同时存在信息拥有者、计算机技能拥有者、数量更多的信息缺乏者以及没有计算机技能的人。公益组织希望通过使所有人都能真正得到数字信息服务（包括互联网，就像现在的基本电话服务一样）来减小这个鸿沟。

近年来，尽管拥有计算机和数字设备的人越来越多，但数字鸿沟仍然存在。当前的数字鸿沟不仅在于数字技术的获取，而且在于技术应如何被使用。下面的“互动讨论：人员”专栏将探讨这一问题。

互动讨论：人员

浪费时间：新的数字鸿沟

在个人电脑和互联网发展的早期，一些技术分析师和社会学家担心存在一种“数字鸿沟”，即更加富有、受教育程度更高的人比不那么富裕的人更容易使用新技术。这种差异已经随着互联网的接入、个人电脑和智能手机变得越来越便宜而减小。然而，不同社会群体对新兴技术的使用模式表明出现了新的鸿沟：更加贫穷、更少受教育的科技使用者正使用技术来加强而非消除社会经济上的差异。

技术的改进使电脑和智能手机的使用者可以每天全天使用。总体上，年轻人花费在娱乐媒体上的时间大幅增加了，但最大的增长体现在少数年轻人身上。2010 年，凯瑟尔基金会（Kaiser Foundation）的一项研究表明，8～18 岁的人群平均每天在娱乐媒体上投入 7 小时 38 分钟。多数时间是以多任务方式花掉的，用户在这 7.5 小时里因强塞进来的媒体内容花了 3 小时。由此可知，若用户每天增加 1 小时 17 分的媒体使用时间，总的媒体内容的消费时间将达到 2 小时。

移动电话和智能手机数量的增长和功能的增加带动了这些媒体消费的增长。在过去 5 年中，手机和 iPod 变得无处不在，8～18 岁的人群中 66%拥有手机，76%拥有 MP3 播放器。与此同时，移动电话成为最基本的多媒体设备。实际上，现在年轻人更多地用手机来进行媒体消费而不是打电话。

随着使用这些设备的门槛降低，贫穷家庭的孩子比富裕家庭的孩子花费更多的时间，在电脑、手机和电视上看媒体内容、打游戏、使用脸书等社交网站。事实证明，对“数字鸿沟”的担心错位了——与接触技术的门槛相比，家长对技术应用的引导和监管更重要。凯瑟尔基金会的研究表明，绝大多数年轻人并不清楚一天可以在电子设备上花多少时间，因此有家长管束的孩子在媒体上耗费的时间明显较少。

少数族裔的孩子比白人孩子在媒体上花费更多时间。非裔和西班牙裔孩子每天大约在媒体上花费 13 小时，相较而言，白人小孩花费 8 小时 36 分钟。这种差异主要体现在电视收视率上。2005—2010 年，媒体使用率（尤其是电视收视率）表现出了越来越严重的种族差异，从 2 小时 12 分钟增至 4 小时 23 分钟。除影院和印刷媒体外的其他媒介的消费都有所增长。音乐、电视、电脑、电子游戏、社交网络等在所有的社会经济群体中都有明显的增长，当然，在少数族裔青少年中的增长最为明显。

为了应对这些令人担忧的趋势，联邦通信委员会（Federal Communications Commission，FCC）做了大量努力来引导父母、学生和求职者如何更有效地使用这些技术，以及父母该如何监督孩子对技术的使用。同时，FCC 计划将数字素养导师派往诸如男孩女孩俱乐部(Boys and Girls Club)、拉美裔美国公民联盟（The League of United Latin American Citizens)，以及美国全国有色人种协会（National Association for the Advancement of Colored People)。这些行动（包括个人与政府的努力）旨在指导父母和学生如何掌握负责任地使用技术的技能。并且，FCC 将始终致力于提高所有美国人使用计算设备的能力。白人和少数族裔在技术应用多个方面的差距仍然很大。美国人中 65%的人使用宽带，但是这一比例在西班牙裔美国人和非裔美国人中很低。

凯瑟尔基金会的研究没有建立媒体消费和学业成绩之间的因果关系，但在重度媒体使用者和轻度使用者之间，其成绩的差异是很明显。一半的重度媒体使用者认为他们的成绩一般或者很差，只有 1/4 的轻度使用者出现这样的现象。重度媒体使用者是指每天使用媒体内容超过 16 小时的人群（考虑了多任务的累计），轻度使用者则是每天使用不超过 3 小时的人群。

除了父母很难监督和控制孩子对技术的使用模式外，该项研究还表明，这些技术正从根本上改变我们的思考模式。一些研究表明，数字技术已经损害了我们清晰思考和集中注意力的能力。网络、智能手机和其他现代技术都具有多任务处理、中断处理和最新信息实时更新的功能，导致进一步强调视觉处理能力，而不是批判性思维和信息记忆，我们的认知模式也因此受到影响。线上生活固有的注意力分散的特点，阻碍了我们构建知识网络来形成对主题的全面掌握。相反，传统的印刷媒体更容易使人完全集中注意力。

斯坦福大学的一项研究发现，多任务者比正常的任务执行者更容易分散注意力，且更低效。科学家将网络、智能手机、电视、视频游戏和其他媒体所造成的注意力分散视为对我们大脑的“巨大改造”。另一项研究显示，相对于带有新闻滚动条的节目来说，电视观众观看没有新闻滚动条的节目记住的信息更多。并且，许多公司报告称社交网络为员工提供了一种新的工作时浪费时间的工具，而没有提高效率。很少有人会认为各种形式的技术进步是一件坏事，但是科技公司、州政府和联邦政府、父母与孩子对待泛滥的技术需要比以前更谨慎。

资料来源：H. Chahal，James Wright，“Negative Effects of Computers on Children，” OpposingViews. com，accessed May 14，2013；Matt Richtel，“Wasting Time is New Divide In Digital Era”，*The New York Times*，May 29，2012；and Kaiser and Family Foundation，“Daily Media Use Among Children and Teens Up Dramatically from Five Years，” January 20，2010.

案例思考题

1. 信息技术是如何影响社会经济并使之不同的？解释你的答案。
2. 为什么对技术的使用不足以消除数字鸿沟？
3. “新的”数字鸿沟这个问题有多严重？解释你的答案。
4. 为什么数字鸿沟问题是一个伦理困境？

■ 健康风险：RSI，CVS 和重压科技

如今最普遍的职业病是**重复性劳损**（repetitive stress injury，RSI）。RSI 发生在肌肉组织被迫重复做高强度的动作（比如打网球）或重复做大量的低强度动作（比如敲击键盘）时。

造成 RSI 的重要因素就是电脑键盘。与电脑相关的最普遍的 RSI 是**腕管综合征**（carpal tunnel syndrome，CTS），当压力作用于通过腕关节的骨组织即腕隧道的正中神经时，就会产生疼痛感。产生这个压力的原因就是持续地重复敲击键盘：一次文字处理可能需要敲击键盘 23 000 次。腕管综合征的症状包括麻木、短暂的疼痛、不能抓取物品、刺痛。数百万工作者被诊断患有腕管综合征。

RSI 是可以避免的。在设计工作电脑时增加一个腕骨支架（使用一个腕骨架来支撑腕骨），或使用姿势矫正器、搁脚板，都能使工作人员的姿势更加正确，从而减少 RSI。使用依据人体工程学改造的键盘也是一种选择。但是要使这些方法发挥效力，还需要工作人员多休息或者轮岗。

电脑用户的职业病不仅包括 RSI，背和颈椎的疼痛、腿部的疾病、脚的疼痛也是由于工作电脑不符合人体构造学造成的。**计算机视觉综合征**（computer vision syndrome，CVS）是指长时间使用计算机显示器屏幕导致的眼睛疲劳。它的症状经常是暂时性的，包括头疼、视力模糊、眼睛干涩和疼痛。

最新的与电脑使用相关的疾病是**技术压力**（technostress），这是因为使用电脑而引发的压力。它的症状包括易怒、对人的敌视、缺乏耐心和疲劳。专家认为，当人们持续使用电脑工作时，会希望其他人的行为也像电脑一样，能够即时响应、专心并且不掺杂感情因素。技术压力被认为与计算机行业的高跳槽率、计算机密集行业的高提前退休率，以及较高的毒品和酒精的滥用水平有关。

技术压力的患者数量现在还不清楚，但据说在美国此类患者数以百万计，并且仍在迅速增长。在一些发达国家，与电脑相关的工作在健康统计中被列为压力很大的工作。

除了这些疾病之外，电脑技术还可能危害我们的认知功能或者或多或少改变我们思考和解决问题的方式。尽管互联网使人们易于获取、创造和使用信息，一些专家认为它同样阻碍人们集中注意力以及清醒思考问题。

电脑已经成为我们生活的一部分——不论对个人，还是对社会、文化和政治。随着计算机技术不断改变我们的世界，我们的问题和选择会变得更加复杂。互联网和信息经济的增长预示着：未来伦理和社会问题将会随着我们进入第一个数字时代而增加。

本章小结

1. 信息系统引起了哪些伦理、社会与政治问题?

信息技术引起了一些变革，但对这些变革还未制定相关的法律法规。计算功能、存储和网络性能的增强，使计算机渗透到个人和组织的活动中，造成了一定的影响。系统的易使用和匿名性，使得网络系统的交流、复制和操作存在隐私和产权保护问题。对信息系统引起的主要的伦理、社会和政治问题的讨论围绕着信息权利与义务、财产权利与义务、责任机制与控制、系统质量以及生活质量展开。

2. 有哪些具体的行为准则可用来指导伦理决策?

用于判断行为的六个伦理原则包括黄金定律、康德的绝对律令、笛卡尔变化规则、实用原则、风险规避原则、伦理上的“无免费午餐”原则。这些原则应该用于伦理分析。

3. 为什么现代信息系统技术和网络对个人隐私和知识产权保护提出了挑战?

当代数据存储和数据分析技术使公司能够很容易地收集不同来源的私人数据，并分析这些数据，从而构造一个详细描述个体及其行为的用户描述文件。互联网中的数据流可以在不同节点被监控。网页访问者的行为可以用 cookie 或者其他的工具来跟踪。不是所有的网站都有严格的隐私保护措施，而且它们在使用个人信息时并不总是关注是否得到了客户的同意。传统的版权法不足以保护软件的版权，因为数字资料可以很轻易地被复制并且通过网络同时发送到不同的地方。

4. 信息技术如何影响日常生活?

虽然电脑系统是效率和财富的源泉，但它们也有些负面影响。计算误差会对个人和组织造成很严重的影响，业务的中断和数据丢失经常是由数据质量差引起的。当电脑可以替代员工或者在流程再造中不再需要一些业务时，将会造成失业。拥有和使用计算机的能力可能会加剧不同族群和社会阶层在社会经济学意义上的不平等。电脑的广泛应用将会加大计算机犯罪和计算机滥用的可能性。电脑的使用还会造成健康问题，比如重复性劳损、计算机视觉综合征和技术压力。

复习题

1. 信息系统引起了哪些伦理、社会与政治问题?

- 解释伦理、社会与政治问题之间有什么关系，并举例说明。
- 列出并描述可以提高伦理水平的关键技术趋势。
- 区分责任、责任机制和法律责任的不同。

2. 有哪些具体的行为准则可用来指导伦理决策？

- 列出并描述伦理分析的五个步骤。
- 识别和描述六个伦理原则。

3. 为什么现代信息系统技术和网络对个人隐私和知识产权保护提出了挑战？

- 给出隐私和公平信息惯例的定义。
- 解释网络对个人隐私和知识产权的挑战。
- 解释知情同意、立法、行业自律和技术工具怎么保护网络用户的个人隐私。
- 列出并定义保护知识产权的三种方式。

4. 信息技术如何影响日常生活？

- 解释为什么很难对软件服务造成的失败或伤害问责。
- 列出并描述产生系统质量问题的主要原因。
- 列出并描述四种由计算机和信息系统造成的生活质量问题。
- 定义并描述技术压力和 RSI，解释它们和信息技术的关系。

讨论题

1. 以软件为基础的服务（例如 ATM）的提供商是否应该为它们的系统失败所造成的经济损失负责？
2. 公司是否应当为由信息系统所造成的失业负责？为什么？
3. 讨论允许计算机为行为营销积累个人数据的利弊。

管理信息系统实践项目

本部分的实践项目涉及以下几个方面：分析使用数据代理商存在的隐私问题，为员工使用网络制定公司政策，用博客创建工具建立一个简单的博客，使用互联网新闻组进行市场调查。

管理决策问题

1. InfoFree 的网站连接了很多数据库，可以得到成千上万的个人和企业的资料。用户可以买到有关消费者的市场信息，包括地理位置、年龄、收入水平、房屋价值及兴趣爱好等详细内容。你可以利用这个功能得到纽约皮克斯基尔年收入超过 15 万美元的任何人的信息。InfoFree 这类数据代理商会带来隐私问题吗？为什么？如果你的姓名等个人信息存在数据库中，为了保护你的隐私，你想设置什么使用限制？考虑下面的数据使用者：政府机构、员工、私人企业和其他个人。

2. 作为一家只有六名员工的小型保险公司的老板，你必须考虑怎样高效率地使用网络和人力资源。预算很紧张，而且你正在努力满足员工的工资要求，因为他们经常加班。你不相信员工的工作需要那么长的时间来完成，所以正在调查他们上网花费的时间。

每个员工使用电脑和网络进行工作，在 MyMISLab 中浏览的员工每周网络使用报告的样本。

- 计算员工每周上网的总时间和使用公司电脑的时间，按照上网时间为员工排序。
- 通过报告，你发现员工有伦理问题吗？监测员工的网络使用量合乎伦理吗？
- 使用本章描述的伦理分析指南，为你发现的问题提供解决方法。

实现卓越运营：创建一个简单的博客

软件技能：博客创建

商业技能：博客和网页设计

在此项目中，你将会用 Blogger.com 的在线博客创建软件为自己的设计建立一个简单的博客。为你的博客选择一个主题，可以是运动或者兴趣爱好。为博客取个名字，选择一个模板。写至少四篇文章，张贴之前先做个标签。上传一张图片，可以是自己的照片。为注册的用户增加可以评论的权限。简要描述该博客如何用于与你的博客主题相关的公司产品和服务的销售。列举并描述哪些工具对公司业务有用。保存博客并给指导老师看。

提高决策水平：使用互联网新闻组进行在线市场调查

软件技能：网络浏览器软件和网络新闻组

商业技能：用网络新闻组识别潜在客户

此项目能提高使用新闻组进行营销的网络技能。你还要思考其中涉及的伦理问题。

目前你正在生产登山鞋，并通过几个商店进行销售。你认为你的产品比竞争者的产品更加舒适。如果可以显著地提高产量、增加店铺数量，你相信自己可以以低于竞争者的价格出售鞋子。你想通过那些关于徒步旅行、爬山、露营的讨论组来推销你的产品并且使你的产品广为人知。访问 groups.google.com，该网站保存了数以千计的来自新闻组的讨论记录。通过这个站点，你可以查找所有的相关的新闻组，可以用关键词、作者姓名、论坛、时间和主题来寻找它们。选择一条信息并且仔细检查，记录所有你能得到的信息，包括作者的信息。

- 你如何使用这些新闻组来推销鞋子？
- 如果你使用得到的信息来推销鞋子，将会违反什么伦理原则？你认为使用新闻组的方式会不会有伦理问题？解释你的理由。
- 接下来，去谷歌或雅虎网站搜索登山鞋行业相关信息，并且找到将帮助你寻找其他的联系潜在购买者的新办法。
- 利用你在本章和前几章学到的知识准备一个计划，使用新闻组和其他的方法来吸引访问者访问你的网站。

章末案例

脸书：信息变现

在不到10年的时间里，脸书从一个小的、只面向大多数常春藤学生的特定的社交网站变成了一家2013年市值590亿美元的公开上市公司。脸书称其将永久免费加入，那么服务10亿用户如何赚钱呢？就像它的同类科技巨头以及竞争对手谷歌一样，脸书的收入几乎全部来自广告。脸书并没有多样的热门新产品，遍布全国的实体零售处，或者用以销售的足量软件库存；取而代之的是，它拥有你的个人信息，以及其他成百上千的脸书账户的信息。

广告商非常了解脸书前所未有的个人信息宝库的价值。它们可以依据极其特定的细节来做广告，如关系状态、地点、雇佣状态、最喜欢的书、电影、电视节目以及其他分类。例如，一位亚特兰大的刚刚订婚的女士的脸书页面上的广告是关于婚礼摄影师的。当所提供的广告精准定位于某一群体的用户时，其响应比传统类型的广告更加成功。注意一组大公司与小公司的增长数据：2013年，脸书获得42亿美元广告收入，占其总收入的85%；剩下的收入来自销售虚拟商品和服务，主要是 Zynga 游戏。脸书2012年的广告收入比上一年增长32%，主要得益于新用户的增加。已存在的用户不会点击更多广告。

这对于脸书来说是好消息，也推动了它在2012年5月的 IPO（首次公开募股）。预计在接下来的几年它的收入会持续增加。但是这对于你——脸书的用户来说，也是好消息吗？像脸书和谷歌这样的公司，2012年广告收入接近430亿美元，它们利用你的网络活动推测出你的现实生活场景，精准得令人恐惧。脸书的目标是相对于其他网站提供与你联系更密切的广告，但是关于你的个人信息，不论是否得到你的允许，都可能被用在对你不利的其他地方。

脸书拥有引人注目的有用信息的排列组合。脸书与美国劳工部合作来帮助寻找工作的人与雇主建立联系；脸书也曾帮助家庭在自然灾害后寻找其丢失的宠物，例如 2012 年龙卷风席卷美国中西部时；脸书允许现役军人与他们的家人保持联系；它让小公司能够有机会实现电子商务，让大公司能够有机会巩固其品牌；更加显而易见的是，脸书能让你更容易地与朋友保持联系。这些是这么多人使用脸书的原因。

然而，脸书的目标是使其用户尽可能多地分享数据，因为脸书越了解你，就能提供给你越精准的广告。脸书的 CEO 马克・扎克伯格经常说，人们希望世界变得更加开放和连通。我们并不知道是不是这样，但可以确定的是，脸书希望世界变得更加开放和连通，因为这代表脸书可以在这样的世界里赚取更多。脸书的批评者担心，脸书目前所提供的安全保障和隐私控制，相对于其所积累的个人信息的数据量而言是远远不够的。

脸书希望赚更多钱并不是坏事，但是这家公司有侵犯隐私和决策失误的历史污点，从而引发了大家对其能否为数亿个人数据负责的质疑。美国还没有法律能够赋予消费者去获知像脸书这样的大数据公司收集了哪些数据的权利。你可以查询信用报告，但是不知道脸书收集了你的哪些数据，更别说修改了哪些数据。在欧洲情况稍好一些：你可以要求脸书出具一份报告，说明其拥有了你的哪些信息。值得注意的是，你在社交网络中的每个动作、每次点击，都被外部实体用来评估你的兴趣、行为，然后据此向你投放广告。执法机构使用社交网络来收集逃税者和其他罪犯的证据；雇主使用社交网络来挑选候选人；数据集合器正在收集尽可能多的关于你的信息来卖给出价最高的人。

《消费者报告》（*Consumer Report*）称，脸书的 15 000 万用户中，至少 480 万用户欣然分享了可能在某些方面对其不利的信息。比如，在某个特定的日子的旅行计划，可以让窃贼在特定的时间对用户实施盗窃，或者一个特别的健康状况或治疗方法的页面链接，可能使保险公司拒绝将用户纳入保险范围。1 300 万用户从未调整过脸书的隐私控制，这让朋友们可以使用脸书应用不知不觉地向第三方传送你的数据而你毫无察觉。信用卡公司和其他类似组织已经开始致力于“网络拒绝”（weblining）——该词源于意为拒绝发放贷款的单词“redlining”，基于其他与你相似的人的行为来改变其对待你的方式。

93%的人投票认为，应该强制互联网公司在使用用户个人信息之前征得同意，72%的人希望能够退出在线追踪。那么，为什么如此多人会在脸书上分享自己生活的敏感细节呢？通常，人们没有意识到自己的数据正在以这种方式被收集和传播。脸书用户的朋友们没有注意到这个用户的应用程序是否在收集他们的信息。脸书的许多功能和服务是在没有告知用户的情况下默认执行的。思睿高（Siegelt + Gale）的研究发现，脸书的隐私政策比政府条例或典型的银行信用卡授权书更加难以理解，而后两者是众所周知的晦涩难懂。下一次你访问脸书时，点击隐私设置，看看是否能理解你的选项。

脸书的价值和成长潜力体现在它有多么高效地利用所收集的用户个人数据来吸引广告商。脸书也会从管理及避免用户和政府监管机构提出的隐私担忧中获利。对于看重个人数据的价值的用户来说，这一情况就更加残酷。但有一些迹象表明脸书可能会对其数据收集过程更加负责，不论是出于本意还是被迫如此。作为一家上市公司，现在的脸书不再像过去，它受到更多来自投资者和监管机构的监督审查，它的资产负债表、资产以及财务报表文件随时可查阅。

2012 年 8 月，联邦贸易委员指控脸书曲解用户个人信息的隐私与安全协议。脸书被指控欺骗用户，它告诉用户可以在脸书上私密地留存信息，但随后它不断地允许信息被分享并公之于众。脸书同意在对用户的隐私偏好做出任何改动之前将获得用户同意，并同意在接下来的20年里向一家第三方公司每年两次提交隐私审计报告。诸如电子隐私信息中心（Electronic Privacy Information Center，EPIC）等隐私保护组织希望脸书从2009年起恢复其有效的隐私设置，同时提供其保留的全部用户数据的完整接口。关于收集未在脸书上登录甚至没有脸书账号的用户信息，脸书同样遭到EPIC的谴责。脸书追踪有“点赞”按钮或者“推荐”控件的其他网页行为，当你访问具有这些特征的网页时，不论你是否点击了这些按钮，它都会记录下你的访问时间和IP地址。

尽管美国的脸书用户基本没有渠道获取脸书所收集的用户数据，但其他国家在这方面取得进展。由于爱尔兰的消费者隐私保护条例更加严厉，一名奥地利的法学学生能够从都柏林的脸书工作地得到一份其个人信息的全套拷贝。整个文档长达1 222页，覆盖了3年间的网站行为，包含已删除的含有个人敏感信息的涂鸦墙和邮箱地址。

脸书不仅仅存储税收数据，它正在编译一个大小不可预知的生物识别数据库。这家公司在其服务器上存储超过600亿张照片，并且这一数字每天增长2.5亿。脸书最近推出的一项称为“标签提示”（Tag Suggest）的特色功能是使用面部识别技术浏览照片。当这一功能启用时，不需要用户允许就可激活。这个数据库对执法机构和收集可用于广告的用户档案的组织具有价值。EPIC已经要求脸书停止建立未经用户授权的面部识别档案。

2012年，在另一起集体诉讼的处理结果中，脸书允许用户选择是否加入“赞助内容”（Sponsored Story）服务，这项服务的内容是通过动态消息向用户告知其好友正在使用某个企业的产品和服务。现在，用户可以控制并查看他们在脸书上的哪个行为能产生让朋友们看到的广告。赞助内容是脸书最有效的广告形式之一，因为对大部分用户来说它看起来并不像广告。脸书以前申辩，用户在页面上点击“点赞”按钮就是一种“默许”。分析推测，用户现在得到是否加入的选择权可能会让脸书在广告收入上损失达1.03亿美元。

另外，为了应对IPO带来的更严格的检查，脸书已经完善了它的档案特征，包含了更多信息种类，让用户能够拷贝其个人数据。在欧洲，4万名脸书用户已经要求获取其数据，欧洲法律要求脸书在40天内作出回应。然而，即便如此，脸书只允许用户获取39类数据，而它应该至少维护着每名用户的84类数据。并且，即使对隐私和数据披露的监管有所加强，欧洲立法者并不想阻碍脸书提供高定制化广告的能力，这是脸书的基本商业模式。

尽管客户抗议、政府审查，脸书依然挑战着客户对其个人信息控制的敏感度。2013年1月，脸书启动了“图谱搜索”（Graph Search）项目，这是旨在与谷歌竞争的一种社交网络搜索引擎，但基于完全不同的方法。图谱搜索是利用所有脸书用户主页和他们朋友的个人主页产生的信息来应答用户的搜索请求，而不是搜索互联网中与用户搜索的词语相关的信息。例如，图谱搜索跳过了取得用户同意的环节，允许任何脸书用户在搜索框中键入你的名字，点击出现在搜索框下面的“……的照片”的链接提示。完全陌生的人也可以找到你的照片。被搜索的人可能无法控制谁会看到自己的照片：这取决于看到照片的这个用户的隐私设置。如果你将你的照片分享给了隐私设置较少的朋友，那么这些设置将决定着谁会看到你的照片。图谱搜索会产生包含这些搜索结果的新页面。这些页面让脸书有额外的机会来做广告，将用户的行为和信息用来卖钱。

作为一家私人公司，脸书的股价取决于它将其最有价值的资产、个人隐私信息变成钱的能力。

资料来源：Sarah Perez，“Facebook Graph Search Didn't Break Your Privacy Settings，It Only Feels Like That，”TechCrunch，February，4，2013；Claire Cain Miller，“Tech Companies Concede to Surveillance Program，”

New York Times，June 7，2013；"SEC Form 10K for the Fiscal Year Ending December 31，2012，" Facebook，March 31，2013； "Selling You on Facebook，" Julia Angwin and Jeremy Singer-Vine，*The Wall Street Journal*，April 7，2012；Consumer Reports，"Facebook and Your Privacy，" May 3，2012；"Facebook Is Using You，" Lori Andrews，*The New York Times*，Feb. 4，2012；"Personal Data's Value? Facebook Set to Find Out，" Somini Sengupta and Evelyn M. Rusil，*The New York Times*，Jan. 31，2012；"Facebook，Eye on Privacy Laws，Offers More Disclosure to Users，" Kevin J O'Brien，*The New York Times*，April 13，2012；"To Settle Lawsuit，Facebook Alters Policy for Its 'Like' Button，" Somini Sengupta，*The New York Times*，June 21，2012.

◆ 案例思考题

1. 就脸书的伦理进行分析。本案例展现了哪些伦理困境?

2. 脸书的商业模型与隐私有什么关系?

3. 描述脸书隐私政策和功能的弱点。哪些个人、组织和技术因素导致了这些弱点?

4. 若不侵犯隐私，脸书能有成功的商业模式吗? 解释你的答案。为了使其成为可能，脸书可以采取哪些措施?

Essentials of Management Information Systems

第Ⅱ篇

信息技术基础设施

Information Tenhnology Infrastructure

第 5 章　信息技术基础设施：硬件和软件

第 6 章　商务智能基础：数据库与信息管理

第 7 章　通信、互联网与无线技术

第 8 章　信息系统安全

第Ⅱ篇介绍了信息系统的技术基础，包括硬件、软件、数据库、网络技术以及同安全与控制有关的工具和技术。这一部分主要回答了以下几个问题：如今在商业领域完成各项工作需要怎样的技术和工具？我们需要了解哪些能够提高公司业绩的技术？未来这些技术有怎样的发展趋势？

第 5 章

信息技术基础设施：硬件和软件

TI Infrastructure: Hardware and Software

学习目标

学完本章后，你将能够回答以下问题：

1. 信息技术基础设施是由什么构成的？
2. 商业领域常用的计算机硬件、数据存储以及输入输出技术有哪些？
3. 商业领域常用的计算机软件有哪些？软件发展的主要趋势是怎样的？
4. 硬件和软件管理技术的主要问题是什么？

章首案例

陆军重铸信息技术基础设施

美国国防部（U. S. Department of Defense）在信息技术上的花费多于世界上任何组织——准确地说，在 2013 年达 341 亿美元。美国联邦政府迫于压力削减开支，命令军方削减 30% 的信息技术基础设施预算。

首先，五角大楼必须减少其数据中心（用于计算机处理、数据存储、交流的网站）的数量。联邦政府数据中心的数量增加迅速，从 1992 年的 423 个增至 2011 年的 2 094 个。专家认为，许多数据中心未被充分利用且预算超支，实际上只发挥了 27% 的能力。仅在电力上，美国政府数据中心就耗费了约 4. 5 亿美元。行政管理和预算局（Office of Management and Budget）认为，在 2015 年前应该关闭 800 个数据中心，预计每年将节约 35 亿美元。

陆军被命令关闭 185 个数据中心，军方的其他分支也被要求关闭部分数据中心。除了减少数据中心的数量，陆军管理层被通知卸载 50% 的软件应用。在约 24 000 台服务器上，陆军运行了 10 000 个应用，这只是目前已知的部分，也许还有更多。陆军将集中和优化数量庞大的网络，通过全军范围授权、与军方其他分支及整个国防部共享等方式，使购买信息技术变得更为经济。另外，信息技术基础设施的开支削减是在不削弱军方信息技术能力、反应时间、安全的情况下进行的。

这听起来是个困难的任务。要如何完成？从哪里着手？首先，陆军要清点数量。它需要定位和辨别所有数据中心和其中的计算机设备。它也必须分辨每种软件应用，找出它安装在哪里，谁为它们付费，可以取消哪个。一旦完成这些，陆军必须决定哪个应用托管在本地，哪个对整个国防部有意义，哪个应该托管于国防情报系统机构（Defense Information Systems Agency，DISA）。DISA 对军队的所有分支提供信息技术服务，它拥有私有云服务托管服务器、操作系统和软件应用。国防部的“DISA first”战略要求所有分支机构首先尝试 DISA，如果有可能，让它托管应用和数据。陆军独有的数据中心会成为最后的手段。

由于应用被托管在本地，陆军会尝试虚拟化，这能让多种应用在同一个服务器上运行。过去，分散的服务器常被单一的应用使用，所以服务器仅发挥了小部分能力。通过虚拟化，所有服务器都能完成更多的工作。

军方的新信息技术基础设施还包括商用移动设备。国防部开展了 50 多个移动试点项目，包括为军官配备 iPad 和智能手机。安全是一个主要挑战。移动设备和操作系统必须足够安全，才能连接分类网络和操作任务命令系统。陆军正在评估移动设备和操作系统的安全性，以及面部和指纹识别等鉴定技术。

对于陆军和整个美国军队，最终的目标是使管理和保留的系统减少，成本显著下降，全军级的系统为整个国防部服务，信息为军方的所有分支——陆军、海军、空军和海军陆战队共享。美国军方及其信息技术的预算会减少，不过通过改进基础设施可让信息技术成为更强劲的战斗力。

资料来源：J. Nicholas Hoover, "Federal CIO Outlines Next Step," *Information Week*, February 21, 2013 and "Pentagon Reveals Secure Mobile Device Plan," *Information Week*, February 26, 2013; Government Business Council, "An Ambitious Agenda: Defense and Data Center Consolidation," www.govexec.com, accessed May 19, 2013; "IT Dashboard FY 2014 Edition," www.itdashboard.gov, accessed May 19, 2013; Barry Rosenberg, "Army Data-Center Consolidation Efforts All About the Applications," *Defense Systems*, May 10, 2012; Damian Paletta, "Government to Pull Plug on 137 Data Center," *The Wall Street Journal*, April 27, 2012; Amber Corrin, "DISA Takes Lead in DOD Cloud Strategy," *Federal Computer Week*, July 12, 2012; and John Foley, "Under Pressure, Pentagon Adopts New Strategy," *Information Week*, November 28, 2011.

美国陆军的案例描绘了组织的信息技术基础设施是如何成为资产或负债的。正确价格下的正确技术会改善组织绩效。不过陆军连同军方其他分支和整个联邦政府，因信息技术基础设施昂贵且不灵活而压力颇大，妨碍了陆军有效率和有效果地运行。

下图指出了上述案例和本章的要点。美国政府在压力下缩减开支，包括军队和军用系统开支。陆军被命令关闭 185 个数据中心，卸载 50%的软件应用，尽可能将之移至共享的云计算服务。

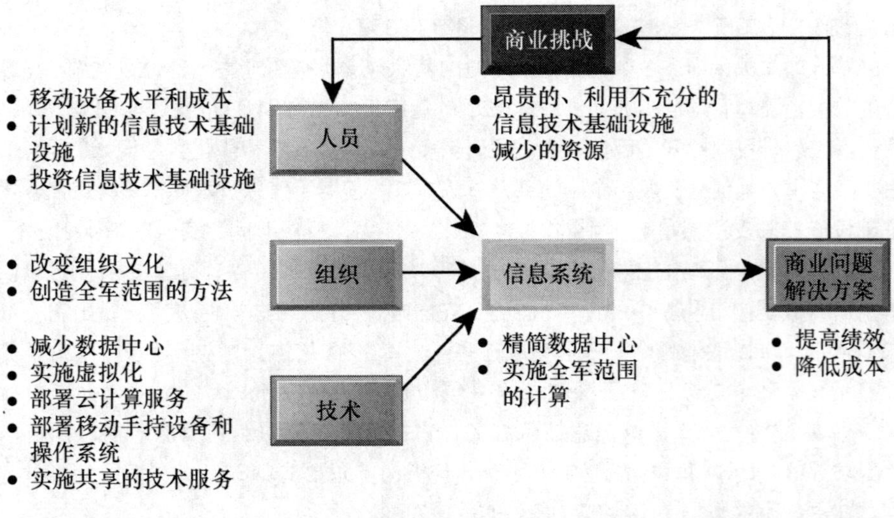

陆军的领导和信息技术管理者不得不清点陆军所有的信息技术资产，识别不必要的、冗余的软件应用和数据中心，然后又不得不在更少的计算机硬件或 DISA 的共享云计算环境中，运行陆军的信息系统。他们还必须识别能在军队其他分支共享的应用和资源。使用云计算和虚拟化，他们能实现这些目标。

改善和革新军方信息技术基础设施是正在进行的工作。必须持续评估新技术，国防部和武装服务机构尝试将移动技术整合到信息技术基础设施中。这个案例说明，让信息技术基础设施更易于管理，陆军能在不影响运行效率的情况下降低成本。它能花得更少，做得更多。

思考以下问题：陆军的信息技术基础设施是如何影响其运行能力的？军方的其他分支将如何从陆军信息技术基础设施中获益？

5.1　信息技术基础设施：计算机硬件

如果你想知道为什么美国的企业每年用于计算机和信息系统的花费高达3.7万亿美元，只要设想自己正在创立或管理一家企业就会明白其中的原因。如今的商业活动需要大量的计算机设备、软件和通信网络来处理日常事务和解决基本问题，显然，你需要电脑。随着电脑技术的发展，台式机、笔记本和掌上电脑等陆续问世。

你的员工会在旅行途中或家里完成一些工作吗？如果有这些情况，你可能想给他们配备笔记本电脑（也可能是平板电脑或智能手机）。如果你被中型或大型企业所雇用，你将需要更大的服务器计算机，或者是一个完整的数据中心、一个配有成千上万台服务器的厂房。**数据中心**（data center）是配备计算机系统及电信、存储、安全系统和备用电源等相关部件的设施。

同时，你也需要大量的软件，每台电脑都需要系统软件以及一系列可以处理表格、文件和数据文档的应用软件。除非是只有一个员工的商业机构，否则都需要一个网络将与商业活动相关的全部人员（如客户或供应商）联系起来。事实上，你可能需要好几种网络：办公室里的局域网以及员工离开办公室时仍然可以共享邮件和文档的无线网络。你也希望员工都接通了电话网络、手机网络和互联网。最后，为了使设备和软件能够协调运行，你将需要专业人士来帮你运用和管理这些技术。

正如在第1章中所讨论的那样，上述所有元素的结合构成了企业的IT基础设施。一个企业的IT基础设施就是支撑企业中所有信息系统的基础和平台。

5.1.1　基础组件

如今，IT基础设施主要由五个部分组成：计算机硬件、计算机软件、数据管理技术、网络和通信技术以及技术服务（见图5-1），这些元素之间必须相互协调。

- **计算机硬件**

计算机硬件由计算机处理、数据存储、输入和输出等技术组成，主要包括：大型主机、服务器、中型计算机、台式机和笔记本电脑，以及能够接入公司数据和连接互联网的移动设备，其中也包括收集和输入数据的设备、存储数据的物理介质以及发送处理过的数据的输出设备。

- **计算机软件**

计算机软件包括系统软件和应用软件。**系统软件**（system software）控制计算机的资源和活动，**应用软件**（application software）使计算机完成最终用户的具体任务，例如处理一条指令或者生成一个邮件清单。如今大部分的系统软件和应用软件都不再定制开发，而是直接向外部供应商购买。我们将在5.2节详细介绍这些类型的软件。

图 5-1 IT 基础设施

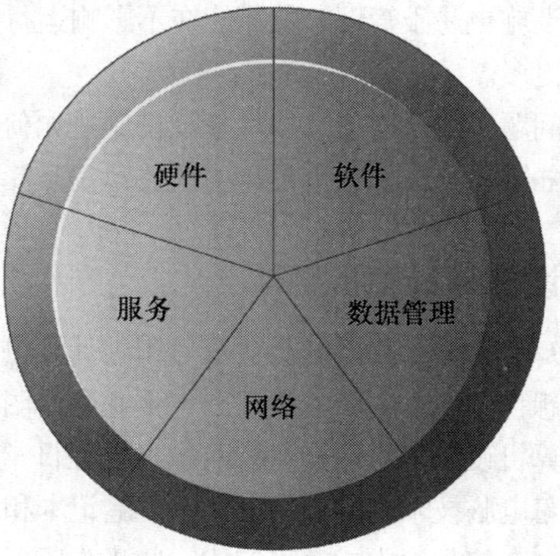

说明：一个企业的 IT 基础设施由硬件、软件、数据管理技术、网络技术和技术服务组成。

- **数据管理技术**

企业除了需要存储数据的物理介质外，还需要一些特殊软件来组织数据并使数据对使用者来说可用。**数据管理软件**（data management software）组织、管理以及处理那些与存货、客户和供应商相关的商业数据。第 6 章将详细介绍数据管理软件。

- **网络和通信技术**

网络和通信技术为员工、客户和供应商的数据交换以及音频和视频交流提供支持，包括：公司内联网的运行技术、电信/电话公司提供的服务、互联网中网站运行和电脑系统互连的技术。第 7 章将深入分析这些技术。

- **技术服务**

企业中需要人来运行和管理我们已介绍的那些 IT 基础组件，还需要人来培训员工如何在工作使用这些技术。第 2 章描述的信息系统部门就是企业为了上述目的而设立的部门。如今，很多企业聘用外部技术顾问，来弥补公司内部信息系统部门员工的不足，提供专业服务。当商业机构需要改变主要系统或采用一个全新的 IT 设施时，通常求助于外部咨询人员来完成系统的整合。

系统整合意味着要确保新的设施与老的遗留系统以及新的设施的各个要素之间能协调工作。**遗留系统**（legacy systems）通常就是为大型计算机设计的老版本的交易处理系统，保留的目的是避免因替换或重新设计而支付高额费用。

有成千上万的技术提供商提供 IT 基础设施和服务，与此同时也有多种方式可以将它们整合。本章介绍的是企业运行中要用到的软硬件设施。第 6 章描述数据管理技术，第 7 章着重介绍网络和通信技术的组成，第 8 章介绍用来保证信息系统安全可靠的软硬件，第 9 章讨论企业中的软件应用。

5.1.2 计算机的类型

计算机和信息系统可以解决商业企业面临的众多不同的问题与挑战。为了确保效率，公司需要为其面对的问题匹配合适的计算机，所用的技术既不要太超前也不能太落后。

从最小的手持设备到最大的大型机和超级计算机，这些尺寸大小不一的计算机有着不同的信息处理能力。如果你是单独工作或在一家只有几个人的公司里工作，那么只需要**个人计算机**（personal computer，PC）——台式机或笔记本电脑，也就是通常所说的微机。你可能需要随身携带具有计算能力的移动设备，例如 iPhone、iPad、黑莓、安卓设备。如果你所从事的是需要强大绘图和计算能力的高级设计或者工程一类的工作，就应该使用**工作站**（workstation）——一个比 PC 具有更强大的数学和图形处理能力的计算机。

如果你的企业中一定数量的计算机互连形成网络或拥有一个网站，则需要**服务器**（server）。服务器电脑经过专门优化用于支持计算机网络运行，使得用户可以共享文档、软件、外围设备（例如打印机），或者其他网络资源。

服务器可为电子商务提供硬件平台，因而已成为 IT 基础设施重要的组成部分。通过安装特殊的软件，服务器就能完成网页发布，处理采购和销售方面的交易，实现在公司内部系统之间交换数据的功能。有时你会看到很多服务器连在一起用来满足大公司的运行所需。如果你的公司需要处理数以百万计的财务交易或客户资料，就需要多台服务器或大型主机来解决这些问题。

大型计算机最早出现在 20 世纪 60 年代中期，至今仍被大型银行、保险公司、证券公司、航空公司、政府机构用来处理成百上千甚至达到百万数量级的记录和交易。**大型计算机**（mainframe）是一种可以迅速处理海量数据的大容量、高性能的计算机。例如，航空公司使用大型计算机来处理每秒高达 3 000 次的订票交易。

大型计算机供应商的领袖 IBM 已经重新定义了它们的大型计算机系统，以使它们可以作为大规模的企业网络和公司网站的巨型服务器使用。一个 IBM 大型计算机可以运行足够的 Linux 或者 Windows 服务器软件，从而取代数千个基于 Windows 的小型服务器。

超级计算机（supercomputer）是经特别设计的更精密的计算机，它通常用于异常快速和复杂的运算任务，这些运算由数千个变量、数以百万的测量数据和数千个等式组成。超级计算机通常用于工程结构分析、科学探测、仿真模拟、绝密武器研究等军事工作及天气预报。部分私人企业也可能会使用超级计算机。例如，沃尔沃和其他的一些汽车制造商使用超级计算机模拟汽车碰撞试验。

如果你是美国国家海洋和大气管理局（National Oceanic and Atmospheric Administration，NOAA）或国家飓风中心（National Hurricane Center）长期从事天气预测的工作人员，面对利用成百上千个测量值和上千个等式来预测天气系统变化的挑战，就需要使用超级计算机或者名为网格的分布式计算机网络。

网格计算（grid computing）就是将地理上相距遥远的计算机连接成一个单独的网络，通过综合网格内所有计算机的计算能力形成所谓的“虚拟超级计算机”。网格计算利用了这样一种事实，那就是美国的大部分计算机只使用了其中央处理器 25%的运算时间，剩下 75%的闲置资源可以用来处理其他的工作。通过整合数千台计算机的运算能力以及其他计算机网络，网格就可以用较低的成本以超级计算机的速度来解决复杂的问题。

例如，英荷壳牌集团使用了一种可升级的网格计算平台，从而使科学建模应用程序更精确、更快地寻找到最好的储油器。这个平台由 1 024 台配置 Linux 操作系统的 IBM 服务器组成，它已经成为世界上最大型的商业 Linux 超级计算机之一。网格计算可以通过调节来容纳变动的数据量，这类情况在周期性业务中很常见。

■ **计算机网络和客户机/服务器计算**

除非你所在的小型公司只有一台电脑，处理大多数工作时你都会用到已经联网的计算机。用通信网络将很多计算机连接在一起来处理问题叫做**分布式处理**（distributed processing)。**集中式处理**（centralized processing）是指使用一台大型的中央计算机完成所有的任务，这并不常见。

分布式处理常见的使用形式是**客户机/服务器计算**（client/server（C/S）computing)。C/S 计算将处理过程分成“客户机”和“服务器”两部分。这两部分都在网络上，每一部分都被分派完成其最适合的工作。**客户机**（client）是从用户输入其所需功能的角度来说的，通常是台式计算机或便携式计算机。用户与客户机的应用部分直接交流。服务器给客户机提供服务。服务器存储和处理共享数据并且执行功能，例如管理打印机、后台存储和诸如安全防护、远程存取、用户身份验证等网络活动。图 5-2 描述了 C/S 计算的概念。互联网上的计算都使用 C/S 模型（见第 7 章)。

图 5-2 客户机/服务器计算

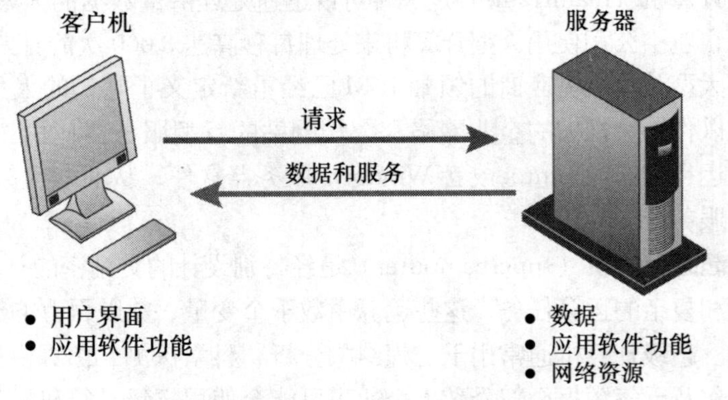

说明：在 C/S 计算中，计算机处理过程在通过网络连接的客户机和服务器之间分配。用户与客户机相交互。

图 5-2 描述了最简单的 C/S 网络，包括一台服务器计算机和连接到服务器上的客户机，事务处理分别在两种不同类型的机器上进行，这被称为双重 C/S 架构。简单的 C/S 网络只在小公司中使用，大多数公司都具有更复杂的**多层**（常被称为 **N-阶**）**客户机/服务器架构**（N-tier client/server architectures)，网络中的所有工作都会根据其类型在多个不同水平的服务器之间协调分配（见图 5-3)。

例如，用户提交申请后，处在第一个层次上的**网页服务器**（Web server）将作出响应，提供一个网页给客户机。网页服务器软件负责查找和管理所存储的网页。如果客户要求进入公司系统（例如有关产品目录或者价格信息的系统)，请求经过传递会到达**应用服务器**（application server)。应用服务器软件处理用户和企业后台系统之间的应用操作。应用服务器可能与网页服务器属于同一台电脑，也可能有自

图 5-3　一个多层 C/S 网络（N-阶）

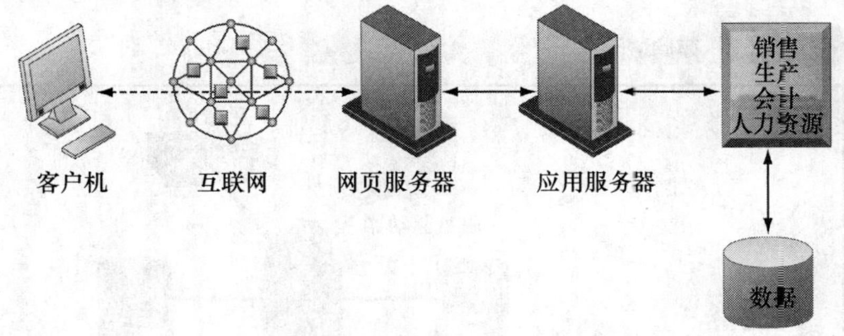

说明：在多层 C/S 网络中，客户机所请求的服务由多个不同层次的服务器来响应。

己专门的电脑。第 6 章和第 7 章对电子商务中多层 C/S 架构中使用的其他软件提供了更详细的介绍。

5.1.3　存储、输入和输出技术

除了处理数据的硬件之外，你也需要数据存储和输入输出的技术。存储和输入输出设备称为外围设备，因为它们是在主要的计算机系统单元之外的。

- **二级存储技术**

电子商务、电子贸易和诸如《萨班斯-奥克斯利法案》等法律，使得存储成为一种具有战略意义的技术。目前公司运营所需的数据存储量每 12～18 个月就会翻番。主要的存储技术有磁盘、光盘、磁带和存储网络。

磁盘　如今使用最广泛的二级存储介质就是**磁盘**（magnetic disk）。计算机有硬盘驱动器（hard drive），而大型主机或者中型计算机系统都有多重硬盘设备，因为它们都需要从 GB 到 TB 巨大的磁盘存储能力。在诸如 MacBook Air、智能手机、平板电脑等轻型计算机中，硬盘驱动器被**固态硬盘**（solid state drives，SSD）取代。SSD 利用一组半导体形成内部磁盘驱动器，而便携的 USB 闪存驱动将相似的技术应用于外部存储。

光盘　光盘通过镭射技术将大量包括声音和图像的数据经过高度压缩进行存储。它们在个人计算机和大型计算机上都可使用。计算机上的只读**光盘存储器**（compact disk read-only memory，CD-ROM）是 4.75 英寸、可以存储高达 660MB 数据的光盘。CD-ROM 是只读存储器，但是可重写光盘（CD-ReWritable）允许用户可重新写入。**数字视频光盘**（digital video discs，DVD）是一种与 CD-ROM 尺寸相当但容量大得多的光盘，最少可以存储 4.7GB 数据。DVD 是现在最受欢迎的用于存储视频、批量文本、图表和音频数据的技术，而且可重写的 DVD 广泛应用于个人计算机系统中。

磁带　**磁带**（magnetic tape）是一种老的存储技术，一些计算机现在仍用它作为二级存储器，用来存储不立即使用的大量数据。与其他的二级存储介质相比，它进行的是连续和慢速的存储。

存储网络　大公司开始转向基于网络的存储技术来处理那些复杂的和成本迅速增长的存储需求。**存储域网络**（storage area networks，SAN）将多个存储设备互连形

成一个高速存储网络来进行存储。SAN 创造出一个大型的中央存储池，它的数据可以被多个服务器迅速地存取和共享（见图 5-4）。

图 5-4　存储域网络

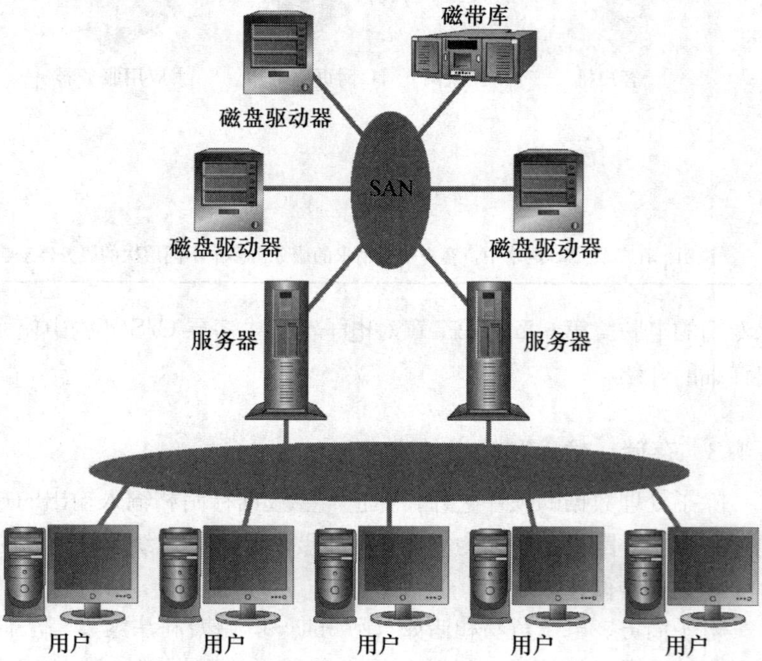

说明：典型的 SAN 包括服务器、存储设备、网络设备。SAN 在很多不同的存储设备上存储数据，为企业提供数据。SAN 支持服务器和存储设备的通信，也支持网络中不同的存储设备的通信。

■ **输入输出设备**

人们与计算机系统之间主要通过输入输出设备进行交互。**输入设备**（input devices）收集数据并将它们转换成计算机可用的数字形式，而**输出设备**（output devices）显示处理后的数据。表 5-1 描述了主要的输入输出设备。

表 5-1　输入输出设备

设备	描述
键盘	文本和数字数据的主要输入方式。
鼠标	与计算机相连用来点击的手持设备。电脑计算机使用者可以移动鼠标来控制屏幕上的光标的位置，点击按钮来选择命令。笔记本电脑上的触摸设备经常用来取代鼠标。
触摸屏	通过触碰显示屏使用户与计算机交互，通常在机场、零售店、饭店和大卖场的信息查询点和诸如 iPhone 等智能手机上使用。
光学识别设备	一种可以将特别设计的标记、字符和代码转换成数字形式的设备。使用最广泛的光学代码是条形码，常在超市和零售店的销售点系统中使用。代码包括时间、日期和位置数据以及名称数据。
磁墨水字符识别器（MICR）	该技术最先用于银行业支票的处理。支票底部使用特殊磁墨预先印刷的字符能够标识银行、支票账户以及支票编号。MICR 将这些字符转换成计算机能识别的数字格式。
手写输入设备	一种手写识别设备，诸如手写板、笔记本、便笺，将用电子笔在触摸板上写的移动符号转换成数字格式。

续前表

设备	描述
数字扫描仪	一种将图像（如图片或文件）转换成数字形式的设备，是图像处理系统必备的组件。
音频输入设备	将语音信号转换成计算机处理的数字形式的设备。麦克风和盒式磁带播放器可以当作歌曲和其他声音的输入设备。
传感器	直接从外部环境中收集数据并输入计算机系统的设备。例如，现在农民可以用传感器来监控土地的湿度以帮助灌溉。
监视器	由平板屏幕或纯平显示器构成展示屏幕。
打印机	将计算机处理结果打印在相关介质上的设备，包括击打式打印机（如点矩阵打印机）和非击打式打印机（如激光、喷墨和热传感打印机）。
音频输出设备	将数字数据转换成语音信号的输出设备。其他的音频输出（如音乐）可以通过连接到电脑上的扬声器传输。

5.1.4 当代硬件发展趋势

计算机硬件和网络技术的发展带来的巨大变化使企业增强了运算能力，并将这种能力用于网络和移动手持设备。我们看到了八种趋势：新兴移动电子平台、信息技术消费化、纳米技术和量子计算、虚拟化、云计算、绿色计算、高效节能处理器和自主计算。

■ **新兴移动电子平台**

第1章指出，新的移动电子计算平台已经可以替代个人电脑和更大型的计算机。iPhone、安卓和黑莓智能手机等移动设备已经拥有便携式电脑的许多功能，其中包括数据传输、网上冲浪、电子邮件和即时消息的传输、展示数字化内容（指图片、文字、影像、语音等数字化的内容），并且能与企业内部系统进行数据交换。新的移动平台包括小巧、低廉、轻便的上网本（优化了无线传输和网络接口），**平板电脑**（tablet computers）（如 iPad），能联网的电子书阅读器（如亚马逊的 Kindle）。

智能手机和平板电脑正成为联网的主要方法。这些设备逐渐被用于商务计算和个人应用。比如，通用汽车的高级执行官就用智能手机的应用程序，向下挖掘车辆销售信息、财务业绩、生产指标和项目管理进展情况。

■ **信息技术消费化和自带办公设备**

智能手机和平板电脑的普及性、易用性及丰富应用引发了员工在办公场所使用自己的移动设备的风潮，这常被称作**"自带办公设备"**（bring your own device，BYOD）现象。BYOD 是**信息技术消费化**（consumerization of IT）的一个方面，新信息技术首先在消费市场出现，然后传播到商业组织。信息技术消费化不仅包括个人移动设备，而且包括源于消费市场的软件服务的商用，比如谷歌和雅虎搜索、Gmail、Google Apps、Dropbox（参见第2章），乃至脸书和推特。

信息技术消费化迫使企业重新考虑它们获取和管理信息技术设备和服务的方法。回顾以前，至少在大型公司，由 IT 部门控制公司软硬件的选择和管理。这保证信息系统是安全的，且服务于公司目标。现在，员工和业务部门在技术选择方面起到更大的作用，在许多情况下要求员工能使用个人移动设备连接公司网络。尽管消费技术提供了新工具来培养创造力、合作性和生产力，但对于公司来说更难管理和控制。在5.3节我们将进一步探讨这个话题。

■ **纳米技术和量子计算**

近些年来，微处理器制造商已经能够在不断缩小处理器芯片尺寸、想方设法将更多的晶体管植入更小芯片空间的同时，实现处理能力的指数级增长。制造商正转向纳米技术，使得晶体管的尺寸能缩小至几个原子那么大。**纳米技术**（nanotechnology）使用特殊的原子、分子来生产电脑芯片和其他设备，比现有技术生产出来的产品小上千倍。IBM 和其他研究实验室已经从纳米管和其他电子设备中创造出晶体管，并为生产纳米处理器开发了一个比较经济的生产流程（见图 5－5）。

图 5－5 纳米管示意图

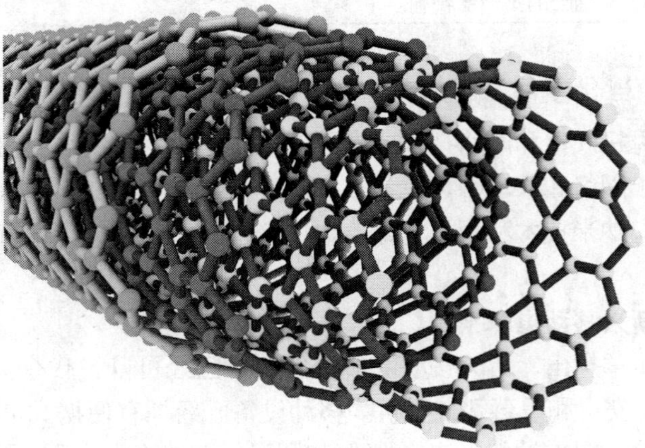

说明：纳米管是一种比人类头发细一千倍的微管。它们由卷起的六角形碳元素片组成，可用于非常细小的电线和超小的电子设备，并且拥有非常强的电流传导效果。

另一种增强计算机处理能力的方法是使用量子计算。**量子计算**（quantum computing）使用量子物理的理论来表现数据，在数据上执行操作。量子计算具有同时处于许多不同状态的能力，能获取巨大的处理能力，让它能同时执行许多不同的计算，解决一些科学和商业问题，速度比现在快百万倍。IBM、MIT 和洛斯阿拉莫斯国家实验室（Los Alamos National Laboratory）的研究员已经在量子计算机上工作，航空航天公司洛克希德马丁（Lockheed Martin）已经购买了商用的量子计算机。

■ **虚拟化**

虚拟化（virtualization）表示一系列计算机资源（如计算能力和数据存储）可以在不受物理配置和地理位置局限的方式下获得。虚拟化能让单一的物理资源（如一个服务器或存储设备）以多种逻辑资源的形式出现。比如，单个服务器或大型机能运行多种操作系统，如同多个不同设备在运行。虚拟化也让多种物理资源（如多个服务器或存储设备）表现为单一的逻辑资源，如存储域网络和网格计算。虚拟化让公司利用远距离的计算资源，进行计算机处理和存储。威睿（VMware）是 Windows 和 Linux 服务器的虚拟化软件供应商。

通过在单个物理机器上托管多种系统，虚拟化可以帮助企业提高设备利用率，节约数据中心空间，降低能源消耗。大多数服务器只耗用了 15%～20%的计算能力，虚拟化可以使服务器的利用率激增至 70%或更高。更高的利用率就意味着处理同样的工作量需要的计算机更少，如章首陆军利用虚拟化的案例所示。虚拟化也便于硬件管理的集中和整合。现在，企业和个人能利用虚拟的 IT 基础设施完成所有的计算工作，如云计算。

■ **云计算**

云计算（cloud computing）是一种将计算机处理、存储、软件和其他设备作为网络（主要是互联网）储备的虚拟资源的计算模式。这些计算资源的“云”能被任何连接的设备在任何地点根据需要获取。图 5－6 描述了云计算的概念。

图5-6 云计算平台

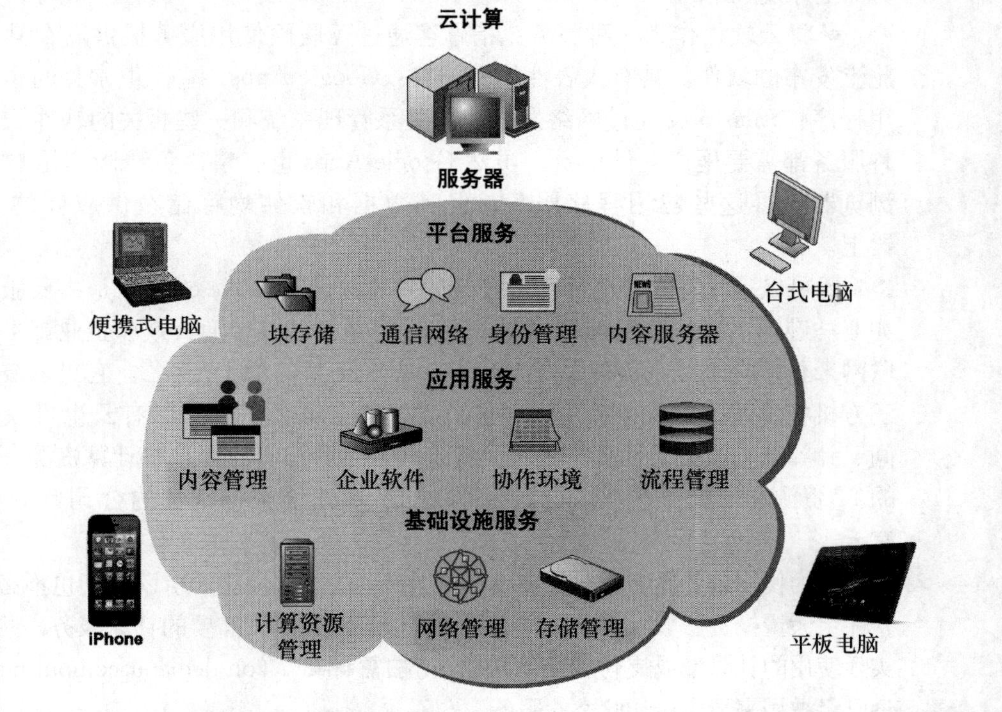

说明：在云计算中，计算机硬件和软件是作为一种服务通过网络提供给广大用户的。企业和员工在任何时间、任何地方可使用一种连接网络的设备获得应用程序和信息技术基础设施。

美国国家标准与技术研究院（National Institute of Standards and Technology, NIST）给出的云计算的定义包含以下基本特性（Mell and Grance, 2009）。

- 按需自助服务：用户能按自身需求，自动获取服务时间和网络存储等计算能力。
- 广泛的网络访问：用户能利用标准网络和互联网设备（包括移动平台）获取云资源。
- 无关地点的资源共享：计算资源被集中起来服务多个用户，并根据用户的需求动态地分配不同的虚拟资源，用户通常不知道所提供资源的确切位置。
- 快速的可伸缩性：计算资源能被快速分配、增减来满足用户需求。
- 可度量的服务：云资源的收费依据实际使用的资源数量。

云计算包含三种不同类型的服务：

- 将云基础设施作为一种服务：指顾客通过使用云服务提供商的程序、存储、网络和其他计算资源来运行自己的信息系统。例如，亚马逊利用其信息基础设施的多余运行能力为顾客提供一种宽广的基于云计算的环境，并销售这种信息技术基础设施服务。这些服务包括存储各种数据的“简单存储服务”（S3）和运行客户应用程序的“弹性计算云”（EC2）服务。用户只需为他们实际使用的计算量和存储容量支付费用（参见章末案例）。

● 将云平台作为一种服务：指顾客使用基础设施和服务提供商发布的编程工具来开发自己的应用程序。例如，IBM 提供了 SmartCloud 应用服务，使软件开发和测试可在云环境中进行。另一个案例是 Salesforce. com 的 Force. com，开发者能在托管服务器上开发应用。

● 将云软件作为一种服务：指顾客通过互联网使用服务提供商在其云基础设施上发布的软件。具有代表性的例子有：Google Apps，它提供常见的企业在线应用程序；Salesforce 通过网络发布客户关系管理系统和一些相关的软件服务。这两种服务都需要用户支付年费，虽然 Google Apps 也有精简免费版。用户可以通过浏览器获得这些应用程序服务，但其数据和软件均存储在供应商的远程服务器上。

云可以是私有的，也可以是公共的。**公共云**（public cloud）是由云服务提供者如亚马逊网络服务（Amazon Web Services）维护的，普通大众和企业都可以通过互联网来获取其服务。**私有云**（private cloud）仅为一个组织运营。它可以被组织或第三方机构管理，可以存在于内部或外部。与公共云一样，私有云也可以将存储空间、计算能力或者其他资源进行无缝连接，然后按需分配这些计算资源。想要灵活的 IT 资源和云服务模式，同时保留对 IT 基础设施控制权的公司倾向于选择私有云。

因为使用云计算的企业普遍没有属于自己的基础设施，所以它们也不必在硬件和软件上大量投资。取而代之，它们从远程供应商处购买需要的计算服务，并只支付其实际使用的计算量或支付月费、年费。“**按需计算**”（on-demand computing）这一名词已经被用来形容诸如此类的服务。

云计算也有许多缺点。除非用户明确要求本地存储数据，否则数据存储和控制的权力仍然掌握在提供商的手里。一些企业担心核心数据和系统交给外部企业存在一定的安全风险，毕竟这个外部企业还和其他企业有合作关系。同样，还存在系统可靠性问题。企业都希望自己的系统能一周 7 天、每天 24 小时正常运行，不想因为信息技术基础设施出现故障而使经营受损。然而公司将计算机处理和存储移至云技术设施是一个趋势。

■ 绿色计算

通过控制硬件数量以及能源消耗，虚拟化成为推进绿色计算的主要技术之一。**绿色计算**（green computing），或者**绿色信息技术**（green IT）是指通过设计、生产、使用和处理计算机、服务器以及相关设备（如显示器、打印机、存储设备、网络和通信系统）来减少对环境的不利影响的实践和技术。

减少计算机能源消耗是绿色计算的首要目标之一。据美国国家环境保护局（U. S. Environmental Protection Agency）估计，信息技术用掉的电量超过全美供电总量的 2%。信息技术要为全球 2%的温室气体排放负责。减少数据中心的能源消耗是重要的商业以及环境挑战。在下面的“互动讨论：技术”专栏中，我们将继续讨论这一话题。

互动讨论：技术

数据中心的绿色计算

什么热得难以处理？也许正是你所在公司的数据中心，轻易消耗了100倍标准办公楼的能源。数据中心处理大数据任务（如视频点播、维护网页）或分析大量交易、社交媒体数据，需要越来越多的高能耗计算机。数据中心的能源和冷却成本猛涨，冷却一台服务器所需的能耗相当于运行一台服务器。这些额外的能源消耗对改善环境和降低公司运营成本不利。

现在，公司将绿色计算作为可能的解决方案。衡量数据中心能源效率的标准是电力使用效率（power usage effectiveness，PUE）。这一标准是数据中心年总能源消耗除以IT设备年用量的比例。比例越低越好，PUE为1.0是令人满意的目标。传统数据中心的PUE在2.0左右徘徊，这意味着数据中心使用的电量是实际的计算所需电量的两倍。（其他的能源用于照明、冷却和其他系统。）PUE受多种因素影响，包括硬件效率、数据中心大小、服务器和用户类型、监控软件的专业度、建筑结构和设备外的温度。PUE为1.5或更低的新型数据中心出现了。

虚拟化是可用于性价比高的绿色计算的极有效的工具，因为它减少了公司IT技术设施服务器和存储资源的数量。阿索尔达（Acorda）是一个年收益达2.1亿美元的制药商，其药物可以治疗神经紊乱，如多发性硬化。5年前，它发现需要更多的服务器，而数据中心已经容纳不下。公司在虚拟服务器上投资了100 000美元，服务器利用的是威睿的技术。利用虚拟化，阿索尔达不需要在物理设备和能源消耗上花费额外的150万美元。另外，公司在2012年搬入了新的办公楼，虚拟化显著缩小了数据中心，降低了冷却成本。

阿索尔达也采取了其他措施，如在新设备上提高能源效率。公司安装了运动传感器，若5分钟内没有检测到任何移动就会关灯：投资了更智能的冷却系统，能随环境变化自动改变设置。目前的计划包括替换阿索尔达所有的主机服务器，利用威睿的优势，将虚拟服务器从一个簇移动到另一个，因此减少了任何时候都需要能量的簇的数量。阿索尔达也准备试用虚拟桌面，以大量减少工作站和笔记本电脑所需的能源。

其他工具和技术也能让数据中心的能源得到更有效的利用。谷歌和微软正在建造利用水力发电的数据中心。2011年4月，脸书公开发布了数据中心的设计说明，包括母板、电源供应器、服务器机箱、服务器机架和电池机柜，也包括数据中心电力、机械施工说明。脸书的硬件工程师重新构思了电气设计、能源分布、服务器散热设计来提高能源效率，这节约了13%的能源。电源供应器将交流电变为供应母板的直流电，效率运行达94.5%。不再使用空调或通风管道，服务器利用蒸发冷却和雾化机器冷却，将空气吹向装有散热器格栅的墙。为了容纳更大的散热器，服务器机架变高了，数据中心的大风扇更有效地向服务器吹风。脸书的工程师修改了服务器的规划，试用更大的风扇，减少对小型独立的、高耗能的风扇的依赖。这项设计的PUE只有1.07，应用于脸书的俄勒冈州普赖恩维尔县的数据中心。以上优化将脸书每单位计算能力的能源消耗减少了38%，运营成本降低了25%。据普赖恩维尔数据中心报告，PUE仅为1.07，是数据中心中最低的。

利用环境空气冷却技术，谷歌的最新数据中心报告显示，PUE 仅为 1.16。雅虎位于纽约洛克波特的数据中心的 PUE 为 1.08。洛克波特凉爽的温度、恒风、水力发电帮助冷却雅虎尺寸达 120 英尺乘以 60 英尺的服务器大楼。联邦快递将其科罗拉多能源效率数据中心选址于海拔 6 000 英尺的地方，这样建筑可以利用外部空气而非内部空调来降温。

除了降低 IT 成本，使用云计算服务也能节约能源。云计算中心挑选的服务器已经经过虚拟化优化，尽最大可能支持不同的订购公司。云供应商希望大量投资虚拟化软件和存储能源的服务器软件，因为为众多公司提供计算服务能节约很多成本。碳信息披露项目（Carbon Disclosure Project）的调查预测，在 2020 年前，营收超过 10 亿美元、利用云计算的大型美国公司每年能节约 123 亿美元的能源，每年减少的碳排放相当于 2 亿桶石油——足以每年供应 570 万车辆。

专家注意到，公司在开始绿色行动前后，测量其能源使用和存量、追踪信息技术资产十分重要。购买新技术来实现“绿色”目标十分必要。组织更好地管理已有计算资源，能实现高效率。遗憾的是，许多信息系统部门仍未有效部署已有的技术资源或使用绿色测量工具。

资料来源：Tony Kontzer，“Energy Management Revamps the Data Center，” Baseline，January 30，2013；Charles Babcock，“Facebook's Data Center：Where Likes Live，” *Information Week*，March 6，2013；Doug Mohney，“The Little Guys：Survival vs. Green，” *Green Data Center News*，May 13，2013；Chris Murphy，“FedEx's Strategic Tech Shift，” *Information Week*，May 20，2013；“How Facebook's Data Center Leads by Example，” *CIO Insight*，August 20，2012；Sam Greengard，“IT Gets Greener，” *Baseline*，April 11，2012；“New Study：Cloud Computing Can Dramatically Reduce Energy Costs and Carbon Emissions，” AT&T，July 21，2011；and Kenneth Miller，“The Data Center Balancing Act，” *Information Week*，May 16，2011.

案例思考题

1. 数据中心能源消耗会引起什么商业和社会问题？
2. 这些问题有什么解决方案？是属于人员、组织或技术方面的解决方案吗？解释你的回答。
3. 这些方案的优点是什么？有哪些成本？
4. 是否所有公司都应该转向绿色计算？为什么？

■ 高效节能处理器

降低能源消耗和硬件成本的另一种方法就是使用多核处理器。现在的微型处理器在一个芯片上就有多个处理器（对计算机指令进行解读和操作）。**多核处理器**（multicore processor）是指一个集成电路为提高效率同时连有两个或多个处理器，从而降低能源消耗，更高效地同时处理多个任务。在这项技术下，能耗低且散热快的两台处理器完成任务的效率，要高于只有一个处理核心且资源匮乏的芯片。今天，你可以找到采用双核或者 4 核处理器的个人计算机，以及 8 核、10 核、12 核，甚至 16 核处理器的服务器。

英特尔和其他芯片生产厂家还开发出了将能耗最小化的微型处理器。低能耗对延长智能手机、上网本和其他移动设备的电池续航时间是至关重要的。你可以在上网本、数字媒体播放器和智能手机中找到超级节能的微型处理器，如苹果的 iPhone 和 iPad 中的 A5 和 A6 处理器以及英特尔的 Atom。苹果处理器的能耗是双核笔记本的1/50。

■ **自主计算**

大型的系统通常都拥有数以千计的网络设备，如今的计算机系统变得如此复杂，以至于一些专家认为不久的将来它们将变得难以管理。从计算机硬件的角度来看，解决这个问题的办法之一是使用自主计算。**自主计算**（autonomic computing）是整个行业领域开发的一种可以自我构造、自我优化、自我调整、损坏时自我修复以及保护自己免受外界入侵和自我毁灭的系统。例如，台式机可以知道自己被计算机病毒所攻击。计算机不会盲目地允许病毒入侵，它可以识别并且根除病毒，或者在病毒破坏文件之前将工作转移到其他的处理器中并自我关闭。

你可以在桌面系统中看到一些此类性能。例如，病毒防护和防火墙软件可以检测到 PC 上的病毒，自动击垮病毒，并且警示操作人员。只要连接自动在线病毒防护服务（如 McAfee），病毒库就会在需要时自动更新。IBM 和其他供应商开始为大型系统的产品建立自动功能。

5.2　信息技术基础设施：计算机软件

为了使用计算机硬件，你需要软件的配合，它提供了详细的指令来指导计算机的工作。系统软件和应用软件是相关的，就像是相互嵌套的盒子，每个盒子都受到其周围盒子的影响。图 5 - 7 举例描述了这种关系。系统软件控制所有针对硬件的指令。应用软件必须通过系统软件发挥作用。最终用户主要使用应用软件。任何软件都必须针对具体的机器型号设计以保证其兼容性。

图 5 - 7　主要的软件类型

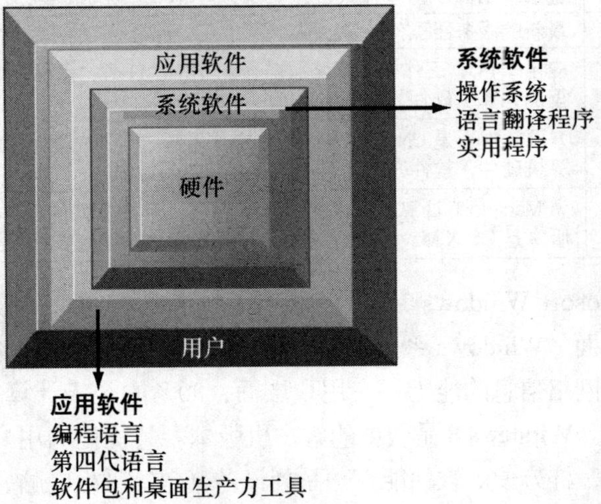

说明：系统软件、应用软件和用户之间的关系可以用一系列嵌套的盒子来描述。系统软件包括操作系统、语言翻译程序和实用程序，可以用来控制对硬件的访问。应用软件包括编程语言和第四代语言，必须通过系统软件才能运行。用户主要使用应用软件。

5.2.1　操作系统软件

管理和控制计算机活动的系统软件叫做**操作系统**（operating system）。其他的系统软件包括计算机语言翻译程序，它可以将程序语言翻译成机器语言，使得计算机可以识别这些语言并且执行处理任务，例如复制、分类或者计算平方根。

操作系统是计算机系统主要的管理者，使得系统可以同时对多任务和多用户进行处理。操作系统分配和指派系统资源，安排计算机资源和工作计划表，并且监控计算机的系统活动。操作系统提供了数据和程序的存储地址，控制输入输出设备，如打印机、各种终端以及通信连接。操作系统也协调计算机多个区域的工作计划表，从而使得不同区域的工作可以同时进行。最后，操作系统追踪记录每台计算机的运行情况、使用者、运行的程序以及是否有未经授权的访问。

■ **PC、服务器和移动操作系统**

操作系统控制着用户与计算机交互的方式。当前的 PC 操作系统和许多类型的应用软件使用的是**图形用户界面**（graphical user interface，GUI），它广泛使用图标、按钮、条块和窗口来执行任务。

现在已经有既适用于企业操作系统又适用于家庭操作系统的新界面技术。一个受关注的界面技术叫**多点触控**（multitouch），广泛应用于 iPhone 和其他智能手机和平板电脑，也开始应用于 PC。多点触控能让你使用一个或多个手指，利用特殊手势操作屏幕上的列表和对象，而不需要鼠标或键盘。

表 5－2 比较了主要的 PC 和服务器操作系统，其中包括 Windows 家庭系列操作系统（**Windows 7**、Windows 8、Windows Server）、UNIX、Linux 以及 Macintosh 电脑的 OS X 操作系统。

表 5－2 主要的 PC 和服务器操作系统

操作系统	特点
Windows 8	最新的 Windows 操作系统，支持多点触控、移动设备，也支持传统计算机。
Windows Server 2012	最新的服务器操作系统。
UNIX	应用于 PC、工作站和网络服务器。支持多任务、多用户处理和网络服务。适用于各种类型的计算机硬件。
Linux	开源软件，是 UNIX 和 Windows 操作系统的可靠的替代者，可运行于多种不同类型的计算机硬件，软件开发人员也可以对其进行改进。
OS X	为 Macintosh 计算机配备的高度可视化、用户友好的操作系统。支持多点触控。最新的版本是 OS X Mavericks。iPhone 的 iOS 操作系统是由此演变来的。

Microsoft Windows 家庭系列操作系统包括客户机和服务器两个版本和改进的图标用户界面。Windows 系统可以同时执行多个程序任务，并且具有强大的网络能力，包括获取网络信息的能力。在用户层面，90%的个人计算机使用 Microsoft Windows 操作系统。**Windows 8** 是较新的客户机版本。其优化的用户界面方便触控，如同操作鼠标键盘一样方便。软件能在一系列设备（包括平板电脑、传统台式电脑和笔记本电脑）上运行。

Windows 操作系统为网络服务器提供了网络管理功能，包括支持虚拟化和云计算。Windows Server 2012 有多个版本以满足各种规模企业的要求。

如今，有更多的操作系统诞生，能支持手持移动电子设备或云计算机。谷歌的 **Chrome OS** 为联网的计算器或移动设备的云计算提供轻型操作系统。程序不存储于用户的电脑上，而是直接在互联网上使用并通过 Chrome 网页浏览器获取。用户数据存储在互联网的服务器上。**安卓**（Android）是一种开源的移动设备操作系统，可用于智能手机和平板电脑，由谷歌的开放手持设备联盟（Open Handset Alliance）研发。它是全球最流行的智能手机平台，与苹果的移动操作系统 **iOS**（用于 iPhone，iPad 和 iPod Touch）相竞争。

UNIX 是多用户的以及多任务的操作系统，它于1969年由贝尔实验室开发，旨在将很多类型的计算机连接在一起并且高度支持通信和网络。UNIX 通常用于工作站或者服务器，为高端服务器运行大型系统提供可靠的和可扩展的服务。UNIX 可以在很多不同类型的计算机上运行，并且容易与机器兼容。在 UNIX 上运行的应用程序从一台电脑转移到另一台电脑上时只需做很小的修改。图形用户界面原本是为 UNIX 而开发的。不同供应商开发的 UNIX 版本不兼容，因此限制了 UNIX 系统的可移植性。

Linux 是一个与 UNIX 类似的操作系统，可以从互联网上免费下载，或者付少许费用从公司购买并同时获得额外的软件工具。它是一个免费的、可靠的、设计紧凑的并且可以在很多不同的硬件平台上运行的系统软件，这些硬件平台包括服务器、便携式电脑以及消费类电子产品。

Linux 是一款可以替代 UNIX 和 Windows 操作系统且具有功能强大、价格低廉等优势的软件。例如，亿创理财（E* Trade Financial）将大型、昂贵、配置专有的 UNIX 系统的 Oracle Sun 服务器，替换成一系列小型、便宜、运行 Linux 系统的 IBM 服务器，公司每年可节省1 300万美元。

Linux 在办公系统后台、网页服务器以及本地局域网运行方面扮演了极为重要的角色，约占美国服务器市场的25%。它在台式机方面的应用也稳定增长。IBM、惠普、英特尔、戴尔和甲骨文等公司已经将 Linux 作为公司产品的重要组成部分供应给企业用户，而且主要的软件供应商也准备提供可以在 Linux 上运行的软件版本。

Linux 是**开源软件**（open-source software）的一个实例，它使得所有的计算机用户可以自由获得程序源代码，大家都可以通过修改源代码来修复系统错误，从而完善系统。开源软件（例如 Linux）不属于任何公司和个人。全世界的程序员和普通用户都可以管理和修改该软件，且通常不需为此付费。其他流行的开源软件工具包括 Apache HTTP 网页服务器、火狐浏览器和 Apache OpenOffice 桌面办公套装。

5.2.2 应用软件和桌面生产力工具

如今，企业拥有一系列开发应用软件的工具，包括传统的编程语言、第四代语言、应用软件包和桌面生产力工具、互联网应用开发软件以及企业整合软件。了解你要完成的商业活动需要哪一种合适的软件工具和编程语言是十分重要的。

- **商业应用编程语言**

商业领域最重要的编程语言有 C，C++，Visual Basic 和 Java。**C 语言**是20世纪70年代初开发的一种强大而有效的编程语言，它将机器的可移植性与对计算机资源的有效控制和使用结合起来。C 语言主要由专业的程序开发人员用来开发操作系统和应用软件。**C++** 是一个新版本的 C 语言，它包含所有 C 的功能以及新的面向对象的功能。与传统的程序将数据和数据上的操作进行区分不同，软件**对象**（object）将数据和操作结合起来。第12章将详细介绍面向对象的软件开发。**Visual Basic** 是一种广泛使用的在微软 Windows 操作系统上运行的可视化编程工具和开发环境。**可视化编程语言**（visual programming language）允许用户使用图形或图标进行编程。面向商业的通用语言（Common Business Oriented Language，COBOL）开发于 20 世纪 60 年代初，用于业务流程，仍存在于银行、保险和零售企业的大型遗留系统。

Java 是一种独立于操作系统和处理器的面向对象的编程语言，由 Sun 公司开发，它已经成为当今最主要的网页互动编程语言。Java 能让程序员开发交互和活动内容，作为小程序从网页上下载，在客户机上运行，因此大量减少了服务器上的下载。

Java 平台也能用于移动电话、智能手机、汽车、音乐播放器、游戏机，甚至付费数字电视系统，提供交互内容和按次计费的服务。不管设备使用的是什么类型的微处理器和操作系统，Java 应用软件都可以在任何计算机或计算设备上运行。甲骨文公司估计有 30 亿台设备运行 Java，是使用安卓操作系统的移动设备上最流行的开发平台（Taft，2012）。针对使用 Java 的各种计算环境，Sun 公司开发了 Java 虚拟机，可将 Java 编码翻译给不同机器。通过这种方法，代码只需要写一次，就能在所有安装了虚拟机的设备上使用。

其他流行的网页编程工具包括 Ruby 和 Python。Ruby 是一种面向对象的编程语言，以开发网页应用的速度和易用性著名，Python（因清晰易懂获好评）用于云计算应用的开发。包括谷歌、脸书、亚马逊和推特在内的众多网站使用 Ruby，Python 和 Java。

■ 软件包和桌面生产力工具

当今企业中使用的大部分软件都不是定制的，而是由应用软件包和桌面生产力工具组成的。**软件包**（software package）是预先编写的商业上可用的程序集，它免去了个人和企业自己编写软件实现特定功能的麻烦。一些软件包是针对操作系统的，大多数软件包是面向应用程序的。

应用于大型主机和大型电脑的软件包通常需要专业编程人员来进行安装和提供技术支持。桌面生产力软件包包括文字处理、表格制作、数据管理、简报制作和网页浏览器，这些都是企业和用户最常用的软件工具。

文字处理软件 如果你在办公室工作或者在上学，那么有可能每天都用到文字处理软件。**文字处理软件**（word processing software）将文本数据电子化存储在电脑中而不是在传统的纸上。文字处理软件允许用户在电子文档中进行文件的修改，可以调整行间距、页边距、字体和列宽等。Microsoft Word 是应用广泛的文字处理软件。

企业使用桌面排版软件来制作高度专业化的小册子、手册或者书籍。桌面排版软件比文字处理软件提供更多的排版控制：在同一页上放置文本、图表和照片等。Adobe InDesign 和 QuarkXpress 是两款专业的桌面排版软件包。

电子表格软件 当有大量的相关数据需要计算时，**电子表格**（spreadsheet）的使用就显得非常关键。它将数据组织在行和列交叉形成的表格里。当改变一个或多个变量时，表格里所有其他相关的值都自动重新计算。

电子表格常常在需要建模和假设分析的情况下使用。在用户建立了一套数学关系之后，表格可以根据不同的假设立即进行重复计算。电子表格软件包包括可以将数据表示成线形图、柱形图和饼状图等图形的功能，还能阅读、创建网络文件。最流行的电子表格软件包是 Microsoft Excel，该软件的最新版本可以读写网页文档。图 5-8 举例说明了进行盈亏平衡分析的电子表格及其图表的输出结果。

图5-8　电子表格软件

总的固定成本	19 000.00				
单位变动成本	3.00				
平均销售价格	17.00				
边际收益	14.00				
盈亏平衡点	1 357				
	定制领带预计利润表				
销售量	0.00	679	1 357	2 036	2 714
收入	0	11 536	23 071	34 607	46 143
固定成本	19 000	19 000	19 000	19 000	19 000
变动成本	0	2 036	4 071	6 107	8 143
总成本	19 000	21 036	23 071	25 107	27 143
收益/损失	(19 000)	(9 500)	0	9 500	19 000

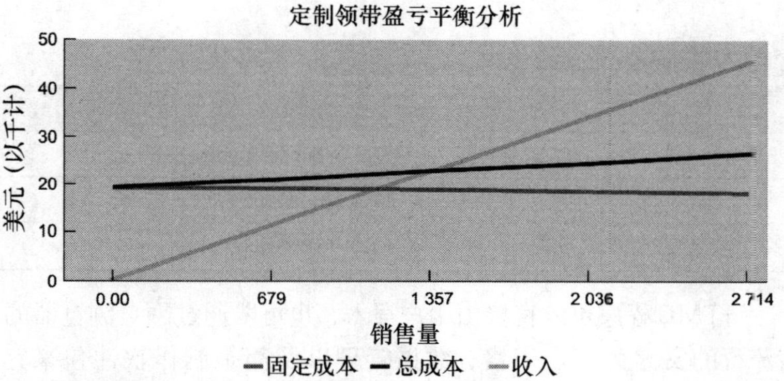

说明：电子表格软件使用行和列来组织数据并加以分析和控制。目前的电子表格软件可以提供图形功能以及可视化的数据。例子中的盈亏平衡分析的结果是用表格中的数据和线形图来表示的。

数据管理软件　虽然表格在处理定量数据时是个强大的工具，但本章前面定义的数据管理软件，更加适用于创建和操作列表数据以及将不同文档的信息进行合并。PC数据库管理软件包有编程功能和易学的菜单，方便非专业人员创建小型信息系统。

数据管理软件通常有创建文件夹和数据库的功能，还有为便于报告和查询而存储、修改及运用数据的功能。个人计算机中常用的数据库管理软件是 Microsoft Access，它提高了在网络上发布数据的能力。我们将在第6章详细讨论数据管理软件。

简报制作　用户可以用**简报制作软件**（presentation graphics software）制作专业级质量的图表。这种软件可以将数字数据转换成图表或其他包括声音、动画、图片和视频等在内的多媒体形式。简报制作主要具有显示电脑幻灯片和呈现网站内容等功能。Microsoft PowerPoint 是比较流行的简报制作包。

软件套装　主要的办公工具是作为软件套装绑定在一起的，例如 Microsoft Office。针对家庭和商业用户的 Office 版本有所不同，但是核心的桌面工具包括 Word 文字处理软件、Excel 表格软件、Access 数据库软件、PowerPoint 简报制作软件及管理邮件、日程表、通信录的 Outlook。微软的 **Office 2013** 是最新的版本。微软增加了办公软件和合作软件的云版本，名为 Office 365。与微软竞争的都是些低成本的办公软件套装，如开源的 OpenOffice（可以在互联网上免费下载使用）和基于云的 Google

Apps（详见第 2 章）。

网页浏览器 **网页浏览器**（Web browsers）是显示网页、进入网页或其他互联网资源的常用的软件工具。浏览器可以显示图表、音频、视频信息和传统的本文，而且允许通过点击屏幕上的按钮（或触摸）或者关键字来连接相关网站。网页浏览器已经成为用户进入网络和使用基于网络的技术在线工作的主要工具。主要的网页浏览器有微软的 IE 浏览器、火狐浏览器、Apple Safari、Amazon Silk 和 Google Chrome。

5.2.3 HTML 和 HTML5

超文本标记语言（Hypertext Markup Language，HTML）是一种网页脚本语言，它详细说明了文本、图表、视频和声音如何放置于网页上，以及如何创建动态链接与其他网页及对象相连。使用这个链接，用户只需点击关键字或图表就可以立刻转到另一个文件中。表 5－3 详细描述了一些 HTML 的标记。

表 5－3 超文本标记语言的例子

普通的英语	超文本标记语言
Subcompact	<TITLE>Subcompact</TITLE>
4 passenger	<LI>4 passenger</LI>
$ 16 800	<LI> $ 16 800</LI>

HTML 程序可以直接由用户写入，也可以通过网页浏览器的 HTML 编写功能或者流行的文字处理、表格、数据管理以及简报制作软件包来完成。HTML 编辑器（如 Adobe Dreamweaver）是非常强大的创建网页的 HTML 程序编写工具。

HTML 起初被设计用来创建和连接由大量文本构成的静态文件。现在，网页更为交互，包含多媒体元素——图片、音频和视频。第三方插件（如 Flash，Silverlight 和 Java）将这些丰富媒体融入网页。然而，这些添加的部件需要额外的程序，影响计算机的处理。这是苹果放弃在移动设备上支持 Flash 的一个原因。HTML 的最新版本为 **HTML5**，解决了这个问题，允许图片、音频、视频和其他元素直接插入文档，而不需要扩展的部件。HTML5 让网页在不同播放设备（包括移动设备和台式电脑）上运行更方便。网页的运行速度更快，基于网页的移动应用也和网页一样运行。

5.2.4 网络服务

网络服务（Web services）指一些松散的软件组件，它们使用通用的网络通信标准和语言来相互交流信息。它们可以在两个不同的系统之间交换信息，而不用考虑操作系统的类型以及系统开发所基于的编程语言。不同的组织可以使用它们建立开放的标准、基于网络的应用程序，从而将双方的系统相整合。同一公司也可以用同样的办法来连接企业内部分散的系统。网络服务独立于操作系统与编程语言，不同的应用软件都可以使用它们进行相互交流，省去了耗时的编程工作。

网络服务的技术基础是 **XML**，即**可扩展标记语言**（Extensible Markup Language，XML）。这种语言是由万维网联盟（W3C，引导网络发展的国际组织）在

1996 年开发的，在网页应用上比超文本标记语言（HTML）更灵活、更强大。XML 可以执行数据的表述、交流和存储等功能，而 HTML 局限于描述如何在网页上显示数据。在 XML 中，数字不仅仅表示一个抽象的数字，XML 的标记具体界定了某个数字是表示价格、日期，还是表示邮政编码。表 5-4 举例说明了一些 XML 的标记。

表 5-4　可扩展标记语言的例子

普通语言	可扩展标记语言
Subcompact	<AUTOMOBILETYPE= "Subcompact" >
4 passenger	<PASSENGERUNIT= "PASS" >4</PASSENGER>
$ 16 800	<PRICE CURRENCY = "USD" > $ 16 800</PRICE>

通过对文档内容相应部分添加标记，XML 使得计算机可以自动获取和翻译内容数据，并在不需要人为干预的情况下对数据加以相应的操作。网页浏览器或计算机程序，诸如订单处理软件和企业资源计划（ERP）软件，都能够按照既定规则应用和显示数据。XML 提供了数据交换的标准格式，使得网络服务可以将数据从一个流程传送到另一个流程。

网络服务是通过 XML 消息实现的交流，它采用了标准网页协议。企业通过目录发现和查找网络服务就像在黄页上查找电话一样方便。应用这些协议，一个软件应用可以与其他应用自由连接，而不需要编写交互所需的接口程序，因为现在企业都使用了相同的标准。

用来建立企业软件体系的网络服务集构成了面向服务的架构。**面向服务的架构**（service-oriented architecture，SOA）是指一些独立服务的集合相互作用而创建的应用软件程序。通过执行一系列的这类服务可以完成各项商业任务。软件开发人员可以反复使用这些服务并结合其他需要的功能开发出新的混合体。

事实上，所有主要的软件供应商（例如 IBM、微软、甲骨文和惠普等）都为企业使用网络服务建立和整合应用软件系统提供了工具和完善的平台。IBM 将其网络服务工具加入 WebSphere 电子商务软件平台，微软则将其网络服务工具植入 Microsoft. NET 平台。

Dollar 租车公司的租车系统使用网络服务将在线订票系统与美国西南航空公司网站相连。虽然两个公司的系统基于不同的技术平台，但是一个人在西南航空网站上预订航班后可以直接通过该网站从 Dollar 公司预订一辆出租车。为了使 Dollar 公司预订系统和西南航空信息系统共享数据而不产生冲突，Dollar 公司使用了 Microsoft. NET 网络服务技术作为媒介。来自西南航空公司的订单被翻译成网络服务协议，之后转换成 Dollar 的计算机可以识别的格式。

之前也有其他的租车公司将其信息系统链接到航空公司的网站上，但是由于没有网络服务，这些链接无法在同一时间内完成。网络服务为 Dollar 公司提供了一个标准的与其他公司信息系统相连而不需要建立特殊链接的方式。Dollar 公司现在扩大了网络服务的使用范围，它直接链接到小型旅游公司、大型运输商的预订系统以及手机和 PDA 的无线网站上，而不需要为每一个新伙伴的信息系统或每一个新的无线设备重新编写软件代码（见图 5-9）。

图 5-9 Dollar 租车公司使用网络服务的运作模式

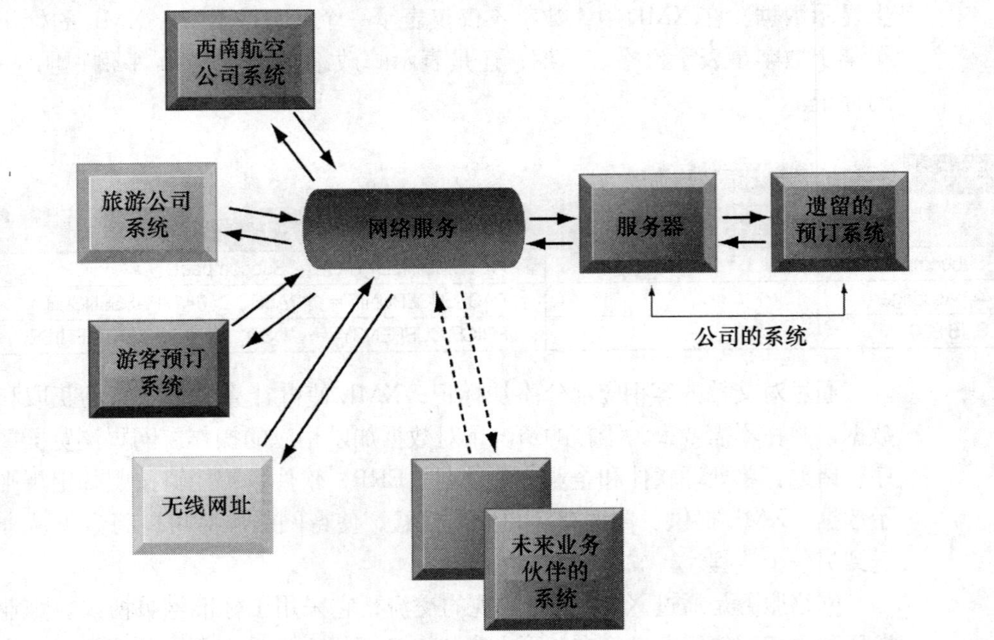

说明：Dollar 租车公司使用网络服务来提供标准的中间层软件，连接到其他公司的信息系统。在不需要与每个公司一一建立链接的情况下，Dollar 公司使用这套网络服务就可与其他公司的信息系统建立链接。

5.2.5 软件的趋势

如今有更多获得软件的渠道，用户也有更多的能力来创造自己的软件应用程序。开源软件和云软件工具及服务的广泛应用是典型的软件趋势。

■ **开源软件**

最具影响力的软件趋势应该就是开源软件的变革了。根据早期的记录，开源软件是由世界各地编程人员团队开发，使用户可以在一种或不同的授权机制下使用他们的程序。本质上，软件的使用者可以随心所欲地使用程序，按自己的意愿修改程序，甚至可以作为收费的软件应用程序。

开源运动开始于 1983 年，起初规模比较小，但是如今它已经成为合作计算基础设施的主要部分，诸如 Linux 和被广泛应用的网络服务器软件 Apache 都是编程的基础工具。如今你可以找到上千种开源软件来完成从电子商务购物、资金清算到销售人员管理所有事务。谷歌的安卓移动操作系统和 Chrome 网络浏览器都是基于开源代码。

■ **基于云的软件工具和服务**

过去，诸如 Microsoft Word 或 Adobe Illustrator 等软件是封闭的，为在单一机器上运行而设计。如今，你可以从商家的网站上下载软件至电脑上，甚至可以将软件作为互联网上的云服务来使用。现在，这种传输和提供远程软件的网络服务被称为**软件即服务**（software as a service，SaaS）。

基于云的软件和使用的数据都存储在大型数据中心的大功率服务器上，这些资源可以通过互联网连接和标准网络浏览器提供给用户。除了谷歌、雅虎提供给个人和小企业的免费或廉价工具之外，企业软件和其他复杂的业务功能软件通常都是由一些主要的商业软件供应商来提供的。企业不需要自己购买和安装此类软件，它们只需从服务供应商那里租用相同的服务功能，同时支付相应的订购费或按每笔交易付费。

糅合与应用程序 执行个人和企业任务的软件也许由大量完整的程序组成，或由能够与互联网上其他应用免费集成的可替换组件组成。个人用户和企业对这些软件组件进行自由组合，来创建自己的客户应用和共享。最终版本的软件应用程序叫做**糅合**(mashups)。糅合的思想就是使独立的资源经过整合后发挥的作用会大于整合前的总和。如果你拥有自己的脸书档案或可以播放视频和幻灯片的博客，那么你就已经使用过糅合了。

网页糅合把几个不同的在线应用程序进行整合形成一个混合程序，从而给用户带来比此前的单一资源更大的价值。例如，ZipRealty 使用谷歌地图和在线房地产企业 Zillow. com 提供的数据，显示一个完整的多重上市服务系统（multiple listing service, MLS)，包含用户任意指定邮政区号的房产目录信息。

应用程序（apps）是指可以在互联网、电脑、手机上运行的小型软件，并通常通过互联网传输。谷歌将它的在线服务称为应用程序，其中包括谷歌桌面生产力工具 Google Apps。但是，当我们谈到应用程序时，通常是指为了移动数字平台而设计的应用程序。这些应用程序将智能手机以及其他移动手持设备转变成了通常意义上的计算工具。

大多数应用程序都是为 iPhone、安卓和黑莓操作系统平台而设计的，并大都免费或者收取少量费用（比传统软件便宜得多）。现在，针对苹果 iPhone 和 iPad 平台已经有超过 800 000 个应用程序，而且有超过 700 000 个应用程序在使用谷歌安卓平台的智能手机上运行。这些移动平台的成功在很大程度上取决于它们所能提供的应用程序的数量和质量。应用程序将用户“绑定”到特定的硬件平台上：随着用户在手机上安装的应用程序的增加，他们转移到竞争对手的移动平台（比如从 iPhone 到安卓手机）的转换成本就会越来越高。

现在，最常下载的应用程序是游戏、音乐、社交网络、新闻和天气、地图/导航和视频/电影。同样，也有很多“严肃”的商业应用程序，例如创建并编辑文件、连接到企业系统、安排日程以及参加会议、跟踪货物、语音服务等。此外，还有大量电子商务应用程序提供在线搜寻和购买商品的服务。使用应用程序的用户数量一直在持续增加。

5.3 软硬件管理技术

选择和使用何种计算机软硬件技术对企业的业绩有着巨大的影响。我们现在描述当你进行软硬件技术管理时可能遇到的关键性问题：容量规划和可扩展性；决定技术资产的总拥有成本；决定是否拥有和维护你自己的硬件、软件和其他的基础组件，或者从外部技术服务提供商处租借；移动平台和软件本土化管理。

5.3.1 容量规划和可扩展性

电子商务和电子贸易对硬件技术有很多新的要求，需要更大的处理器和更多的存储资源来运行和存储公司不同部门以及公司与客户和供应商之间的大量的电子交易流。很多人同时访问一个网站会对电脑系统运行施加压力，运行了很多数据密集型图片和视频的交互式页面也会对计算机系统造成同样的结果。

管理人员和信息系统专家现在比以前更加注重计算机硬件的容量规划和可扩展性。从信息技术角度看，**容量规划**（capacity planning）是预测计算机硬件系统何时达到饱和状态的过程。它考虑的因素包括：同一时间系统能够支持的用户最大使用量，现有的和未来的软件应用程序的影响，以及诸如处理商业交易的最短响应时间等性能测量。容量规划保证公司有足够的计算能力满足现在和未来的需求。例如，纳斯达克股票交易市场正在进行容量规划以识别股票交易的最高峰，从而保证有足够的计算能力来处理交易最繁忙时的情况。

可扩展性（scalability）是指计算机、产品或系统成功地扩张后向更多的用户提供服务的能力。电子商务和电子贸易都要求拥有可扩展性的 IT 基础设施，也就是能够随着网站规模和访问量的增长而提高能力的基础设施。组织必须确保它们有足够的计算和存储能力及网络资源来处理大量的电子交易并能在线获取这些数据。

5.3.2 技术资产的总拥有成本

当你计算软硬件的成本时，可能仅仅考虑了购买价格。你还必须考虑正在进行的硬件和软件管理的成本，包括：升级、维护、技术支持、培训以及存放和运行该技术的设施和房产的成本。**总拥有成本**（total cost of ownership，TCO）模型可以用来分析这些直接和间接的成本，以帮助你了解拥有一项特定的技术的实际成本。表 5－5 描述了在 TCO 分析中需要考虑的最重要的 TCO 组成部分。

表 5－5 总拥有成本的构成

硬件购置	计算机硬件的购买价格，包括计算机、终端、存储和打印设备等的价格
软件购置	为每一个用户购买软件或授权使用软件的成本
安装	安装电脑和软件的成本
培训	信息系统专家和最终用户的培训费用
支持	提供技术支持、帮助桌面等的成本
维护	升级硬件和软件的成本
基础设施	获取、维护以及支持相关基础构件的成本，例如网络和专业设备（包括后台存储设备）
停机时间	硬件和软件故障导致系统问题而无法处理用户任务造成的生产力损失
空间和能源	为技术提供住宅和电力的房产及设施成本

当考虑了所有的成本组成部分以后，一台 PC 的 TCO 将会达到设备原始购置成本的三倍以上。提供支持、停机时间以及额外的网络管理等“隐性成本”使得分布式 C/S 架构要比集中式主机架构更加昂贵，尤其是对于那些拥有便携式电脑和无线设备的公司而言。

很多大公司因为规划欠佳使用了多余的、不兼容的硬件和软件。这些公司可以通过对其软硬件实施集中化和标准化管理来降低 TCO。如果公司降低了员工使用的不同计算机模型的数量和软件的种类，则可以减小员工所要求的支持其基础设施的信息系统的规模。

5.3.3　利用技术服务提供商

管理人员必须考虑一些非常重要的问题：我们怎样获得和维护技术资产？是我们自己开发软件应用程序还是外包给外部合同商？是我们自己购买和运营还是从外部服务提供商处租赁？过去，很多公司自己运行程序并开发软件。如今，越来越多的公司从外部服务提供商处获取硬件和软件技术。

■ **外包**

很多公司将 IT 基础设施的维护和新系统的开发**外包**（outsourcing）给外部供应商。这些公司会与外部供应商签订合同，让它们运营计算机中心和网络，开发新软件或者管理 IT 基础设施的所有组成部分。比如，联邦快递将 30%的 IT 系统运行和软件开发外包给外部 IT 服务提供商。

对于那些缺少资金和技术资源的公司，如果想运作自己的网站，则可以找专业的网页主机服务提供商。**网页主机服务**（Web hosting service）提供商提供一个大型的网络主机或者一系列的主机，为付费的客户维护其网站。订购的公司可以自己开发网页，也可以让主机服务提供商或者网页设计公司来制作网页。一些服务商提供主机托管（co-location），也就是公司实际购买并在网站上存放服务器，但是将其放置于主机服务提供商处。

公司通常会保留对硬件资源的控制而将软件的开发和维护外包给其他的公司，通常是外包给那些低成本的离岸国家。当公司的外包软件工作离开了自己国家的边界，就叫做**离岸软件外包**（offshore software outsourcing）。之前，这种软件开发只包括低水平的维护、数据输入和呼叫中心的运营，但是随着离岸公司的逐渐壮大和发展（特别是在印度），越来越多的新项目开发采取了离岸外包方式。第 12 章将详细讨论离岸软件外包服务。

为了管理与外包商或技术服务提供商之间的关系，企业将需要签一份包含服务等级协议的合同。**服务等级协议**（service level agreement，SLA）是客户与服务提供商之间签署的正式合同，规定了服务提供商承担的特殊责任和客户想要的服务。服务等级协议通常详细提出服务的类型和等级、绩效评估的标准、支持选项、安全防御和病毒恢复的准备、硬件和软件所有权及更新、客户支持、费用和终止协议的条件。

■ **使用云服务**

企业现在可以选择自己拥有 IT 基础设施，或选择使用基于云的软硬件服务。到底是自己拥有 IT 基础设施还是交给外部提供商，取决于许多因素。考虑云计算模式的企业，需要认真评估外部服务的成本和收益，衡量所有关于人员、组织和技术方面的问题，包括服务等级和企业取得的成效。

云计算对于中小型企业有更直接的吸引力，它们缺乏资源来购买和拥有自己的软硬件。然而，大型公司对复杂的专有系统投入巨资，以支持独特的业务流程，这会带来战略优势。另外，即使使用云服务能节约成本，大型公司也不能轻易决定，因为它们已经有了自己的 IT 基础设施。

云服务的价格常按小时或次数收费。即使公司粗略估计在内部执行具体计算任务的软硬件成本，也需考虑公司网络管理、存储管理、系统管理、电力、房租中，多少成本应该分配给具体的内部 IT 服务。在同时使用软件的情况下，信息系统部门没有正确的信息可用于分析。

大公司大多采用**混合云**（hybrid cloud）的计算模式，利用自己的基础设施处理基本的核心活动，对于不太关键的系统或业务高峰时期超额的处理能力，采用公共云计算。总之，云计算会逐渐让企业从拥有混合的基础设施，转向更灵活的基础设施架构，公司自己拥有一部分，从云计算中心租用一部分。

5.3.4 管理移动平台

在给员工配备移动计算设备以从中获得生产率和效率时，必须权衡在企业信息技术基础设施中集成这些设备、应用和提供技术支持所增加的成本。若组织允许员工使用个人设备完成工作（BYOD），值得考虑。

过去，公司只允许商务智能手机在单一平台使用。这样更容易追踪每台移动设备和软件的升级或修复，因为所有员工使用相同的设备，至少使用同一操作系统。现在，员工希望使用多种个人移动设备，包括 iPad、iPhone、安卓手持设备，以访问邮件、数据库和应用等公司系统。

要使用个人移动设备获得公司信息，必须改变公司网络设置以便设备接入网络。公司需要有效的投资管理系统，以追踪员工使用的设备、设备的位置，以及安装的软件。它们也需要了解个人设备上有哪些公司数据，这通常难以判断。员工通过私人设备连接公司网络和数据，公司难以对其进行保护。

若设备被偷窃或盗用，公司要确保机密信息不被泄露。公司常使用能远程消除设备数据或对数据进行加密的技术，这样，即使设备被偷，也能确保数据不被使用。第 8 章将详细讨论移动设备安全问题。

许多公司允许员工的移动设备连入有限的应用和非关键性的公司数据。其他关键的商业系统需要更多的公司控制，一些公司转而使用**移动设备管理**（mobile device management，MDM）软件。移动设备管理软件监控、管理、保护设备安全，应用于多个移动服务提供商和组织的多个移动操作系统。MDM 工具能让 IT 部门监控移动使用，安装或更新移动软件，备份和存储移动设备，在设备被偷或丢失时，删除软件和数据。在下面的“互动讨论：人员”专栏中详细介绍了公司如何应对由 BYOD 和信息技术消费化带来的挑战。

互动讨论：人员

BYOD 的快乐与陷阱

每个拥有智能手机的人都希望将其带到工作中使用。为什么不呢？员工使用自己的智能手机，这样公司不必花钱购置设备，就可以享有流动劳动力带来的好处。小型公司不需要对设备和移动设备进行大量投资，就能变得更移动化。据高德纳咨询公司推测，2016 年，38%的公司会采用 BYOD 方式；2017 年，一半的公司会接受 BYOD。BYOD 会成为“新常态”。

不过，Osterman 调查公司代表戴尔公司对 162 家企业进行了调查，发现将近 3/5 的企业相信，BYOD 会成为组织的一个问题。尽管 BYOD 能提高员工工作满意度和生产力，若管理不善也会带来一系列问题：支持个人设备比支持公司提供的设备难多了，管理移动设备的成本会增加，保护公司数据与网络也变得更难。Aberdeen 集团开展的研究发现，如果允许 BYOD，拥有 1 000 个移动设备的企业平均每年的额外花费为 170 000 美元。BOYD 的使用并非想象中那么简单。

IBM 的 CIO 珍妮特·霍兰（Jeanette Horan）认为，BYOD 虽能解决许多问题，但其带来的问题同样多。BYOD 并不能为 IBM 节约成本，事实上为 IT 部门带来了更多挑战，因为员工的设备装满了 IBM 无法控制的软件。IBM 为 4 万名员工发放了安全的黑莓手机，让企业 8 万名员工使用自己的智能手机或平板电脑来连接 IBM 的网络。

IBM 的 IT 部门不能控制安装在员工个人设备上的应用和服务，员工"浑然不觉"流行的软件可能构成的安全问题。IBM 决定禁止使用这类软件，因为公司担心利用 Dropbox 的云服务网盘，员工会将 IBM 的敏感信息放在个人 Dropbox 账户中，将内部邮件转至公共网页或将智能手机作为 Wi-Fi 的热点。

IBM 不会让员工用个人设备连接公司网络，除非能确保设备安全。IT 部门对设备进行设置，所以当它丢失或被偷时，可以远程删除存储的内容。IT 部门也禁止使用公共传输软件，如苹果的 iCloud；作为替代，员工可以使用 IBM 的版本 MyMobileHub。IBM 甚至关闭了员工 iPhone 上的个人语音助手 Siri，因为说出的问题会被上传到苹果服务器。

员工的各种设备被区别对待，这取决于设备的型号和员工的工作职责。一些人只被允许在移动设备上接收 IBM 的邮件、日程表和通讯录，另一些人能连接 IBM 内部应用和文档（详见第 8 章）。IBM 为新进员工的移动设备配置了额外的软件，比如在连接公司网络时加密信息的软件。

半导体公司英特尔成功实施了 BYOD。在其网络上注册的 39 000 台设备中，70%是个人设备。英特尔积极地采用了 BYOD，尝试利用它而非消灭它。英特尔的 CIO 戴安娜·布莱特（Diane Bryant）不希望依赖于单一的移动供应商或设备。

英特尔制定了 BYOD 战略和终端用户服务级别的协议，协议声明终端用户自愿使用 BYOD，而不是英特尔的要求。公司针对不同设备——智能手机、平板电脑和笔记本电脑——制定了不同政策、规定和接入限制，确定了不同的控制水平。英特尔为允许使用的设备列出了清单。如果设备不符合规定，会被网络屏蔽。英特尔的 BYOD 项目如今提供 40 种应用，包括帮助预订机票和寻找会议室的旅行工具。公司内部的"app 商店"包含多种软件和安全工具，包括移动设备管理（MDM）软件和移动应用管理（MAM）软件。

英特尔利用 BYOD 的目标并非节约成本，而是让员工更开心、更富有生产力。能同时使用自己的设备应用和英特尔的专业应用，员工很高兴。英特尔的员工报告说，携带个人设备平均每天节约 57 分钟，每年全公司能节约 500 万小时。

加拿大轮胎公司（Canadian Tire）决定不允许使用 BYOD，为 3 000 名公司员工发放了新的黑莓 Q10 和 Z10 智能手机。（加拿大轮胎公司是加拿大最大的公司之一，拥有一个在线电子商务商店和 1 200 家直销店，销售汽车、运动用品、休闲用品、家居用品和服饰；拥有石油直销店；开展金融服务。）公司认为，要实现公司目标，让员工用自己的移动设备不够安全。公司 CTO 尤金·罗马（Eugene Roman）担心邮件会将病毒带入公司的核心基础设施。现在，公司管理层认为 BYOD 很有趣，不过公司的主要业务还不能应用它。

为了成功部署移动设备，公司需要小心地检查业务流程，决定移动性对其是否有意义。不是所有公司都能从移动性获得相同的好处。在对移动设备如何适应公司长期计划还没有明确的思路的情况下，公司不会在不必要的设备和项目上浪费资金。管理者的最大顾虑是对移动性投资的回报难以测量。许多员工极其信赖移动设备，这是明显的、难以忽略的好处，不过移动化所节约或赚取的资金难以量化。

资料来源：Fred Donovan，"The Growing BYOD Problem，" *Fierce Mobile IT*，February 13，2013；Brian Bergstein，"IBM Faces the Perils of 'Bring Your Own Device'，" *MIT Technology Review*，May 21，2013；Matt Hamblen，"Canadian Tire forgoes BYOD，issues BlackBerries to workers，" *Computerworld*，May 20，2013；and Boonsri Dickinson，"Security Headaches：BYOD Users Expected to Double by 2014，" *Information Week*，August 8，2012.

案例思考题

1. 允许员工使用个人智能手机工作的优点和缺点是什么？
2. 当决定是否允许员工使用个人智能手机工作时，人员、组织和技术方面的问题应如何处理？
3. 比较 IBM 和英特尔的 BYOD 经历。为什么 BYOD 在英特尔运行得很好？
4. 允许员工使用个人智能手机工作能节约公司资金。你同意这种说法吗？为什么？

5.3.5 全球化企业的软件本土化管理

如果你正运营一家全球化企业，需要开发一个能在不同国家、多个业务单元使用的新系统，那么上述管理问题都会受到开发需求的影响。虽然英语已经是一种标准的商务语言，且在高层次的企业中做到了这一点，但是在中等或排名靠后的企业中并不是这样。在信息系统成功地在全球通用之前，软件可能必须使用当地语言界面。

这些界面创建起来可能成本高、比较复杂。菜单栏、命令、错误信息、报告、请求、在线数据填写表格和系统文档都需要被翻译成使用该系统的国家的语言。为了更有效地提高全球员工的生产率，软件界面必须易懂并能快速掌握。将软件用第二种语言运行的整个过程叫做软件本土化。

全球系统也必须考虑到本地文化和业务流程的差异。跨职能部门的系统，如企业和供应链管理系统，经常因为其他国家的语言、文化背景和业务流程而无法兼容。在一个全球系统环境下，所有这些因素均会纳入总拥有成本，并将对是外包还是使用技术服务提供商的决定产生影响。

本章小结

1. 信息技术基础设施是由什么构成的？

IT 基础设施由共享的技术资源组成，它为企业具体的信息系统应用提供平台。主要的 IT 基础设施主要组件包括计算机硬件、软件、数据管理技术、网络和通信技术以及技术服务。

2. 商业领域常用的计算机硬件、数据存储以及输入输出技术有哪些？

计算机可以分为大型主机、中型机、PC、工作站和超级计算机等几类。大型主机是体积最大的计算机，中型机是服务器，PC 是台式机或笔记本电脑，工作站是具有强大的数学和图表处理能力的台式机器，超级计算机是可以迅速执行大量的复杂计算的高精度的强大计算机。网格计算将网络中所有的计算能力连接起来，从而使整体的计算能力有了大幅的提升。在 C/S 计算模型中，计算机的处理任务在联网的"客户机"与"服务器"之间进行分配。客户机和服务器之间具体的任务分工取决于应用软件。

主要的二级存储技术是磁盘、光盘和磁带。CD-ROM 和 DVD 光盘可以存储大量的压缩数据，而且一些类型是可重写的。存储域网络（SANs）将多个存储设备连接到一个专门用于高速存储的网络上。主要的输入设备包括键盘、电脑鼠标、触摸屏、磁墨水字符识别器和光学字符识别器、手写输入设备、数码扫描仪、传感器、音频输入设备和无线电确认设备。主要的输出设备是监视器、打印机和音频输出设备。

主要的硬件发展趋势包括移动电子平台、纳米技术、量子计算、信息技术消费化、虚拟化、云计算、绿色计算、高效节能处理器和自主计算。云计算是一种将计算机处理、存储、软件和其他设备作为网络（主要是互联网）存储的虚拟资源的计算模式，根据需要获取。

3. 商业领域常用的计算机软件有哪些？软件发展的主要趋势是怎样的？

两种主要类型的软件分别是系统软件和应用软件。系统软件协调各种计算机系统并作为应用软件和计算机硬件的介质。应用软件则用于开发具体的商业应用。

管理和控制计算机活动的系统软件叫做操作系统。主要的 PC 操作系统包括 Windows 8，UNIX，Linux 以及 Macintosh OS X 操作系统。Linux 是一个强大而灵活的开源操作系统，它可以在多种硬件平台上运行，目前广泛应用于 Web 服务器。

商业应用上主要的编程语言包括 Java，C，C_{++} 和 Visual Basic。PC 和基于云的桌面生产力工具包括文字处理、表格、数据管理、简报制作和网页浏览器软件。Java 是一种独立于操作系统和硬件的编程语言，它是网络主要的交互式编程环境。HTML 是制作网页的网页脚本语言。

网络服务是基于 XML 和开放网页标准的一系列松散配套的软件组件，它可以与任何一个应用软件和操作系统协同工作。它们可以作为基于网络的应用软件的部件，用以连接两个不同组织的系统或者连接一个公司内部分散的系统。

软件的发展趋势包括开源软件及基于云的软件工具和服务（包括 SaaS、糅合与应用程序）的广泛使用。

4. 硬件和软件管理技术的主要问题是什么？

管理人员和信息系统专家要特别注意硬件容量规划和可扩展性，以保证公司有足够的计算能力满足现有的和今后的需求。商业公司也要权衡一下自己建设和维护软硬件与将这些资产外包给外包服务提供商的成本和收益。计算组织的技术资产的总拥有成本（TCO）不仅包括计算机硬件和软件的原始成本，还包括硬件和软件升级、维护、技术支持及培训等费用，同时还有移动设备的管理和维护费用。全球化企业需要进行软件本土化管理。

复习题

1. 信息技术基础设施是由什么构成的？

- 定义信息技术基础设施并描述它的每个组成部分。

2. 商业领域常用的计算机硬件、数据存储以及输入和输出技术有哪些？

- 列出和描述当今企业使用的计算机种类。
- 什么是 C/S 计算模型？描述双重与多层 C/S 架构的区别。
- 列出主要的二级存储介质及各种介质的优势和劣势。
- 列出和描述主要的计算机输入输出设备。
- 定义并描述移动电子平台、BYOD、纳米技术、网格计算、云计算、自主计算、虚拟化、绿色计算和多核处理。

3. 商业领域常用的计算机软件有哪些？软件发展的主要趋势是怎样的？

- 应用软件和系统软件之间的区别是什么？各起什么作用？
- 列出和描述主要的 PC 和服务器操作系统。

● 列出和描述第四代语言工具的所有目录，并说明第四代语言和传统应用软件编程语言有什么不同。

● 列出和描述主要的桌面生产力软件工具。

● Java 和 HTML 是怎样用于网络建设的。

● 定义网络服务，描述用于网络服务的技术并说明网络服务对企业有什么好处。

● 列出并描述云计算软件服务、糅合与应用程序，解释它们对个人和企业的好处。

4. 硬件和软件管理技术的主要问题是什么？

● 解释管理人员为什么需要注意容量规划和技术来源的可扩展性。

● 描述用于计算技术资产总拥有成本的各成本构成。

● 说出使用外包、云计算服务和移动平台的好处和难点。

● 解释软件本土化为什么会成为全球化企业重要的管理问题。

讨论题

1. 为什么选择硬件和软件是组织的一个非常重要的商业决定？在选择计算机硬件和软件时，应该考虑哪些与人员、组织和技术相关的问题？

2. 组织应该依靠应用软件服务（包括云服务）提供商来满足所有的软件需求吗？为什么？做出这种决定时，应该考虑哪些与人员、组织和技术有关的因素？

3. 云计算的优势和劣势是什么？

管理信息系统实践项目

本部分的实践项目涉及以下几个方面：解决信息技术基础设施管理和信息技术外包过程中的问题，用电子制表软件来评估桌面系统，使用网络搜索功能为销售会议编制详细预算。

管理决策问题

1. 匹兹堡大学医学中心（UPMC）依靠信息系统管理着 19 家医院和一个康复中心的网站，并利用该系统进行一些国际商业投资，每年对服务器和存储技术的需求会增加 20%。匹兹堡大学医学中心过去为每个应用建立单独的服务器，它的服务器和其他计算机使用不同的操作系统，包括 Unix 和 Windows 的多个版本。匹兹堡大学医学中心必须对不同供应商（包括惠普、Sun、微软和 IBM）提供的技术进行管理。评估一下该情况对公司营运的影响。要解决这个问题必须考虑什么因素和管理决策？

2. 澳大利亚知名的澳洲航空公司（Qantas Airways）面临来自高油价和低等级国际航运的成本压力。为了保持竞争力，澳洲航空公司必须找到新的生存方式，在保持低成本的同时为客户提供高水平的服务。澳洲航空公司有一个使用了 30 年的数据中心。管理层必须决定是重新更换信息技术基础设施以使用新技术还是采用外包的方式。那么，当澳洲航空公司决定是否外包时应该考虑的因素有哪些？如果澳洲航空公司决定外包，请列出应该写入其服务等级协议的要点，并具体描述。

提高决策能力：使用电子制表软件评估软硬件

软件技能：电子制表软件

商业技能：技术估价

在这个练习中，运用电子表格软件计算所选择的桌面系统、打印机和软件的费用。

你需要了解相关价格信息，为一个拥有 30 名员工的办公室配置计算机软硬件。在联想、戴尔和惠普的网站上，寻找 30 台台式个人计算机（包括显示器、计算机和键盘）的报价（通常报价会包含预装软件的价格，在本练习中忽略预装软件的价格，即认为其报价就是相关硬件的报价）。再从惠普、佳能和戴尔的网站上，寻找15台桌面打印机的价格。所选择的计算机的配置必须满足MyMISLab上所给出的表格的要求。之后，再查询30套最新版本的Microsoft Office，IBM Lotus SmartSuite和SUN StarOffice软件的报价，以及30套Microsoft Windows 8 Professional的报价。办公软件中要求包括文字处理软件、电子表格软件、数据库软件和演示软件等。最后，以电子表格的形式把你对桌面系统、打印机和软件的调查结果呈现出来。在电子表格中，对各种硬件、软件、打印机进行评估，为员工提供具有最佳性价比的计算机软硬件组合。由于两人合用一台打印机（15台打印机/30套系统），因此在表格中每名员工只承担一半的打印机费用。另外，假设你的公司将与各产品供应商签订标准的保修和服务合同。

提高决策能力：使用网络搜索功能为销售会议编制详细预算

软件技能：基于互联网的软件

商业技能：研究行程和住宿成本

在这个练习中，你将使用许多在线旅游网站上的软件，为大型销售团队参加某销售会议安排交通和住宿，计算整个行程和住宿的成本。

第一合成材料公司（Foremost Composite Materials Company）正在计划一个为期两天的会议，打算在10月19日、20日举行，并从18日晚上开始接待。销售团队的所有成员（包括125名销售代表和16名销售经理）必须全部出席，会议全天召开。每个销售代表都需要独立的房间，此外公司还需要两间会议室，一间要能够容纳所有的销售人员和少数的嘉宾（总共大约200人），另一间只要能够容纳半数的销售人员即可。公司为销售代表的房费提供了大约135 000美元的预算。公司倾向于在佛罗里达州的迈阿密市或马可岛的希尔顿或者万豪酒店举行此次会议。

访问希尔顿和万豪酒店的网站，比较各个城市的费用，根据企业的预算决定在哪座城市举行此次销售会议。接下来，确认会议前一天下午当地的航班到达情况。与会人员将来自洛杉矶（54人）、旧金山（32人）、西雅图（22人）、芝加哥（19人）以及匹兹堡（14人）。你需要了解从这些城市到达当地的机票的价格。完成之后，编制本次会议的预算。预算应包括机票价格、房费以及参会人员每天的就餐费用60美元。

章末案例

是时候使用云计算了吗

云计算开始占领商务世界。云计算市场的最大玩家是亚马逊网络服务（AWS）部门、微软和谷歌。这些公司简化了云计算，对于从小型互联网创业公司到联邦快递这种大型公司来说，云计算都是价格实惠且明智的选择。其中，亚马逊是领导者。

订购AWS的公司可以享受灵活的计算能力和数据存储，以及数据管理、信息发送、支付和其他服务，按业务需要可以独立或组合使用。亚马逊利用计算系统处理年营收达480亿美元的零售业务，任何能上网、手头有点钱的人也能使用同样的计算系统。为了简化利用云的过程，亚马逊增加了Cloud Formation自助服务，能帮助顾客确定正确数量的计算资源。顾客只需告知所需的服务器空间大小、带宽、存储和其他服务，AWS会自动分配资源。

自2006年3月实施以来，AWS十分流行，2012年营收达20亿美元，在超过190个国家拥有众多客户。事实上，亚马逊相信总有一天其网络服务会比零售业务更有价值。亚马逊的宣传口号是：不必再为计算资源支付月费或年费——只需为你使用的部分付费。对于许多企业，这个提议十分吸引人，因为亚马逊会维护和检修所有的IT基础设施，让企业集中精力于更高价值的工作。

星佳公司（Zynga）是利用云计算这种新方式改善业务的最佳案例。星佳公司每月的活跃用户达到2.6亿，它为受热捧的脸书开发游戏应用，包括FarmVille和Mafia Wars等。当星佳发布一款新游戏时，并不知道应该给这个游戏分配多少计算资源。这款游戏也许比较成功，也许拥有百万用户，非常轰动。星佳不再需要在每次发布前为计算资源付费，在公司能更准确地预测所需计算能力前，使用亚马逊云服务更合算。一旦游戏流量稳定，拥有了一定数量的用户，星佳将游戏移入私人的 zCloud，其结构和亚马逊的云类似，不过在星佳控制的位于东西部海岸的数据中心运营。

服务器中断对星佳来说并非灾难，会有一家财务服务公司为其处理，但星佳的正常运行时间仍需达到99.9%。星佳意识到，如果大部分游戏流量托管于单一的供应商，网络的任何故障或明显中断都会对运营不利。2011 年 4 月，亚马逊网络服务的运行持续中断了几个小时，用户无法登录星佳的几款游戏。

澳大利亚国民银行（National Australia Bank，NAB）拥有 7 540 亿美元资产，利用 IBM 的按需付费基础设施，实施内部私有云。IBM 已在 2010 年签署 7 年协议，管理银行的 IT 基础设施。NAB 的 10 年转型计划已经进行了 1/3，目标是增大其竞争优势，彻底检查业务流程和核心银行系统，改善客户和员工体验。私有云支持银行的主要运营环境（如新的甲骨文银行系统），也支持短期计算强化项目（如市场营销）。NAB 只需为其使用的部分付费，而不需要在 IT 上大量投资。设备位于 NAB 的数据中心，这对于按需付费模式来说很不寻常。

道富银行（State Street Bank）希望转向私有云能节约 6 亿美元。大部分资金的节约源于更低的软件开发成本，过去这占据了银行每年 IT 预算的 20%～25%。道富银行开发了许多高度定制的软件，用于管理其直接管理的 2 万亿美元，以及督管的 23.2 万亿美元资产。道富银行多样化的数据中心被私有云的最佳组合系统所替代，对 IT 基础设施予以简化和标准化。这让道富银行软件的开发者也能为云平台写软件，因而不必再写很多程序代码。银行软件编写成本减少了 30%～40%。

InterContinental 酒店改进了其 IT 基础设施，使用了私有云和公共云。为改善客户响应，酒店将核心房间保留交易系统移入自己的私有云数据中心，不过将房间预订和价格网站应用移入位于东西部海岸的公共云数据中心。事实上，酒店希望将所有公开信息放入公共云，那样客户能更快访问网站。若数据位于物理上更近的服务器，客户能更快收到数据，云计算帮助酒店充分利用了这一点。

创业公司和小型公司发现不再需要建立自己的数据中心。通过订购亚马逊等供应商提供的云基础设施，它们拥有了以前只被大型企业掌握的技术能力。比如，在线工艺品市场 Etsy 使用亚马逊的计算机，分析每个月 10 亿网站流量数据。公司利用其发现来开发产品推荐系统，允许顾客将最喜欢的产品进行排列，并为每个人生成一张包括 100 种产品的列表。公司的程序员和管理者都对在别人的系统中管理这些活动感到兴奋。

云计算的低开销和低基础设施管理成本尤其吸引创业企业。加利福尼亚州菲蒙市的 FP 国际公司是一家包装公司，据基础设施系统的主管克利夫·奥尔森（Cliff Olson）称，云计算带来的经济上的益处对大中型公司来说不太明显。若员工数为 1 万左右的公司向云供应商每月支付服务费，会比公司保留自己的 IT 基础设施和相关员工的成本高。公司也担心按次支付模式会产生意料外的“失控成本”。将云服务融入已有的 IT 基础设施，错误、管理失误甚至分布式拒绝服务攻击，会使网站挤满信息请求（详见第 8 章），从而增加云服务用户的费用。现在，对于大型公司来说，拥有和管理自己的数据中心成本更低。不过，随着公共云变得更有效率、更安全，技术成本变得更低，大型公司也会开始使用云服务。

其他许多公司也有和星佳一样关于云的可靠性和安全性的顾虑，这是云服务得到广泛使用的主要障碍。在 2011 年 4 月和 8 月、2012 年 6 月 14 日和 29 日、2012 年 12 月 24 日，亚马逊的云服务发生了运营中断事故。一般来说，云网络是可靠的，比各公司的私有网络更可靠。不过当亚马逊提供的这样大规模的云服务中断时，整个网络会受到波及。

据亚马逊称，2011 年 4 月 21 日至 24 日，在亚马逊的东部海岸地区，一个简单的网络配置错误引起多日的大范围服务中断。惊人的是，错误极有可能是在一次日常网络调试中由一个简单的人为错误引起的。包括 Reddit，Foursquare，Engine Yard，Hootsuite，Quora，Zynga 在内的多家网站受到影响。2012 年 6 月 14 日和 29 日，位于北弗吉尼亚的东海岸数据中心的电源出现问题，亚马逊网络服务被迫中断。许多流行网站（包括 Netflix，Heroku，Quora 和 Pinterest）以及一些小网站中断了几小时。2012 年平安夜，Netflix 和其他公司再次遭受亚马逊服务中断的影响。

中断说明现实中云版本的正常运行还远不能达到 100%。专家对其严重程度有相反的观点。2012 年 6 月，位于巴黎、研究云计算的国际工作组的报告估计，大多数云计算服务每年有 10 小时中断时间，平均正常运行比例为 99.9%或更低。由于公司需要每时每刻正常运行，短暂的中断可能导致巨大的利润损失。然而，一些大型云用户如 Netflix 相信，总体上云服务的有效性正稳步改善。Netflix 的产品经理尼尔·亨特（Neil Hunt）相信，云会变得更可靠，亚马逊网络服务让 Netflix 规模更大，拥有更多专业技术知识。对于中断会成为主要风险的公司，许多专家推荐它们选择其他计算资源作为备用。

Safe Horizon 公司是一家总部位于纽约的患者权益保护机构，其 IS 和 IT 基础设施运营主管温德尔·托马斯（Wendell Thomas）相信，大多数大中型公司会转向混合模式。公司通过云供应商为其 700 名员工提供邮件服务。Premier 公司是一家医疗保健信息提供商，为 2 600 个医疗保健系统供应商和 40 万名医生服务，将患者信息保存于一个数据中心，公司自有的数据中心高度虚拟化。另一个数据中心是托管的，帮助其进行灾难性恢复。由 Premier 公司员工管理的人力资源和工资支付系统，SaaS 提供商也能运营。现在，除非托管的数据中心安全性提高，该公司将患者数据存于公共云的可能性很小。

主要云供应商的订单数量表明，最终，云计算会成为主流。云供应商必须防止任何中断，同时其他公司必须判断云计算是否适合它们，如果适合，要考虑如何运用云计算才是最有效的。

资料来源：Charles Babcock, "Cloud Implementation Costs, Complexity Surprise Companies," *Information Week*, February 6, 2013; Christina Torode, Linda Tucci and Karen Goulart, "Managing the Next-Generation Data Center," *Modern Infrastructure CIO Edition*, January, 2013; Penny Crossman, "How New Core, Cloud Computing Are Transforming an Aussie Bank," Information Management, January 2, 2013; Spencer E. Ante, "CIA Chooses: Amazon or IBM?," *The Wall Street Journal*, June 12, 2013; Quentin Hardy, "Active in Cloud, Amazon Reshapes Computing," *The New York Times*, August 27, 2012; Charles Babcock, "Cloud's Thorniest Question: Does It Pay Off?" *Information Week*, June 4, 2012, "Cloud's Big Caveat: Runaway Costs," *Information Week*, June 7, 2012 and "State Street Sees $600 Million Silver Lining in Cloud," *Information Week*, July 9, 2012; Zack Whittaker, "Amazon Explain Latest Cloud Outage: Blame the Power," *ZDNet*, June 18, 2012; Stuart J. Johnston, "Cloud Outage of 13 Providers Reveals Downtime Costs," searchcloudcomputing.com, June 22, 2012; Charles Babcock, "Amazon Launches Cloud Formation to Simplify App Development," *Information Week*, February 28, 2011; and Charles Babcock, "Zynga's Unusual Cloud Strategy is Key To Success," *Information Week*, July 1, 2011.

◆ 案例思考题

1. 云计算服务为企业带来了什么好处？解决了什么问题？

2. 云计算的缺点是什么？

3. 在这个案例中，容量规划、可扩展性和 TCO 的思想是如何得到运用的？将这些思想应用于亚马逊及其服务的订购者。

4. 什么样的企业最有可能从云计算中受益？为什么？

第 6 章

商务智能基础：数据库与信息管理

Foundations of Business Intelligence: Databases and Information Management

学习目标

学完本章后，你将能够回答以下问题：

1. 关系数据库是如何组织数据的？
2. 数据库管理系统的原理是什么？
3. 主要有哪些工具和技术可用来从数据库中获取信息，以提高企业绩效和决策水平？
4. 在组织的数据资源管理中，信息政策和数据管理起什么作用？
5. 为什么数据质量保证对企业如此重要？

章首案例

更好的数据管理帮助《环球邮报》打动客户

你是否遇到过这种情况：已经订阅的报纸或杂志又向你提供订阅服务？多余的服务不仅让人厌烦，也会增加营销成本。可为什么这件事还是会发生呢？很可能是因为不完善的数据管理。报纸可能缺乏将保存于某处的订阅者名单与另一个包含潜在市场的文件结合起来的能力。

位于加拿大多伦多的《环球邮报》（*The Globe and Mail*）也出现了这种问题。具有 167 年历史的《环球邮报》，6 天的读者将近 330 万人，是加拿大发行量最大的报纸。它有一个雄心勃勃的营销计划，即将加拿大还没订阅其报纸的家庭都当作营销对象。但公司在存储和管理这部分人的数据方面遇到了麻烦。

经营一家大报需要管理大量的数据，包括流通数据、广告营收数据、市场前景和“拒绝未经许可的联系”数据以及物流和运输数据。除了这些，财务和人力资源数据是每个公司都需要的。

多年以来，《环球邮报》将大多数数据存储在一个不容易读取和分析数据的主机系统中。如果使用者需要任何信息，包括那些存储在 MS Access，Foxbase Pro 和 MS Excel 中的数据，都要从主机中提取，然后将数据传输到本地进行分析。这就产生了大量存储在分离的专用数据库中的数据，却没有一个可以获取最新数据的中心存储库。数据分散在公司很多不同的系统中，当为营销活动建立邮件列表时，很难根据前景对订阅者进行交叉分析。公司还会面临安全问题：《环球邮报》会收集和存储顾客付款信息，这些敏感数据存储在多个地方，导致难以保证数据安全控制措施合理有效。

为了解决这些问题，2002 年报社引入了带有 SAP NetWare BW 数据仓库的 SAP 企业系统，仓库内存储了公司分散的各种数据资源，商业用户可以轻松地访问和分析数据。

第一批移入数据仓库的是广告销售数据，这部分是报纸营收的主要来源。2007 年，《环球邮报》将流通数据添加到数据仓库中，其中包括运输数据详情，诸如可供订阅的剩余时间和来自第三方资源的市场前景数据。关于前景的其他数据也被添加到数据仓库中。

由于所有的数据都存储在一个地方，报社很容易将前景与顾客的数据联系在一起，这样就不会再向已订阅者发送订阅广告了。公司也可以将“拒绝未经许可的联系”数据与配送区域联系在一起，从而确定报纸是否会被送达或者是否将顾客作为数字订阅的目标。

尽管新的数据仓库有明显的优势，但《环球邮报》的商业用户并没有立即加入进来。数据仓库上线后，那些习惯于从主机系统提取数据，然后在自己的数据库或文件中处理的人依旧那么做。他们不了解数据仓库的概念，也不了解努力实现全公司范围内的数据管理的必要性。《环球邮报》的管理层决定通过培训使用者（特别是营销人员）来解决这个新问题，培训的内容包括：组织内所有数据都存储在数据仓库中的价值，访问和分析这些数据可以使用的工具。

《环球邮报》利用新的数据分析能力提高效率、简化程序，从而节约了成本，在一年内投资就得到了回报。之前需要两周完成的营销活动，现在只用一天就能完成。《环球邮报》可以确定它在某个地域的饱和率，以此来指导营销计划。现在很少有已订阅者和潜在订阅者抱怨收到一些没有必要的信息。

资料来源：www.theglobeandmail.com，accessed March 1，2013 and David Hannon，"Spread the News，" SAP Insider Profiles，October-December 2012.

《环球邮报》的经验表明了数据管理的重要性。公司的业绩取决于能否处理好其数据。《环球邮报》是一家大型且发展前景很好的公司，但它的运营效率和管理决策都受到了限制，因为数据分散在不同系统中且不容易访问。企业如何存储、组织及管理数据会对组织效率产生巨大影响。

下图中指出了上述案例和本章的要点。《环球邮报》的商业用户改善了他们的本地数据库，因为公司很难从其传统的主机系统中获取数据。因为所需数据的获取时间过长，导致营销活动比预计延迟完成。解决方案是在全公司范围的数据仓库中建立有组织的数据，这个数据仓库是报告和分析所用数据的唯一来源。为此，必须将数据重新组织成全公司统一的格式，建立获取和使用数据的规则、责任和流程，为使用者提供数据查询和报告的工具，同时告诉使用者数据仓库带来的好处。

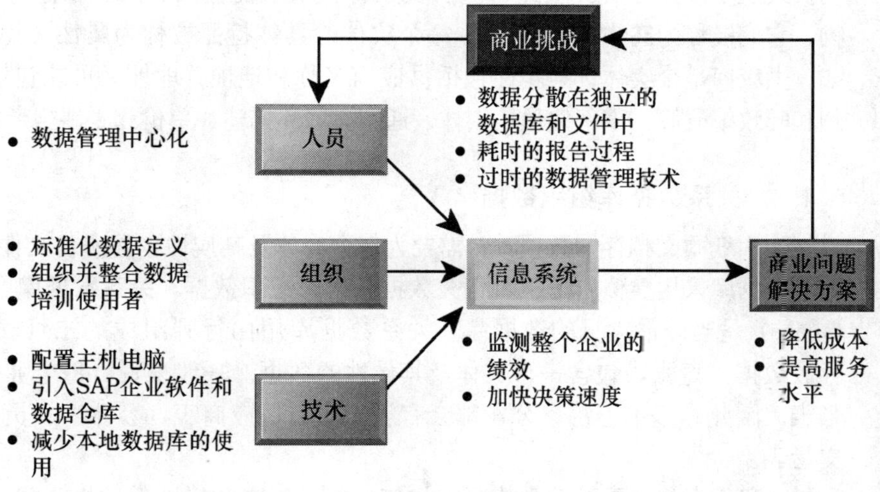

数据仓库让公司使用者更简单地定位和获取报告所需的数据，提高了效率。数据仓库将公司分散的数字资源整合到了唯一的综合数据库中，数据可以供直接查询。数据得以保持一致性，避免了向已订阅者发送订阅服务这样的错误。这个方案在改善客户服务的同时也降低了成本。

思考以下问题：《环球邮报》的数据管理问题对业务产生了哪些影响？为了确保数据仓库的管理达到预期的效果，业务和技术人员要开展哪些工作？

6.1 运用数据库进行数据管理

数据库（database）是记录人、地点和事件的相关文档的集合。当今最成功的数据库之一就是电话黄页。电话黄页是使用电话的所有企业和个人记录的集合。电话黄页列出每部电话使用者的四项信息：姓、名字、地址和电话号码，同时包含企业和企业目录的相关信息，例如汽车经销商和水管供应商的信息。电话黄页中的信息提取自存储客户、企业分类、地区代码和地理区域等数据的文件数据库。

电子数据库产生之前，企业要用大型文件柜存放纸质文档，存储交易、客户、供应商、存货和员工信息。此外，企业通常使用经人工分类和手动打印的列表索引快速检索纸质文档中的信息。在许多的医生办公室仍能见到基于纸质文档的手工数据库的踪影，病人记录存储于成千上万的纸质文件中。

显而易见的是，基于纸质文档的数据库效率低下且成本高昂。这种数据库通常包含不准确的数据，运作缓慢，难以获取实时数据。其灵活性也较差，例如，对于使用纸质文档数据库的医生而言，要获取一份所有服用特定药物的病人的列表可谓天方夜谭，因为使用该数据库无法将处方文档与病人信息文档相结合。然而，这对现今基于计算机的数据库来说，几乎是小菜一碟。事实上，快速实现文档间的连接正是计算机数据库强大的功能之一。

6.1.1 实体和属性

要认识和管理企业的数据，应从何开始？第一步就是识别企业运营所需的数据。通常可采用信息分类的方法组织数据，例如根据客户、供应商、员工、订单、产品、发货人及零部件分类。上述每一种类别都代表所需存储和维护信息的人、地点或事物，它们被称为**实体**（entity）。每个实体的具体特征被称为**属性**（attributes）。例如，供应商是个实体，其属性包括供应商名称和地址，地址又可能包括街道、城市、州和邮政编码等。零部件也是实体，通常有零件描述、单价和零件生产商等属性。

6.1.2 关系数据库组织数据

使用纸质文档存储数据时，需要为每个实体及其属性创建一份文件。在信息系统中，数据库采用类似方法，对相关数据分组来组织数据。**关系数据库**（relational database）是当今最常见的数据库。关系数据库用由行列组成的二维表（称为关系）存放数据。每张表包含一个实体及其属性的数据。一般来说，每个业务实体对应一张表。因此，基本上每家公司都会有客户表、供应商表、零件表、员工表以及销售交易表。

让我们来具体看看关系数据库如何组织供应商和零部件数据。图 6－1 显示的是供应商表。可以看到，它是由行列构成的表格。供应商信息由多个独立的数据元素表示，诸如供应商编号、名称，所在街道、城市、州以及邮编，每个数据元素作为一个单独**字段**（field）存放在供应商表中。每个字段代表供应商实体的一个属性。字段在关系数据库中也称为列。

图 6-1　一个关系数据库表

供应商

列（属性，字段）

供应商编号	供应商名称	供应商所在街道	供应商所在城市	供应商所在州	供应商邮编
8259	CBM Inc.	74 5th Avenue	Dayton	OH	45220
8261	B. R. Molds	1277 Gandolly Street	Cleveland	OH	49345
8263	Jackson Composites	8233 Micklin Street	Lexington	KY	56723
8444	Bryant Corporation	4315 Mill Drive	Rochester	NY	11344

行（记录，元组）

关键字段（主关键字）

说明：关系数据库使用二维表格来组织数据。这里描述的是供应商实体的表格，显示了它是怎样表示实体和属性的。供应商编号为主关键字。

表格中单个供应商的具体信息构成行。行就是通常所说的**记录**（records），专业术语称之为**元组**（tuples）。

注意表格中名为供应商编号的字段。该字段唯一地标识每条记录，便于检索、更新或分组，这样的字段叫做**关键字段**（key field）。关系数据库会为每张表指定**主关键字**（primary key）。主关键字是表中所有记录的唯一标识，不可重复取值。

供应商名称也可能作为关键字段。然而，如果两家供应商有相同的名字（这种情况经常会发生），供应商名称就不能唯一标识一家供应商，因此有必要选择一个特殊的标识字段。例如，有两家供应商都叫做“CBM”，但是一家在代顿，另一家在圣路易斯，很容易把它们弄混。然而，如果它们都有唯一的供应商编号，就不会混淆了。

地址信息被分成四个独立字段表示：街道、城市、州和邮编。数据常被分成可单独存取的最小单元，以便检索匹配某一字段取值的所有记录，例如所有俄亥俄州的供应商。数据记录还可按照州字段的取值分组，从而获得各州所有供应商的列表，而不用考虑其所在的城市。

到目前为止，供应商表中还没有包含任何有关其所提供零部件的信息。零件实体独立于供应商实体，与零件有关的字段信息都存放在零件表中（见图 6-2）。

为何不将零件和供应商的信息放到同一张表中？如果这么做，表中每一行将同时包含零件和供应商的属性。由于一家供应商可能供应多种零件，关系表就会用多行记录，显示单个供应商供应的所有零件信息。这样，该供应商的数据就会存在冗余，查找其所供应的某种零件变得困难，因为我们很难知道该零件在供应商表的记录中是第 1 个还是第 15 个零件。因此，应单独创建零件表存储零件信息来解决这一问题。

零件表还必须包括供应商编号字段，表示每种零件的供应商。但是没必要在每条零件记录中重复供应商的所有信息，只需供应商编号即可，因为借助它就可从供应商表查找其他数据。

图 6-2　零件表

零件

零件编号	零件名称	单价	供应商编号
137	Door latch	22.00	8259
145	Side mirror	12.00	8444
150	Door molding	6.00	8263
152	Door lock	31.00	8259
155	Compressor	54.00	8261
178	Door handle	10.00	8259

主关键字　　外部关键字

说明：零件实体的数据存放在独立的表格中。零件编号是主关键字，供应商编号是外部关键字。用户使用该字段从供应商表查找每种零件的供应商信息。

值得注意的是，供应商和零件表中都有供应商编号字段。供应商表中，供应商编号是主关键字，而零件表中它被称为**外部关键字**（foreign key），是查找某种零件的供应商信息所必需的字段。零件表有自己的主关键字——零件编号，作为每种零件的唯一标识。该关键字并不用于连接零件表和供应商表，但可连接零件表和其他实体。

使用关系表组织数据时，确保特定实体的所有属性都仅在该实体中是关键。如果将供应商地址信息存储到零件记录中，该地址信息就不仅仅只与零件相关，它与零件及供应商都相关。当供应商地址变化时，就需要修改每条零件记录的相应数据，而不仅是一条供应商记录。

6.1.3　建立关系

既然将信息分开存储于供应商表和零件表两张表中，就必须明确两者间的关系。**实体—关系图**（entity-relationship diagram）可用于描述关系数据库中实体表间的关系。该图中最重要的信息是两实体相连接的方式。关系数据库中实体间的连接方式有三种：一对一、一对多和多对多。

人力资源系统存储的员工基本数据表和机密数据表间就是一对一的关系。诸如员工姓名、出生日期、家庭住址和工作职位等基本数据存储于一张表中，员工薪酬和补助等机密数据则存储于另一张表中。指向同一员工的两张表有着一对一的关系，因为基本数据表中的每条记录只对应机密数据表中的一条记录。

前面讨论的供应商和零件实体间是一对多的关系：每家供应商可以供应多种零件，但一种零件只由一家供应商提供。对于供应商表中的每条记录，零件表中有多条记录与之对应。

图 6-3 显示实体—关系图如何描述一对多关系。矩形框代表实体，连接矩形框的线代表关系。实体间连线末端标记有两条短线表示一对一关系，实体间连线末端

标记有一条短线加鸟爪符号则表示一对多关系。图 6-3 表明：每种零件只对应一家供应商，而一家供应商可提供多种零件。

图 6-3　一个简单的实体—关系图

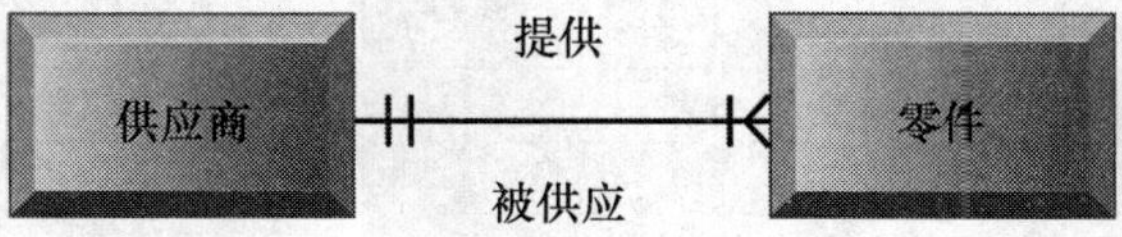

说明：此图显示了供应商和零件实体之间的关系。

将订单表加入数据库，会发现另一个一对多关系，因为一家供应商可对应多份订单。订单表只包含订单号和订购日期两个字段。图 6-4 显示了一份从某家供应商处采购多种零件的订单报告。观察报告可发现，右上角的信息来自订单表，报告下面部分列出了实际采购的零件。

图 6-4　订单报告样本

订单编号：3502
订购日期：2014年1月15日

供应商编号：8259
供应商名称：CBM公司
供应商地址：74 5th Avenue，Dayton，OH 45220

订单编号	零件编号	零件数量	零件名称	单价（美元）	总价（美元）
3502	137	10	Door latch	22.00	220.00
3502	152	20	Door lock	31.00	620.00
3502	178	5	Door handle	10.00	50.00
			总定价：		890.00

说明：阴影部分的数据分别来自供应商、订单和 LINE _ ITEM 表。数据库不必存储总价和总订购量信息，因为这些数据可通过已有表中的其他数据间接获得。

由于在一份订单中可向某家供应商订购多种零件，而每种零件可在不同订单中被多次采购，因此就产生零件表和订单表间的多对多关系。表与表之间存在多对多关系时，就有必要将这两张表连接到另一张表来表示这种关系。可建立一张存储订单中单项记录的表来实现这个目的，这样的表叫做关联表或交互关系。本例中，关联表只包含三个字段：订单号和零件号（用来连接订单表和零件表）以及零件数量。仔细观察报告的左下角，你会发现这些信息来自 LINE _ ITEM 表。

数据库中，我们共创建了四张表。图 6-5 描述了最终的表集，图 6-6 显示了该表集的实体—关系图。注意订单表中没有总价数据，因为这个值可用单价乘以零件数量计算得出。需要此数据时可从零件表和 LINE _ ITEM 表中找到已有信息再计算。订单总定价可通过加总所有单个订单的总价得到。

图 6-5 样本数据的最终数据库设计

零件

零件编号	零件名称	单价	供应商编号
137	Door latch	22.00	8259
145	Side mirror	12.00	8444
150	Door molding	6.00	8263
152	Door lock	31.00	8259
155	Compressor	54.00	8261
178	Door handle	10.00	8259

LINE_ITEM

订单编号	零件编号	零件数量
3502	137	10
3502	152	20
3502	178	5

订单

订单编号	订单日期
3502	1/15/2014
3503	1/16/2014
3504	1/17/2014

供应商

供应商编号	供应商名称	供应商所在街道	供应商所在城市	供应商所在州	供应商邮编
8259	CBM Inc.	74 5th Avenue	Dayton	OH	45220
8261	B. R. Molds	1277 Gandolly Street	Cleveland	OH	49345
8263	Jackson Components	8233 Micklin Street	Lexington	KY	56723
8444	Bryant Corporation	4315 Mill Drive	Rochester	NY	11344

说明：供应商、零件和订单构成的数据库最终包含四张表。LINE _ ITEM 表是一张关联表，它可以消除订单表和零件表之间的多对多关系。

图 6-6 四张表的数据库的实体—关系图

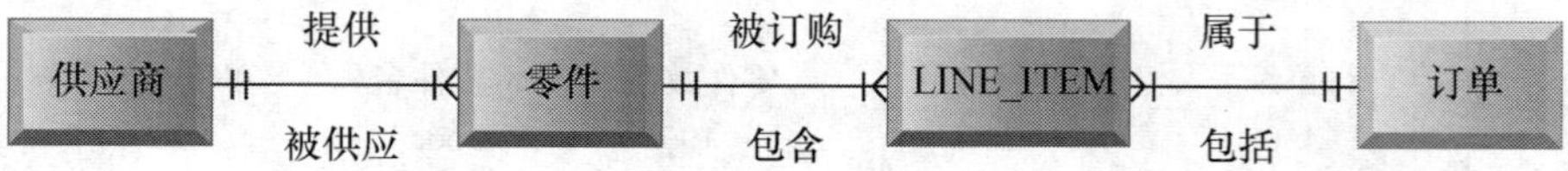

说明：该图显示了供应商、零件、LINE _ ITEM 和订单实体之间的关系。

规范化（normalization）是指对复杂数据进行精简处理，以减少数据冗余和复杂的多对多关系，并增强系统稳定性与灵活性的过程。设计合理规范的数据库易于维护，且其数据冗余最小。要进一步了解规范化、实体—关系图及数据库设计的内容，可访问 MyMISLab 网站。

关系数据库系统中还创建了**参照完整性**（referential integrity）规则，以确保各关联表间的数据保持一致。当某张表中有外部关键字指向另一张表时，除非在被指向的表中已存在相应记录值，否则无法向表中外部关键字段插入该记录值。前文创建的数据库中，“供应商编号”作为外部关键字，将零件表连接到供应商表。除非在供应商表中事先存在供应商编号为 8266 的记录，否则无法往零件表中插入供应商编号为 8266 的新零件记录。同样，如果要删除供应商表中编号为 8266 的记录，也必须先将零件表中相应编号为 8266 的所有记录都删除。换言之，零部件不可能由不存在的供应商提供。

关于零部件、订单、供应商的例子极其简单。即使是非常小的企业，一般也有许多重要的实体表，诸如客户表、货运表和员工表；一家大型公司则可能要维护涉及数千个实体的数据库系统。无论企业规模大小，建立良好的数据模型都至关重要。该模型包括所有实体和它们相互间的关系，设计良好的模型应能实现以下目标：最少的冗余、最高的精确度、便于检索数据供分析与报告。

值得再三强调的是：如果企业没能设计正确的数据模型，信息系统将难以有效地为企业服务。数据不准确、不完整或者难以检索，都会降低企业信息系统应有的效率。本节的重点在于帮助你正确理解组织的数据及其在数据库中的存储方式。

例如，Famous Footwear 公司是一家连锁鞋店，拥有超过 800 家分店，遍布美国 49 个州。由于数据库无法迅速调整鞋店的库存，公司没能实现其"在正确的商店以正确的价格销售正确款式的鞋"的目标。公司采用 Oracle 关系数据库，运行于 IBM AS/400 中型计算机上。然而该数据库的设计初衷是提供标准管理报告，而非及时响应市场变化，因此，管理人员无法获取每家分店中特定产品的准确库存数据。公司不得不建立新数据库来解决这一问题，以使销售和库存数据能更好地用于分析和存货管理。

6.2 数据库管理系统

识别公司运营所需数据并创建相关文件后，就需要数据库管理系统来帮助管理和使用这些数据。**数据库管理系统**（database management system，DBMS）是一类用于在数据库中创建、存储、组织和读取数据的特殊软件。Microsoft Access 是个人电脑上使用的 DBMS 软件，而 DB2，Oracle Database 和 Microsoft SQL Server 则在大中型主机上使用。MYSQL 是一种流行的开源 DBMS，Oracle Database Lite 则用在小型手提计算设备上。所有这些产品都是支持关系数据库的关系型 DBMS。

DBMS 将数据的逻辑视图和物理视图分开，使最终用户和编程人员无须理解数据的物理存储路径和存储方法。逻辑视图以最终用户和商业专家能理解的方式呈现数据，物理视图则显示物理存储介质（如硬盘）实际如何存储和构造数据。

用户可根据需要使用数据库管理软件创建基于物理数据库的不同逻辑视图。如图 6－7 所示的人力资源数据库，福利专员可能需要包含员工姓名、社会保险号以及健康保险等信息的数据视图；薪酬发放部门可能需要诸如员工姓名、社会保险号、总收入和净收入等数据。构成这些视图的所有数据存储于单个数据库中，便于管理。

6.2.1 关系数据库管理系统的操作

关系数据库中，只要两张表存在共同属性，用户就能方便地连接表格获取所需数据。回顾表 6－1 和表 6－2 描述的零件表和供应商表。

假设要在数据库中查找零件号为 137 或 150 零件的供应商的名称，此时要用到供应商表和零件表的信息。注意到这两张表有共同属性：供应商编号。

如图 6－8 所示，关系数据库中，产生有用数据集的常用基本操作有三种：选择、投影、连接。选择操作用来生成由数据表中满足给定条件的记录（行）所组成的数据子集。换言之，选择操作建立满足一定条件的行集合。本例中，我们希望从零件表中选择零件号为 137 或 150 的记录（元组）。连接操作将两张表相连，提供比单张表更丰富的信息。本例中，我们希望将已缩减的零件表（只包含零件号为 137 或 150 的记

图 6-7 多视图的人力资源数据库

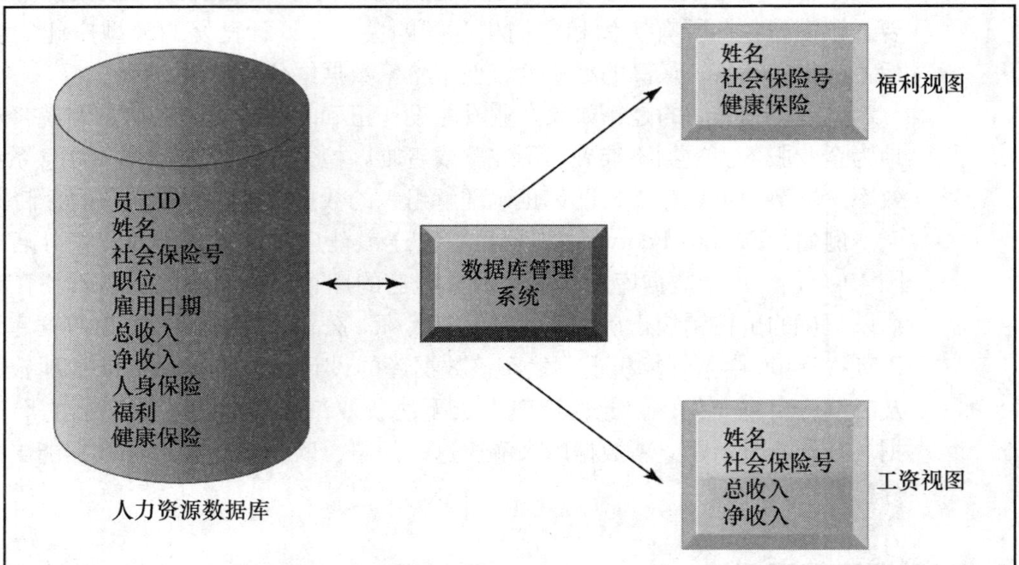

说明：人力资源数据库根据用户的信息需求提供不同的数据视图。这里列举了两个视图，一个包含福利专员感兴趣的数据，另一个提供薪酬发放部门所需的数据。

图 6-8 关系数据库的三个基本操作

零件

零件编号	零件名称	单价	供应商编号
137	Door latch	22.00	8259
145	Side mirror	12.00	8444
150	Door molding	6.00	8263
152	Door lock	31.00	8259
155	Compressor	54.00	8261
178	Door handle	10.00	8259

选择零件编号=137或150

供应商

供应商编号	供应商名称	供应商所在街道	供应商所在城市	供应商所在州	供应商邮编
8259	CBM Inc.	74 5th Avenue	Dayton	OH	45220
8261	B. R. Molds	1277 Gandolly Street	Cleveland	OH	49345
8263	Jackson Components	8233 Micklin Street	Lexington	KY	56723
8444	Bryant Corporation	4315 Mill Drive	Rochester	NY	11344

根据供应商编号连接

零件编号	零件名称	供应商编号	供应商名称
137	Door latch	8259	CBM Inc.
150	Door molding	8263	Jackson Components

项目选择列

说明：选择、投影和合并操作合并两张不同表中的数据，且只显示所需属性。

录）与供应商表合并形成一张新表。

投影操作生成表中列的子集，允许用户选择仅包含所需信息的列。本例中，我们希望从上面的新表中提取以下各列：零件编号、零件名称、供应商编号和供应商名称（见图 6-8）。

6.2.2 数据库管理系统的功能

DBMS 提供组织、管理及存取数据所需的功能和工具，其中最重要的功能有数据定义、数据字典和数据操纵语言。

数据定义（data definition）功能用于指定数据库内容的结构，包括创建数据库表，定义各表的属性字段。数据库的定义信息记录在**数据字典**（data dictionary）中。数据字典存储数据元素的定义及特性，可由电脑自动生成，也可手工创建。Microsoft Access 提供最基本的数据字典功能，以表格的形式显示各字段的名称、描述、大小、类型、格式及其他属性信息（见图 6－9）。大型企业数据库系统中，数据字典还记录其他信息，如用途、责任人（组织中谁负责维护数据）、授权、安全性以及使用者（个人、业务、程序和报告）。

图 6－9　Access 数据字典的特征

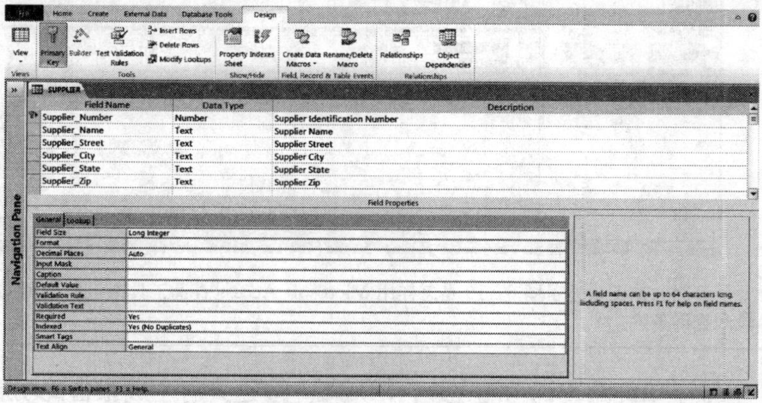

说明：Microsoft Access 内置的数据字典可显示表中各字段的大小、格式和其他特征信息。图中显示的是供应商表的字段信息。左侧的小钥匙图标表明该字段是关键字段。

■ **查询和报告**

DBMS 包含访问和控制数据库信息的工具。大多数 DBMS 都具有专门的**数据操纵语言**（data manipulation language），用于完成对数据库的插入、修改、删除以及查询操作。数据操纵语言包含从数据库中提取数据的命令，供最终用户和程序员检索信息或开发程序使用。目前最常用的数据操纵语言是**结构化查询语言**（Structured Query Language，SQL），图 6－10 给出了能生成图 6－8 中结果的 SQL 查询语句。要更多地了解 SQL 查询语句的构造方法，可以访问 MyMISLab 网站。

图 6－10　一个 SQL 查询的例子

```
SELECT PART.Part_Number, PART.Part_Name, SUPPLIER.Supplier_Number,
SUPPLIER.Supplier_Name
FROM PART, SUPPLIER
WHERE PART.Supplier_Number = SUPPLIER.Supplier_Number AND
Part_Number = 137 OR Part_Number = 150;
```

说明：该 SQL 语句生成的结果是零件号为 137 或 150 零件的供应商，和图 6－8 中的结果一致。

诸如 DB2，Oracle Database 及 SQL Server 等在大中型计算机上使用的 DBMS 软件都采用 SQL 作为数据库查询语言。尽管 Microsoft Access 也使用 SQL，但它同时提供一套自身开发的工具集，方便用户检索数据库、编制报表。

Microsoft Access 为用户提供查询向导功能，用户只需指定所需的表、字段及结果，再选择满足特定条件的数据行。这些操作被逐一转换成 SQL 命令。图 6－11 说明了如何使用 Access 的查询工具完成与图 6－10 中 SQL 查询相同的任务。

图 6－11 一个 Access 查询

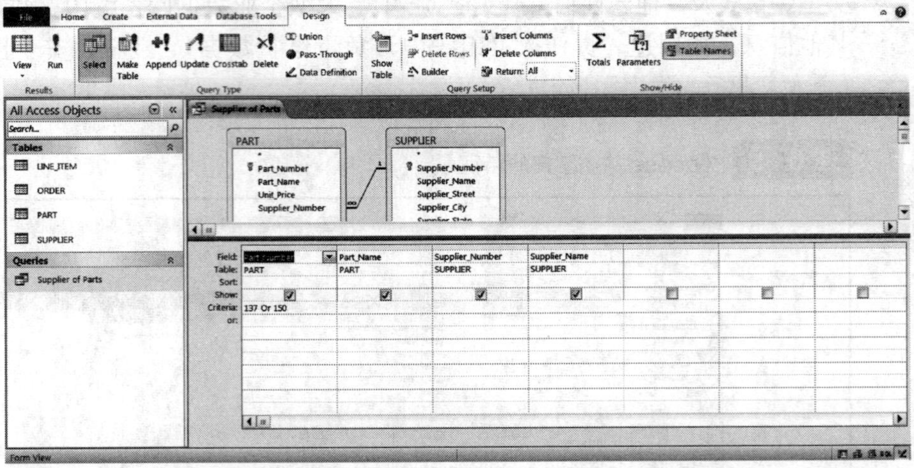

说明：该图描述了图 6－10 是怎样用 Microsoft Access 查询工具来进行查询的，显示了查询的表、字段和查询条件。

除了单纯的查询功能之外，DBMS 一般还具有生成报告的功能，可将用户感兴趣的数据以更结构化、更正规的格式呈现出来。水晶报表（Crystal Reports）是大型公司 DBMS 的主流**报告生成器**（report generator），它在 Microsoft Access 中也可以使用。

Microsoft Access 还拥有开发桌面系统应用的功能，包含可生成数据录入窗口、报告及开发事务处理逻辑的工具。这些功能主要为信息系统专家所使用。

6.2.3 非关系数据库和云数据库

30 多年来，关系数据库技术一直是全球标准。而云计算、前所未有的数据量、服务器大量的工作负荷和新的数据类型，要求数据库改变传统的关系模型，即通过表格、列和行的形式组织数据。公司为了达到这个目的转而使用非关系数据库“NoSQL”这种技术。**非关系数据库管理系统**（non-relational database management system）使用的是更灵活的数据模型，设计的目的是管理分散在不同机器上的大量数据集，使扩大和缩小规模变得更容易。这种方法加快了对大量结构化和非结构化数据进行简单搜索的速度，对于传统基于 SQL 的工具来说，网站、社交媒体、图表和其他形式的数据是很难分析的。

NoSQL 数据库有几种类型，每一种都有自己的技术特点和状态，例如，Oracle 的非关系数据库和亚马逊在云端运行的服务器 SimpleDB 就是常见的两种。SimpleDB 提供了一个简单的服务器接口，可以创建和存储多种数据集，更简单地搜索数据并返回结果。不再需要提前定义正式的数据库结构，也不需要在新数据集加入时改变定义。

为了快速整合分散的数据并得到顾客的综合视图，MetLife 决定利用 MongoDB 开源的 NoSQL 数据库。MetLife 数据库整合了 70 多个分散的系统，如管理系统、索赔系统和其他数据源，包括诸如健康记录和死亡证明这样半结构化或非结构化的数据。这个 NoSQL 数据库能存储结构化、半结构化和非结构化的数据，不需要像关系数据库那样，为了使所有的数据都标准化成刚性模式，而进行烦琐、昂贵且耗时的数据库映射。

■ **云数据库**

亚马逊和其他云计算供应商提供的服务是关系数据库引擎。亚马逊关系数据库服务（Amazon RDS）提供的 MySQL，Microsoft SQL Server 或 Oracle Database 都是数据库引擎。价格基于使用的情况而定。甲骨文有自己的数据库云服务器，使用的是自己的关系型的 Oracle 数据库；Microsoft Windows Azure SQL 数据库是以微软的 SQL Server DBMS 为基础，基于云的关系数据库服务器。基于云的数据管理服务对于聚焦网络的新公司或者中小规模的企业都有很大的吸引力，因为与内部数据库产品相比它的价格更低。

除了公共云数据管理服务器之外，公司现在也能在私有云上使用数据库。Sabre 控股公司是世界上最大的航空业 SaaS 供应商，它拥有一个支持超过 100 个项目和 700 个使用者的私有云。在 Oracle Database 11g 上运行的整合数据库包括许多标准服务器，为多个应用程序提供数据库服务。负荷管理工具可以确保即使负荷变化，也有足够的资源可以满足应用需求。共享的硬件和软件平台减少了服务器、DBMS 和存储器的数量，其中包括定制的航空旅行应用以及铁路、旅馆和其他旅游行业的应用。

6.3 使用数据库提高公司绩效和决策水平

企业使用数据库来跟踪处理基本活动，如采购支付、订单处理、客户服务和薪酬发放等，也借助数据库提供必要信息，以提高运营效率，辅助管理人员和员工制定更优决策。如果企业希望了解什么产品最受欢迎以及哪些客户最有价值，可通过数据库找到答案。

6.3.1 大数据的挑战

5 年前，组织收集的大部分数据都是交易数据，它们很容易存储到关系数据库管理系统的行和列当中。但之后，网站流量、电子邮件信息、社交媒体内容（推文、状态信息）以及来自传感器的机器生成数据（应用于智能仪表、制造传感器、电表或电子交易系统）。这些数据可能是非结构化或半结构化的，因此并不适用于关系数据库中行和列的数据组织形式。现在我们用**大数据**（big data）来描述量非常大的数据集，典型的 DBMS 已经无法获取、存储和分析这些数据。

大数据并不是指某个特定的量，但一般来说数据都是在拍字节和艾字节范围内——几十亿到数万亿的记录，数据来源都不相同。与以往相比，大数据的产生速度更快，数量更大。比如，一架喷气式飞机在 30 分钟内就能产生 10 兆字节，每天有 25 000 架飞机在飞行。脸书上有 2 500 亿张照片，每天新增 3.5 亿张。尽管每条推文限制在 140 个字节，推特每天仍会产生超过 8 兆字节的数据。数字信息正以指数级增长，在 2011 年是 1.8 皆字节，预计 2020 年将达到 35 皆字节。思科称，如果一杯 11 盎司的咖啡代表 10 亿字节，那么一皆字节就如同万里长城。

商业领域之所以对大数据感兴趣，是因为与小量数据相比，其中涵盖了更多的模式和有趣的差异，可能对消费者行为、天气状况、金融市场活动或者其他现象有新的洞察。全球在线图片网站 Shutterstock 存储了 2 400 万张图片并且每天新增 10 000 多张。它利用大数据来发现访问者会把光标停放在哪里，以及他们在决定购买前会停留多久，以便找到优化 Shutterstock 体验的方式。

为从这些数据中获取价值，公司需要利用新的技术和工具来管理并分析非传统数据，并将其与传统企业数据结合在一起。公司还需要知道从数据中获取的答案以及大数据本身的局限。获取、存储和分析大数据的花费很大，而且从大数据中得到的信息不一定对营销策略有帮助。了解大数据对于获取商业问题的答案是非常重要的。章末案例是关于公司利用大数据解决这些问题的例子。

6.3.2 商务智能架构

如果想了解有关整个公司运营现状、发展趋势和变化的简要、可靠的信息，你应该怎么做？如果你在一家大型公司工作，要获取这些信息并非易事，因为数据通常分散在独立的系统中，如销售、制造和会计系统，甚至可能来自外部资源，如人口统计或竞争者数据。你可能会越来越需要大数据。同时期的商务智能架构中有很多的工具，利用这些工具可以获取应用于商业的不同类型的信息，可以包括半结构化和非结构化的大数据。其功能包括数据仓库、数据集市、Hadoop、内存计算和分析平台。目前这些功能中有一些可以在云端使用。

■ **数据仓库和数据集市**

过去 20 年分析公司数据的传统工具是数据仓库。**数据仓库**（data warehouse）是存储整个公司范围内决策人员认为有潜在价值的当前和历史数据的数据库。这些数据源于核心的运营系统，如销售、客户账户和制造系统，还可能包含来自网站的交易数据。通过将不同事务数据库中的信息加以整理和规范化，数据仓库可为整个公司的管理分析和决策制定提供支持。

任何用户都可按需获取数据仓库中的数据，但不能更改数据。数据仓库系统也提供一系列特定的标准化查询工具、分析工具和图形报告工具。

许多公司建立企业级的数据仓库，即使用单个中心数据仓库为整个公司提供服务。也有些公司搭建较小的、分散的数据仓库平台，即数据集市。**数据集市**（data mart）是数据仓库的子集，是用来存储组织中高度概括的数据，便于特定用户使用的独立数据库。例如，企业开发营销和销售数据集市来处理与客户有关的信息。巴诺书店过去就维护着很多数据集市——一个用于零售商店销售，一个用于大学书店销售，另一个用于在线销售。

■ **Hadoop**

关系数据库和数据仓库相关产品在组织和分析数据时，对于不具有模型中行和列结构的大数据或者数据就会失效。在处理大量的非结构化、半结构化以及结构化的数据时，组织开始使用 **Hadoop**。Hadoop 是由 Apache Software Foundation 管理的开源软件架构，它能够支持在普通电脑上对大量数据并行操作。Hadoop 会将一个大的数据问题分解成许多子问题，并将这些子问题分配给很多普通电脑的处理节点，然后把这些结果组合在一个更容易分析的较小数据集中。你在网上搜索最划算的机票、查询去宾馆的路线或者在脸书上与好友联系时，可能已经在使用 Hadoop 了。

Hadoop提供的主要服务包括：用于数据存储的Hadoop分发文件系统（Hadoop Distributed File System，HDFS）和用于高性能并行数据处理的MapReduce。HDFS让Hadoop集群的很多节点上的文件联系在一起，这样就能把数据整合到同一个大的文件系统中。受到谷歌的MapReduce的启发，Hadoop的MapReduce在处理巨大的数据集时，将其分割并分配给集群中的多个节点。Hadoop的非关系数据库HBase能保证用户迅速访问存储在HDFS上的数据，并为处理大量实时的应用提供交换平台。

Hadoop能处理大量各种类型的数据，可以是结构化的交易数据，可以是像脸书和推特上结构松散的数据，也可以是像网站搜索日记、非结构化的视频/音频数据等复杂的数据。Hadoop在普通服务器组成的集群中运行，可以根据需要添加和移除处理器。公司用Hadoop分析大量的数据，或者在非结构化及半结构化数据导入数据仓库前提供暂存区。脸书将数据存储在自有的庞大Hadoop集群中，据估计这个集群存储了100拍字节，约相当于美国国会图书馆所包含信息的10 000倍。雅虎利用Hadoop跟踪使用者行为，从而对主页进行调整以迎合使用者偏好。生命科学研究公司NextBio利用Hadoop和HBase为进行基因组研究的制药公司处理数据。诸如IBM、惠普、甲骨文和微软这样的顶级数据库提供商，都有自己的Hadoop软件区域。其他的提供商提供相应的工具，可以用来在Hadoop上添加和删除数据，或者在Hadoop内对数据进行分析。

- **内存计算**

另一种用于大数据分析的方法是使用**内存计算**（in-memory computing），这种方法主要利用负责数据存储的计算机主存（传统的DBMS用的是磁盘存储系统）。用户访问主存内的数据，解决了在传统基于磁盘的数据库中访问和阅读数据的瓶颈，极大缩短了查询的反应时长。内存处理让大量数据集（包括数据集市或小型数据仓库）可以全部暂存在内存中。过去，复杂的业务计算要用几小时或几天的时间，现在只需几秒钟，这个过程甚至可以在手持设备上完成。

前面的章节描述了当代计算机硬件技术的一些优点，比如高性能的高速处理器、多核处理、更低的内存价格，它们保证了内存处理的可行性。这些技术可使公司降低成本，还有助于内存的利用最大化和加速处理过程。

内存计算方面具有代表性的商业产品包括SAP HANA和Oracle Exalytics。它们都提供一套完整的软件组件，包括内存数据库软件和个性化分析软件，这些软件运行在硬盘上，使内存计算工作最优化。

迈凯伦赛车公司（McLaren Racing）会定期把10亿字节的数据传输到SAP HANA的内存计算系统中分析，这些数据是公司赛车上安装的接收器产生的，分析过程与比赛同步。每辆McLaren Formula One会产生大约10亿字节的原始数据，现在公司工程师可以在1/10秒内查询到数据，而此前需要两天时间。公司可以根据这些信息实时调整比赛过程中的状态。

- **分析平台**

商业数据库提供商利用关系和非关系技术开发了专业、高速的**分析平台**（analytic platform），可以优化对大数据集的分析。诸如IBM Netezza和Oracle大数据应用等分析平台，都预先配置了专门用于查询和分析的硬软件系统。比如，IBM Netezza的特点是数据库、服务器和存储模块紧密集合在一起，在处理复杂的分析请求时比传统系统快 10～100 倍。分析平台还包括内存系统和 NoSQL 非关系数据库管理系统。

图 6－12 描述了一个现代商务智能架构，用到前面提到的技术。从多个操作系统中提取的当前和历史数据，还包括网络数据、机器生成数据、非结构化视频/音频数据和外部来源数据，然后对这些数据重新构建和组织，用于之后的报告和分析。在使用数据仓库、数据集市的数据，使用分析平台，或授权用户直接搜索时，Hadoop 集群都能对大数据进行预处理。输出可以是报告、仪表盘或者查询结果的形式。第 11 章将详细描述 BI 使用者和 BI 报告的各种类型。

图 6－12 商务智能

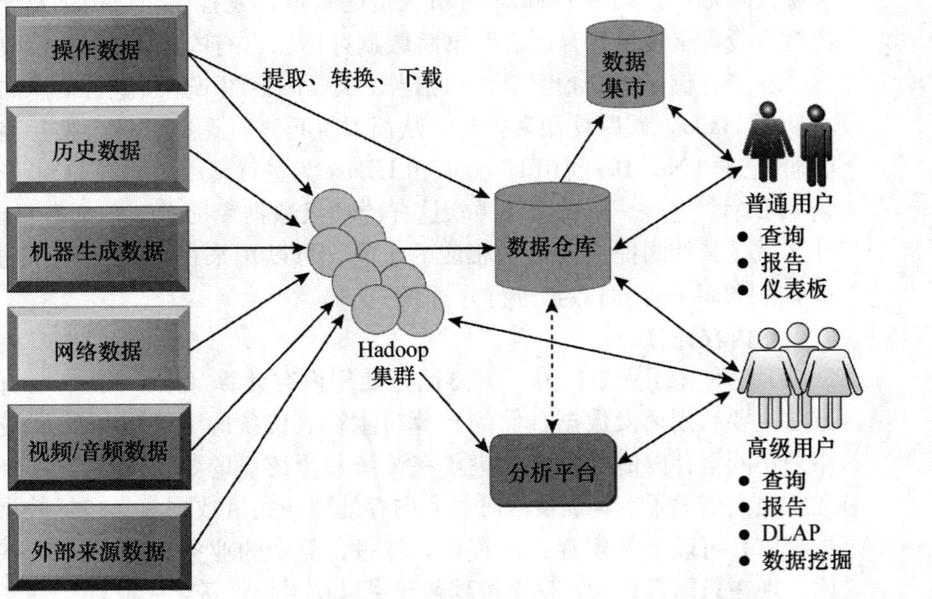

说明：一系列分析工具用于处理数据库中的数据，洞察其中的模式和关系，辅助管理层和员工制定更优的决策，提高组织绩效。

6.3.3 分析工具：关系、模式和趋势

数据一旦利用商务智能技术获取和组织，就可用于数据库查询和报告、多维数据分析（OLAP）和数据挖掘等深入分析。本小节将介绍这些工具，第 11 章将详细介绍商务智能的分析和应用。

■ **联机分析处理**

假设你的公司在东部、西部和中部地区销售四种不同的产品——螺母、螺栓、垫圈和螺丝钉。如果你提出诸如上季度垫圈销量这样直观的问题，通过查询销售数据库能很容易地找到答案。但如果你想知道每个地区垫圈的销量，并且要比较实际销量与预期销量，该怎么办呢？

要回答这一问题，你需要用到**联机分析处理**（online analytical processing，OLAP）。OLAP 支持多维数据分析，用户可从不同角度透视同一数据。本例中，信息的每个方面——产品、价格、成本、销售区域和时段——代表不同的维度。因此产

品经理可使用多维数据分析工具来了解6月份东部垫圈的销量，并与上月甚至上年同期进行比较，也可与预期销量对比。即使数据存储在超大型数据库中，比如说有好几年的销售数据，通过OLAP也能在极短时间内在线获取某些特定问题的答案。

图6-13显示的是一个表示产品、地区、实际销量和预期销量的多维模型。实际销量的矩阵可放在预期销量矩阵之上，形成一个六面立方体。如果你将立方体朝某个方向旋转90°，就会看到不同产品的实际销量与预期销量。如果你沿着同一个方向再旋转90°，就会看到不同地区的实际销量与预期销量。如果你从最开始就旋转180°，就会看到不同地区、不同产品的预期销量数据。立方体可嵌套在立方体中，从而创建更复杂的数据视图。公司要么使用专业的多维数据库，要么使用能在关系数据库中创建多维数据视图的工具。

图6-13 多维数据模型

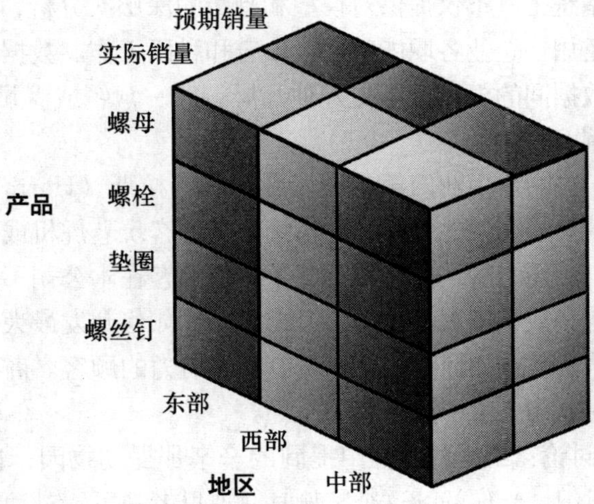

说明：视图界面显示的是产品和地区。如果你将立方体旋转90°，正面将呈现不同产品的实际销量与预期销量。如果再旋转90°，将会看到不同地区的实际销量与预期销量。其他视图界面均可由相同方法得到。

■ **数据挖掘**

传统数据库查询可回答如下问题：“2014年2月发出的编号为403的产品数量是多少?”OLAP或多维分析则支持更复杂的信息请求，例如：“按季节和销售区域比较过去两年编号为403的产品的实际销量与预期销量”。在应用OLAP和基于查询导向的数据分析之前，用户必须对所要查找的信息有充分的认识。

数据挖掘（data mining）是由探索驱动的。数据挖掘通过挖掘大型数据库中隐藏的模型和关系以及总结数据规律来预测未来的行为，使企业获得对数据更深层次的认识。OLAP做不到这一点。这些模型和规则可用于指导决策制定，预测决策的影响。通过数据挖掘可获得的信息类型有：关联规则、序列、分类、聚类和预测等。

● 关联规则指单个事件间相互关联，同时发生的可能性。例如，一项关于超市购买模式的研究表明，当购买玉米片时，同时购买可乐的概率是65%；而当有促销活动时，同时购买可乐的概率是85%。这些信息能帮助管理人员制定更优的决策，因为他们知道促销有利可图。

- 在序列中，事件按时间先后联系在一起。例如，我们可能发现，如果购买了一套房子，两周内将有 65%的可能性会购买一台电冰箱，一个月之内有 45%的可能性会购买一台烤箱。
- 分类指通过分析已分类的现有数据项，并应用一定的规则来判别某一项应归属为哪一类。例如，信用卡或电话公司常会担心失去固定用户，通过分类发现即将流失的用户的共同特征，管理层据此预测哪些用户有此类迹象，找出对策挽留。
- 聚类的工作原理与分类相似，但它没有事先定义的类别。数据挖掘的聚类工具能够发现数据内部的不同分组，诸如发现银行卡的相似用户组或者基于人口统计学和个人投资类型将数据库中的客户分成不同的组。
- 虽然这些应用都用到预测的手段，但预测与其相差甚大。预测使用一系列已知的值来预判未知变量。例如，通过预测可发现数据内部的模式，帮助管理人员估计如销售量等连续变量的未来值。

这些系统工具不仅提供对模型和趋势的深层次分析，也可深入挖掘细节数据。数据挖掘广泛用于企业各职能部门、政府和科研工作。数据挖掘的常见应用之一是深入分析客户数据间的模式，以更好地开展一对一营销或者识别出有利可图的客户。（参见章末案例。）

例如，美国娱乐业内第二大博彩公司哈拉斯（Harrah's Entertainment），用数据挖掘来识别其最赚钱的顾客。它持续分析顾客玩老虎机或在其旗下赌场、宾馆消费的信息记录。公司的营销部门根据一个特定顾客在本公司不间断的消费信息，建立了一个详细的博彩数据图表。这一信息指导公司如何开发最大方的顾客，如何鼓励这些顾客更多地消费以及如何吸引更多具有消费潜力的顾客。商务智能极大地提高了公司的利润，成为公司决策中最重要的一环。

“互动讨论：组织”专栏中提到的辛辛那提动物园，也是从商务智能和数据挖掘中获益的组织。当你阅读这个案例时，请思考一下，对动物园可得数据更好的利用可以解决哪些问题以及怎样解决这些问题。

互动讨论：组织

商务智能让辛辛那提动物园更了解顾客

创建于 1873 年的辛辛那提动植物园（Cincinnati Zoo & Botancial Garden）是全球最受欢迎的动物园，也是美国历史第二悠久的动物园。它同时还是全美最受欢迎的旅游胜地之一，Zagat 评选的排名前十的动物园，以及 Parents Magazine 评选的最受儿童欢迎的动物园。这家动物园占地 71 英亩，园内有超过 500 种动物和 3 000 种植物。每年大约有 120 万人参观。

该动物园是由汉密尔顿县资助的非营利组织，其 2.6 亿美元的年预算中超过 2/3 来自资金募集，剩余的则来自税收支持及出售门票、食物和礼品的收入。为了增加收入并提高绩效，动物园的高层管理团队已经着手全面检查组织的运营。这次检查发现，除了知道每天有多少人参观动物园以及动物园的总收入之外，管理者对动物园里每天发生了什么都不太清楚。

哪些人会来动物园？他们多久来一次？他们都做了什么，又购买了什么？管理者一无所知。动物园的门票、会员、零售和食品服务这四种收入来源有不同的销售点平台，每年带来 400 万美元收入的食品服务仍然采用人工收银机。管理者为了解每天的销售总额不得不对纸质收据进行检查。

动物园采集参观者 ZIP 编号，编辑存储编号的电子表格，希望能利用这些数据对地区和人口进行分析。如果这些数据能够与观察到的参观者在动物园中的活动（是什么吸引他们前来参观，他们吃的和喝的是什么，他们在礼品店购买了什么）联系在一起，将对指导营销有非常重要的价值。

为了实现这一目标，动物园决定改变它的信息系统，使其更注重分析和数据管理。动物园将原来的四个销售系统替换为一个平台——从属于网关票务系统的 Galaxy POS。随后，公司委托 IBM 和 BrightStar Partners（一家与 IBM 合作的咨询公司）建立一个集中的数据仓库，并引入 IBM 的 Cognos 商务智能来提供实时的分析和报告。

和所有的户外景点一样，动物园的业务受天气影响很大。下雨的时候，参观人数迅速下滑，经常让动物园人员和库存过多。如果天气异常炎热，像冰激凌和瓶装水这样一些物品的销量会上升，可能出现脱销现象。

现在，动物园从美国国家海洋和大气管理局网站获得天气预报数据，并将之添加至商务智能系统中。通过将现在的预测与历史参观人数及相同天气的销售数据进行比较，动物园能够制定更加准确的人员安排和库存计划。

当参观者在动物园入口、出口、展区、餐厅和商店刷会员卡或动物园忠诚奖励卡时，动物园的系统能获取和分析这些数据，可以精确到单个消费者的使用和消费方式。这些信息能帮助动物园根据参观者的消费和参观行为划分人群，并针对每类消费人群进行营销和促销。

动物园不再向邮件列表里的所有人发送特别优惠信息，而是对小部分顾客群进行更精准的营销，提高了识别出会回复邮件的人的概率。更有针对性的营销帮助动物园的年销售费用节省了 40 000 美元。

管理者发现，每天下午 3 点之后食物的销量会迅速下降，于是在 3 点后关闭了动物园内的一些食品店。但更详细的数据显示，在动物园关闭前的几个小时，软冰激凌的销量会大幅上升。因此，动物园的软冰激凌店被调整为全天开放。

动物园的啤酒屋销售 6 个特许品牌，主要根据销售量和季节进行变换。利用 IBM 的分析，现在管理者能很快知道在哪一天的哪个时间段哪一种啤酒是卖得最好的，从而保证库存满足需求。之前，获取这些信息要雇用兼职员工对收银机纸带进行检查，会花费 7～14 天的时间。

动物园能在运营中做出更好的决策，显著提高了销售量。部署商业智能方案后的 6 个月，与前一年同期相比，动物园的食品销量上升了 30.7%，零售销量上升了 5.9%。

资料来源："Zoo Wants Additional Revenue from Taxes," Cincinnati. com, January 18, 2013; www. cincinnatizoo. org, accessed March 5, 2012; IBM Corporation, "Cincinnati Zoo Improves Customer Experience and Enhances Performance," 2011; and Nucleus Research, "IBM ROI Case Study: Cincinnati Zoo," July 2011.

案例思考题

1. 辛辛那提动物园有哪些人员、组织和技术因素导致其失去了增加收入的机会？
2. 为什么将原有的销售点系统替换成一个数据仓库是信息系统解决方案的重点？
3. 描述从数据挖掘中获取的信息帮助动物园更好地了解顾客行为。
4. 辛辛那提动物园是如何从商务智能中获益的？它是如何改善运营绩效和决策制定的？
5. 动物园管理层最近表示，为了能在未来提供相同水平的质量和服务，它可能需要更多的税收支持。如何应用商务智能才能避免这件事的发生？

■ **文本挖掘和 Web 挖掘**

80%的对组织有用的信息是非结构化的，这些数据通常存储在文本文件中。对企业而言，电子邮件、备忘录、呼叫中心记录、调查回访、法律案件、专利说明书和服务报告等是非常有价值的，利用它们可发现一些特殊的模式和趋势，从而提高员工的决策水平。如今企业可利用**文本挖掘**（text mining）工具来分析这类数据。文本挖掘工具从大型的非结构化数据集中提取出关键信息，发现隐藏的模式和关系，然后对这些信息进行归纳总结。

企业可以使用文本挖掘工具对其客户服务中心的呼叫记录进行分析，来识别主要的维修服务问题，或者衡量顾客对公司的情感。**情感分析**（sentimental analysis）软件能够对电子邮件、微博、社交媒体对话或者调查表中的文本进行发掘，发现关于特定主题顾客喜爱和讨厌的观点。

例如，嘉信理财（Charles Schwab）每个月会用 Attensity Analyze 软件分析几十万顾客交易。这个软件会分析顾客的服务记录、电子邮件、调查回复和在线讨论，从中发现可能导致顾客不再选择公司服务的不满迹象。Attensity 能够自动识别顾客反馈的各种声音（比如积极的、消极的或无所谓的声音），准确找到那些打算购买、打算离去或对某种产品及营销信息有所反应的人群。嘉信理财根据这些信息采取纠正措施，比如增加与顾客直接交流的经纪人，从而迅速解决让顾客不满的问题。

如今，网络已成为重要信息的另一丰富来源，对来自网络的数据进行挖掘可发现其中的模式和趋势，深入洞察客户的行为。**Web 挖掘**（Web mining）指的是对从万维网中收集的数据进行分析，发现有用的模式或信息。Web 挖掘可帮助企业理解客户行为，评价某个特定网络站点的效率，或者量化某些营销活动的效果。例如，营销人员可利用 Google Trends 和 Google Insights for Search 等工具来发现人们感兴趣的事物及他们乐意购买的产品，因为这两个工具会跟踪记录各种在谷歌搜索中经常使用的词语。

Web 挖掘通过内容挖掘、结构挖掘和使用记录挖掘三种方式来发现数据中隐含的模式信息。Web 内容挖掘是一个从网页内容中提取知识的过程，这些内容可能包括文字、图片、音频及视频数据。Web 结构挖掘是对某个特定网络站点相关的结构数据的分析。例如，指向某个文件的链接数目表明了该文件的受欢迎度，而由某个文件指出的链接数目说明了该文件中所含主题的丰富性和多样性。Web 使用记录挖掘分析用户的交互数据，这些数据在用户请求网站资源时被记录在 Web 服务器中。使用记录数据中包含了用户浏览网站或进行业务操作时的行为，并被记录在服务器的 Web 日志中。分析这些数据能帮助企业评价特定客户的价值及产品交叉销售策略和促销活动的有效性。

章末案例描述了组织应用上述分析工具和商务智能技术应对大数据挑战的经验。

6.3.4 数据库与万维网

目前许多公司都建立了企业网站，与公司客户和商业伙伴共享某些公司内部信息。潜在客户登录公司网站后，可查看公司产品目录或下订单。相应地，公司可通过网页查看供应商的产品库存信息，供应商也能核实自身供应商的信息，并联系物流公司及时送货。

这些行为涉及通过网络查询和（下订单时）更新数据库。例如，客户可通过网页检索在线零售商的数据库，查询商品价格信息。图 6－14 显示了客户在线访问零售商内部数据库的过程。用户使用个人电脑中的网页浏览器进入零售商的网站。浏览器使用 HTML 语言与服务器交流，从公司数据库中获取所需的信息。

图 6－14 将内部数据库与网络相连接

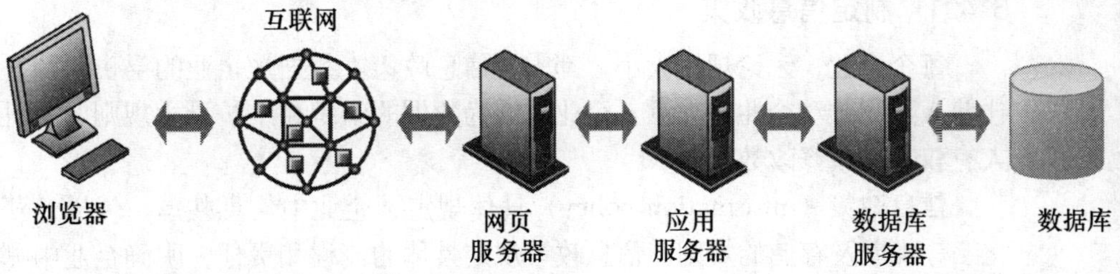

说明：用户使用台式机上的网页浏览器软件访问组织内部数据库。

由于许多后台系统并不能识别 HTML 编写的命令，网络服务器需将数据请求传递给特定的软件，由该软件将 HTML 命令转换成 SQL 语句，再交由 DBMS 处理。在客户端/服务器（C/S）环境中，DBMS 通常安装在被称为**数据库服务器**（database server）的专用计算机上。DBMS 接收 SQL 请求并返回所请求的数据。从公司内部数据库返回的信息被重新传送到网络服务器，再以网页的形式呈现给用户。

图 6－14 显示了网页服务器和 DBMS 之间的中间件，它是运行于专用计算机上的应用服务器（见第 5 章）。应用服务器介于浏览器和公司后台业务系统或数据库之间，可以处理所有的应用操作，包括业务处理和数据访问。应用服务器从网页服务器处获取请求，应用商业逻辑处理业务请求，同时与企业后台系统或数据库建立连接。另一种情况是，充当应用服务器的是通用程序或 CGI 脚本。CGI 脚本是一种使用通用网关接口（CGI）来处理网页服务器数据的程序。

通过网页访问组织内部数据库具有巨大的优势。首先，人人都知道如何使用网页浏览器，因此与专门的查询工具相比，可减少对员工的培训。其次，使用 Web 接口几乎不需要对内部数据库做任何改变。与重新设计构建新系统相比，在旧系统中增加 Web 接口的成本要低得多，因此公司更愿意投资改造旧系统。正因为如此，大多数《财富》500 强公司都将运行于大型主机上的后台数据库与前台应用软件相连，以便用户在线获取所需信息。

通过网络访问公司数据库能够提高效率，创造新的商机，甚至在某些情况下改变企业的业务模式。ThomasNet. com 网站提供了多达 70 万个工业品供应商的产品目录信息，涉及化工、金属、塑料、橡胶和汽车设备等。公司以前名叫"Thomas Register"，当时主要通过邮寄方式提供产品目录信息。现在，公司通过自己的网站在线向用户提供这些信息，使企业得以精简。

还有些公司创造出全新的基于网络在线访问数据库的商业模式。社交网络 MySpace 就是其中之一，它帮助用户彼此保持联系或结识新朋友。MySpace 网站以音乐、视频、幽默故事和"个人简介"为特色，"个人简介"是指 1.75 亿用户自己提供的年龄、所在地、交友条件、婚姻状况及兴趣爱好等信息。该系统使用庞大的数据库存储和管理上述信息。

6.4 数据资源管理

建立数据库只是一个开始。要确保企业数据准确、可靠、即时可用，企业还需要制定特殊的政策和程序对数据资源进行管理。

6.4.1 制定信息政策

每个企业，无论规模大小，都需要信息政策。数据是企业的宝贵资源，因此不能让他人随意改动企业的数据。企业应该为数据的组织和维护设立规则，并且规定哪些人有权查看或修改数据。

信息政策（information policy）具体规定了企业中信息共享、传播、获取、标准化、分类以及存储的规则。信息政策规定具体的流程和责任，明确企业中哪些部门和人员有权共享信息，界定信息传送的对象，以及确定由谁负责更新和维护信息。例如，典型的信息政策会规定：只有人力资源部门的特定人员才有权查看和修改员工的敏感信息，这些信息包括员工工资、社会保险号等，相关部门还要对数据的准确性负责。

如果是一个小公司，信息政策通常由企业主和管理者制定并实施。而在大公司中，就需要正式的数据管理职能部门来负责管理和规划公司的信息资源。**数据管理**（data administration）部门负责制定和实施信息政策和流程，有效管理数据使之成为企业的资源。其职能具体包括：开发信息政策，规划数据，监督数据库的逻辑设计和数据字典的开发，以及监控信息系统专家和用户对数据的使用。

大公司的信息系统部门一般会有一个负责数据库设计和管理的团队，其主要职能是：定义数据库结构，组织数据库内容，并维护数据库。通过与用户密切配合，设计小组建立物理数据库、设计元素之间的逻辑关系、访问规则和安全程序。其功能就称为**数据库管理**（database administration）。

6.4.2 确保数据质量

设计良好的数据库和信息政策对于满足企业的信息需求有很大帮助。但是，为确保企业数据库中数据的准确性和可靠性，还必须实施额外的措施。

如果客户的电话号码或账户余额数据有错误，会怎么样？如果数据库中存储的产品价格是错误的，将有什么影响？那些不准确、不及时或与其他信息源不一致的数据会使企业陷入严重的经营或财务困难。数据错误未被发现，常常会导致决策失误、产品召回甚至财务损失等一系列问题。

高德纳咨询公司披露，《财富》1 000强公司的大型数据库中有超过25%的信息是不准确和不完整的，其中的问题包括：错误的产品编号和描述、错误的存货描述、错误的财务数据、错误的供应商信息以及不准确的员工信息。

有些数据质量问题是由数据仓库的多个源数据库系统中数据的冗余和不一致导致的。例如，同一公司中，销售订单系统和库存管理系统都存储了公司产品的数据，销售订单系统可能使用物品编号来命名某属性，而库存管理系统可能将同一属性称作产品编号。服装零售商的销售、库存和制造系统可能使用不同的代码来表示同一属性的值，一个系统用“超大”来标识衣服的某个尺寸，而其他系统也许采用代码“XL”表示同样的信息。企业在设计数据仓库时，对描述客户、产品、订单等实体的数据的命名和定义应当在所有使用该数据仓库的部门间保持一致。

如果数据库经过合理设计，并且建立起企业级的数据标准，重复和不一致的数据信息就会减少。然而，大多数的数据质量问题，诸如名字拼写错误、数字顺序颠倒和代码缺失等，都是由数据输入错误引起的。由于公司将商务活动转移到网上，客户和供应商均可在线输入数据，输入的数据会被直接更新到公司内部的数据库，上述错误便可能在此过程中产生。

设想你在一天内收到多封相同的广告邮件。这很可能是你的名字在数据库中被重复存储造成的。原因也许是在输入时拼错了你的名字，或者你名字中间的字母有时大写有时又小写，或者纸质文件上的信息在扫描时出现问题。由于这种不一致性，数据库可能会把你当成不同的人！我们常常会收到地址为 Laudon，Lavdcn，Lauden 或 Landon 的多余邮件。

实施新的数据库之前，公司需要识别数据中的错误并加以修改，同时为新数据库的运行建立新的数据处理原则。数据质量分析通常开始于**数据质量审核**（data quality audit），它是关于信息系统中数据的准确性和完整度的结构化调查。实施数据质量审核的方法包括：调查全部数据文件、调查数据文件样本以及调查用户对于数据质量的意见等。

数据清理（data cleansing），又称数据净化，包括对数据库中不正确、不完整、格式不规范或冗余的数据进行检测和更正。数据清理除了更正数据外，还能加强来自不同信息系统的数据集间的一致性。目前专门的数据清理软件可以自动检查数据文档、更正数据错误以及以全公司统一的格式整合数据。

“互动讨论：人员”专栏讲述了美国水务公司（American Water）将数据作为一种资源来管理的经验。阅读本案例时，识别出公司改进数据管理需要考虑的政策、程序和技术方面的因素。

互动讨论：人员

美国水务保持数据流动

成立于 1886 年的美国水务是全美最大的公用供水部门。公司总部位于新泽西州的沃里斯，拥有 7 000 多名专业员工，提供饮用水、污水处理和相关服务，服务范围覆盖美国 35 个州的 1 600 万人口，以及加拿大的安大略省和马尼托巴省。美国水务的大多数服务都支持地方管理的公共设施子公司，这些子公司的运营要遵守美国各州和联邦政府的规定。美国水务旗下还有按照合同管理市政饮用水和污水系统，为公司和当地居民提供水产品和服务的子公司。

到目前为止，美国水务系统和商业流程都十分本土化，而且很多采用的是人工方式。随着时间的推移，这种信息环境变得很难管理。很多系统没有整合在一起，所以生成任何涉及多个地区的报告都要采用繁复的人工处理方式。数据从当地系统中提取，经人工汇总后得出需要的结果。2006 年公司准备首次公开募股，但是它的软件系统不能进行必要的监管控制，约 80%的工作要由人工完成。这几乎是一场噩梦。

公司的业务在各地区独立分散，管理层希望将其变得更集中，并拥有标准的企业级业务流程和报告。实现这个目标的第一步是引入企业资源计划（ERP）系统，用统一的集成软件平台代替分散的系统。公司选择 SAP 作为它的 ERP 系统提供商。

这个项目很重要的一步是把数据从美国水务原系统迁移到新的平台上。公司的数据存储在多个平台的系统中。每一个地区的公司都有自己的系统存储数据，这些数据有一部分是冗余和不连续的。比如，一种材料在公司密苏里州的业务中和在新泽西州的业务中的名称不同，导致物料主数据重复。这些名称必须标准化，以使相关的数据可以被每一个业务单元使用。美国水务的商业用户必须参与到新的公司级数据规划中。

数据迁移不仅仅是实现数据在新旧系统之间的转化。商业用户应该明白数据不只是信息系统部门的责任：公司拥有这些数据。公司需要决定数据管理的原则和标准。因此，要由商业用户重新检查系统中的数据并列出清单，精确决定哪些数据将用在新系统中、哪些不用迁移。为了确保冗余数据被删除，所导入的数据准确、连续，需要重新检查数据。

很可能要清理某些数据类型。例如，美国水务的供应商主数据文件中有 70 000 多家供应商的数据。美国水务商务智能主管安德鲁·克拉克森（Andrew Clarkson）要求商业用户指定合作的供应商，然后据此识别出需要迁移的数据。他也与各职能团队一起工作，使地区数据的呈现实现标准化。

美国水务数据管理的目标之一是，支持基于单一业务视图的企业级商务智能项目。分析系统和数据仓库可以将 SAP ERP 系统中的数据与其他来源的数据结合在一起，包括新客户的信息和企业资产管理系统。美国水务的商业用户要仔细考虑他们想要什么样的报告。公司最初计划从系统中得到 200 份报告，但之后的数字减少了一半。商业用户会接受生成和定制这些报告的培训。大多数金融用户最初试图利用微软的 Excel 电子表格软件生成报告。然而一段时间后，他们学会了利用系统自带的 SAP Business Objects Web Intelligence 工具做同样的事情。SAP Business Objects Web Intelligence 是一个工具包，可以让用户浏览、查询和分析商务智能数据。它包括可以生成请求、报告和交互式仪表盘的工具。

目前，美国水务推崇这样的观念：数据必须是“干净”的才能有效，公司在数据清理工作上付出了巨大的努力——识别出不完备、不正确、不准确和不相关的数据，然后对这些数据进行替换、修改或者删除。克拉克森表示，正如水处理厂有测试处理过程中水质量的度量尺度和仪器，数据管理也要保证每一步产生的数据的质量，这样才能保证最终的产出对公司是有用的。

资料来源：David Hannon, “Clean Smooth-Flowing Data at American Water,” SAP Insider Profiles, January-March 2013 and www. amwater. com, accessed March 2, 2013.

案例思考题

1. 讨论在美国水务数据管理改革的过程中，信息政策、数据管理员扮演的角色和发挥的作用。
2. 讨论美国水务系统转换工程中信息系统专家和最终用户扮演的角色。
3. 为什么商业用户的参与很重要？如果他们不参与会发生什么？
4. 引入数据仓库是如何帮助美国水务向集中化组织迈进的？
5. 列举几个美国水务数据不“干净”会带来的问题。
6. 美国水务数据仓库是如何提高运营效率和管理层决策水平的？

本章小结

1. 关系数据库是如何组织数据的？

关系数据库是目前信息系统中组织和维护数据的主要方法。它将数据存储在由行列形成的二维表中，二维表也称为关系表，表中存储实体和属性数据。每一行代表一条记录，每一列代表一个属性或字段。每张表都包含一个关键字段，以此作为区分每条记录的唯一标识，便于用户获取和操作数据。实体—关系图形象地表示了关系数据库中实体之间的关系。规范化是指打破复杂的数据组并将它们线性化的过程，目的是减少冗余以及烦琐的多对多关系。非关系数据库可管理关系数据模型难以轻松处理的数据，因而应用得越来越普遍。

2. 数据库管理系统的原理是什么？

数据库管理系统（DBMS）是一类集中管理数据的软件，它为公司运营提供单一的数据信息支持。一个数据库通常支持多个应用程序。DBMS 将数据的逻辑视图与物理视图分开，从而使用户无须关心数据的实际存储位置。DBMS 最重要的功能是数据定义功能、数据字典功能和数据操纵语言。

3. 主要有哪些工具和技术可用来从数据库中获取信息，以提高企业绩效和决策水平？

数据仓库整合了许多不同事务系统的历史数据和当前数据，它是设计用于报告和分析的中央数据库。数据仓库支持多维数据分析，也就是联机分析处理（OLAP）。OLAP 用多维结构来描述数据之间的关系，这可以通过数据立方体或嵌套的立方体形象地展现出来。数据挖掘对包括数据仓库在内的大量数据进行分析，寻找数据之间的模型和关联规则，从而能够预测未来行为以及指导决策制定。文本挖掘工具帮助企业分析大量以文本形式存在的非结构化数据。Web 挖掘工具集中对万维网中有用的数据信息和模式、网站的结构及网页的内容进行分析。传统的数据库可以连接到网页或 Web 接口，以方便用户访问组织的内部数据。

4. 在组织的数据资源管理中，信息政策和数据管理起什么作用？

开发数据库系统不仅需要良好的数据模型和数据库技术，还需要为企业数据管理制定合适的政策和流程。正式的信息政策可以控制信息的维护、分配和使用。在大公司中，与信息政策有关的工作由正式的数据管理部门负责，它开展的工作包括：数据规划、数据字典开发以及监控数据用途。

5. 为什么数据质量保证对企业如此重要？

企业中不准确、不完整或者不一致的数据可能会导致企业管理者做出有偏差的决策，给企业带来运营和财务等方面的严重问题。为确保数据质量，可采取如下一些措施：在企业范围内统一数据标准，通过数据库设计减少不一致和冗余的数据，进行数据质量审核及使用数据清理软件。

复习题

1. 关系数据库是如何组织数据的？
- 定义并说明实体、属性、主关键字的含义。
- 定义关系数据库，说明它是如何组织和存储数据的。
- 说明实体关系图和规范化在数据库设计中的作用。
- 定义非关系数据库管理系统，并说明它与关系数据库管理系统的区别。

2. 数据库管理系统的原理是什么？
- 定义数据库管理系统（DBMS），并描述它的工作原理，及它能为企业带来的好处。
- 定义和比较数据的物理视图和逻辑视图。
- 定义和描述关系数据库管理系统的三种操作。
- 命名和描述 DBMS 中三种主要的功能。

3. 主要有哪些工具和技术可用来从数据库中获取信息，以提高企业绩效和决策水平?

- 定义数据仓库，描述它的工作原理。
- 定义商务智能，说明它与数据库技术之间的关系。
- 描述联机分析处理（OLAP）的功能。
- 定义数据挖掘，说明数据挖掘可获取的数据类型，并解释它与 OLAP 的区别。
- 描述文本挖掘和 Web 挖掘与传统数据挖掘的区别。
- 说明用户如何通过网络访问公司内部数据库中的信息。

4. 在组织的数据资源管理中，信息政策和数据管理起什么作用?

- 定义信息政策和数据管理，解释它们如何帮助企业管理数据。

5. 为什么数据质量保证对企业如此重要?

- 列举并描述最常见的数据质量问题。
- 列举并描述最重要的用来确保数据质量的工具和技术。

讨论题

1. 有人认为，不需要用数据管理软件来创建数据库环境。请就此观点展开讨论。
2. 最终用户应该在多大程度上参与对数据库管理系统和数据库设计的选择?
3. 若一家企业没有信息政策，将产生什么后果?

管理信息系统实践项目

管理决策问题

1. 艾默生过程控制有限公司（Emerson Process Management）是得克萨斯州奥斯汀市一家全球性的提供测量、分析和检测仪器及服务的供应商，公司引进了一套新的数据仓库来分析客户行为，以改善之前数据仓库存在不准确、重复的数据的状况。数据仓库的数据来自欧洲、亚洲和世界其他地方的众多交易处理系统。设计该数据仓库的团队认为无论在哪里，世界各地的销售团队在录入顾客姓名和地址时都会采用同样的格式。但实际情况是，文化差异和艾默生兼并的公司的复杂情况导致在输入报价、账单、装运和其他数据时方式各异。评估这些数据质量问题的潜在商业影响。该做出怎样的决策和采取怎样的措施才能解决这一问题?

2. 一家工业供应公司希望创建数据仓库，管理层可借此掌握全公司的关键销售信息，来判断特定区域最畅销的产品、重要客户和销售趋势。销售信息和产品信息存在不同的系统中：一个是在 UNIX 服务器上运行的事业部销售系统，另一个是在 IBM 大型计算机上运行的公司销售系统。你希望创建一个单一的标准模式来统一两个系统的数据。在 MyMISLab 中，你会看到建议的格式，以及来自这两个系统的表格，这将是数据仓库的数据源。然后回答如下问题：

- 如果不把这些数据统一为标准的数据格式，会产生什么商业问题?
- 创建可存储两个系统的数据的单一标准格式数据库，难度有多大? 说明可能遇到的问题。
- 这些问题该由数据库专家解决还是由一般的企业管理层解决? 请解释。
- 谁应该有权最终确定数据仓库中某个信息的全公司范围的唯一格式?

实现卓越运营：为库存管理建立关系数据库

软件技能：数据库设计、查询和报告

商业技能：库存管理

在本练习中，你将使用数据库软件为一家小型企业设计用于管理库存的数据库。Sylvester 是加利福尼亚州旧金山市的一家自行车店，销售公路型、山地型、混合动力型、休闲型以及儿童型自行车。目前，Sylvester 的供应商有三家，但它打算在近期增加新的供应商。利用 MyMISLab 网站上提供的表中的信息，为 Sylvester 公司建立一个简单的关系数据库管理供应商和产品的信息。数据库建好后，完成如下练习：

- 准备一份报告，列出价格最贵的五种自行车的型号，按价格从高到低排序，并标出各自的库存数量以及所占的比例。
- 准备一份报告，列出每家供应商的名称、所供应的产品、各产品的库存数量及相应的再订货水平。报告按供应商分类，并按字母顺序排列，在每类供应商中，再按字母顺序排列各产品信息。
- 准备一份报告，列出那些库存不足而需要再次采购的自行车的信息。所需采购产品的供应商信息应包含在报告中。
- 写一份报告简单地描述应如何改进数据库以进一步提高企业管理水平。应向数据库中添加哪些表或哪些字段？哪种补充报告有用？

提高决策水平：搜索在线数据库查找海外商业资源

软件技能：在线数据库

商业技能：调查海外运营服务

即使数据库远在千里之外，只要已联网，互联网用户就可以访问这些数据库，获取产品和服务信息。本项目旨在培养搜索网上数据库的能力。

你的公司位于北卡罗来纳州的格林斯博罗市，是一家生产各种类型办公家具的制造企业。你想在澳大利亚设立一家工厂生产和销售产品。为了设立澳大利亚的办事处和制造工厂，你需要联系很多组织和人员，包括律师、财务人员、进出口专家、电信设备维护和支持人员。使用以下在线数据库查找你在即将到来的行程中将联络的几家公司的位置：澳大利亚公司注册处（abr. gov. au）、澳大利亚贸易在线（australiatradenow. com）和澳大利亚国内商业指南（www. nationwide. com. au）。如果有必要，你也可以使用雅虎和谷歌这样的搜索引擎。然后完成下列活动：

- 列举本次行程中你将要拜访的企业的信息，判断它们能否在那些对设立办事处至关重要的事务方面为公司提供帮助。
- 评价你所使用的在线数据库的准确性、完整性、易用性及有用性。

章末案例

大数据会带来丰厚的回报吗

现在公司面临着社交媒体、搜索引擎、传感器和传统资源带来的数据雪崩问题。2012 年，据估计产生了 988 艾字节的数字信息，相当于从太阳摆到冥王星再绕回来的一堆书的量。所有行业、所有规模的公司都遇到了让大数据变得有意义的挑战，但这同时也带来了机会。目前公司是如何利用“大数据”的呢？

美国联邦执法机构正在分析大数据，以发现犯罪活动中隐藏的模式，比如时间、机会与组织的联系，或者个人与犯罪组织之间的很难在较小数据集中发现的不明显关系。新的工具让机构能分析包括网络在内的来源广泛的数据，并利用分析结果预测未来的犯罪模式。

位于纽约的犯罪活动实时监测中心（Real Time Crime Center）的数据仓库，包括数百万有关城市犯罪和罪犯的数据点。IBM 与纽约警察局（NYPD）合作建立了这个数据仓库，它包含超过 1. 2 亿条刑事诉讼记录、3 100 万条国内犯罪记录和 330 亿条公共记录。这个系统的搜索能力使得 NYDP 能迅速地在任何一种数据资源中获得数据。罪犯的信息可以几秒内在视频墙上显示或立即传输给在犯罪现场的警员，这些信息包括附有嫌疑人过去犯罪详情的照片或者附有地图的地址。

利用数据，其他组织（如 Vestas）能变得更环保。总部位于丹麦的 Vestas 是世界最大的风能公司，它在 66 个国家拥有超过 43 000 个风力涡轮机。为了精确安放涡轮机以产生最大的风能，位置数据对 Vestas 来说显得分外重要。风力不足的地方不能产生所需的风能，但风力过大的地区又可能损坏涡轮机。Vestas 依据基于位置的数据确定安放涡轮机的最佳地点。

为了搜集还未安装涡轮机的地区的数据，Vestas 的风能库将来自全球天气系统的数据与已运作的涡轮机的数据结合在一起。公司之前的风能库以网格模式提供信息，每一个网格测量 27 千米×27 千米（17 英里×17 英里）。Vestas 的工程师提供的解决方案能精确到 10 米×10 米（32 英尺×32 英尺），保证了在指定地点建立确切的风向模型。为了进一步提高涡轮机位置模型的准确性，Vestas 需要将网格面积再缩减，所需的数据量是之前系统的 10 倍，并需要一个功能更强大的数据管理平台。

Vestas 实施了一个包括 IBM InfoSphereBigInsights 软件（这是一套用于大数据分析和可视化的软件工具，由 Apache Hadoop 支持）在内的解决方案，这个软件在 IBM 高性能系统 x iDataPlex 服务器上运行。利用这些技术，Vestas 扩大了风能库的规模，在管理与分析位置和天气数据时，模型的性能和精确度都更好。

Vestas 的风能库目前存储了 2.8 拍字节的数据，包含大约 178 个参数，例如气压、湿度、风向、温度、风速和公司其他的历史数据。Vestas 计划加入全球森林开发指标、卫星图像、地理区间数据、月相和潮汐的数据。

现在，公司能将风能数据网格降低约 90%，精确到 3 千米×3 千米（大约 1.8 英里×1.8 英里）。这种能力让 Vestas 可以在 15 分钟内预测涡轮机最佳位置，而不是像以前那样花 3 周时间，这就使涡轮机选址所花时间缩短了 1 个月，让 Vestas 的客户能更快得到投资回报。

AutoZone 利用大数据来调整 5 000 个商店内的库存和商品价格。例如，一个顾客走进 AutoZone 在得克萨斯州韦科的商店，发现 Gabriel 牌减震器有售，而他在大多数其他 AutoZone 商店没有发现。位于佛罗里达州马尔伯里市的 AutoZone 商店可能将干扰导流片作为特色产品。为了适应当地水平促进交易，汽车零部件零售商分析了来自许多数据库的信息，比如住在零售店附近的人所开车的类型。借助采用了云服务模式的 NuoDB 软件，在不关闭系统或修改代码的情况下迅速增加分析的数据量成为可能。

一些公司还利用大数据方法分析客户情感。例如，汽车出租巨头赫兹（Hertz）收集了网络调查、电子邮件、短信、网站流量模型的数据，这些数据来自公司业务所覆盖的范围，包括 146 个国家的 8 300 个地点。公司现在将数据全部集中存储而不再分区，节省了数据处理的时间，并且能更快地响应顾客在情感方面的反馈和变化。例如，通过多种维度的数据，赫兹公司能够确定在费城的还车延迟发生在一天中的哪个特定时段。发现这种异常之后，公司能够快速调整在费城那个高峰期的人员安排，确保有一名管理者在现场解决问题。这改进了公司的表现，提高了客户满意度。

然而，利用大数据也存在许多限制。很多公司在尚未确定这些新信息的商业目标时，就急着开始做大数据项目。畅游在数据中并不意味着收集到了正确信息或者人们会做出更明智的决定。

数年前，谷歌开发了自认为是前沿的算法，可以利用从网络搜索中获取的数据，确定到底有多少人得了流感。谷歌试图通过将人的位置与流感相关搜索请求联系在一起，来计算美国境内的流感人数。根据谷歌发布的流感趋势，美国接近 11% 的人口在 2013 年 1 月中旬出现的流感高峰期患上流感。然而，科学杂志《自然》（*Nature*）上的一篇文章指出，谷歌的结果实际上是美国疾病控制和预防中心（U. S. Centers for Disease Control and Prevention）估计的 6% 这个数字的两倍。为什么会这样呢？一些科学家指出，谷歌是被媒体对当年美国严重的流感季铺天盖地的报道误导了。谷歌的算法只计算数量而未考虑搜索结果的雷同。

西尔斯控股（Sears Holdings，由凯马特与西尔斯合并形成）正在尝试利用大数据去接近它的顾客。西尔斯曾是美国最大的零售商，但是多年来公司的市场份额不断被像沃尔玛、塔吉特这样的折扣商店和像家得宝、劳氏这样具有价格优势的专业零售商瓜分。公司正致力于降低运营成本，跟上当前的商业趋势，改造美国的2 173家店（很多店倒闭、地理位置欠佳）。

这几年，西尔斯在信息技术上投入了大量资金。除了波音公司，它曾一度是美国非计算机公司中对信息系统和网络投入最多的。利用6 000万信用卡持有者的数据，西尔斯瞄准不同人群（比如工具购买者、家电购买者和园艺爱好者等）进行特价促销。这些努力并没有转化成竞争优势，因为西尔斯的成本在其所在行业中是最高的。

西尔斯公司继续拥抱高科技，期望以此振兴低迷的销售：推出在线商店、移动应用及包括其他卖家在内共180万件商品的市场（与亚马逊相似），同时加大了店内促销力度。到目前为止，这些努力还没有得到回报，自2005年与凯马特合并以来，销量持续下滑。2012年公司宣布损失达9.3亿美元。

西尔斯的CEO卢·丹布罗西奥（Lou D'Ambrosio）认为，采用更多应用技术和发掘顾客数据能解决问题。其期望是，越深入地了解消费者偏好和购物模式，越能有效地进行促销、推销和销售。顾客将涌入西尔斯商店，因为他们会得到他们刚好想得到的。

名为"Shop Your Way Reward"的忠诚顾客组织承诺，重复购买的顾客如果同意将他们的个人购物数据与公司分享，将得到慷慨的免费待遇。西尔斯不知道有多少人与Shop Your Way Reward签订了协议，但据忠诚度营销公司Colloquy估计，大概有5 000万人是会员。

西尔斯想把营销活动变得个性化，将优惠券和通知都精确送达单个消费者，但它之前的系统并不支持。为了对大量数据集应用大的模型，西尔斯选择了Apache Hadoop和大数据技术。过去利用主机、Teradata数据参考软件和SAS服务器对有关忠诚会员的营销活动进行分析，要占用西尔斯六个月的时间。使用Hadoop后，这个流程在一周内就能完成。某些在线和移动电商是按天分析的，目标会更加精确，在一些情形下甚至会精确到个人。西尔斯原来的系统可以利用所获取数据的10%，这个新系统则能达到100%。过去，西尔斯只能保存90天到两年内的数据，在Hadoop的帮助下它能够存储所有的数据，从而增大了公司在数据中发现一些更有意义的模式的机会。

此外，Hadoop操作比传统的关系数据库成本更低。一个Hadoop系统处理200拍字节的费用是关系平台上处理相同量的1/3。Hadoop的大规模并行处理能力，使西尔斯处理20亿条记录比处理1亿条记录只多一分钟。

Hadoop仍是一个不成熟的平台，而且Hadoop的专家很少。西尔斯不得不在摸索中学习Hadoop。但公司现在已经在平台上处理重要的报告，涉及消费者分析、财务数据、产品和供应链。过去的经验使西尔斯成为大数据的开拓者，公司成立了MetaScale子公司，向其他公司出售大数据云和咨询服务。

西尔斯可以提出很多Hadoop概念上的应用，但能否利用Hadoop有效解决公司众多的问题仍然让人产生疑虑。真的能向消费者提供个性化的服务并且起到作用吗？这对业务有什么影响？什么数据能表明大数据正在帮助西尔斯获得更大收益？西尔斯可能通过向MetaScale的消费者出售大数据专家的建议来获得收益，但Hadoop真的能帮助西尔斯的经营状况好转吗？

忠诚度营销公司Colloquy的合伙人吉姆·沙利文（Jim Sullivan）认为，一个好的忠诚度项目能使公司更好地了解消费者真正需要的东西，形成战略优势，但即便是最好的忠诚度项目也不能挽救一个从根本上垮掉的品牌。

资料来源：Rachael King and Steven Rosenbush，“Big Data Broadens Its Range，” *The Wall Street Journal*，March 13，2013；Nick Bilton，“Disruptions：Data Without a Context Tells a Misleading Story，” *The New York Times*，February 24，2013；Shira Ovide，“Big Data，Big Blunders，” *The Wall Street Journal*，March 11，2013；Mark A. Smith，“Big Data Pointless without Integration，” *Information Management*，February 25，2013；Frank Konkel，“Fast Failure Could Lead to Big-Data Success，” Federal Computer Week，January 30，2013；Doug Henschen，“Why Sears Is Going All-in on Hadoop，” *Information Week*，October 3，2012；Samuel Greengard，“Big Data Unlocks Business Value，” Baseline，January 2012；Paul S. Barth，“Managing Big Data：What Every CIO Needs to Know，” *CIO Insight*，January 12，2012；IBM Corporation，“Vestas：Turning Climate into Capital with Big Data，” 2011；IBM Corporation，“Extending and Enhancing Law Enforcement Capabilities” and “How Big Data Is Giving Hertz a Big Advantage，” 2010.

◆ 案例思考题

1. 描述这个案例中组织收集到的“大数据”的类型。

2. 列出并描述这个案例中提到的商务智能技术。

3. 这个案例中提到的公司为什么需要维护和分析大数据？采取什么措施能够解决这些问题？它们从中获得了什么商业利益？大数据分析给了它们多大的帮助？

4. 识别出三个使用大数据后得到改善的决策。

5. 所有的组织都要试着去分析大数据吗？为什么？哪些人员、组织和技术问题要在公司决定引入大数据前解决？

第 7 章
通信、互联网与无线技术

Telecommunications, the Internet, and Wireless Technology

学习目标

学完本章后，你将能够回答以下问题：

1. 通信网络主要由什么构成？主要的网络技术有哪些？
2. 网络有哪些种类？
3. 互联网和互联网技术的工作原理是什么？它们是如何支持通信和电子商务的？
4. 无线网络、通信和互联网访问的主要技术和标准是什么？
5. 为什么射频技术和无线传感器网络有很高的商业价值？

章首案例

射频识别和无线技术提高大陆轮胎生产效率

总部位于德国汉诺威的大陆集团（Continental AG）是一家全球化的汽车和卡车生产公司，在46 个国家拥有 170 000 名员工。它也是世界第四大的轮胎制造商和第五大汽车供应商。

大陆汽车轮胎分部的一家工厂坐落于法国萨尔格米纳，占地近 150 万平方英尺，能够生产 1 000 种不同的轮胎。轮胎生产过程中，要求用大型带轮手推车从储藏室装载橡胶或其他材料运送到工作站。直到最近，如果一辆手推车没有放在指定位置，仍然需要人工去寻找。人工寻找会耗费时间并且不准确，工厂常常会丢失整套轮胎组件。

当业务增长时，丢失材料会让生产出现瓶颈或延误，这就需要公司提高生产效率。大陆公司在一种基于无线网络的新的实时定位系统里找到了解决方案，它使用射频识别（RFID）标签、AeroScout MobileView 软件、移动计算机和 Global Data Sciences 公司的材料库存追踪系统软件。

这家位于萨尔格米纳的工厂在 1 100 辆手推车上加装了 AeroScout T2-EB 行业 RFID 标签。在手推车从一处制造点或储藏点移动到另一处时，其位置信息会被传送给附近的思科无线网络节点。AeroScout 公司的 MobileView 软件获得位置信息并在电脑屏幕呈现的设施图上显示为一个图标。15 台霍尼韦尔 Dolphin 6500 和摩托罗拉 MC9190 掌上电脑被用来确认手推车已经装载生产原料或抵达特定的工作站。

工厂的 7 台拖拉器，即用来在工厂四周拖拉手推车的小型卡车，装载了 DLOG 移动车载式计算机。当拖拉器司机寻找一个特定的组件时，他可以使用移动设备连接 MobileView 系统，打开设施图，看到手推车的位置图标。该定位追踪系统与工厂中所有组件的位置信息实时同步。

每个组件和手推车上贴有条形码，一旦组件被放置在手推车上，系统即开始追踪。工厂工人使用摩托罗拉或霍尼韦尔的手持设备以及 MobileView 软件来扫描组件及其手推车的条形码。被扫描的条形码信息存在材料库存追踪系统中。当手推车被运送到储存区的过程中，MobileView 软件会追踪其路径，以及最终的放置位置。

当制造环节需要组件时，拖拉器司机会使用 DLOG 掌上电脑来识别装有特定组件的手推车的位置，然后前往该位置。在取回手推车并送到工作站后，将有一名工作人员使用手持电脑来扫描它的条形码。这将使系统更新，显示所要的组件已获取。

这套新系统通过使拖拉器司机快速定位组件提高了生产率，并且保证材料不被忽略或错放。过期而未被及时使用的材料有效减少，因为该系统可以对在某一地点长期放置而未被使用的材料发出警告。

2011 年 9 月，当 AeroScout 以及这套新的材料库存追踪系统启用时，大陆公司确保所有的员工（包括卡车司机、轮胎制造工以及管理层）接受了关于新系统功能的培训。公司也为工人提供了带有系统功能详细说明的指南卡以备操作中使用。

得益于这套新的系统，位于萨尔格米纳的工厂每天生产的轮胎由 33 000 个增加到 38 000 个，且轮胎组件的浪费率下降了 20%。

资料来源：www. aeroscout. com，accessed June 21，2013；Claire Swedberg，"Continental Tire Plant Increases Productivity，Reduces Waste，" *RFID Journal*，April 25，2012 and www. conti-online. com，accessed June 21，2013.

大陆轮胎的经验表明，现代网络技术为公司的发展赋予了新的功能，提供了新的机遇。公司使用无线网络、射频识别技术、掌上电脑以及材料库存追踪系统来自动追踪生产过程中材料组件的移动位置。

下图指出了上述案例和本章的要点。大陆轮胎的生产环境覆盖一大片区域，并且需要严密的监控和协作来确保生产过程中及时得到所需的材料组件。人工追踪组件效率很低，增大了组件被忽略或遗失的可能。

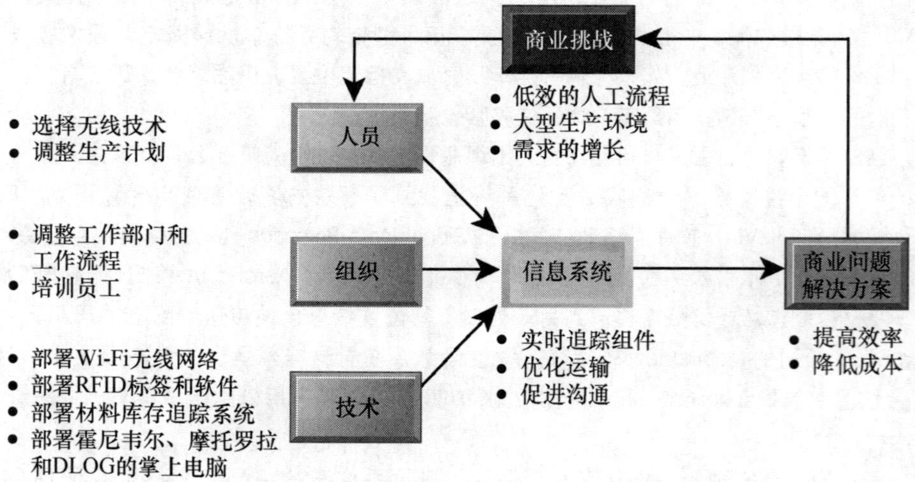

管理层决定使用无线技术和射频识别标签来提供解决方案，并构建了覆盖整个萨尔格米纳生产设备的 RFID 无线网络。该网络使追踪组件和优化拖拉器的移动更加容易。此外，公司还必须重新设计生产流程和其他工作流程，以及培训员工使用新系统来充分发挥新技术的作用。

思考以下问题：大陆公司的实时定位系统是如何改善运营的？为什么培训非常重要？

7.1 当今商业世界的通信和网络

在当今企业中，网络越来越不可或缺。企业需要与客户、供应商以及员工快速进行交流。1990 年之前，商务交流主要依靠传真和电话，而如今，员工可以使用接入无线网络的电脑、电子邮件、短信息、互联网、手机和移动设备来进行交流。网络和互联网已经与商业活动紧密地联系在一起。

7.1.1 网络和通信的发展趋势

以前企业使用两种截然不同的网络：电话网络和计算机网络。电话网络处理语音通信，而计算机网络处理数据通信。20 世纪以来，电话网络是由电信公司使用语音传输技术（包括软件和硬件）建立的，几乎垄断了全世界的通信业务。而计算机网络最初是由计算机公司建立的，主要用来方便异地间的数据传输。

随着通信管制的放宽和信息技术的不断革新，电话网络和计算机网络正逐渐整合成单一的数字网络，它们使用共同的基于互联网的标准和设备。如今，通信服务提供商（如 AT&T 和威瑞森）除了提供语音服务外，还提供数据传输、互联网接入、无线网络电话以及电视节目服务。而有线电视公司（如 Cablevision 和康卡斯特）也能够提供语音和互联网接入服务。计算机网络的发展已经延伸至网络电话和视频服务领域。随着时间的推移，所有的声音、视频和数据传输都可以通过互联网技术实现。

当前，语音通信网络和数据通信网络都已变得越来越强大（快速）、便于携带（小巧且可移动），价格也越来越便宜。例如，2000 年主流的网络传输速率是 56Kbps，但现在超过 60%的美国用户都已经用上了高速**宽带**（broadband），传输速率能够达到 1～15Mbps。此外，其服务费用也快速下降，从 2000 年的每 Kb 收费 25 美分下降到现在的不到 1 美分。

宽带无线平台正日渐成为语音和数据传输以及互联网接入的主要设备，这些平台包括手机、手持数字设备和连入无线网络的个人电脑。在未来几年，超过半数的美国网络用户将使用智能手机和移动上网本来接入互联网。

7.1.2 什么是计算机网络

如果你想把办公室的多台计算机连接在一起，就要使用计算机网络。那么计算机网络到底是什么呢？简单地说，计算机网络是由两台或两台以上的计算机相互连接形成的网络。图 7-1 显示了组成一个简单网络所需的主要硬件、软件和传输组件：客户机和专用服务器、网络接口设备、连接介质、网络操作系统软件，以及集线器或交换机。

每台接入网络的计算机包含一个网络接口设备，以把计算机连接到网络中。连接网络组件的介质可以是电话线、同轴电缆，也可以是手机和无线局域网（Wi-Fi 网络）中的无线电信号。

网络操作系统（network operating system，NOS）主要进行网络通信的管理和网络资源的协调。它可以安装在网络中的任何一台计算机上，也可以安装在网络中应用程序的专用服务器中。服务器也是网络中的一台计算机，为其他客户端计算机提供服

图 7-1 简单计算机网络的组成

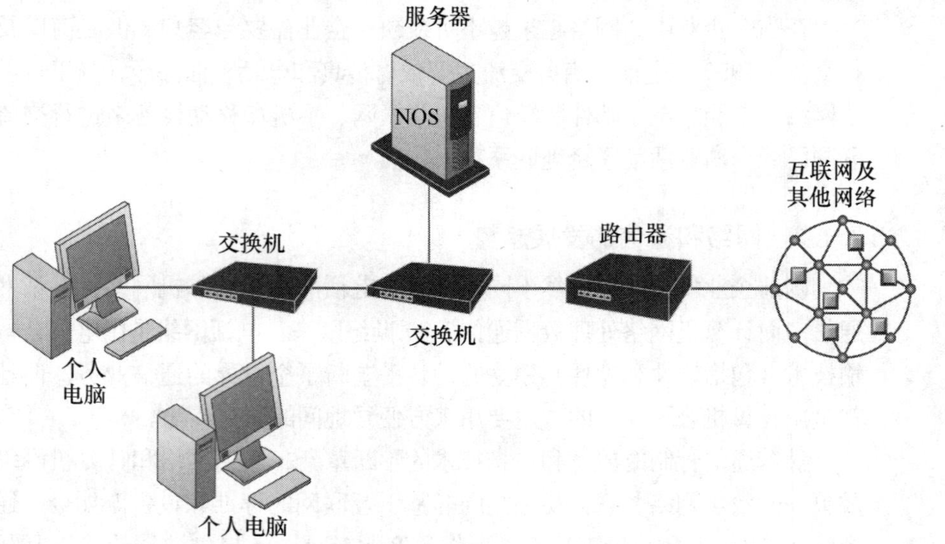

说明：本图描述的是一个简单的计算机网络，包括计算机、安装于专用服务器上的网络操作系统、传输介质、连接设备的电缆（线路）、交换机和路由器。

务，具有重要作用，比如提供网页服务、存储数据、运行网络操作系统（从而对网络进行控制）。最常用的网络操作系统包括 Microsoft Windows Server，Linux 以及 Novell Open Enterprise Server。

大多数网络还包括交换机或集线器，用于计算机之间的连接。**集线器**（hubs）是连接网络组件的一种简单设备，并向与其连接的设备发送数据包。**交换机**（switch）比集线器更加智能化，可以过滤数据，然后把数据转发到网络上的指定地点。

如果你想与另一个网络（比如互联网）进行通信，该怎么办呢？你需要一个路由器。**路由器**（router）是一个通信处理器，用来处理来自不同网络的数据包，以确保发送的数据到达正确的地址。

网络交换机和路由器的硬件中有专用软件来指引网络中数据的移动。这可能会产生网络瓶颈并使网络配置过程更加复杂且耗时。**软件定义网络**（software-defined networking）是一种新的方式，即一个中央程序管理这些控制功能，而该程序可以在网络设备之外的低成本的普通服务器上单独运行。

■ **大型企业的网络**

上述网络仅适用于小型企业，那么拥有许多分支机构和上万名员工的大型企业应该如何搭建其网络呢？随着企业的不断发展，其小型局域网可能达到数百个，这些局域网可以连接成企业级的网络架构。这种网络架构由很多小型的局域网连接起来组成，并与其他的局域网或企业级网络相连。一组功能强大的服务器可以同时支持一个企业网站和一个企业内联网，还可能同时支持一个外联网。其中的一些服务器与大型计算机相连，用以支持后台系统的运行。

图 7-2 展示了一个更复杂、规模更大的企业网络。从图中可以看到企业网络架构可以支持处于移动中的销售人员进行电话销售，支持员工通过 Wi-Fi 访问企业网站

以及企业内联网，同时它还支持位于全球各地的管理人员召开国际会议的视频会议系统。除此之外，企业网络通常还包括一个独立的电话网络，用于处理大多数的语音数据。许多企业正逐步淘汰传统的电话网络，转而采用建立在现有数据网络上的网络电话（稍后介绍）。

图 7-2 企业网络架构

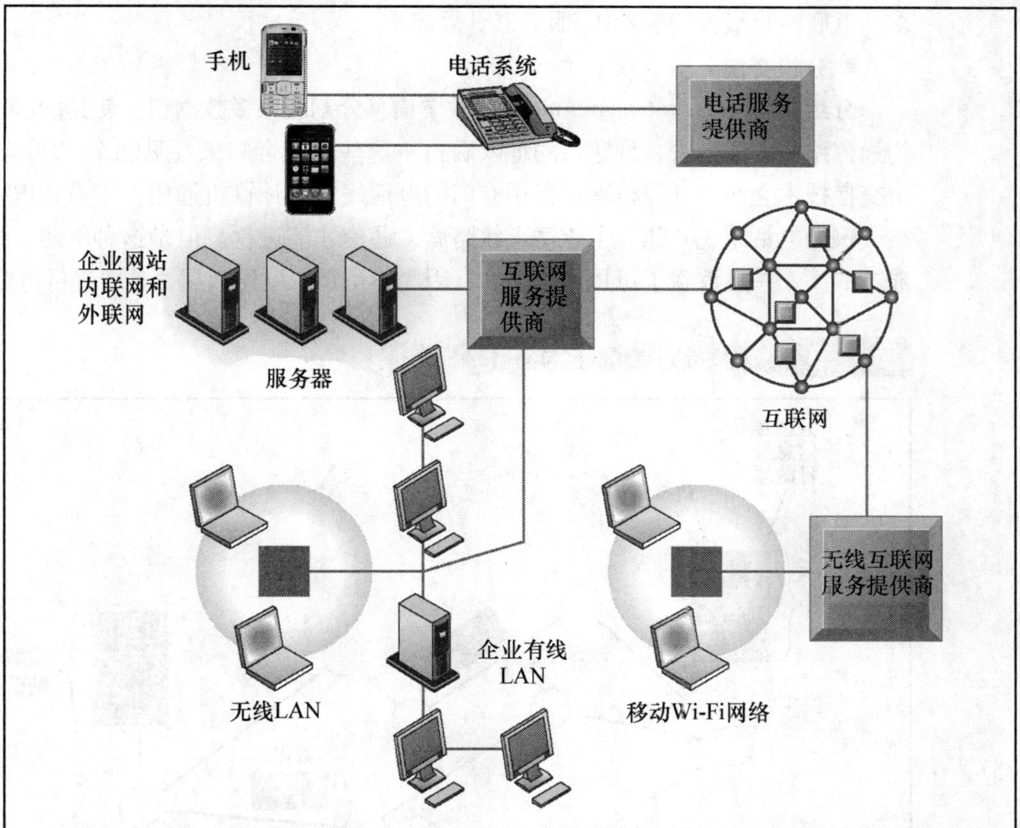

说明：现在的企业网络架构是众多网络的集合体，包括公共交换电话网络、互联网以及企业局域网，它们连接着工作组、部门或不同的办公楼层。

从图 7-2 可以看出，一个大型企业网络架构应用了多种技术，包括从传统的电话服务、企业数据网络到最新的网络服务、无线网络以及移动电话。如今企业面临的一个主要问题是，如何将这些不同的通信网络和通信信道加以整合，使得信息能够在企业内部和企业之间顺畅地进行传输。当前，越来越多的通信网络正在向数字化和网络化转变，因而网络整合也将变得越来越容易。

7.1.3 主要的数字化网络技术

当代的数字网络和互联网主要基于三个关键技术：客户机/服务器计算、分组交换，以及用于连接不同的网络和计算机的通信标准（其中最重要的是传输控制协议和互联网协议，即 TCP/IP）。

■ **客户机/服务器计算**

在第 5 章曾经介绍过客户机/服务器计算。客户机/服务器计算是一种分布式计算模型，它将一部分计算能力赋予小型廉价的客户机，也就是台式机、笔记本电脑和手持设备。这些客户机在网络服务器的控制下相互连接形成网络。服务器则规定了网络的通信规则，并为每台客户机提供一个网络地址，使得其他客户机可以在网络上找到它。

客户机/服务器计算模式很大程度上取代了大部分集中式主机计算，后者的绝大部分处理任务都是由中央大型主机完成的。客户机/服务器计算满足了各个部门、工作小组、工厂车间和其他业务单元的计算需求，集中式架构则不支持这些部门的需求。互联网是最大的客户机/服务器计算应用。

■ **分组交换**

分组交换（packet switching）将数字信息分割成很多数据包，使其能够沿着不同的通信路径发送出去，到达目的地以后再将这些包组合起来（见图 7－3）。在应用分组交换技术之前，计算机网络租用专门的电话线完成计算机通信。只有在电路交换网络（例如电话系统）建立了点对点线路后，通信才能进行。但是这种电路交换技术的成本很高，并且浪费了可用通信能力，因为不论是否发送数据，都要进行电路维护。

图 7－3 分组交换网络和数据包通信

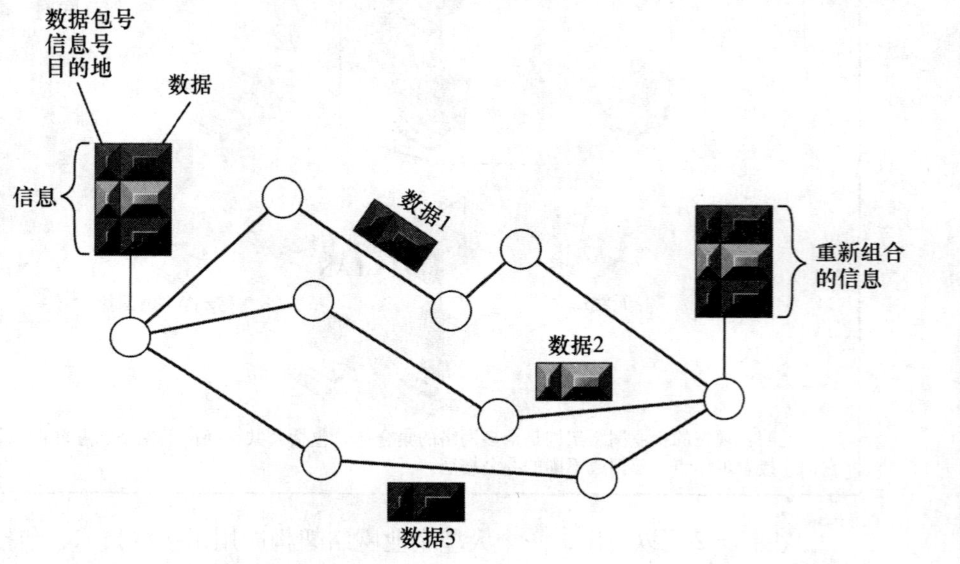

说明：数据被分成小的数据包，然后通过各种信道独立地传输出去，最后在目的地重新组合。

分组交换技术极大地利用了网络通信能力。在分组交换网络中，信息首先被分解成固定大小的数据包，数据包的大小各异，这是由通信标准确定的。数据包中包括地址信息，用于指导数据包发送到正确的地址；还包括校验信息，用于检查数据在传输中发生的错误。借助路由器，数据包通过各种信道传递信息，且每个数据包独立运行，到达目的地后进行信息整合。同源的数据包可以通过不同的路径和网络进行传送。

■ **TCP/IP 协议和连通性**

在典型的通信网络中，信息传送需要各种软硬件的协同工作。在同一网络中，不同组件在同一套规则下通信，这套规则称为**协议**（protocol），是用来管理网络节点之间信息传输的一套规则和流程。

过去，由于存在各种专属和不兼容的协议，迫使商业企业不得不购买同一个供应商的计算机和通信设备。而今，企业网络正逐渐采用单一、共同的通用标准，即**传输控制协议/网络互联协议**（Transmission Control Protocol/Internet Protocol，TCP/IP）。TCP/IP 协议开发于 20 世纪 70 年代初，用于支持美国国防高级研究计划局（DARPA）的科学家在相距遥远的不同类型的计算机之间传输数据。

TCP/IP 由一组协议组成，最重要的是 TCP 和 IP。TCP 即传输控制协议，控制数据在网络中的传输。TCP 建立计算机之间的连接，实现数据包传输序列化，发送成功后还会返回确认信息。IP 即互联网协议，负责数据包的分割、传送和重组。图 7-4 描述了美国国防部规定的 TCP/IP 协议四个层次的参考模型。

图 7-4 TCP/IP 参考模型

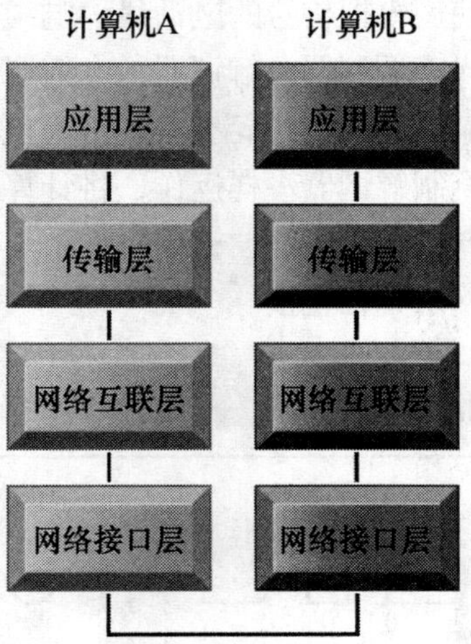

说明：该图详细描述了用于通信的 TCP/IP 参考模型的四个层次。

1. 应用层：应用层使客户端应用程序可以访问其他层，并且规定了应用程序交换数据的协议。超文本传输协议（HTTP）就是其中之一，用于传输网页文档。

2. 传输层：传输层为应用层提供通信和数据包服务。这一层包括 TCP 和其他一些协议。

3. 网络互联层：互联网层负责数据包的寻址、路由的选择和数据包的打包工作，数据包又被称为 IP 报文。IP 是属于这一层的协议。

4. 网络接口层：网络接口层位于参考模型最底层，负责在物理网络介质中发送和接收数据包，可以是任何网络技术。

通过使用 TCP/IP 协议，即使是软硬件平台完全不同的两台计算机之间也可以进行通信。数据通过这四个层次从一台计算机发送到另一台计算机，从上往下向各层传递，首先发送到应用层，通过网络接口层继续传递。数据到达接收方主机后，向上逐层传递，重组成接收数据的计算机可识别的格式。如果接收数据的计算机发现一个损坏的数据包，会请求发送数据的计算机重新传送。当接收数据的计算机响应时，这一程序就会重置。

7.2 通信网络

下面，我们详细学习适用于商业领域的其他网络技术。

7.2.1 信号：数字信号与模拟信号

在网络中通信有两种方式，即使用模拟信号或数字信号。模拟信号表现为连续波的形式，通过通信介质传递，用于语音通信。最常见的模拟信号设备就是电话、手机、电脑的话筒以及 iPod 的耳机，它们都会生成人耳能听到的模拟波。

数字信号是离散、二相的波形而非连续的波形。数字信号以两种离散的数字流传送信息：0 和 1，分别代表了电路的开和关。计算机处理的是数字信号，如果你想使用模拟电话系统发送数据，就需要用调制解调器将数字信号转换成模拟信号，然后传送至（或接收自）使用模拟信号的电话线、电缆线或无线多媒体（见图 7－5）。**调制解调器**（modem）代表调制器—解调器。电缆调制解调器通过电缆网络将计算机接入互联网。DSL 调制解调器通过电话公司的通信电缆网络将计算机接入互联网。无线调制解调器像传统的调制解调器一样运作，将计算机与手机网络或 Wi-Fi 网络等无线网络相连接。如果没有调制解调器，计算机将无法与其他任何使用模拟信号的网络（包括电话系统和电缆网络）相连接。

图 7－5 调制解调器的功能

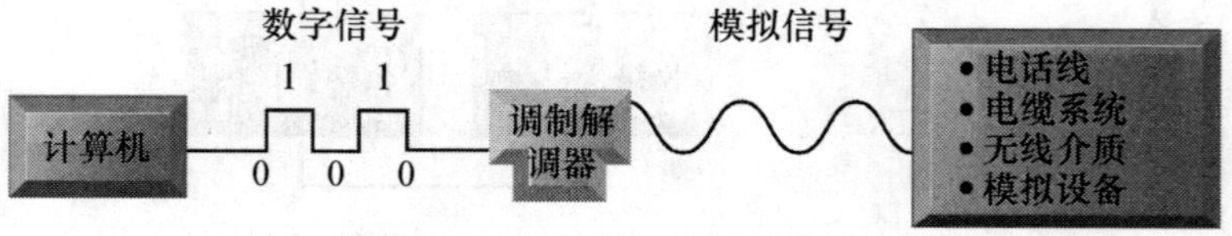

说明：调制解调器是一种将计算机的数字信号转换成模拟信号的设备（反过来也可以），这样计算机可以在模拟信号网络（如电话系统和电缆网络）上传送数据。

7.2.2 网络的类型

基于不同的标准，网络有很多不同的分类方法，其中一种方法是根据地域范围对网络进行分类（见表 7－1）。

表 7－1 网络的类型

类型	区域
局域网（LAN）	方圆 500 米的范围，适用于同一办公室或同一楼层内
校园网（CAN）	方圆 1 000 米的范围，适用于一个学校或一个公司
城域网（MAN）	一个大中型城市
广域网（WAN）	全球范围

■ **局域网**

如果你在一家使用网络的企业工作，就有可能通过局域网与其他员工和群体相互连接。**局域网**（local-area network，LAN）用来连接半径为 500 米范围内的计算机和其他数字设备。局域网通常用于小型办公室内计算机的互连、同一建筑为计算机的互连以及距离相近的几栋建筑的计算机的连接。局域网可以用来与其他广域网相连，也能通过互联网与世界上任何网络相连接。

再看图 7-1，图中模型可以看成小型办公室的局域网。一台计算机作为专用的网络文件服务器，为用户提供网络中可访问的共享计算资源，包括软件程序和数据文档。

服务器决定访问者的权限、访问内容和访问顺序。局域网通过路由器与其他网络相连，包括互联网和其他公司的网络，从而与外部进行信息交换。常见的局域网操作系统包括 Windows，Linux 和 Novell。这些操作系统都支持 TCP/IP 协议，将之作为默认的网络协议。

以太网是物理网络层最重要的局域网标准，它规定了计算机之间传递信号的物理介质、访问控制规则、系统之间数据传输的标准二进制位集。最初的以太网传输速率仅为 10Mbps，较新的版本（如千兆以太网）数据传输速率达到了 1Gbps。

图 7-1 所描述的局域网使用了客户机/服务器架构。此架构中，网络操作系统主要位于一台单独的文件服务器上，该服务器提供了很多网络资源，并对网络运行进行控制。此外，局域网也可以采用对等架构。对等网络平等对待所有的处理器，无主从之分，主要用于计算机数量在 10 台以内的小型网络。网络中各种类型的计算机可以直接相连进行信息交换，也可以在没有独立服务器的情况下共享外围设备。

在安装 Windows Server 系列操作系统的局域网中，**对等**（peer-to-peer）架构又叫工作组网络模型。在这种模型中，不需要专用服务器，一小群计算机之间就可以实现资源（文件、文件夹和打印机等）共享。相反，如果使用了 Windows 域名网络模型，则需要专用的服务器对网络中的计算机进行管理。

大型局域网有许多客户机和多个服务器，每个服务器分别负责具体的任务，如存储和管理文档及数据库（文档服务器和数据库服务器），管理打印机（打印服务器），存储和管理电子邮件（邮件服务器），以及存储和管理网页（网页服务器）。

■ **城域网和广域网**

广域网（wide-area networks，WAN）通常覆盖面较广，可以是一个地区、国家或者大陆，甚至整个地球。当前最普遍、最强大的广域网是互联网。计算机通过公共网络与广域网相连，常见的公共网络有电话系统、私有光缆系统、租用的线路或者卫星。**城域网**（metropolitan-area network，MAN）通常覆盖一个城市所在的区域，即某个城市及其近郊地带，它的地理范围介于局域网和广域网之间。

7.2.3　传输介质和传输速度

网络可以采用不同的物理传输介质，包括双绞线、同轴电缆、光纤以及无线传输介质。它们各有优缺点。由于软硬件配置的不同，介质的传输速度也各不相同。表 7-2 比较了这些介质。

表 7-2　物理传输介质

传输介质	描述	速度
双绞线（CAT 5）	铜线绞合成对，用于声音和数据通信。CAT 5 是应用最普遍的 10Mbps 局域网电缆。最长推荐距离为 100 米。	10Mbps 至 1Gbps

续前表

传输介质	描述	速度
同轴电缆	厚绝缘铜线，能够进行高速数据传输，与双绞线相比受外界干扰更少。目前用于有线电视和远距离（超过 100 米）网络中。	高达 1Gbps
光纤电缆	由透明玻璃光纤组成，通过激光产生的光脉冲传输数据。应用于大量数据的高速传输。比其他物理传输介质成本高且较难安装，常用于主干网络。	500Kbps 至 6+Tbps
无线传输介质	基于不同频率的无线电信号，包括地球和卫星微波系统以及蜂窝网络。用于远距离无线通信和网络接入。	高达 600+Mbps

■ **带宽：传输速度**

通信介质可以传输的数字化信息总量是以比特/秒（bps）为单位来表示的。一次信号的转换或一个信号周期需要传输一个或多个位。因此，每一种传输介质的传输能力都是其频率的函数。介质每秒发送的周期数是用**赫兹**（hertz）来度量的，1 赫兹代表介质的一个周期。

某个通信信道所容纳的频率的范围称为**带宽**（bandwidth）。带宽是指某一信道所能容纳的最高频率和最低频率之差。频率的范围越大，带宽就越大，信道的传输能力也就越强。

7.3 全球互联网

如今，互联网已经成为我们生活的一部分，是一种不可或缺的个人和商业工具。但是，互联网究竟是什么？它是如何工作的？互联网技术对商业有何贡献？让我们先来了解一下互联网最重要的特征。

7.3.1 什么是互联网

互联网已经发展成为世界上应用最广泛的公共通信系统，其覆盖范围可与电话系统相匹敌。它也是世界上最大的客户机/服务器计算和互联网络应用的典范，连接了遍布全球的数百万个体网络。互联网建于 20 世纪 70 年代，最初是美国国防部用于联系全世界科学家和大学教授的网络。

大多数家庭和小型企业向互联网服务提供商支付一定的费用，获得网络服务。**互联网服务提供商**（Internet service provider，ISP）是一个与互联网永久相连，并向用户提供网络连接服务的商业组织。EarthLink、NetZero、AT&T 和时代华纳都是互联网服务提供商。个人也可以通过分配了网络域名的商业机构、大学或者研究中心接入互联网。

ISP 的互联网接入类型多种多样。传统的电话线和调制解调器连接曾经是最普遍的介入形式，速度为 56.6Kbps，但它正大量地被宽带连接所取代。数字用户线路、电缆、卫星接入方式以及 T 形线也可提供宽带服务。

数字用户线路（digital subscriber line，DSL）技术通过已有的电话线传输语音、数据和视频，由于使用方式和距离不同，传输速度从 385Kbps 到 40Mbps 不等。有线电视服务商提供的**有线网络连接**（cable Internet connections）使用同轴数字电缆线为家庭和企业提供高速的互联网接入。尽管大多数供应商提供的网速在 1Mbps 到 6Mbps 之间，但也能提供高达 50Mbps 的网速。尽管一些卫星网络连接的上传速度比宽带服务慢，但在没有数字用户线路和电缆服务的地方，用户仍可以通过卫星来接入互联网。

T1 和 T3 是数字通信的国际电话标准。它们主要由需保证高速服务水平的企业或政府机构作为专线租用。**T1 线路**（T1 lines）可保证传输达到 1.54Mbps，T3 线路则可达到 45Mbps。互联网不会保证相似的服务水平，但会“尽最大努力”。

7.3.2 互联网寻址和架构

如本章前面所述，互联网是基于 TCP/IP 协议构建的。互联网上的每台计算机都有唯一的**互联网协议地址**（Internet Protocol (IP) address），IP 地址为 32 位，分成 4 段，每段 8 位，每段的数字范围为 0～255。例如，www. microsoft. ccm 的 IP 地址是 207.46.250.119。

当用户在互联网上向其他用户发送信息时，信息首先按照 TCP 协议分解成数据包，每个数据包都包括目的地的信息。然后，数据包从客户端到达网络服务器中，再经过其他的服务器最终到达目标计算机。在目标计算机上，这些数据包经过重新组合形成原始信息。

■ 域名系统

因为让互联网用户记住 12 位的数字 IP 地址是非常困难的，所以**域名系统**（Domain Name System，DNS）将 IP 地址转换成了域名。**域名**（domain name）类似于英语名称，每个域名与每台连入互联网的计算机的 32 位数字 IP 地址相对应。DNS 服务器中包括将域名映射到相应 IP 地址的数据库。要访问网上的计算机，用户只需要输入域名即可。

DNS 是一个层级结构（见图 7－6），其顶部是根域名，根域名的子域是顶级域名，顶级域名的子域是二级域名。顶级域名由两到三个字符组成，如 . com，. edu，. gov，这些你浏览网站时比较常见，还有各种国家代码，如 . ca 代表加拿大，. it 指的是意大利。二级域名由两部分构成，分别为顶级域名和二级域名，如 buy. com nyu.，

图 7－6 域名系统

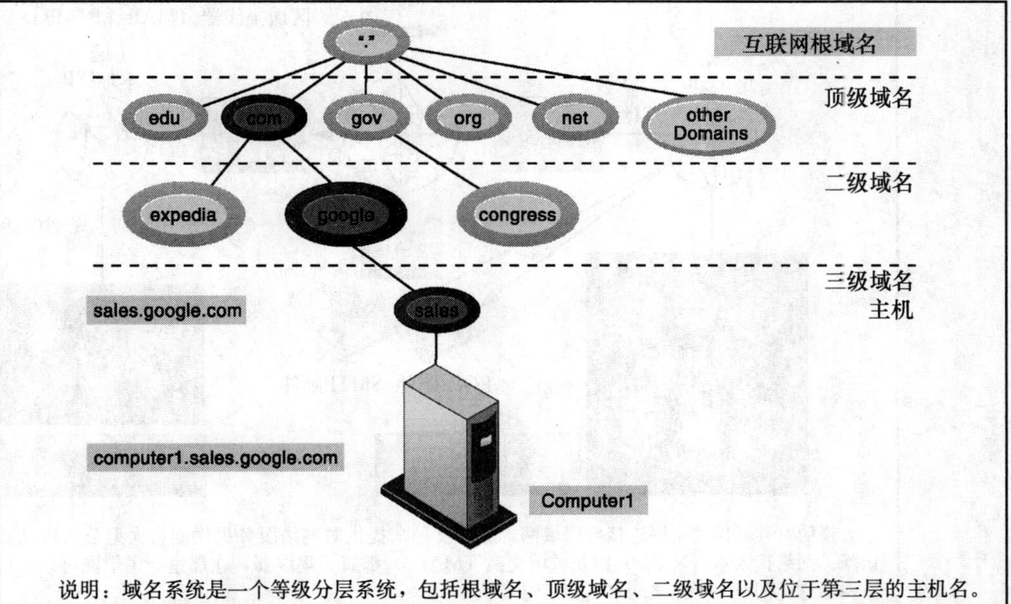

说明：域名系统是一个等级分层系统，包括根域名、顶级域名、二级域名以及位于第三层的主机名。

edu，amazon. ca 等。层级结构底部指定互联网或专用网络的某台计算机作为主机名。

以下列出的是最常见的可使用且官方认可的域扩展名。国家也有域名，诸如. uk，. au 和. fr（分别代表英国、澳大利亚和法国），以及使用非英语字符的新的“国际化”类型的顶级域名。将来该列表会进一步扩展，包含更多种类型的组织和产业。

. com	商业组织
. edu	教育机构
. gov	政府机构
. mil	军队
. net	网络计算机
. org	非营利组织和基金会
. biz	商业公司
. info	信息提供商

■ **互联网架构和管理**

互联网数据通信通过横贯大陆的高速主干网进行传输，速度介于 45Mbps 和 2. 5Gbps 之间（见图 7 - 7）。这些主干线通常属于远程电话公司（称为网络服务提供商）或为国家政府所有。在美国，区域性电信和有线电视公司负责当地通信线路，它们将零散的家庭和企业用户连接到互联网。互联网服务提供商、私营公司和政府机构等租赁网络使用权。

图 7 - 7 互联网网络构架

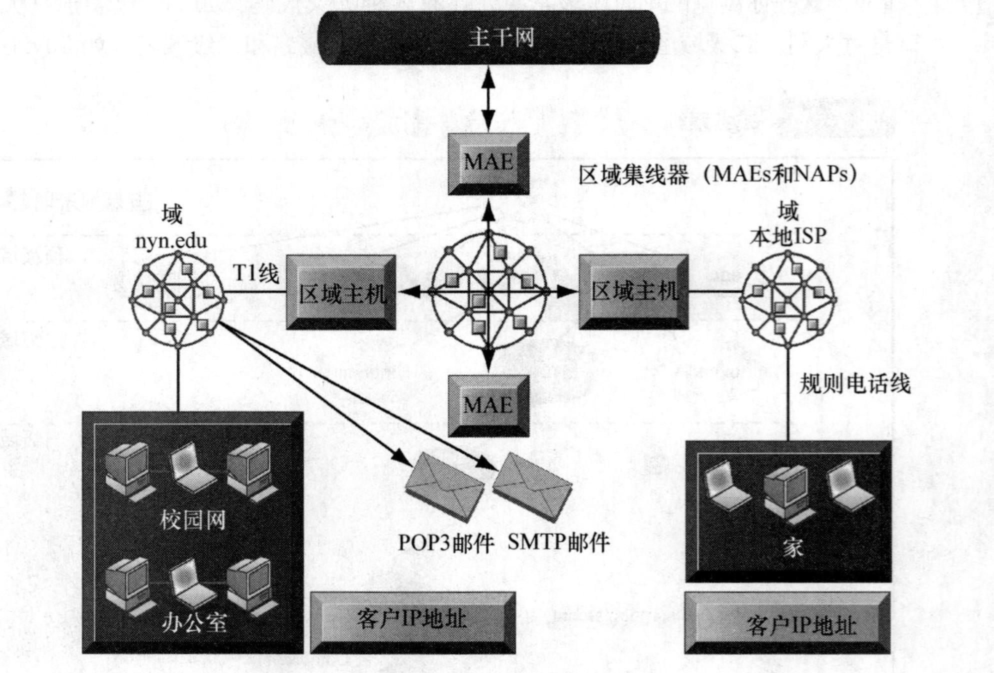

说明：互联网主干网连接到区域网，后者反过来提供对网络服务提供商、大型公司以及政府机构的访问。网络接入点（NAPS）以及城域交换（MAES）都属于集线器，在那里，主干网可以与区域网及地方网相连，同时主干网之间可以相互连接。

每个组织为自己所拥有的网络和本地互联网连接服务付费，其中一部分支付给远程主干线所有者。个人互联网用户只有向网络服务提供商支付了费用才能使用网络服务，而且，无论用户使用多少流量，通常都只需支付固定的费用。当前存在一种争议：是继续采用这种付费方式，还是让下载大量视频、音乐文件的用户支付更多的费用，因为此类用户消耗更多的带宽。下面的“互动讨论：组织”专栏将探讨这个话题，从而比较客观地呈现关于网络中立的正反两方面意见。

互动讨论：组织

网络中立之争

你使用互联网主要做什么？主要用它来处理一点邮件、在线支付，还是一整天在网上看视频、下载音乐文件或者玩在线游戏？你平时用 iPhone 来看电视和电影吗？如果你是网络和手机的高级用户，那么你正在消费大量带宽。上亿像你一样的用户会使网络减速吗？

Netflix 的视频流几乎占用美国 1/3 的带宽。由此产生了争论，人们认为应该根据用户使用的传输量来收取费用。2015 年前两个月 AT&T 移动网络运载的数据会超过 2010 年一整年。如果用户需要大量的网络容量，网络不会突然停止，但是用户的下载速度和视频传输会变缓。在纽约和旧金山等城市，iPhone 的大量使用已经降低了 AT&T 无线网络的服务速度。AT&T 报告称，其 3%的用户群占用了 40%的数据通信。

网络服务提供商认为网络拥堵是一个严重问题，但扩张网络会将高昂的成本转嫁给消费者。这些公司认为，差异化的定价策略（涉及数据上限和使用计量）——基于带宽的消费数量来收费——是为其基础设施的必要投入提供资金的“最公平方式”。

网络中立是指无论网络内容的特征或来源如何，互联网服务提供商必须让用户都能平等地获得内容和应用。目前，互联网确实是中立的，互联网的主要拥有者对所有互联网流量都是按先来先服务原则处理的。然而，这让远程通信和电缆公司不能按照网络内容传输的带宽消费数量来采取差异化定价。

美国第二大互联网服务提供商康卡斯特公司报告称，非法盗版文件的共享已消耗了其 50%的网络带宽能力。2008 年，该公司减慢了被广泛用于非法盗版文件（包括视频）共享的比特流文件的传输速率。美国通信委员会（Federal Communications Commission，FCC）要求康卡斯特停止其对这类网站的不平等对待。随后，康卡斯特起草了诉讼文件，反对 FCC 强制执行网络中立。2010 年 4 月，联邦上诉法院裁定支持康卡斯特，FCC 仅有权管理互联网通信的一部分——“网线”——而不是信息。

网络中立拥护者联盟包括 MoveOn. org、基督教联合会（Christian Coalition）、美国图书馆协会（American Library Association）、数据密集型网络公司（如 Netflix 和谷歌），以及主要的消费者群体、大量的博主和小企业。网络中立的拥护者认为差异化定价将加重 YouTube，Skype 和其他创新服务的大量带宽用户的成本负担，让高带宽型的创业公司缺乏动力。网络中立的支持者同样主张，没有网络中立，网络服务提供商（也是有线公司，如康卡斯特）就可能阻止 Netflix 或者 Hulu 的在线视频流，来强迫消费者使用有线公司的电影点播租赁服务。

网络所有者认为，增强网络中立的规章将阻止对新网络的投入，抑制其应对网络和无线流量的爆发式需求的网络能力，从而遏制美国的竞争力。美国网络服务的速度、成本和服务质量在总体上落后于许多国家，让这一论断更有说服力。并且随着访问网络的选择足够多，不满意的用户会很容易转向实行网络中立政策和不限制网络使用的运营商。

2012 年 12 月，非营利、无党派的公共政策机构——新美国基金会（New America Foundation，NAF）的一项报告驳斥了这些主张。就像个人电脑一样，包括有线宽带在内的路由器和交换机的处理能力随着价格下降大幅提高了。2012 年美国总的网络数据消耗增加了 120%，但传送这些数据的成本以更快的速度下降。净传输成本，最差的情形是持平，大多数情况下有所下降。NAF 的报告进一步称，竞争的缺乏使有线宽带运营商能够收取更高费率，有更高的机构数据上限，相比过去在网络升级和维护上的投入更少。

2010 年 12 月，美国通信委员会批准了一项措施，该措施允许联邦政府管理网络通信的某些方面。宽带运营商被要求提供关于网络速度、用户服务的相关信息，并且不能阻止用户访问其竞争对手的网站或产品。然而，这一规章并没有正式地保障网络中立，因为无线服务提供商可以阻止占用过多带宽的应用。

无线服务提供商已经开始开发对重度带宽使用者收取更多的服务费的分级方案，在线内容提供商与经销商达成额外的协议以甩开竞争对手。例如，2012 年，康卡斯特与微软达成一项协议，通过康卡斯特的 Xbox 360 提供电视服务视频流，不受其每月 2 500 亿字节的宽带数据的限制。这让康卡斯特的电视节目比竞争对手的流媒体节目更有优势，竞争对手的节目受到所分配数据的限制。Netflix 和其他竞争者很愤怒，认为这是一种违反竞争规则的行为。

目前，网络中立法律充满漏洞。例如，它们允许宽带运营商对特别的“托管”服务分配网络份额。这可能会随着法院裁决而改变，比如受到威瑞森与 FCC 的案例审判结果的影响。

资料来源：Alina Selyukh，“S. Court to Hear Oral Arguments in Net Neutrality Case on September 9，” Reuters，June 25，2013；Edward Wyatt，“Backer of an Open Internet Steps Down as F. C. C. Chief，” *New York Times*，March 22，2013；Zach Walton，“Should The Government Regulate ISP Bandwidth Caps?”，WebProNews，December 23，2012；Hibah Hussain，Danielle Kehl，Benjamin Lennett，and Patrick Lucey，“Capping the Nation's Broadband Future? Dwindling Competition Is Fueling the Rise of Increasingly Costly and Restrictive Internet Usage Caps，” New America Foundation，December 17，2012；Kevin Fitchard，“AT&T's data traffic is actually doubling annually，” Gigaom，Feb. 14，2012；Eduardo Porter，“Keeping the Internet Neutral，” *The New York Times*，May 8，2012；Matt Peckham，“Netflix CEO Takes Swing at Comcast Xfinity over Net Neutrality，” *Time Techland*，April 16，2012；“FCC Approves Net Neutrality But With Concessions，” *eWeek*，December 22，2012；and Brian Stelter，“Comcast Fee Ignites Fight Over Videos on Internet，” *New York Times*，November 30，2010.

案例思考题

1. 什么是网络中立？为什么互联网到目前为止都按网络中立的原则运作？
2. 谁更愿意实行网络中立？谁反对？为什么？
3. 如果网络服务提供商转向一种分级服务模式，那么对个人用户、企业和政府会有什么影响？
4. 你是否支持实施网络中立的立法？请说明理由。

没有人可以“拥有”互联网，互联网也不可能实现规范化管理。然而，一些专业组织和政府机构建立了全球互联网政策，其中包括：互联网架构委员会（Internet Architecture Board，IAB）帮助确定互联网的总体架构；互联网域名与编号分配组织（Internet Corporation for Assigned Names and Numbers，ICANN）负责分配 IP 地址；万维网联盟（World Wide Web Consortium，W3C）为万维网设置超文本传输语言（HTML）和其他编程标准。

为保持互联网高效运行，上述组织对政府机构、网络所有者、ISP 以及软件开发商等产生了一定程度的影响。互联网在运行时必须遵守所在国的法律，其技术设备也必须满足所在国的要求。尽管在互联网和网络发展的早期，很少有法律或行政方面的干涉，但随着互联网在信息和知识传播中发挥越来越重要的作用，其中出现了一些有争议的内容，使得这种情况发生了改变。

■ **未来的互联网： IPv6 和第二代互联网**

设计互联网的初衷并不是传输大量数据和拥有上百万用户。由于网民人数急剧增长，世界将耗尽可用的 IP 地址（使用旧的地址协议）。旧的地址分配体系被一种新的称为**互联网协议标准 6**（IPv6）的 IP 地址分配模式所取代，它的地址长度为 128b（2 的 128 次方），包括超过 1 千万亿个不同的地址。转换为新的标准需要花一段时间。

第二代互联网（Internet 2）是由美国的 350 多所大学、私营企业和政府组织，以及来自美国和其他 100 多个国家的 66 000 个国际网络成员机构所组成的联盟而形成的高级网络。为了连接这些团体，Internet 2 开发了一个 100 Gbps 的高速网络，为尖端科技提供实验平台，最终也可能会用于公共网络，服务于远程医疗、远程学习和在其他用户级互联网服务中未实现的先进应用。该网络第四代正在推出，可提供 8.8 兆位容量。

7.3.3　互联网服务和通信工具

互联网以客户机/服务器技术为基础。个人互联网用户通过其计算机上的 Web 浏览器软件等客户端应用程序控制上网行为。所有的数据（包括电子邮件信息和网页信息等）都存储在服务器中。用户机使用互联网请求远程计算机服务器上的信息，然后服务器通过互联网将请求的信息返回给用户。第 5 章和第 6 章曾提及，网页服务器和应用服务器以及数据库服务器是如何协同工作的，从而访问某个组织内部信息系统的应用程序和相关数据库信息。如今的客户端平台不仅包括 PC，而且包括智能手机、平板电脑等其他计算设备。

■ **互联网服务**

客户端连接了互联网之后可以获取各种服务，这些服务包括电子邮件、聊天和即时通信、电子讨论组、**远程登录**（Telnet）、**文件传输协议**（File Transfer Protocol, FTP）以及万维网等。表 7-3 对此作了简单描述。

表 7-3　主要的互联网服务

互联网服务	支持的功能
电子邮件	人与人之间交流信息，共享文件
聊天和即时通信	相互交谈
新闻组	电子公告栏上的讨论组
远程登录	登录一台计算机，对另一台计算机进行操作
文件传输协议	在计算机之间传输文档
万维网	用超文本链接来获取、格式化和显示信息（包括文本、音频、图表和视频）

每一个互联网服务都由一个或者多个软件程序来实现的，所有的服务可能运行于一台服务器上，也可能被分配到不同的服务器上。图 7-8 详细描述了在多层客户机/

服务器架构下如何安排这些服务。

图 7-8 互联网上的 C/S 计算

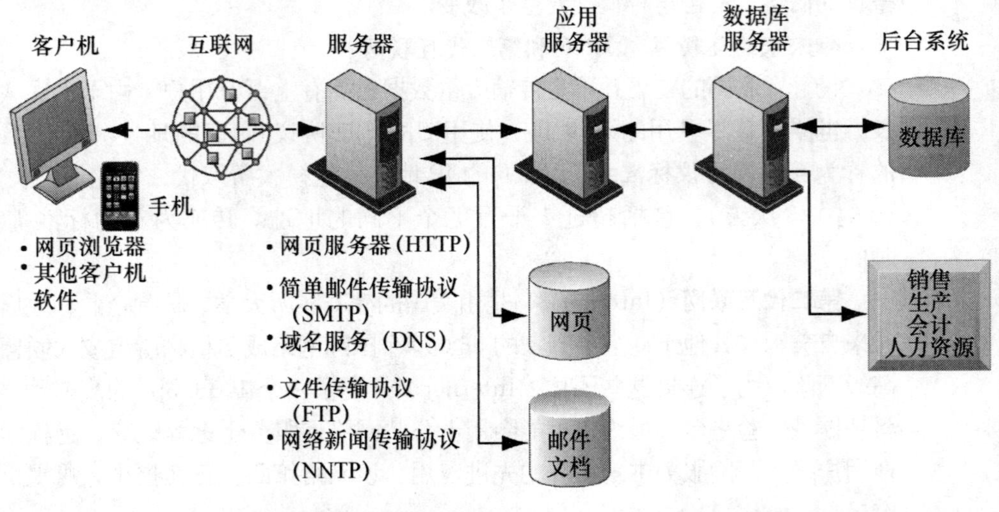

说明：通过浏览器或其他软件，客户端可以通过网络访问主机上的所有服务，这些服务可能运行于一台服务器上，也可能运行于多台专门的服务器上。

电子邮件（e-mail）可以实现计算机之间的信息流通，邮件可以发送给多人并转发，而且附件可以是文本文件或多媒体文件。虽然一些组织有内部的电子邮件系统，但大多数的邮件是通过互联网来发送的。现在，电子邮件的成本远低于电话、邮政或快递的成本，使互联网成为一种低廉却快速的通信方式。大多数邮件信息在几秒内就可以到达世界各地。

美国大约 90%的工作场所鼓励员工通过**聊天**（chat）工具或者即时通信工具进行沟通。聊天工具使得两个或者更多同时在线的人可以实时交互对话，可以支持语音和聊天视频，以及文字聊天。很多网上零售企业在网站上提供聊天服务吸引客户，来提高营业额，改善客户服务。

即时通信（instant messaging）是一种允许个人建立自己专用聊天频道的聊天服务。只要有好友在线，即时通信系统就会提醒用户，这样用户就可以与对方聊天。当前用户普遍使用的即时通信系统很多，比如，Yahoo! Messager，Google Talk 以及 Windows Live Messenger。注重安全的公司会使用专门的即时通信系统，如 IBM Sametime。

新闻组是全球范围内的讨论组，在互联网的电子公告牌上，人们可以分享某一主题的信息和观点，如放射医学或摇滚乐团等。每个人都可以将信息发布在公告栏上供他人阅读。这里有无数个讨论组，讨论任何可以讨论的话题。

电子邮件、即时通信和互联网的使用按理说提高了人们的工作效率，然而，下面的“互动讨论：人员”专栏中的情况并非如此。现在很多公司管理人员认为，他们需要监控甚至规范员工的上网行为，但这样做符合道德规范吗？虽然公司有很多正当的商业理由，但这样做是否意味着对员工隐私的侵犯呢？

互动讨论：人员

监控员工网络行为：违背道德原则还是合乎商业习惯

在上班的时候，你每天花在脸书上的时间是多少分钟或者几个小时？你会发送私人邮件吗？你会访问购物网站吗？如果是，也不会仅有你一个人如此。Nucleus 的调查显示，77%的员工在上班时间访问脸书；IDC 的调查显示，员工花在网上的时间至少有 40%与工作无关，并且大约 90%的员工在工作期间处理私人邮件。

这些行为带来了严重的管理问题。查看电子邮件、回复即时消息、偷偷看 YouTube 上的短片，分散了员工本应放在工作任务上的注意力。纽约市一家商业调查公司 Basex 的调查显示，美国员工平均每天将 28%的工作时间浪费在这些事上，导致工作效率低下，每年损失 6 500 亿美元。

许多企业开始监控员工的电子邮件、博客以及其他上网行为，有时，员工并不知情。最近美国管理协会（American Management Association，AMA）对 304 家规模不同的美国企业进行了一项民意调查，发现 66%的企业对其员工使用电子邮件收发消息和网络连接的情况进行监控。根据法律，尽管美国企业有权在工作时间监管员工的网上活动，但这是违背道德的还是合乎商业习惯的？

管理人员担心员工专注于私事而非公事会浪费时间，降低工作效率。员工花太多时间上网或处理个人事情意味着公司效益的损失。有些员工可能把花在网上炒股或者处理私事的时间算到客户身上，从而对客户多收取费用。

另外，如果公司的网络流量被私人大量占用，就会出现阻塞，导致正常的工作业务可能无法开展。宝洁公司发现员工平均每天在 Pandora 上听音乐的时间总计 4 000 小时，在 YouTube 上观看 5 分钟短视频的频率总计 50 000 次。这些行为会导致庞大的数据流，从而使宝洁的互联网连接速度变慢。

员工在公司的计算机上收发邮件或者占用网络资源做事情（包括非法行为），均是以公司的名义进行的。因此，雇主可以追踪并追究员工的法律责任。很多公司的管理人员担心员工访问或传播涉及种族主义、色情或者其他攻击性的内容会损害公司声誉，甚至连带公司遭到起诉。即使公司没有违法，应对诉讼也会使公司承担巨额费用。

企业还担心，电子邮件或博客可能会泄露公司的机密信息和商业秘密。一个由美国管理协会和电子政策研究所（ePolicy Institue）进行的最新调查显示，有 14%的员工曾将机密或对企业有潜在威胁的邮件发送给外人。

美国企业有权监控员工在上班时间使用公司的设备做什么，现在的问题在于，电子监控能否确保员工积极、高效地工作。有些企业试图禁止员工利用公司网络进行所有个人活动，即执行“零容忍”政策。有些企业限制员工访问特定网站或者使用软件限制员工的上网时间。

例如，宝洁禁止连接 Netflix，并对员工访问 Pandora 的频率进行了限制，但允许适当观看 YouTube，也没有禁止访问社交网络，因为员工要借助它们来开展数字化营销活动。位于加利福尼亚州圣塔安那的 Ajax Boiler 使用 SpectorSoft 公司的软件来记录所有员工访问的网站、在每个网站停留的时间和所有电子邮件的收发情况。金融服务与投资公司韦德布什证券（Wedbush Securities）会每日监测公司 1 000 余名员工的邮件、即时通信以及社交网络活动。该公司的监测软件还能标记特定类型的信息或者含有敏感词的信息，以便进一步核实。

有些企业已经开除了行为越界的员工。网络安全公司 Proofpoint 的调查发现，过去一年中 1/5 的美国大公司会因员工违反电子邮件政策而将其开除。以滥用网络为由开除员工的管理者，大多是考虑到员工的邮件中包含了敏感信息、商业秘密和负面信息。

没有什么解决之道是毫无缺陷的，但是许多顾问认为，企业应该制定使用电子邮件和互联网的相关政策。政策应该明确基本的规则，规定哪个级别或层次的员工能使用公司的计算机收发邮件、发博客或者浏览网页等，这些政策也可使员工知晓其网络活动是否被监管以及被监管的原因。

IBM 日前发布了“社会计算指南”（social computing guidelines），里面涵盖了员工访问诸如脸书和推特的活动指南。指南鼓励员工公开自己的身份，对发布的内容负责，不讨论与他们在 IBM 所担任的角色无关的有争议的话题。

此类制度的制定应该以公司的业务需要和组织文化为依据。例如，投资公司必须允许其员工访问其他投资公司的网站。依赖于广泛的信息共享、创新性和独立性的公司，很可能会发现监管引发的问题比解决的问题要多得多。

资料来源：“Workplace Privacy and Employee Monitoring,” Privacy Rights Clearinghouse, June 2013; Samuel Greengard, “How Smartphone Addiction Hurts Productivity,” *CIO Insight*, March 11, 2013; Emily Glazer, “P&G Curbs Employees' Internet Use,” *The Wall Street Journal*, April 4, 2012; Davild L. Barron, “Social Media: Frontier for Employee Disputes,” *Baseline*, January 19, 2012; Jennifer Lawinski, “Social Media Costs Companies Bigtime,” *Baseline*, August 29, 2011; Don Reisinger, “March Madness: The Great Productivity Killer,” *CIO Insight*, March 18, 2011; Catey Hill, “Things Your Boss Won't Tell You,” *Smart Money*, January 12, 2011.

案例思考题

1. 管理人员是否应该监控员工对电子邮件和网络的使用情况？为什么？
2. 描述一个对企业有效的电子邮件和网络使用政策。
3. 管理人员是否应该告知员工他们的网络行为正被监控？为什么？

■ IP 电话

互联网已经成为普遍使用的语音传输和企业网络平台。**IP 电话**（voice over IP, VoIP）应用包交换技术，以数字形式传输语音信息，这样就节省了因本地和长途电话网络所收取的费用（见图 7－9）。以前电话通过公共电话网络进行传输，现在通过基于互联网协议或者公共互联网的公司网络进行传输。进行语音电话呼叫只需要一台装有麦克风和扬声器的台式电脑或者一部有 VoIP 功能的电话。

图 7－9　IP 电话的工作原理

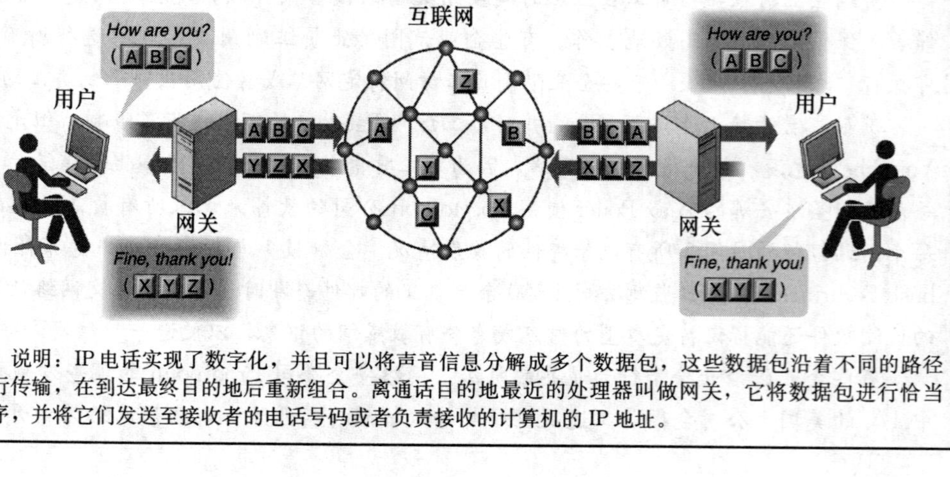

说明：IP 电话实现了数字化，并且可以将声音信息分解成多个数据包，这些数据包沿着不同的路径进行传输，在到达最终目的地后重新组合。离通话目的地最近的处理器叫做网关，它将数据包进行恰当排序，并将它们发送至接收者的电话号码或者负责接收的计算机的 IP 地址。

通信服务提供商（如威瑞森）以及有线电视公司（如时代华纳和Cablevision）提供IP电话服务。Skype使用对等网络提供全球免费VoIP服务，谷歌也有独立的免费IP电话服务。

虽然IP电话系统需要大量的前期投资，但是可以将通信和网络管理成本降低20%～30%。例如，维珍娱乐集团（Virgin Entertainment Group）使用IP电话，每年可节省70万美元的长途电话费。除了降低长途电话的费用和免除每月专用线路的租赁费用，IP网络为电信和计算服务提供了专有的语音数据基础设施。公司不再需要维护不同的网络，也不必为每一种不同类型的网络提供服务和人员支持。

■ **统一通信**

过去，每个用于有线和无线数据、语音通信和视频会议的企业网络都是相互独立运行的，并且由信息管理部门分开管理。然而现在，许多企业使用**统一通信**（unified communications）技术，把许多完全不同的通信模式合并成一个单一的通信模式。统一通信将语音通信、数据传输、即时通信、电子邮件和电子会议等不同的渠道集合在一起，用户可以在不同通信模式之间顺畅地来回切换。线上通知技术能告知用户是否接收到呼叫，为了更好地评估该技术的价值，企业需要对如何利用该技术改进工作流和业务流程进行深入调查。

芝加哥地区主要的房地产企业CenterPoint Properties利用统一通信技术为房地产交易创建协作网站。每个网站为获得结构化数据和非结构化数据提供唯一的指南。集成的线上通信技术让团队成员的电子邮件、即时通信、呼叫或视频会议等所有通知仅需点击一下就可以知道。

■ **虚拟专用网络**

如果你有一个营销团队，依靠开发新产品和新服务盈利，成员遍布美国，你会怎么做？你可能希望每个成员都可以使用电子邮件，并且在外界毫无机会截取通信的情况下与总部沟通。过去的解决方案是与大型私营公司合作，这些公司为顾客提供安全、保密、专用的网络，但这是一个成本高昂的方案。更合算的解决方案就是在公共网络中创建一个虚拟专用网络。

虚拟专用网络（virtual private network，VPN）是一种在公共网络中构建的安全的、加密的专用网络（见图7-10），其目的是利用互联网等大型网络的规模经济和管理设备，为公司提供安全加密的通信渠道，同时它的成本要比相同配置的非互联网供应商更低，后者使用专用网络以确保通信的安全。VPN还提供语音和数据网络相结合的网络基础设施。

目前有几个规范公共网络上的数据传输的协议，其中包括点对点隧道技术协议（Point-to-Point Tunneling Protocol，PPTP）。在被称为"隧道"的进程中，数据包被加密后进入IP数据包。公司为隐藏数据包内容，在网络信息外追加封套，并通过公共网络建立专用连接。

7.3.4 万维网

万维网是最流行的互联网服务。它是一套根据普遍接受的标准对信息进行存储、检索、格式化以及显示信息的体系，使用客户机/服务器的架构。网页使用超文本格式，通过内置的超级链接可以链接到其他的文档，并能将其他对象（包括声音、视频

图 7-10 互联网中的虚拟专用网络

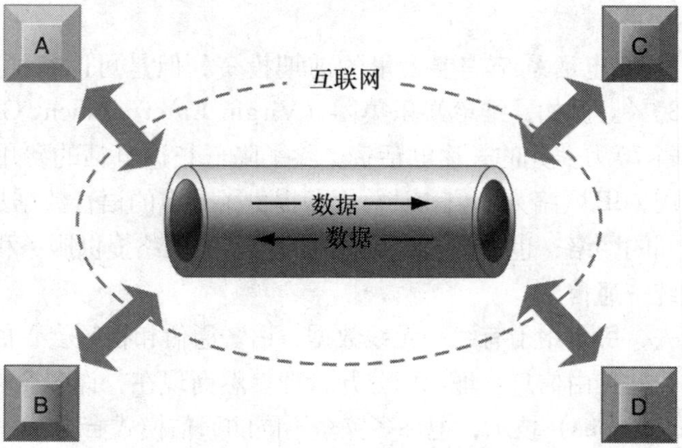

说明：这个 VPN 是连接计算机的专用网络，通过互联网使用安全的“隧道”相连。它在公共网络上通过加密数据以及按照互联网协议（IP）“包裹”数据来保护数据传输。通过在网络信息上增加包裹来隐藏其内容，组织可以通过公共网络来建立专用连接。

和动画文件）与网页相连。当人们点击图片或视频播放按钮时，也就点击了相应的超链接。一个典型的**网站**（Web site）是所有与主页相连的网页集合。

■ **超文本**

网页基于标准的超文本标记语言（HTML），为文档和文档之间的动态链接规定了统一的格式，这些链接指向存储于相同或远程计算机中的其他文档或图片（见第 5 章）。网页浏览器可以通过**超文本传输协议**（Hypertext Transfer Protocol，HTTP）获取存储在网络主机服务器上的网页，使用户可以访问网络上的网页。HTTP 是网络中用于传输网页的通信标准。例如，当你在浏览器中输入 www. sec. gov 的网址后，浏览器向 sec. gov 的服务器发送一个 HTTP 请求，以访问 sec. gov 的主页。

每个网页地址都以 HTTP 开头，之后是域名，域名指向存储文档的服务器。大多数公司都有一个域名，这些域名与公司名称接近或完全一致。地址中还包括文件路径和文件名称等信息，协助浏览器寻找请求访问的网页，因此地址也被称为**统一资源定位器**（uniform resource locator，URL）。在浏览器中输入的 URL 会准确定位浏览器软件搜索信息的地址。例如，在 http://www. megacorp. com/content/features/082602. html 中，http 指的是网页协议，www. megacorp. com 是域名，content/features 是路径，指明了网页在网页服务器上的存储位置，082602. html 是文件名以及文件格式（它是 HTML 网页）。

■ **网页服务器**

网页服务器是用于现有网页的定位和管理的软件。在用户发出网页请求后，网页服务器在计算机上定位该页面，并将网页返回给用户计算机。服务器应用软件通常安装在专门的服务器上，但一些小公司会把它们直接安装在一台独立的计算机上。

现在最常用的网页服务器是 Apache HTTP 服务器，它占有 65%的市场份额。Apache 是开源软件产品，可以免费从网上下载。微软的 IIS 是第二大常用的网页服务器，占据 15%的市场份额。

■ **在网上搜寻信息**

没有人确切地知道网页的数量。表层网络是搜索引擎访问和其信息被记录的那部分网络。例如，2013 年谷歌访问了 5 000 亿个网页，当然这只是公开的网页的一部分。还有一种"深层网络"，它包含了大概 1 万亿个附加网页，其中很多是不公开的（诸如《华尔街日报》在线的网页，只有获得访问码才可以访问）或存储在受保护的企业数据库中。搜寻脸书上的信息是另一种情形。预计它有 10 亿用户，每个页面都有文本、图片和媒体，网页数量巨大。但脸书是一个"关闭的"网页，它的页面不能通过 Google 或其他搜索引擎来搜索。

搜索引擎 如果没有搜索引擎，要在众多的网页中即时地找到对个人或公司有用的信息显然是一个难题。那么如何在多达上亿的网页中找到我们需要的一两个网页呢？搜索引擎就是用来解决这类问题的，它们能够在网上瞬间查找到所需的信息，因而成为互联网时代最受欢迎的应用程序。今天，**搜索引擎**（search engine）可以在 HTML 文件、Microsoft Office 应用程序文件、PDF 文件、音频、视频和图片文件中进行过滤筛选。全世界有上百种不同的搜索引擎，但大量搜索结果主要是由谷歌、雅虎和微软公司提供的。2013 年微软的必应（Bing）搜索引擎创下月 170 万搜索量的最高纪录，而 Google 的份额略微下降（见图 7-11）。

图 7-11 顶级搜索引擎

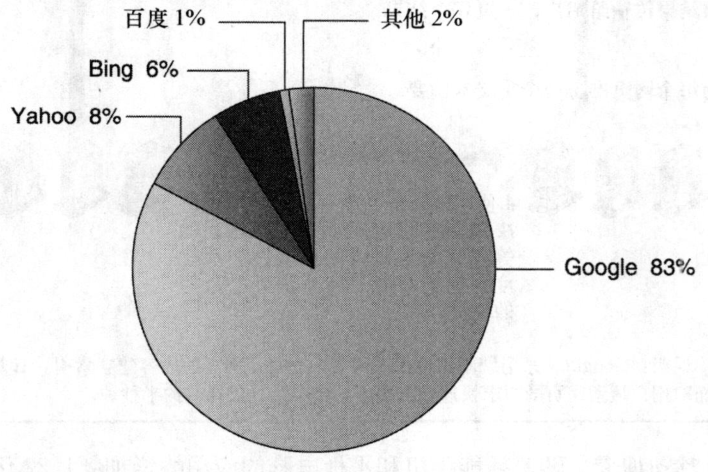

说明：Google 处理 83%的网页搜索，是最受欢迎的搜索引擎。
资料来源：Based on data from comScore Inc.，July 2013.

网页搜索引擎产生于 20 世纪 90 年代初，当时软件程序相对简单，它主要用于访问网页和收集关于网页的相关信息。早期的搜索引擎只是一些记录了它所访问过的网页的关键字索引，并将这些信息存储于索引中，因此用户在进行查询时会搜索到与需求不太相关的页面。

1994 年，斯坦福大学计算机专业学生大卫·费罗（David Filo）和杨致远（Jerry Yang）创建了他们喜欢的手工选择方式的网页列表，并命名为"Yet Another Hierarchical Officious Oracle"，简称"Yahoo!"。雅虎起初并不是一个搜索引擎，而只是编辑者把自己喜欢的网站收集起来进行分类的工具。但是，雅虎从此开始了开发搜索引擎的历程。

1998 年，斯坦福大学计算机系的另外两名学生拉里·佩奇（Larry Page）和谢尔盖·布林（Sergey Brin）发布了第一代的 Google 版本。这是一个全新的搜索引擎：它不仅对每个网页中的文字建立索引，而且按照网页的相关性对搜索结果排名。佩奇为这个网页排名系统（PageRank System）申请了专利，这个系统尤其关注网页的流行度，它可以通过监测页面点击量得到。布林发明了一个独特的网页爬虫程序，它不仅可以搜索网页中的关键词，而且可以搜索单词的组合（如作者和文章名）。这两项技术成为 Google 搜索引擎的基础。图 7－12 说明了 Google 的工作原理。

图 7－12 Google 的工作原理

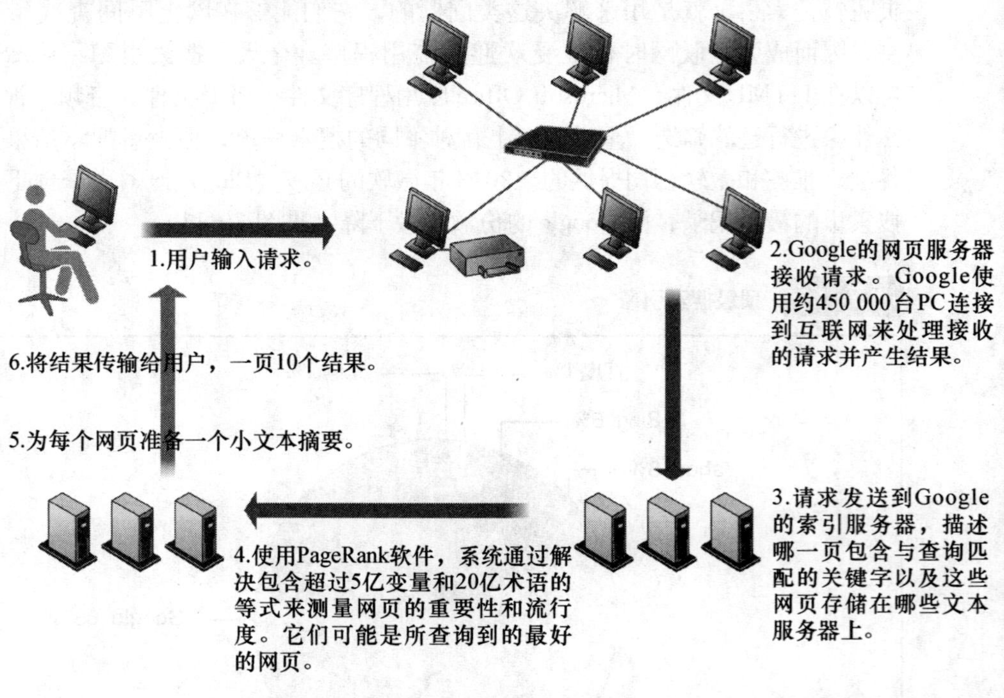

说明：Google 搜索引擎不停地抓取网络，为每个网页的内容建立索引，计算它的流行度，存储网页，从而对用户搜索网页的要求快速作出回应。整个过程仅耗时约半秒钟。

移动搜索 随着智能手机和平板电脑的应用的增加，1.22 亿美国人使用移动设备上网，电子商务和搜索的本质正在发生改变。2013 年，智能手机和平板电脑的搜索量占总搜索量的 26%，根据谷歌的数据，接下来的几年中这一比例将快速上升。谷歌和雅虎都开发了新的搜索界面来让智能手机的搜索和购物更加方便。比如，2013 年亚马逊通过其商城的移动搜索销售了超过 10 亿件商品（Search Agency，2013）。

搜索引擎营销 搜索引擎已经成为主要的广告平台和购物工具，这被称为**搜索引擎营销**（search engine marketing）。网络中最受欢迎的活动之一就是搜索信息：60% 的美国成年网络用户一天中至少使用一次搜索引擎，一个月大约产生 170 亿次查询。拥有这样庞大的使用量，搜索引擎成为最盈利的在线营销和广告形式的基础，产生了搜索引擎营销。当用户通过 Google，Bing，Yahoo 或其他搜索引擎进入一个搜索词条或网站时，搜索结果为两种类型的列表：一种为赞助商链接（通常在搜索结果页面中最顶部显示)，广告商付费；另一种是非赞助商支持的“有机”搜索结果。除此之外，广告商还可以购买位于搜索结果两侧的小文本框这类广告位，这种付费的赞助广告是一种快速发展的互联网广告形式，也是一种强大的市场营销工具，它可以适时精确地匹配客户兴趣和广告信息。因此，搜索引擎营销将搜索过程的价值货币化。2012 年，搜索引擎市场的收入达 210 亿美元，超过在线广告收入的一半（410 亿美元）。2013 年谷歌的收入占总的在线广告收入的 41%。2012 年，谷歌收入（约 500 亿美元）的 97%来自在线广告，广告收入中的 95%来自搜索引擎市场（Google，2012)。

因为搜索引擎市场如此有效（它有最高的点击率和最高的广告投资回报)，企业为了能被搜索引擎更好地识别，都开始优化自己的网站。网页优化得越好，其在搜索引擎结果列表的排位就越靠前。**搜索引擎优化**（search engine optimization，SEO）是指当人们在搜索框内敲入特定的关键字和短语时，企业为了使自己的网站能得到主要搜索引擎的较靠前排位，而利用一系列技巧来提高网站流量的质量和容量的过程。一个技巧是确定网站描述中的关键字与潜在客户可能会用的检索关键字相匹配。例如，如果大多数潜在客户正搜索“lightning”，那么使用关键字“lightning”比“lamps”更有可能让你的网站被搜索引擎排在第一位。将你的网站与尽可能多的其他网站连接也会带来优势，因为搜索引擎根据这些网页的受欢迎程度和怎样连接网站上的其他内容来评估这些链接。搜索引擎可能被骗子用来制作许多假网站并把它们链接在一起，或者把它们链接到一个单独的零售商网站来欺骗 Google 搜索引擎。公司也可以给这样的“链接工厂”付费，让其链接到自己的网站。2012 年，Google 改变了它的搜索算法。代号“企鹅”的新算法更仔细地检查链接质量，目的是降低具有虚假形式网络链接的网站的搜索排名。“企鹅”每年更新。

总体来说，搜索引擎对于难以负担大型营销活动费用的小公司很有帮助。因为当用户使用搜索引擎时，他们想寻找一个特定的产品或服务，他们是营销人员所称的“热潜在用户”——正在查找信息并且通常准备购买的人。而且，搜索引擎仅收取网站的点击费。商家不必为无效的广告付费，只为已点击的广告付费。因为商家的广告只有当消费者查找特定的产品时才会出现，所以消费者也能从搜索引擎营销中获益。消费者不用处理弹出窗口、Flash 动画、视频、插页广告、邮件或其他不相关的信息。因此，搜索引擎营销减少了消费者的精力消耗，降低了搜索成本（包括以物理方式查找产品的交通成本)。在最近的一项研究中，搜索引擎对于全球的商家和消费者的价值预计超过 8 000 亿美元，消费者的收益大约占 65%，主要体现在更低的搜索成本和更低的价格上（Mckinsey，2011)。谷歌和微软首先面临桌面 PC 搜索增长变缓的挑战，并且因搜索引擎广告价格略有下降而导致收入下降。移动搜索的增长不能弥补桌面搜索的损失，因为移动广告的销售量仅仅是桌面搜索广告的一半。

社交搜索　Google 和其他机械搜索引擎存在的一个问题就是它们太详尽了：输入“超级电脑”，在 0.2 秒内你就可以得到超过 3 亿个应答！搜索引擎没有非常强的辨识力。**社交搜索**（social search）是基于人的社交网络联系努力提供更少、更相关和可信的搜索结果的一项技术。与使用机械算法查找页面满足需求的顶级搜索引擎形成对比，社交搜索网站会查找你的朋友（以及朋友的朋友）的推荐、他们过去访问的网站和他们“点赞”按钮的使用情况。

2013 年 1 月，脸书推出了图谱搜索，这是一种基于用户社交网络中的朋友和关联的信息对用户搜索查询作出应答的社交网络搜索引擎。它依赖于脸书上可能链接到个人或组织的大量数据。你可以用图谱搜索来查找你的朋友们喜欢的波士顿的饭店，喜欢 Lady Gaga 的南卡罗来纳大学的校友，或者你的朋友 2010 年之前的照片。谷歌在其既有的搜索引擎顶端开发了 Google＋1 作为社交层。用户可以在他们认为有用的网站上点击“＋1”，他们的朋友会被自动告知。随后他们的朋友的搜索会把其推荐的＋1 网站列在页面较上方的位置。社交搜索的一个问题是，你的亲密朋友可能没有你所发掘的话题的详细知识，或者他们的品味你并不喜欢。也有可能你的朋友完全不懂你所搜索的事物。

语义搜索　让搜索引擎变得更有辨识力、更有帮助的另一个途径是让搜索引擎能够理解我们真正在查找什么。语义搜索的目标就是打造可以真正理解人类语言和行为的搜索引擎。例如，2012 年 Google 搜索引擎开始传递超过 100 万个链接。它提供给用户更多的事实和直接答案，并且基于搜索引擎对用户意图，甚至是用户过去搜索行为的预测提供更相关的网站链接。Google 搜索引擎试图理解当用户搜索某件东西时，用户更可能在想什么。它希望利用巨大的目标数据库（人、地点、事物）和智能软件提供给用户比仅仅依据点击量得到的更好的结果。例如，搜索“太浩湖”，搜索引擎会显示太浩湖的基本要素（高度、平均气温以及本地的鱼）、地图和酒店推荐（Efrati，2012）。

虽然搜索引擎最初是为了搜索文本文档而开发的，但是在线视频和图片的激增创造了快速查找和分类这些视觉目标的需求。面部识别软件创造了人脸的数字化文件。2012 年，脸书引入面部识别软件并与标签相结合，创造出新的称为标签建议的功能。这种软件可生成数字面部印记，就像指纹一样。用户可以在自己和朋友的时间安排表上放置标签图片。一旦一个人的照片被打上标签，脸书可以在一堆照片中挑出这个人，并且识别出照片中的其他人。你也可以在脸书上使用他人的数字图片来查找和识别他们。

智能代理购物机器人　第 11 章描述了内置有智能功能的软件代理，它具有收集和过滤信息以及帮助用户完成任务的能力。**购物机器人**（shopping bots）使用智能代理软件来搜寻互联网上的购物信息。诸如 MySimon 或 Google Product Search 等购物机器人可以帮助人们过滤采购信息和重新获取感兴趣的产品的信息，根据用户建立的标准来评估产品性能、与买家就产品的价格及运输事宜进行商谈。很多购物代理根据用户指定产品的定价和可得性进行搜索，然后反馈一组待售商品的网站列表，并且提供价格信息和购买链接。

■ Web 2.0

如今的网站不仅包含静态内容，还可以让人们收集和分享信息、创建新的在线服务和内容。**Web 2.0** 指的就是这些第二代以互联网为基础的交互式服务。如果你已通过网络在 Flickr 或其他照片网站上共享照片，在 YouTube 上发视频，写博客，使用维基百科或在你的脸书页面上添加小控件，那么你就已经使用了 Web 2.0 的部分功能。

Web 2.0 有四个明显的特征：交互式、实时用户控制、社会参与（共享）和用户自创内容。支持这些特点的技术和服务包括云计算、软件糅合与小控件、博客、聚合内容、维基和社交网络。

我们在第 5 章介绍的糅合控件，是能够让用户和系统开发者组合并搭配相关内容或软件组件来创建全新应用的软件服务。例如，雅虎的照片存储与共享网站 Flickr，把图片与用户提供的关于图像的其他信息和工具相结合，使它能适用于其他网络编程环境。Web 2.0 的工具和服务促进了社交网络和其他网络通信的产生，这样，人们可以根据自己的选择进行沟通。

博客（blog）是网络日志的一个受欢迎的专用语，是一个个人网站，有一系列由作者按时间顺序排列（从最近到最早）的内容和连接到其他网站的链接。在美国，博客是网络用户参与的主要活动：7 400 万人阅读博客，2 200 万人写博客或发布内容。博客可能包含博客链接（一些指向其他博客的链接）和引用通告（一些引用最原始博客内容的其他博客的列表）。大多数博客允许读者在博客记录里发表自己的看法。创建博客的行为常被看做是“写日志”。博客可以由第三方站点（如 Blogger. com，LiveJournal. com，TypePad. com 和 Xanga. com）负责，博客的功能可被引入脸书等社交网络，以及 Lotus Notes 等协作平台。WordPress 是一个领先的开源博客工具和内容管理系统。推特上使用的**微博**（microblogging），是一种篇幅少于 140 字的博客类型。

博客页面通常有许多博客服务商或软件提供的模板，因此，不具备 HTML 技能的人可以利用现成的模板发布自己的网页并与他人一起分享页面上的内容。所有与博客有关的网站通常被称作**博客圈**（blogosphere）。虽然目前博客已经成为非常流行的个人发布工具，但是实际上它们也有商业用途（见第 2 章和第 10 章）。

如果你是一个狂热的博客迷，可能会使用聚合内容及时了解你喜欢的博客的动态，而不是不停地查看其是否更新。**聚合内容**（Really Simple Syndicates/Rich Site Summary，RSS）综合网站内容以便在其他设置中使用。RSS 阅读软件从你想要浏览的网站或博客上收集内容，并将新信息反馈给你。RSS 阅读器可通过谷歌、雅虎等网站找到，并且在主要的网页浏览器和邮件系统中使用。

博客只允许访问者在原始内容上添加评论，不允许访问者改变原来发布的内容。与此相反，**维基**（wiki）是一个协作网站，它可以让访问者增加、删除或修改网站内容，甚至以前的作者所写的内容。wiki 来自夏威夷语“quick”。

维基软件通常为所有页面提供一种可以设定布局和元素的模板，把用户可编辑的软件程序代码显示出来，然后在基于 HTML 的页面上提供相关内容并显示在网页中。一些维基软件只允许采用最基本的文本格式，而其他工具可能会使用表格、图片或交互式的元素，如投票或游戏。大部分维基应用提供追踪其他用户的成果和纠正错误的功能。

因为维基让信息共享变得很简单，所以它们也有许多商业用途。美国国土安全部（U. S. Department of Homeland Security）的国家网络安全中心为促进联邦机构间网络安全方面的合作，部署了维基软件。国家网络安全中心和其他机构利用维基实现关于威胁、攻击和回应的实时信息共享，并且在维基上保存其技术和标准信息。皮克斯维基（Pixar Wiki）是一个发布皮克斯动画工作室作品的维基协同社群。这种维基格式允许任何人来创作或编辑关于皮克斯电影的文章。

社交网络（social networking）使用户能建立好友社区与专业团队社区。每个成员通常创建一个自己的“档案”，在自己的网页上发送照片、视频、MP3 文件和文本，然后与“好友”分享这些档案资料或进行联络。社交网站具有高交互性，提供实时用户控制，依赖用户自创内容，并广泛基于社会参与及内容与意见的分享。著名的社交网站有脸书、推特（2013 年在全球分别有 11 亿和 2 亿活跃用户），以及领英（LinkedIn，用于专业交流）。

对许多人来说，社交网络从定义上看是属于 Web 2.0 的应用，它彻底改变了人们在线打发时间的方式，改变了人们沟通的方式，改变了企业人士与客户、供应商和员工接触的方式，改变了商品和服务供应商了解客户的方式，改变了广告宣传者吸引潜在客户的方式。大型的社交网站也正变成一种应用开发平台，用户可以在该平台开发新软件应用，然后出售给社区的其他用户。仅脸书就有超过 100 万个开发者，开发了超过 550 000 个游戏、视频共享及与朋友、家人通信的应用。在第 2 章和第 10 章我们更多地讨论社交网络在商业上的应用，在其他章节中也可以找到有关社交网络的讨论。

■ **Web 3.0 与未来网络**

每天大约有 1.2 亿美国人使用搜索引擎进行 6 亿次查询（每月大约 170 亿次）。在这 6 亿次查询中，有多少次能搜索出有意义的结果（在前三个列表中可找到有用的答案）？事实证明，成功的比例连一半都不到。谷歌、雅虎、微软和亚马逊都在努力提高用搜索引擎查询到有价值结果的概率。但是面对超过 5 000 亿个索引页，你查询真正想要的信息的方法却十分原始，它们根据页面的文字进行搜索，所得到的只是使用相同术语搜索的人们关注的页面，也就是说，不过是在碰运气。

未来的 Web 技术，在很大程度上就是让普通人能够有效地搜索这 5 000 亿个网页，并得到有意义的搜索结果。Web 1.0 解决了获得信息的问题。Web 2.0 解决与他人共享信息和创建新网络体验的问题。**Web 3.0** 是未来网络的希望，到那时所有的数字信息和通信都连接在一起，成为真正有意义的体验。

Web 3.0 又称**语义网**（Semantic Web）。“语义”代表含义。如今大多数网络的内容是设计给人们阅读和计算机显示的，而不是用来分析和操作计算机程序的。前文描述的语义搜索旨在让网页更加智能、更加像人类（W3C，2012）。搜索引擎能够发现一个特定的术语或关键词出现在 Web 文档中，但是它们无法真正理解其含义或这些词语在网络上与其他信息之间的联系。可以在 Google 上进行两次查询来验证。第一次，输入“Paris Hilton”。第二次，输入“Hilton in Paris”。因为 Google 不能理解普通英语，所以它不明白在第二次查询中你感兴趣的是位于巴黎的希尔顿酒店。由于搜索引擎不能理解搜索到的页面的含义，谷歌的搜索引擎只能显示查询中含有“Hilton”和“Paris”的最受欢迎的网页。

早在 2001 年，《科学美国人》杂志（*Scientific American*）上的一篇文章就提到，语义网是由万维网联盟启动的协作项目，为了减少人们在网页搜索和处理信息中的工作量，它在现有网页上又加上一层语义（Berners-Lee et al.，2001）。例如，《纽约时报》推出了一个叫做“经度”（Longitude）的语义应用，提供访问其内容的图形界面。例如，你可以查询过去 24 小时内关于德国或者美国一个城市的新闻，检索所有最近的消息（Donaldson，2012）。

虽然人们对未来网络的看法不尽相同，但他们一般都关注如何让网络更加“智能”，通过“机器”理解信息，从而实现更加直观和有效的用户体验。例如，周五下班后，你想在当地的餐馆与你的网球好友举办一个晚会，可问题是，你早先已经安排与一个朋友去看电影。如果在 Web 3.0 环境下，你只需向智能手机发出文本或语音指令，就可以将同网球好友约会与看电影两个计划相互协调，并且预订饭店，只是我们暂时还做不到。

Web 走向更加智能化的过程相对较慢，很大程度上是因为很难使机器或软件程序像人脑那样智能化。但是，人们对未来的网络有不同的看法。有些人预见在未来的 3D 网络环境中，你可以穿行于网页之间。还有些人提出普及网络的想法，即让网络可以控制一切，从城市的交通信号灯、用水到你客厅里的灯和汽车后视镜，甚至可以安排你的日程和约会。这是“物联网”的概念。

物联网涉及传感器的广泛分布和使用。IBM、惠普和甲骨文等公司正在探索通过广泛使用远程传感器和快速云计算来打造智能机器、智能工厂和智能城市。在接下来的部分，我们会更详细地探讨这一话题。

“App 网络”是未来网络中的另一个元素。移动平台上 App 的增长是惊人的：美国超过 80%的移动记录产生于 App，只有 20%来自浏览器。App 让用户直接获取内容，比下载浏览器搜索内容更快。

视觉网站（visual Web）是未来网络的另一个组成部分。“视觉网站”是指像 Pinterest 这样的用图片取代文本文件、用户可在图片上搜索、用产品图片取代产品广告的网站。Pinterest 是提供给用户（或品牌）在线公告栏，让用户可以发布有趣图片的社交网站。想找一条蓝色连衣裙或一件黑色衬衫？谷歌会发送售卖这些物品的上千个网站链接。Pinterest 会发送一个小得多的达到杂志水平的照片的集合，巧妙地链接到供应商网站上。Pinterest 被认为是历史上成长最快的网站，2013 年每月拥有 2 500 万用户，在用户最喜欢的网站中排第 50 名。Instagram 应用是另一个视觉网站的例子。Instagram 是分享图片和视频的网站，它让用户拍照片、美化图片、与朋友或其他社交网站（比如脸书、推特、汤博乐和 Google+）分享。2013 年 Instagram 拥有 1.3 亿用户。

其他引领未来 Web 3.0 的趋势包括更广泛的云计算运用和软件即服务（SaaS）的商业模式，移动平台和互联网接入设备之间无处不在的连通性，以及 Web 从孤立的应用程序和内容组成的网络向一个更加无缝和相互操作的整体转化。这些关于 Web 3.0 的美好愿景很可能在短期内实现。

7.4 无线革命

欢迎进入无线革命时代！手机、平板电脑和带无线上网功能的个人电脑已经变成便携计算平台，使得人们可以使用这些设备完成过去在办公室的台式机上才能完成的计算任务。我们曾在第 1 章和第 5 章关于移动数字平台的讨论中介绍过**智能手机**（smartphones）。如 iPhone、安卓、黑莓等智能手机拥有电话与能无线上网的移动笔记本电脑的功能。这使得在一台设备上将音乐、视频、网络接入和电话服务相结合成为可能。在大多数互联网环境中可提供移动的、可任意地点接入的宽带服务，来传送视频、音乐和进行网络搜索。

7.4.1 蜂窝系统

2013 年，全球的手机销售量超过 16 亿部。在美国，有 3.71 亿手机用户，其中 1.4 亿人使用智能手机。大约有 1.43 亿人使用手机来接入网络（eMarketer，2013）。在未来几年中，智能手机将取代台式电脑成为最主要的搜索源。数字蜂窝服务使用几个相互竞争的标准。在欧洲和美国以外的其他地方，使用全球移动通信系统（Global System for Mobile Communication，GSM）标准。GSM 的强项在于其全球漫游能力。

美国的 T-Mobile，VoiceStream，Cingular 和 AT&T 等公司也在使用 GSM 系统。

美国的有竞争力的标准是码分多址（Code Division Multiple Access，CDMA），威瑞森和 Sprint 使用这一系统。CDMA 是第二次世界大战时由军方研发的，它通过几个频率传输，占据整个频谱，并随机分配用户使用一个频率段。一般而言，实施 CDMA 成本较低，频率使用更有效，与 GSM 相比可提供更高的数据和声音传输质量。

早期的蜂窝系统主要是为了传输电话语音以及收发短信而设计。无线运营商现在提供 3G 和 4G 网络。**3G 网络**（3G networks）的传输速度对于移动用户（如车上乘客）可达到 144Kbps，对于固定用户可超过 2Mbps，可以满足收发邮件、浏览网页、在线购物的需求，但要观看视频，该速度就太慢了。**4G 网络**（4G networks）的速度更快：下载达到每秒 100 兆，上传达到每秒 50 兆，能在智能手机上观看更多的高清视频。长期演进（Long Term Evolution，LTE）以及全球微波互联接入（WiMax）是目前的 4G 标准。

7.4.2 无线计算机网络和互联网接入

一系列技术可以用于电脑和移动设备的高速无线访问。这些新的高速服务已经延伸到传统的有线互联网所不能覆盖的许多地方，这使计算无处不在、无时不在成为现实。

■ **蓝牙**

802.15 无线网络标准俗称**蓝牙**（bluetooth），用来创建小型**个人区域网**（personal-area networks，PANs）。个人区域网通过使用低功率的无线电通信技术，能在 10 米范围内连接多达 8 个设备，而且在 2.4GHz 频段的传输速度达 722Kbps。

配有蓝牙功能的无线电话、寻呼机、电脑、打印机和电脑设备等可以相互通信，甚至无须用户直接干预就可以相互操作（见图 7-13）。例如，人们可以使用笔记本电脑将文档无线发送到打印机。借助蓝牙功能，可将无线键盘和鼠标连接到 PC，也可以把手机连接到听筒。蓝牙耗电少，适用于由电池供电的便携式电脑和手机。

图 7-13 蓝牙网络（PAN）

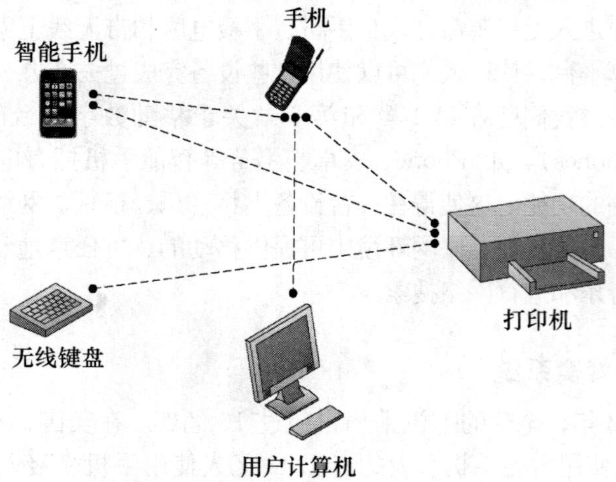

说明：蓝牙使一系列的设备（包括手机、智能手机、无线键盘和鼠标、PC 和打印机）可以在短距离（10 米）内无线连接。除了图中显示的连接，蓝牙还可以用来连接相似的设备，例如将数据从一台电脑传到另一台电脑。

虽然蓝牙更适合个人网络，但在大型企业中也可使用。例如，联邦快递的司机利用蓝牙向蜂窝式发射机传送掌上电脑 PowerPad 获得的数据，然后将数据传送给公司电脑。司机不再需要花时间进行掌上机的人工对接工作，联邦快递利用蓝牙每年可以节约 2 000 万美元。

■ Wi-Fi 和无线互联网接入

无线 LAN 的 802.11 标准集和无线网络接入也称**无线保真**（Wi-Fi）。802.11b 标准是第一个被广泛采用的无线标准，在 2.4-GHz 频率范围内的传输速度可以达到 11Mbps，并且有效范围可达 30～50 米。802.11g 标准在 2.4-GHz 范围内的传输速度可达到 54Mbps。802.11n 的传输速度可达到 100Mbps。现在的 PC 和笔记本都有内嵌的 Wi-Fi 功能，iPhone，iPad 和其他的智能手机也都有此功能。

在大多数 Wi-Fi 通信方式中，无线设备与有线 LAN 可以通过接入点来通信。接入点是一个包含无线接收器/转换机的盒子，外带一个可以连接有线网络、路由器或集线器的天线。如威瑞森移动热点等移动接入点使用现有的蜂窝网络来创建 Wi-Fi 连接。

图 7－14 详细描述了 802.11 无线 LAN，它把很多移动设备连接到大型有线局域网和互联网。大多数无线设备都是客户机。移动客户机站点所需的服务器安装在有线的 LAN 上。同时，接入点控制着无线站点，并且充当主要的有线 LAN 和无线 LAN 之间的桥梁。（连接两个不同 LAN 的桥梁基于不同的技术。）接入点也对无线站点进行控制。

图 7－14　802.11 无线局域网

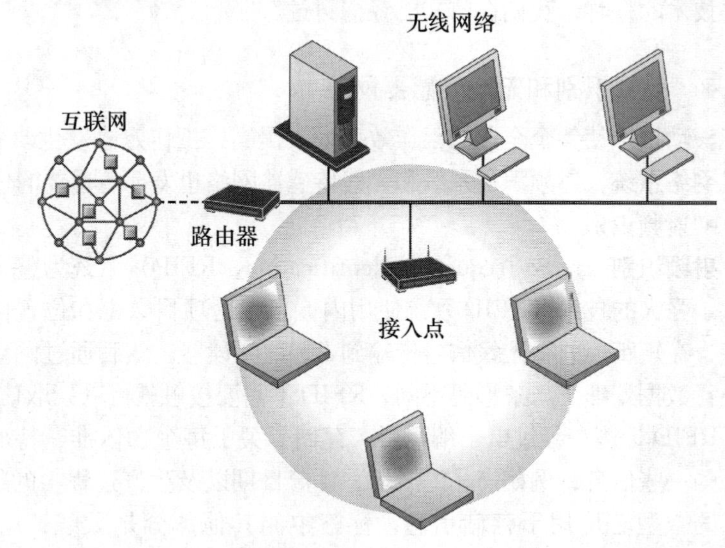

说明：配有无线网卡的移动笔记本通过接入点连接到有线 LAN 上。接入点使用无线电从有线网络向客户机适配器中传输网络信号，并将其转换成移动设备可以识别的数据。然后，客户机适配器将数据从移动设备传回接入点，提交给有线网络。

如今对于 Wi-Fi 最流行的应用就是进行互联网的高速无线访问。在这种情况下，只需要从有线电视和 DSL 电话服务公司取得访问接入点，用户就可以访问互联网。在一定范围内的计算机则可以通过访问接入点无线访问网络。

热点（hotspots）通常由公共场所的一个或者多个接入点构成。一些热点是免费的，并且不需要使用额外的软件；另一些则需要激活，通过在 Web 上提供信用卡号建立一个用户账号。

不同规模的企业都使用 Wi-Fi 网络来提供低成本的无线 LAN 和互联网接入。Wi-Fi 热点逐渐增多，在旅馆、机场大厅、图书馆以及大学校园都提供了移动访问互联网的服务。达特茅斯学院（Dartmouth College）就是其中之一，学生们使用 Wi-Fi 来进行搜索、课程学习和娱乐。

然而，Wi-Fi 也面临一些挑战。Wi-Fi 网络的一个主要缺点是安全性能低，使得这些无线网络更容易受到攻击。我们将在第 8 章详细介绍 Wi-Fi 的安全问题。

Wi-Fi 网络的另一个缺点是，它很容易受到附近相同频谱的其他系统（如无线电话、微波炉或者其他的无线 LAN）的干扰。基于 802.11n 标准的无线网络能够解决此类问题，它使用多个无线天线按顺序传送和接收数据，也可以协调多个无线天线同时发送无线电信号，这种技术叫做 MIMO（多输入多输出）。

■ **WiMax**

世界上的很多地方都没有 Wi-Fi 网络和固定的宽带连接。由于 Wi-Fi 的覆盖范围不超过 300 英尺，因此那些没有电缆或 DSL 服务的农村用户无法无线接入互联网。

为了解决这些问题，IEEE 专门开发了一组新型标准，称为 **WiMax**，即 IEEE 标准 802.16，也就是全球微波互联接入。WiMax 可以支持方圆 31 英里内的无线访问，其数据传输速度可以达到 75Mbps。

WiMax 的天线功能强大，足以将数英里外的家庭和公司屋顶的天线连接到高速互联网。有 WiMax 无线城域网功能的手机和便携式电脑已问世。移动 WiMax 是 4G 网络技术的一种，我们在前文已经探讨过。

7.4.3 射频识别和无线传感器网络

移动技术使整个企业的工作效率大大提高，工作方式发生改变。除了前面介绍的无线网络系统，射频识别系统和无线传感器网络也发挥着重要的作用。

■ **射频识别**

射频识别（radio frequency identification，RFID）系统为整个供应链中追踪商品提供了强大的技术。RFID 系统使用内嵌了包含项目数据和位置信息的微型芯片的小标签，在短距离内将无线信号传输到 RFID 阅读器，然后通过网络将数据传输给计算机进行数据处理。与条形码不同，RFID 不需要接触就可以读取信息。

RFID 标签在经过电子编程后，存储了关于每个物体唯一特征的信息，还存储了另外的一些信息，例如产品的产地、生产日期以及生产过程中的状态等信息。标签中植入的微型芯片用于存储信息，标签中的其他部分是天线，用于将数据传输给阅读器。

阅读器由天线和连接到固定或手持设备的无线电发射器组成，无线电发射器还具有解码功能。依据阅读器输出功率、无线电频率以及周围的环境条件，它可以在 1～100 英尺范围内发出无线电波。当 RFID 处于阅读器的识别范围内时，标签会被激活并开始发送数据。阅读器在捕获这些数据后对它们进行解码，然后通过网络将这些数据传送给计算机做进一步的处理（见图 7－15）。RFID 标签和天线的形状和大小各不相同。

图 7-15 RFID的工作原理

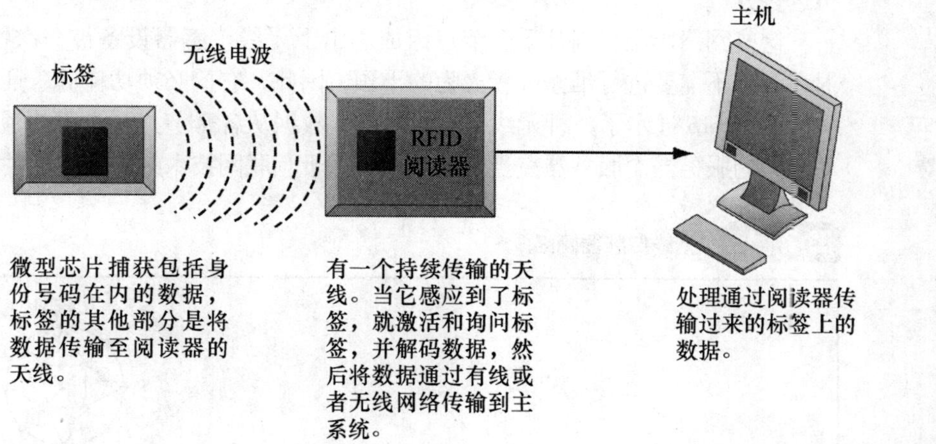

说明：RFID使用低功率的无线电发射器读取存储在标签里的数据，标签距离在1英寸到100英尺间。阅读器捕获标签上的数据并通过网络将其发送到主机上处理。

在存货控制和供应链管理方面，与条形码系统相比，RFID系统能获得并处理更详细的库存商品信息。如果各种货物混装在一起运输，RFID系统可以追踪每个批次、每组乃至每件货物。这一技术可以帮助诸如沃尔玛等许多企业，即时准确地了解仓库或零售货架上的货物数量，从而改善接收和存储货物的日常操作。章首案例中描述的大陆轮胎公司使用RFID技术，在生产流程中精确追踪轮胎组件的位置。

沃尔玛在商店的收货区域安装了RFID阅读器，记录下所有带有RFID标签的商品和货件。货物从仓库进入销售区后，RFID阅读器将对标签进行第二次读取，软件把来自沃尔玛销售点系统的数据与运送到销售区的货物数量综合起来。此程序将显示即将售完的商品，并且在售完前自动生成货架上需要补充的商品清单。这一信息将有助于沃尔玛降低库存量，增加销售额，降低成本。

以前，RFID标签因成本太高而无法大范围使用，但目前在美国，每个被动式标签的价格已经低于10美分。随着价格的下跌，RFID对于一些应用而言变得越来越划算。

除了安装RFID接收器和标签系统，公司可能还需要升级其硬件和软件，以处理RFID系统产生的大量数据——日常交易可能会增加数十万亿字节到数百万亿字节的数据。

需要特殊的软件来过滤、汇总和防止RFID数据超过企业网络和系统应用的承载量。这些应用程序需要重新设计，以接收RFID系统产生的海量数据，并与其他程序分享数据。一些主要的企业软件提供商（如SAP和Oracle PeopleSoft）现在都在其供应链管理软件中提供了支持RFID技术的版本。

■ 无线传感器网络

如果你的公司需要使用最先进的技术监控建筑内部的安全情况以及监测空气中的有害物质，它可能需要部署无线传感器网络。**无线传感器网络**（wireless sensor networks，WSN）是由相互连接的无线设备构成的网络，这些无线设备被直接植入到物理环境中，以提供覆盖大范围的多点检测。这些设备有内置的处理器、存储器、无线传感器及天线等，它们被连接到一个相互连接的网络，将它们捕获的信息发送给计算机进行分析。

这些网络由几百到几千个节点组成。由于无线传感器设备被一次性放置在某处，很多年都不需要进行维修或者人为的干预，因此，它们必须功耗低，且电池耐用。

图 7-16 显示了一种无线传感器网络，数据从各个节点通过网络流向拥有更大处理能力的服务器。服务器充当了通向一个基于互联网技术的网络的网关。

图 7-16 无线传感器网络

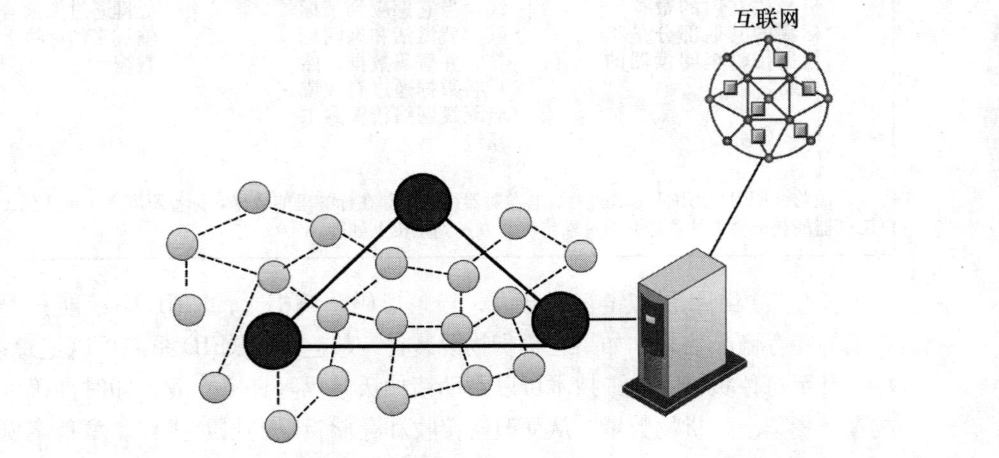

说明：小圆代表低端节点，大圆代表高端节点。低端节点将数据传送至其他低端节点或高端节点，这种方式传输数据的速度更快，能加速整个网络运行。

无线传感器网络在监测环境变化、监控交通或军事活动、保护财产、有效运行和管理机器及车辆、建立安全周期、监控供应链管理以及检测化学、生物或放射性的材料等方面发挥着重要作用。

许多组织开始分析“大数据”来改善运营和决策制定，而 RFID 系统和无线传感器网络是大数据的主要来源。这些系统的输出促进了产业互联网即**物联网**（Internet of Things）的发展。在物联网中，喷气发动机、电动涡轮机或农业传感器持续地收集并发送网络上的数据来分析。这些数据可能指出需求以便采取行动，比如更换即将磨损的某一部件，给商店货架上的某一产品补货，为大豆田开启供水系统，或让涡轮减速。不久，会有越来越多的物体被连接到网络中，并且能够与其他设备区别开来，创造出可以感受并响应数据变化的网络。另一个例子是第 11 章“互动讨论：组织”专栏中描述的“智慧城市”。在第 11 章中你可以了解更多例子。

本章小结

1. 通信网络主要由什么构成？主要的网络技术有哪些？

简单的网络由两台或两台以上的计算机相互连接组成。基本的网络组件包括：计算机、网络接口设备、连接介质、网络操作系统、集线器或交换机。大型企业的网络架构包括：传统的电话系统、移动蜂窝通信、无线局域网络、视频会议系统、公司网站、内联网、外联网、一系列局域网和广域网，也包括互联网。

由于客户机/服务器计算的发展、分组交换的使用，传输控制协议和互联网协议（TCP/IP）作为连接不同计算机和网络（包括互联网）的通用通信标准而被采纳，当前的网络得以发展。网络协议规定了不同的设备在网络上进行通信的共同规则。

2. 网络有哪些种类？

主要的物理传输介质包括：双绞线、同轴电缆、光纤电缆和无线传输介质。

局域网（LAN）连接半径为 500 米范围内的计算机和数字设备，应用于很多公司的网络中。广域网（WAN）能够覆盖较大的地理范围，从方圆几英里到横跨大陆，它是独立管理的专用网络。城域网（MAN）的跨度为一个城市。

数字用户线路（DSL）技术、有线互联网连接以及 T1 线路都经常在高速互联网连接中使用。

3. 互联网和互联网技术的工作原理是什么？它们是如何支持通信和电子商务的？

互联网是由众多网络组成的一个全球性网络，它使用客户机/服务器计算和 TCP/IP 网络参考模型。每台接入互联网的计算机都可以分配到唯一的数字 IP 地址。域名系统（DNS）将 IP 地址转换成用户易于使用的域名。全球互联网政策大多数是由各个组织和政府部门制定的，诸如互联网架构委员会和万维网联盟（W3C）。

主要的互联网服务包括电子邮件、新闻组、聊天、即时通信、远程登录、FTP 以及万维网。网页基于超文本标记语言（HTML），可以显示文本、图表、视频和音频。网站目录、搜索引擎以及 RSS 技术帮助用户登录他们想要访问的网站。RSS、博客、社交网络和维基基于 Web 2.0 的功能。

企业也开始意识到利用 IP 电话技术进行语音传输的好处，通过使用低成本的虚拟专用网络作为专有 WAN 的替代品，来降低运营成本。

4. 无线网络、通信和互联网访问的主要技术和标准是什么？

蜂窝网络正朝着快速、高宽带、数字分组交换技术的方向发展。宽带 3G 网络的数据传输速度介于 144Kbps 和 2Mbps 之间。可以达到 1Gbps 传输速度的 4G 网络已推出。

主要的蜂窝标准包括通常用于美国的码分多址（CDMA），以及在欧洲和世界上大部分国家使用的全球移动通信系统（GSM）。

无线计算机网络的标准包括：小型个人区域网的蓝牙（802. 15），局域网的 Wi-Fi（802. 11），以及城域网的 WiMax（802. 16）。

5. 为什么射频技术和无线传感器网络有很高的商业价值？

通过使用嵌入了商品数据和位置的标签，RFID 系统可用于追踪商品的动向。RFID 阅读器读取标签传输的无线电信号，并且通过网络将数据传输给计算机，然后进行数据处理。无线传感器网络是相互关联的无线设备，被嵌入物理环境，提供大面积的多点测量。

复习题

1. 通信网络主要由什么构成？主要的网络技术有哪些？

- 描述简单网络的特征以及大型公司的网络架构。
- 说出影响当代通信网络系统的主要技术和趋势，并对其进行描述。

2. 网络有哪些种类？

- 定义模拟信号和数字信号。
- 区别局域网、城域网和广域网。

3. 互联网和互联网技术的工作原理是什么？它们是如何支持通信和电子商务的？

- 定义网络，描述它的运行原理，并说明它在企业中发挥的作用。
- 解释域名系统（DNS）和 IP 地址系统的运行原理。
- 列出并描述主要的互联网服务。
- 定义并描述 IP 电话和虚拟专用网络，说明它们在企业中发挥的作用。
- 列出并描述网络上查找信息的其他方法。
- 比较 Web 2.0 与 Web 3.0。

4. 无线网络、通信和互联网访问的主要技术和标准是什么？

- 定义蓝牙、Wi-Fi、WiMax、3G 和 4G 网络。
- 描述以上技术各自具有的功能及其适用的环境。

5. 为什么射频技术和无线传感器网络有很高的商业价值？

- 给出 RFID 的定义，解释其运行原理，说明它在企业中发挥的作用。
- 给出无线传感器网络的定义，解释其运行原理，并描述对它们的应用。

讨论题

1. 正文中已经提到，在未来几年，智能手机将变成我们拥有的唯一的最重要的电子设备。对此你有何看法？

2. 是否所有的零售商和制造商都需要使用 RFID？为什么？

3. 比较 Wi-Fi 与高速蜂窝系统在提供互联网接入时的不同，以及各自的优缺点。

管理信息系统实践项目

本部分的实践项目涉及以下几个方面：评估并选择通信技术，通过电子表格软件来改进对通信服务的选择，使用 Web 搜索引擎来进行商业研究。

管理决策问题

1. 你所在的企业为家得宝、劳氏和其他家居装修企业提供陶瓷地砖。为了帮助客户改善对仓库储存的商品的管理，需要在装载的瓷砖中使用射频识别标签。请你利用网络技术确定公司用于 RFID 系统的硬件、软件和网络组件的成本。你需要考虑哪些因素？决定是否应该采用该技术的关键决策因素是什么？

2. BestMed 医疗用品供应公司向医院、康复中心和诊所销售由 700 多家生产商生产的药品、手术产品与设备。企业在美国西部和中西部共有 7 个销售点，有 500 名员工，包括财会人员、客服代表和仓库员工。员工通过传统的电话语音服务、e-mail、即时通信和手机进行通信。管理层正在考虑，企业是否应该采用统一通信系统。此时他们需要考虑哪些因素？决定是否应该采用该技术的关键决策因素是什么？如有必要，使用网络查找更多关于统一通信的信息以及它的成本。

提高决策能力：使用电子表格软件评估无线服务

软件技能：电子表格公式、格式化

商业技能：分析通信服务和成本

在这个练习中，你将利用网络搜索若干无线服务，并使用电子表格软件计算销售人员的无线服务成本。

位于艾奥瓦州迪比特市的销售人员需要购买 35 部具有通话、收发短信和图片等功能的手机。请你利用网络选择一家售后服务良好、覆盖全美无线业务的运营商。评价每个运营商提供的手机的性能。

假设每个销售人员每天在上班时间（上午 8 点到下午 6 点）都要花 3 小时打电话、发送 30 条短信，并且每周发送 5 张图片。使用电子表格软件来确定两年内最划算的无线网络服务和手机服务。为了便于练习，不必考虑公司折扣。

实现卓越运营：使用网络搜索引擎进行商业研究

软件技能：网络搜索工具

商业技能：研究新技术

这一练习有助于提高你利用网络搜索引擎技术进行商业研究的技能。

使用 Google 和 Bing 来获取关于乙醇作为机动车辆替代燃料的信息，也可以尝试其他搜索引擎。比较每个搜索引擎发现的信息的质量。哪个工具最好用？哪个产生了最好的搜索结果？为什么？

章末案例

谷歌、苹果与脸书之争：用户的网络体验

谷歌、苹果和脸书三大巨头为主导用户的网络体验进行了一场史诗般的战争，交火的范围涉及搜索、音乐、视频、其他媒体，你所用来做这些事的设备，以及云计算和其他许多是你生活重心的事物。战利品是预计约 4 000 亿美元的电子零售市场，这个市场的主要接入设备将是移动智能手机和平板电脑。

具有更先进功能、无处不在的网络接入移动设备正快速取代传统台式机，成为最受欢迎的计算形式。如今，美国 63% 的网络接入使用的是无线设备。这些智能手机和平板电脑利用发展的云计算能力，每个拥有智能手机和连接网络的人都可以获取。正因为如此，今天的科技巨头如此积极地争夺这个新型移动世界的控制权，也就不足为怪了。

以个人电脑发家的苹果公司，迅速地扩张到软件和消费电子产品领域。在 MP3 播放器、iPod 和 iTunes 数字音乐服务在数十年间颠覆了传统音乐产业后，苹果用 iPhone，iPod Touch，iPad 如风暴一样席卷移动计算，有望成为互联网计算平台的入口。苹果是移动软件应用的领导者，这得益于 App 商店十分受欢迎，该商店拥有超过 800 000 个用于移动设备和平板电脑的 App 应用。这些应用极大地丰富了移动设备的体验，谁创造了最受欢迎的设备和应用，谁就可以获得显著的竞争优势，现在苹果占据了优势。

谷歌由斯坦福大学计算机专业毕业生拉里·佩奇和谢尔盖·布林在 1996 年开发校园搜索引擎 BackRub 时创立，很快因其无与伦比的返回相关搜索结果的能力而受到关注。Google 一直是世界领先的搜索引擎。基于页面浏览带来的广告收入，Google 迅速占据了广告优势。基于关键词的广告搜索产品 AdWords，最受欢迎的在线广告网络 AdSense，以及关于在线出版、购买、出售和管理广告展示空间的中间产品 DoubleClick，让谷歌控制了在线广告行业。

2005 年，谷歌购买了安卓开源移动操作系统并创立了开放手机联盟（Open Handset Alliance），来在移动计算中竞争。谷歌为智能手机制造商提供零成本的安卓系统，许多制造商已经将安卓作为标准。相反，苹果只允许自己的设备使用专门的操作系统，它出售的成千上万的应用程序只可以在苹果产品上使用。从第一部安卓手机 2008 年 10 月推出市场以来，免费、公共可用的源代码和自由的许可将安卓推到移动操作软件的顶端。2013 年美国有近 52%、全球有超过 68% 的手机安装安卓系统。安卓也是全球平板电脑的主要操作系统。

引人注目的是，2011 年 8 月谷歌以 125 亿美元收购摩托罗拉移动控股。这一举措给谷歌带来了 17 000 项专利以及 7 000 项准备申请的专利，来帮助安卓抵御智能手机的专利战争。

2012 年 6 月谷歌发布了 Nexus 7 平板电脑。这个拥有 7 英寸屏幕的平板电脑获得了狂热好评

并从 iPad 和亚马逊 Kindle Fire 中攫取了市场份额。谷歌和摩托罗拉共同开发的智能手机致力于提高日常可用性，关注诸如破碎、防水和电池寿命，而不是更高的规格和大量预先装入的程序。公司不想开发一个大屏幕的“平板手机”，而是关注优化安卓用户体验。

智能手机操作系统市场为在移动设备上做广告提供了渠道，例如，在谷歌的 YouTube 和谷歌地图 App 上做广告。谷歌已经成功地让其搜索结果定制化地响应移动搜索的需求，并适应智能手机的功能。但是移动设备市场的边际收益极小，2013 年第一季度摩托罗拉事业部的亏损达 27 100 万美元。

谷歌尽力捍卫自己的广告主导地位。按点击付费的移动端广告始终落后于台式机广告，尽管付费点击量有所增长，但平均值在下降。谷歌制定了一个方案来整合 PC 广告和移动广告，并开发了简洁的移动搜索页面，使用户可以持续地点击移动广告并在智能手机和平板电脑上进行消费。这些变化提升了广告的整体价格。

由于受到谷歌各方面的挑战，苹果在 2013 年第二季度出现了近 10 年来的首次利润下滑。尽管苹果在移动战争中拥有一系列优势，但它必须制造其他颠覆市场的产品来增加销售。苹果拥有稳定增长的忠实用户群，他们可以购买更多产品和服务。利润下滑是由于 iPhone 的销量下降，而利润较少的产品（如 iPad）的销量却在上升。此外，为了与更低价格的安卓手机竞争，尤其是在全球中像印度和中国这样巨大的市场上竞争，苹果可能需要开发一款低成本的 iPhone。

苹果具有创新的传统。2011 年，它发布了有颠覆市场潜力的产品 Siri（语音解译和识别接口），这是一个将搜索/导航工具和个人助手相结合的产物。Siri 使用 Yelp 进行本地商业搜索，获得用户推荐和排名，它还支持 Wolfram Alpha。只有在提及谷歌时，苹果才承诺会了解用户习惯以加强个性化推荐，当然这也只是说说而已。对此，客户的反应有所不同。谷歌迅速发布了自己的 AI 工具 Google Now 来回击。

由马克·扎克伯格和几个哈佛朋友在 2004 年成立的脸书，为本地学生在线浏览和分享信息提供了一种新方式。现在它是世界上最大的社交网站，拥有超过 10 亿的月活跃用户。人们使用脸书来与朋友和家人保持联系，表述对其来说重要的事情。脸书平台让开发者能够创建应用和网站，与脸书相结合来获取全球的网络用户，制作个性化的社交产品。

脸书一直在寻找将其受欢迎度和掌握的用户数据转化为广告收入的方法，它发现这些收入在移动端不断增加。到 2012 年第三季度，脸书的主要移动广告产品“赞助内容”（Sponsored Stories）的收入翻了 3 倍。到 2013 年第一季度，几乎每 3 美元的脸书收入中有 1 美元来自智能手机和平板电脑。

2013 年 3 月脸书修改了主页，不仅增大了照片和链接的尺寸，还允许用户创建话题流。其第一项工作是简化智能手机的界面。因为营销人员更喜欢大图，这样能够更醒目、更具说服力。第二项工作是给广告商提供更多机会、更多针对目标市场的有趣内容。打个比方，话题流的创建就像一份“个性化报纸”，可以有专栏性的评论文章，针对喜爱的运动和球队的运动板块，还有关于家乡的新闻，等等。这些有用的趣闻都会填充脸书的数据库。用户是否认同这次改革还有待观察，但现在已经有一款流行的 App——Flipboard 在为那些喜欢创建话题流和发布内容的用户服务。

之后，脸书引入了一个移动应用套装来替代典型的智能手机主界面。脸书主页是在安卓操作系统中运行优先级最高的入口，使得安卓移动手机几乎变成了脸书手机。它以照片、消息和状态更新等脸书内容占据了手机主界面，代替了智能手机原本的壁纸。脸书主页也提供进入手机其他 App 的入口，但体验是围绕脸书的。

大约在同一时间，脸书发布了一个新的搜索工具，挑战谷歌的搜索地位。图谱搜索挖掘的对象是脸书巨大的用户数据，并基于脸书的“点赞”和朋友推荐等社交信号传递结果。它是一个比

Google 更加社交化的搜索方式。如果基于朋友推荐的需求胜过对于泄露个人信息的不满，图谱搜索将会是一个主要的收入增长源。

尽管用户会被诱导签到，然后追星或评价本地饭店和造型沙龙，但是他们并不希望泄露敏感数据，比如其医生身份或孩子去哪里上学，更不必说在公共场合分手的窘迫经历。而且，“点赞”电影、书和音乐等耗费时间。用户公开的数据真的足以用来搜索出正确的结果并对其排名吗？鉴于时间的紧迫性和对用户体验负责的考虑，脸书需要找准一个其擅长的细分领域。这样，即使不能直接与谷歌抗衡，它也能从边缘蚕食谷歌的领地。

脸书称，对目标市场使用图谱搜索是被禁止的，但是有关监管和制裁的政策尚未出台。脸书已经处于联邦贸易委员会的监管下，在接下来的 20 年中将受到独立的隐私审查。信任是脸书制定策略的关键。消磨用户的信任意味着产生相关搜索结果的数据变少，使用脸书链接到第三方网站和服务的动力减弱。脸书必须如履薄冰。但是如果脸书成功地使自己成为移动接入的代名词，就能在全球广告统治权的角逐中脱颖而出。全球广告市场的规模不可小觑，毕竟只要有一部不贵的安卓手机就可以上网。

资料来源：Eric Zeman，“Android Tablets Edge Out IPad：IDC,” *Information Week*, May 2, 2013; Evelyn M. Rusli, “The Challenge of Facebook's Graph Search,” *Wall Street Journal*, January 16, 2013 and “Facebook's Mobile Boom,” *Wall Street Journal*, May 2, 2013; Joanna Leach, “Facebook Home: Startups Show the Pros and Cons of ‘Launchers’,” *Wall Street Journal*, April 5, 2013; Matthew Lynley and Evelyn M. Rusli, “What Is Facebook ‘Home’?”, *Wall Street Journal*, April 4, 2013; Dan Graziano, “Motorola and Google Plan to Fight against the Rise of Phablets,” BGR, April 16, 2013; Angela Moscaritolo, “Apple Leads U. S. Smartphone Market, But Android Is Top OS,” PC Mag. com, April 4, 2013; Somini Sengupta, “Fortunes of Facebook May Hinge on Searches,” *New York Times*, January 14, 2013; Somini Sengupta, “Facebook Shows Off New Home Page Design, Including Bigger Pictures,” *New York Times*, March 7, 2013; Somini Sengupta, “Facebook Software Puts It Front and Center on Android Phones,” *New York Times*, April 4, 2013; “Google internet ad revenue grows 23 per cent,” Big News Network, April 19, 2013; Jeff Bercovici, “Wow, Facebook Is Already Making $3 Million A Day On Mobile Ads,” *Frobes*, October 23, 2012; Amir Efrati and Spencer E. Ante, “Google's $12.5 Billion Gamble,” *The Wall Street Journal*, August 16, 2011; John Letzing and Amir Efrati, “Google's New Role as Gadget Maker,” *The Wall Street Journal*, June 28, 2012; Claire Cain Miller, “Google, a Giant in Mobile Search, Seeks New Ways to Make It Pay,” *The New York Times*, April 24, 2011; and Evelyn M. Rusli, “Google's Big Bet on the Mobile Future,” *The New York Times*, August 15, 2011.

◆ 案例思考题

1. 比较谷歌、苹果和脸书的商业模式和核心竞争力。

2. 为什么移动计算对这三家企业来说如此重要？评价一下每家公司的移动策略。

3. 搜索的重要性对于移动计算的成败有什么意义？苹果和脸书是怎样试图与谷歌竞争的，它们的策略会成功吗？

4. 你认为哪个企业和商业模式会在这场角逐中获胜？为什么？

5. 如果苹果、谷歌或者脸书主宰互联网体验，作为企业或作为个体消费者，所获得的体验会有什么不同？为什么？

▶▶ 第 8 章

信息系统安全

Securing Information Systems

学习目标

学完本章后，你将能够回答以下问题：

1. 为什么信息系统容易遭到破坏、滥用和发生错误？
2. 安全和控制有什么商业价值？
3. 组织的安全和控制框架由哪些部分组成？
4. 最重要的保护信息资源的工具和技术有哪些？

章首案例 ▶▶▶▶▶▶▶▶▶

在用领英？当心！

领英是最杰出的在线社交网络之一。它拥有超过 2.25 亿用户，其中大多是有职业理想的白领阶层，他们更关注的是关系网而不是社交。用户维护在线简历，与同事和业务代表建立联系，并就日常工作中的问题寻求专家的解答。企业招聘者、求职者或想升迁的人都很重视领英的服务。最近 10 年，领英跻身顶级的科技公司之列，其估值已超过 210 亿美元。

然而，2012 年 6 月，领英发生了令人惊诧的数据泄露事故，数百万用户的密码被泄露。黑客攻破了领英的安全系统，窃取了 650 万用户的密码，然后把密码公开在俄罗斯的一个黑客论坛里。泄露事故发生之后，领英的用户和安全专家都感到震惊，一个主要功能是收集和管理用户数据的平台竟然在保护措施上有如此大的疏忽。领英在计算机安全方面做得远远不够，毕竟它是一家拥有充足的现金储备、强大的根基和众多出色员工的高科技公司。

安全专家批评领英没有一个以防御安全漏洞为首要职责的首席安全官。但是更让人惊讶的是，领英仅通过简单加密的方式实现最低限度的密码保护，而没有采用符合密码加密技术标准的方式。事实上大多数公司会采用一项名为“加盐”的技术，它会在密码的哈希值后面增加一系列随机数字使其更难被破译。由于仅增加几行代码，加盐技术的成本极低甚至为零。大多数公司采用复杂的密码学函数来巩固加盐技术，但是领英根本没有采用加盐技术对密码进行处理，这种安全级别相当于把贵重物品遗于闹市之中。

大多数公司会将哈希化的密码单独存放在安全的网络服务器上，让其更难被黑客攻击。赛门铁克资助的波耐蒙研究所（Ponemon Institute）的一项研究显示，像领英这样的公司建立坚固的密码安全体系、网络服务器和安全应用体系的总成本应该低于 6 位数，但是密码泄露事故给公司造成的损失平均达到 550 000 万美元。领英的损失可能会更高，因为其对数据安全的无视更令人惊讶。

一些安全专家认为，像领英这样的公司之所以执行安全政策不严格，是因为缺乏明确的责任制度。与其他有基本消费者保护条例监管和保障的行业不同，计算机安全和社交网络数据安全并没有规范来约束，许多公司对其也很少加以保护。另外，人们不太会因为数据泄露事件而停止使用社交网络。比如说，泄露事件之后，许多用户想离开领英但是并没有这么做，因为领英是最主要的商务社交网络。

在密码窃取事件发生后的第一时间，领英很快告知用户其数据是安全的。领英已使这 650 万公开的密码失效，并且称其已应用加盐技术来加密密码以提高安全性。虽然如此，领英被提起金额高达 500 万美元的集体诉讼，它被控告连数据保护的最低行业标准也没能遵循，尤其表现在没对哈希化的密码加盐上。

安全专家称，领英的安全措施在多年前或许处于顶级水平，但是近些年在数据泄露的浪潮中它没能有效保护自己。领英不仅需要在技术层面达到现今的安全标准，更应该在思维模式上作出改变，保护用户数据应永不止步，绝不能一劳永逸。

资料来源：Christa Joe，"Battling the Security Problem on Social Media，" Ezine Articles，accessed July 23，2013；"Top 10 Social Media Security Problems in 2013，" *Social Media Revolver*，May 23，2013；Jessi Hempel，"Everything You Need to Know about LinkedIn，" *Fortune*，July 1，2013 LinkedIn Faces $5 Million Lawsuit After Password Breach，*CIO Insight*，June 22，2012；"LinkedIn Defends Reaction in Wake of Password Theft，" *The Wall Street Journal*，June 10，2012；"Lax Security at LinkedIn Is Laid Bare，" *The New York Times*，June 10，2012；"Why ID Thieves Love Social Media，" *Marketwatch*，March 25，2012.

领英 650 万用户密码泄露的问题，揭示了为什么企业需要特别注意信息系统安全。领英给个人和企业都带来了很多益处，但从安全角度来看，领英并没有充分地保护网站，使之免受那些窃取用户敏感信息的黑客的侵袭。

下图指出了上述案例和本章的要点。尽管领英在管理中拥有安全技术和程序，但并不足以保护用户信息。它没有采用标准密码加密技术（包括"加盐"技术）来保护用户密码。

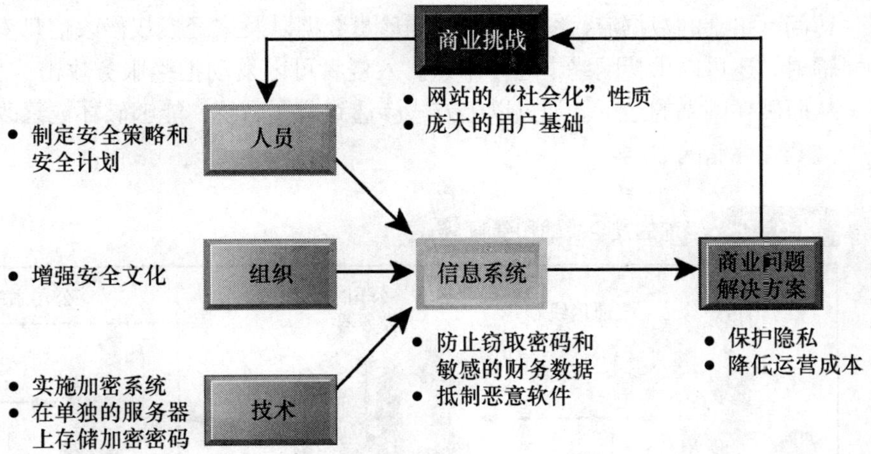

"社会化"的特点以及大量的用户，使领英特别吸引那些想窃取重要个人和金融信息以及传播恶意软件的犯罪分子和黑客。领英拥有庞大的用户基础及社交网站的天然属性，但管理者并没有充分地保护其数据。领英的忠实用户群没有受到事件后续的波及，大多数人决定继续使用领英，因为它对他们的事业太有价值了。尽管如此，领英仍面临金额达数百万美元的集体诉讼和名誉损失。对于所有公司来说，教训是明显的：消灭恶意软件或挽回身份盗用的损失增加了运营成本，并降低了个人和企业的效率。

思考以下问题：什么样的管理、组织和技术因素会导致领英的数据泄露？数据泄露对企业有何影响？

8.1 系统漏洞和滥用

你能想象在没有防火墙或杀毒软件的情况下，计算机连接到互联网将会发生什么吗？你的电脑可能在几秒钟内瘫痪，而恢复却需要好几天的时间。如果你用电脑来处理业务，当它出现故障时，你就可能无法向客户出售产品或向供应商下采购订单。此外，你可能会发现计算机系统已被外来者入侵，他们可能盗取或破坏重要的数据，其中包括保密的客户支付数据。如果有过多的数据遭到破坏或泄露，这些业务可能再也无法继续下去。

简言之，如果你正在经营一家公司，那么你需要把安全和控制问题放在首位。**安全**（security）指的是那些用以阻止对信息系统的未授权访问、修改、盗窃或者物理破坏的政策、程序和技术措施。**控制**（controls）包括所有能确保组织资产安全、会计记录精确可靠、管理标准严格执行的方法、政策和组织程序。

8.1.1 为什么系统容易受到攻击

与纸质存储方式相比，以电子形式存储的大量数据容易受到更加多样的威胁。位于不同地方的信息系统可通过通信网络互相连接。非法访问、滥用或欺诈行为的发生不再局限于单一地点，而是可能出现在网络的任意访问点。图 8－1 描述了当前信息系统所面临的最常见的威胁，这些威胁可能是技术、组织、环境因素或不良的管理决策造成的。图中描述的多层客户机/服务器计算环境中，每一层以及层与层之间的通信中都易受到攻击。在客户层，用户引入错误或非法访问均会对系统造成危害，使得访问网络上的数据流、窃取传输中的珍贵数据以及未经授权修改信息变得可行。通过辐射，还可以干扰网络中的多个点。入侵者可以发动拒绝服务攻击或植入恶意软件，从而破坏网站的运行。通过以上方式渗透到公司系统，能够破坏或篡改公司数据库或文档中存储的数据。

图 8－1 当前的安全挑战和漏洞

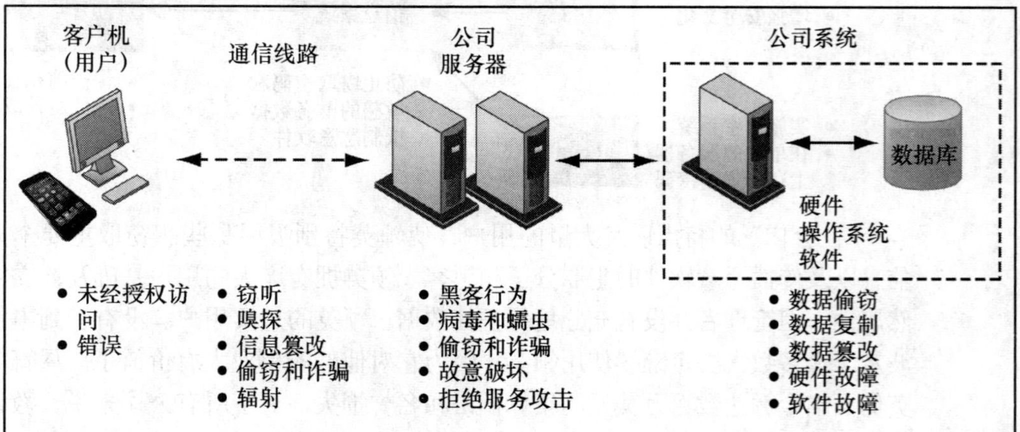

说明：基于 Web 的应用软件架构通常包括客户机、服务器以及连接到数据库的企业信息系统。每一部分都遇到了安全挑战和漏洞。洪水、火灾、停电以及其他一些电子问题都可能对网络中的任何一个节点造成破坏。

计算机硬件本身的故障、配置和使用不当以及因非法操作而损害硬件均会导致系统故障。而编程错误、安装不当以及非法变更则会导致计算机软件失灵。停电、洪水、火灾或者其他自然灾害同样会对计算机系统造成破坏。

与国内外企业合作也会增加系统受攻击的可能性，因为有价值的信息可能存储在不受组织控制的网络和计算机中。如果没有强大的保护，这些信息就可能会丢失、损坏，甚至落入坏人之手，导致商业机密或个人隐私泄露。

企业中越来越多地使用移动设备也增加了风险。便携的移动电话、智能手机或平板电脑很容易丢失或被盗，这些网络设备也容易被恶意软件或外来者入侵。公司员工使用的智能手机经常包含诸如销售数据、客户姓名、电话号码、邮件地址等敏感数据，入侵者可能利用这些设备访问公司内联网络。

■ **互联网的脆弱性**

大型公用网络（如互联网）几乎是对所有人开放的，因而比内联网络更易受到攻击。互联网的覆盖范围是如此之广，以至于滥用行为一旦发生，其影响面将非常大。当互联网成为公司网络的一部分时，组织的信息系统就更易受到外界的侵袭。

如果基于互联网技术的电话服务（见第7章）不在安全的专用网络上运行，就会比交换语音网络更易受到攻击。公共网络上的VoIP流量都是不加密的，因此网络上的任何人都能听到通话内容。电脑黑客可以截取通话内容或者利用虚假的流量冲击支持VoIP的服务器使其崩溃，从而关闭语音服务。

电子邮件、即时通信和对等文件共享程序的广泛使用也使系统易受攻击。电子邮件附件可能成为恶意软件或非法访问内部系统的跳板。员工也许会用电子邮件将重要的商业秘密、金融数据或客户机密信息传送给非法接收者。广受欢迎的即时通信软件没有对文本信息设置安全层，因此当信息在公共网络上传输时，可能会被外界截取或读取。在某些情况下，互联网上的即时通信活动可能会成为入侵其他安全网络的后门。通过对等网络共享，如非法音乐共享，也可能会传播恶意软件，或者使个人或公司计算机上的信息暴露在外来者面前。

■ **无线网络的安全挑战**

登录机场、图书馆或其他公共场所的无线网络是安全的吗？答案取决于个人的警惕性有多高。即使是家里的无线网络也容易遭到破坏，因为Wi-Fi无线传输的频率很容易被扫描出来。蓝牙和Wi-Fi网络都容易被黑客入侵。只需配备便携式电脑、无线网卡、外置天线以及黑客软件，入侵者即可入侵采用802.11标准的局域网（LAN）。黑客使用这些工具来探测未受保护的网络，监控网络通信，并在某些情况下获得互联网或公司网络的访问权。

Wi-Fi传输技术旨在使工作站之间彼此搜寻和连接更为方便。服务集标识符（service set identifiers，SSID）用来标识Wi-Fi网络的访问点，在传输时会多次向外发送，极容易被入侵者的嗅探器程序所截获（见图8-2）。许多地方的无线网络不具备对战争驾驶的基本防御能力。**战争驾驶**（war driving）是指窃听者驾车到建筑物或者公园外，试图截取无线网络的通信流量。

入侵者使用正确的SSID与某个访问点取得联系后，就能访问网络中的其他资源，比如使用Windows操作系统可以找到连接该网络的其他用户，访问他们的计算机硬盘，打开或者复制其中的文件。

图 8-2 Wi-Fi 面临的安全挑战

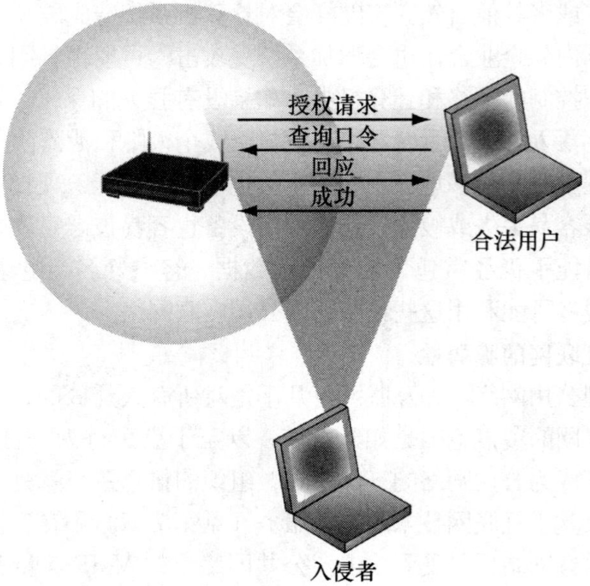

说明：入侵者利用嗅探器程序获取地址，轻易入侵 Wi-Fi 网络，并非法访问网络资源。

入侵者也可利用所收集的信息，在用户所处的物理位置附近以不同的无线电频段设置流氓访问点，迫使用户的无线网卡连接到该访问点上。一旦建立这种连接，黑客就能利用非法访问点窃取那些毫无戒备的用户的姓名和密码。

8.1.2 恶意软件：病毒、蠕虫、木马和间谍软件

恶意软件（malware）包括一系列具有威胁性的软件程序，如计算机病毒、蠕虫和木马。**计算机病毒**（computer virus）是附加到其他软件程序或数据文件中，以便在未经用户同意或许可的前提下得以执行的流氓软件程序。大多数计算机病毒会发送"有效载荷"信息，这种信息可能是相对良性的，如显示一条信息或图片的指令，也可能具有高度破坏性，如破坏程序或数据，占用计算机内存，重新将计算机硬盘格式化或者导致程序运行异常。通常，当人们发送电子邮件附件或者复制已感染病毒文件时，病毒会在计算机间扩散传播。

如今，计算机更多地受到**蠕虫**（worms）的攻击。蠕虫是独立的计算机程序，能通过网络在计算机之间进行自我复制并传播。（与病毒不同，它不需要附加在其他计算机程序文档上，能够独立运行，它在计算机之间的扩散更少地依赖人的行为。这就是计算机蠕虫的扩散速度比计算机病毒快得多的原因。）蠕虫破坏数据和程序，同时也破坏甚至中断计算机网络的运行。

蠕虫和计算机病毒往往通过已下载的软件、电子邮件附件或者被盗用的电子邮件信息或即时通信在网络上传播。病毒还会通过已受感染的磁盘或机器入侵计算机信息系统。当今**隐蔽强制下载**（drive-by download）尤为流行，恶意文件由用户主动或无意下载的文件所携带。

智能手机可能遭受的黑客袭击与网络设备的一样：不经用户同意而下载恶意文

件、删除文件、传输文件，安装后台监控程序，以及可能使手机变成僵尸网络中的一员来向其他人发送邮件和短信。随着智能手机越来越普及，且越来越多地被用作付费设备，智能手机正成为恶意软件肆虐的一个主要途径。

针对移动设备的恶意软件没有针对电脑的广泛，但还是会通过电子邮件、短信、蓝牙、Wi-Fi或蜂窝网络的文件下载来传播。2013年1月，网络安全公司McAfee发现了36 699种不同的移动恶意软件，其中95%在之前的12个月中是首次出现(McAfee，2013)。由于非常多的无线设备能接入企业信息系统，因此移动设备的病毒会对企业计算设备造成极大威胁（见8.4节“互动讨论：技术”专栏）。

博客、维基百科以及诸如脸书、推特和领英这样的社交网站，已经成为恶意软件或间谍软件入侵的新渠道。这些应用允许用户将程序代码作为合法内容的一部分在网络上发布，一旦有人浏览相关网页，代码就能够自动运行。2013年春天，窃取用户网络银行凭证的恶意软件——TorRAT的变体——被用在推特上向荷兰用户发送未经授权的垃圾邮件（Kumar，2013）。

熊猫安全公司（Panda Security）报告称，在2013年第一季度已查到超过650万个新出现的恶意软件。尽管其中有一些可能是相互的变种，但受感染的数量仍然极大(Breedon，2013)。根据网络安全公司赛门铁克的报告，由于小公司很难应对如此多的不同种类的攻击，当前有31%的恶意软件是针对小公司的（Symantec，2013）。表8-1列出了一些到目前为止最具危害性的蠕虫和病毒的特点。

表8-1 恶意代码的例子

名称	类型	描述
Conficker (aka Downadup, Downup)	蠕虫	2008年11月首次发现。利用Windows软件漏洞取得对机器的控制，将其链接到可被远程操控的虚拟计算机。全球范围内有超过500万台计算机受其掌控，很难根除。
Storm	蠕虫/木马	2007年1月首次发现。通过包含虚假附件的垃圾邮件传播。感染上千万台计算机，迫使其加入僵尸网络，从事犯罪活动。
Sasser. ftp	蠕虫	2004年5月首次出现。通过随机攻击IP地址在互联网上传播。导致计算机不断崩溃和重启，并利用已受感染的计算机来搜寻更多的攻击对象。感染了全球范围内数百万台计算机，对英国航空公司的航班登机处、英国海岸警卫站和澳大利亚西太平洋银行的运营造成干扰。Sasser及其变种在全世界造成约148亿～186亿美元的损失。
MyDoom. A	蠕虫	2004年1月26日首次出现。通过电子邮件附件传播。从已受感染的机器中获取地址，并伪造发件人地址发送电子邮件。在盛行时期，这种蠕虫使全球互联网的性能降低10%，网页的加载次数减少50%。2004年2月12日后该蠕虫停止蔓延。
Sobig. F	蠕虫	2003年8月19日首次出现。通过电子邮件附件传播，伪造发件人信息发送大量邮件。感染超过100万台计算机，造成50亿～100亿美元的损失。该蠕虫于2003年9月10日失活。
ILOVEYOU	病毒	2000年5月3日首次发现。是一种用Visual Basic脚本代码编写的脚本病毒，以主题为“ILOVEYOU”的电子邮件附件形式传播。自身备份会复写到音乐、图片或其他文件上。造成估计100亿～150亿美元的损失。
Melissa	宏病毒/蠕虫	1999年3月首次出现。是Word的宏脚本，通过电子邮件将被感染的Word文档发送至用户的Microsoft Outlook地址簿中的前50个地址。15%～19%的商用计算机被感染，造成3亿～6亿美元的损失。

熊猫安全公司发现有80%以上感染的是特洛伊木马。**特洛伊木马**（Trojan horse）是一种表面上看似是良性，所造成的危害却出乎意料的软件程序。木马本身不能复

制，所以不是病毒，但它经常将病毒或其他恶意代码带入计算机系统。“特洛伊木马”这一术语源于特洛伊战争期间，希腊人使用巨型木马来欺骗特洛伊人打开其防御坚固的城门。木马一旦进城，隐藏在木马中的希腊士兵就冲杀出来，攻下这座城市。

Odad. a 就是一种特洛伊木马，它在“可选的”App 商店和钓鱼网站上将自己伪装成合法应用。Odad. a 可以下载并安装其他的恶意软件，通过 Wi-Fi 或蓝牙感染附近的设备或接收攻击者发来的指令。该种特洛伊木马还可以向会员号码发送短信，由此为攻击者及其相关业务产生收入。该木马利用安卓运营系统的一个漏洞来隐藏自己，所以不易被发现和移除。

SQL 注入攻击（SQL injection attacks）已经成为主要的恶意软件威胁。它利用某些编程不够严谨的 Web 应用程序中的漏洞，将恶意的程序代码植入企业的系统和网络。这些漏洞的出现通常是因为 Web 程序没有严格地验证或者过滤来自网页的用户输入，比如在线订购商品时输入的数据。攻击者利用输入验证中的疏忽，向底层数据库发送恶意的 SQL 查询命令，从而检索数据库、植入恶意代码或者访问网络上的其他系统。大型的 Web 程序有成百上千个接受用户输入的接口，每一个都有可能成为 SQL 注入攻击的对象。

大多数面向网络的应用程序都被认为包含 SQL 注入漏洞，因而出现了供黑客检验这些 Web 程序漏洞的工具。这类工具能够找出网页表单中的数据输入域，向其中输入数据，并检验执行结果，从而判断此处是否存在 SQL 注入漏洞。

某些类型的**间谍软件**（spyware）也可以充当恶意软件。这些小程序能秘密地在计算机上自行安装，监视用户的上网记录并为广告服务。如今已有成千上万种间谍软件记录在案。

许多用户被这些间谍软件所困扰，一些批评者担心它们会侵犯计算机用户的隐私。某些类型的间谍软件极为恶劣。**击键记录器**（keyloggers）可记录计算机上的每一次击键操作，以窃取软件的序列号，发动互联网攻击，访问电子邮件账户，获取计算机系统的密码，或者截取诸如信用卡号等个人信息。比如宙斯木马（Zeus Trojan）通过秘密追踪用户向计算机输入数据时敲击键盘的行为，从网络银行和社交网站上窃取财务和个人信息。其他间谍软件能重置网页浏览器的主页，重定向查询请求，或者通过占用大量的内存来降低计算机性能。

8.1.3　黑客和计算机犯罪

黑客（hacker）是指试图在未经授权的情况下非法访问计算机系统的人。在黑客圈中，骇客（cracker）通常用来指有犯罪意图的黑客；然而在报纸杂志中常将黑客和骇客混为一谈。黑客和骇客都是通过寻找网站和计算机系统的安全保护缺陷来实现非法访问的。他们往往会利用互联网的各种特性，而恰恰是这些特性使得互联网成为一个易于使用的开放系统。

黑客活动已经从单纯的系统入侵扩大到窃取商品和信息、损坏系统和**破坏网络**（cybervandalism），即故意破坏甚至摧毁网站或公司的信息系统。例如，2013 年 4 月 23 日，一伙称为“叙利亚电子军”的亲叙利亚政权黑客攻击了美联社的推特简讯，发布了一条虚假消息：“特大新闻：白宫发生两起爆炸，奥巴马受伤”（Smith-Spark and Van Heerden，2013）。

■ **电子欺骗和窃听**

黑客都试图隐藏自己的真实身份，他们经常利用伪造的电子邮件地址或假装成其他人来欺骗别人、谎报信息。**电子欺骗**（spoofing）还可能涉及将网页链接重定向与原地址不同的地址，该地址伪装成目的地。比方说，如果黑客将用户重定向至一个看似与真正的网站几乎一样的假冒网站，他们就能收集和处理订单，进而从真正的网站上有效地窃取商业机密及客户的敏感信息。我们将在关于计算机犯罪的讨论中更详细地介绍其他形式的电子欺骗。

嗅探器（sniffer）是一种监控网络上所传输信息的窃听程序。当被合法使用时，嗅探器可以帮助确定网络中潜在的故障点或犯罪活动，但是如果是出于犯罪目的使用，它们就变成有害的，而且很难被检测出来。黑客利用嗅探器可以从网络上的任何地方窃取包括邮件信息、公司文档以及机密报告在内的私有信息。

■ **拒绝服务攻击**

拒绝服务攻击（denial-of-service (DoS) attack）指的是黑客向网络服务器或 Web 服务器发送成千上万的虚假通信或服务请求，从而使网络崩溃。网络接收到如此之多的查询请求，以至于其资源无法及时处理每个请求，从而使合法用户的正常请求得不到响应。**分布式拒绝服务攻击**（distributed denial-of-service（DDoS）attack）是指利用大量的计算机从众多发射点涌向网络并将其淹没。

例如，一个匿名组织因反感反垃圾邮件组织，在 2013 年发动了大量报复性 DDoS 攻击，反垃圾邮件组织是为邮件供应商提供垃圾邮件黑名单的志愿性组织。这次攻击利用强大的僵尸网络——上千台受感染的计算机被远程控制所组成的网络——试图压垮反垃圾邮件组织的网站，以及 CloudFlare（反垃圾邮件组织雇用该公司来转移攻击）提供的互联网服务。这个僵尸网络让网络服务器应答大量计算机同时发送的请求。网络服务器落入圈套，向反垃圾邮件组织和 CloudFlare 发送数据块。这是迄今为止最大的 DDoS 攻击，使成千上万的人遭遇延迟并收到网上乱发的错误信息(Markoff and Perlroth，2013)。

拒绝服务攻击虽然不会破坏信息或者进入公司信息系统中受限制的区域，但它往往会导致网站关闭，致使合法用户无法访问该网站。对于那些繁忙的商业站点，这种攻击造成的损失是惨重的。一旦网站关闭，顾客就不能进行购买。中小型企业的网站更易受到攻击，因为与大型企业网站相比，它们的网站保护措施过少。

DDoS 发动者常常利用数以千计的僵尸电脑，这些电脑已经被恶意软件感染，不受所有者的控制，它们组成了**僵尸网络**（botnet)。黑客利用僵尸软件感染他人的计算机来建立这些僵尸网络，从而为攻击者注入指令打开一扇后门。被感染的机器就成了“奴隶”或者“僵尸”，为属于他人的主计算机服务。只要黑客入侵了足够多的计算机，他就可以利用僵尸网络集聚资源来发动拒绝服务攻击、进行网络钓鱼或者自动发送垃圾邮件。

全世界 90%的垃圾邮件和 80%的恶意软件是通过僵尸网络传播的。例如，曾经是世界第三大僵尸网络的 Grum，在 2012 年 7 月 19 日被关闭，据报道它传输着全世界 18%的垃圾邮件（每天达 180 亿封)。Grum 一度感染并控制了 560 000～840 000台计算机。

■ **计算机犯罪**

大多数黑客活动都是犯罪行为，而且我们之前描述的系统漏洞也成为其他类型的计算机犯罪的目标。美国司法部将**计算机犯罪**（computer crime）定义为“任何在犯罪实施、侦查及诉讼过程中涉及计算机技术知识的刑事违法行为”。表 8-2 给出了计算机作为犯罪目标和犯罪工具的两类例子。“互动讨论：组织”专栏介绍了最近一起大型的计算机犯罪案件。

表 8-2 计算机犯罪的例子

计算机作为犯罪的目标
破坏受保护的计算机数据的机密性 非法进入计算机系统 有意进入受保护的计算机来实施欺诈 故意进入受保护的计算机，并无意或有意地造成破坏 有意传输程序、程序代码或命令，对受保护的计算机造成破坏 威胁要破坏受保护的计算机
计算机作为犯罪的工具
窃取商业秘密 非法复制软件或者受版权保护的知识产权，诸如文章、书籍、音乐和视频 计划诈骗 利用电子邮件进行威胁或骚扰 有意试图拦截电子通信 非法访问已存储的电子通信，包括电子邮件和语音邮件 利用电脑发送或处理儿童色情制品

互动讨论：组织

21 世纪的银行大盗

手持六发式左轮手枪、蒙着面、身着黑风衣、扛着机关枪，正在撬着保险箱，或是驮着装满现金的麻袋——这是 19～20 世纪电影中常出现的银行劫匪形象。在技术因素的影响下，21 世纪出现了一系列的新工具：笔记本电脑、银行数据库、访问码、磁条和 ATM。盘点历年来的十大银行盗窃案，其中不得不提的就是在全球通信网络上先后实施两次数字入侵行动、涉案金额高达 4 500 万美元的案件。

黑客首先获取了账户的相关信息。他们倾向于寻找那些在交易中使用维萨或者万事达预付费借记卡的公司下手，因为这种卡的支付处理器安全等级比金融机构其他产品要低得多。就这样，2012 年 12 月一家印度的公司被锁定，次年 2 月一家美国公司被锁定，两家都是名不见经传的公司。同时，黑客把预付费借记卡的发卡方限定在阿拉伯联合酋长国的 Rak 银行（阿联酋国家银行）和阿曼的马斯喀特银行（Bank of Muscat），因为这两家银行的数据库存在另外的安全漏洞。

黑客在作案的策略上也有新的调整，他们并不是通过积攒大量的账户号码来敛财，而是依赖于提高少数账户的最高取款限额。这样做有两个好处：一是通过入侵少量卡就可产生巨额的收益。仅仅 5 张 Rak 银行卡就带来 500 万美元，12 张马斯喀特银行卡更是带来了巨额财产。二是不会有个人或企业的银行账户出现数额骤减的情况。作案者会通过不同的时间将储备账户池中的各账户钱款进行转移（数额依卡而定）。这些设计都是为了延迟作案被发现的时间。

接下来，黑客为这些卡片设置新的个人识别（personal identification，PIN）码。他的下线组织通过USB接口将市场上卖的卡片编码器连到笔记本电脑或台式机，利用其中的内置程序，只需要点击“写入”和“编译”，就可以在手边任何有磁条的塑料卡片（包括以前的过期证件以及酒店的门卡等）上载入银行账户数据。有了这些伪造卡，现金组的成员开始从日本、俄罗斯、罗马尼亚、埃及、哥伦比亚、英国、斯里兰卡、加拿大和美国等十几个国家的ATM上提取战利品。在前后10小时的时间内完成了36 000笔银行交易，窃取了4 500万美元。

作案的各组织成员都会从中提成，再把余额直接交给网络犯罪的团伙头目，或是把头目的份额洗白为奢侈品提交。2013年5月，纽约的7名犯罪团伙成员被逮捕；还有一名据称是头目的罪犯，前一个月在多米尼加共和国被害。在回放监控视频时发现的一个装满现金的双肩包，最终成为这次破获“纽约帮”的关键线索。团伙手机中的照片中还记录了他们沉浸在金钱美梦中狂喜的情形。

磁条这一超过40年的老技术早已被很多发达国家摒弃，因为磁条卡很容易被伪造和复制。而在信用卡产业中，会有行为监测体系挖掘持卡者的使用行为，如果窃贼的使用行为不符合常规的使用模式，那么这一次交易将会被标记以供审核，甚至被拒绝。尽管如此，根据Aite Group的报告，美国每年发生的银行卡支付欺诈金额达到86亿美元。Nilson Report发现，美国的银行卡支付虽然仅占全球卡支付的23%，但在案的银行卡支付欺诈却达到47%。

世界上其他主要区域已使用EMV（Europay，MasterCard，and Visa，即欧陆卡、万事达卡和维萨）技术将近20年。研发于1994年的EMV是IC（integrated circuit，集成电路）卡以及其POS（sale-of-point，电子付款机）终端和ATM的全球标准。这些智能卡常被称为芯片卡和PIN系统，可将账户信息存储在一个嵌入的芯片中。与磁条卡不同的是，数据是被强加密算法加密的。密码学被用来鉴定卡片的真伪、发卡机构和卡片上存储的数据。为增加安全性，用户必须输入PIN来证明自己是卡主。随着越来越多的国家使用EMV，银行卡支付欺诈的比率骤然下降。

然而，美国的银行和零售商并不想为更换支付处理系统付出代价。因为这是一个牵一发而动全身的举措。受影响的还有超过6亿张信用卡和5.2亿张借记卡，超过1 500万台POS机必须更换。此外，全国超过350 000台ATM需要改进或更换。每个商店、餐厅、美发沙龙、加油站、诊所、报摊、自动贩卖机都会受到影响，因为这些商家通过收单银行账户来收款和支出，依赖于收单银行的支付业务基础设施。为卡组织（维萨、万事达卡等）提供技术系统接口的支付处理系统、卡交易处理机构也会受影响。

在全球互通的背景下，世界其他国家大力推进EMV卡，同时又不得不继续发行磁条卡，并保留磁条卡的相关基础设施。美国现在也开始给磁条卡的制造和发行设置最后期限，维萨和万事达卡强制要求收单银行和支付处理器于2013年4月1日前采用EMV芯片技术。从2015年10月起一直持续到2017年末，EMV卡发行方、商家、加油机和ATM将落实责任。如果某个商家不能在指定日期前采用EMV，它将为欺诈行为和纠纷交易承担责任。借此美国最终将像其他国家一样完成向芯片卡的转变，在过去10年里欧洲也是靠强制商家承担非EMV卡的风险来成功刺激企业更新POS设备的。

除旧立新是意料之中的。商家的抵触最终都可以释然。相信在四五年内，黑客偏爱的磁条卡就会走向它应有的终结。遗憾的是 2013 年那起涉案 4 500 万美元的银行盗窃案没能被及时阻止，那些装满现金的钱袋也不指望找回来了。

资料来源：Colleen Long and Martha Mendoza，"Bloodless bank heist impressed cybercrime experts." *Associated Press*，May 10，2013；Collen Long，"Feds in NYC：Hackers stole ＄45M in ATM card breach，" *Associated Press*，May 10，2013；Marc Santora，"In Hours，Thieves Took ＄45 Million in A. T. M. Scheme，" *New York Times*，May 9，2013；Peter Svensson，Martha Mendoza，and Ezequiel Abiú López，"Global network of hackers Steals ＄45M from ATMs，" *Assciated Press*，May 10，2013；"EMV Chip Technology，Scvure Electronic Payments，" *Forbes*，March，7，2013；"EMV in the USA：After 8 Years of Foot-Dragging and Delays，What's the Real Timeline for A-doption Look Like?" *PRNewswireiReach*，February 21，2013.

没有人知道计算机犯罪问题有多严重——有多少系统被入侵，有多少人从事计算机犯罪，造成了多少经济损失。根据波耐蒙研究所的 2012 年度网络犯罪成本研究（由惠普赞助），机构每年用于防范网络犯罪的成本的中值是 890 万美元（Ponemon Institute，2012）。多数公司不愿意公布计算机犯罪情况，因为这可能会牵涉内部员工，或者公司担心公开其受到攻击会损害公司名誉。造成最大经济损失的计算机犯罪形式是拒绝服务攻击、内部恶意行为以及基于 Web 的攻击。

■ **身份盗用**

随着互联网和电子商务的发展，身份盗用问题愈发引人担忧。**身份盗用**（identity theft）是指盗用者窃取诸如社会保险号、驾照号码或者信用卡号之类重要的个人信息来假冒他人的犯罪行为。有了这些信息，盗用者就能以受害人的名义获得信贷、购得商品、享受服务，也可获取虚假证书。

身份盗用已在网络上盛行，信用卡相关文件成为网络黑客的主要目标。根据 Javelin Strategy & Research 发布的报告，美国有 5.26%的成年人遭遇身份欺诈。身份盗用造成的总损失从上年的 180 亿美元增长到 210 亿美元（Javelin，2013）。此外，电子商务网站也是获得客户个人信息（姓名、地址以及电话号码）的极好来源。有了这些信息，犯罪分子就能以新的身份，根据自己的目的创建新的信用记录。

目前十分流行的一种诈骗形式叫做**网络钓鱼**（phishing），是指建立虚假网站或发送看似来自合法企业的电子邮件，向用户索要个人私密资料。这些消息会诱导收件人回复电子邮件，或者在假冒网页上输入信息，或者拨打某个电话号码，提供社会保险号、银行卡和信用卡信息及其他私密信息来更新或确认自身记录。eBay、PayPal、亚马逊、沃尔玛和各类银行都是实施网络钓鱼攻击的首选目标。针对性更强的钓鱼形式是鱼叉式网络钓鱼（spear phishing），其信息看上去来自受信任的来源，比如来自接收者的公司或朋友。

双子星病毒和域欺骗等网络钓鱼技术很难被察觉。**双子星病毒**（evil twins）是一种假装提供可信的 Wi-Fi 以连接互联网的无线网络，比如机场大厅、旅馆、咖啡馆里的无线网络。这些虚假网络看起来与合法的公用网络没什么区别。如果用户在不知情的情况下登录了虚假网站，诈骗者就能捕获其密码或信用卡号码。

即使用户在浏览器中键入正确的网址，**域欺骗**（pharming）也会将用户重定向至虚假的网页。为加快网页的浏览速度，互联网服务提供商（ISP）会将互联网地址相关信息存储起来。如果犯罪分子获取了这些信息，而 ISP 的服务器上运行的软件又存在缺陷，那么他们就能利用软件缺陷入侵并篡改地址信息，从而实施域欺骗。

根据波耐蒙研究所的 2013 年美国数据破坏成本研究，2012 年数据泄露事件中涉及的每条客户记录都会造成188美元的损失。2012年每起事件总的平均成本是540万美元(Ponemon，2013)。而且，品牌声誉受损非常严重且难以量化。除了章首案例和“互动讨论：组织”专栏中描述的数据破坏案例，表8-3描述了其他主要的数据破坏形式。

表8-3 主要的数据泄露事件

数据泄露机构	描述
美国退伍军人事务部（VA）	2006年，17 500万退伍军人的姓名、出生日期、社会保险号和个人信息从一个退伍军人事务部员工带回家的笔记本电脑中被盗。VA至少花费2 500万美元来运行电话中心、发送邮件，并为受害者支付一年的信贷监控服务费用。
哈特兰支付系统公司	2008年，迈阿密黑客阿尔伯特·冈萨雷斯带领的犯罪团伙在哈特兰支付系统公司的计算机网络中安装了间谍软件，从其位于新泽西普林斯顿的支付处理器中窃取了多达1亿张信用卡和借记卡的数据。2010年冈萨雷斯被判在联邦监狱服刑20年，哈特兰在罚款和结算上花费了1.4亿美元。
TJX公司	2007年拥有包括TJ Maxx和Marshalls在内的全国连锁零售商TJX发生数据泄露事件，至少耗费2.5亿美元。网络罪犯得到超过4 500万张信用卡和借记卡的数据，其中一些随后被用来从沃尔玛和其他地方购买上百万美元的电子产品。在哈特兰黑客事件中扮演重要角色的阿尔伯特·冈萨雷斯与这起网络攻击也有关联。
艾普斯龙公司	艾普斯龙是一家电子邮件营销公司，处理重要零售商和银行（如百思买、摩根大通、TiVo和沃尔格林）的邮件列表。2011年3月，黑客从艾普斯龙公司窃取了上百万姓名和邮件地址。根据被窃取数据的用途，损失可能从1亿美元到40亿美元不等，大多数损失来自声誉受损引起的客户流失。
索尼公司	2011年4月，黑客获取了超过1亿的索尼游戏网络平台用户和索尼在线娱乐用户的个人信息，包括信用卡、借记卡和银行账户数据。这次数据泄露事件可能让索尼和信用卡发行机构的总损失达到20亿美元。

美国国会于1986年颁布了《计算机欺诈和滥用法案》(Computer Fraud and Abuse Act)，以应对计算机犯罪所带来的威胁。该法案规定，未经授权访问他人计算机系统属违法行为。美国大多数州都有类似的法律，欧洲一些国家也有相似的立法。美国国会还于1996年通过了《国家信息基础设施保护法案》(National Information Infrastructure Protection Act)，将散布恶意软件和黑客攻击致使网站瘫痪都列为联邦刑事犯罪行为。

美国多数法案都对计算机犯罪做出规定，如《反窃听法案》(Wiretap Act)、《电信欺诈法案》(Wire Fraud Act)、《经济间谍法案》(Economic Espionage Act)、《电子通信隐私法案》(Electronic Communications Privacy Act)、《电子邮件威胁和骚扰法案》(E-Mail Threats and Harassment Act)、《儿童色情防止法案》(Child Pornography Act)，覆盖涉及拦截电子通信，利用电子通信进行诈骗、窃取商业机密，非法访问已存储的电子通信，利用电子邮件进行威胁或骚扰，以及发送或处理儿童色情内容的各类计算机犯罪行为。一项联邦的《数据安全和违反通知法案》(Data Security and Breach Notification) 已被提议，它要求拥有个人信息的机构实施“合理的”安全程序来保障数据安全，并且通知数据被泄露的个人，但是该法案还未颁布。

- **点击欺诈**

当你点击搜索引擎上所显示的广告时，广告商通常需要为每一次点击支付一定的费用，因为每次点击都意味着为其带来了潜在购买者。**点击欺诈**（click fraud）指的是个人或计算机程序点击在线广告，而又不想进一步了解广告商信息或无购买意向的欺骗行为。点击欺诈已经成为谷歌及其他提供点击付费在线广告的网站所面临的一个严重问题。

有些公司雇用第三方（通常来自低收入国家）虚假点击竞争对手的在线广告，抬高其营销成本，从而削弱对手的竞争力。点击欺诈也可通过软件程序点击来实施，僵尸网络常用于这一目的。Google 等搜索引擎试图监控点击欺诈，却一直不愿意对外公布在处理该问题上所取得的成果。

■ **全球性威胁：网络恐怖主义和网络战**

我们所描述的网络犯罪活动——植入恶意软件、发动拒绝服务攻击、进行网络钓鱼都是无国界的。有 24%的恶意软件攻击发生在中国、韩国、印度和日本，22%来自俄罗斯、罗马尼亚、波兰、乌克兰、哈萨克斯坦和拉脱维亚（Donohue, 2013）。互联网的全球性使得罪犯可在全球的任何地方或者以任何地方为目标实施计算机犯罪。

互联网的脆弱性也让个人甚至整个国家容易成为有政治动机的黑客实施破坏或间谍行为的目标。**网络战**（cyberwarfare）是一种削弱或破坏另一国家或民族的国家资助的活动，通过渗透到计算机或网络来制造破坏或分裂。

总的来说，网络战攻击已经变得范围更广、复杂度更高、潜在破坏性更大。每小时有 250 000 个探针试图潜入美国国防部网络，并且自 2008 年以来，美国联邦机构受到的网络攻击增长了 150%。这些年，黑客窃取过导弹跟踪系统、卫星导航装置、侦察机和尖端战斗机的计划。

由于主要的金融机构、健康组织、政府机构和工业企业依赖网络进行日常操作，网络战给现代社会的基础设施造成了威胁。网络战也包括与这些类型攻击的对抗。章末案例会更详细地讨论这一话题。

8.1.4 来自内部的威胁：员工

人们倾向认为企业的安全威胁来自组织外部，但事实上，公司内部人员也会造成严重的安全问题。员工拥有访问某些信息的特权，在企业内部安全措施不严的情况下，他们通常能够畅游组织的信息系统而不留痕迹。

研究表明，用户缺乏知识是导致网络安全遭到破坏的最主要原因。许多员工忘记进入计算机系统的密码，或者允许同事使用自己的密码，这些行为将对系统造成危害。恶意入侵者有时会伪装成公司内部成员，以工作需要为由诱骗员工提供自己的密码，从而进入企业系统。这种做法就是**社交工程**（social engineering）。

最终用户和信息系统专家也是将错误引入信息系统的主要来源。最终用户可能键入错误数据，未按正确指令处理数据和使用计算机设备。信息系统专家可能在设计、开发新软件或者维护现有程序时出错。

8.1.5 软件漏洞

软件错误会对信息系统构成持续性的威胁，给生产带来难以估量的损失。软件日趋大型化、复杂化，加之要及时迎合市场的需求，导致软件缺陷或漏洞数量日益增加。2013 年 4 月 16 日，由于供应商提供的一个软件补丁错误，或者内部的软件变更未被正确测试，美国航空公司不得不延迟或取消 1 950 架次航班。系统性的网络故障使管理航线运行的主要系统中断，也使在主要系统出现故障后应该启动的备用系统中断（Boulton, 2013）。

软件的主要问题是存在潜在**漏洞**（bugs）和代码缺陷。研究表明，完全消除大型程序中的所有漏洞是不可能的。漏洞发生主要源于“决策代码”的复杂性。一个相对较小的仅有几百行代码的程序中包含几十次决策，这些决策会导致数百乃至数千种不同的路径。大多数公司的重要程序通常更大，包含上万甚至上百万行的代码。每行代码都比小程序有更多种选择和途径。

在大型程序中零缺陷是无法实现的，完全彻底的测试根本是不可能的。对包含数千种选择和上百万条路径的程序进行完整的测试需要几千年的时间。即使通过了严格测试，你也无法确信某个软件是可信的，只有经过大量实际使用后，产品才能证明自身的可靠性。

商业软件中的缺陷不仅会妨碍其性能，而且会带来安全漏洞，使得网络对入侵者开放。每年安全公司会发现网络软件和计算机软件的上千种漏洞。

一旦发现软件漏洞，软件供应商会在不影响软件正常运行的前提下，创建叫做**补丁**（patches）的小程序来修复这些缺陷。例如微软的 Windows 7 Service Pack 1，就是为了使 Windows 7 更安全、性能和更新更稳定。该软件的用户负责追踪漏洞、测试并安装补丁，这个过程叫做补丁管理。

由于公司的 IT 架构通常装载多个商业应用软件、操作系统安装软件及其他的系统服务软件，因此，要维护公司所有设备和服务的补丁，既费时又费钱。恶意软件产生得如此之快，以至于公司在漏洞及补丁发布与漏洞为恶意软件所用之间的这段时间内几乎来不及做出反应。

8.2　安全和控制的商业价值

很多公司都不愿意在安全问题上投入太多，因为它并不能直接创造销售业绩。然而，信息系统安全对于企业运营来说如此关键，因此企业需三思而行。

企业的信息资产十分重要，需加以保护。信息系统中通常存储个人所得税、金融资产、医疗档案和工作绩效评价等机密的人员资料，还存储商业机密、新产品开发计划、营销策略等企业运营方面的信息。政府系统可能存储武器系统、情报行动和军事目标方面的相关信息。这些信息资产有着巨大的价值，一旦遗失、损毁或者落入恶人之手，将会导致毁灭性的后果。因安全破坏、灾害或技术故障造成的系统停止运行可能给公司的财务状况造成永久性影响。专家认为，40%的企业在遭遇三天内不能修复的应用或数据丢失后难以恢复（Focus Research，2010）。

企业还可能因缺乏足够的安全和控制措施而承担法律重责。企业要保护的不仅是自身的信息资产，还包括客户、员工和商业伙伴的信息资产。否则，企业可能为数据泄露或失窃承担高昂的诉讼费用。如果组织没能采取有效的保护措施来防止机密信息泄露、数据破坏以及隐私侵犯，就要为由此而造成的不必要风险和损失承担法律责任。例如，BJ's Wholesale Club 曾因未能阻止黑客访问公司系统盗用信用卡和借记卡数据进行欺诈交易而遭到联邦贸易委员会起诉。卡数据失窃的发卡行向 BJ's 公司索赔 1.3 亿美元，以赔偿持卡人因欺诈交易而蒙受的损失。强大的安全和控制框架能够保护企业的信息资产，进而获得较高的投资回报，提高员工工作效率，降低企业运营成本。

8.2.1　电子记录管理的法律法规要求

美国政府已出台相关法规强制企业加强对安全和控制的重视，采取措施保护数据免遭滥用、泄露和非法访问。企业要对电子记录的保留与存储以及隐私的保护承担新的法律义务。

如果你在医疗保健行业工作，那么你所在的公司必须遵守美国 1996 年颁布的《健康保险流通与责任法案》。该法案概述了医疗安全和个人隐私的规则和程序，旨在简化医疗账单的管理，实现医疗数据和计划书在医疗保健服务提供方与付款人之间的自动传递。该法案要求医疗保健行业的从业人员将病人信息保留六年，并确保这些记录的保密性。该法案还明确规定了医疗保健服务提供方在处理病人资料时所应遵循的隐私、安全和电子交易标准。如果他们违反医疗隐私标准，通过电子邮件或未经授权访问网络泄露病人档案，则会受到处罚。

如果你在一家提供金融服务的公司工作，那么你所在的公司必须遵守美国国会于 1999 年通过的《金融现代化法案》，其更广为人知的名称是以发起人名字命名的《格雷姆–里奇–比利雷法案》(Gramm-Leach-Bliley Act)。该法案要求金融机构确保客户数据的安全性和保密性。数据必须存储在安全的媒介中，并采取特殊的安全措施保护存储媒介和传输中的数据。

如果你在一家上市公司工作，那么你所在的公司必须遵守 2002 年颁布的《上市公司会计改革与投资者保护法案》(Public Company Accounting Reform and Investor Protection Act)，即众所周知的《萨班斯–奥克斯利法案》，该法案是以马里兰州的参议员保罗·萨班斯（Paul Sarbanes）和俄亥俄州的代表迈克尔·奥克斯利（Michael Oxley）这两位发起人的名字命名的。该法案在安然、世通等上市公司的金融丑闻曝光之后出台，旨在保护投资者的利益。该法案规定，公司及其管理层有责任保证财务信息在对内使用和对外公布时的精确性和完整性。

《萨班斯–奥克斯利法案》从根本上确保对于财务报表信息的创建与编制的内部监控到位。因为财务报表数据是由信息系统生成、存储并传输的，该法案要求企业关注信息系统安全和其他控制问题，以确保数据的完整性、保密性和准确性。凡是处理涉及财务报告关键数据的应用系统都必须加以控制，以确保其数据准确可靠。在发生灾害或服务中断的情况下，必须加强控制，以保护公司网络安全，阻止未经授权访问系统和数据并确保数据的完整性和可用性。

8.2.2 电子证据和计算机取证

安全、控制和电子记录管理在应对法律诉讼方面已不可或缺。如今，大部分股票诈骗、贪污、盗窃公司商业机密、计算机犯罪以及许多民事案件的证据均为数字形式。除打印或印刷的信息外，越来越多的法律案件还依赖于数字形式的证据，这些数据或是存储在闪存、光盘和计算机硬盘中，或是存在于电子邮件、即时通信和在线商务交易信息中。目前最常见的电子证据类型是电子邮件。

法律诉讼中，若某些信息可能作为证据，公司有义务响应公示数据的请求，依法生成所需信息。如果公司难以收集所需的数据，或者数据已经遭到篡改或毁坏，响应公示请求的成本高昂。如今法院对不正当损毁电子文档的行为给予严厉的经济甚至刑事处罚。

有效的电子文档保留政策应确保电子文件、电子邮件以及其他电子记录条理分明，方便使用，留存时间适宜。这也表明人们应有保护潜在证据以备计算机取证之用的意识。**计算机取证**（computer forensics）是指科学地收集、审查、鉴定、保存和分析数据，以便能在法庭上作为证据使用，这些数据是从计算机存储媒介中获取或恢复的。计算机取证主要涉及以下问题：

- 恢复计算机数据，同时保持证据的完整性；
- 安全存储和处理所恢复的电子数据；
- 从大量的电子数据中搜寻有用信息；
- 向法庭提交信息。

电子证据可能以计算机文件和对普通用户不可见的隐含数据的形式存放在计算机存储媒介中，例如已从计算机硬盘上删除的文件。人们可通过各种技术来恢复已被用户删除的数据。计算机取证专家试图恢复这些隐藏数据，作为证据呈送。

人们逐渐意识到计算机取证应被纳入企业的应急规划程序。CIO、安全专家、信息系统工作人员和企业的法律顾问应相互协作，制定在发生法律争端时能够执行的计划。

8.3 安全和控制框架的建立

即使拥有最好的安全工具，信息系统也并非完全安全可靠，除非知道在哪里以及如何应用部署它们。还需要知道公司信息系统安全面临哪些风险，需要采取何种控制措施来保护信息系统。此外，必须制定一套安全政策与计划，保证信息系统发生故障时企业仍能正常运转。

8.3.1 信息系统控制

信息系统控制有手动和自动两种方式，包括一般控制和应用控制。**一般控制**（general controls）指的是贯穿整个组织信息技术基础设施，为管理计算机程序的设计、安全和使用，以及数据文件安全而进行的总体控制活动。总的来说，一般控制适用于所有的计算机应用程序，由硬件、软件和手工流程组成，创造一个整体的控制环境。

一般控制包括软件控制、硬件控制、计算机操作控制、数据安全控制、系统流程的实施控制及管理控制。表8-4逐一描述了各种控制的作用。

表8-4 一般控制

类型	描述
软件控制	监控系统软件的使用，阻止对软件程序、系统软件和计算机程序的未经授权访问。
硬件控制	保证计算机硬件的物理安全，检查设备是否存在故障。对计算机依赖性强的企业还必须制定备份和持续运行计划，保持服务稳定。
计算机操作控制	监督计算机部门的工作，确保程序在数据存储和处理上的一致性和正确性。包括对计算机程序安装的控制，以及针对异常中断的备份和复原。
数据安全控制	确保硬盘或磁带中的重要商业数据文件在存储或使用过程中不被擅自访问、篡改或破坏。
实施控制	审计系统开发过程的各个阶段，确保对该过程的管理和控制得当。
管理控制	规范标准、规则、程序和控制原则，确保一般控制和应用控制得以正确执行和实施。

应用控制（application controls）是针对特定计算机应用（如薪资结算或订单处理程序）的特殊控制活动。应用控制包括自动和手动控制，确保只有经过授权的数据才能完全且准确地通过应用程序处理。应用控制可分为：（1）输入控制；（2）处理控制；（3）输出控制。

输入控制（input controls）负责检查数据在输入系统时的准确性和完整性。针对输入授权、数据转换、数据编辑和错误处理均规定了特定的输入控制。处理控制（processing controls）保证数据在更新过程中的完整性和准确性。输出控制（output controls）则确保计算机处理的结果准确、完整且恰当传输。

8.3.2 风险评估

企业在将资源投入到安全和控制方面之前，必须了解哪些资产需要保护及其保护程度。风险评估有助于回答这些问题，找到性价比最高的资产保护控制方案。

风险评估（risk assessment）能够确定当某一活动或流程没有得到适当控制时公司面临的风险程度。虽然并非所有的风险都能被预测或衡量，但对于自身所面临的风险，大多数企业都有一定程度的认识。企业管理者应与信息系统专家合作，共同确定信息资产的价值、系统漏洞、出现故障的大致频率以及潜在的损失。举例来说，如果某一故障可能发生的频率不超过 1 次/年，且每次造成的损失不超过 1 000 美元，那么花费 2 万美元来设计和维护用以防范该故障的控制系统是不明智的。然而，如果相同的故障一天至少发生 1 次，潜在的损失超过 30 万美元/年，那么在控制系统上花费 10 万美元就十分必要。

表 8-5 显示了一个日处理 3 万份订单的在线订单处理系统的风险评估抽样结果。一年内每种故障发生的概率用百分比来表示。表中第三列显示的值是每种故障的损失范围和平均损失，平均损失为最高损失和最低损失的值相加再除以 2。每种故障的预计年损失额可通过平均损失与发生率相乘得到。

表 8-5 在线订单处理风险评估

故障	发生率（%）	损失范围/平均值（美元）	预计年损失（美元）
停电	30	5 000～200 000（102 500）	30 850
盗用	5	1 000～50 000（25 500）	1 285
用户错误	98	200～40 000（20 100）	19 698

风险评估结果表明，一年内停电发生的概率为 30%。每次停电造成的订单交易损失的范围为 5 000～200 000 美元（平均损失 102 500 美元），而具体金额取决于业务中断时间的长短。一年内盗用发生的概率约为 5%，潜在损失的范围为 1 000～50 000 美元（平均损失 25 500 美元）。一年内用户错误发生的概率为 98%，每次损失为 200～40 000 美元（平均损失 20 100 美元）。

一旦经过风险评估，系统制造商就能在最易受攻击和潜在损失最大之处加强控制。本例中，控制应集中在最大限度地降低出现停电和用户错误的风险，因为这两者的预计年损失额最高。

8.3.3 安全策略

一旦确定系统的主要风险，企业就需要制定安全策略来保护自身资产。**安全策略**（security policy）包括信息风险分级、确定可接受的安全目标以及实现安全目标的机制。对企业而言，最重要的信息资产是什么？由谁产生并控制这些信息？现在有哪些安全策略可用以保护信息？管理层对各类信息资产的可接受风险水平如何？比如，管理层能否接受十年一遇的客户信贷资料的丢失？是否愿意建立抵抗百年一遇灾难的信用卡数据安全系统？管理层必须评估达到该可接受风险水平所需的成本。

企业根据安全策略来确定信息资源的可接受使用策略，以及哪些员工拥有信息资产的访问权。**可接受使用策略**（acceptable use policy，AUP）规定企业信息资源和计算设备（包括台式电脑、便携式电脑、无线设备、电话以及互联网）的可接受使用情况。该策略还应阐明公司关于隐私权、用户责任以及个人对公司设备和网络的使用等方面的规定。好的AUP应明确每个用户可接受和不可接受的行为，并说明违规的后果。例如，大型跨国消费品公司联合利华的安全策略要求，每位员工需要使用特定的电脑设备，输入密码或通过其他方式认证来登录公司的网络。

安全策略中同样包含身份管理条款，**身份管理**（identity management）包括业务流程和识别系统有效用户并控制用户访问系统资源的软件工具。它包括鉴别和授权不同类别系统用户的策略、明确每个用户访问何种系统或系统中哪个部分的权限，以及验证用户和保护身份的程序和技术。

图8－3显示了身份管理系统如何获取人力资源部门中不同级别的用户的访问规则，它基于每个人工作中所需的信息，指定了每名用户允许访问的人力资源数据库的部分。该数据库包含诸如员工薪资、福利和医疗记录等敏感个人信息。

图8－3 人力资源系统的安全类型

安全类型1	
用户：人力资源部门员工	
地点：部门1	
符合该类型的员工代码：	00753，27834，37665，44116
数据域限制	访问类型
部门1的所有员工数据	读和更新
● 医疗记录数据	没有
● 薪资	没有
● 退休金收入	没有
安全类型2	
用户：部门人力资源经理	
地点：部门1	
符合该类型的员工代码：	27321
数据域限制	访问类型
部门1的所有员工数据	只读

说明：这两个例子描述了在人力资源系统中可能用到的两种权限类别，或者说数据安全模式。根据权限类别，用户在访问组织系统、数据时会受到一定的限制。

该图显示了两组用户的访问规则。一组用户包括所有从事文书工作（如将所有员工数据输入系统）的员工。属于该组别的所有用户都可以更新系统，但是不能读取和更新诸如薪资、医疗记录或者收入数据等敏感内容。另一组用户是部门经理，他们不能更新系统，但是可以读取本部门包括医疗记录和薪资在内的所有员工数据。我们将在本章后面的内容中详细介绍用户认证技术。

8.3.4 灾难恢复计划和业务持续计划

如果你经营一家企业，就必须为停电、洪水、地震或恐怖袭击等会妨碍信息系统和组织运作的事件制定应对计划。**灾难恢复计划**（disaster recovery planning）是指在计算和通信服务遭到破坏后，为将其恢复所制定的计划。灾难恢复计划主要关注维持系统运行的技术问题，诸如文件备份、备用计算机系统或者灾难恢复服务的维护。

举例来说，万事达卡国际组织在密苏里州堪萨斯城设有备用计算机中心，为其圣路易斯的主计算机中心进行紧急备份。许多公司都不自己购置备份设备，而是与灾难恢复公司签约，如位于伊利诺伊州罗斯蒙特市的 Comdisco 公司和总部位于宾夕法尼亚州韦恩市的 SunGard 公司。灾难恢复公司在全美各地设有配备空闲计算机的热站，客户公司在紧急情况下可使用这些设备运行关键的应用程序。比如，供应石油天然气业务中所需化学物的 Champion Technologies 公司，可以在两小时内将它的企业系统从休斯敦转移到亚利桑那州斯科茨代尔市的 SunGard 热站。

业务持续计划（business continuity planning）关注企业在遭受灾难后如何恢复业务运营。该计划识别企业的关键业务流程，确定在系统发生故障时应对关键业务处理需求的行动计划。例如，德意志银行（Deutsche Bank）的投资理财和资产管理业务遍及 84 个国家，拥有一套完善的业务持续计划，并不断更新与改进。该银行在新加坡、日本、印度和澳大利亚都有专业团队制定处理设备损坏、人员流失、关键系统破坏等问题的计划，以保证企业在发生灾难事件时仍能继续运转。德意志银行的业务持续计划将对企业生存至关重要的业务流程与对解决危机起关键作用的业务流程区别开来，并与银行计算机中心的灾难恢复计划相配合。

业务经理和信息技术专家要共同研究这两类计划，确定公司最关键的系统和业务流程。他们必须进行业务影响分析，确定公司最关键的系统以及系统停运对业务的影响。管理层必须确定系统发生故障后，恢复业务最长需多少时间，以及哪些业务应最先恢复。

8.3.5 审计的作用

管理层如何知道信息系统的安全和控制是否有效？要回答这一问题，组织必须展开全面系统的审计。**信息系统审计**（information systems audit）要审查公司的整体安全环境以及个人使用信息系统的控制情况。审计员应抽样跟踪系统的业务流程，进行测试，在适当的情况下，可使用自动审计软件。信息系统审计还可能要检查数据质量。

安全审计包括对技术、程序、文档、培训和员工各方面的审查。一次全面彻底的审计工作甚至可能会模拟攻击或灾难，测试技术人员、信息系统人员和业务人员的反应。

通过审计可得到所有的控制缺陷及其分级，估计它们发生的概率，再评估每种威胁对财务和组织的影响。图 8-4 是一个贷款系统的控制缺陷审计列表样本。其中一栏给出了向管理层报告控制缺陷的情况以及管理层的反应。管理层应当制定计划，来应对控制中存在的重大缺陷。

图 8-4 控制缺陷的审计列表样本

部门：贷款　　编制人：J. 埃里克森　　接收人：T. 本森
地点：伊利诺伊州皮奥利亚市　　日期：2014 年 6 月 16 日　　审核日期：2014 年 6 月 28 日

缺陷和影响的性质	错误/滥用发生的可能性			向管理层报告
	是/否	理由	报告日期	管理层的反应
用户账户密码遗失	是	使系统对未授权的外来者或攻击者开放	2014/5/10	剔除没有密码的账户
网络配置允许部分系统文件共享	是	使关键的系统文件暴露给与网络连接的恶意团体	2014/5/10	确保只有确实有需求的目录能被共享，并且它们都受到强大的密码保护
未经标准和控制小组的最终批准，软件补丁就能更新生产计划	否	所有的生产计划都要求管理层审批；标准和控制小组将这样的情形界定为一个临时的生产状态		

说明：该图是一页控制缺陷列表样本，这些控制缺陷可能是某审计员在一家地方性商业银行的贷款系统中发现的。该表记录并评估控制缺陷，显示与管理层讨论这些缺陷后得出的结果，以及管理层采取的修正方案。

8.4 保护信息资源的技术和工具

企业可应用一系列工具和技术来保护其信息资源，其中包括用于保护系统和数据、确保系统可用性以及确保软件质量的工具和技术。

8.4.1 身份管理和认证

大中型公司拥有复杂的 IT 设施和包含各自用户组的不同系统。身份管理软件使许多过程自动化，包括记录全体用户的动态和系统权限、分配给每个用户访问每个系统的独特的数字认证。它还包括认证用户、保护用户身份和控制用户访问系统资源的工具。

为获得系统的访问权限，用户需要被授权和认证。**认证**（authentication）用于确认用户的真实身份。通常情况下，认证是利用只有授权用户才知道的**密码**（password）来完成的。最终用户要输入密码才能登录计算机系统，有时也可访问特定的系统和文档。然而，用户时常忘记密码，或者将密码共享，或者设置过于简单的密码，这些都使得系统的安全性大打折扣。密码系统太严密会影响员工的工作效率。当员工必须频繁地更改复杂的密码时，他们往往会选择简化的方式，比如选择那种很容易猜到的密码，或者把密码写下来放在工作台上显而易见的位置。密码也可能在网络传输过程中被嗅探器捕捉，或者被社交工程攻击窃取。

诸如令牌、智能卡和生物认证等新的认证技术能用于解决上述问题。**令牌**（token）是一种物理装置，类似于身份证，用于证明单个用户的身份。令牌很轻巧，通常安装在钥匙环上，随机产生动态密码。**智能卡**（smart card）是一种与信用卡大小相仿的设备，内嵌存有访问权限和其他数据的芯片（智能卡也用于电子支付系统）。读卡器能够读取并识别智能卡上的数据，从而决定是否允许访问。

生物认证（biometric authentication）利用计算机系统来读取并解释个体的生物特征，如指纹、虹膜、声音，从而决定是否授权访问。生物认证基于个体生理或行为特征的独特性，将个人的指纹、脸型、视网膜图像等独有特征与数据库中存储的相关资料对比，以判断两者之间是否存在差异，当两者完全匹配时就授权访问。指纹和面部识别技术才开始应用到安全控制上，个人笔记本已开始配置指纹认证设备。

8.4.2 防火墙、入侵检测系统以及杀毒软件

如果不对恶意软件和入侵者加以防范，连接到互联网会十分危险。防火墙、入侵检测系统和杀毒软件已成为必不可少的商业工具。

- **防火墙**

防火墙（firewalls）能够阻止未授权用户访问私有网络。它由硬件和软件组合而成，控制进出网络的通信流量。防火墙通常处于组织内部私有网络与不可信的外联网络（如互联网）之间，可用于保护计算机网络中的某一部分（如图 8－5 所示）。

图 8－5 公司防火墙

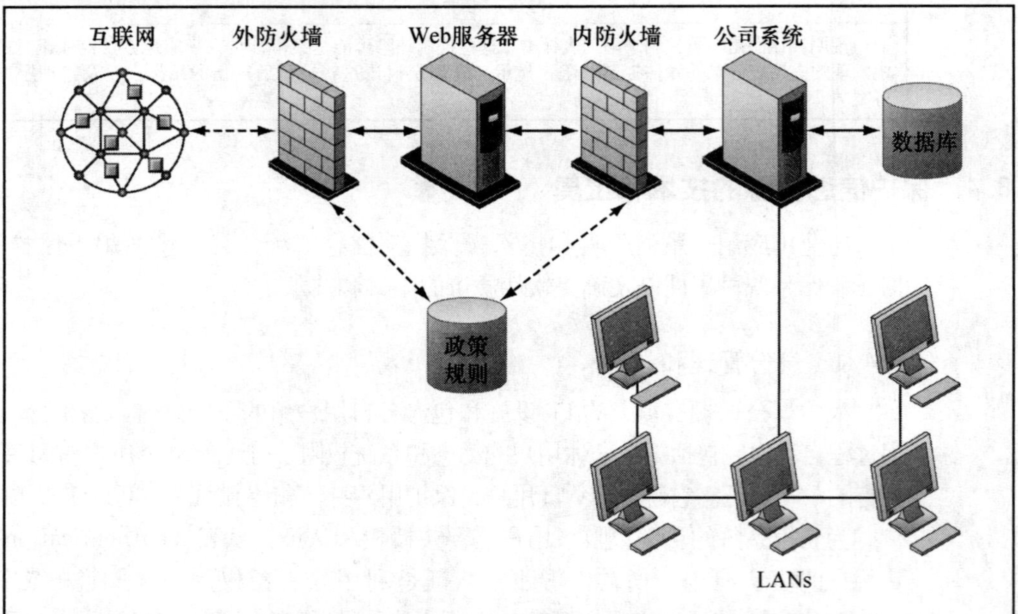

说明：防火墙设置在企业专用网络与公共互联网或其他不可信的网络之间，防止非法通信。

防火墙就像守门人，在授权用户访问网络之前检查每个用户的证书。防火墙能识别名称、IP 地址、应用程序以及输入通信流的其他特征。它将这些信息与网络管理员预先编入系统的访问规则进行核对。防火墙能阻止未经授权的通信进出网络。

大型组织的防火墙常常被安装在专用计算机上，与网络中的其他计算机分隔开。因此，任何进入请求都无法直接访问私有网络资源。另外还有许多防火墙过滤技术，包括静态数据包过滤、状态检测、网络地址转换、应用代理过滤。这些技术经常结合使用以提供防火墙保护。

包过滤（packet filtering）对可信的网络与互联网之间来回流动的数据包报头的选定区域进行逐一检测。这种过滤技术会漏掉许多类型的攻击。**状态检测**（stateful inspection）通过检测数据包是不是发送者和接收者之间合法会话的一部分，进一步加强安全检测。它建立状态表来跟踪多个数据包的信息。接受还是拒绝数据包，取决于其所属会话是否经过授权，或者连接是否合法。

网络地址转换（network address translation，NAT）可在静态数据包过滤和状态检测的基础上提供另一个层的保护。NAT能够隐藏组织内部主机的IP地址，防止防火墙外的嗅探器程序探测主机，入侵内部系统。

应用代理过滤（application proxy filtering）对应用程序数据包的内容进行检测。代理服务器能够阻止来自组织外部的数据包，对其进行检查，通过后向防火墙的另一端传送一个代理请求。如果外部用户希望与公司内部用户通信，首先要与代理应用程序“交谈”，然后代理应用程序会与公司内部计算机通信。同样，公司内部的计算机用户也要通过代理才能与外部的计算机交流。

要建立一个好的防火墙，管理员必须维护详细的内部规则，确定哪些人员、应用程序或地址被允许或拒绝通过。防火墙能够阻止但无法完全制止外界对网络的渗透，应在整体安全计划中考虑到这一点。

■ **入侵检测系统**

除防火墙外，商业安全软件供应商如今也提供入侵检测工具和服务，阻止可疑的网络通信，以及文档和数据库访问。**入侵检测系统**（intrusion detection systems）采用实时监控工具对企业网络最易受攻击的点或“热点”进行持续检测，及时发现和阻止入侵。当系统检测到可疑或异常事件时，就会发出警报。扫描软件检查是否有与已知攻击类型相似的攻击（如错误口令），检查是否有重要的文件被篡改或删除，并发出破坏警告或者系统管理错误警告。当监控软件恰好发现正在进行的安全攻击时，就会对该事件进行检测。入侵检测工具在接收到非法的通信时，也可自行关闭网络中特别敏感的部分。

■ **杀毒软件和反间谍软件**

个人和企业的技术防御方案必须包括为每一台计算机安装杀毒软件。**杀毒软件**（antivirus software）阻止、检查、移除恶意软件，包括计算机病毒、计算机蠕虫、特洛伊木马、间谍软件和广告软件。然而，大多数杀毒软件只能查杀预先编入的已知病毒。为了保持有效性，杀毒软件必须不断更新。根据Solutionary Security Engineering Research Team（SERT）的报告，54%的恶意软件可以躲避反病毒侦查。机构需要使用额外的恶意软件检测工具来加强防护（Solutionary，2013）。

■ **统一威胁管理系统**

为帮助企业降低成本、提高可管理性，安全软件供应商将多种安全工具（包括防火墙、虚拟专用网络、入侵检测系统、网站内容过滤和防御软件）整合到单个设备中。这些复杂的安全管理产品被称为**统一威胁管理**（unified threat management，UTM）系统。尽管最初只是针对中小型企业，但UTM产品目前已适用于各种规模的网络。领先的UTM供应商包括Blue Coat，Fortinent和Check Point，思科和瞻博网络（Juniper Networks）等网络设备供应商也在其设备中加入了UTM功能。

8.4.3 无线网络保护

最初的Wi-Fi安全标准称为有线等效加密（Wired Equivalent Privacy，WEP），因为WEP的密码比较容易被窃取，所以不是很有效。尽管WEP有缺陷，但如果用户记得激活它，也能提供一定的安全保障。企业在访问内部数据时，可将 Wi-Fi 与虚拟专用网络（VPN）技术相结合，进一步增强 Wi-Fi 网络的安全性。

2004 年 6 月，全球产业协会 Wi-Fi 联盟最终确定了 802.11i 规范（也称 Wi-Fi 保护访问 2 或 WPA2），该规范以更强大的安全标准取代了 WEP。新标准将原先在 WEP 中使用的静态加密密钥替换为更长的、可持续变化的密钥，更难被破解。该标准还采用了包含中央认证服务器的加密认证系统，确保只有授权用户能够访问网络。

8.4.4 加密和公钥基础设施

许多企业使用加密技术来保护它们所存储的、物理传输的或者通过互联网发送的数字信息。**加密**（encryption）是将纯文本或者数据转换为密码文本的过程，除发送方和目标接收方外，其他人都无法读取。通过使用叫做加密密钥的数字代码对数据加密，可将纯数据转换为密文。信息必须由接收方解密。

网络通信的加密方法有 SSL 和 S-HTTP 两种。**安全套接层协议**（Secure Sockets Layer，SSL）及其改进版安全传输层协议（Transport Layer Security，TLS）使客户端和服务器能在进行安全的网络会话期间管理加密和解密活动。**安全超文本传输协议**（Secure Hypertext Transfer Protocol，S-HTTP）是另一个用来加密网络数据流的协议，但它仅限于加密个人信息，而 SSL 和 TLS 旨在建立两台计算机之间的安全连接。

互联网客户端浏览器和服务器中都内置有安全会话功能。客户端和服务器就使用什么密钥、采用哪种安全级别等内容进行协商。一旦客户机和服务器之间建立起安全会话，此会话中的所有信息都会被加密。

加密有两种方式：对称密钥加密和公开密钥加密。在对称密钥加密中，发送者和接收者创建单个加密密钥来建立安全的互联网会话。该密钥会被传送给接收者，因此发送者和接收者共用同一密钥。密钥的强度由其字节长度决定。如今，一个典型对称密钥的长度为 128 位（即 128 位二进制数字串）。

所有对称加密方案共同的问题在于：密钥本身必须在发送者和接收者之间共享，入侵者可能在传输过程中截获和解密该密钥。一种更安全的加密形式叫做**公钥加密**（public key encryption），它使用两个密钥：一个共享密钥（公钥）和一个完全私有的密钥（私钥），如图 8-6 所示。两密钥间存在数学相关性，因此用一个密钥加密的信息只能够用另一个密钥解密。在发送和接收信息之前，通信双方必须先创建一对私钥和公钥。公钥保存在目录中，私钥则由用户秘密保存。发送者用接收者的公钥对信息进行加密，接收者在收到信息后用自己的私钥解密。

图 8-6 公钥加密

说明：公钥加密系统可看作一系列的公钥和私钥，数据传输时用其对数据加密，收到数据后用其解密。发送者从目录中找到接收者的公钥，并用其加密信息。信息会以加密的形式在互联网或私有网络上传输。当加密信息到达后，接收者用自己的私钥解密并读取信息。

数字证书（digital certificates）是安全在线交易中用于鉴定用户身份和电子资产的数据文件（见图8-7）。数字证书系统利用受信任的第三方——认证中心（certificate authority，CA）——验证用户身份。美国和其他国家有很多CA，如赛门铁克、GoDaddy和Comodo。

图8-7 数字证书

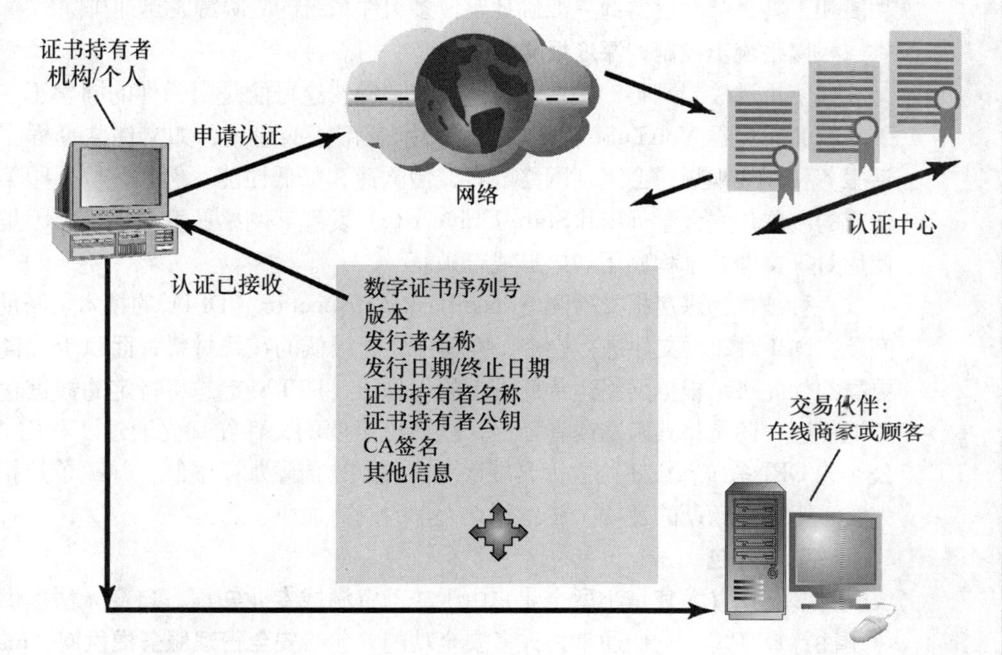

说明：数字证书有助于确定用户和电子资产的身份。它们通过提供安全措施、加密和在线通信来保护网上交易。

CA可离线验证数字证书用户的身份。该信息存放在CA服务器中，服务器会生成一个包含所有者身份信息和公钥副本的加密数字证书。该证书能证实公钥属于指定的用户。CA会在出版物或互联网上公开自己的公钥。加密信息的接收者利用CA的公钥解密附加在信息上的数字证书，验证确为CA签发，然后从该证书中获取发送者的公钥和身份信息。接收者利用该信息可发送加密的回复。数字证书系统使得诸如信用卡用户和商家能在交换数据之前验证各自的数字证书是否由授权的可信第三方签发。**公钥基础设施**（public key infrastructure，PKI）即公钥加密系统与数字证书的结合已广泛应用于电子商务。

8.4.5 确保系统可用性

企业的运营和盈利越来越依赖数字网络，因此必须采用额外的措施来确保信息系统和应用程序始终可用。例如，对航空和金融服务行业的公司而言，关键应用系统都应能进行联机事务处理，因此它们多年来一直使用具有容错功能的计算机系统，以确保百分之百的可用性。**联机事务处理**（online transaction processing）中，在线交易能立即由计算机处理。数据库时刻都在变，不断生成报表响应信息需求。

容错计算机系统（fault-tolerant computer system）包含多余的硬件、软件和电源供应组件，保证提供不间断的服务环境。容错计算机利用内置于电路中的特殊例行程序或自检逻辑检测硬件故障，并可自动切换到备用设备。这些计算机上的部件可被卸除或者修理，而不会损害计算机或中断计算机系统的运行。**停机时间**（downtime）是指系统无法运行的时间段。

研究人员正在探索使计算系统更快地从事故中恢复的方法，该方法被称为**面向恢复的计算**（recovery-oriented computing）。这项工作包括设计迅速恢复的系统，开发功能和工具，帮助运营商更准确地定位多组件系统的故障源，迅速排除故障。

■ **网络流量控制：深度报文检测**

你使用过校园网吗？是否觉得速度非常慢？这可能是因为你的同学正在使用网络下载歌曲或观看 YouTube 视频。那些特别耗带宽的应用，如文件共享程序、网络电话服务和在线视频，会阻塞网络或者减慢网速，降低性能。例如，位于印第安纳州曼西市的波尔州立大学（Ball State University）发现其网络速度变慢，原因是少数学生使用对等文件共享程序下载电影或音乐。

一种被称为**深度报文检测**（deep packet inspection，DPI）的技术可帮助解决这一问题。DPI 对数据文件进行检查，整理出优先级低的在线材料，而赋予关键业务文件更高的优先级。根据网络运营商设定的优先级，DPI 决定是将特定的数据包继续往目的地传送，还是将其阻塞或者延迟，以便更重要的文件能优先通过。利用 Allot 通信公司的 DPI 系统，波尔州立大学能够对文件共享流量加以限制，并赋予其相对低的优先级。正如所预期的那样，波尔州立大学的网速加快了。

■ **安全外包**

许多公司（尤其是小型企业）由于缺乏资源或专业知识，自身无法提供安全的高可用性计算环境。它们通常将许多安全功能外包给**安全管理服务提供商**（managed security service providers，MSSPs），由后者来监控网络活动，执行漏洞检测和入侵检测。SecureWorks、BT Counterpane、VeriSign 及赛门铁克是全球领先的安全管理服务提供商。

8.4.6 云计算和移动平台的安全问题

尽管云计算和移动平台技术具有驱动利润增长的巨大潜力，但它们也给系统的安全性和可靠性提出了新的挑战。下面我们将讨论其中一些挑战及其应对之策。

■ **云计算的安全**

当利用云计算平台处理业务时，保护敏感数据的责任和义务依然在拥有数据的企业身上。因此了解云服务提供商如何组织服务和管理数据对企业至关重要。

云计算是高度分布的，云应用位于大型的远程数据中心和服务器群组上，为多个企业客户提供商业服务和数据管理。为了省钱、保持低成本，云计算供应商通常在分布于全球的数据中心作业，以使工作能够最高效地完成。使用云时，你可能不会确切地知道你的数据被托管在哪里。

云计算的分布特点让它很难追踪未授权行为。几乎所有的云计算供应商都使用诸如安全套层加密技术，在传输数据时保护它们所处理的数据。但是如果数据存储设备还存储了其他公司的数据，那么确保这些存储的数据经过加密就很重要了。

公司希望系统能够实现全天候运行，但是云服务提供商还难以一直保持这样的服务水准。过去几年，亚马逊和 Salesforce. com 的云服务曾经发生中断，破坏了企业的正常运营，影响了上百万用户（见第 5 章章末案例）。

云用户需要确认，不管其数据在哪里存储或者传输，所受到的保护都达到企业所要求的水平。他们需要确认云服务提供商根据隐私规则中协议的特定管辖权存储和处理数据。云用户应该知道云服务提供商是如何将自身的数据与其他公司的数据分开的，并要求云服务提供商证明加密机制的合理性。对云服务提供商应对灾难的方案有所认识也很重要，如云服务提供商能否完全地修复数据，修复需要多少时间，等等。云用户还需要了解云服务提供商是否接受外部的审计和安全认证。在与云服务提供商签订合同前，应当将这些控制内容写入服务等级协议（service level agreement，SLA）中。

■ **移动平台保护**

移动设备要想执行许多计算机的功能，就需要像台式机和笔记本电脑一样受到保护，防止恶意软件、盗用、意外损坏、未授权访问以及黑客的攻击。“互动讨论：技术”专栏更详细地描述了这些移动漏洞以及它们对个人和企业的影响。

互动讨论：技术

自带设备：并不是很安全

如今，有 200 万台移动设备应用到工作中。但是工作场所中的 iPhone，iPad 和其他移动计算设备不断增加，安全问题也随之产生。不论这些设备是公司分配的还是个人所有的，它们都为本该严密监控和保护的公司数据打开了一条获取通道。移动设备上的敏感数据通过物理和电子形式从办公室带到家里或者其他地方。许多专家认为，现在智能手机和其他移动设备是组织最大的安全威胁之一。

智能手机最大的安全隐患之一是设备可能会丢失。这让设备上存储的所有个人和公司数据，以及远程服务器可以访问的公司数据处于危险之中。波耐蒙研究所对 116 家机构的研究显示，丢失或被偷的移动设备中有 62%存储了敏感或机密信息。2013 年《信息周刊》（*Information Week*）有关移动安全状态的报告称，78%的受访公司称它们最担忧的移动安全问题是设备丢失或被盗，45%的受访者称在过去 12 个月中曾丢失包含公司数据的移动设备。

物理访问移动设备比黑客攻击网络的威胁更大，因为进入较为容易。有经验的攻击者可以轻松绕过移动设备的密码或锁定，访问加密数据。这些数据可能包括设备上的公司数据，还包括诸如设置在 iPhone Keychain 上的密码——它可能会授权访问电子邮件或虚拟专用网等以获取公司数据。然而，许多智能手机用户根本没有开启保护功能。在 Websense 和波耐蒙研究所的移动风险全球调查中，59%的受访者表示员工避开或缺少密码和钥匙锁等安全设置。通过 USB 连接或 SD 卡槽插入设备，入侵者也可以物理访问移动设备。即使将设备单独留在桌子或椅子上几分钟，也可能导致严重危害。

现在另一个主要的担忧是使用云计算服务引起数据泄露。如今员工越来越多地使用公共云服务，如 Google Drive 或用于文件共享和协作的 Dropbox。例如，Mashery 是一家有 170 名员工的公司，帮助其他公司创建应用，让员工能够通过 iPhone 使用 Dropbox，Box，YouSendIt，Teambox 和 Google Drive 来存储备忘录、电子表格和客户信息。这些服务容易受到攻击。2012年6月，Dropbox报告有大量用户的登录名称和密码丢失，黑客在Google Gmail上获取了上百个美国政府账户。公司很难阻止员工使用智能手机获取公司数据，将公司文件转发到云端以便以后使用。

尽管处心积虑的黑客只能在一定范围攻击移动设备，但是情况仍不容乐观，尤其是对于容易出现流氓软件的安卓系统。因为安卓是由谷歌开发的基于开放应用模型的平台，谷歌并不会对上面的任何应用进行人工审核，而是完全依赖技术来限制用户和安全专家反馈的恶意代码，把有恶意行为的应用程序从官方发布平台Google Play上移除。谷歌的应用程序都运行在一个“沙箱”中，且应用程序间不能相互影响，没有用户的允许也不能调用设备的功能。相比之下，运行IOS系统的苹果设备的安全等级就要高得多，因为苹果对所有苹果应用程序都会进行严格的审核。

谷歌现在也采取了不少预防措施来减少恶意应用程序，比如审查开发者背景、要求开发者注册Checkout支付服务（这样做既是为了鼓励更多的用户为使用Google服务的应用程序付费，也是强制开发者提交身份和财务信息）。最近安卓还增加了一些安全举措，包括为每个应用程序确定不同的信任等级，指明应用程序在它的限制范围内可以获取何种数据，提供更有效的方式存储加密证书来保护敏感信息和资源。尽管如此，员工在工作场所使用自带设备上的应用程序时仍有可能留下关键信息的痕迹。而从公司立场来看，公司不可能禁止员工将应用程序下载到自己的设备上。

除了流氓应用的威胁，所有类型的智能手机都容易受到基于浏览器的恶意软件的攻击，这些恶意软件会利用所有浏览器的漏洞。

移动安全漏洞的代价不菲。赛门铁克2012年移动状况调查显示，每年的移动事故（包括数据丢失、品牌损失、生产力损失和客户信任损失）对大型企业造成的损失平均达到429 000美元。移动事故每年给小型企业带来的损失是126 000美元。这些安全漏洞可能也会给公司声誉带来巨大的无形损失。美国证券交易委员会要求，未经授权的机密信息披露——不论来自不安全设备、不受信任应用还是不够安全的云，如果可能会影响公司股票价格，则必须发布公告。

资料来源：Michael Finneran, “2013 State of Mobility Survey,” *Information Week*, June 2013; Symantec Corporation, “State of Mobility Global Results,” 2013; Dan Goodin, “Google Strengthens Android Security Musle with SELinux Protection,” ArsTechnica, July 24, 2013; Acronis, “Top 5 Security Threats for the Mobile Enterprise and How to Address Them,” 2013; Karen A. Frenkel, “Best Practices of Mobile Technology Leaders,” CIO Insight, July 24, 2013; Don Reisinger, “Mobile Security: Why It’s Your Biggest Threat.” *CIO Insight*, Quentin Hardy, “Where Apps Meet Work, Secret Data Is at Risk,” *New York Times*, March 3, 2013; Ponemon Instiute, “Global Study on Mobility Risks,” February 2012; and Matthew G. Cook Bruce Wiatrak and Keith Olsen, 5 Top BYOD Threats for 2013; *Information Week*, January 2013; and Zach Epstein, Sara Gates, “iPhone Malware: Kaspersky Expects Apple’s IOS to Be Under Attack By Next Yrar,” *Huffington Post*, May 15, 2012.

案例思考题

1. 有人说智能手机是你掌上的迷你计算机。讨论这一表述的安全性方面含义。
2. 智能手机安全必须解决哪些人员、组织和技术问题？
3. 智能手机安全缺陷可能引起什么商业问题？
4. 个人和企业可以采取哪些步骤让智能手机更加安全？

访问公司系统和数据的移动设备需要特殊的保护。公司应当确保其安全策略涵盖移动设备，对移动设备的支持、保护和使用等相关细节作出规定。公司同样需要移动设备管理工具来对使用中的设备授权，维护所有移动设备、用户和应用程序的精确记录，控制应用程序的更新，锁定丢失和被盗设备以防被盗用。数据丢失防护技术可以识别存储的重要数据，谁在获取数据，数据是如何离开公司的以及数据正在去往哪里。公司应该开发指南以规定可用的移动平台和软件应用，以及可远程访问公司系统的软件和程序。机构的移动安全策略应该禁止员工使用不安全的、消费型应用来传输和存储公司文件，或者未经加密使用电子邮件将这些文件发送给自己。

公司应该尽可能地对通信加密。所有移动设备用户使用的每部智能手机都应具有加密功能。从卡巴斯基（Kaspersky）、赛门铁克、趋势科技（Trend Micro）和迈克菲（McAfee）等公司可以得到移动安全产品。

一些公司要求员工只能使用公司配备的智能手机。黑莓设备在自己的安全系统中运行，被认为是最安全的。但是，为了让员工更方便高效，越来越多的公司让员工使用自己的设备——包括 iPhone、iPad 和安卓手机来工作（见第 5 章相关讨论）。软件保护产品（比如 Good Technology 的工具）现在能够隔离存储在个人移动设备上的个人内容和公司数据。

8.4.7 软件质量保证

除进行有效的安全管理和控制外，组织还应利用软件度量和严格的软件测试来提高系统的质量和可靠性。软件度量是以量化的形式客观地评估系统。信息系统部门和最终用户可利用软件度量共同测试系统性能，并及时确定问题所在。软件度量的例子包括：特定时间内所能处理的交易数、在线响应时间、每小时打印的工资确认单数及每 100 行程序代码中已知的漏洞数。要想度量成功，需精心设计度量方法，保证客观公正及应用的一致性。

尽早、定期且全面的测试对保证系统质量大有帮助。许多企业仅将测试作为验证其工作正确性的一种方法。实际上，所有大型软件都有错误，测试的目的就是发现这些错误。

好的测试应当在编写程序之前就开始，即走查。走查是指根据特定测试目的，选择技能相当的一组人员审查软件规格说明书或设计文档。若开发人员已开始编写软件程序，走查也可用来审查程序代码。然而，代码必须上机运行才能测试。发现错误后，可用被称为“调试”（debugging）的过程来发现并消除错误源。第 12 章将详细介绍信息系统投入运营所需的各阶段测试。软件开发方法同样会影响系统质量。

本章小结

1. 为什么信息系统容易遭到破坏、滥用和发生错误?

数字信息易受到破坏、滥用、错误、欺诈及软硬件故障的影响。互联网是开放的系统，因此组织内部系统更易受到外界攻击。黑客能发动拒绝服务（DoS）攻击或者入侵公司的网络，从而造成严重的系统损坏。入侵者使用嗅探器程序能够很容易地入侵 Wi-Fi 网络，获取访问网络资源的地址。计算机病毒和蠕虫都能够导致系统和网站崩溃。云计算的分散特性使其难以跟踪未授权的活动，或者对远程系统的控制较弱。软件缺陷无法完全消除，且软件漏洞容易被黑客和恶意软件利用，因此软件也会导致许多问题。最终用户常常将错误引入系统。

2．安全和控制有什么商业价值？

缺乏合理的安全和控制措施会使依赖于计算机系统来处理核心业务职能的企业的销售额和生产率下降。企业的信息资产（如保密的员工档案、商业秘密或者业务计划）如果被泄露给外人，或致使公司承担法律责任，其价值将会大打折扣。美国的一些法律，如《健康保险流通与责任法案》《萨班斯-奥克斯利法案》和《金融现代化法案》，要求公司严格管理电子记录，制定严格的安全、隐私和控制标准。有些法律案件需要电子证据和计算机取证，也要求公司更加关注安全和电子记录管理。

3．组织的安全和控制框架由哪些部分组成？

公司必须为其信息系统建立一套完善的一般控制和应用控制方法。风险评估对信息资产进行评价，确定控制点和控制缺陷，并找出具有最高成本效益的控制方法。企业必须制定一套协调的安全策略和计划，以便在灾难或中断发生时保证业务的持续运营。安全策略包括可接受使用策略和授权策略。全面系统的信息系统审计有助于组织确定其信息系统安全和控制的有效性。

4．最重要的保护信息资源的工具和技术有哪些？

防火墙可阻止未授权用户对连接到互联网的私有网络的非法访问。入侵检测系统检测私有网络中企图访问公司系统的可疑通信流量。密码、令牌、智能卡和生物认证技术都可应用于系统的用户认证。杀毒软件检查计算机系统是否受到病毒或蠕虫的感染，并通常能够消除其中的恶意软件。反间谍软件则负责处理入侵的有害间谍软件。加密即对信息进行编码和译码，是一种广泛使用的技术，能确保不受保护的网络中电子交易的安全性。将数字认证与公钥加密技术相结合来验证用户身份，能为电子交易提供更进一步的保护。公司可使用容错计算机系统或者创建高可用性计算环境来确保信息系统持续运行。软件度量和严格的软件测试的使用有助于提高软件质量和可靠性。

复习题

1．为什么信息系统容易遭到破坏、滥用和发生错误？

- 列举并描述当代信息系统面临的最常见的威胁。
- 定义恶意软件，区分病毒、蠕虫和木马。
- 定义黑客，解释黑客是如何引发安全问题并破坏系统的。
- 定义计算机犯罪，各举两个计算机作为犯罪目标和作为犯罪手段的例子。
- 定义身份盗用和网络钓鱼，解释为何身份盗用在现代社会是一个大问题。
- 解释软件缺陷是如何影响系统可靠性和安全性的。

2．安全和控制有什么商业价值？

- 解释安全和控制如何带来商业价值。
- 描述安全和控制之间的关系，描述美国政府当前的监管要求与计算机取证的关联。

3．组织的安全和控制框架由哪些部分组成？

- 定义一般控制，对每一类一般控制进行描述。
- 定义应用控制，对每一类应用控制进行描述。
- 描述风险评估的作用，解释如何对信息系统进行风险评估。
- 定义并描述下列安全策略：可接受使用策略、认证策略。
- 解释信息系统审计对安全和控制的促进作用。

4．最重要的保护信息资源的工具和技术有哪些？

- 列举并描述三种认证机制。
- 描述防火墙、入侵检测系统和反病毒软件在增强系统安全性上发挥的作用。
- 解释加密是如何保护信息的。

- 描述加密数字认证在公钥加密中的作用。
- 区分容错计算机系统与高可用性计算、灾难恢复计划与业务持续计划。
- 确定并描述云计算中暴露的安全问题。
- 描述用来提高软件质量和可靠性的测量方法。

讨论题

1. “安全不仅是一个技术问题，还是一个商业问题。”讨论这句话的含义。

2. 如果你要为公司制定一项业务持续计划，会从哪里着手？该计划要解决企业哪些方面的问题？

3. 假设你的企业拥有一个出售商品的电子商务网站，可接受信用卡支付。讨论这个网站可能受到的主要威胁以及这些威胁可能造成的影响。怎样将这些威胁降至最低？

管理信息系统实践项目

本部分的实践项目涉及以下几个方面：分析安全漏洞，利用电子表格软件进行风险分析，以及使用 Web 工具搜索安全外包服务。

管理决策问题

1. Reloaded Games 是一个大型多人在线游戏的平台。该平台拥有 3000 万用户，全球数百万玩家可以同时在线玩游戏。对这家基于互联网的公司进行安全分析。该网站可能会遭遇哪些威胁？这些威胁对业务有什么影响？公司应采取什么措施来防止网站遭到破坏并保证持续运营？

2. 一项针对公司信息技术基础设施的调查发现了一系列安全漏洞，可以在 MyMISLab 中找到这些漏洞数据。使用表格回答以下问题：

- 计算每种平台的漏洞总数，简述各平台的安全问题对企业的潜在影响。
- 如果公司仅有一位信息系统安全专家，公司应当尝试最先处理哪种平台的漏洞？其次呢？然后呢？最后呢？这样选择的原因是什么？
- 确定这些安全漏洞所反映的控制问题，指出应采取哪些措施解决这些问题。
- 如果对所发现的这些漏洞不重视，公司将面临什么风险？

提高决策能力：利用电子表格软件进行安全风险评估

软件技能：电子表格软件中的公式和图表功能

商业技能：风险评估

本练习利用电子表格软件计算一家小企业因安全威胁造成的预期年损失。

Mercer Paints 是一家位于亚拉巴马州的小型涂料生产商，利用网络开展业务。管理层要求进行风险评估以发现潜在风险漏洞。这些漏洞、漏洞发生的概率以及造成的平均损失都汇总在 MyMISLab 的表格中，使用表格回答以下问题：

- 除所列举的潜在漏洞外，再找出至少三种 Mercer Paints 公司所面临的潜在威胁 确定其发生的概率，并估计所造成损失的范围。
- 利用电子表格软件和风险评估数据计算每种漏洞的预期年损失。
- 将结果绘制到一张图表中。哪个控制点上存在最大的漏洞？对 Mercer Paints 公司你有何建议？写一份报告，总结你的发现和建议。

提高决策能力：评估安全外包服务

软件技能：网页浏览器和幻灯片软件

商业技能：评估业务外包服务

本练习将有助于提高你的网络搜索能力及评估安全外包服务的能力。

作为公司的信息系统专家，你被要求协助管理层决定是否将安全服务外包。搜索网上的相关信息，以决定是否外包，并寻找合适的安全外包服务公司。

- 简要概括同意及反对公司系统安全外包的理由，分别列举出来。
- 选择两家计算机安全外包服务公司，对它们及其服务进行对比。
- 总结你的成果，制作成幻灯片提交给管理层，其中应给出是否进行安全外包的决策。如果你选择外包，在幻灯片中应指明选择哪家安全外包服务公司，并给出理由。

章末案例

网络战争中迫近的威胁

> “现在我们的敌人也在寻求能力来破坏我们的电网、我们的金融机构、我们的航空控制系统。我们不能在多年以后回首时才想要知道我们在面临安全和经济方面真正的威胁时为什么毫无作为。”

伴随着 2013 年在国情咨文演说中的这段话，巴拉克·奥巴马（Barack Obama）正式成为美国发动网络战争的首位总统。奥巴马准备签署提高关键基础设施网络安全水平的行政命令，让与电网、大坝和金融机构监督有关的公司自动加入一些项目，能够获取之前只能被政府承办商获得的分类信息和其他网络安全威胁信息。其主要的缺点在于，只能通过立法强制私人公司执行最低安全要求，而私人公司运营着美国大多数重要的基础设施。遗憾的是，2012 年国会屈从于企业对安全成本增加的担心和隐私倡导者的担忧，没能通过两项更强的网络安全法案。

网络战争比传统战争更加复杂。尽管许多潜在的目标是军队，国家电网、金融系统和通信网络也可能被破坏。诸如恐怖分子或犯罪团伙等非国家行动者可能会发动攻击，并且通常很难辨别应由谁来负责任。国家必须持续对新的恶意软件和其他可能使用的技术保持警惕，一些高水平的黑客团体开发的技术对有兴趣的政府公开售卖。

在美国和世界其他地区，网络袭击的规模更大、速度更快。2012 年 9 月到 2013 年 3 月，至少 11 家美国金融机构——美国银行、花旗集团、富国银行（Wells Fargo）、合众银行（U. S. Bancorp）、PNC、第一资本金融公司（Capital One）、五三银行（Fifth Third Bank）、BB&T、汇丰银行（HSBC）、摩根大通以及美国运通（American Express）——遭到袭击，服务器运行速度变慢，被迫关闭。该攻击的严重危害让之前的分布式拒绝服务（DDoS）攻击相形失色。这些机构的数据中心受到名为“Itsoknoproblembro”的长期恶意软件代理的感染，它可以在辅助服务器上制造僵尸网络，因难以追溯到命令和控制（C&C）服务器而被称为“bRobots”。bRobots 用加密数据淹没银行网站。加密请求如潮水般加剧了攻击，让攻击者能够用较少请求就击垮一个网站。

攻击的目的是造成尽可能多的金融机构空前紧张。攻击中没有账户信息被窃取，也没有经济利益诉求，这让专家开始思考这是不是一次国家资助的攻击。黑客团体 Izzad-Dinal-Qassam Cyber Fighters 声称为其负责，称这样做是为了报复一个反穆斯林的视频。美国政府官员认为真正的攻击者是伊朗，它为了报复强制其停止核项目的经济制裁，而对美国发动网络攻击。

2012 年 8 月，沙蒙（Shamoon）病毒感染了沙特阿拉伯石油公司的 30 000 台机器。它通过过度书写主引导记录（master boot record，MBR）来毁坏工作站，工作站存储了驱动计算机系统启动的硬盘驱动器的重要信息。沙蒙还删除了服务器上的数据，过度写入带有燃烧的美国国旗图案的文件。美国官员将这次攻击也归咎于伊朗。

不到两周，卡塔尔国家燃气公司 Rasgas 在一次沙蒙病毒的攻击下被迫关闭网站和邮件系统。一个调查团队认为这是一次模仿性攻击，试图让自己看起来像之前的攻击者。美国政府官员谴责伊朗黑客。以色列官员将两次袭击都归咎于在震网蠕虫病毒产生之后建立的伊朗网络部队。

震网蠕虫病毒在2010年6月被发现，认为是由美国—以色列的一个秘密组织开发的。它被设计用来破坏控制西门子离心机（可生产浓缩铀）的软件，使伊朗制造核武器的能力至少延迟了5年。伊朗也是其他恶意软件的攻击目标。发现于2011年9月的Duqu蠕虫病毒，窃取用于认证的数字证书，让将来的病毒看起来像安全软件。2012年4月，当伊朗石油部和国家石油公司清理硬盘驱动器时，与震网和Duqu密切相关的其他间谍软件Flame被检测出来。4个月之后，调查者称他们发现Flame时一直寻找的数据删除代理是名叫“Wiper”的独立恶意软件代理。调查者认为Wiper的首要目标是根除这个团体创建的恶意软件。

网络攻击带来明显的不利影响。之前发布的恶意软件是可以恢复的，能被国家敌人和独立的网络罪犯改造以重新利用。震网代码经改编被用于金融网络犯罪。另外，网络攻击是不可控的。大约有60%已知的震网感染发生在伊朗，18%发生在印度尼西亚，8%发生在印度，剩余的散布在世界各地。2012年10月，雪佛龙公司（Chevron）承认在震网病毒蔓延伊朗后，它的网络曾被短暂地感染。

对于美国官员来说，金融机构、沙特阿拉伯国家石油公司和Rasgas公司受到的攻击表明伊朗由网络防御转变为网络攻击。在2012年将近10亿美元（仍然是美国支出的1/3）投入其网络部队后，伊朗的网络力量可能达到一流。

奥巴马政府关于由网络入侵带来的经济和国家安全风险的担忧与日俱增。其另一个初露头角的网络战争对手朝鲜，被指责发动了迄今为止最具破坏力的攻击。尽管对朝鲜的制裁限制了其对技术的获取，互联网普及率低，相关技术人才有限，但朝鲜被指责对韩国和美国的经济、教育、政府和军事机构发动过攻击。2013年3月，三大主要韩国银行和两家最大的电视广播公司的32 000台计算机受感染。网上银行被临时关闭，电脑屏幕变成空白，ATM不能使用，业务受到影响。

奥巴马政府已经开始帮助亚洲和中东的盟友建立计算机网络来防御伊朗和朝鲜，为其提供先进的硬件、软件和培训项目。未来的联合战争也会包括模拟的网络攻击。但是制止网络攻击比传统战争更加复杂，美国官员承认这一努力是一次尝试。与此同时，负责大多数美国网络战争的军事指挥工作的美国网络司令部（CYBERCOM），计划在2014—2016年增加500%的人力。

资料来源：Julian E. Barnes，Siobhan Gorman，and Jeremy Page，“U. S.，China Ties Tested in Cyberspace,” *Wall Street Journal*，February 19，2013；David Feith，“Why China Is Reading Your Email,” *Wall Street Journal*，March 19，2013；Thom Shanker and David E. Sanger，“U. S. Helps Allies Trying to Battle Iranian Hackers,” *New York Times*，June 8，2013；Mark Clayton，“New clue in South Korea cyberattack reveals link to Chinese criminals,” *Christian Science Monitor*，March 21，2013；Siobhan Gorman and Siobhan Hughes，“U. S. Steps Up Alarm Over Cyberattacks,” *Wall Street Journal*，March 12，2013；Siobhan Gorman and Julian E. Barnes，“Iran Blamed for Cyberattacks：U. S. Officials Say Iranian Hackers Behind Electronic Assaults on U. S. Banks，Foreign Energy Firms,” *Wall Street Journal*，October 12，2012；Choe SangHun，“Computer Networks in South Korea Are Paralyzed in Cyberattaks,” *New York Times*，March 20，2013；Rachael King，“Stuxnet Infected Chevron's IT Network,” *Wall Street Journal*，November 8，2012；Mark Landler and David E. Sanger，“U. S. Demands China Block Cyberattacks and Agree to Rules,” *New York Times*，March 11，2013；YoukyungLee，“Experts：NKorea training teams of ‘cyber warriors.’” Associated Press，March 24，2013；Nicole Perlroth，David E. Sanger and Michael S. Schmidt，“As Hacking Against U. S. Rises，Experts Try to Pin Down Motive,” *New York Times*，March 3，2013；Nicole Perlroth and Quentin Hardy，“Bank Hacking Was the Work of Iranians，Officials Say,” *New York Times*，January 8，2013；Nicole Perlroth and David E. Sanger，“Cyberattacks Seem Meant to Destory，Not Just Disrupt,” *New York Times*，March 28，2013；David E. Sanger，David Barboza and Nicole Perlroth，“Chinese Army Unit Is Seen as Tied to Hacking Against U. S.,” *New York Times*，February 18，2013；David E. Sanger，“U. S. Blames China's Millitary Directly for Cyberattacks,” *New York Times*，May 6，2013；David E. Sanger and Nicole Perlroth，“Cyberattacks Against U. S. Corporations Are on the Rise,” *New York Times*，May 12，2013；Michael S. Schmidt and Nicole Perlroth，“Obama Order Gives Firms Cyberthreat Information,” *New York Times*，

February 12，2013.

◆ 案例思考题

1. 网络战争是一个严重问题吗？为什么？
2. 哪些人员、组织、技术因素应为这一问题负责？
3. 该问题有什么解决方案？你认为它们有效吗？为什么？

Essentials of Management Information Systems

第Ⅲ篇

数字时代的关键系统应用

Key System Applications for the Digital Age

第 9 章　实现卓越运营和亲近客户：企业应用软件

第 10 章　电子商务：数字化市场与数字化商品

第 11 章　决策优化与知识管理

第Ⅲ篇对主要的信息系统应用进行了分析，它们能帮助企业提高经营效益和决策能力。这些应用包括：企业应用系统、供应链管理系统、客户关系管理系统、知识管理系统、电子商务应用系统以及决策支持系统等。这一部分回答如下问题：信息系统的企业应用如何提高企业绩效？企业如何利用电子商务拓展业务？系统如何提高决策能力，帮助企业更好地利用知识资产？

第9章 实现卓越运营和亲近客户：企业应用软件

Achieving Operational Excellence and Customer Intimacy: Enterprise Applications

学习目标

学完本章后，你将能够回答以下问题：

1. 借助企业系统，企业如何实现卓越经营？
2. 借助供应链管理系统，企业如何与供应商协调计划、生产和物流安排？
3. 借助客户关系管理系统，企业如何亲近客户？
4. 企业应用软件带来了哪些挑战？
5. 企业应用软件如何应用新技术？

章首案例

技术帮助英伟达公司预测未来

1999年，英伟达公司（Nvidia）由于发明了图形处理器（graphics processing unit，GPU）而创造了历史。如今，它的芯片应用于众多产品，包括视频游戏机、智能手机、平板电脑和超级计算机。英伟达公司的总部位于加利福尼亚州的圣克拉拉，在全球20个国家有超过7 000名员工，2012年的收入近43亿美元。

由于英伟达公司的芯片大多用于消费电子行业，因此公司面临的最大挑战是预测消费需求以及相应地调整库存水平。消费潮流是多变的，并受某一趋势的突然变化的影响。例如，如果视频游戏机的需求毫无征兆地下降，那么英伟达的芯片将大量过剩，而这会对公司造成巨大的损失。

英伟达公司的芯片在出售给客户之前的生产过程很长，需要生产计划者对公司需要多少资源和如何安排公司在亚洲的代工厂的生产时间做出估计。当英伟达公司的客户估计出他们需要的芯片数量时，英伟达公司的计划者会做出自己的独立估计。通过这些估计，英伟达公司会提前购买充足的原材料（主要是硅片）并在公司的代工厂安排足够的生产能力以满足需求。

根据高层次的预估，公司业务部门与财务部门一同讨论决定需要生产的芯片数量。而公司负责实际生产的芯片业务部门却不清楚预测，只能看到目前的库存。英伟达公司的生产部门用电子表格来进行粗略的库存估计，但是这些电子表格不能让计划者深入钻取数据，不能根据产品进行数据排序，不能比较不同类型的库存，也不能根据业务部门来查看数据，此外，用于制作这些电子表格的数据还需要从多个系统中汇集才能得到。

当英伟达公司将旧的制造工艺改为一种40纳米的工艺时，公司的管理敲响了警钟。公司被迫存放由旧的制造工艺生产的库存，对于那些还没准备好适应改变的客户来说同样如此。管理层发现目前的系统缺少处理两个复杂的独立库存集的能力，不能平衡公司新产品和现有产品的供给和需求，也不能预测公司客户转向40纳米技术所需的时间。英伟达因库存过多而遭受损失，当它开始减少库存时，它的供应商措手不及。

为了解决这些问题，英伟达公司建立了一个供应链指导委员会来检查公司的供应流流程。该指导委员会建议公司用更现代化的东西来代替以电子表格为基础的库存预测系统。SAP公司的软件被证明是一个合理的选择。英伟达公司的大部分数据已被存放于 SAP 的先进规划和优化系统（APO）中。英伟达用 SAP 的 Business Objects Web Intelligence 在 APO 系统顶端为新库存预测方案建立了一个定制界面。Business Objects Web Intelligence 是一种用于分析企业数据和生成特设报告的工具，它通过一种易用的基于网页的界面来访问企业数据。

解决方案的另一部分是使用 SAP 的 Business Objects Dashboards 来创建最先进的供需仪表盘，执行部门通过它可以很容易地访问高层次的库存数据。通过使用这些仪表盘，英伟达公司的执行部门可以深入挖掘产品层次的信息，在有或者没有库存的情况下都可以进行一定的计算。这些信息会以人性化的图表形式呈现出来。

这些解决方案可以使英伟达公司基于预期需求预测接下来四个季度的库存水平，同时也可以查看目前的库存六个月内的价值。新方案的错误率已经降到 3% 或者更低，而公司原来以电子表格为基础的预测方法的错误率是 5%。公司有 5 亿美元积压在库存上，通过降低预测错误率可以节约 2 500 万美元。

新系统可以提高准确率，同时仪表盘也可以帮助英伟达公司的执行者和计划者减少预测所需的时间。老式的手动系统需要 140 小时来进行一个季度的预测，而新系统可以将时间压缩到 30 小时。最值得一提的是，英伟达公司所有的库存数据都集中存放，公司不同业务部门的所有人都可以访问。目前，英伟达公司拥有一种一致的预测方法，而非多个模型，公司的管理者可以很容易地做出更好的决策。

资料来源：Nvidia，"NVIDIA Sets New Standard for Workstation Performance and Reliability，" March 5，2013；www. nvidia. com，accessed March 10，2013；David Hannon，"Inventory Forecasting at Nvidia，" SAP *InsiderPROFILES*，April-June 2012；www. nvidia. com，accessed July 20，2012 and www. mysap. com，accessed July 20，2013.

英伟达公司的库存预测问题充分说明了供应链管理系统在企业管理中的重要作用。英伟达公司的绩效未得到提高，是因为它不能实现公司产品的供需平衡。公司成本长年居高不下，是因为公司不能准确知道满足订单所需的芯片数量，并在库存中保存相应数量的芯片。生产计划只能基于"最佳猜测"。这有时会导致公司产生大量剩余库存或者由于缺货无法满足客户订单。

下图指出了上述案例和本章的要点。英伟达公司为消费电子行业服务，该领域的消费者喜好变化非常快，需求易变。公司有一个相当长的生产提前期来满足订单。英伟达过去使用基于电子表格的计划系统，该系统是手动的且不能准确预测。

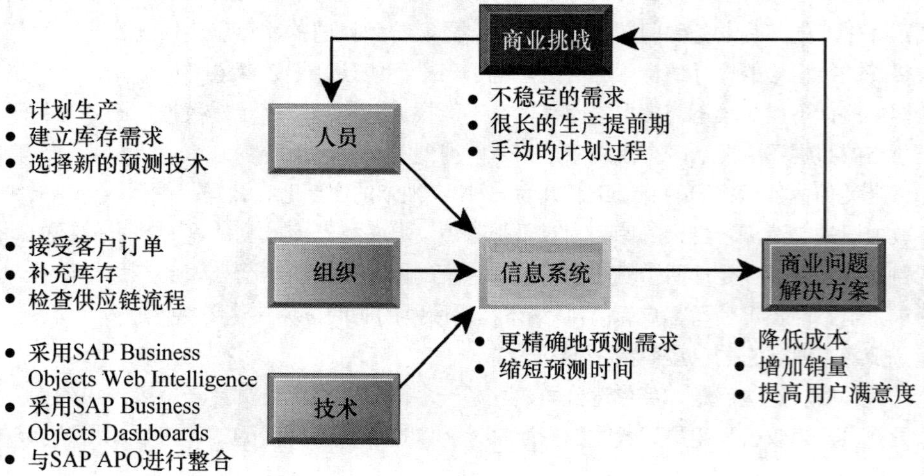

英伟达公司的管理者希望有更好的预测工具，建立了一个供应链指导委员会来提出解决方案。公司使用 SAP Business Objects Web Intelligence 和 SAP Business Objects Dashboards，来分析存放于 APO 中的数据，以得到更准确的库存预测。这些工具可以使英伟达公司的管理者方便地访问和分析用于预测和制定库存计划的生产数据，这极大地提高了决策制定水平和运行效率。

思考以下问题：英伟达公司无法预测需求将怎样影响它的供应商和客户？拥有一个全球供应链将怎样影响英伟达公司的业务？

9.1 企业系统

在全球范围内，企业内部和企业之间的联系都在日益增强。如果你正经营一家企业，当客户向你发出一笔大订单或者供应商供货延迟时，你会希望能够快速做出反应。尤其是当你的公司规模很大时，你还会想及时了解这些事件对企业各个部门的影响以及企业每个部门的运行情况。企业系统提供的功能使这些成为可能。让我们来看看它们是如何工作的，以及它们可以为公司做些什么。

9.1.1 什么是企业系统

假如你经营着一家企业，它的信息来源于几十个甚至几百个不同的数据库和系统；如果你的公司有十条不同的生产线，每一条生产线都在不同的工厂里生产，并且由不同的且无法相互协调的系统来控制生产、仓储和销售。

此外，决策制定通常是基于人工报告完成的，而人工报告的信息常常滞后，所以要从整体上真正了解企业的经营状况十分困难。销售人员可能无法知道下单订购的物品是否有库存，而生产计划也不能简单地以销售数据为依据进行制定。现在，对于公司为何需要一个特殊的企业系统进行信息整合，你应该有了更好的理解。

第 2 章介绍了企业系统，企业系统也叫企业资源计划（ERP）系统，是基于一套软件集成模型和一个中央数据库建立的。中央数据库的信息来自公司不同的部门（如制造与生产、财务与会计、销售与营销以及人力资源等部门）和分支的大量重要业务流程，这些数据在企业应用软件中得到应用。这些应用软件管理着公司内部的各种业务活动。如果某一信息跟随着某一业务流程进入企业，那么，其他的业务流程也可以立即使用它（见图 9-1）。

如果一个销售代表收到一份轮胎轮辋的订单，系统会验证该顾客的信用额度，对轮胎进行调度运输，识别最佳运输线路，进行库存预留，等等。如果库存不足，系统将调度生产更多的轮胎，并从供应商处采购制造轮胎所需的材料和部件。有关销售和生产的预测信息会根据以上信息立即更新。公司总账和现金周转水平也会根据订单的收入和成本自动更新。用户进入系统后，可以随时追踪订单的进程。管理层也可随时获得企业运行状况的信息。同时，为了进行产品生产成本和利润率分析管理，系统还可以提供企业相关数据。

9.1.2 企业软件

企业软件（enterprise software）是根据上千个预先定义的实践效果最好的企业流程来开发的。表 9-1 描述了企业软件主要支持的业务流程。

图 9-1 企业系统如何工作

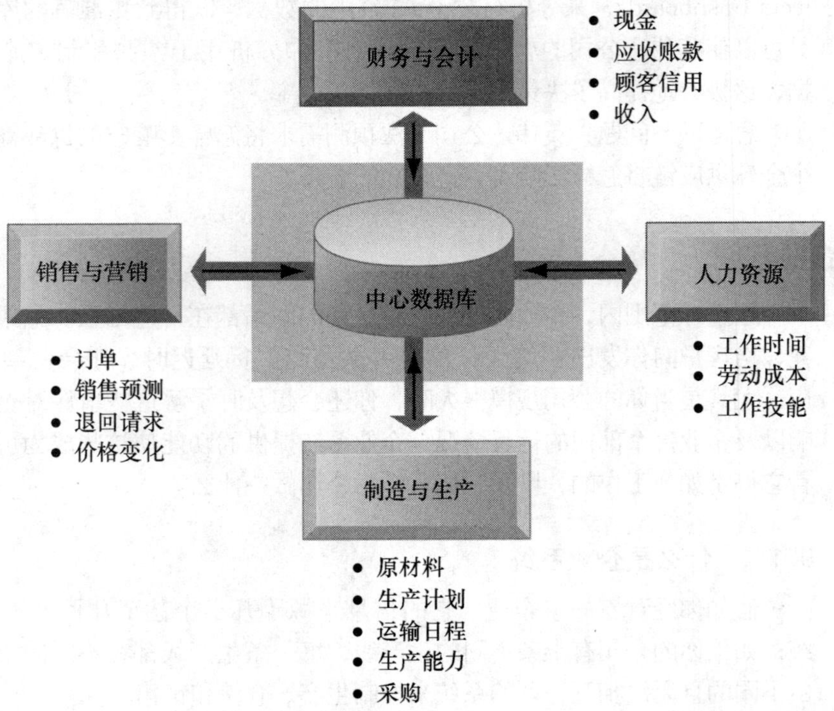

说明：企业系统中有一套集成的软件模块和一个中央数据库，使数据可以被企业不同的业务流程和职能部门使用。

表 9-1 企业系统支持的业务流程

财务与会计流程	包括总分类账、应付账款、应收账款、固定资产、现金管理和预测、生产成本核算、成本中心核算、资产核算、税费核算、信贷管理以及财务报告。
人力资源流程	包括人事管理、时间安排、工资发放、人员规划和开发、利润核算、申请人跟踪、时间管理、薪酬、劳动力计划、绩效管理以及差旅费用报告。
制造与生产流程	包括订购、库存管理、采购、装运、生产计划、日程安排、物料需求计划、质量控制、分配、运输执行以及设备维修。
销售与营销流程	包括订单处理、报价、合同、产品结构、定价、账单、信用审核、奖金和薪酬管理以及销售计划。

如果使用此类应用系统，公司首先需要选择希望使用的功能，然后在预定义业务流程中勾画出本公司的业务流程，确定可以应用于系统的业务流程，并将它们映射到企业软件中。公司可以通过软件配置表，对系统的某个具体方面进行调整，以适应公司处理业务的方式。例如，公司可以通过配置表选择是否根据产品线、地理位置或者分销渠道进行收入跟踪。

如果企业软件不支持公司的某些业务处理方式，公司可以改写部分软件来使其支持业务流程。但是，企业软件极其复杂，大量的系统定制会降低系统性能，影响信息与业务的集成，而这是企业系统的主要优势。如果公司希望将企业软件的优势发挥到最大，就必须改变原有的业务处理方式，以适应企业软件中的业务流程。

为了完成一个全新的企业系统，Tasty 公司首先确认了现有的业务流程，然后将这些流程应用到已选定的 SAP ERP 软件中。这方面工作往往需要付出很大的努力。为了确保从企业软件中获得最大利益，Tasty 公司对 SAP 软件做的改变极少，仅修改了系统 5%的功能，尽可能多地运用 SAP 软件自带的工具和功能。SAP 企业软件中设置了 3 000 多个配置表。

企业软件的顶尖开发商主要包括 SAP、甲骨文、富恩软件（Infor Global Solutions）和微软。企业软件包括专门为小型企业定制的软件包版本和通过网络交付的按需型版本（参见 9.4 节）。

9.1.3 企业系统的商业价值

企业系统的价值包括提高公司的运营效率和为公司提供相关信息，优化管理决策。分公司分布于各个地区的大型企业可利用企业系统实施统一的运营标准和数据管理。如此一来，世界各地的公司员工就能够采用相同的业务处理标准。

例如，可口可乐公司实施了 SAP 企业系统，规范协调其分布于全球 200 个国家的重要业务流程。如果缺乏统一的标准，公司的业务流程将会限制公司在世界范围内的购买能力，导致很难以低价购买到原材料，不能对市场变化做出快速的反应。

企业系统还可以帮助公司对客户的信息和产品需求做出快速反应，这得益于系统整合了订单、生产和发货等数据。最好的情形就是生产客户所订购的产品，采购正确数量的零件或原材料，进行分段式生产，尽量缩短零件或成品的库存时间。

美国铝业公司（Alcoa）是世界领先的铝和铝制品生产商，其业务遍及 31 个国家和 200 个地区。最初，该公司有众多业务线，且每条业务线都有自己的信息系统，系统中的很大部分是冗余、低效的。美国铝业公司执行申请支付和财务流程的成本相对较高，其周期也比同行业的其他公司更长（周期是指某一业务从开始到结束的全部时间）。该公司不能以单一的全球化公司的形式运行。

应用 Oracle 企业软件之后，美国铝业公司消除了大量冗余的业务流程和系统。这套 Oracle 企业系统可以核实货物，自动生成付款收据，缩短了从了解需求到付款的周期。该公司会计的应付款交易处理量下降了 89%。财务与采购活动的集中处理，帮助公司在全球范围内节省了近 20%的开支。

企业系统也可以为管理层的决策制定提供更有价值的信息。公司总部可以获取有关销售、库存和生产的即时信息，为销售和生产做出更准确的预测。企业软件包括分析工具，可以对系统内数据进行分析，评估组织整体绩效。企业系统数据有标准的定义与设计，能用于整个企业，使数据在全公司的含义都是相同的，能正确地反映业绩。企业系统使高层管理者可以很容易地随时了解某个分支机构的经营状况、利润最高的产品、利润最低的产品或者计算公司的总成本。

例如，美国铝业公司的企业系统包括全球人力资源管理功能，该项功能可以显示员工培训与培训质量之间的关系，计算出为员工所提供服务的费用，也可以计算出员工招聘、薪酬发放和培训的效率等。

9.2 供应链管理系统

如果你经营着一家小公司，生产少量产品或者提供少量服务，那么你只会有少量的供应商。通过电话或传真，就能与供应商协调订单和运输事宜。但是如果你经营着一家大型公司，生产多种产品并提供大量服务，那么你会有上百家供应商。这些供应商又会有自己的供应系统。为此，你需要与上百家甚至上千家公司协调业务。第 2 章介绍的供应链管理系统就是用来解决供应链复杂性和规模性问题的。

9.2.1　供应链

供应链（supply chain）是连接组织和业务流程的网络，它包括采购原材料、将原材料转化为半成品或成品、将成品配送至客户的整个流程。它联结供应商、制造商、分销中心、零售商和顾客，为他们提供商品和服务（从生产源头到消费点）。经过供应链的物流、信息流和现金流都是双向的。

货物的原材料通过供应链传输出去，然后转化为中间产品（也称零部件），最后加工为成品。成品被运至分销中心，分销中心再转销至零销商和顾客。退货产品的流向则是相反的，由买主到卖主。

下面看看耐克运动鞋的供应链。耐克设计的运动鞋、袜子、运动服装和配饰等产品销往全球。它的主要供应商是合同生产商，这些生产商的工厂主要位于中国、泰国、印度尼西亚和巴西等国。耐克的成品商品就是由这些工厂生产的。

耐克的合同供应商并不是从零开始生产运动鞋。合同供应商从自己的供应商处采购鞋带、鞋孔、鞋帮和鞋底，组装成成品运动鞋。这些供应商又有自己的供应商。例如，鞋底供应商有合成橡胶的供应商、用于融化橡胶的化学品的供应商以及用来灌注橡胶的模具的供应商。鞋带供应商有纤维线供应商、染料供应商和塑料花边供应商等。

图 9－2 简单说明了耐克运动鞋的供应链。该图展示了耐克与耐克分销商、零售商、顾客之间的信息流和原料流。耐克的合同生产商是它的主要供应商。鞋底、鞋帮和鞋带供应商是二级供应商（第二层）。而这些供应商的上流供应商就是三级供应商（第三层）。

图 9－2　耐克的供应链

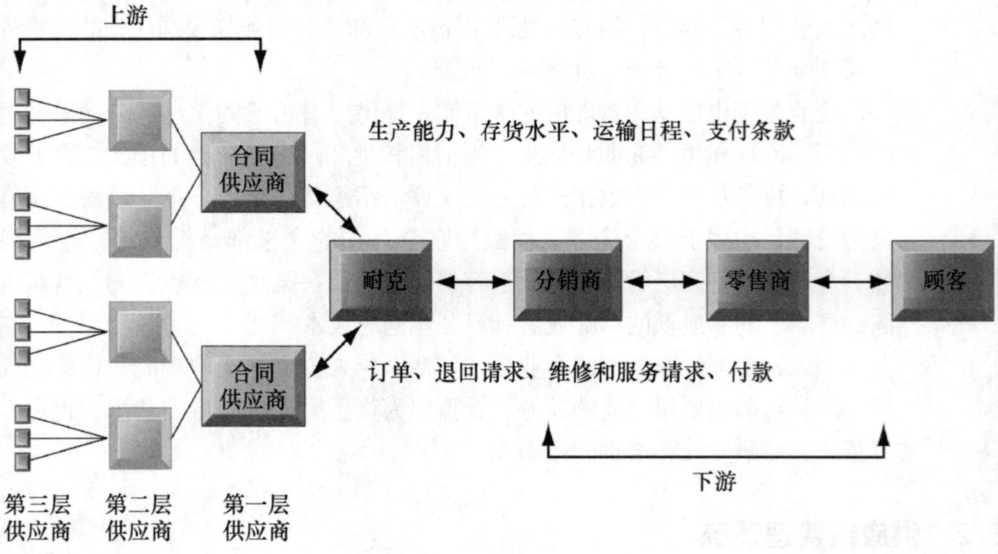

说明：该图说明了耐克供应链中的主要实体，以及协调采购、制造和运送产品的各项活动的上下游信息流。这里只展示了一个简化的供应链，上游部分只关注了运动鞋供应商和鞋底供应商。

供应链的上游包括耐克供应商、供应商的供应商，以及供应商之间关系处理的流程。下游则包括将产品分销与运输至最终消费者的组织及业务流程。像耐克的合同供应商这样的制造公司也需要处理其内部的供应链流程，将由供应商提供的原材料、组成部件和服务转化为产成品或中间产品，并且管理原材料和库存。

图9-2说明的是简化的供应链流程。该图只说明了运动鞋的两家合同生产商和上游的一家鞋底供应商。耐克拥有上百家合同生产商，他们为耐克制造运动鞋、袜子和运动服装。每家生产商又有自己的供应商。耐克供应链的上游部分实际上由几千家实体组成。不仅如此，耐克还有大量的分销商和数以千计的零售商销售运动鞋，所以供应链的下游是一个庞大复杂的系统。

9.2.2　信息系统和供应链管理

供应链的无效率，比如零件短缺、生产能力未充分利用、存货积压或者高运输成本，都是由不准确或不及时的信息引起的。例如，制造企业可能持有太多的零件库存，因为它们无法准确知道何时会收到供应商的供货。供应商订购的原材料可能过少，因为它们没有精确的需求信息。这些供应链的无效率状况浪费了企业25%的运营费用。

如果能够准确了解客户需要的产品，以及何时需要和何时生产，生产商就可以实施高效率的**准时制策略**（just-in-time strategy）。原材料能够在需要的时刻及时送达，产品一下生产线就能被运走。

由于很多事件的不可预知性，如生产需求量不确定、供应商的货物运输延迟、原材料出现缺陷或生产过程中断等，因此供应链中总是存在不确定性。为了满足客户需求，生产商通常会通过持有比他们认为实际需要的量更多的原材料和产品库存，来应对这样的不确定性和无法预知的事件。安全库存在供应链中就是弥补灵活性不足的缓冲器。尽管库存过多导致成本过高，但是低库存水平也是代价不菲的，因为企业可能因失去订单而蒙受损失。

供应链管理中反复出现的一个问题是：当一种产品从供应链中的一个实体转移到另一个实体时，有关它的需求信息会失真，这被称为**牛鞭效应**（bullwhip effect）。一个项目需求量的小幅上升可能会引起供应链中的各个部分——分销商、生产商、供应商、二级供应商（供应商的供应商）以及三级供应商（供应商的供应商的供应商）——增加存货，以便有充分的“应急能力”。这些变化在整个供应链中传递，从计划订单开始的小变化逐渐放大，引起存货成本、生产成本、储存成本和运费的增加（见图9-3）。

例如，宝洁公司发现由于信息偏差，帮宝适一次性纸尿布供应链的各个点上均存在过多库存。尽管顾客的购买力相对稳定，但是当宝洁以具有诱惑力的价格促销时，从分销商处发来的订单就会猛增。这样一来，沿着供应链，帮宝适产品及其原料库存就会猛增，企图满足实际上并不存在的需求量。为了解决这样的问题，宝洁修订了营销计划，更改了供应链的处理流程，并应用了更加精确的需求预测系统。

当供应链中所有成员能够获得准确及时的信息时，客户需求的不确定性随之降低，相应地，牛鞭效应也就被克服了。如果库存量、日程安排、数据预测和货运等相

图 9-3 牛鞭效应

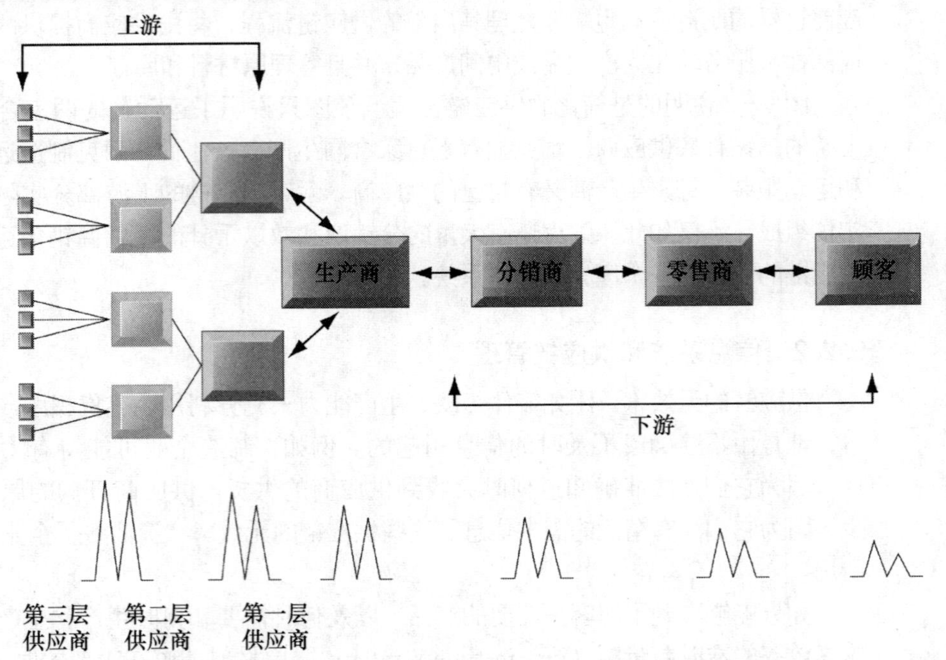

说明：不准确的信息可能会引起产品需求的较小波动，并在供应链中有更进一步的活动时被放大。零售产品的较小波动可能会导致分销商、生产商和供应商的存货过多。

关动态信息可以得到共享，那么供应链中的所有成员就能根据动态信息及时调整采购、生产与配送安排计划。供应链管理系统为供应链成员提供的这些信息，可以协助它们做出更合理的采购与日程安排计划。

9.2.3 供应链管理软件

供应链软件可以分为供应链计划系统和供应链执行系统。供应链计划系统帮助企业规划供应链，供应链执行系统则帮助企业执行供应链流程。通过**供应链计划系统**(supply chain planning systems)，公司可以将现有的供应链模型化，预测成品需求，制定最优和最理想的采购与生产计划。该系统可以帮助公司做出更理想的决策，如确定在某一特定的时间内生产某一特定商品的数量，原材料、中间产品和成品的库存量，储存成品的地点和产品的运输线路等。

例如，如果一位大客户下了一笔大订单或者突然更改了订单的状态，将对整个供应链产生巨大的影响。这时，企业可能需要从其他供应商处采购计划外的原材料或者不同的原材料。新的生产计划可能要更改工作日程安排，运输承运人则可能需要重新安排运输计划。供应链计划软件可以调整生产计划和分销计划。更改后的信息可以在相关供应链成员间共享，使其工作得到协调。其中最重要同时也是最复杂的供应链计划功能是需求计划。**需求计划**（demand planning）是指确定企业需要生产多少产品来满足所有客户的需求（见“互动讨论：技术”专栏），JDA 软件公司、SAP 和甲骨文都提供供应链管理模块。

互动讨论：技术

蓝德雷公司利用需求计划让黄油更新鲜

蓝德雷公司（Land O'Lakes）成立于1912年，最初由320家个体乳品厂成立的明尼苏达州合作乳品协会（Minnesota Cooperative Creameries Association）发展而来，现在已经成为美国最大的黄油和芝士生产商之一。公司每年生产120亿磅牛奶，可以获得超过14亿美元的收入。蓝德雷公司旗下拥有一些子公司，例如普瑞纳（Purina），它是2001年成立的动物饲料生产商。蓝德雷公司还经营Winfield Solutions，该公司向农场提供播种和作物保护产品。

所有从事消费品生产的公司都必须处理好供应链效率和库存管理的问题。对于蓝德雷公司而言，这些问题尤为重要，因为它的产品易变质，销量和产品结构在每一个季节都会有很大变化。举例来说，在冬季，美国人使用更多的黄油来烘焙食品，达到需求高峰。所以公司必须相应地调整产量和库存。

由于需求波动和极短的产品保质期，蓝德雷公司需要重点计划它的库存，以保证在每个季节都能满足顾客的需求而不会造成不必要的损失。为此，蓝德雷公司在2010年采用了甲骨文公司的Demantra需求管理软件来更有效率地计划每周、每月和每个季节的产量。蓝德雷公司希望该软件可以减少目前的库存数量，简化供应链，并可以预测未来的需求。通过改善产量规划，公司全面降低了成本。

蓝德雷公司的供应链很复杂，其中包括许多实体。例如，蓝德雷在加利福尼亚州或宾夕法尼亚州的一个工厂生产了一种黄油，公司将它运送到一个配送中心，然后送到客户（如Shoprite超市或A&P食品公司）手中。从那里，黄油被运送到零售超市、商店、餐馆和食品服务公司，重要的是，运送要越快越好，以确保黄油到达最终目的地时仍然新鲜。供应链效率在这个过程中是最重要的。

库存管理同样很重要。蓝德雷公司必须保持充足的产品库存，但是若产品开始变质前还没有卖出去，过多的库存都必须处理掉，这将给公司造成损失。因此，一个公司持有的库存越多，支付的费用也越多。蓝德雷公司希望创建一个系统，以预测需求变化并能使库存恰好保持在既满足需求又不会造成很大损失的状态。

蓝德雷公司想采用一种需求感应解决方案来帮助公司预测和适应需求上的变化。公司已经安装了甲骨文的JD Edwanrds EnterpriseOne ERP系统，所以公司希望Demantra软件可以扩大ERP系统的功能以改善需求感应。Demantra软件正好可以满足蓝德雷公司的期望，即从精益库存中得到最大价值。首先，系统分析了管理原料的可能方式。它可以帮助公司管理者决定将多少牛奶用于制作黄油，将多少牛奶用于制作芝士，制作什么类型的芝士。

Demantra软件从发货记录、开放式客户订单以及来自EnterpriseOne系统的客户与产品的关键主数据中提取数据，为未来的需求创建模型。利用这些数据，采用复杂的统计模型和算法计算消费量、订货提前期和消费量分配，蓝德雷公司可以实现准确的预测，尤其是对接下来4周的预测。蓝德雷公司使用EnterpriseOne系统来计划所有产品的产量，使库存保持"正好"的状态，并将成本控制得尽可能低，同时保证在最佳的时间向最适合的顾客提供最好的产品。

Demantra软件可以生成长期、中期和短期三种报告。长期报告可以预测未来18～24个月的需求，帮助管理者计划生产何种类型的产品，并确保牛奶棚在这段时间内可以提供满足需求的牛奶。中期报告可以预测未来 2～6 周的需求。而短期报告用来确定哪些顾客现在就需要货物。供应链主管依靠 Demantra 软件生成的这些报告来决定公司应该怎样配置设施来生产和配送产品。缩短工厂和顾客之间的距离可以降低燃料、运输和所有产品的成本。

Demantra 软件已经帮助蓝德雷公司减少了 4 天的产成品库存，为公司节省了数百万美元。严格执行“正好”库存策略会使蓝德雷公司在需求突然激增时更容易受到伤害，但从长远来看会让公司节省更多成本。在消费品行业，需求预测的准确率大概为 50%，受益于 Demantra 软件，蓝德雷公司的准确率从 40%提高到 70%。

蓝德雷公司还依靠甲骨文公司的运输管理系统来规划它的运输、执行、运费支付和业务流程自动化。当蓝德雷公司的货车装载好准备出发时，它们必须尽快和尽可能有效地知道目的地。低效的线路或其他不可预见的因素造成的运送问题同样会对公司利润造成影响。甲骨文公司的运输管理系统与 EnterpriseOne 系统和 Demantra 软件进行了整合。通过利用哪些配送中心需要更多的货物、哪些配送中心需要卸载货物等信息，该系统可以在货车离开蓝德雷公司工厂时自动为它们规划出最佳路线。这个系统可使蓝德雷公司为其货车装运更多的货物，将平均载货量提升 4%达到 40 000 磅，从而节省运输成本。这对于像蓝德雷这种全国性企业来说意义重大，它可以将这些钱用于国际市场扩张。

资料来源：Land O'Lakes，“Land O'Lakes Reports 2012 Results，” February 26，2013；Monica Mehta，“Milking Demand，” *Profit Magazine*，February 2012；Monica Mehta，“Oracle Transportation Management，” *Profit Maganize*，February 2012；www.landolakes.com，“About Us，” accessed March 10，2013.

案例思考题

1. 为什么库存管理和需求规划对蓝德雷公司如此重要？对该公司来说，不能管理库存或预测需求的影响是什么？
2. 蓝德雷公司选择甲骨文的 Demantra 软件时考虑的人员、组织和技术因素有哪些？
3. Demantra 软件是如何改变蓝德雷公司管理层的决策制定，如何改变公司业务经营方式的？
4. 描述两种通过采用 Demantra 软件得到改善的决策。

供应链执行系统（supply chain execution systems）管理分销中心和仓库产品的流向，以最高的效率将产品运输到指定的地点。系统还可以追踪产品的实体状态，管理所有供应链成员的原材料、仓库、运输和财务信息。蓝德雷公司所使用的 Oracle 运输管理系统便是一个例子，而海沃氏公司（Haworth）的仓库管理系统（warehouse management system，WMS）也是此类系统的代表之一。海沃氏公司是世界领先的办公家具制造和设计商，该公司的配送中心分布在 4 个国家。WMS 追踪并控制所有从海沃氏配送中心配送到最终客户的成品的流向。根据针对客户订单的发货计划，WMS 基于设备、库存、空间和人员等直接条件指导货物流动。

9.2.4 全球供应链和互联网

互联网诞生前，供应链的协调性常常受到限制，因为内部供应链系统的采购、原材料管理、制造和配送等步骤的分离使得信息在公司内流动不畅。外部供应链合作伙伴们也同样难以共享信息，这是因为供应商、分销商和物流供应商的系统应用平台互不兼容，执行标准也不大相同。在互联网技术下性能得到增强的企业系统和供应链管理系统，促进了这种集成。

公司管理者可以利用网络接口与供应商的系统相连接，以确保供应商的库存和生产能力与公司的产品需求相匹配。通过基于网络的供应链管理工具，业务伙伴可以进行在线合作，并做出相关预测。通过查看供应商的生产日程安排和物流信息，销售代表可以追踪客户的订单状态。

■ **全球供应链问题**

随着越来越多的公司进入国际市场，它们开始将业务外包，与各国供应商合作，将产品销售至国外。其供应链扩展到多个国家和地区，因此管理全球供应链也变得极为复杂和极具挑战性。

与国内供应链相比，全球供应链所跨越的地理范围更广、时间差异更大。而且全球供应链的成员通常来自多个国家。地区间或国家间的执行标准并不一致，供应链管理还可能因外国政府的规定和国家间的文化差异而受到限制。

借助互联网，企业能够管理全球供应链的众多环节，如采购、运输、沟通和国际财务等。例如，全球的服装行业严重依赖于将业务外包给中国和其他低薪国家的合同生产商。目前，服装类企业已借助网络来管理全球供应链以及全球的服装生产。

除了合同生产，全球化也鼓励将仓库管理、运输管理和其他相关业务外包给第三方物流供应商，如 UPS 供应链解决方案事业部和施耐德物流公司（Schneider Logistics Services）。这些物流公司提供基于网络的软件，使客户对它们的全球供应链有更全面的认识。客户能通过安全的网站监测库存和运货信息，提高全球供应链管理的效率。

■ **需求驱动型供应链：从推到拉的生产和有效的客户反应**

除能够降低成本外，供应链管理系统还可以提高对客户需求的响应速度，从而使业务运营更趋向客户需求型（高效客户响应系统在第 3 章中已介绍）。

早期的供应链管理系统由**推式模型**（push-based model）驱动（又叫按库存生产）。在推式模型中，主生产计划是基于产品需求预测或者最佳猜测，然后将产品“推”向客户。有了基于网络技术的新的信息流，供应链管理更易于遵循拉式模型。在**拉式模型**（pull-based model）（也叫需求驱动模型和按订单生产）中，客户的实际需求或购买行为触发供应链中的事件发生。基于客户订单情况，产品生产和交货工作相应地开展，沿着供应链向上，从零销商到分销商，再到生产商，最后到供应商。只有按订单生产的产品是沿着供应链向后，一直到达零售商的。正如图 9－4 中描述的那样，生产商只利用实际订单需求信息来制定其生产日程以及零部件或原材料采购计划。第 3 章中描述的沃尔玛的连续补货系统就属于拉式模型。

借助互联网和互联网技术，串行供应链可以转换为并行供应链。在串行供应链中，信息在公司间按顺序传递，而在并行供应链中，信息在供应链网络成员间同时多个方向传递。根据日程更改或订单变化，供应链网络中的成员生产商、物流供应商、外包生产商、零售商和分销商可立即进行相应调整。最后，互联网可以在整个供应链中创造一个“数字物流神经系统”（见图 9－5）。

图 9-4 推式和拉式的供应链模型

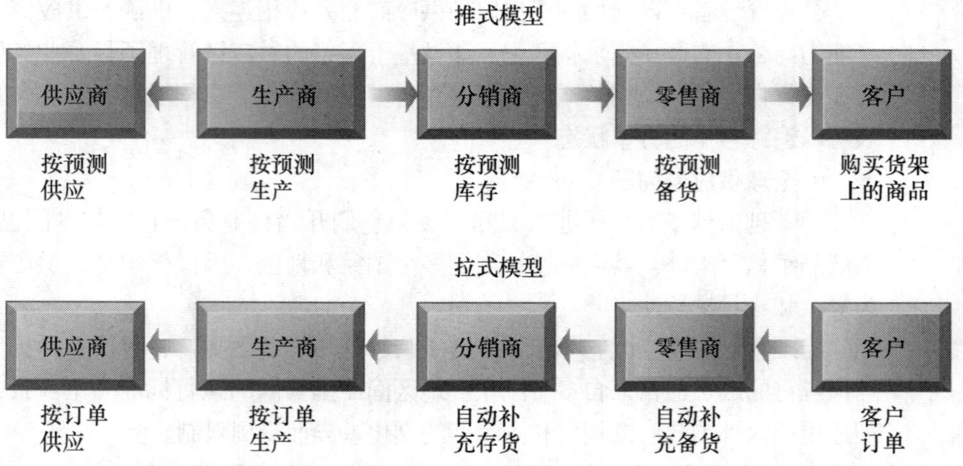

说明：推式模型和拉式模型的区别可总结为“生产我们能销售的，而不是销售我们所生产的”。

图 9-5 未来由互联网驱动的供应链

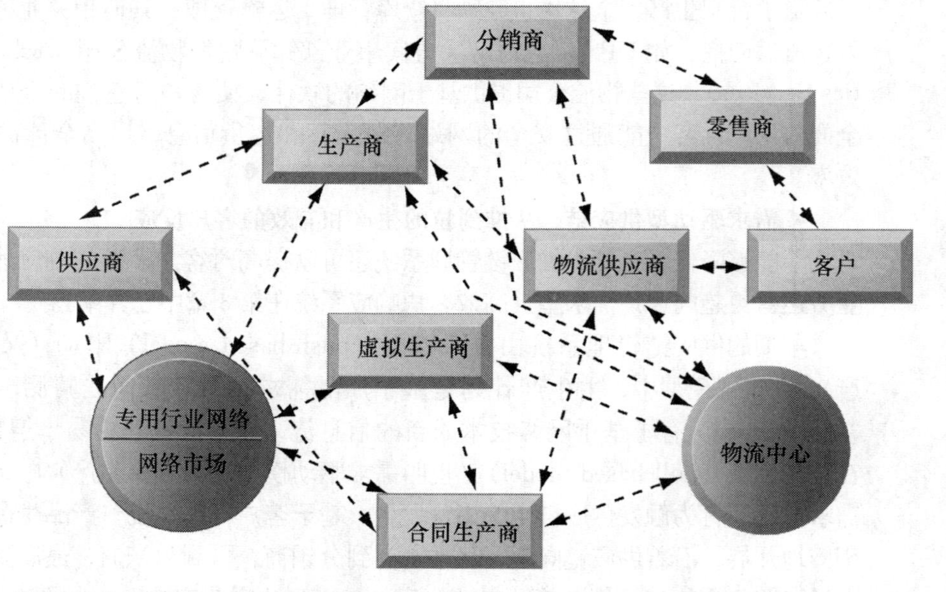

说明：未来由互联网驱动的供应链就像一个数字物流神经系统一样工作。它为企业、企业网络和电子市场之间提供多个方向的交流，这样，包括供应链成员的整个网络就可以迅速地调整存货、订单和生产能力。

9.2.5 供应链管理系统的商业价值

通过供应链管理系统，公司可以优化内外部的供应链流程，并且向管理层提供更加精确的生产、储存和运输信息。通过应用网络化、集成化的供应链管理系统，公司可以使供需匹配，降低库存，改善配送服务，加快产品上市，并更有效地利用公司资源。

企业运营成本大部分是由供应链的费用组成的。在一些行业中，供应链运营费用占运营预算近 75%。所以，降低供应链的运营成本会对公司利润率产生很大影响。

借助供应链管理系统，企业不仅可以降低运营成本，还能够提高销量，增加销售收入。如果顾客需要一件产品，而该产品正好缺货，那么顾客通常会尝试其他企业的产品。但是通过供应链准确无误的运营，公司能够让顾客随时买到自己想要的商品。

9.3　客户关系管理系统

生活中常会听到这样的话："客户永远是正确的"或者"客户至上"。这些话在今天可能比以往任何时候都要真实。因为一件具有竞争优势的创新产品或服务的寿命通常很短，公司唯一的竞争优势是它与客户间的牢固关系。有人说，竞争的基础已经由谁销售最多产品和服务转向谁"拥有"客户，与客户保持良好关系才是企业最有价值的财产。

9.3.1　什么是客户关系管理

你需要什么样的信息来培养与客户稳固而长久的关系呢？你需要知道你的客户属于哪类消费群体，如何与他们取得联系，为他们提供服务和商品的成本是否高昂，他们对什么样的产品和服务感兴趣，他们消费你的公司产品的金额为多少，等等。想象你在小镇上经营着一家商店，你需要了解每一位客户，并且让你的优质客户感觉到他们是受到优待的。

若是社区商店，店主和经理可以面对面地了解客户。但若是跨都市、跨区域、跨国家甚至全球性的企业，以这种亲近方式"了解客户"是不可能的。这些企业的客户众多，企业与客户取得联系的方式也是多种多样（包括网络、电话、传真等方式和面对面交流等）。因此，与大量的客户进行交流，整合来自这些渠道的信息变得异常困难。

大企业的销售、服务与营销被严格地区分开来，归属不同的部门，并且这些部门彼此间不分享重要的客户信息。客户的一些信息可能根据该客户在公司的个人账户进行存储，另一些信息则可能会根据他购买的产品进行归类，因此无法为所有信息提供统一的管理方法。

这正是客户关系管理系统的用武之地。我们在第 2 章介绍的客户关系管理（CRM）系统可以从组织内部获取客户数据，合并分析数据，然后将分析结果传送到企业内各个系统和客户接触点。**接触点**（touch point）也叫联络点，是公司与客户进行互动的方式，如电话、电子邮件、客户服务台、普通信件、脸书、推特、网站、无线设备或者零售店等。精心设计的客户关系管理系统可以为企业提供完整的客户信息，帮助企业提升销售量与客户服务质量。同时，无论客户使用何种接触点，系统都可以为客户提供完整的公司信息（见图 9-6）。

优秀的 CRM 系统为回答以下问题提供了数据支持和分析工具：特定的客户对公司来说具有什么价值？谁才是公司最忠实的客户（向新客户销售的成本通常是老客户的 6 倍）？哪些客户属于高利润客户？高利润客户想要购买何种产品？通过这些问题的答案，公司可以采取相关销售方案吸引新客户群，并为老客户群提供更加优质的服务。同时，为了留住高利润客户，公司会根据他们的喜好提供定制产品和持续价值。

图 9-6 客户关系管理

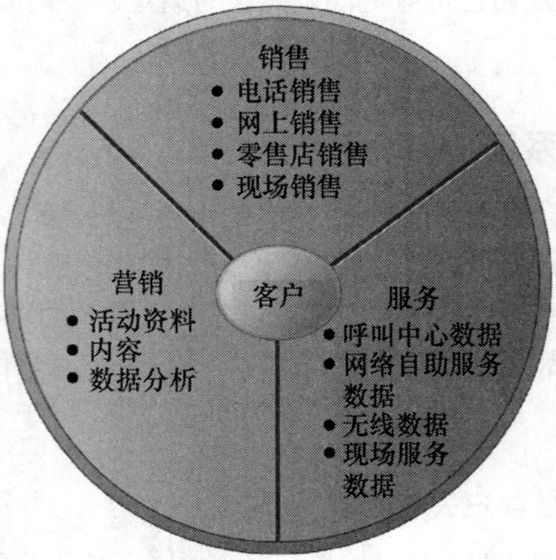

说明：客户关系管理系统从多个角度来分析客户。这些系统使用一套集成的应用来处理客户关系的各个方面，包括客户服务、销售和营销。

9.3.2 客户关系管理软件

CRM 商业软件包从小型工具到大型企业应用软件，应有尽有。小型工具只有某些功能，如为特定的客户群量身打造网站；大型企业应用软件则可以捕捉与客户的互动，运用复杂的报表工具进行分析，还可以与其他企业应用软件（如供应链管理系统和企业系统等）相连。更为复杂的 CRM 软件包包括**合作伙伴关系管理**（partner relationship management，PRM）和**员工关系管理**（employee relationship management，ERM）模块。

运用与客户关系管理相同的数据、工具和系统，合作伙伴关系管理可以促进公司与销售伙伴之间的合作。如果公司不直接将产品销售给客户，而是经由分销商或零售商，那么合作伙伴关系管理有助于利用上述渠道将产品销售给客户。通过合作伙伴关系管理，公司可以与销售伙伴交流客户信息和发布销售意向，从而整合销售意向、定价、促销、订单配置及产品可得性。合作伙伴关系管理还能为公司提供评估合作伙伴业绩的工具，当公司想与合作伙伴开展更广泛的合作时，可以确保业绩最佳的合作伙伴得到支持。

员工关系管理软件能够处理与客户关系管理十分密切的员工类问题，如设立管理目标、员工绩效管理、薪酬管理和员工培训等。客户关系管理应用软件的主要开发商有甲骨文、SAP、Salesforce. com 和 Microsoft Dynamics CRM。

客户关系管理系统通常包括用于销售、客户服务和营销的软件和在线工具。接下来将简单地描述客户关系管理软件的功能。

- **销售人员自动化**

销售人员可以使用 CRM 系统中的销售人员自动化模块提高工作效率，将销售目标更多地锁定在高利润客户上，因为这些客户通常是销售人员和服务人员的首选对象。CRM 系统包括以下功能：提供销售预期、联络信息和产品信息，进行产品配置，以及生成销售报价等。该软件还可以收集特定客户以往的购买记录。根据购买记录，销售人员可以制定个性化商品推荐方案。另外，通过 CRM 软件，客户信息与产品信息能够更简单地在销售、营销和配送部门之间共享。如此一来，销售人员的工作效率得到提升，销售成本有所降低，获得新客户与挽留老客户的成本也相应降低。CRM 软件还有销售预测、区域管理和团队销售等功能。

■ **客户服务**

CRM 系统中的客户服务模块为呼叫中心、服务台和客户服务人员提供信息与工具，以提升工作效率。客户服务模块还具有分配和管理客户服务需求的功能。

其中一项功能就是管理电话预约或电话咨询热线。当一位客户通过热线打来电话时，系统将电话转给空闲的服务人员，服务人员将该客户的相关信息录入系统。数据一旦录入系统，任何一位客服代表都能够处理该客户的来电。由于易于获得一致且准确的客户信息，因此呼叫中心不仅每天可以处理更多的服务电话，而且每个电话的通话时长也大幅缩短。呼叫中心和客服小组的工作效率得到提升，服务时间缩短，优质服务的成本也相应降低。由于客户不需要花太多时间重述所遇到的问题，客户满意度也相应地提升。

CRM 系统还包括基于网络的自助服务功能：公司利用官方网站为客户的问题提供个性化支持，并提供通过电话联系客服人员获得额外支持的选择。

■ **营销**

CRM 系统对直销活动的支持是通过以下功能实现的：寻找潜在客户与客户数据，提供产品和服务信息，审核目标市场中的销售意向，安排日程，追踪直邮信件或电子邮件等（见图 9-7）。营销模块还包括营销与客户数据分析工具，该工具可以用来分辨高利润客户和非高利润客户，为满足特定客户群的需求而设计相关产品与服务，并寻找交叉销售的时机。

图 9-7 CRM 系统如何支持营销活动

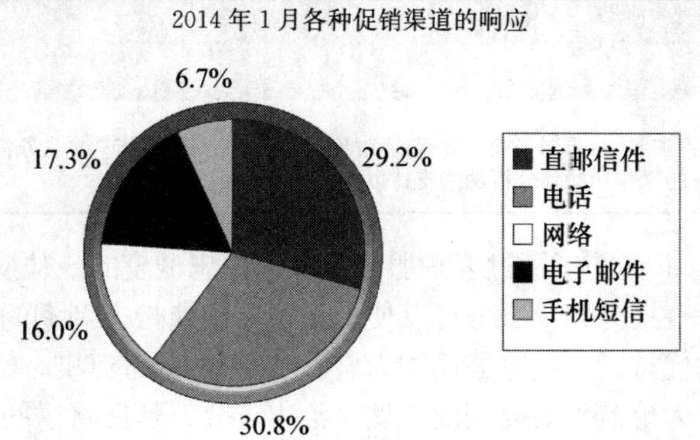

说明：客户关系管理软件为用户提供单一的点来管理和评估多个渠道（包括电子邮件、直邮信件、电话、网络和无线信息）的营销活动。

交叉销售（cross-selling）是指将互补型产品销售给客户（例如，在金融服务中，可以向拥有支票账户的客户推销货币市场账户或者住宅装修贷款等）。从计划制定到对每次营销活动的成功率做出判断，CRM 工具支持任何阶段的市场营销管理。

图 9－8 描述了主要的 CRM 软件产品中对销售、服务和营销流程来说最重要的功能。与企业软件一样，CRM 软件也是基于业务流程驱动的，其中有几百种业务流程，每一种流程都代表了该领域的最佳实践。为了实现利益最大化，需要修订业务流程并使其成型，以适应 CRM 软件中的最佳实践流程。

图 9－8 CRM 软件功能

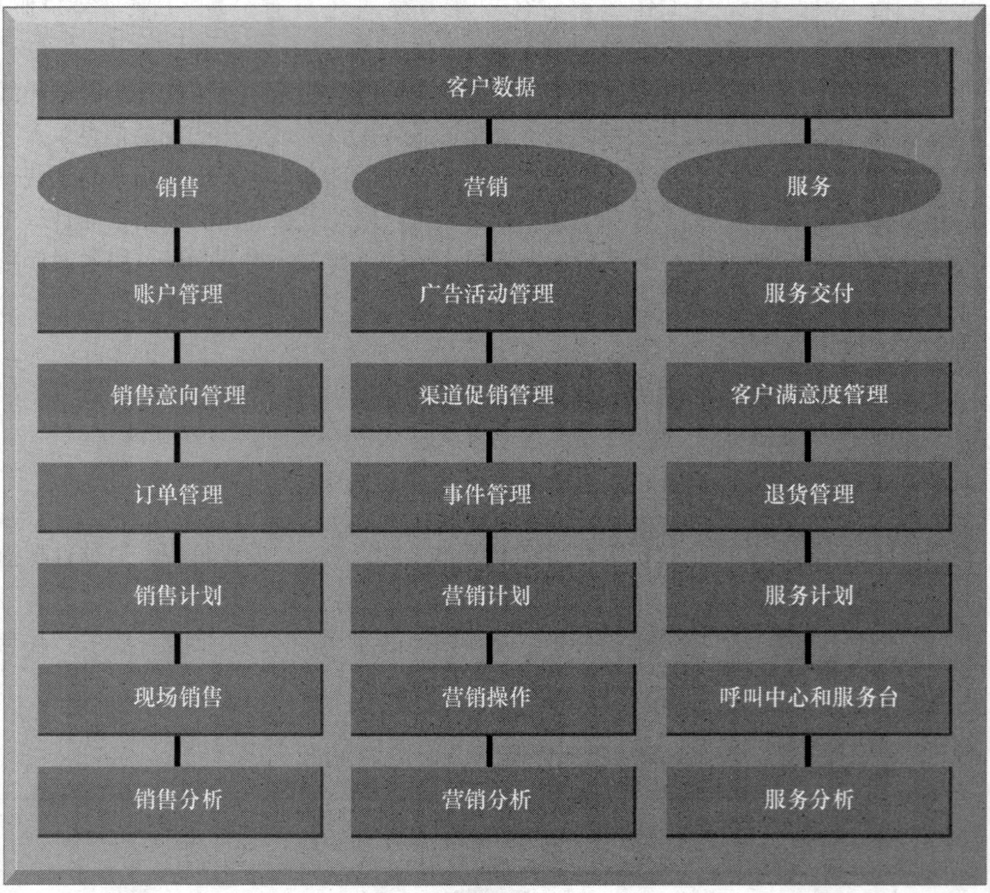

说明：主要的 CRM 软件产品支持销售、服务、营销过程中的业务流程，从不同的来源集成客户信息。CRM 的操作功能和分析功能支持以上业务流程。

图 9－9 说明了通过客户服务提升客户忠诚度的最佳实践是如何在 CRM 软件中成型的。直接为客户服务可以使公司识别出能带来利润的长期客户，这类客户将得到公司的优待，这也是公司加大客户维系力度的契机。CRM 软件可以根据每一位客户的个人价值和对公司的忠诚度给出评分，然后将这些信息提供给呼叫中心，客服人员可以追踪每一位客户的服务请求，更好地处理客户需求。该系统可以自动为客服人员提供详尽的客户信息，其中包括客户的价值和忠诚度得分。客服人员可以利用这些信息为客户提供特别优惠的商品或者额外服务，鼓励客户继续与公

司交易。

图 9-9 客户忠诚度管理流程图

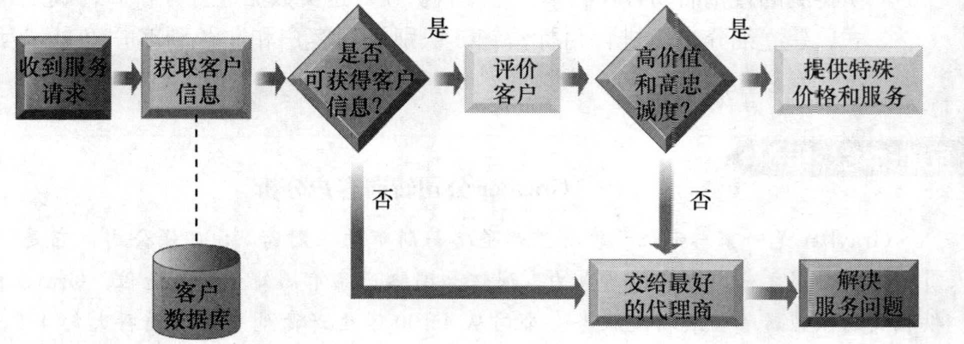

说明：该流程图显示了一个通过客户服务来提升客户忠诚度的最佳实践如何通过客户关系管理软件模式化。CRM软件帮助企业识别高价值的客户来给予优待。

9.3.3 操作型CRM与分析型CRM

之前描述的所有应用系统，均在操作或分析方面支持客户关系管理。**操作型客户关系管理**（operational CRM）包括面向客户的应用，如销售人员自动化工具、支持呼叫中心和客户服务的工具以及营销自动化工具等。**分析型客户关系管理**（analytical CRM）的应用包括分析由操作型CRM生成的客户数据，为提升公司业绩出谋划策（见图9-10）。

图 9-10 分析型 CRM

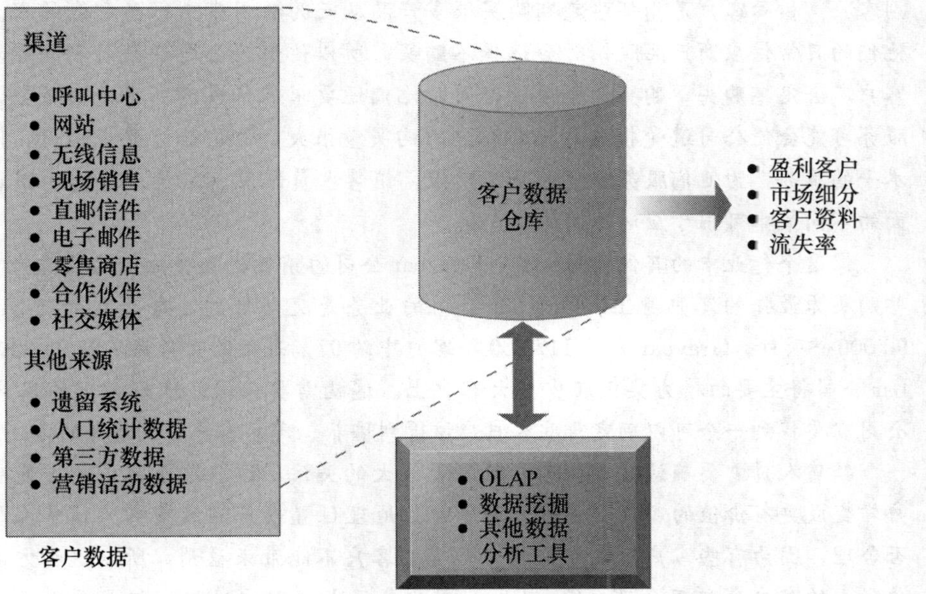

说明：分析型CRM使用客户数据仓库和分析工具，来分析从企业的客户接触点和其他来源收集到的客户资料。

分析型 CRM 应用主要基于数据仓库，合并来自操作型 CRM 系统与客户接触点的数据，用于在线分析处理（OLAP）、数据挖掘和其他数据分析技术（见第 6 章）。组织收集来的客户数据可与其他来源的数据（如从其他公司购买或对人口资料分析后所得到的直销活动客户名单）相结合。在对这类数据进行分析后，确定客户的购买模式，建立细分市场进行目标营销，识别盈利客户和非盈利客户（见“互动讨论：组织”专栏）。

互动讨论：组织

Graybar 公司转向客户分析

Graybar 是一家总部位于密苏里州圣路易斯市的《财富》500 强公司，它是北美最大的员工持股公司之一，在高品质电力、通信和网络产品市场处于领先地位。Graybar 公司还提供相关的供应链管理和物流服务。公司从 4 100 家生产商处采购、储存大约 100 万件产品，并运送到 117 000 个客户手中，获得的收入超过 54 亿美元。Graybar 公司拥有 7 400 名员工，在北美有超过 240 个配送中心，分布在美国、加拿大和波多黎各。Graybar 是一个批发分销商，不直接向零售客户售货。

虽然多年来一直很成功，但是 Graybar 公司希望做得更好。例如，它现在还没有根据最佳实践去分析和了解客户。对于批发分销商和零售商来说，这些实践正变得越来越重要。传统上，分销商在供应链上只扮演中间人的角色，但是它们现在开始承受来自客户的价格压力。客户希望缩短交货时间得到更好的服务，但与此同时，他们又拒绝为额外的服务买单。结果，分销商的利润受到挤压。

一项由得克萨斯州农工大学（Texas A&M University）的调查者发起的分销商价格问题研究指出，像 Graybar 这样的分销商应该采用客户分层策略。通过客户分层来衡量一个客户可以为公司做出多少贡献，带来多少利润，他对公司的忠诚度怎样以及公司为他要花费多少成本。通过这些维度，该研究将客户分为四类：核心客户、机会客户、边缘客户和挑剔客户。核心客户是指那些定期购买很多产品从而为公司带来很多利润的人。机会客户在他们的日常供应商产品脱销时会选择不购买，所以他们为公司带来的利润相对较少。边缘客户不会定期购买，购买量也很少，同时他们还要求低价或者高水平的服务，所以为他们服务可能会使公司遭受损失。挑剔客户的购买量很大，他们始终要求低价，同时要求更高水平的服务，为他们服务会有很高的回报。销售人员配置、定价、营销和销售人员补贴方面的不同策略可用于应对不同的客户群。

像这个行业中的其他公司一样，Graybar 公司的销售代表将他们的注意力重点集中在那些购买力最强的客户身上。Graybar 公司的业务是交易性的，每天要处理 21 000 个订单、90 000个项目。Graybar 公司 117 000 个客户中约 97%每年的交易额不到 25 000 美元。Graybar 公司将主要的精力集中在少数大客户上。这就需要公司处理好余下的客户群。Graybar 公司需要找到一个可以确定哪些客户应该得到培养、哪些客户要被放弃的方法。

销售人员需要确认对哪些客户应给予最大的关注，这取决于他们是否能从一个挑剔客户转变成更有价值的客户。公司需要了解按地理位置或产品线策略为销售人员分配客户是否合理，因为有些客户能带来盈利，而有些客户不能带来盈利，所以这种方法会使一些销售代表的客户分配不合理。Graybar 公司收集了大量客户数据，但也丢失了一些数据，此外，它缺少分析工具来分析这些客户群。

2011年7月，Graybar公司业务发展副总裁决定开发一个数据驱动的客户分层模型，该模型包括最佳实践并且能增加盈利。他组建了一个跨职能部门的团队，团队成员来自营销、运营、金融和信息系统等部门。团队成员中来自运营部门的人可以确保该项目对客户需求给予足够重视。

该团队花了一年时间分析来自行业研究的最佳实践，并对Graybar公司进行了量身定制。它从公司目前的ERP系统中识别数据字段，从公司的SAP NetWeaver数据仓库中提取数据。对Graybar公司的客户分析非常重要的特定因素（如收入、客户购买力和产品线渗透），根据公司的业务需要按照权重进行分配。Graybar公司已拥有95%的所需客户数据。

最初，Graybar公司的客户分层应用软件是基于一张有多行数据的电子表格，为最终结果和建议分配字母等级。Graybar公司的项目团队希望信息能以一种更形象、更易于理解的形式呈现，使用SAP BusinessObjects Dashboard软件建立了一个仪表盘。Graybar公司将之与SAP公司一种新的分析软件产品（SAP Customer Value Intelligence）相结合来提升该应用软件的功能。SAP Customer Value Intelligence软件是SAP Customer Analytics套装的一部分，它可以在提升客户价值方面提供建议。它根据即时的客户收入、利润和行为信息来将客户依次归入前面所描述的四种类型。它可以显示每个客户属于Graybar公司的哪种客户类型，还可以显示这个客户与公司的交易情况以解释为什么他属于这一类。如果一个客户被定位为机会客户，仪表盘会以数字显示该客户下了订单但不多，而且这些订单的一致性可能出了问题。仪表盘可能显示一个挑剔客户所下订单不多，但是带来了大量回报。这个仪表盘还可以为每一名销售代表展现一个可视的“地图”，以显示其所有客户的分布——多少是核心客户，多少是机会客户，多少是边缘客户，又有多少是挑剔客户，从而帮助他们分配时间和资源。

SAP Customer Value Intelligence软件基于HANA，HANA是SAP公司内存的计算平台，可以自动加快分析大数据集的处理速度（见第6章）。当Graybar公司的销售人员在项目测试阶段得到客户分层数据时，几乎所有人都想马上将他们所在的市场进行客户分层，然后实时进行其他分析。SAP Hana可以使Graybar公司运用大量交易数据开展这项工作成为可能，同时能在比之前更细的层面处理客户数据。

资料来源：“Strategic Customer Stratification at Graybar: Powered by SAP HANA,” www. sap. com, accessed March 11, 2013; Graybar, “Graybar Opening Branches in Three Additional Locations,” March 25, 2013, www. supplychainbrain. com; www. graybar. com, accessed March 12, 2013; and David Hannon, “Graybar Sharpens Its Focus on Profitability,” SAPInsiderProfiles, October-December 2012.

案例思考题

1. 在本案例中，Graybar公司有哪些问题？这些问题是如何影响Graybar公司的业务表现的？

2. Graybar公司开发一项客户分析解决方案所要考虑的人员、组织和技术因素有哪些？

3. 分析型CRM是怎样改变Graybar公司的业务运行方式的？比较Graybar公司在采用分析型CRM前后处理客户关系方式的不同之处。

4. 给出三个例子说明Graybar公司新的客户分析系统收到了效果。

分析型CRM另一项重要的输出是客户对于公司的终身价值。计算**客户终身价值**（customer lifetime value，CLTV）主要基于客户带来的收入、为获得客户与服务客户而支出的成本、公司与客户保持关系的预期时间长短三方面内容。

9.3.4 客户关系管理系统的商业价值

部署高效 CRM 系统的公司深知该系统为公司所创造的价值，如提升客户满意度，降低直销成本，提供更有效的营销方案，降低维系客户的成本等。通过 CRM 系统，公司可以有效识别带来最高利润的客户，制定精准的市场营销方案和交叉销售策略。

根据客户需求信息可制定更好的销售、服务和市场营销策略，从而降低客户流失率。**流失率**（churn rate）可以反映多少客户停止购买某家公司的产品和服务，是反映该公司客户群是增加还是减少的重要指标。

9.4 企业应用软件：新挑战与新机遇并存

许多公司已经实施了企业系统、供应链管理系统和客户关系管理系统。借助这些系统，公司能够实现卓越经营，并提升公司的决策制定水平。但由于企业应用软件要求改变组织的工作方式与业务流程，这为企业应用软件的实施带来了挑战。下面介绍这些挑战，以及企业应用软件如何为企业创造价值。

9.4.1 企业应用软件的挑战

库存成本大幅降低、下订单到交货的时间大幅缩短、消费者反馈更加迅速、产品利润更高、客户利润贡献度提高，以上前景使得企业系统、供应链管理系统和客户关系管理系统变得更具吸引力。但是为了发挥企业应用软件的价值，必须清醒地意识到公司业务需要转变。

企业应用软件包括一系列复杂的软件，它们的价格不菲。一个大型《财富》500 强公司可能要花数年的时间才能实施一个大规模的企业系统、供应链管理系统或客户关系管理系统。根据 Panorama Consulting 公司于 2013 年对 172 家公司的调查，一个 ERP 项目的平均花费为 710 万美元，整个项目需要 17.8 个月，有 61%的被调查者反映项目的完成时间比预期要长。60%的被调查者称项目收益只有预期的一半或更少。项目范围的改变和额外的定制工作会造成项目延期和成本过高（Kanaracus，2013，2012）。

企业应用软件不仅要求企业的技术进行深层次变革，也要求企业的经营方式进行根本性变革。企业必须全面革新它的业务流程，使其与软件应用兼容。企业员工也必须接受新业务流程所赋予的职能与责任。员工必须学习如何在新系统下开展一项新工作，了解他们输入系统的信息将会对公司产生何种影响。这就对全新的组织学习提出了要求。

供应链管理系统要求在多个组织共享业务流程与其他信息。为创造一个能为整体供应链提供最佳支持的系统，系统中的每一个成员都需要对自己的工作流程和信息使用方式做出些许改变。

有些公司在使用企业应用软件之初遇到了许多运营问题并蒙受较大经济损失，这是因为它们不了解需要进行哪些组织性变革。例如，凯马特（Kmart）安装使用了 i2 Technologies 公司研发的供应链管理系统，但它在商品配售过程中总是麻烦不断。这是因为 i2 Technologies 公司的软件没能很好地与凯马特的促销驱动型商业模式兼容，促销驱动型商业模式常使商品需求产生巨大波动。又如，Overstock.com 公司的订单跟踪系统崩溃了整整一个星期，最后，该公司只能用自主开发的系统替换 Oracle 企业系统。原因在于，公司急于实施新软件，没有将 Oracle 软件中记录客户退款的流程与自身应收账款系统进行同步。这些问题导致当年第三季度公司亏损 1 450 万美元。

企业应用软件也涉及"转换成本"。公司一旦采用了来自单一供应商（如 SAP、甲骨文等）的企业应用软件，更换供应商的成本就会非常高昂。公司还会依赖供应商进行软件升级和安装维护。

企业应用软件需要在整个组织范围内定义数据。你需要了解企业如何运用数据，数据如何被组织应用到客户关系管理、供应链管理和企业系统中。在客户关系管理系统中，数据清理工作尤其必要。

企业软件供应商正在尝试解决这些问题，比如提供软件的简化版本，为小企业提供"快速启动"项目，为大公司提供最佳实践指南。

公司采用企业应用程序减少定制化来节省时间和金钱。例如，肯纳公司（Kennametal）是位于宾夕法尼亚州拥有 20 亿美元资产的金属刀具公司。在过去的 13 年时间里，公司花 1 000 万美元来维护其 ERP 系统中的 6 400 多个定制功能，现在取而代之的是一个"普通"的非定制版本的 SAP 企业软件，公司改变了业务流程以符合软件应用的需求。

9.4.2　下一代企业应用软件

当今的企业应用软件更具灵活性，可以嵌入网络，也可与其他系统集成。这些特点让企业应用软件变得更有价值。企业系统、客户关系管理系统和供应链管理系统各自为政已成为历史。对于企业解决方案、企业套件或者电子商务套件，企业软件开发商已经进行了创新。借助创新后的方案和套件，企业的客户关系管理系统、供应链管理系统和企业系统不仅可以联系得更加紧密，而且能与客户及供应商的系统相连接。SAP 商务套件、甲骨文的电子商务套件和微软的 Dynamics 商务解决方案（主要针对中型企业）是其中的佼佼者。以上企业应用软件利用的是网络服务资源和面向服务的架构（见第 5 章）。

SAP 的下一代企业应用软件整合了面向服务架构的标准，可以连接 SAP 自己的应用软件与其他独立软件供应商开发的网络服务，使企业应用软件更便于应用与管理。甲骨文也将面向服务的架构和业务流程管理功能加入 Fusion 中间件产品。企业不需要拆开甲骨文整个软件应用，就可以利用其工具来定制甲骨文的应用程序。

下一代企业应用软件还包括开源和云计算解决方案，以及可在移动平台上使用的更多的功能。诸如 Compiere，Apache Open for Business（OFBiz）和 Openbravo 等开源产品，不能像大型商业企业软件那样提供很多功能。但是，许多小型生产企业还是会选择开源产品，因为它不需要支付软件许可费。

对于特定国家的中小企业，SAP 提供 Business One Cloud 和 Business ByDesign 企业软件解决方案的基于云计算的版本。一些更小的供应商也提供基于云计算的企业系统，例如 NetSuite 和 Plex Online，但是它们不如基于云计算的 CRM 产品受欢迎，因为后者的费用只是 CRM 系统的 40%（Columbus，2013）。Salesforce.com 公司是基于云计算的 CRM 系统全球市场中无可争议的老大，它拥有 10 万客户。Salesforce. com 公司通过与互联网连接的电脑或移动设备输出它的服务，大中小型企业均广泛使用它的服务。随着基于云计算产品的成熟，越来越多的公司愿意将其全部或部分企业应用软件在云端运行。

■ **社交客户关系管理和商业智能**

CRM 软件提供商正在利用社交网络技术来完善它们的产品。加强社交功能可以帮助企业更快地认同新思想，提高团队生产力，以及深化顾客互动。

那些活跃在社交媒体上的顾客越来越需要和希望企业也在社交渠道上回答他们的问题和处理投诉等。通过脸书和推特等社交网站与顾客进行互动的员工往往比那些通过电话或者邮件接触顾客的员工提供客户服务更快捷、成本更低。

社交客户关系管理(social CRM) 工具使公司不论在社交网站上还是在 CRM 过程中都能与顾客创建会话和建立关系。CRM 软件提供商的领军者已经提供把社交网络的数据接入 CRM 软件的工具。Saleforce. com 和甲骨文的 CMR 产品都已经融入了监控、追踪和分析脸书、领英、推特和 YouTube 等网站上的社交媒体活动的技术。

例如，Saleforce. com 在它的产品中利用社交监听和社交媒体营销工具，帮助企业追踪销售流程中的销售线索，以便调整社会化营销以适应核心客户，并观察相应的效果如何。有了这些功能，如果企业想在脸书上做定向广告，就可以根据 CRM 系统中追踪的销售线索来选取广告的目标群体，提供精准的广告内容。企业还可以在系统中实时查看推文，发现新的销售线索。它们还可以同时管理多个方案，对各方案的点击率和每次点击成本进行比较。

企业级应用中的商务智能　企业级应用提供商在系统中加入了商务智能的功能，帮助管理者从系统产生的海量数据中获取更有意义的信息。这些功能包括柔性报表、特设分析、交互式仪表盘、假设情境分析和数据可视化。提供商开始在应用环境中嵌入分析模块，这样用户就不用抛开原有的应用额外安装报表和分析的相关工具。当然，提供商也会提供独立的分析产品作为应用的补充，典型的产品有 SAP Business Objects 和 Oracle Business Intelligence Enterprise Edition。

本章小结

1. 借助企业系统，企业如何实现卓越运营?

企业软件的设计基于集成软件模块套件和中央数据库。数据库首先收集数据，然后将数据输入应用系统。数据库基本支持公司内部所有的业务活动。当其中某一流程信息进入系统后，其他的业务流程也能立即使用该信息。

企业系统通过公司统一的技术平台，执行统一的数据标准和业务流程，支持公司推行集中化管理。由企业系统生成的公司整体数据能够协助管理层提升公司的绩效水平。

2. 借助供应链管理系统，企业如何与供应商协调计划、生产与物流安排?

借助供应链管理系统，信息可以在供应链成员间自动流动，从而使供应链成员做出更优决策，比如何时采购、何时生产、何时装货运送等。使用供应链管理系统中更加精确的信息可以降低市场带来的不确定性，减小牛鞭效应的影响。

供应链管理软件包括供应链计划软件和供应链执行软件。借助互联网技术，不同国家的公司可以相互连通、共享信息，帮助管理者管理全球供应链。供应链成员间畅通无阻的交流也促进了客户响应，并使公司趋向需求驱动型（拉式模型）。

3. 借助客户关系管理系统，企业如何亲近客户？

客户关系管理（CRM）系统整合了诸如销售、营销和客户服务中面向客户的流程，并使其自动化。这样，CRM系统提供了全公司范围内对客户的统一认知。当公司欲为客户提供更好的服务或者销售新产品与服务时，这些客户知识就有了用武之地。借助CRM系统还可以识别盈利客户和非盈利客户，以降低客户流失率。

主要的客户关系管理软件包既提供操作型客户关系管理功能，也提供分析型客户关系管理功能。其中大多包括销售伙伴关系管理（合作伙伴关系管理）模块和员工关系管理模块。

4. 企业应用软件带来了哪些挑战？

企业应用软件很难实施，不仅要求公司进行大规模的组织变革和大量的软件投入，还要求公司对应用软件带来的业绩提升做出准确评估。如果企业应用软件在实施中有缺陷，或者公司不会使用这些系统来衡量业绩改进，企业应用软件就不会给公司创造任何价值。为掌握这些新程序，员工需要接受培训。另外，数据管理也是非常重要的。

5. 企业应用软件如何应用新技术？

企业应用软件变得越来越复杂，同时通过网络服务和面向服务的架构（SOA）可以与其他系统整合。它们有开源和按需版本，也可以在云计算基础架构和移动平台上运行。客户关系管理系统增加了社交网络功能，以加强内部合作、深化与客户的互动和运用来自社交网站的数据。一些产品的开源、移动和云版本越来越容易得到。

复习题

1. 借助企业系统，企业如何实现卓越运营？
- 对企业系统进行定义，并描述企业软件如何运作。
- 企业系统可以为企业创造哪些价值？

2. 借助供应链管理系统，企业如何与供应商协调计划、生产和物流安排？
- 定义供应链以及供应链的每一个组成部分。
- 供应链管理系统如何降低牛鞭效应？供应链管理系统为公司创造了哪些价值？
- 定义供应链计划系统和供应链执行系统，比较两个系统有什么不同。
- 全球供应链面临怎样的挑战？使用网络技术，公司如何将全球供应链管理得更好？
- 区分供应链管理中的推式模型和拉式模型，解释现代供应链管理系统是如何促进拉式模型的。

3. 借助客户关系管理系统，企业如何亲近客户？
- 定义客户关系管理。在当今世界，客户关系管理为什么如此重要？
- 合作伙伴关系管理（PRM）与员工关系管理（ERM）如何同客户关系管理相关联？
- 描述客户关系管理软件中用于销售、营销和客户服务的工具和功能。
- 区分操作型客户关系管理和分析型客户关系管理。

4. 企业应用软件带来了哪些挑战？
- 描述并列举这些挑战。
- 如何应对这些挑战？

5. 企业应用软件如何应用新技术？
- 企业应用软件是如何利用面向服务的架构（SOA）、网络服务、开源软件和无线技术的？
- 定义社交客户关系管理，并解释客户关系管理系统是如何运用社交网络的。

讨论题

1. 供应链管理不太注重货物的实际运输管理，而对信息管理关注较多。讨论这句话的含义。
2. 如果一家公司欲实施企业应用软件，那么它应该先做好准备工作。讨论这句话的含义。
3. 企业应该首先安装哪个企业应用程序，是 ERP，SCM 还是 CRM？解释你的答案。

管理信息系统实践项目

本部分的实践项目涉及以下几个方面：分析业务流程整合，就供应链管理和客户关系管理应用提出建议，使用数据库软件管理客户服务请求和评价供应链管理中的商业服务等。

决策管理问题

1. 梅赛德斯-奔驰的加拿大多伦多分公司共有 55 家经销商，各经销商对客户的了解不够深入。经销商会不定期地向公司提供客户数据。梅赛德斯-奔驰并不强迫经销商上报信息，追踪未报告信息的经销商的过程着实烦琐，它也没有切实的激励机制促使经销商与公司分享这些信息。那么客户关系管理系统和合作伙伴关系管理系统能如何帮助公司解决这个难题呢？

2. 欧迪办公（Office Depot）在全球销售各类办公产品与服务，其中包括一般办公用品、计算机相关产品、商用电器（相关用品）与办公家具等。为了提供比其他零售商更具价格竞争力的各类办公产品，公司试着开始使用及时补货系统和库存控制系统。利用来自需求预测系统和销售网点的数据信息，公司为 1 600 家零售商店及时补充库存。说明欧迪办公如何借助上述系统将经营成本降到最低，公司获得了哪些利益，识别并描述会对欧迪办公帮助较大的供应链管理应用。

提高决策水平：运用数据库软件管理客户服务请求

软件技能：数据库设计、业务查询与报告功能

商业技能：分析客户服务

在本练习中，你将使用数据库软件开发一项能够追踪客户服务请求并对客户数据进行分析的应用，目的是确保优先服务大客户。

Prime Service 是一家大型服务公司，为纽约州、新泽西州和康涅狄格州的近 1 200 家商业企业提供维护与维修服务。客户包括不同规模的企业。客户可以通过拨打客户服务部电话，说明维修事项是暖气管道破裂、玻璃破碎、屋顶漏水、水管破裂还是其他问题。公司为每个服务请求都匹配了一个数字，客户服务部将记下该服务请求数字、客户账户识别码、服务请求发出日、维修设备类型和维修事项的简单描述等。公司采取先到先服务原则。服务工作完成后，公司计算工时费，将费用额输入请求服务函，然后将服务函寄给客户。公司管理层对这样的流程安排很不满意，因为对待最重要和利润最高的客户（账户额超过 7 万美元）与其他小额账户客户并无差别。公司想找到一种方法，能够为大客户提供更优质的服务。同时，管理层也希望了解哪一种服务问题最常发生，以确保使用充足的资源解决这些问题。

Prime Service 公司只有一个小型的客户账户信息数据库，可以在 MyMISLab 网站上找到。运用数据库软件设计一项解决方案，使用该方案，Prime Service 公司的客服代表可以识别谁是最重要的客户，确保最重要的客户得到最优质的服务。解决方案中有多个表格。在数据库中至少填入 15 项服务请求。创建几份能让管理层感兴趣的报告，如最高优先权和最低优先权账户名单，或者汇总最常发生的服务问题的报告。创建一份报告，报告中显示在某一具体日期，客服代表应该优先响应哪种服务电话。

实现卓越运营：评价供应链管理服务

软件技能：网页浏览器和演示软件

商业技能：评价供应链管理服务

如今的运输公司已经不仅仅是简单地将货物从一地运输到另一地。有些运输公司还为客户提供供应链管理服务，帮助客户管理信息。在本练习中，你将利用网络进行调查并评价两家企业的服务。分析两家运输公司 UPS Logistics 和 Schneider Logistics 的网站。通过研究，了解公司的服务如何应用于供应链管理。然后回答下列问题：

- 两家公司各自为其客户提供什么样的供应链支持？
- 客户应如何利用两家公司网站上的信息，帮助自己进行供应链管理？
- 对比两家公司提供的供应链管理服务。你更愿意选择哪一家公司，为什么？

章末案例

沃达丰：实施全球 ERP

沃达丰集团（Vodafone Group Plc）是全球最大的移动服务提供商，它的 4 亿客户遍及欧洲、中东、非洲、亚太地区和美国。2012 年，它的收入达到 718 亿美元，在 40 多个国家有超过86 000 名员工。自 1984 年成立以来，公司业务量显著增长，这很大程度上得益于它建立了本地运营公司来为本地市场提供产品和服务。

因此，公司是非常分散的，缺少国际惯例、集中操作和各运营公司之间的信息共享。沃达丰的大部分分公司更像是独立的公司，各自拥有自己的业务流程。沃达丰是各分公司组成的一个网络，但是它想表现得更像一个全球化的公司，以更好地应对竞争压力。为此，公司管理层需要实施重大的业务转型。

2006 年，沃达丰的董事会通过了一项名为“Evolution Vodafone”的业务转型方案，希望将公司重塑为一个真正的全球化公司，该方案计划建立一个集中式的共享服务机制，并在所有分公司的财务、人力资源和供应链管理上实施全球通用的业务流程。（共享服务是指将同一组织的多个单元都会涉及的业务活动合并以降低成本和减少冗余。）SAP 公司的企业资源计划（ERP）系统可以通过支持信息共享和通用业务流程来为这些改变提供技术平台，它能在全公司范围内简化和加快工作。来自 Informatica、Opentext、Readsoft、Sabrix、Redwood、惠普和 Remedy 公司的软件工具可以与 SAP 公司的整合来完成该任务。

沃达丰的系统是世界上最大的 SAP ERP 系统。那么沃达丰是怎么实现的呢？首先，沃达丰的管理层意识到公司缺少专家和资源，无法完全靠自己管理这样一个复杂的项目。它雇用两家咨询公司埃森哲和 IBM，由它们提供这个项目所需但公司缺少的技术和服务。

沃达丰花了一年时间来定义和设计新的业务流程，同时也为这个项目确定了范围。管理团队希望限制非面向客户的流程的风险，这些流程对于公司来说是重要资源。而面向客户的前端流程在推出的第一阶段被排除，以确保转型更加可控。

采购被确定为使用新的 ERP 系统进行转型的第一套流程。沃达丰之前一直允许每一个本地公司管理自己的采购，而这会阻碍公司作为一个整体与原料和服务供应商建立关系时发挥强大购买力的杠杆效应。通过集中采购节约了资金，该转型项目的投资立马获得回报，并赢得进一步的支持。沃达丰没有建立一个集中采购部门，而是用 SAP 的 ERP 平台在卢森堡建立了一家集中采购公司。大部分的公司开支都要通过这一中心组织。供应商也因此获益，因为该系统可以帮助它们计划针对沃达丰的产品销量，只需与一家而非很多的购买者进行合作。这一新的业务方式涉及一种新的采购支付流程，发票与购货订单和收据匹配后自动审批。

一旦新的采购流程和新的组织开始运行，沃达丰便开始建立一个基于 SAP ERP 系统的集中共享服务组织。它选择匈牙利的布达佩斯作为试点城市。沃达丰匈牙利分公司是一个拥有 2 000 名员工的中型公司，这里有一个基于 Oracle 软件的小型 IT 平台。这使得沃达丰匈牙利分公司与其他更大国家的机构相比更易于改变信息系统和业务流程，同时该分公司一直使用 Oracle 的系统。在这里，沃达丰实施 SAP 的 ERP 系统建立了一个完全共享服务的组织。之后，沃达丰在印度又建立了两个运行 SAP 的共享服务组织。

在匈牙利分公司之后，沃达丰为它的德国分公司实施了新的采购流程和 SAP 软件。德国是沃达丰最大的市场，公司超过 20%的总收入来自这里。沃达丰德国分公司比匈牙利分公司更大，拥有 13 000 名员工，有超过 130 种本地遗留系统，同时有很多个性化业务流程需要替换。由于员工的工作习惯更加根深蒂固，公司在尝试推行新系统和流程的过程中遭到了一些员工的抵制。为将风险降至最低，沃达丰采取一种分期增量式的实施方法，在系统正式上线前做了大量的测试并且进行了所有必要的系统修正。特殊支持团队被调过来与所有过渡期间受影响的员工一起工作。这些努力使问题得到了解决，也消除了员工的抵触情绪。在德国取得成功后，沃达丰开始在更多的分公司推行这一新系统，并根据每个分公司的规模、复杂程度和接受改变的程度来决定实施的优先顺序。

没有任何两种实施方式是相同的，因为每一个分公司都有自己独特的挑战和需求。很多分公司发展得很快，产生了大量基于本地需求的遗留系统。它们有大量的用户、接口和法律要求需要解决。沃达丰公司的项目团队需要平衡迅速推广和确保系统安全实施之间的关系。

沃达丰的实施计划需要一个核心项目团队，他们要拜访每一个分公司并在当地实施新的流程，他们会得到来自系统集成商和当地资源的帮助。当地团队和高级管理人员会与全球团队、IT 咨询公司和当地 IT 供应商进行友好的交流，以促进知识共享和变革。每一次推广的成功都基于多种因素，包括每个机构遗留系统的数量和复杂程度、每个当地项目团队的技术水平和每个当地组织对变革的意愿。沃达丰公司雇用全球化咨询公司埃森哲来为其提供所需的技术，并为本地公司的变革管理提供帮助。随着时间的推移，沃达丰的项目团队和埃森哲的咨询顾问学会了怎样根据每个分公司的需求作出调整。举例来说，如果没有来自分公司的代表参加项目启动会议，或者他们参加了但表现出不太感兴趣，项目团队便可得知该公司可能不会很配合。在这种情况下，该项目需要更多的资源和关注。

项目团队还需要在系统推广过程中对本地的形势保持敏感。例如，如果一个分公司所在的国家经济萧条，那么它的员工对于变革会更加抵制。一些人会将重大的业务和技术转变视为一种进步，而另一些人可能会将转变视为在紧张状态下需要处理的事情。

随着剩余的分公司完成系统实施，沃达丰公司的项目团队运用所学到的技能改进公司更早期的 ERP。例如，测试和员工反馈表明需要将更多的注意力放在可用性上，所以项目团队改善了系统接口使其更加方便可用。

鉴于业务的本质，沃达丰公司的管理者希望 80%的内部交易在移动设备上完成。沃达丰全球财务转型总监尼尔·奥沙利文（Niall O'Sullivan）称，公司管理层相信移动应用程序在驱动合规、提升使用感和减少对实际流程的抵制上有很大优势。公司的目标是在一部手机上实现用户与系统的互动。奥沙利文称，流动性为那些不常使用 SAP 系统的员工提供了方便，因此更多的员工会使用该系统。使用该系统的人越多，投资回报就会越多。目前全球有超过 60 000 名员工使用新系统，到 2012 年年底可以达到 80 000 人。

沃达丰正将一些企业应用软件用于移动设备，到目前为止，已经选择了四个应用软件。第一个是差旅和费用报告应用软件。员工将他们的收据拍照，不需要任何纸质单据就可以获得补贴，他们还可以在手机上提出请假申请。

沃达丰公司的业务流程转型和 ERP 系统提高了业务效率，每年节约成本 7. 19 亿美元。信息技术的总拥有成本也得以降低。在全球范围内，沃达丰拥有一致的工作方式和一个更加统一的组织结构。使各分公司更统一地思考和行动，并且接受一种共享服务模式会带来好处，虽然现在难以量化，但是从长远来看会带来更多的盈利。

资料来源：Derek DuPreez，"Vodafone HANA Project Moves Beyond Trail Despite Skills Challenge," *TechWorld*, March 11, 2013; www.vodafone.com, accessed March 15, 2013; "Using SAP Max Attention to Safeguard the Global Rollout of SAP ERP," www.mysap.com, accessed April 8, 2013; David Hannon, "Vodafone Walks the Talk," *SAP InsiderPROFILES*, October-December 2012; and Michaela Kresak, Lilian Corvington, Frits Wiegel, Guido Wokurka, Stephanie Teufel, and Peter Williamson, "Vodafone Answers Call to Transformation," 360-bt, com, Issue 2 (October 2011).

◆ 案例思考题

1. 识别并描述本案例中所讨论的问题。其中涉及的人员、组织和技术因素是什么？

2. 为什么沃达丰公司在业务转型过程中花费了如此多时间来应对变革？

3. 为什么沃达丰公司的全球业务转型需要ERP系统？

4. 沃达丰公司的项目团队是怎么解决人员、组织和技术问题以确保转型成功的？

5. 沃达丰公司的全球业务转型带来的业务优势是什么？它是怎么改变决策制定和公司运营方式的？

第 10 章

电子商务：数字化市场与数字化商品

E-commerce: Digital Markets, Digital Goods

学习目标

学完本章后，你将能够回答以下问题：

1. 电子商务、数字化市场及数字化商品有哪些特点？
2. 电子商务主要的业务模式和盈利模式有哪些？
3. 电子商务如何改变市场营销？
4. 电子商务如何影响企业间的交易？
5. 移动商务在商业中扮演什么样的角色？最重要的移动商务应用是什么？
6. 创建电子商务网站必须考虑哪些问题？

章首案例

Pinterest：一张图片值多少钱

如果你热衷欣赏图片，将会爱上 Pinterest。Pinterest 是一个成立于 2010 年 3 月的社交媒体网站，它允许用户通过充满活力的图像进行交流。你可以创建图像、视频和其他内容的虚拟剪贴簿，然后将它们“钉”在该网站的一个虚拟钉板上，也可以搜索其他视觉相关的内容。

许多准新娘或女性会想象她们的“完美婚礼”，将婚纱、花束、招待晚宴和婚礼地点的照片传到 Pinterest 上。人们将他们房屋的装饰理念或一个理想的假期的照片传到 Pinterest 上。艺术家用 Pinterest 来收集打动人心的图像用于他们的工作。厨师用 Pinterest 搭配食谱。它的用途是无止境的。

找出你真正喜欢的东西了吗？除了喜欢它、评论它，你还可以将它钉在自己的钉板上或者给出一个指向原始出处的链接。你看到有人分享你的品位和兴趣了吗？你可以关注他们中的一个或更多，并追踪他钉出来的所有内容。你也可以在脸书和推特上分享自己的钉板。

Pinterest 是互联网历史上发展最快的网站。2010 年 Pinterest 拥有 1 万用户，2011 年底增至 1 200万，2013 年 6 月达到 5 000 万，当时每月的访问者为 2 500 万。据估计，70%～80% 的用户为女性。Pinterest 现在是美国第三大社交网络，仅次于脸书和推特，它还是用户黏度最高的网站之一。来自 comScore 的数据显示，用户在 Pinterest 上的每个会话平均花费 80 分钟，约 60% 的用户每周会访问一次或更多。

Pinterest 在建立品牌形象和为公司网站带来流量方面正成为一个重要的商业工具。例如，Lands End 公司在 Pinterest 上有很多展示品牌的页面，其中一个是为 Lands End Canvas 产品展示的目录图片。当你点击一张图片时，这张图片会放大，同时你将有机会链接到网站（canvas. landsend. com/）上购买该产品或者找到类似产品。Whole Foods 不使用 Pinterest 推销产品，而是使用像 Edible Celebrations，How Does Your Garden Grow，Super HOT Kichens 和 Sweet Tooth 等基于主题的板块。这些板块描绘了一种生活方式，你可以通过访问它们的线上商店加以了解。《新娘》杂志（*Brides*）拥有 58 个 Pinterest 板块，主题涵盖发型、服饰、花束和婚宴蛋糕，通过使用 Pinterest 来推送杂志网站上的一些图像，并为网站带来流量。

2013 年对零售网站的推荐有 3%来自 Pinterest，这一比例不如 YouTube，Reddit，Google+和其他社交网站，跟脸书的 26%有很大差距。但是一项市场研究得出，当 Pinterest 的用户跟随图像回到它的来源（一个来自 Pinterest 的推荐）时，他们最终会平均购买价值 180 美元的商品。这既反映出 Pinterest 用户的财富，也反映了她们所买商品的价格高——大部分是时尚女装。相比之下，脸书用户可以产生 80 美元，推特用户为 70 美元。

对于市场营销者和 Pinterest，我们希望它的“推荐能力”（引导用户到达他们购买商品的零售网站的能力）能像它的用户和使用强度的发展那样快速提高。在这一点上，分析人士希望 Pinterest 能开始向使用 Pinterest 营销平台的公司收费，同时向它们收取将用户推荐到它们网站的推荐费。Pinterest 可能会非常流行，但它有望成为一种可行的商业模式吗?

资料来源：Sarah M. Mansouri，“What is Pinterest?” EZineArticles. com，accessed August 7，2013；Daniel Scocco，Daily Blog Tips，accessed Aug. 7，2013；Tara Hunt，“How Pinterest Really Makes Money? Should You Care” Inc. com，accessed September 3，2013；Eric Fulwiler，“As Pinterest Meets With Marketers，Evolving Business Model Gets Clearer，” *Advertising Age*，May 24，2013；SarojKar，“Can Pinterset Build a Business Model to Justify $1 Billion Valuation?” SilliconAngle，May 25，2013；and Kenneth C. Laudon and Carcol GuercioTraver，*E-Commerce* 2013，(2013).

Pinterest 的案例证明了电子商务的两个主要趋势。它是一个社交网站，通过用户共同的爱好和对图像的热爱将人们连接起来，同时它的社交特点被公司用来推广产品和服务。Pinterest 也是使电子商务变得更可视化的一个突出的例子，照片和视频在交流产品和想法方面发挥着非常大的作用，越来越多的搜索是基于图像进行的。它是可视化网络的一个典范。

下图指出了上述案例和本章的要点。Pinterest 首要的商业挑战是如何从网站上存储和展示数以亿计的图像及社交评论中获利。Pinterest 的管理层决定基于用于视觉显示和搜索的社交网络工具和技术开展业务。显然，Pinterest 需要在技术和社交网络工具上投资以支持一个巨大的图像数据库。很多 Pinterest 照片的功能像展示广告一样。Pinterest 刚开始通过推荐其他网站来获利，它也可能向使用其平台的公司收费。Pinterest 有一些竞争对手，但真正的问题是它能否从与其巨大的用户群交互的公司那里获得足够的收入。

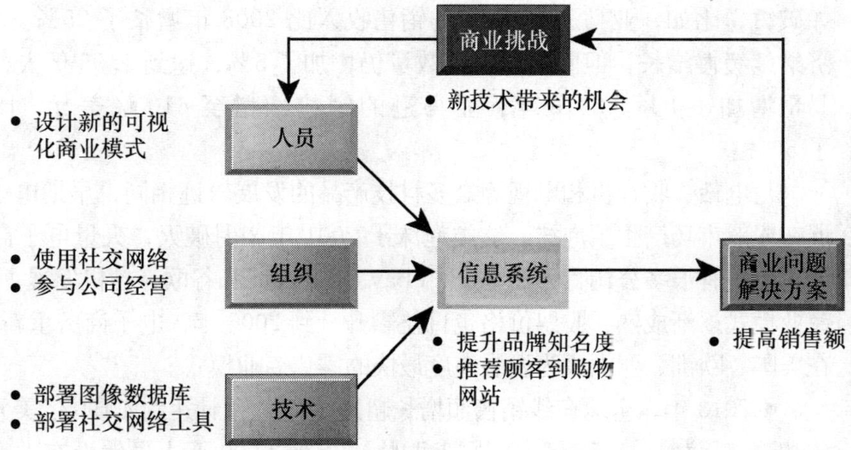

思考以下问题：为什么 Pinterest 的运作成本很高？你认为它的商业模式可行吗？为什么？你认为在 Pinterest 上点击一张图片，然后跳转到一个可以购买该物品的网站上怎么样？

10.1 电子商务与互联网

你在网上购买过音乐或者下载过电影吗？在亚马逊买过图书吗？在 Blue Nile 买过珠宝吗？如果有，那么你已经参与了电子商务。2013 年，1.55 亿美国人与全世界数百万人一样在网上购买东西。尽管大多数购买行为仍然需要通过传统渠道进行，但是电子商务交易持续增长，改变着许多企业的商业模式。2013 年，商品、服务和内容的电子商务消费将达到 4 190 亿美元，电子商务的收入占到零售总额的 9%，并以每年 12%的速度增长（传统零售业每年的增长速度为 3.5%）（eMarketer，2013a）。近几年，电子商务迅速扩张，从台式机和家用电脑到移动设备，从一个孤立的活动到一种新的社交商务，从一家全国性的 1 000 强公司到位置显示在移动设备上的本地商家和消费者。2013 年，这一新型电子商务的关键词是“社交化、移动化和本地化”。

10.1.1 电子商务的今天

电子商务是指利用互联网和万维网进行的商业交易。确切地说，电子商务是指个人间、组织间、个人与组织间进行的数字化商业交易，交易通常在互联网和万维网上进行。商业交易是指在个人或组织范围内利用价值（如货币）交换商品或服务。

电子商务始于 1995 年，当时最早的互联网门户网站之一 Netscape.com 承接了第一笔来自大公司的广告订单。“网络可以成为广告和销售新媒介”这一理念开始普及。然而，没人能够预见，早期仅以两三倍速度增长的电子商务零售业会在后来呈指数级增长。电子商务一直保持着两位数的增长速度，直到 2008—2009 年经济衰退，增长速度才有所放缓。2009 年，电子商务的收入增长基本持平（见图 10-1），但考虑到传统的零售业收入每年下滑 5%的事实，电子商务的表现已经算是不错了。事实上，在经济衰退期间，电子商务是零售业中唯一保持稳定的领域。有些在线零售商的增长势如破竹，比如，亚马逊 2009 年的销售收入比 2008 年增长了 25%。尽管 2013 年经济继续缓慢增长，但网上买家的数量仍增加了 5%，达到 1.55 亿人，而在线零售交易量增加了 8%。2012 年，亚马逊的销售额增至 610 亿美元，比 2011 年增长了 50%！

与电话、收音机和电视等众多科技产品的发展轨迹相同，早期电子商务的过快发展在股票市场产生了泡沫。这类泡沫于 2001 年 3 月破灭，大量电子商务公司因此倒闭。但也有很多公司，如亚马逊、eBay、Expedia 和谷歌等趁机发展，盈利持续增长，商业模式逐渐成熟，股票价格也日益攀升。到 2006 年，电子商务重新恢复发展势头，在美国、欧洲、亚洲成为发展速度最快的零售商业模式。

- 2013 年，全球在线销售额增长超过 12%，预计达到 4 190 亿美元（包括旅行服务和数字下载）。1.55 亿人在网上购物，还有 3 900 万人虽然没有进行网上购物，但在网络上搜索过相关的购物信息（eMarketer，2013a）。

图 10-1　电子商务的发展

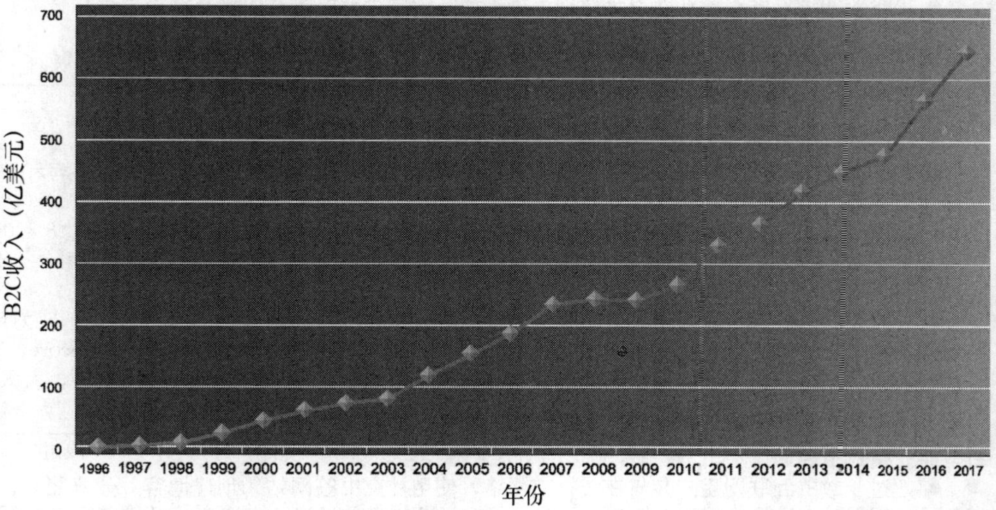

说明：电子商务零售收入每年增长 15%～25%，直到 2008—2009 年经济衰退，增长速度适当放慢。到 2013 年，电子商务收入再次以每年 12%的速度增长。

- 2013 年，美国网民数达到 2.59 亿人，2004 年仅为 1.47 亿人。现在全球有 26 亿人使用互联网服务，网民总量的增长大大刺激了电子商务的发展（Internet World Stats，2013）。
- 2013 年，约有 8 500 万个家庭通过宽带接入互联网，占家庭总数的 70%左右。
- 如今，约有 1.43 亿美国人使用智能手机（如 iPhone、Droid 或黑莓）访问互联网。移动商务在手机应用、铃声、娱乐下载和基于位置的服务的基础上逐步发展起来。移动商务的交易额在 2013 年达到 388 亿美元（大概是 2010 年的两倍）。亚马逊在 2012 年向移动用户销售了 40 亿美元的零售商品。短短几年内，手机成为最常用的互联网接入设备。移动手机用户中有一半的人通过手机连接互联网。
- 美国平均每天有 2.12 亿成年用户上网。约 1.52 亿人发送电子邮件，1.52 亿人使用搜索引擎，1.17 亿人搜索新闻。约 1.24 亿人使用社交网络，6 200 万人访问网上银行，7 300 万人观看在线视频，4 400 万人访问维基百科（Pew Internet & American Life Project，2013）。
- B2B 电子商务（企业之间使用互联网进行企业对企业的商务与合作）的收入超过 4.7 万亿美元。表 10-1 显示了电子商务的新发展。

表 10-1　电子商务的新发展

商业革命

- 与实体零售、服务和娱乐相比，电子商务仍然是增长最快的商业模式。
- 社交、移动和本地商务已成为发展最快的电子商务形式。
- 电子商务的第一波浪潮改变了书籍、音乐和空中旅行的商业模式。在第二次浪潮中，以下九个领域正面临类似的新转变：广告、通信、电影、电视、珠宝和奢侈品、房地产、在线旅游、账单支付和软件。
- 电子商务涉及的广度不断扩大，尤其表现在社交服务、旅游、信息交换、娱乐、服装零售、家电和家居用品等方面。
- 在线购物人数已与传统购物人数持平。

● 纯电子商务商业模式日臻完善，以实现更高盈利。传统零售品牌，如西尔斯、JC 彭尼、L. L. Bean 和沃尔玛，已借助电子商务巩固其在零售业的领导地位。

● 小企业和创业者不断涌入电子商务市场，通常依赖行业巨头（如亚马逊、苹果和谷歌）的核心应用技术，并越来越多地利用基于云计算的资源。

● 基于位置的服务和电子书、电影、电视节目下载等移动电子商务，在美国开始发展。

技术基础

● 无线互联网连接（Wi-Fi、WiMax 技术和 3G/4G 智能移动电话）发展迅速。

● 功能强大的手持式移动设备支持音乐下载、网上冲浪、娱乐以及语音交流等。播客和流媒体成为一种发布视频、广播和用户创建内容的媒介。

● 随着传输成本下降，网络宽带在家庭和企业中的普及率越来越高。2012 年有超过 8 200 万个家庭通过宽带电缆或数字用户线路（DSL）来访问互联网——约占美国所有家庭的 69%（eMarketer，2013a）。

● 社交网络软件和网站，如脸书、MySpace、推特、领英和成千上万的其他网站，成为电子商务、市场营销和广告的新平台。脸书在全球拥有 10 亿用户，在美国拥有 1.42 亿用户（comScore，2013）。

● 基于互联网的新型计算模式，例如云计算、软件即服务（SaaS）和 Web 2.0 软件，大大降低了电子商务网站的建设成本。

新型商业模式出现

● 超过半数的互联网用户参与在线社交网络，使用社交书签网站、创建博客、分享照片，这些功能带来了与电视观众数量相等的在线用户，吸引了市场营销者的目光。2013 年，用户使用社交网络的时间占到整个上网时间的 25%。

● 传统营销商业模式土崩瓦解，因为在线广告业务是电视、报纸等线下广告业务的两倍；谷歌、雅虎和脸书每年做近 1 万亿美元的广告。

● 报纸以及其他传统媒介也已使用在线互动模式，虽然赢得了一定数量的在线读者，但仍然失去了很多广告收入。

● 提供电视、电影、音乐、体育节目和电子书的在线娱乐商业模式发展迅速，好莱坞和纽约的各大版权拥有者与谷歌、YouTube、脸书和微软等互联网分销商开展合作。

10.1.2 新型电子商务：社交化、移动化和本地化

电子商务最大的变化之一是更加社交化、移动化和本地化。网络营销主要包括：创建一个企业网站，在雅虎上购买展示广告，在谷歌上购买广告字段，发送电子邮件。网络营销的主力曾经是展示广告，现在依然是。互联网最初的展示广告是以电视广告为基础，将品牌信息闪现给数以百万的用户，但并不期待他们能立刻做出反应、提出问题或进行观察。如果广告没有发挥作用，解决方案通常是重复这则广告。衡量成功的主要指标是一个网站可以吸引多少“眼球”（访问者）和一个营销方案可以产生多少“印象”（一个印象是指将一则广告展示给一个人）。这些指标从电视时代延续下来，营销中究竟使用哪一种，取决于客户规模和广告本身。

■ **从眼球到交流**

2007 年以来，随着脸书和其他社交网站快速发展，由苹果 iPhone 开始智能手机爆炸式增长，以及对本地市场的兴趣日益增长，所有的事物都发生了改变。新型的社交化—移动化—本地化电子商务的不同之处在于“交流”和“参与”。这个新阶段的营销基于公司与其客户、潜在客户甚至批评者的多元在线交流。你的品牌在网络和社交媒体上被讨论（这也是交流的一部分），营销你的公司、建立和恢复你的品牌，需要你定位、确认并且参与到这些交流中。社会化营销意味着所有事情都是社交化的，比如聆听、讨论、互动、强调和参与。网络营销的重点已经从对眼球的关注转向对参与以客户为导向的交流的关注。从这个意义上讲，社会化营销不仅仅是一种“新的广告渠道”，更是一种用于与购买者沟通的技术工具的集合。

过去，公司可以严格控制它们的品牌信息，造成消费者在购买后由于一些细节而感到失望。这在社会化营销中是不存在的。消费者的购买决定会受到他们在社交网络中的对话、选择、体验和想法的影响。社会化营销就是所有关于公司参与并且塑造这一社交过程的行为。

■ **从台式机到智能手机**

2012 年，移动营销和广告的发展已经超过在网页上使用传统网页浏览器的社会化营销，到 2013 年，移动端的交易额已经是后者的两倍。2015 年，移动营销年收入将达到 160 亿美元，而社会化营销仅为 60 亿美元。社会化营销每年大概可以增长 30%，而移动营销可以达到 50%。本地营销在 2013 年达到 22 亿美元，一年几乎增长了 100%。

传统网络营销（浏览器、搜索和展示广告、电子邮件和游戏）依然占据整个网络营销（410 亿美元）的大部分（68%），但它的增长速度远低于社交化—移动化—本地化营销。营销资金跟随客户和买家从 PC 端转向了移动设备。

社交化、移动化和本地化电子商务被连在一起。随着移动设备变得越来越强大，它们在访问脸书和其他社交网站时更有用。随着移动设备被广泛采用，客户可以使用它们来发现本地商家，而商家也可以使用它们来向周围的客户提供特别优惠。

10.1.3　电子商务的独特性

电子商务为什么发展如此迅速？答案在于互联网和万维网的独特性。简言之，互联网和电子商务技术比之前的科技革命（如无线电、电视和电话）的力量要强大得多。表 10-2 描述了互联网和万维网作为商业媒介的独特性。下面我们详细探讨每个具体特点。

表 10-2　电子商务技术的八个特点

特点	商业意义
无所不在：互联网技术触手可及——遍及工作场所、家庭以及任何可以使用移动设备的地点。	市场空间被扩展到传统市场界线之外，并摆脱了时空的限制。“市场空间”被创造出来。购物行为可以在任何地点发生，大大提高了消费者购物的便利性，并降低了购物成本。
全球范围：电子商务技术跨越国界，抵达全球每个角落。	商业交易跨越文化和国界。市场空间囊括了全球数十亿消费者和数百万企业。
全球统一标准：全球有一套通用技术标准，称为互联网标准。	通用的技术标准使全球不同的计算机系统可以轻松地交流沟通。
丰富程度：视频、音频以及文本信息触手可及。	视频、音频以及文本信息被融合成一条单一的营销信息和客户经验。
交互性：电子商务技术通过用户的交流起作用。	消费者参与到为适应个人需求而进行动态调整的对话中，成为将商品交付到市场上的共同参与人。
信息密度：降低了信息成本，提高了信息质量。	信息加工、存储和交流的成本大幅下降，而适用性、准确性和及时性得到了极大的提高。信息变得丰富、便宜且更准确。
个性化/定制化：电子商务技术将个性化的信息传递给个人和群体。	市场信息的个性化及产品和服务的定制化是以个人特点为基础的。
社交技术：用户创建内容和社交网站。	新型社交网络和商业模式让用户可以自己创建、发布内容并支持社交。

■ **无所不在**

传统商业中，市场是指一处物理场所，如零售商店等，你可以前往购物。而电子商务却无所不在。这意味着商业交易可以在任何时间、任何地点发生，因此无论你是在桌前、家中、工作单位甚至在车内，都可以实现移动商务。由此产生了**市场空间**（market space）——跨越传统界限、不受时空限制的市场。

从消费者的角度看，电子商务的无所不在降低了**交易成本**（transaction costs），即参与市场活动的成本。现在要想进行商业交易，你无须花费大量时间和金钱亲自跑到市场，购买行为也不再那么费神费力。

■ **全球范围**

电子商务技术使商业交易跨越了文化与国家的界限，较之传统商业更加便捷有效。因此，电子商务经营者的潜在市场规模大致等同于全球在线网民人数（据估计超过 20 亿人）。

与之相反，大多数传统商务都有地域限制，涉及本地或本国的商业圈。例如，电视台、无线电台和报纸主要是地方性机构，受地域限制，尽管强大的覆盖全国的网络能吸引全国用户，但无法轻易跨越国家界限触及全球用户。

■ **全球统一标准**

电子商务技术的一个独特之处在于：互联网以及电子商务活动的技术标准是全球统一的。不管每台计算机的平台是什么，统一标准使得每台计算机都可以与另一台计算机连接。与之相反，国与国之间的传统商业技术是各不相同的。例如，全球的电视和广播标准各不相同，移动电话技术也是如此。

全球统一的互联网和电子商务技术标准大大地降低了**市场准入成本**（market entry costs），即商家将商品投入市场所需支付的成本。同时对消费者来说，全球统一标准也降低了**搜索成本**（search costs），即寻找满意商品所需花费的成本。

■ **丰富程度**

信息的**丰富程度**（richness）是指信息内容的复杂程度。传统市场上，遍布全球的销售人员以及小型零售商店都拥有丰富的信息，在进行销售时可通过听觉和视觉暗示提供个性化、面对面的服务。传统市场的信息丰富程度使其拥有强大的销售能力，成为一种理想的商业环境。在万维网发展之前，丰富程度和受众的规模呈负相关关系——受众的规模越大，信息越不丰富。网络使得同时向大量用户发布文字、音频和视频等丰富信息成为可能。

■ **交互性**

与 20 世纪任何商业技术不同（电话技术除外），电子商务技术具有交互性，这意味着在商家和消费者之间可以进行双向交流。在电视节目播放过程中，电视台无法向观众提问或者与他们对话，也不能要求客户将信息输入表格。然而以上这些活动都可以在电子商务网站上进行。交互性使得在线商家能够与消费者进行类似面对面的交流，同时规模更大、受众面更广。

■ **信息密度**

互联网和万维网极大地增加了**信息密度**（information density）——所有市场参与者（如商家、消费者等）所获取信息的总量和质量。电子商务技术降低了信息收集、存储、加工和传递的成本，同时也提高了信息的通用性、精确性和及时性。

电子商务市场的信息密度让价格和成本更加透明化。**价格透明**（price transparency）是指消费者可轻松发现市场上不同的价格；**成本透明**（cost transparency）是指消费者能发现商家为商品支付的实际成本。

信息密度的提高对商家也有益处。与以往相比，在线商家可以获取更多的消费者信息。因此，商家能够根据消费者愿意支付的价格高低来确定细分市场，实施**价格歧视**（price discrimination）策略，即就相同或类似的产品对不同消费群体制定不同的价格。例如在线商家发现某位消费者钟情于价格昂贵的国外旅行，愿意为旅行支付更多的费用，就会向其推销高价或高端的旅行计划。同时，在线商家可以将同样的旅行计划以相对低廉的价格推销给另一个对价格更为敏感的消费者。信息密度能够帮助商家以成本、品牌和质量为标准细分产品。

■ **个性化/定制化**

电子商务提供**个性化**（personalization）服务：商家可以根据消费者的姓名、兴趣和购买历史对特定消费者进行有针对性的营销。电子商务技术还提供**定制化**（customization）服务——根据用户的喜好或购买行为习惯改变所提供的商品或服务。电子商务技术的交互性使消费者在市场上产生消费行为的同时透露更多的个人信息。随着信息密度的增大，关于消费者购买历史和购买行为的大量信息被在线商家存储并使用。

由此产生的结果是：与传统商务相比，电子商务具有前所未有的个性化与定制化水平。例如，你可以通过切换频道来选择想看的节目，但你没法改变具体频道的放送内容。相反，在线《华尔街日报》能让你选择想首先阅读的某类新闻故事，并且在某些特定类型事件发生时自动通知你。

■ **社交技术：用户创建内容与社交网络**

与之前的技术相比，互联网与电子商务技术日益社交化，允许用户创建文本、音频、音乐或照片等形式的内容，并与其个人好友（和更大的全球性社区）分享。通过这些交流形式，用户可以在加强原有社交网络的同时建立起新的社交网络。

所有的现代的大众媒体（包括印刷出版业）都在使用同一种“广播”模式（一对多）。在这种模式中，行业专家（职业作家、编辑、导演和生产商）创建处于中心位置的内容，吸引大批用户消费同一标准的产品。互联网和电子商务允许用户自己创建和发布内容，自行决定要观看的内容。因此互联网提供了一种多对多的大众沟通模式。

10.1.4 电子商务中的重要概念：全球市场中的数字化市场和数字化商品

企业的选址、时间安排和收入模式在一定程度上取决于信息的成本和传播方式。互联网创造了数字化市场，全世界成千上万的人可以直接、迅速、免费地交换大量信息。因此，互联网改变了企业的运营模式，扩展了产品的全球覆盖范围。

互联网的使用减少了**信息不对称**（information asymmetry）。当交易双方中一方比另一方拥有更多重要的交易信息时，就产生了信息不对称。这些信息有助于提高他们的议价能力。在数字化市场中，消费者和供应商可以“看见”商品的价格，从这个意义上讲，数字化市场比传统市场更加“透明”。

例如，在汽车零售网站出现之前，汽车经销商和顾客之间存在明显的信息不对称。只有经销商了解制造商的价格，消费者很难以最优惠的价格购买到汽车。汽车经销商的利润幅度就依赖于信息不对称的程度。而今天的消费者可以通过网站获取大量有关汽车的竞争性价格信息，美国 3/4 的汽车购买者通过网站的信息以最优惠的价格买到了汽车。因此，网络减少了汽车购买中的信息不对称。互联网也帮助企业在采购产品时减少了信息不对称，以优惠的价格和条件达成交易。

数字化市场非常灵活有效，因为它降低了市场搜寻成本、交易成本、**菜单成本**（menu costs，即商家变动价格的成本），减少了价格歧视，增强了根据市场行情变化动态定价的能力。在**动态定价**（dynamic pricing）中，产品的价格取决于消费者的需求特征和买方的供给情况。例如，亚马逊和沃尔玛的在线零售商会基于每天的时间、产品的需求和顾客对位置的偏好来调整价格。利用大数据分析，一些在线公司可以根据行为定向参数在个人层面上调整价格，行为定向参数很多，比如这个消费者是一个讨价还价者（愿意接受更低价格），还是一个接受现有价格而不寻求更低价的人。价格也可以基于邮政编码的不同而有差异，比如为一个社区中较贫穷者制定不太高的价格。

依据所售产品或服务性质的不同，数字化市场可能会减少或增加转换成本，并且在某种程度上造成顾客满足感的延迟。与实体市场不同，顾客不能立即消费在网上购买的商品，比如衣服（尽管对数字化音乐和某些数字化商品而言即时消费是可能的）。

数字化市场提供了更多机会将商品直接销售给消费者，越过了分销商、零售店等中介机构。在分销渠道里消除中介机构，极大地降低了交易成本。而传统分销渠道常常要为这些环节支付很大一笔费用，比如，一件产品的售价最终可能高达其制造成本的 135%。

图 10-2 描述了通过减少分销过程中中介机构的参与而节约的成本。通过直接向消费者销售或者减少中介机构的数量，企业可以以更低的价格获得更高的利润。在一个价值链中，去除负责中间环节的组织或业务流程层叫做**消除中介**（disintermediation）。

图 10-2 消除中介给顾客带来的好处

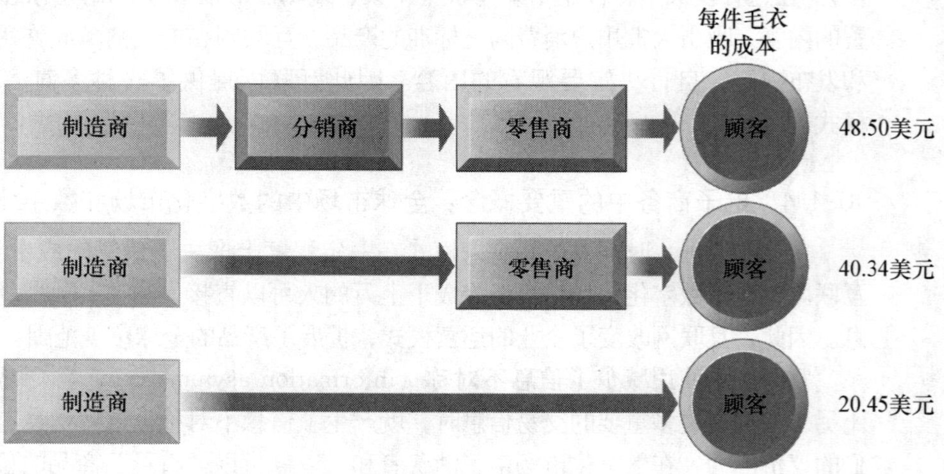

说明：传统分销渠道有几层中介机构，每一层都增加了产品（如毛衣）的最终成本。消除中间层可以降低产品的最终成本。

消除中介也正在影响服务市场。取消旅行社中介，航空公司和酒店自己经营在线预订网站，可以从每张票中获取更多利润。表 10-3 总结了数字化市场和传统市场的区别。

表 10-3 数字化市场与传统市场的区别

项目	数字化市场	传统市场
信息不对称	程度低	程度高
搜索成本	低	高
交易成本低（有时实质上为零）	高（时间、运输）	
延迟满意感	高（数字化商品较低）	低，立即购买
菜单成本	低	高
动态定价	低成本，即刻	高成本，延迟
价格歧视	低成本，即刻	高成本，延迟
市场细分	低成本，精确度较高	高成本，精确度较低
转换成本	更高/更低（取决于产品的特点）	高
网络效应	强	较弱
消除中介	可能性大	可能性小

■ 数字化商品

数字化网络市场极大地增加了数字化商品的销量。**数字化商品**（digital goods）是指可以通过数字化网络传送的商品。音乐、视频、好莱坞电影、软件、报纸、杂志、书籍都可以以数字化商品的形式呈现、存储、传送和销售。大多数情况下，数字化商品拥有“知识产权”，被定义为“头脑作品”。知识产权通过版权法、专利法和商业秘密法等得到保护（见第 4 章）。今天，所有这些产品可以作为数字流进行传输和下载，而它们的实物形式的销量在下降。

对于数字化商品来说，多生产一单位的边际成本通常为零（复制一份音乐文档无须任何花费）。然而，生产第一单位产品的成本较高——事实上接近产品的总成本，因为库存和分销几乎没有成本。在互联网上交货的费用非常低，营销成本不变，但定价可能会差别很大。（在网上，经销商可能会根据需求经常调整价格，因为菜单成本很低。）

互联网数字化商品对市场产生的影响是革命性的，我们每天都可以体会到这种影响。依赖于实体商品销售的商家，如书店、图书出版商、音乐唱片公司和电影工作室，面临着商品销量下降甚至企业倒闭的危险。由于网络的出现，报纸和杂志失去了很多读者。

整个唱片业的收入已经从 1999 年的 140 亿美元下降到 2012 年的 71 亿美元，下降了 50%，这几乎要完全归结于 CD 唱片销量的下滑和数字音乐服务的发展（包括合法的复制和非法的盗版）。但从积极的方面看，苹果公司的 iTunes Store 自 2003 年开张以来，已以每首 99 美分的价格卖出 250 亿首歌，为该行业提供了一种数字化分销模式，以数字音乐渠道获得一些收入。因为 iTunes 的存在，非法下载减少了一半，2013 年合法的在线音乐销售达到约 40 亿美元。随着云端流媒体服务的快速发展，非法下载在未来将进一步减少。从这个意义上讲，苹果和其他一些互联网公司拯救了濒临灭绝的唱片业。2012 年，数字音乐销售在整个音乐收入中的占比第一次超过 50%，而唱片只贡献了 32%。在这一年，音乐唱片收入自 2003 年以来第一次小幅上涨，全球收入达到 270 亿美元。

好莱坞并没有像唱片业一样被数字发行平台击垮，部分原因是很难找到可下载的高质量、完整的盗版电影。为了避免音乐产业的遭遇，好莱坞与 Netflix、谷歌、亚马逊和苹果签订了协议，使它们的用户可更容易地下载付费的高质量电影。然而，尽管像 Netflix 这样的在线经销商不得不为高质量的好莱坞内容付费，但这些措施并不足以完全弥补 DVD 销售方面的损失——2006—2012 年下降了 50%。2013 年，消费者在网络电影下载、租赁和流量上的花费第一次高于 DVD 或相关实物产品。与电视相比，对好莱坞电影的需求似乎在增加，部分原因是智能手机和平板电脑的发展使人们在更多的地点看电影变得容易。此外，VEVO 网站正吸引数百万年轻观众在智能手机和平板电脑上观看音乐视频，这是令人惊讶的复兴。在线电影在 2010 年随着宽带服务在全美范围的普及开始井喷式地发展。2011 年一年，电影观众人数增长了一倍。2013 年，有约 7 300 万互联网用户希望观看电影，占到成年互联网用户的 1/3。电影在线观看的发展速度比所有其他视频（包括电视节目）观看的增长都快。虽然这种快速的发展不会永远持续下去，但毋庸置疑，互联网正成为电影的一个分销渠道，它将与有线电视抗衡，也许某一天完全取代有线电视。表 10－4 描述了数字化商品的特点及其与传统实体商品的区别。

表 10－4 互联网如何改变数字化商品市场

	数字化商品	传统商品
单位边际成本	零	大于零，高
生产成本	高（成本中的大部分）	可变
复制成本	接近零	大于零，高
分销交付成本	低	高
库存成本	低	高
市场营销成本	可变	可变
定价	更加多变（打包、随机定价）	基于单位成本，固定

10.2 电子商务：业务与技术

电子商务在较短的时间内快速发展：从 1995 年发布在 Web 门户网站上的几则广告开始，到 2013 年电子商务的销售额占到全美零售总额的 9%以上（预计 419 亿美元），这一比例已经超过了邮递订购业务。电子商务是商业模式和信息技术相结合的产物，极具吸引力。让我们从最基本的电子商务类型着手，然后分析电子商务业务和盈利模式。我们也会介绍一些新技术，这些新技术帮助企业在美国本土获得超过 1.89 亿在线消费者，在全球范围内获得约 26 亿消费者。

10.2.1 电子商务的类型

电子商务的分类方法有很多种。一种是按照电子商务参与者的性质分类，主要分为以下三类：企业对消费者的电子商务、企业对企业的电子商务和消费者对消费者的电子商务。

- 企业对消费者的电子商务（B2C）：指企业向个人消费者销售商品和服务。BarnesandNoble.com 就是 B2C 电子商务的一个例子，它通过互联网向个人消费者销售书籍、软件和音乐。
- 企业对企业的电子商务（B2B）：指企业间进行产品和服务的销售。全球化工交易中心（www.chemconnect.com）是 B2B 电子商务的范例，实现化学药品和塑胶的在线采购与销售。

- 消费者对消费者的电子商务（C2C）：指消费者之间直接进行交易。例如大型网络拍卖网站 eBay，在该平台上，人们可以将商品拍卖给出价最高者，或以固定价格销售给其他消费者。Craigslist 是当前使用最普遍的消费者直接购买或销售产品的平台。

电子商务的另一种分类方法是根据交易所依赖的平台进行划分。过去，大部分电子商务业务都在有线接入互联网的个人电脑上实现。但现在，已经出现了两种无线移动交易方式：智能手机和基于蜂窝网络的专用电子阅读器（如 Kindle）。智能手机和小型平板电脑均使用 Wi-Fi 无线网络。使用便携式无线设备在任何地方购买产品和服务的活动称为**移动商务**（mobile commerce/m-commerce）。10.3 节将详细讨论如何应用移动商务技术开展企业对企业和企业对消费者的电子商务。

10.2.2　电子商务的商业模式

前文讨论了信息经济的发展变化，这些变化催生了很多新型商业模式，很多陈旧的商业模式也随之被打破。表 10－5 描述了几种重要的新型互联网商业模式。所有模式都以这样或那样的方式通过互联网实现现有产品和服务的价值增值，或者为新产品和服务的推出奠定基础。

表 10－5　互联网商业模式

类型	说明	举例
网络零售商	将实物产品直接销售给消费者或企业。	Amazon RedEnvelope.com
交易代理	将在线交易程序化，为顾客节省时间和金钱，并在交易发生时自动生成费用。	ETrade.com Expedia
市场创造者	为买卖双方提供一个数字化环境，使其能碰面，查找和展示产品，并为这些产品定价；为消费者和 B2B 提供服务，并收取交易费用作为收入。	eBay Priceline.com Exostar Elemica
内容提供商	通过在网上提供数字内容（如数字新闻、音乐、照片、视频等）来创造收入，用户可能要付费来获得这些内容；或者通过销售广告空间获取收入。	WSJ.com GettyImages.com iTunes.com Games.com
社区提供商	提供在线聚会场所，兴趣相投的人可以互相沟通，找寻有用信息。	Facebook Google+ iVillage，Twitter
门户网站	提供万维网的最初入口，以及专门化的内容和服务。	Yahoo Bing Google
服务提供商	提供 Web 2.0 技术应用服务（如照片分享、视频分享以及用户生成内容）和其他服务（如在线数据存储和备份）。	Google Apps Photobucket.com Dropbox

■ 门户网站

门户网站（比如谷歌、必应、雅虎、MSN、美国在线等）不仅在单个站点提供强大的网络搜索工具，还提供各种资源和服务的集成包，包括新闻、电子邮件、即时通信、电子地图、日历、购物、音乐下载、视频等。早期的门户网站主要是互联网的“门户”。而如今，门户网站的商业模式是为用户提供目标站点，这类目标站点可以继续为用户提供 Web 搜索，也可以直接给用户提供各种新闻、娱乐游戏、社交以及各类广告。门户网站主要是通过吸引大批用户，从而收取广告费、推荐费（引导顾客去其他站点）和额外的服务费实现盈利。2013 年，门户网站（不包括谷歌和必应）共创造 175 亿美元的收入。虽然存在数百个门户/搜索引擎网站，但是排名前四的网站（雅虎、脸书、MSN、美国在线）凭借较高的品牌认知度，汇聚了超过 95%的互联网流量（eMarketer，2013e）。

■ **网络零售商**

网络零售商店通常称为**网络零售商**（e-tailer），规模各异，大到零售巨头亚马逊（2011 年收入超过 600 亿美元），小到拥有自己网站的当地小商店。网络零售商与实体店面相似，不同之处在于消费者仅需登录网络零售商的网站，便可查询库存并下订单。2013 年，在线零售总收入为 2 580 亿美元。网络零售商的价值定位是向消费者提供便利、低廉、全天候的不间断购物体验，同时扩充商品种类，以供消费者选择。有些网络零售商，如 Walmart. com 或 Staples. com，还在实体店铺出售同样的商品，被称作“水泥加鼠标”模式。而有些网络零售商纯粹基于互联网运作，没有实体店。亚马逊、蓝色尼罗河（BlueNile. com）和药店小铺（Drugstore. com）都是这类网络零售商的典型。此外还存在许多其他类型的网络零售模式，比如在线邮购、网上商城和工厂在线直销等。

■ **内容提供商**

当电子商务逐步成为产品零售渠道时，也逐渐转向全球内容渠道。“内容”的广义概念包含任何形式的知识产权。知识产权是指可存储在有形媒介（如文字、CD、DVD）及数字或其他媒介（包括网络）上的所有形式的人类表达。内容提供商在网络上发布信息内容，如数字化视频、音乐、照片、文字和作品。内容提供商的价值定位是让消费者能够便捷地找到大量在线内容，并能够低价购买这些可在多种计算机设备和智能手机上播放或阅读的内容。

内容提供商并不一定是内容的创造者（尽管有时它们确实是，比如 Disney. com），它们更多的是基于网络发布他人创作的内容。例如，苹果公司的 iTunes Store 销售音乐带，但它本身并不创作或委托制作新音乐。

iTunes Store 和苹果的各种互联网连接设备（如 iPhone，iPod 和 iPad）风靡全球，促使数字内容的交付模式从播客向移动流媒体转变。**播客**（podcasting）是一种通过网络发布音频的方式，允许订购用户将音频文件下载到个人计算机或便携式音乐播放器上。**流媒体**（streaming）是一种将音频文件以稳定连续的流传送给用户的方式，这种方式不要求用户将音频下载到当地设备上。

尽管各方估计的数字不一，但是 2012 年总的下载、流媒体和订阅的收入为 190 亿美元。这种商业模式是电子商务应用中增长最快的，年增长率估计达到 20%。

■ **交易代理**

交易代理是通过电话或电子邮件帮助消费者处理交易的网站。该模式在金融服务和旅游服务行业的应用最广泛。在线交易代理的价值定位主要是为消费者节省时间和金钱，将金融产品、旅游线路集中到一份详细的目录上。在线股票代理和旅游预订服务也收取一定费用，但大大低于传统形式的服务费。Fidelity Financial Services 和 Expedia 是采用交易代理模式的最大的在线金融服务公司和旅游服务公司。

■ **市场创造者**

市场创造者（market creators）为买卖双方提供数字化环境，使其能碰面，查找和展示产品，并为这些产品定价。其价值定位是为买卖双方提供一个平台，出售者能在该平台上展示商品，消费者则可通过该平台直接从出售者处购买产品。像 eBay 和 Priceline 等在线拍卖市场就是市场创造者商业模式的例子。另一个例子是亚马逊的 Merchants 平台（与 eBay 的运作方式类似），商家可以在亚马逊的网站上开设店铺，以固定价格销售商品。这有点类似于以前的露天集市，这类集市的创造者利用公共设施（如城市广场）让商家和消费者见面。像 Kickstarter. com 和 Mosaic Inc. 这样的众包融资市场将一些私募股权投资者和企业家聚集在一起（Cardwell，2013）。这些都是 B2B 金融市场的例子。

■ **服务提供商**

网络零售商在线出售产品，服务提供商则在线提供服务。在线服务风靡已久。Web 2.0 应用、在线照片分享以及在线网站数据备份和存储等均采用服务提供商的商业模式。软件已经不再是一个实体产品，不再像放在盒子里的 CD，而是日益向软件即服务（SaaS）的模式发展，用户只需在线订购，而不用去实体店购买（参见第 5 章）。谷歌率先引领开发在线软件服务应用，如 Google Apps，Google Site，Gmail 和在线数据存储服务。Saleforce. com 是一家致力于客户管理的基于云计算的软件提供商。

■ **社区提供商**

社区提供商（community provider）是为兴趣相投的人进行交流、交易（买卖商品）、共享照片和视频、获取感兴趣的信息提供数字网络环境的网站，甚至可以采用在线人物（如阿凡达）的身份打造出自己理想的虚拟人物。社交网站（如脸书、Google+、汤博乐、领英和推特）、虚拟社区（如 iVillage）和数百个规模较小的利基网站（如 Doostang 和 Sportsvite）均为用户建设社区提供工具和服务。社交网站已经成为最近几年发展最快的网站，其用户往往在一年内增加一倍。然而，社交网站还在努力实现盈利。

10.2.3　电子商务的盈利模式

盈利模式（revenue model）是指企业如何获得收入、创造利润、产生更高投资回报的方式。尽管已形成多种电子商务盈利模式，但是大多数公司主要依赖于以下六种盈利模式：广告盈利模式、销售盈利模式、订阅盈利模式、免费/免费增值盈利模式、交易费盈利模式和合作盈利模式。

■ **广告盈利模式**

在**广告盈利模式**（advertising revenue model）下，网站吸引大量的访问者关注其广告来获取收入。广告模式在电子商务中应用最为广泛。如果没有广告收入，那么现在的网络将截然不同。网站的所有内容——从新闻、视频到评论——对访问者都是

“免费”的，这是因为广告客户支付了这些内容的创造和发布费用，以获得向来访者展示广告的机会。2013 年企业的在线广告投入达 420 亿美元（包括网站付费信息、搜索排行、视频、窗口工具、游戏和其他在线形式如即时通信）。其中有大约 80 亿美元用在移动广告上，它是广告平台中发展最快的部分。过去五年里，广告商增加了在线广告的投入，削减了在广播、报纸等传统广告媒介上的支出。2013 年，在线广告增长 14%，占到全美所有广告的 25%。同时，电视广告也随着在线广告的发展而发展，2013 年的广告收入达到 660 亿美元，并继续保持最大的广告平台的地位（eMarketer, 2013e）。

具有较高关注度的网站，拥有高度专业化、差异化访问群体的网站，具有较高客户黏性，能够留住客户，从而能够向广告商收取更高的广告费。例如，雅虎几乎所有的收入都来自广告，包括大量在线广告（网页横幅广告）和少量搜索引擎文字广告。谷歌 98%的收入来自向广告商出售关键字，其形式就像拍卖市场（基于 AdSense 程序）。2013 年，脸书将用它所有网站的 1/3 展示广告。脸书的用户每周浏览该网站的平均时间超过 6 小时，远远超过其他门户网站。

- **销售盈利模式**

在**销售盈利模式**（sales revenue model）下，公司通过向顾客出售商品、信息或服务获取收入。亚马逊、LLBean. com 以及 Gap. com 等企业都采用销售盈利模式。内容提供商获取收入的方式是对整个音乐曲目（比如来自 iTunes Store 的音乐）或书籍的文件下载进行收费，或者是对音乐或视频流（比如 Hulu. com 的电视节目，参见第 3 章）的下载进行收费。苹果公司率先推出微支付功能，被大众广泛接受。**微支付系统**（micropayment system）为内容提供商处理大量小额交易（每笔交易大约 0.25～0.5 美元）提供一种具有高性价比的方式。网络上最大的微支付系统是苹果公司的 iTunes Store，它拥有超过 4 亿客户，他们经常购买价格为 99 美分的音乐曲目。MyMISlab 网站正在不断探索微支付和其他电子商务支付系统。

- **订阅盈利模式**

在**订阅盈利模式**（subscription revenue model）下，公司向用户提供某些或所有持续更新的内容和服务，并收取订阅费。内容供应商常采用该盈利模式。例如，网络版《消费者报告》仅向付费用户开放评级详情、评论和推荐等优质内容。用户可选择两种订阅模式：6.95 美元/月和 30 美元/年。Netflix 是最成功的订阅站点之一，到 2013 年 9 月，该网站已经拥有 3 000 万用户。最大的在线报纸《华尔街日报》的订阅数量超过 120 万人次。订阅模式要想取得成功，内容必须具有高增值性和差异度，且不能随处可见和轻易复制。成功地应用在线订阅模式的内容和服务提供商包括 Match. com、eHarmony（约会服务）、Ancestry. com、Genealogy. com（家谱研究）、微软的 Xboxlive. com（视频游戏）和 Rhapsody. com（音乐）。

- **免费/免费增值盈利模式**

在**免费/免费增值盈利模式**（free/freemium revenue model）下，公司免费提供基础服务和内容，但对高级或特殊功能收取额外费用。例如，谷歌免费提供各类应用程序，但对增值服务收费。付费广播服务商 Pandora 在有限的播放时间内提供免费服务，但在其他播放时间收费（见“互动讨论：组织”专栏）。照片分享服务提供商 Flickr 免费提供与好友和家人分享照片的基础功能，此外也出售价值 24.95 美元的增值服务包，包括无限容量、高清晰视频存储和回放服务，且屏蔽所有广告。该模式的理念是通过免费服务吸引大量用户，然后将这些用户中的一部分转变为增值业务的订购者。因此该模式的难点在于如何让享受免费服务的用户成为付费用户。“免费”是一种严重亏本的模式。迄今为止，没有一个免费增值的音乐流媒体网站获得利润。

互动讨论：组织

Pandora 的免费增值模式会成功吗

Pandora 是互联网上最成功的音乐订阅服务商。2013 年，Pandora 拥有 7 100 万用户。它每周新增 100 万订阅者，也就是每一秒就有一名新的订阅者。所有网络音乐收听时间的 70%来自 Pandora。音乐通过一个云端服务器传送给用户，无须存储在用户的设备上。

很容易看出为什么 Pandora 如此受欢迎。用户可以只听他们喜欢的音乐。每个用户根据自己最爱的音乐家或歌手选择一个流派，然后计算机算法会将一个播放所选艺术家歌曲的“个人音乐站”和其他歌手曲风相近的歌曲放在一起。用户不需要控制他们听到的音乐，也不能再次选择。该算法使用 400 多个因素来区分歌曲。喜欢泰勒·斯威夫特（Taylor Swift）吗？你可以在 Pandora 上创建一个她的音乐站，整天听她的歌曲，以及与她曲风相近的歌手或乐队，例如凯莉·安德伍德（Carrie Underwood）、流氓弗拉德乐队（Rascal Flatts）和安娜·娜丽克（Anna Nalick）的歌曲。

人们喜爱 Pandora，但问题是这种喜爱能否转化为利润。Pandora 如何才能与其他提供免费音乐甚至还没有广告的网络音乐订阅服务商以及网络电台竞争呢？特别是就“免费”下载版权音乐而言，即便是 iTunes，在去广告的模式下每首歌也会收费 99 美分，而且 iTunes 在 Pandora 刚成立时（2005 年）就已经取得了巨大成功。

Pandora 的第一个商业模式是赠送 10 小时的免费音乐时间，一旦你用完这 10 小时，每年需要按月支付 36 美元。结果有 10 万名用户在使用完 10 小时的免费时间后，拒绝为这种年度服务付费。

2005 年 11 月，面临财政崩溃的 Pandora 决定依靠广告支持继续运营。订阅者在一个月内最多可以收听 40 小时的免费音乐。这 40 小时用完后，订阅者有三种选择：(a) 为这个月余下的时间支付 99 美分；(b) 注册付费的服务可以无限使用；(c) 什么都不做。如果他们选择 (c)，音乐将停止播放，但是用户在下个月可以重新注册。这个广告支持的商业模式是一步险棋，因为 Pandora 没有广告服务器或会计系统，但是它吸引了大量的用户，以至于 Pandora 有足够多的广告商（包括苹果公司）愿意为它的基础设施付费。

2006 年，Pandora 在每一首播放的歌曲后添加了一个“购买”按钮，并与亚马逊、iTunes 和其他在线零售网站达成协议。现在，Pandora 获得了联盟费来向听众推荐亚马逊。2008 年，Pandora 在 iPhone 上增加了一个应用程序，用户可在智能手机上注册，全天听音乐。这一举措每天为公司带来 35 000 名用户。到 2009 年，这种“免费”广告支持模式吸引了 2 000 万用户。经过多年的奋斗，Pandora 终于获得了喘息的机会。

2009 年年底，公司推出了 Pandora One，提供没有广告且音乐质量更高的优质付费服务，这是一款桌面应用程序，使用限制更少。这项服务每年需要支付 36 美元。到 2010 年 7 月，这个付费项目拥有 60 万订阅者，大约是 Pandora 6 000 万用户的 1%。在 2009 年年底，Pandora 称 5 500 万美元的年收入大部分来自广告。2010 年，其收入增长一倍以上达到 1.37

亿美元，其中有 1.2 亿美元来自广告，约 1 800 万美元来自订阅。2012 年，其收入再次翻番达到 2.74 亿美元，其中有 87%（2.39 亿美元）来自广告，其余的来自订阅和其他资源。

如这些振奋人心的数字所示，Pandora（连同其他流媒体订阅服务商）实现了盈利。流媒体音乐对于音乐产业来说是不是一个可行的商业模式仍不明晰，这涉及向唱片公司支付的基础设施成本和特许权使用费。Pandora 获得的特许权不如它的竞争对手 Spotify 灵活，Spotify 与每家唱片公司签订单首歌曲的特许协议，Pandora 在 2015 年现行特许协议到期后可能会支付更多。与音乐下载和其他订阅服务相比，Pandora 目前有 61%的收入用于支付特许权使用费。然而，在 Pandora 的特许协议下，Pandora 用户听的音乐越多，公司需要支付的特许权使用费也越多，因为该成本是不固定的。

Pandora 的用户基础巨大，占到所有听众的 7%，但只有很少一部分（2%）选择付费订阅。绝大多数人继续选择带有广告的免费服务。Pandora 几乎 90%的收入来自广告。到目前为止，广告的杠杆作用只能达到当前的水平，因为选择免费广告支持服务的用户通常不能容忍过多的广告。不过，投资者还是会投资 Pandora 和 Spotify，希望它们的大量用户可以带来价值。苹果公司宣布 2013 年秋季发布的新版 iTunes 广播服务将直接与 Pandora 竞争。iTunes 既有免费的广告支持服务，也有一年 25 美元的订阅服务，比 Pandora 一年 36 美元的费用更低。

Pandora 是“免费增值”商业盈利模式的典型例子，该模式提供一些免费服务，然后依靠小部分客户为相同服务的超值版付费。如果市场非常大，在某些情况下，即使只有 1%的人愿意付费也是有利可图的。虽然免费增值对于聚集一大群潜在顾客是有效的，但公司（包括 Pandora）发现将享受免费服务的客户转变成愿意付费的客户是一项巨大的挑战。当每一个免费用户的边际成本非常低（接近 0）时，当一种商业模式下有一定比例的顾客愿意付费时，当存在广告费用等其他收入可以弥补订阅收入的损失时，免费增值模式的效果最好。这足以保证 Pandora 的商业模式成功吗？

资料来源：Glenn Peoples，“Pandora's Business Model：Is It Sustainable?” Billboard. com，August 7，2013；Kylie Bylin，“Can Pandora Find A Business Model That Works?” Hypeot. com，accessed August 25，2013；Paul Verna，“Internet Radio：Marketers Move In，” *eMarketer*，February 2013；Jim Edwards，“This Crucial Detail In Spotify's Business Model Could Kill Pandora，” Business Insider，July 11，2012；Sarah E. Needleman and Angus Loten，“When Freemium Fails，” *Wall Street Journal*，August 22，2012；and Kenneth C，Laudon and Carol Guercio Traver，*E-Commerce* 2013（2013）.

案例思考题

1. 用价值链和竞争力模型分析 Pandora。公司需要应对的竞争压力有哪些？它的客户价值主张是什么？

2. 试解释 Pandora 的免费增值商业模式是怎样运作的。公司怎样获取收入？

3. Pandora 用免费增值模式能成功吗？为什么？影响它采用这种商业模式获得成功的人员、组织和技术因素是什么？

■ 交易费盈利模式

在**交易费盈利模式**（transaction fee revenue model）下，公司因促成或执行交易而收取费用。例如，eBay 提供在线拍卖市场，如果卖方成功售出物品，则需要向 eBay 支付小额的交易费用。在线证券经纪业务提供商 E* Trade 代表客户进行证券交易并从中收取一定的交易费用。交易费盈利模式广受欢迎，因为使用该平台的实际成本不会立即转嫁到用户身上。

■ **合作盈利模式**

在**合作盈利模式**（affiliate revenue model）下，网站（称为“关联网站”）将访问者引领至其他网站，那么该关联网站可以得到介绍费或者部分销售收入作为回报。例如，MyPoints向其会员提供特别优惠，通过撮合公司和潜在客户赚钱。当会员利用折扣并下单购买，就能获得可免费兑换产品和服务的“积点”，而MyPoints就可以得到一笔介绍费。又如，Epinions和Yelp等社交反馈网站的大部分收入来自引导潜在客户访问零售网站并进行购买。亚马逊将自己的标志（logo）放在合作伙伴的博客上，引导用户访问亚马逊网站，进而带来交易。个人博客通常包括展示广告，这是分销联盟计划的一种。如果在博客中高度评价某产品，并提供销售链接，博主们就能直接收到制造商提供的现金或产品等报酬。

10.2.4　社交网络和群体智慧

电子商务收入增长最快的领域之一便是社交网络服务，人们可以在网络上与他们的朋友以及朋友的朋友会面。在美国，每天有超过1.24亿互联网用户访问脸书，Google+、汤博乐、MySpace、领英和其他上百种社交网站。

社交网站根据共同的业务和人际关系将人们彼此联系起来，以便用户充分利用朋友（朋友的朋友）寻找潜在客户、跳槽机会或者结识新朋友。Google+、MySpace、脸书和Friendster主要吸引乐于拓展人际圈子的用户，领英则侧重于建立工作关系网。

在Pinterest，Kaboodle，ThisNext和Stylehive等**社交购物**（social shopping）网站上，用户可与好友交流购物心得。脸书和谷歌免费提供相同的服务。在线社区是运用病毒式营销策略的理想场所。在线病毒式营销与传统的口碑营销类似，只是在网络社区上口碑能够获得近乎光速的传播，受众范围比朋友圈要广得多。

■ **群体智慧**

建立供几千甚至数百万用户交流互动的网站为企业创造了新的市场营销方式，可发现谁喜欢（或讨厌）自己的产品。**“群体智慧”**（wisdom of crowds）现象中，当涉及大量的话题或产品时，一般认为多个人能比单个人或少数专家更有效地做出决策（Surowiecki，2004）。

这种现象虽不常见，却很有意思。在营销领域，群体智慧这一理念意味着企业应该咨询成千上万的客户，作为建立长期关系的第一步。然后更好地理解客户对产品和服务的使用和评价情况（喜欢/讨厌）。主动征求客户的意见能够建立起信任，并能体现企业对客户的关心，以及对客户意见的重视程度。

除征求意见外，企业还可使用**众包**（crowdsourcing）解决某些商业问题。例如，2006年Netflix组织了一场比赛，邀请个人或团队参与解决企业面临的问题，如能提出一种预测客户所喜欢的电影类型的方案，且结果与实际情况相差小于10%，就能获得100万美元的奖励。截至2009年，Netflix共收到来自186个国家5 169个团队提交的44 014种参赛方案。获胜团队完善了Netflix业务体系中的核心部分，即推荐系统。该系统可根据客户个人以往的选择和其他类似客户的选择，向客户推荐新电影（Howe，2008）。到2013年，Netflix已经吸引了3 000万订购者订阅它的流媒体服务。2012年，宝马公司启动了一个众包项目，邀请顾客为2025年设计一款城市用车。

Kichstarter. com 是最著名的电子商务众筹网站之一，在这里，用户可以给初创公司投资。其他的例子包括卡特彼勒与客户一起设计更好的机器，百事利用 2013 年超级碗的观众制作了一个在线视频。

群体智慧还可用于**博彩市场**（prediction markets）。博彩市场是一个对等的赌博市场，参与者针对特定的事件结果（比如新产品的季度销量、新产品设计或政治选举等）下赌注。Betfair 是全球最大的商业博彩市场，创建于 2000 年。在该市场上，参与者可对足球比赛、赛马比赛，或者一天内道琼斯指数（Dow Jones）的涨跌等结果投注。艾奥瓦州电子交易市场（Iowa Electronic Market，IME）是专注于选举的专业市场，参与者可对州或国家的选举结果投注。在美国，最大的博彩市场是 Intrade. com，在那里用户可以买卖股票。

10.2.5 电子商务营销：社交化、移动化和本地化

电子商务和互联网在改变所有行业的同时，也催生出新的商业模式，对市场营销和营销传播领域的影响最大。

互联网为营销人员提供了发现潜在客户并与其交流的新方式，这些方式比传统方式（搜索引擎营销、数据挖掘、推荐系统、目标邮件营销）的成本更低。互联网催生出了**长尾营销**（long tail marketing）。在互联网产生之前，获取大批用户的成本高昂，营销人员不得不聚焦于营销主打产品（音乐、好莱坞电影、书籍或汽车）来吸引用户。相反，借助互联网营销则不必花费巨大成本来寻找需求很小的潜在客户，这些客户位于钟形（正态分布）曲线的远端。例如，互联网使得向需求小的用户单独销售音乐且实现盈利成为可能。任何产品都存在或多或少的需求，汇聚成的那一长串的尾巴能创造丰厚的利润。

互联网还提供了一系列自动化的即时工具，以收集客户信息、调整产品供给、提升客户价值。表 10－6 描述了电子商务领域领先的市场营销和广告方式。

表 10－6 各种网络营销方式的收入

营销方式	2013 年收入（亿美元）	描述
搜索引擎	195	能精确地定位顾客在购物时所需的文字广告。销售导向。
陈列广告	87	有交互功能的横幅广告（弹出式广告和底部广告）；越来越多的行为定位于个体网络活动。品牌开发和销售。
视频	41	发展最快的形式，有趣味性，交互式，行为目标营销工具。销售导向。
信息分类	27	招聘、房地产和服务广告；交互式、富媒体和个性化的用户搜索。销售和品牌化。
富媒体	20	动画、游戏和智力问答；交互式、定向性和娱乐性。品牌导向。
潜在客户开发	19	营销公司收集线上的市场销售线索，再将这些线索根据各种活动类型卖给在线营销者。销售或品牌导向。
赞助式广告	19	企业为了促销产品去赞助网络游戏、智力问答、竞技和票务网站。销售导向。
电子邮件	22	高效的、有交互功能的目标营销工具和潜在多媒体。销售导向。

许多电子商务营销企业采用行为定向技术来改善横幅广告、富媒体和视频广告的效果。**行为定向**（behavioral targeting）指追踪用户在众多网站上的点击流（历史点击行为），以更好地理解用户的兴趣和意图，根据其行为进行有针对性的广告宣传。行为定向的支持者认为：更精确地理解用户最终能改善营销效果（企业只需向对其产品感兴趣的用户投放广告并支付费用），增加销售额和销售收入。遗憾的是，在未经用户同意的情况下进行行为定向，可能导致个人隐私被侵犯。如果消费者对他们的网络体验失去信任，就不愿再购买任何东西。

行为定向从以下两个层次跟踪用户的上网行为：单一独立网站和覆盖数千个网站的广告网络。所有网站都会收集访问者的浏览器活动数据，并存储到数据库中。网站使用一些工具来记录用户访问该网站前所浏览的网页、之后要访问的网站、所使用的操作系统类型、浏览器信息，甚至某些位置数据。它们还可以记录在特定网站上访问的具体网页、在每一网页上的停留时间、所访问网页的类型以及访问者购买的物品（见图 10－3）。企业分析这些有关顾客兴趣和行为的信息，以形成关于现有及潜在顾客的准确资料。此外，大部分主要网站在首页上都有许多跟踪程序，可以跟踪你的点击流行为，为你重新定位广告并在不同网站上向你展示相同的广告。主要的在线广告网络有谷歌的 DoubleClick、雅虎的 RightMedia 和美国在线的 Ad Network。

图 10－3 网站访问者跟踪

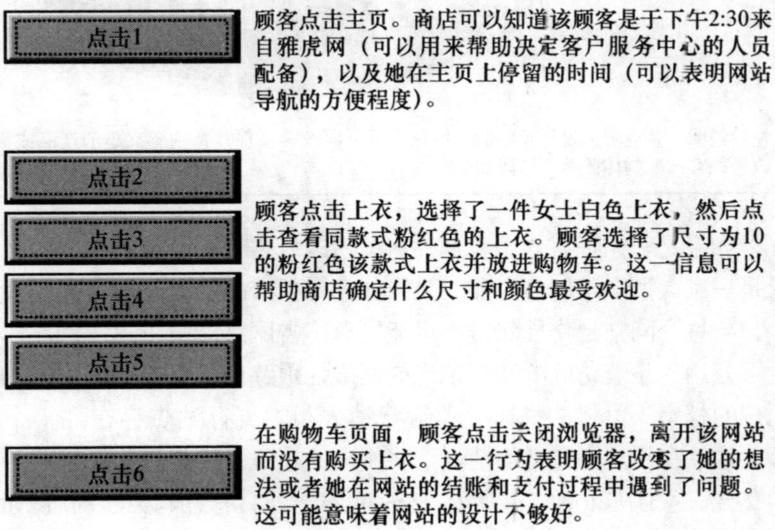

说明：电子商务网站可以利用工具跟踪购物者在网上商店购物的每一个步骤。通过对女装销售网站中顾客行为的仔细分析，商店可以从每一个步骤中获得消费信息，从而明确可以采取什么行动来提高销量。

这些信息可以帮助企业了解其网站运行情况，创建独特的个性化网页来呈现顾客特别感兴趣的产品或服务的内容和广告，改善顾客的购物体验，同时通过更好地理解顾客创造附加值（见图 10－4）。通过汽车使用个性化技术向每位顾客呈现不同的网页，营销人员以相当低的成本实现了雇用单个销售人员才能实现的收益。例如，通用汽车公司的雪弗兰横幅广告呈现给女性顾客时强调安全和实用，呈现给男性顾客时则强调动力和耐用性。

图 10-4 网站个性化

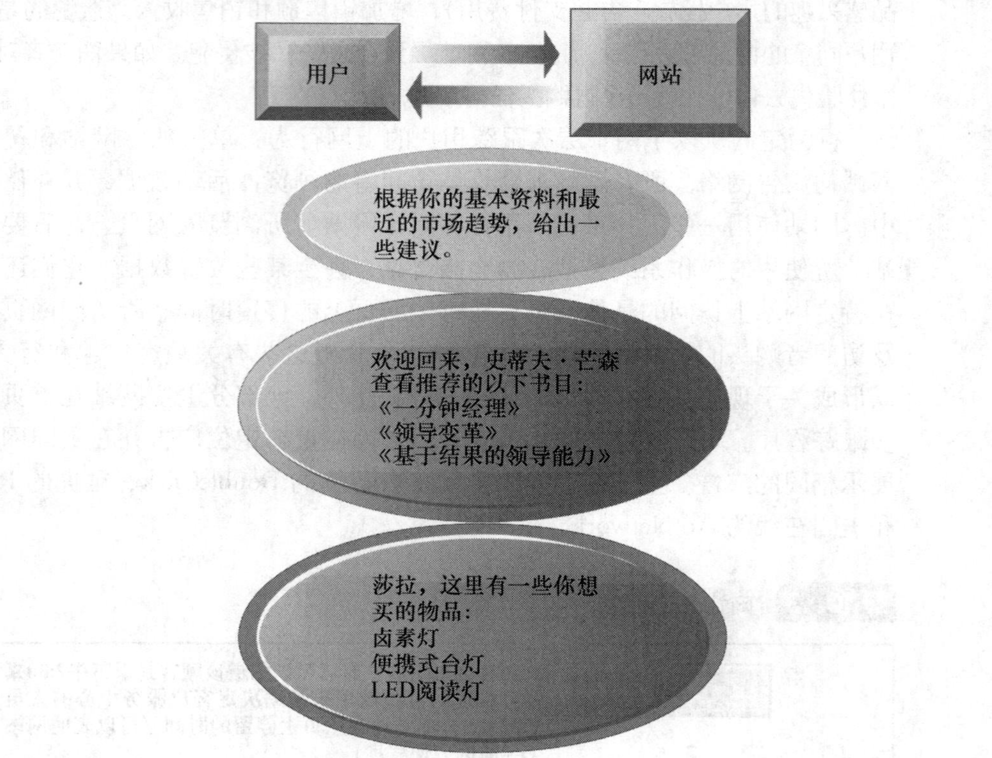

说明：企业可以设计独特的个性化网页，向顾客呈现其特别感兴趣的产品或服务的内容或广告，以改善顾客的购物体验并创造附加值。

如果是一家拥有众多客户的大型跨国广告公司，要如何覆盖数百万消费者呢？如果是一家大型全球制造企业，又要如何寻找产品的潜在客户呢？现存的网站有数百万个，与每个网站合作显然是不可能的。广告网络能解决这一问题。首先创建一个覆盖上百万用户频繁访问的知名站点的网络，跟踪用户在整个网络上的行为，并建立每个用户的档案，再将这些档案卖给营销人员。流行站点存在几十个 cookie、漏洞和信标，往往在用户不知情的情况下将用户的在线行为传送给远程服务器。要寻找拥有大学文凭、家住东北部、年龄在 18～34 岁之间、有意购买欧洲汽车的单身年轻消费者？没问题！广告网络能够定位满足条件的上千万用户，并在这些用户离开网站访问其他网站时向其投放欧洲汽车的广告。据不精确统计，定向广告的顾客回复率比随机选择横幅或视频广告要高出 10 倍以上（见图 10-5）。广告交流是指使用相同的技术在几毫秒内将个人的详细信息拍卖给广告商。一些调查报告指出，超过 75%的美国消费者不赞同行为定向广告。

2/3（68%）的互联网用户不赞成用搜索引擎和网站跟踪他们的在线行为来有针对性地投放广告。28%的调查人群赞成行为定向，因为他们认为这有利于提供更相关的广告和信息（Pew Internet，2012）。

图 10-5　广告网络的工作原理：以 DoubleClick 为例

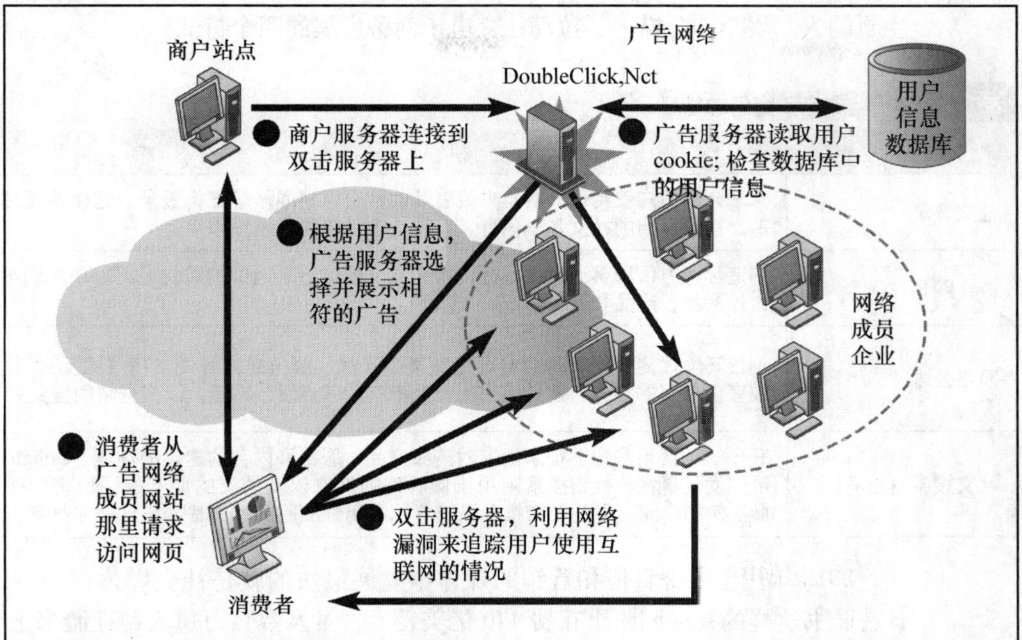

说明：广告网络因为其追踪用户使用网络的情况，在提倡隐私保护的群体中引起了争议。

■ **社交电子商务和社交网络营销**

社交电子商务是一种建立在**社交图谱**（social graph）上的商务。数字社交图谱是对所有重要网络社交关系的映射。我们首先来看如何用“社交网络”的思想初步绘制出自己的社交图谱（网络）来描述线下关系。第一步，将自己与最亲密的 10 个人进行连线，如果他们之间相互认识，那么把他们也用线连起来。如果你乐意，可以请这 10 个朋友再分别列出与他们最亲近的 10 个人的名字，并把这些名字也画入图中。通过以上操作，你就可以得到自己线下社交网络的一个初步图谱。现在想象网上的每个人都做相同的操作，然后通过一个网站把结果反馈到一个特别大的数据库中。脸书或者与之类似的网站就有能力做这件事情。我们把个人社交网络的集合称为“社交图谱”。

根据小世界理论，你和世界上任何一个陌生人之间最多只差 6 个连接。也就是说，理论上，最多通过 5 个中间人你就能够认识任何一个陌生人。你可能只与部分朋友或亲属有直接联系，但是你还间接地与更多的朋友与亲戚有联系（如你的远房堂/表兄弟姊妹，以及他们的朋友）。假设你在个人通讯录中写下 100 个姓名，再把这个通讯录传给你的朋友们，邀请他们写下 50 个朋友的姓名。这样再重复 5 次，你就会发现这个社交网络中将有 318 亿人！所以，这的确就是一个小世界，我们之间的关系比我们想象的更为紧密。而社交图谱因此可以看成是无数的个人社交图谱（及图谱中的其他人的个人社交图谱）的集合。

如果你理解了人的互联性，你就会明白为什么这个概念对电子商务如此重要：你购买的产品和服务会影响你朋友的决定，而他们的决定也会反过来影响你。这就意味着，如果你是一个尝试建立和加强品牌的营销人员，就得合理利用人们习惯沉浸于网络、不断分享兴趣和价值、交流并相互影响的现实。作为一个营销人员，你的目标客户不再是几百万个散落在电视机旁的观众，而是在社交网络上观看节目或者浏览个人主页的人。表 10－7 描述了拉动社交电子商务发展的四个特征。

表 10－7 社交电子商务的特征

社交电子商务特征	描述
社交登录	网站允许用户使用他们的脸书或者其他社交网站的账号进行登录。这使得网站能够从脸书上接收有用的社交基本信息，以便在市场效能中发挥作用。
协作购物	创造环境方便顾客通过买家秀、聊天或发短信分享他们的购物经历。朋友们可以在网上讨论品牌、产品和服务。
网络公告	创造环境让用户能够向朋友表述对某个产品、服务或内容的支持（或反对），分享餐厅或者俱乐部的定位。例如脸书上无处不在的“点赞”按钮，以及推特的推文和关注者。
社交搜索（推荐）	开创一个让用户能够征求朋友对购买产品、服务和内容的建议的环境。Google 的作用是帮你发现事物，社交搜索则用于倾听你的朋友以及朋友的朋友的评价来判断事物的质量。例如，亚马逊的社交推荐系统可以利用你的脸书社交基本信息去推荐商品。

2013 年用于品牌宣传和营销的媒体中发展最快的就是社交媒体。2013 年企业预计在脸书这样的社交网络上花费 440 亿美元，去触及数百万每天都在脸书上消耗数小时的用户。脸书账户影响着美国 90％的社交网络营销。目前在社交媒体营销上的花费远比在电视、杂志和报纸上的要少，但是将来一定会改变。现实世界的社交网络是一群愿意长时间互相交流的人的集合。而线上的社交网络，例如脸书、MySpace、领英、推特、汤博乐、Google＋以及其他有社交成分的网站，也是用户能够与其他人交流、建立组群、形成私人关系、分享兴趣、价值和思想的网站。个人可以通过照片和文字建立线上档案，这个档案展示了他们希望其他人了解的一面，然后邀请他们的朋友链接这个档案。这个网络的发展也靠口耳相传和电子邮件链接。脸书上无处不在的图形元素——“点赞”按钮，可让用户将自己对产品、服务和内容的喜好分享给朋友。脸书平均每天会产生 5 000 万个点赞，一年能达到 15 亿。

脸书每月会有 14 400 万美国访客，在社交网络中受到了广泛的关注。除了 MySpace 这一例外，其他还有 4 个社交网站发展迅速。领英在 2013 年每月有 4 000 万访客，环比增加 58％。推特每月有 5 300 万访客，环比增加 13％。社交博客网站汤博乐每月有 3 800 万访客。Pinterest 以每月 2 500 万访客跻身排名前 50 的网站。MySpace 尽管每月有 2 700 万访客，但是份额已有所缩小。根据 ComScore 公司 2013 年的调查，美国网民大约 30％的上网时间用在社交网络上，而 2007 年该比例最多只有 7％。增长速度最快的智能手机应用就是社交网络 App：大约 30％的智能手机用户会使用他们的手机去访问社交网站。2013 年，脸书超过一半的访问量来自智能手机。

营销人员无法忽视这一能与电视和电台匹敌的用户规模。2013 年，77％的美国《财富》500 强企业都有推特账户，70％都有脸书账户，69％有 YouTube 账户，28％有企业博客。2013 年销售人员将在社交网络营销上花费 4 亿多美元（相当于 2012 年的两倍），约为在线营销的 10％（eMarketer Inc.，2013e）。

社交媒体营销现在还处于初级阶段，企业正在尝试摸索成功之路。社交互动和顾客情感并不总是可控的，为企业保护品牌增加了新的挑战。章末案例将讲述公司利用脸书和推特所做的社会化营销努力。

10.2.6　企业间的电子商务：新的效率和关系

企业间的交易（企业间的电子商务或B2B）展示了一个巨大的市场。2013年美国B2B交易额达到10.8万亿美元，B2B电子商务（在线B2B）贡献了4.4万亿美元(U. S. Census Bureau，2013)。到2017年，美国B2B电子商务交易额将扩大至6.6万亿美元。企业间的交易过程比较复杂，需要大量的人工干预，因此耗费许多资源。一些企业估计，每次采购用于生产的产品所发生的行政管理费用平均超过100美元。行政管理包括处理文件、优化采购决策、使用电话和传真搜寻产品、安排交易、计划配送和接收货物。在经济活动中，花在本可自动化实现的采购处理过程上的费用达数万亿美元。即使仅部分企业内部流程实现自动化，仅部分采购处理工作借助互联网完成，也可以节约数万亿美元用于更多的生产性用途。那么，消费者支付的费用将下降，生产力将提高，国家的经济实力将得到增强。这就是B2B电子商务的前景。企业间电子商务的挑战在于改变现有采购系统和企业模式，实施基于互联网的新B2B方案。

企业间的电子商务指发生在企业之间的商业交易。这些交易日益依赖基于互联网的机制和技术。现在，大约80%的企业使用专属系统进行B2B电子商务的电子数据交换。**电子数据交换**（electronic data interchange，EDI）可以通过计算机进行两家公司之间标准业务信息（如发票、提货单、运输计划、采购订单等）的交换。交易信息自动地通过网络从一个信息系统传送到另一个信息系统，免除了一端的纸面打印及另一方的数据输入操作。美国的主要行业、其他国家和地区的很多行业都设立了EDI标准，这些标准规定了本行业电子文档的结构和信息项。

EDI最初被用于自动地进行购货订单、发票及运输通知等文件的交换。虽然一些公司仍在使用EDI进行文档的自动化处理，但一些需要及时补充存货和连续生产的企业已经开始使用EDI系统实现连续性的补货。供应商无须采购代理的介入，便可在线访问购货企业生产和交货安排表的部分内容，并自动运输材料和物品以实现预期安排（见图10-6）。

图10-6　电子数据交换

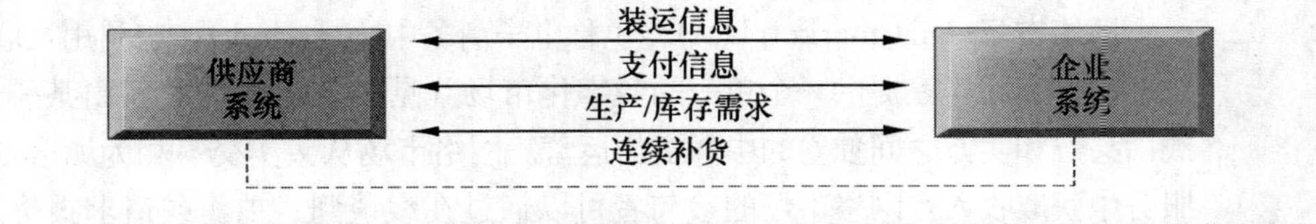

说明：公司使用EDI来实现B2B电子商务的交易及连续补货自动化。供应商可以自动向购货企业发送有关装运的信息。购货企业可以使用EDI向供应商提供有关生产、存货需求及支付的信息。

虽然许多公司仍然使用专用网络来进行电子数据交换，但是借助互联网来实现这个目标的公司越来越多。因为互联网技术为企业之间的连接提供了一个更灵活、成本更低的平台。企业可以将数字技术扩展到一个更广的活动范围，并拓展贸易伙伴圈。

以采购为例。采购不仅仅指购买产品和原料，还包括寻找货源、与供应商谈判、支付货款以及安排货运。企业现在可以利用互联网来寻找成本最低的供应商、搜索供应商的在线产品目录、与供应商谈判、下订单、支付货款并安排运输。这并不仅限于由传统 EDI 网络连接的合作者之间。

互联网技术使得企业可以建立全新的电子店面来向其他企业推销产品，该店面具有与 B2C 电子商务相似的多媒体显示和互动特性。同样，企业还可以使用互联网技术建立外联网或电子市场，以便与其他企业建立联系并进行采购和销售。

专用行业网络（private industrial network）一般由一个使用外联网的大公司、其供应商及其他主要合作伙伴组成（见图 10－7）。网络由买方支配，并允许企业和指定的供应商、分销商和其他商业伙伴共享产品设计和开发、市场营销、生产调度、库存管理以及非结构化通信（包括图表和电子邮件）。专用行业网络的另一个名称是**专用交易所**（private exchange）。

图 10－7 专用行业网络

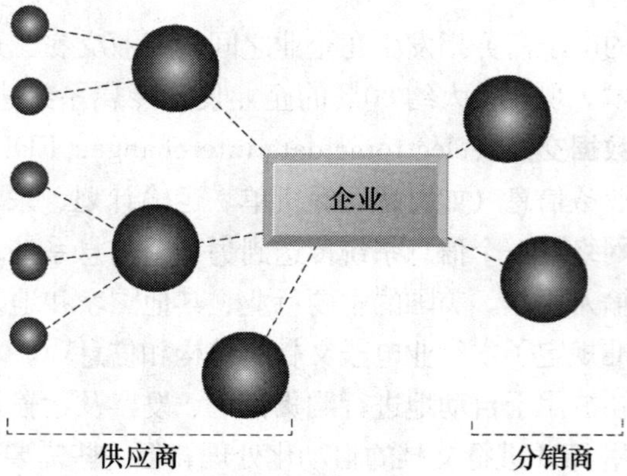

说明：专用行业网络也称专用交易所，它将企业与其供应商、分销商以及其他主要的合作伙伴联系起来，为有效的供应链管理和其他合作商业活动服务。

专用行业网络的一个例子是 VW Group Supply，这个网络将大众集团（Volkswagen Group）和它的供应商连接起来。VW Group Supply 处理大众集团 90％的全球采购业务，包括所有汽车零部件的采购。

网络市场（net marketplace），也称电子商务中心（e-hub），它利用互联网技术为众多的买家和卖家提供一个单一的数字化市场（见图 10－8）。它们由某一行业拥有，或由买方和卖方之间独立的中间机构运营。网络市场从买卖交易和为顾客提供的其他服务中获取收入。网络市场的参与者可以通过在线谈判、拍卖或请求报价进行定价，也可制定固定的价格。

网络市场有许多不同的类型和分类方法。有些网络市场销售直接产品，有些销售间接产品。**直接产品**（direct goods）是指在生产流程中使用的产品，例如用于制造汽车主体的钢板。**间接产品**（indirect goods）是指其他所有未直接参与生产流程的产品，例如办公用品或用于维修的零件。有些网络市场支持与指定供应商的建立在长期

图 10-8　网络市场

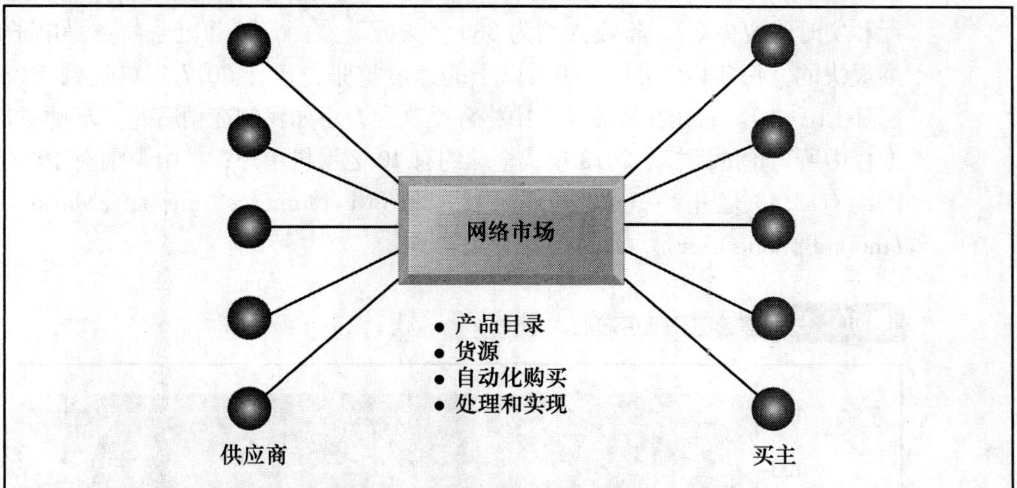

说明：网络市场是指多个买方可以从多个卖方处购物的网上市场。

关系之上的契约式购买；有些则支持短期的现货购买，这类货品根据即时的需要进行采购，通常是从不同的供应商处购买。

有些网络市场为特定行业（如汽车业、电信业、机械工具行业等）提供垂直市场；有些则为许多不同行业所需的产品和服务（如办公设备、交通运输等）提供水平市场。

行业拥有的网络市场注重长期的合约购买关系，并提供公共的网络和计算平台来解决供应链的低效率问题，Exostar 就是一个例子。这个网络市场由航天与国防行业发起，由 BAE Systems，Boeing，Lockheed Martin，Raytheon 和 Rolls-Royce PLC 等公司联合创建，让这些公司与其供应商建立联系，为彼此间的合作提供便利。约 1.6 万家来自商业、军事和政府部门的贸易伙伴应用 Exostar 的货源、电子采购和合作工具购买直接或间接产品。Elemica 是一个服务化工行业的网络市场。

交易所（exchanges）是一个独立的第三方网络市场，将成千上万进行现货交易的供应商和买主联系起来。许多交易所对单一行业（如食品、电子、工业设备等行业）提供垂直市场，它们主要负责对直接输入的信息的处理。例如，Go2Paper 为来自 75 个国家的纸张买家和卖家提供了一个交易纸张、纸板和牛皮纸的现货市场。

交易所在电子商务开始兴起的最初几年里迅速扩张，但有许多交易所现已倒闭。由于交易所鼓励竞争性的价格竞标，导致价格直线下滑，而且由于不提供与买方的长期合作关系或服务，使供应商觉得不值得降价，导致供应商不愿意参与。许多重要的直接采购并不是以现货方式进行的，而是需要签订合同，并要考虑运送时间、定制化、产品质量等问题。

10.3　移动电子商务和本地电子商务

沿着任何一座大城市的主街道行走，数一数有多少人正在使用 iPhone、三星或黑莓手机。在乘坐火车、搭乘飞机时，你总能见到同行者正使用手机在线阅读报纸、观看视频，或使用 Kindle 阅读小说。五年后，绝大多数美国互联网用户将会使用移动设备作为访问互联网的主要设备。移动电子商务应运而生。

2013 年，移动电子商务占据所有电子商务的 10%，主要销售零售商品和服务、应用程序、广告、音乐、视频、铃声、电影、电视和基于位置的服务（如定位本地餐厅和实时路况更新），年收入约为 380 亿美元。然而，移动电子商务是电子商务中发展最快的，每年以 50%或 50%以上的速度扩张，预计 2017 年可达到 1 080 亿美元（见图 10－9）。它在在线旅游业中格外受欢迎，正如我们在稍后的“互动讨论：技术”专栏中所讨论的那样。2013 年，全球约有 40 亿手机用户，其中中国有 10 亿用户，美国约有 2.46 亿用户（eMarketer，2013g（M-commerce sales）；eMarketer，2013h（mobile phone user））。

图 10－9 移动电子商务总收入

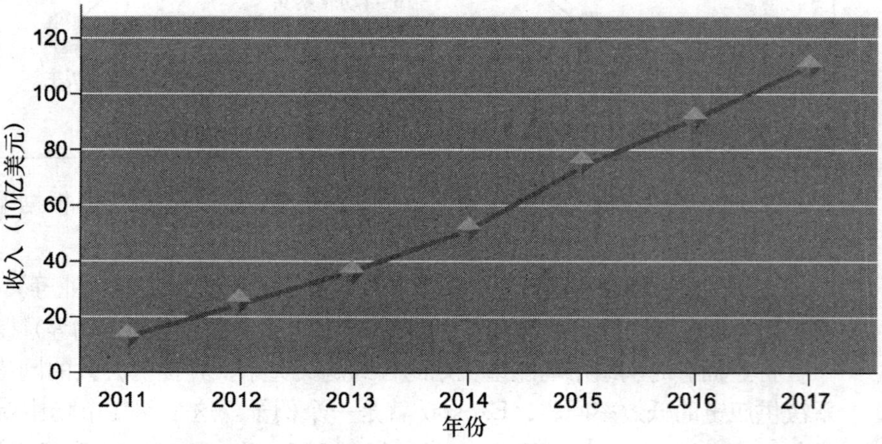

说明：尽管 2013 年移动电子商务只占据所有电子商务销售总额的一小部分，但它是 B2C 电子商务中发展最快的类型。

移动电子商务有所增长的领域主要是零售，亚马逊的收入达 40 亿美元，苹果约 11 亿美元；数字音乐、电视节目和电影的收入约 40 亿美元（Internet Retailer，2013）。这些估计不包括移动广告或基于位置的服务。

移动电子商务应用程序在时间要求严格的服务上取得了成功，能吸引出差的人，与其他方法相比可以更有效率地完成一项任务。“互动讨论：技术”专栏描述了移动电子商务是如何让在线旅游业受益的，而接下来的部分提供了其他例子。

互动讨论：技术

移动技术将会使 Orbitz 处于领先地位吗

当谈到移动应用程序及其对消费者和商业的影响时，在线旅游业的机票酒店预订系统是最好的例子。在这个领域，没有哪家公司能比 Orbitz Worldwide Inc. 更好地开发移动应用程序。Orbitz 为消费者提供来自 400 家航空公司的机票、全球 80 000 家酒店的房间、汽车租赁、游艇和度假套餐。

Orbitz 成立于 2001 年，由 5 家大的航空公司（达美航空、联合航空、大陆航空、西北航空和美国航空）组成，成立的初衷是对抗像 Priceline，Travelocity 和 Expedia 这样的网络旅游公司，而这些公司颠覆了整个旅游业。

成立之初，Orbitz就将自己定位为移动技术的领导者。2006年，它成为第一个提供手机网站的网络旅游公司，用户可以查询27家航空公司的飞行状态，搜索美国、墨西哥的宾馆，并且可以访问预订旅行行程的个人主页。

接下来的几年，Orbitz在提升移动服务水平方面下了很大功夫。它能使移动用户看到机场安检排队的平均等待时间和机场可用Wi-Fi服务的位置，计算出办理登机手续的延迟时间和等待出租车的时间，也可以查看天气和交通状况。2010年，Orbitz重新设计了它的手机网站，使任何带有网络功能的设备可以登录全屏的电子商务网站，购买机票、预订租车和预订酒店。与标准的Orbitz网站一样，重新设计的手机网站提供了一项价格保障服务，即如果其他Orbitz顾客预订相同的服务价格比你低，公司会给你退差价。Orbitz还开发了在iPhone和iPad上运行的应用程序，之后安卓设备也可以实现同样的功能。

Orbitz先行进入移动商务市场，专门为商务用户设计了移动商务网站。这个市场巨大，因为大部分商务旅客都携带智能手机和平板电脑。商务旅客必须遵守公司的规定，优先选择指定的供应商，控制成本，限定可接受服务的范围，能提供有关开支的凭证。因为每家公司对于出差有自己的商业“规定”，所以Orbitz的移动商务平台需要为每一家公司提供个性化服务。Orbitz创建了一个可以用任何带有网络功能的设备登录的手机网站。Orbitz为商务手机网站使用相同的成套工具并加入确保商务旅客符合公司规定的功能，即可以访问网站和修改出差目的，搜索首选供应商，访问公司特定的参考数据。

2011年，这个移动商务网站又一次升级以适应触控手势，加快通过触摸屏完成交易，适应任何具有网络功能的设备的小屏幕。Orbitz新型专有的全球在线旅行社平台基于标准电子商务网页开发出移动HTML5网页。移动用户可以预订假期套餐，查看同步预订机票和宾馆节省的费用，并可以创建一个关联其信用卡的网上个人文件以加快结账过程。GPS和改善后的搜索能力确保消费者能找到附近的酒店，并进行价格、距离和排名的比较；基于多种标准（包括旅行者类型）比较航班和汽车租赁；可以获得顾客评论。Orbitz还实施了一个叫做“Mobile Steals”的移动的当天交易系统，既可以在移动商务网站上使用，也可以通过iPhone和安卓手机上的Orbitz应用程序的“Hotels”板块使用。这样一来，经营者可以降低房间的空置率，消费者也能比标准价格最多节省50%。仅有12%～14%的传统电子商务网站用户搜索预订某天的房间，而智能手机用户或者其他移动用户有50%～60%的可能预订当天的房间，因为他们更喜欢旅游并且在最后一刻才发觉需要房间。

Orbitz宣称预订一个酒店房间只需点击三下。新的手机网站的访问量增长了110%，转换率增长了145个百分点，移动商务网站的交易量是原来的4倍。Orbitz已经将重心放到住宿上，因为酒店预订比机票预订利润更大。Priceline.com是最大、最赚钱的网络旅游公司，销售额的90%来自酒店。2011年，Orbitz只有27%的收入来自酒店。

Orbitz进一步提升了它的iOS和Android系统应用程序，减少用户搜索和预订所需的步骤，这样整个过程可以在移动设备上进行，而不需要将用户引导到酒店、机票或汽车租赁网站以完成交易。现在，Orbitz已经拥有iPhone，iPad，iPod Touch，Kindle Fire和安卓等设备的应用程序。

所有移动技术上的投入会使公司有所作为吗？Orbitz负责产品策略的副总裁克里斯·布朗（Chris Brown）相信，虽然2012年移动交易在公司所有预订中的占比不足10%，但它会在快速发展的移动商务市场上成为主角。Orbitz移动应用程序加快了交易速度，将吸引更多的新顾客，特别是那些想预订当天酒店的人，他们只需支付相当于Orbitz移动汽车租赁费一半的价钱。

但是其他网络旅游公司也相信消费者会快速转向移动端来制定他们的出行计划，并已经在手机网站、搜索工具和应用程序上进行大量投入。Priceline 和 TripAdvisor 已经在网站上为用户提供参与性的愉快体验，并获得最高评分。这两家公司通过打造独特的访客和访问，比 Expedia 和 Orbitz 获得更大的增长。现在旅客正越来越多地利用像 TripAdvisor 这样的网站计划出行，因为这些网站将来自不同网络资源的信息聚集在一起。（TripAdvisor 提供超过 1 亿的旅客评价，同时通过广告和推荐其他旅游网站获得大部分收入。）TripAdvisor 最近重新设计了它的网站，将诸如 Expedia，Priceline 和 Travelocith 等网络代理商提供的所有费率显示在网站上一个列表里。通过使用这种“垂直搜索”能力，客户可以在一个界面上找到最低的价格，而不再需要点击多个链接。

资料来源：Karen Jacobs，“Orbitz Profit Tops Forecasts，Hotel Booking Revenues Up，” Reuters，August 8. 2013；Drew Fitzgerald，“Out of Nest，TripAdvisor Soars Past Expedia，” *Wall Street Journal*，August 8，2013；Karl Baker，“Orbitz Falls as CIO Exit Rekindles Hotel Growth Concerns，” *Bloomberg Businessweek*，January 10，2013；Ryan Peckyno，“How Mobile Will Impact Online Travel Companies，” Motley Fool，July 29，2013；Bill Siwicki，“Orbitz Spreads Its ‘Mobile Magic’ Throughout a Resdesigned M-commerce Site，” Internet Retailer，October 10，2012；Kenneth C. Laudon and Carol GuercioTraver，*E-Commerce* 2013，Pearson Education（2013）.

案例思考题

1. 移动技术在 Orbitz 的商业策略中有多重要？为什么？
2. Orbitz 在它的移动策略中需要解决的人员、组织和技术问题有哪些？
3. 为什么移动手机用户更喜欢预订当天的酒店房间或机票？
4. Orbitz 移动商务网站在公司的商业策略中扮演什么角色？
5. Orbitz 的移动策略有多成功？试解释你的答案。

10.3.1 基于位置的服务和应用程序

基于位置的服务（location-based services）包括地理社交服务、地理广告服务和地理信息服务。74%的智能手机用户使用基于位置的服务。全球定位系统将这些行为连在一起，是移动电子商务的基础，它确保智能手机上的地图服务可用。**地理社交服务**（geosocial service）可以告诉你与你的朋友在哪里见面，**地理广告服务**（geoadvertising services）可以告诉你最近的意大利餐厅在哪里，**地理信息服务**（geoinformation services）可以告诉你正在寻找的房子价格或者正在参观的博物馆的特别展览。

Wikitude. me 是地理信息系统的一个例子。Wikitude. me 为内置全球定位系统和指南针的智能手机提供了一种特殊的浏览器，能够精确定位你目前的位置以及手机拨出的位置。通过维基百科提供的 80 万个名胜古迹信息，以及数千个本地站点，浏览器能覆盖你正在查找的景点的所有信息，并在智能手机上将这些信息显示于位置地图或刚拍的照片之上。例如，用户可以在观光巴士上将智能手机摄像头对准高山，然后就可以在手机屏幕上看到关于这座山的名称和高度的信息。Wikitude. me 允许用户标记周围的空间，并将标记内容提交到 Wikitude 上与其他用户共享。

Foursquare、Loopt 以及脸书、谷歌的新产品都是地理社交服务的例子。登录该服务的界面，说明你的位置，地理社交服务就会帮助你找到朋友或者帮助你被你的朋友找到。约 20%的智能手机用户使用地理社交服务。脸书和 Google+已经进入地理社交服务领域，并将这种服务加入它们更大的社交网络，像 Foursquare 这样的专门网站因此而没落。

Loopt 在 2013 年拥有 500 万用户。该应用服务并不向广告商出售信息，但会发布基于用户位置的广告。Loopt 的目标是与步行范围（2～250 米）内的广告商进行交易。Foursquare 也向 2 200 万注册用户提供类似的应用程序，允许用户与朋友联系和更新自己的位置。在指定地点检入（check-in）的用户可以获得积分点。用户可以选择将自己的检入情况发布在自己的推特和脸书账户上。同时，依据在特定地方的检入频率和检入时间，用户可以获得相应的虚拟勋章。超过 5 000 家餐馆、酒吧和其他公司正在通过 Foursquare 发布促销活动信息以吸引客户。

以地理广告的形式将人们和本地商户连在一起是移动电子商务的经济基础。2013 年，移动广告达到 74 亿美元。地理广告基于用户的 GPS 定位向他们发送广告。智能手机会将用户的位置发送给谷歌和苹果公司。当用户在一个商家的覆盖范围内时，商家会购买权限以向消费者发送广告。例如，Kiehl Stores 是一家化妆品零售商，它会向商店方圆 100 码范围内的顾客发送特殊服务信息和公告。

10.3.2　其他移动电子商务服务

银行与信用卡公司正在推出让客户通过移动设备管理自己账户的服务。摩根大通和美国银行的客户可使用手机查询账户余额，进行转账和支付。

目前，移动广告市场虽规模很小，但随着越来越多的企业应用基于位置信息的数据库而发展迅速（较上年上涨 75%，2017 年有望超过 220 亿美元）。最大的移动展示广告提供商是苹果的 iAd 平台和谷歌的 AdMob 平台（两者各占有 21%的市场份额），其次是 Millenial Media。脸书排名第四，与前三名差距很大，但它正快速追赶。阿尔卡特朗讯（Alcatel-Lucent）推出一项新服务，由区域互动媒体公司 Placecast 管理。该服务能识别距广告商商店一定范围内的手机用户，并告知用户商店的地址和电话号码，有时还包括优惠券或其他促销活动的链接。Placecast 的客户包括凯悦（Hyatt）、联邦快递和安飞士租车公司（Avis Rent ACar）。

雅虎在其移动首页上播放百事、宝洁、希尔顿、日产和英特尔等企业的产品广告。谷歌陈列能被其手机版搜索引擎用户搜索到的广告，而微软在美国的 MSN 移动门户网站上提供横幅广告和文字广告。广告逐渐被嵌入游戏、视频和其他移动应用。

Shopkick 是一款移动应用程序，帮助合作零售商如百思买、Sports Authority 和梅西百货向进入其商店的顾客提供优惠券。当用户进入一个合作伙伴的零售商店时，Shopkick 应用程序能够自动识别，并提供一个称为“kickbucks”的虚拟货币，这个虚拟货币可以用来兑换脸书的虚拟币 Credits、iTunes 的礼品卡、旅游券、DVD 或任何合作店的现金。

55%的零售商拥有移动电子商务网站——Web 网站的简化版，这使消费者能够通过手机下订单。一些公司有特定的用于移动电子商务的应用程序，比如服装零售商 Lilly Pulitzer 和 Armani Exchange、家得宝、亚马逊、沃尔玛和鲜花连锁零售店 1-800Flowers。

10.4　创建电子商务网站

要成功创建电子商务网站，需要深入了解相关业务、技术和社会问题，还需要采用系统性方法。如今，一个电子商务网站不仅仅是一个企业网站，还可能包括脸书上的一个社交账号和可以让客户访问公司设备的智能手机应用程序。开发和协调所有这些不同的客户需求很难。全面阐述该主题超出了本书的范围，学生若想学习如何创建电子商务网站，可参考有关这一主题的书籍（Laudon and Traver，2013）。创建电子商务网站过程中会遇到两大重要的管理挑战：（1）制定一个清晰明了的商业目标；（2）了解如何选择恰当的技术实现目标。

10.4.1 建设电子商务网站的蓝图

电子商务已经从在网络上以 PC 为中心的活动转移到基于手机和平板电脑的活动。虽然现在有 80%或者更多的电子商务是通过个人计算机来操作，但智能手机和平板电脑将越来越多地被用于购物。目前，在美国大部分互联网用户使用智能手机和平板电脑购买商品和服务、查询价格、享受娱乐和访问社交网站，很少用于采购。你的潜在客户在白天的不同时间使用这些设备，参与不同的谈话，这取决于他们正在做什么，例如与朋友联系、发微博或阅读博客。他们中的每一个都是“接触点”，你可以发现客户，同时你需要思考怎样在这些不同的虚拟场所建立一个网站。图 10－10 提供了一个蓝图，显示了你建设电子商务网站时需要考虑的平台和相关活动。

图 10－10 电子商务网站蓝图

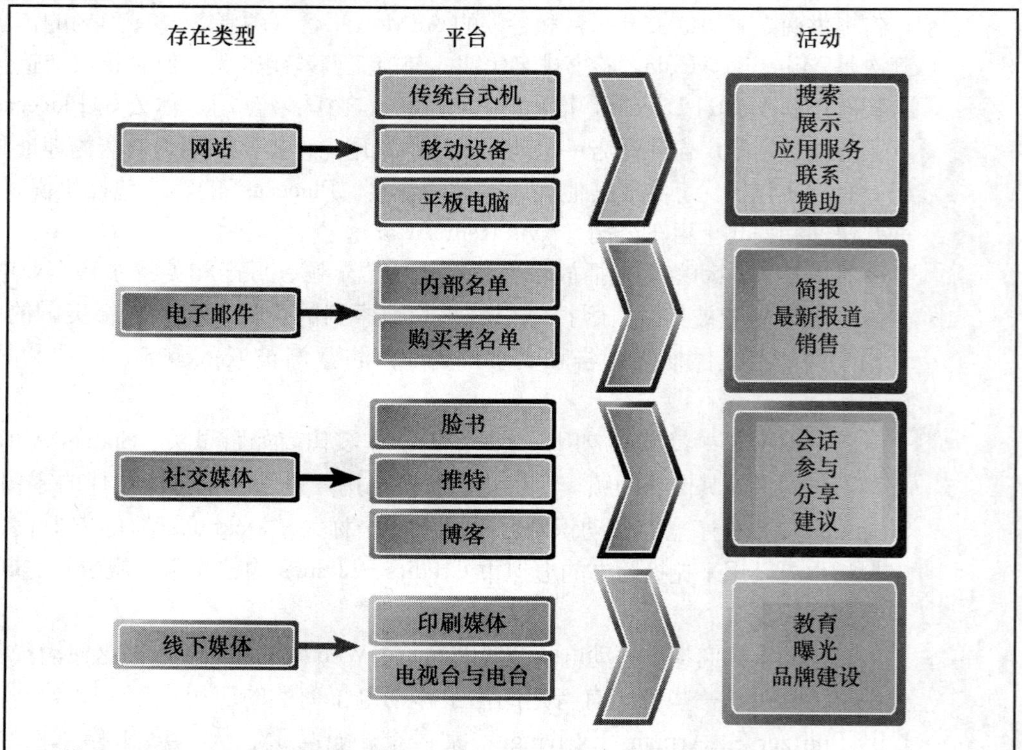

说明：公司可考虑四种不同类型的网站，每一种都有其特殊的平台和活动。

图 10－10 展示了一个电子商务网站的四种不同类型：网站、电子邮件、社交媒体和线下媒体。每一种类型都有你需要关注的不同平台。例如，网站有三种不同的平台：传统台式机、平板电脑和智能手机，每一种都有不同的性能。同时，每一种类型

的电子商务网站都有你需要考虑的相关活动。例如，对于网站，你可能参与搜索引擎营销、展示广告、联盟计划和赞助。电子商务网站的第四种类型是线下媒体，因为很多公司使用多平台或整合营销，通过平面广告将顾客吸引至指定网站。

10.4.2 制定一个时间表：里程碑

这一年你要去哪里？当你开始建立电子商务网站时，最好对于时间框架有一个粗略的想法。你应该将项目细化到一些小的阶段，以便在特定时间内可以完成。表 10-8 展示了一个致力于引领青少年时尚的初创公司建立电子商务网站的一年时间表。

表 10-8 电子商务网站建设时间表

阶段	活动	里程碑
阶段 1：计划	形成网站设想；确定人员	网络的使命宣言
阶段 2：网站开发	获取内容；形成一个网站设计；安排主机网站	网站规划
阶段 3：网络实施	设置关键词和元标记；专注于搜索引擎最优化；识别潜在的赞助商	功能性网站
阶段 4：社交媒体规划	为产品和服务寻找合适的社交平台和内容	社交性网站
阶段 5：社交媒体实施	建立脸书、推特和 Pinterest 界面	功能化社交媒体网站
阶段 6：移动计划	制定移动计划；为将网站移植到智能手机上考虑选项	移动媒体规划

本章小结

1. 电子商务、数字化市场和数字化商品有哪些特点？

电子商务是指组织和个人之间的数字化的商业交易。电子商务技术的特点有无所不在、全球范围、全球统一标准、丰富程度、交互性、信息密度、个性化/定制化和社交技术。

数字化市场被认为比传统市场更加“透明”，使信息不对称减少了。数字化市场非常灵活和有效，使寻找和交易成本以及菜单成本更低，并且可以根据市场行情的变化动态地定价。数字化商品如音乐、视频、软件、报纸、杂志和书籍，可以通过数字网络来传输。一种数字产品被生产出来后，数字传输该产品的成本非常低。

2. 电子商务主要的商业模式和盈利模式有哪些？

主要的电子商务商业模式有网络零售商、交易代理、市场创造者、内容提供商、社区提供商、服务提供商和门户网站。主要的电子商务盈利模式有广告盈利模式、销售盈利模式、订阅盈利模式、免费/免费增值盈利模式、交易费盈利模式和合作盈利模式。

3. 电子商务如何改变市场营销？

互联网为营销者提供识别数百万潜在用户并与其沟通的新方式，且成本比传统媒体低得多。众包利用“群体智慧”，帮助企业更好地了解客户，优化产品和服务，提升客户价值。行为定向技术改善了横幅广告、富媒体和视频广告的效果。

4. 电子商务如何影响企业间的交易？

B2B 电子商务使公司能够利用电子化方式寻找供应商、投标、发出订单以及跟踪在途货物，进而提高企业运营效率。网络市场为众多买家和卖家提供了一个单一的数字化市场。专用行业网络将企业与它的供应商以及其他的战略商业伙伴连接起来，形成高效率、高响应度的供应链。

5. 移动商务在商业中扮演什么样的角色？最重要的移动商务应用是什么？

移动商务尤其适用于定位应用，比如寻找当地酒店和餐厅、检测当地交通和查询天气、提供基于个性化定位的市场营销。手机和其他手持设备可以用来进行移动账单支付、银行业务查询、证券交易、交通信息更新，以及数字化产品（如音乐、游戏和视频片段）下载。移动商务需要无线接口和处理微支付的电子支付系统。智能手机的 GPS 功能使地理广告服务、地理社交服务和地理信息服务成为可能。

6. 创建电子商务网站必须考虑哪些问题?

创建一个成功的电子商务网站需要清楚地了解网站所需达到的经营目标，并选择合适的技术以实现这些目标。一个电子商务网站不仅仅是一个企业网站，也可以是脸书、推特和其他社交网站上的网页，还可以是智能手机的应用程序。

复习题

1. 电子商务、数字化市场和数字化产品有哪些特点?
- 列出并描述当今电子商务发展的四种商业趋势和三种技术趋势。
- 列出并描述电子商务的八种独特性。
- 定义数字化市场和数字化商品，描述它们各自的特征。

2. 电子商务主要的商业模式和盈利模式有哪些?
- 列出并描述主要的电子商务商业模式。
- 列出并描述主要的电子商务盈利模式。

3. 电子商务如何改变市场营销?
- 说明社交网络和“群体智慧”如何帮助企业改善营销效果。
- 定义行为定向，并解释其如何在单个网站和广告网络中起作用。
- 定义社交图谱，并解释其在电子商务营销中如何使用。

4. 电子商务如何影响企业间的交易?
- 解释互联网技术是如何支持 B2B 电子商务的。
- 定义并描述网络市场，解释其与专用行业网络的区别。

5. 移动商务在商业中扮演什么样的角色? 最重要的移动商务应用是什么?
- 列出并描述最重要的移动商务服务和应用。

6. 创建电子商务网站必须考虑哪些问题?
- 列出并描述四种类型的电子商务网站。

讨论题

1. 互联网是如何改变客户和供应商的关系的?
2. 互联网不会使企业退化，但公司必须改变自己的商业模式。你同意这个观点吗? 请解释原因。
3. 社交技术是如何改变电子商务的?

管理信息系统实践项目

本部分的实践项目涉及以下几个方面：为企业制定电子商务战略，使用电子表格软件调研电子商务企业的盈利性，以及使用网络工具研究和评估电子商务托管服务。

管理决策问题

1. 哥伦比亚纳是位于加勒比海的一个独立小岛屿。政府希望开发旅游业，吸引更多游客。岛上有众多历史古迹、城堡和其他景点，还有迷人的雨林和巍峨的群山。沿着美丽的白色沙滩，可以发现几家高档宾馆和很多价格合理的旅店。主要航空公司和一些小型航空公司都有飞往哥伦比亚纳的常规航班。哥伦比亚纳政府想要促进旅游业发展，同时为当地的热带农产品开拓新市场。网站能提供什么帮助？适合使用哪种互联网商业模式？网站在其中发挥了什么功能？

2. 访问以下企业的网站：Blue Nile、J. Crew、劳氏和 Priceline。如果在网站上增加企业赞助的博客，哪些企业能从中受益？请列举博客产生的商业效益并说明博客的目标用户。指出公司中应由谁负责撰写博客，并选择一些适合的话题。

提高决策水平：使用电子表格软件分析一家网络企业

软件技能：电子表格的下载、格式化以及公式

商业技能：财务报表分析

在互联网上选择一家电子商务公司，例如 Ashford、Buy. com、雅虎或 Princeline 公司。研究这家公司的网页并说明它的用途和结构。在网络上寻找一篇评论该公司的文章。然后访问美国证券交易委员会的网站 www. sec. gov，获取包含该公司年度利润表和资产负债表的 10-K（年度报告）表。只选择 10-K 表中你考察财务状况所需的部分，下载到你的电子表格中。（MyMISLab 给出了如何将 10-K 数据下载到电子表格中的详细说明。）创建公司过去三年的资产负债表和利润表的简化电子表格。

- 该公司是一家成功的互联网公司，是一家仅能维持经营的公司，还是一家失败的公司？你做出判断依据的信息是什么？为什么？回答这些问题时，请注意这个公司近三年的收入、销售成本、毛利润、经营费用以及净利润的发展趋势。
- 准备一份演讲稿（至少五张幻灯片），包含相关的电子表格或图表，并向你的教授和同学进行展示。

实现卓越运营：评估电子商务的主机托管服务

软件技能：网站浏览软件

商业技能：评估电子商务的主机托管服务

该项目帮助你培养托管一家刚起步的小型电子商务网站所需的商业服务技能。

你打算建立一个网站，销售来自葡萄牙的毛巾、亚麻布、陶器和餐具，并考察运营小型互联网商店所需的主机服务。你的网站应该能进行安全的信用卡支付，计算运输费用及税费。首先，你应该展示 40 种不同产品的图片和说明。访问 Yahoo! Small Business，GoDaddy 和 iPage，并比较它们向小企业提供的电子商务主机服务的范围、功能及成本。考察它们为建立电子商务网站所提供的工具。比较这些服务，并决定如果你真的要建立一个网上商店，你会使用哪一个？写一份简要的报告，阐述你的选择，并分析每一种服务的优缺点。

章末案例

培养客户的社交方式

对大多数人来说，脸书和推特是他们与朋友保持联系并让他们知道你正在做什么的途径。然而，对所有公司来说，脸书和推特在以下方面是强有力的工具：吸引客户、发布产品信息、发现趋势和影响力、建立品牌认知度及响应客户要求和推荐。有一半的推特用户在微博上推荐过产品。这表明社交媒体是世界上最大的焦点小组，消费者会告诉你他们每天想要的是什么。

几乎所有《财富》1 000 强和众多更小的公司都利用脸书的品牌页面来发展自己的“粉丝”，它们通过博客、评论页面、竞赛和品牌页面上的产品让客户与品牌产生互动。“点赞”按钮可以让用户在他们的社交网站上分享自己对于目前正在查看的内容和其他事物的感受。通过数以百万网站上的“点赞”按钮，脸书可以追踪其他网站的用户行为，然后将这些信息卖给营销人员。脸书还向公司出售广告展示权，使其广告出现在用户主页的右侧。

推特开发了很多新产品来吸引广告商，例如“Promoted Tweets”和“Promoted Trends”。当推特用户搜索某些关键字时，这些功能可以使其广告更醒目。

Wrigleyville Sports 是一家拥有 3 个零售商店和电子商务网站的小公司，它出售与体育相关的服装和新奇的小玩意（例如将芝加哥小熊队的队徽印在三明治上的制作工具），该公司已经建立脸书品牌页面 3 年多。脸书页面上的帖子与电子邮件中的内容一样，但在推特上不得不浓缩成 140 个字。Wrigleyville 的一些促销活动使用所有这些渠道，另一些活动则更具社交性。例如，2011 年，该公司在脸书页面发起了一项母亲节竞赛活动，邀请访问者展示一张母亲的照片，来证明为什么她是芝加哥小熊队最忠实的粉丝。Wrigleyville 用它的客户关系管理系统 NetSuite 追踪与这次促销相关的购买行为，可以知道哪一次促销产生了最赚钱的新客户。Wrigleyville 知道哪些客户作出反应，他们花费了多少钱，以及他们购买了什么，所以它可以衡量转化率、关键词“购买”的价值和整个活动最后的回报。

尽管脸书或推特上的帖子显示一些公司为失误或客户抱怨而道歉，但这些公司依然可能获益。今天，公司表现得越诚实、越人性化，消费者就越喜欢它们并坚持使用它们的产品。举个例子，JCD Repair 是芝加哥一家成立 6 年，从事 iPhone、iPad 和安卓手机维修的公司，它发现鼓励客户在脸书、Yelp 和 Google Plus Local 上反馈它的服务会带来更多的业务。尽管大部分评论是积极的，但 JCD 的所有者马特·麦考密克（Matt McCormick）相信，即使是不好的评论也是有用的。他认为，负面的评论不仅让你看起来更可信，而且在你做得不够好的方面给予了非常有价值的反馈。这也让你有机会与客户一起做正确的事情。如果你能快速地处理问题并将事情做对，会给人们留下深刻的印象。

公司也会从关于竞争对手的正面评价中获益。通用磨坊（General Mills）在冷麦片市场拥有 30.1%的市场份额，并且在脸书、推特、Instagram 和汤博乐上维持着一个强大的社交网站。它的脸书小组“Hello，Cereal Lovers”拥有超过 366 000 名支持者。尽管通用磨坊使用这些渠道来讨论它自己的品牌，例如 Cheerios 和 Lucky Charms，但它偶尔会突出竞争对手的麦片。例如，Hello，Cereal Lovers 推荐一名用户用宝氏（Post）的 Honey Bunches of Oats 制作的食谱，而在推特上通用磨坊又展示了一个由宝氏的 Fruity Pebbles 和凯洛格（Kelloggs）的 Rice Krispies 制作的食谱。通用磨坊的市场总监卡拉·弗农（Carla Vernon）相信这种“无关品牌”的方法会使公司看起来更真实，能与那些购买享用该产品的人们产生更好的互动。

由于 92%的美国家庭消费冷麦片，因此这个市场已经饱和。对于通用磨坊和其他麦片公司来说，一种应用普遍的增长策略便是增加营销人员所称的“使用场合”，即宣传如何在健康食谱、手工制作食品和减肥计划中使用。通用磨坊已经使用它的网站和社交网络在多方面刺激麦片的消费量。

一个社交网站的效果很难预测，并不总是盈利的，就像一些公司曾经经历的那样。公司对脸书上的广告没有过多的控制，这些广告大部分基于计算机算法推送。2013 年 5 月下旬，在脸书没能移除带有美化暴力侵害妇女行为的页面后，女权活动家们发起了一场数字媒体活动，曝光了那些含有这些页面广告的公司。日产和一些小公司暂时从网站上移除了它们的广告，脸书也撤下了问题页面。

当汉堡王的推特账号在 2013 年年初被黑客入侵时，它的标志被一个麦当劳的标志取代，并且出现了一些流氓公告，其中一条是汉堡王已经被出售给它的一个竞争对手。其他帖子都不能打印。吉普（Jeep）在一天后也被黑客攻击，黑客将其缩略图替换成凯迪拉克的（凯迪拉克属于通用汽车，而吉普属于克莱斯勒）。这些无厘头的帖子开始流入吉普的新闻源。

所有公司都急于创建脸书页面和推特账号，但是很多公司仍然不知道怎样充分利用这些社交媒体工具。传统营销主要使用单向沟通来创造和传递信息。社交媒体营销是双向的沟通和互动。它能使公司得到顾客对一条信息的即时反馈，如果有必要的话可以立即修改该信息。很多公司依然不明白这两者的差异。它们大量使用有销售和营销功能的社交媒体网站来吹嘘自己，但并不与客户沟通互动，而在沟通中它们可以收集客户的反馈和意见。Enterasys Networks 的首席客户官瓦拉·阿夫沙尔（Vala Afshar）指出，大多数公司在使用社交媒体时不得要领是因为它们太缺乏耐心。它们想通过"我，我，我"的营销和推销方法来吸引潜在客户，而不是使用社交媒体慢慢与客户沟通并建立联系。

Vistaprint 是一家总部位于荷兰的在线平面设计和印刷公司，其美国总部设在马萨诸塞州的列克星敦。它在 2008 年开通了推特账号，但最初并没有找到使用社交媒体发现客户的方法。当 Vistaprint 发布第一条微博时，公司发现消息和语气有错误。Vistaprint 曾经认为社交媒体应该用于公共关系。公司逐渐学会了如何使用社交媒体创造话题与客户沟通。现在，Vistaprint 为小公司提供营销建议。不应期待人们阅读完帖子就马上购买一款产品，他们在准备购买时会想起 Vistaprint 就足矣。Vistaprint 表示使用推特和脸书已经直接增加了利润，因为它通过社交媒体网站的链接可以跟踪销售。

一些公司还未利用社交媒体来获取客户数据用于分析。即使拥有社交媒体分析软件工具，它们也可能不知道怎样正确提出问题。Baseline 咨询公司的吉尔·戴奇（Jill Dyche）指出，社交媒体的问题是：当你开始工作时，你用它做什么？一个社交社区正在热烈讨论旗舰产品吗？棒极了！那么现在做什么呢？

公司可能需要进行试验。广告公司 DraftFCB 的副总裁兼客户情报总监普拉迪普·库马尔（Pradeep Kumar）相信他的社交媒体分析程序最终会成功，尽管他现在不知道如何成功或何时成功。他认为，分析社交媒体数据需要多种工具，并要用这些工具进行试验以检验哪些有效果、哪些没效果。库马尔和其他一些人提醒，现有的倾向性分析工具并不总是准确的，经常无法抓取讽刺的或口语化的语言。

贝斯特韦斯特酒店集团（Best Western International）是世界上最大的连锁酒店之一，它拥有带有社交工具的手机和台式机网站。两个网站都从 TripAdvisor 获得排名信息，让用户看到其他人对酒店的评价。TripAdvisor 每月有 2 亿访问量，为人们提供了一个分享他们在酒店、订票、就餐和租赁方面体验的地方。这是社交反馈推动客户购买决策的一个例子。此外，访问者在贝斯特韦斯特酒店集团网站上可以为某一酒店页面"点赞"。

贝斯特韦斯特酒店集团与 Medallia，Inc.（一家总部位于加利福尼亚州帕洛阿尔托市的客户体验管理软件供应商）合作，开发了一个可以允许酒店管理和响应社交反馈并进行情感分析的工具（见第 6 章）。例如，一家酒店的上网速度可能会引发很多的评论，但该软件可以显示出，与顾客房间的整洁度相比，它的影响有限。这些发现帮助贝斯特韦斯特酒店集团将资源集中用于评价的影响最大的领域。

资料来源：Andrew Adam Newman，"Online，a Cereal Maker Takes an Inclusive Approach，" *New York Times*，July 23，2013；Aaron Lester，"Seeking Treasure from Social Media Tracking? Follow the Customer，" Searchbusinessanalytics. techtarget. com，accessed May 17，2013；Connor Marsden，"The Role of Social CRM：Changing Dynamics and a Bright Outlook，" Destinationcrm. com，August 23，2013；Tanzina Vega and Leslie Kaufman，"The Distasteful Side of Social Media Puts Advertisers on Their Guard，" *New York Times*，June 3，2013；Tanzina Vega and Nicole Perlroth，"Twitter Hackings Put Focus on Security for Brands，" *New York Times*，February 24，2013；Ashley Smith，"Social Media for Business Begs for More Listening and Less Marketing，" SearchCRM. com，January 22，2013；Melinda F. Emerson，"Even Bad Reviews on the Web Can Help Your Business，" *New York Times*，July 17，2012；and Besty Sigman，"Social Media Helps Build Strong Brands，" *Baseline*，March 9，2012.

◆ 案例思考题

1. 评估使用社交媒体与客户沟通涉及的人员、组织和技术因素。

2. 使用社交媒体进行广告宣传、品牌建立、市场调研和客户服务的优劣势各有哪些？

3. 给出通过使用社交媒体与客户互动为管理决策带来便利的例子。

4. 所有的公司都应该将脸书和推特用于客户服务和营销吗？为什么？哪些类型的公司最适合使用这些平台？

第 11 章

决策优化与知识管理

Improving Decision Making and Managing Knowledge

学习目标

学完本章后，你将能够回答以下问题：

1. 决策可分为哪些类型？决策过程是怎样的？
2. 商务智能和商务分析是如何支持决策制定的？
3. 信息系统如何帮助个人或群体成员更有效地制定决策？
4. 在决策制定和知识管理中使用智能技术的商业利益何在？
5. 用于企业级知识管理和知识工作的信息系统有哪些？它们如何为企业创造价值？

章首案例

点球成金：数据驱动的棒球

2011 年 9 月 23 日，电影《点球成金》（Moneyball）在全美电影院公映，影星布拉德·皮特（Brad Pitt）饰演奥克兰运动家队（Oakland Athletics）特立独行的总经理比利·比恩（Billy Beane）。电影根据迈克尔·刘易斯（Michael Lewis）的畅销书改编，书中描述了比恩怎么带领弱旅奥克兰运动家队——职业棒球大联盟中最穷的球队之一——在 2002 年赢得了 103 场比赛。在比恩的指导下，奥克兰运动家队在接下来的 8 个赛季 5 次进入季后赛。

2002 年赛季开始之初，最富有的球队是纽约扬基队（New York Yankees），薪资高达 1.26 亿美元；奥克兰运动家队和坦帕湾魔鬼鱼队（Tampa Bay Devil Rays）最穷，薪资都只有 4 100 万美元。这样的差距意味着只有最富有的球队才能负担得起最好的球员。一支像奥克兰运动家队这样贫穷的球队只能聘请被“更好的”球队拒之门外的球员，因此几乎不会取得成功——直到出现点球成金。

比恩是怎么做到的？他仔细查看数据。传统上认为，高水平的大牌击球手和熟练的年轻投手是比赛取胜的关键因素。比恩和他的总经理助理保罗·德波德斯塔（Paul DePodesta）用先进的球员和球队统计分析数据证明这些看法是错误的。结合当前可获得的棒球赛统计数据，用来预测比赛胜负和球员表现的指标有安打率、击球跑垒得分和盗垒成功次数等。棒球星探用这些指标和他们的直觉来为他们的球队争夺人才。

比恩和德波德斯塔发现了一套不同的指标，可用来更好地预测一支球队赢得一场比赛的机会，即一个击球手在营垒上的时间百分比或迫使对方投手大量投球的百分比。所以比恩找到那些自己可以负担得起薪水并且满足这些指标的被资金雄厚的球队忽视或拒绝的球员。他不在乎一名球员是否超重或似乎过了巅峰期——他只关注数字。比恩建立了一支持续取胜的球队，他通过使用先进的分析技术来深入了解每名球员的价值及其对球队胜利的贡献，而更富有的球队忽视了这些。

比恩和他的数据驱动棒球的方法在比赛中产生了巨大的影响。在看到奥克兰运动家队 2002 年取得成功后，波士顿红袜队（The Boston Red Sox）聘请了优秀的棒球统计员比尔·詹姆斯（Bill James）并采用了比恩的策略，同时投入了更多的资金。两年后，他们赢得了世界系列赛。

虽然很多专家依然相信传统的球员评价方法、直觉、金钱和运气是赢得比赛的关键因素，但是现在棒球和其他专业运动队开始通过深层分析来指导比赛各个方面的决定。棒球队、足球队、篮球队、冰球队、橄榄球队和网球团队都认为分析技术是他们的竞争优势之一。体育团队之间对熟练的数据分析师的竞争几乎与顶尖体育人才之间的竞争一样激烈。

由于所有的大联盟棒球队以这种或那种方式使用数据分析来指导他们的决策，奥克兰运动家队失去了唯一掌握该知识时的竞争优势。即使比恩从 2006 年起就没能再带领奥克兰运动家队进入季后赛，但在企业管理巡回演讲后他仍然是一个被高度追捧的人。其原因显而易见。《点球成金》不仅仅关注棒球，它讲述了在资源匮乏、创新必不可少的环境中，如何使用数据作为一项有竞争力的武器。

资料来源：Andrea Andreescu，"Big Data Is Bringing a Competitive Edge to Athletes and Teams，" Business2 Community，April 9，2013；Dong Henschen，"4 Analytics Lessons From Professional Sports，" *Information Week*，March 4，2013；Don Peppers，"Baseball，Business，and Big Data，" FastCompany. com，April 24，2012；Narendra Mulani，"Performance Enhancing Insights Matter in Sports and Business，" *Information Management*，November 20，2012；Matthew Futterman，"Baseball after Moneyball，" *The Wall Street Journal*，September 22，2011；Adam Stermberge，"Billy Beane of 'Moneyball' Has Given Up on His Own Hollywood Ending，" *The New York Times*，September 21，2011；and Michael Lewis，*Moneyball：The Art of Winning an Unfair Game*，2003.

由《点球成金》可知，棒球已经是一项"不公平"的运动。鉴于棒球大联盟内球队预算的巨大差距，更富有的球队在招募最好的球员方面拥有绝对优势。但是，通过使用先进的分析技术来决定招募和培养哪些球员，比恩成功地将弱旅奥克兰运动家队打造成一支冠军球队。棒球比赛是一种商业活动，开篇案例为其他商业活动提供了经验：你可以变得更有效率、更具竞争力，如果你知道怎样使用数据来驱动你的决策。

下图指出了上述案例和本章的要点。棒球大联盟的球队收集球员和球队的数据已经很多年了，但是他们的管理由于早期的决策制定模型使用错误指标来预测球队表现而受到限制。像奥克兰运动家队这种预算少的球队由于负担不起最好的球员而停滞不前，那些最富有的球队则越来越强。比恩和德波德斯塔通过对复杂的球员和比赛数据进行统计分析，设计了一套更好的指标用于预测球员表现。一名球员的技巧固然非常重要，但是比恩证明了一支由低技能球员组成的球队依然可以获胜，如果它重视高上垒率的球员和迫使对手大量出局的投手。与那些花费更高成本的竞争对手相比，比恩有效地打造了一支表现一流的球队，因为他关注数据。

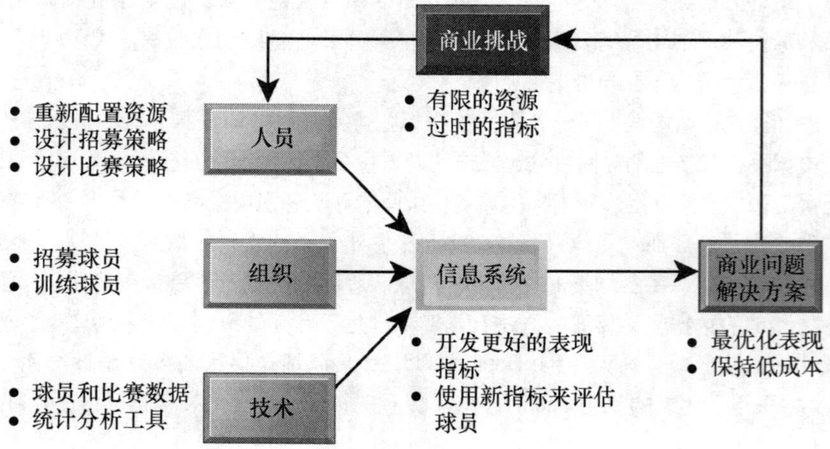

思考以下问题：有人说《点球成金》涉及的已经不仅仅是棒球了。这种表述的含义是什么？企业可以从《点球成金》中学到什么？如果所有的企业都像《点球成金》这样运作会怎样？

11.1 决策制定和信息系统

信息系统带来的好处之一在于提高个人和群体的决策水平。企业的决策制定过去只局限于管理层。如今，信息系统使更低层的员工也能获得信息，因此基层员工也需要制定一些决策。然而更好的决策意味着什么？在企业和其他组织中决策是怎么制定的？让我们来进一步了解。

11.1.1 提高决策水平的商业价值

对于企业来说，能够制定更好的决策意味着什么？提高决策水平对企业有何财务上的价值？表 11-1 尝试衡量更好的决策对美国一家年收入 2.8 亿美元、拥有 140 名员工的小型制造企业的财务价值。该公司认识到，投资新系统能够提高许多关键决策的质量。该表给出了提高决策水平为几个备选业务领域创造的年总价值估计值（表现为节约的成本或增加的收入）。

表 11-1 提高决策水平的商业价值

决策示例	决策制定者	年决策次数	单个决策质量的提升带给企业的价值（美元）	年总价值（美元）
为最有价值的客户提供支持	财务经理	12	100 000	1 200 000
预测呼叫中心的日需求	呼叫中心管理层	4	150 000	600 000
决定每天的零部件库存水平	库存经理	365	5 000	1 825 000
识别主要供应商的竞争性报价	高级主管	1	2 000 000	2 000 000
按订单安排生产	生产经理	150	10 000	1 500 000
分配劳动力以完成工作	生产车间经理	100	4 000	400 000

从表 11-1 中可以看出，企业各层次都要制定决策，其中有些决策是经常性的、例行的且数目众多。尽管提高单个决策质量的价值可能很小，但是成百上千个“小”决策质量的提升能给企业带来巨大的价值。

11.1.2 决策的类型

如第 2 章所述，组织中有不同的层次。每一个层次需要制定不同类型的决策，因此有不同的信息需求（见图 11-1）。决策可分为结构化决策、半结构化决策和非结构化决策。

非结构化决策（unstructured decisions）是指决策者必须进行判断、评估、洞察进而解决问题的决策。每个这样的决策都是不重复的、重要的、非常规的，且决策过程没有统一或公认的程序。

相比而言，**结构化决策**（structured decisions）是指不断重复的、常规的且可依照明确的程序来制定的决策，因此不必每次都将它们视为新的决策。许多决策介于上

图 11-1 企业中关键决策制定群体的信息需求

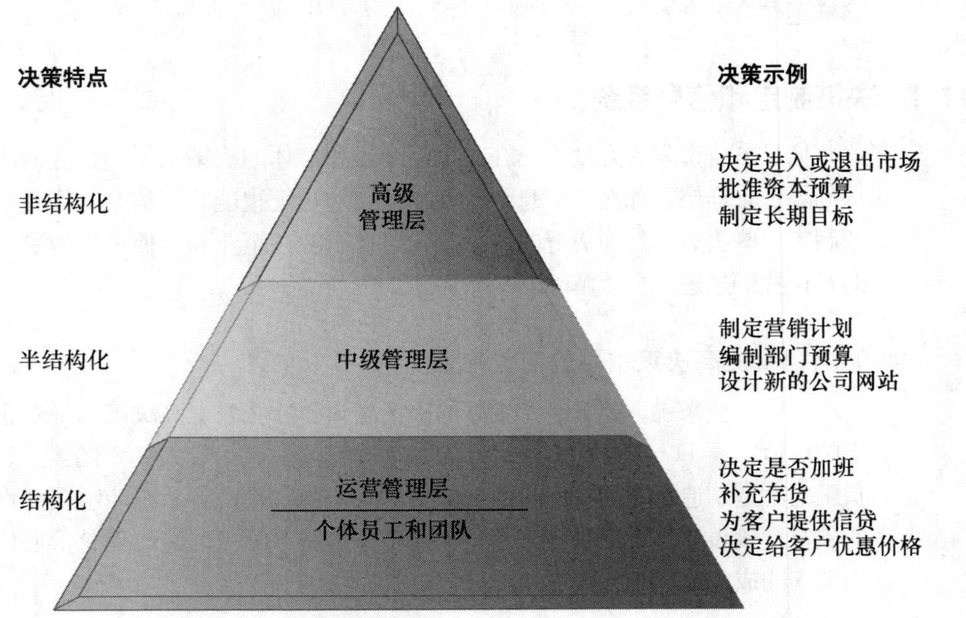

说明：高层管理者、中层管理者、运营管理者以及普通员工有不同的决策类型和信息需求。

述两种类型之间，称为**半结构化决策**（semi-structured decisions）。这类决策问题只有一部分可由既定的程序提供明确的答案。一般来说，结构化的决策在较低的组织层次中更普遍，非结构化的问题则在企业的较高层次中更常见。

高层管理者面对许多非结构化决策，例如制定企业的五年或十年目标，或者决定是否进入新市场。要回答"我们是否应进入一个新的市场"这一问题，需要综合考虑新闻、政府报告、行业前景以及业绩的汇总。然而，回答这个问题还需要高层管理者利用经验做出判断，并征求其他管理者的意见。

中层管理者面对更多的结构化决策，但这些决策可能会包含非结构化的成分。中层管理者遇到的一个典型的决策问题可能是："报告显示，明尼阿波利斯市某分销中心在过去的六个月内订单完成量呈下降趋势，原因何在?"中层管理者可从公司的企业系统或分销管理系统获得一份关于明尼阿波利斯市分销中心的订购情况和经营效益的报告。这是该决策的结构化部分。但是在得到答案之前，中层管理者还必须找员工面谈，并从外部资源中获取更多关于当地经济情况或销售趋势的非结构化信息。

运营管理者和普通员工则往往制定结构化决策。例如，生产线主管要判断按时计酬的员工是否有资格领取加班费。如果员工在某一天工作超过 8 小时，主管就应按规定付给工人当天的加班费。

客户代表经常要根据客户数据库的信用信息来决定是否向客户提高信用额度。如果客户符合企业制定的标准，客户代表就可以给予该客户完成交易的信用额度。上面两个例子中，决策都是高度结构化的。许多大公司中每天要做成千上万次这样的决策，而决策方案已被预先编进企业的工资支付和应收账款系统程序中。

11.1.3　决策制定过程

制定决策是一个多步骤的过程。西蒙（Simon，1960）描述了决策制定过程的四个阶段：情报、设计、选择和实施（见图 11－2）。这些阶段与贯穿本书的四步骤问题解决方法相对应。

图 11－2　决策制定的阶段

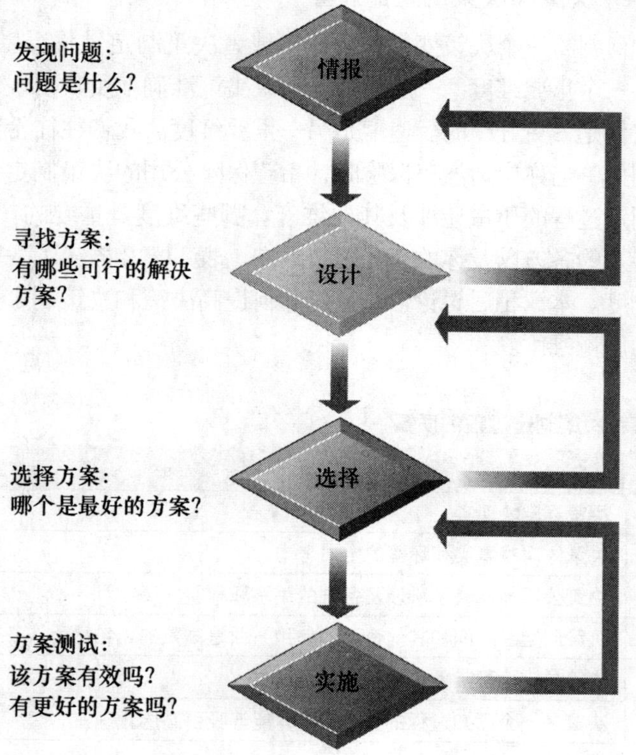

说明：决策制定过程可以分为四个阶段。

情报（intelligence）阶段要发现、确定并了解组织中出现的问题——为什么会出现问题，问题出在哪里，以及问题对企业有什么影响。**设计**（design）阶段需要确定和探寻解决问题的各种方案。**选择**（choice）阶段是在各种解决方案中做出选择。**实施**（implementation）阶段执行所选择的方案并持续追踪该方案的效果。

如果你选择的方案效果不佳，该怎么办？图 11－2 表明，有必要的话，可返回并重复决策制定过程中的前一阶段。例如，当销量下降时，销售管理团队可能会决定给销售人员支付更高的薪酬，刺激他们更努力地工作以提高销售业绩。如果此举未能带来销量的增加，管理者就要调查问题是不是出在产品设计、客户支持或其他方面，进而提出不同的解决方案。

■ **高速自动决策**

今天，组织的许多决策不是由经理或其他人来完成的。例如，你在搜索引擎 Google 中输入一个查询，电脑系统需要在大约半秒（500 毫秒）内决定显示哪些网址。美国电子交易所的高频交易程序在 30 毫秒内执行交易。在这种情况下，人类（包括管理者）由于速度太慢而从决策链中淘汰出局。

在这些高速自动决策中，决策制定过程的情报、设计、选择和实施部分由计算机算法完成，该算法精确定义应遵循的步骤以产生一个决定。编写软件的人已经识别问题，设计出找到解决方案的方法，定义一系列可接受的解决方案并将它们予以实现。显然，由于这个循环过程中没有人类参与，因此必须采取非常谨慎的态度来确保这些系统正确操作，以避免它们对组织和人类造成巨大伤害。

11.1.4 决策和决策制定的质量

如何判断一个决策变得“更好”或者决策制定过程得以“改进”？准确性是决策质量的一个重要维度。一般而言，如果决策准确地反映了现实世界中的信息，我们就认为它们是“更好”的。速度是另一重要维度。我们往往希望决策制定过程高效、迅速。例如，当你申请汽车保险时，希望保险公司的决策制定快速、准确。但是决策和决策制定过程的质量还涉及其他维度。哪些维度是重要的？这取决于你所在的企业、决策涉及的各方以及你的个人价值取向。表11-2描述了一些决策制定中需要考虑的质量维度。本章稍后讨论信息系统如何提高决策和决策制定过程的质量时，会用到该表中的质量维度。

表11-2 决策和决策制定过程的质量

质量维度	描述
准确性	决策要反映现实
综合性	决策体现对事实和环境的全面考虑
公平性	决策公平地反映了所涉及各方的关系和利益
速度（有效性）	决策制定在时间和其他资源的使用方面是高效的，包括所涉及各方（如客户）的时间和资源
一致性	决策是一个可被他人理解的合理过程
过程的预期性	决策是一个已知过程的执行结果，能够吸引高层管理者

11.2 企业中的商务智能

第2章介绍了用于支持管理决策的各类系统。而商务智能和商务分析的基础设施是所有这些决策支持系统的基础，它们提供用于支持决策的数据和分析工具。

11.2.1 什么是商务智能

“商务智能”是一个专业术语，软硬件供应商和信息技术顾问常用它来描述存储、整合、汇报和分析商业数据的基础设施。基础设施用以收集、存储、清理数据，并将相关信息提供给管理者，如第6章中提到的数据库、数据仓库和数据集市。“商务分析”也是一个由供应商定义的术语，它更关注分析、理解数据的工具和技术，如第6章中介绍的联机分析处理、统计、模型和数据挖掘。

商务智能与商务分析将企业产生的所有信息流整合成一个连贯一致的企业范围内数据集，然后使用建模、统计分析以及数据挖掘工具来对所有这些数据做出合理的解释，使管理者可以制定更好的决策和计划。开篇案例中描述的奥克兰运动家队正是使用商务智能程序做出雇用哪些球员和怎样建立一支冠军棒球队的决定。

请记住，商务智能与商务分析是由技术供应商和咨询公司提供的产品。它们由硬件和软件套件组成，主要由大型系统供应商销售给《财富》500 强企业。SAP、甲骨文、IBM、SAS 研究所以及微软是这类产品最大的五个供应商。2013 年全球商务智能软件的销售额达到 138 亿美元（Gartner，2013）。现在，一些商务智能和商务分析产品已经拥有云计算和移动版本。

11.2.2　商务智能环境

图 11－3 概述了商务智能的环境，主要介绍主流商务智能供应商提供的软件和硬件，以及随着时间推移企业所具有的管理能力。

图 11－3　用以支持决策的商务智能与商务分析

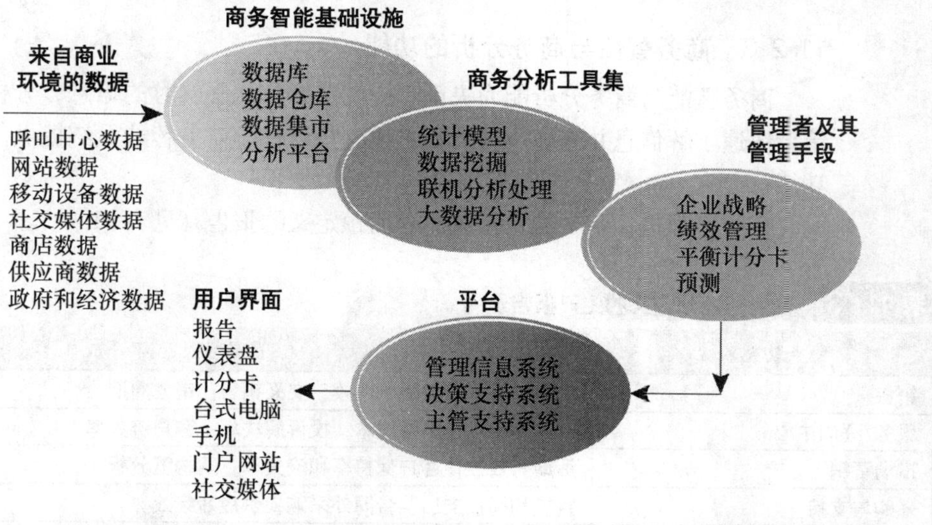

说明：商务智能与商务分析需要强大的数据库基础、一系列分析工具以及能够提出疑问并分析数据的管理团队。

在商务智能环境中，有六大元素：

- 商业环境中的数据：企业必须处理结构化和非结构化数据，它们有不同的来源，包括大数据。这些数据要经过整合、组织，才能被决策者拿来分析和使用。
- 商务智能基础设施：商务智能的根本的基础是功能强大的数据库系统，它能捕获与经营业务有关的所有数据。这些数据可能存储在事务性数据库中，或者合并、集成到企业数据仓库或一系列相互关联的数据集市中。
- 商务分析工具集：一组软件工具，用于分析数据并生成报告，回答管理者提出的问题，采用关键绩效指标来追踪业务进度。
- 管理者及其管理手段：商务智能硬件和软件的智能程度取决于使用者。管理者采用不同的管理手段定义战略业务目标，确定进程的度量方法，开展数据分析。这些管理手段包括企业绩效管理、平衡计分卡（关注关键绩效指标）和行业战略分析（关注整体商业环境变化，尤其是竞争对手）。
- 服务供应平台——管理信息系统、决策支持系统、主管支持系统：商务智能与分析的结果将采用不同的方式传递给管理者和员工，具体采用哪种方法取决于他们需要哪些信息来完成自己的工作。我们已在第 2 章介绍了管理信息系统、决策支持系统和主管支持系统，它们将信息和知识传递给公司中不同层次的人群——基层员工、中层管理者和高层管理者。过去，这些系统不能共享数据，只能作为独立的系统运行。如今，一套以商务智能与分析形式封装的软硬件工具能够整合所有信息，并将它们传送到管理者的台式电脑或移动平台上。

● 用户界面：现在的商务人士并不总在固定地点办公。比起阅读只有枯燥信息的报告，通常他们从可视化数据中了解信息更快。现在的商务分析软件套件强调**数据可视化**（data visualization）技术（如丰富的图表、仪表盘和计分卡），还能在黑莓、iPhone 和其他移动手持设备以及公司门户网站上提供报告。商务分析软件添加了在推特、脸书或内部社交媒体上发布信息的功能，以支持在线群组环境（而非面对面会议）中的决策。

11.2.3 商务智能与商务分析的功能

商务智能与商务分析能为决策者提供准确和几乎实时的信息，分析工具能帮助决策者快速了解信息并采取行动。为实现这些目标，商务智能系统提供了以下六项分析功能：

● 生产报告：基于特定行业需求而预定义的报告（见表 11-3）。

表 11-3 商务智能预定义的生产报告示例

业务功能领域	生产报告
销售	销售预测，销售团队绩效；交叉销售；销售周期
服务/呼叫中心	客户满意度；服务成本；投诉解决率；客户流失率
市场营销	活动有效性；客户保持率和流失率；购物篮分析
采购与支持	直接和间接支出；合同外采购；供应商绩效
供应链	未完成订单；完成状态；订货周期；物料清单分析
财务	总账；应付账款和应收账款；现金流；利润率
人力资源	员工工作效率；工资；劳动力人口统计；员工留任

● 参数化报告：用户可以输入几个参数，在数据透视表中过滤数据并将参数的影响分开。例如，你也许想输入不同地区和一天中的不同时段来了解产品的销量是如何随地区和时间变化的。星巴克也许会发现东部的顾客大多在早晨购买咖啡，而西北部的顾客全天都会买咖啡。这一发现可能会导致各个地区采用不同的营销方式和广告宣传（见后文对数据透视表的讨论）。

● 仪表盘/计分卡：可视化工具，用于展示由用户定义的绩效数据。

● 即时查询/搜索/创建报告：允许用户基于查询和搜索来创建自己的报告。

● 下钻：从高层次的概述到更详细的视角的功能。

● 预测、情境、模型：包括线性预测、假设情境分析以及采用标准统计工具分析数据等功能。

■ 预测分析

商务智能的一个重要功能是可以预测未来事件和行为，例如客户响应订购产品的要约的可能性。**预测分析**（predictive analytics）使用统计分析、数据挖掘技术、历史数据和对未来情况的假设来预测未来趋势和行为模式。这就需要识别出可以预测未来行为的变量。举例来说，一家保险公司在处理汽车保险政策问题时，可能选取年龄、性别和驾驶记录作为行车安全的预测变量。将这些预测变量的集合纳入一个预测模型，在一个可靠性可接受的水平上进行预测。

联邦快递使用预测分析工具创建模型，预测客户对价格变化和新服务会有怎样的反应，哪些客户容易流失到竞争对手那里，新的店面和投递点会产生多少收入。该预测分析系统的准确率为 65%～90%。

预测分析正被许多商务智能程序用于销售、市场营销、财务、欺诈检测和卫生保健。最著名的程序之一便是信用评分，它在金融服务领域得到广泛使用。当你申请一张新的信用卡时，评分模型会处理你的信用历史、贷款申请和购买数据，以确认你未来按时还款的可能性。电信公司使用预测分析来识别最盈利的客户、最容易流失的客户及新的服务和计划最能留住的客户。医疗保险公司已经使用数据分析多年，以识别哪些患者最容易产生高费用。

许多公司采用预测分析来预测消费者对直销活动的响应。公司可以降低其营销和销售成本并忽略那些响应不积极的客户，同时将公司资源集中到那些更有价值的客户身上。例如，美体小铺（The Body Shop）的美国分公司使用预测分析和有关其目录、网站和零售商店客户的数据来识别哪些客户最可能购物。这些信息帮助公司建立了更准确和更有目标的邮件列表，提高了目录邮购的回应率，增加了目录邮购收入。

■ 大数据分析

预测分析现在利用在私人和公共部门积累的大数据，包括来自社交媒体和客户交易的数据以及来自传感器和设备的输出。在电子商务领域，很多在线零售商将定制化在线商品推荐给网站访问者，以刺激消费并引导他们储存某些商品。然而，大部分商品推荐都基于相似客户群体（例如收入低于 50 000 美元的人群或年龄在 18～25 岁之间的人）的行为。现在，一些公司开始分析它们收集到的大量线上和线下客户数据以及社交媒体数据，以使其推荐更加个性化。

像沃尔玛、Netflix 和易趣这样的大型网络公司分析来自客户交易和社交媒体的大数据，以创建实时的个性化的购物体验。这些努力已转化为更高的客户消费量和客户保持率。

易趣使用 Hunch. com（成立于 2001 年）向每个用户发送个性化推荐，这些推荐基于他们自身的偏好。Hunch. com 建立了一个巨大的数据库，包括客户消费和社交网络的数据以及来自网络的信号。Hunch. com 可以分析这些数据，创建一个“品位图表”来与用户对商品、服务、网站和其他人的预测相匹配，然后使用这些信息创建个性化推荐。

Hunch. com 的“品位图表”涉及对大约 5 亿人、2 亿物品（例如视频、工具和图书）以及 300 亿人与物品之间联系的预测。为了近乎实时地产生准确的预测，Hunch. com 从更大的“品位图表”中提取每个人的品位，并将其转化成一种更便于管理的“品位指纹”。

Hunch. com 的预测技术正帮助易趣发展推荐项目，但这个项目可能不会立即让用户从它的在线市场购买商品。例如，对于一个在易趣上购买商品的钱币收藏家，Hunch. com 可能会推荐专门用于鉴定钱币的显微镜。如果易趣卖家的客户档案可以帮助他们更好地决定提供哪些商品、怎么描述他们的商品甚至宣传易趣的物品，那么 Hunch. com 对于他们来说也是一项重要的工具。

在公共部门，大数据分析正促使政府成为“智能城市”，大量使用数字技术和数据存储就管理城市和服务做出更好的决策。超过 200 年的公共记录已经产生了大量的财产转让、税收、企业申请、环保合规性审计、餐厅检查、建筑维修、公共交通评估、犯罪情况、卫生部门统计、公共教育、实用评论方面的数据。大数据分析不仅可以利用未充分利用的数据，而且可以通过使用传感器将它们添加到手机和目标智能手机应用程序中。预测建模程序现在可用于公用事业管理、交通运输、医疗服务和治安等方面的公共政策决策。更重要的是，它可以评估一项服务的改变怎样影响其他服务的运营和交付，确保可以全面解决上一代梦想解决的问题。“互动讨论：组织”专栏描述了大数据分析怎样帮助纽约市变得“更智慧”。

互动讨论：组织

大数据使城市更智慧

纽约非常想成为一个“智慧城市”。2013 年秋季，纽约大学得到市政府的支持，并在奥巴马政府前能源部科学副部长史蒂文·库宁（Steven E. Koonin）的指导下成立了城市科学发展中心（Center for Urban Science）。库宁预计工作重心有以下几点：提高公民在各方面的生活质量，从交通管理等多角度提升城市效率，期望在 10 年内减少 30%～50%的水电消费量。

这个由毕业学生、音乐教授和计算机科学家组成的 10 人团队的第一项任务是控制噪声污染。他们主要从 311 热线（供居民投诉各种事情的非紧急热线）获得数据，调查人员还从安装在窗户和建筑物上的无线传感器、交通信号灯和街角处的噪声测试器收集额外的数据，并利用智能手机应用程序，作为众包平台鼓励公民参与其中，以收集更广泛的统计数据。库宁指导下的成果是出台一部汽车噪音限制条例。通过奖励和违规收费手段并用，使居民愿意更换或维修出故障的消声器。计算机仿真可以告诉决策者最佳的执法机制组合和最大限度达到合规要求的一系列步骤。

区域划分、建筑分类和交通流数据，以及清洁部门的常规路线和上班时间都被用来优化垃圾回收工作。其目标是，尽可能在半夜服务尽可能多的商业区，因为此时车辆最少并且不会打扰到很多居民。下一步是计划收集整个城市的建筑物热图，作为将来进行能源使用研究的基础数据。

数量高达太字节的信息（打印出来约有 1.43 亿页）每天从城市的各个角落涌向纽约市政策和战略计划办公室（New York's Office of Policy and Strategic Initiatives），从死亡证明到各类细枝末节应有尽有，例如安装在城市 900 000 座建筑物内的热水器和自动喷水灭火装置的类型。该办公室的任务之一是减少非法搭建的数量——在缺少足够的出口和电线等法律规定的基础设施的建筑内建造额外的居住单元。该团队从 19 家机构收集数据，并创建一个模型来最优化房屋检查工作。借助房屋年龄、修缮许可证、丧失抵押品赎回权的通知、逾期纳税以及其他此类数据，使得该程序识别危险住处的精准率从 13%提高到 70%。而之前，纽约市的 200 个房屋检查员仅能通过粗略的描述来响应 20 000 多个投诉。

迈克尔·弗劳尔斯（Michael Flowers）是该办公室的分析总监。环境保护部想要更有效地定位非法向下水道倾倒食用油的餐厅，因为它们是堵塞城市管道的罪魁祸首。这一任务最后移交给了弗劳尔斯的团队。使用餐厅定位、地理空间下水道定位和商业诚信委员会(Business Integrity Commission)的认证文件，数据筛选程序可以轻松定位没有签订油脂托运服务的餐厅位置和离它们最近的两个下水道的位置。卫生部门的检查人员用这种方法抓到罪魁祸首的成功率达到95%。

Big Apps 竞赛（创立于 2009 年）的参与者，现在使用纽约市开放数据门户网站上公开可用的 1 000 多个数据集作为他们的主要数据资源。2013 年，"Best Jobs and Economic Mobility" 奖的评选中，ChildCareDesk 应用程序获得了第一名。该应用程序运用地图、Yelp 评论和各种城市认证机构的详细报告数据，当相关地域有可提供的儿童看护服务时，系统就会弹出提示信息通知，以便帮助父母决策。前些年的其他获奖应用程序主要提供公共休息室的位置和骑行安全路线等服务内容。

弗劳尔斯注意到，有更多的数据应该被关注，如推特、脸书和其他社交媒体网站上每天数十万的帖子，这些帖子中包括对不卫生餐厅、未回收的垃圾和不安全的街道等的投诉，政府机构过去并未收集来自这些渠道的信息，若能用好这些数据，将进一步提高纽约人的生活质量。

这一切，对于那些谨慎看待大数据或智慧城市运动的隐私权倡导者来说还很遥远。虽然智慧城市会提高服务质量并帮助居民，但是像纽约公民自由联盟（New York Civil Liberties）这样的组织担心可能会出现滥用。像消除名字和纳税识别码以及设置员工键盘按键记录，已经被证明容易受到反向识别和篡改的攻击。毋庸置疑，开放公共数据，特别是在没有监管的时候，要做好防护工作。

福特正在研发可以提醒驾驶员内部（V2I：车辆到基础设施）和外部（V2V：车辆到车辆）威胁的安全系统。例如，当你的汽车加速闯红灯时，V2V 系统会向你发出警告。福特还为刹车灯进行升级，开发了"智慧路口"，它可以监控数字地图、GPS 数据和交通信号状态并将这些数据传送到车载电脑上，驾驶员可以从视觉和听觉上感知到潜在的危险。

英特尔研究部专家预测，智慧城市的驾驶员不仅可以知道前方汽车的速度，而且可以同时看到左、右和后方三辆车的速度。更重要的是，照相机可以检测周围司机是否正在向上、向下或向前看，他们中有没有人没注意方向盘。这些"驾驶状态"将帮助预测模型计算出一起交通事故发生的可能性和哪一辆车处于避免车祸的最佳位置。车祸率以及伴随的受伤和死亡的降低毫无疑问是一个社会利好，但这种程度的数据共享也引起了很多问题。法律是否允许访问速度信息，从而产生超速罚单？如果你转过去安抚坐在座位上的婴儿，是否会增大事故发生的概率并使你受到违规处罚？虽然我们都想知道自己周围有无粗心的司机，但我们是否愿意让他人了解自己的驾驶缺点呢？

资料来源：Jeff Bertolucci, "Big Data: When Cars Can Talk," *Information Week*, June 11, 2013; Allen Feuer, "The Mayor's Geek Squad," *New York Times*, March 23, 2013; John Foley, "New York City Builds On Its Technology Base," *Information Week*, April 23, 2013; Steve Lohr, "SlimCity, for Real: Measuring an Untidy Metropolis," *New York Times*, February 23, 2013; "Smarter, More Competitive Cities: Forward-thinking cities are investing in insight today," IBM, January 2012.

案例思考题

1. 纽约使用什么技术来提高居民的生活质量？
2. 智慧城市运动需要解决的人员、组织和技术问题有哪些？

3. 智慧城市解决了哪些问题？其缺点有哪些？

4. 给出四个在智慧城市中得到改善的决策。

5. 如果社交媒体数据被补充到公共数据中用来提升市政服务的质量，你会担心吗？解释原因。

■ **位置分析与地理信息系统**

“互动讨论：组织”专栏中描述的一些处理数据和决策的应用程序都是基于位置数据。大数据分析包括**位置分析**（location analytics），它可以从位置（地理）数据获得商业洞察力，相关数据包括来自手机的位置数据、来自传感器或扫描设备的输出以及来自地图的数据。例如，位置分析可以帮助营销人员决定向哪些人推送关于附近的餐馆和商店的移动广告，或者度量手机广告对光顾商店的影响。位置分析可以帮助公用事业公司查看和测量与顾客位置相关的成本，帮助公司优先考虑市场营销、系统升级和客户服务工作。第 1 章介绍的 UPS 的包裹跟踪和配送路径系统使用的就是位置分析，星巴克决定在哪里开新店使用的也是该应用程序。（该系统可以识别地理位置，提高销售投资比和每家店面的销售额。）

星巴克的应用程序和前面提到的纽约市系统都是**地理信息系统**（geographic information systems，GIS）的例子。地理信息系统提供工具帮助决策者通过制图将问题可视化。地理信息系统相关软件能将位置数据以点、线及区域的形式标记到地图上。某些地理信息系统还具有建模功能，如果改变了数据，就能自动修改商业场景。

11.2.4 商务智能的用户群体

图 11-4 显示，超过 80%的商务智能用户是一般用户。高级管理人员倾向于使用像仪表盘和计分卡这样的可视化界面，通过商务智能来监控公司活动。中层管理者和分析人士可能更关注数据和软件，按不同维度对数据进行查询和分割。运营层员工、顾客和供应商主要关注预先包装的报告。

图 11-4 商务智能用户

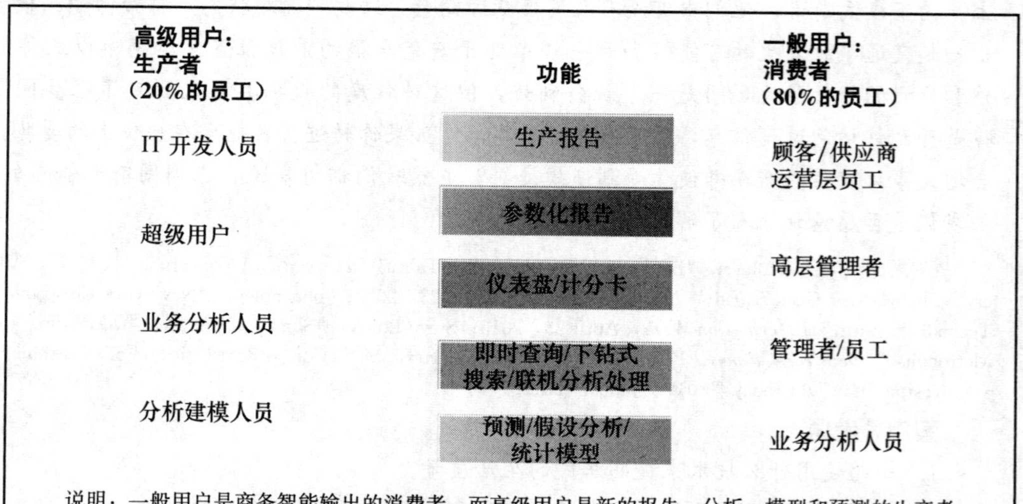

说明：一般用户是商务智能输出的消费者，而高级用户是新的报告、分析、模型和预测的生产者。

■ **对半结构化决策的支持**

很多商务智能预先包装的产品报告是管理信息系统报告，它们用来支持运营层和中层管理者所做的结构化决策。我们在第 2 章介绍过运营层和中层管理者，及其使用的系统。然而，某些管理者是系统的“超级用户”，也是敏锐的业务分析师，他们想自己创建报告，使用更复杂的分析方法和模型来发现数据中的模式，为其他商务情境建模，或者检验某些假设是否成立。决策支持系统是这类用户的商务智能服务供应平台，能支持半结构化的决策制定。

决策支持系统比管理信息系统更依赖建模，采用数学模型或分析模型来进行假设分析或其他类型的分析。假设分析从已知条件或假设条件出发，使用户可以看到某些值的多种可能，之后检验这些可能，并预测这些值的变化带来的影响。如果将产品价格提高 5%，或者把广告预算提高到 100 万美元会怎样？**灵敏度分析**（sensitivity analysis）模型通过反复回答假设问题，发现某一方面或多个方面变化后的结果（见图 11－5）。倒推灵敏度分析能够帮助决策者找到目标：如果希望在明年卖出 100 万件产品，需要降价多少？

图 11－5　灵敏度分析

总固定费用	19 000
单位可变成本	3
平均销售价格	17
边际收益	14
盈亏平衡点	1 357

		单位可变成本				
销售	1 357	2	3	4	5	6
价格	14	1 583	1 727	1 900	2 111	2 375
	15	1 462	1 583	1 727	1 900	2 111
	16	1 357	1 462	1 583	1 727	1 900
	17	1 267	1 357	1 462	1 583	1 727
	18	1 188	1 267	1 357	1 462	1 583

说明：此图展示了灵敏度分析的结果：领带的销售价格和单位成本的变化对盈亏平衡点的影响。它回答了如下问题：“如果销售价格和单位生产成本发生变化，盈亏平衡点会如何变化？”

第 6 章介绍过多维度数据分析和联机分析处理是商务智能的关键技术之一。前面提到的电子表格也有类似的多维分析功能，称为**数据透视表**（pivot table），“超级用户”管理者和分析师使用数据透视表来识别、了解业务信息中的模式，辅助半结构化决策的制定。

图 11－6 展示了一张 Excel 数据透视表，其中列出了一家在线出售管理培训视频和书籍的公司的订单交易记录。它揭示了客户订单中销售区域和接触源（网站横幅广告或者电子邮件）这两个维度之间的关系，回答了以下问题：除了销售区域这一因素，客户来源是否也带来影响？图中的数据透视表显示，大部分客户来自西部地区；在所有地区中，大部分客户是被网站横幅广告吸引来的。

图 11-6 使用数据透视表检验客户地区分布和广告来源

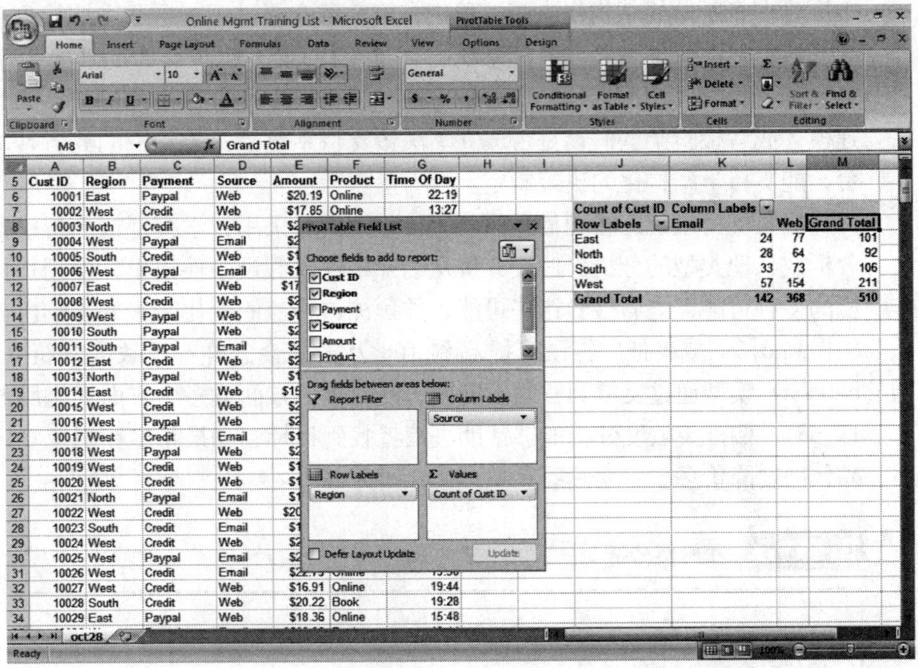

说明：在该数据透视表中，我们可以看到 Online Training 公司的客户来自哪些地区，主要被哪类广告吸引。

本章的一个管理信息系统实践项目要求读者使用上述公司的交易数据生成数据透视表，来找到其他问题的答案。MyMISLab 网站上提供了这些交易数据的完整 Excel 文件。

过去，大多数类似的建模是采用电子表格和独立的小型数据库完成的。如今，这些功能都整合到大型的企业商务智能系统中，可以对大型的企业级数据库中的数据进行分析。商务智能包括用于建模的工具，这在前文中已提到。这类功能帮助前进保险公司（Progressive Insurance）识别出最佳客户。前进保险公司使用易得的保险行业数据，定义客户分类（或称为“小组”），如 30 岁及以上、有大学学历，没有发生过事故，且信用评分超过一定水平的摩托车手。前进保险公司对每一个小组进行回归分析，以确定与每组的典型保险损失关系最密切的因素。随后，为每个小组定价，并使用仿真软件测试这一定价能否让公司获利。这些分析技术使前进保险公司能在其他保险公司不愿涉足的传统高风险领域为客户承保并且盈利。

■ **对高层管理者的决策支持：平衡计分卡和企业绩效管理方法**

主管支持系统帮助高层管理者关注真正重要的、影响公司盈利能力和成功的信息。**平衡计分卡法**（balanced scorecard method）是让公司高层辨别什么是真正重要的信息的主流方法（Kaplan and Norton，2004；Kaplan and Norton，1992）。平衡计分卡着眼于四个维度来测量公司的业绩，包括财务、业务流程、客户以及学习和成长（见图 11-7）。

图 11-7 平衡计分卡框架

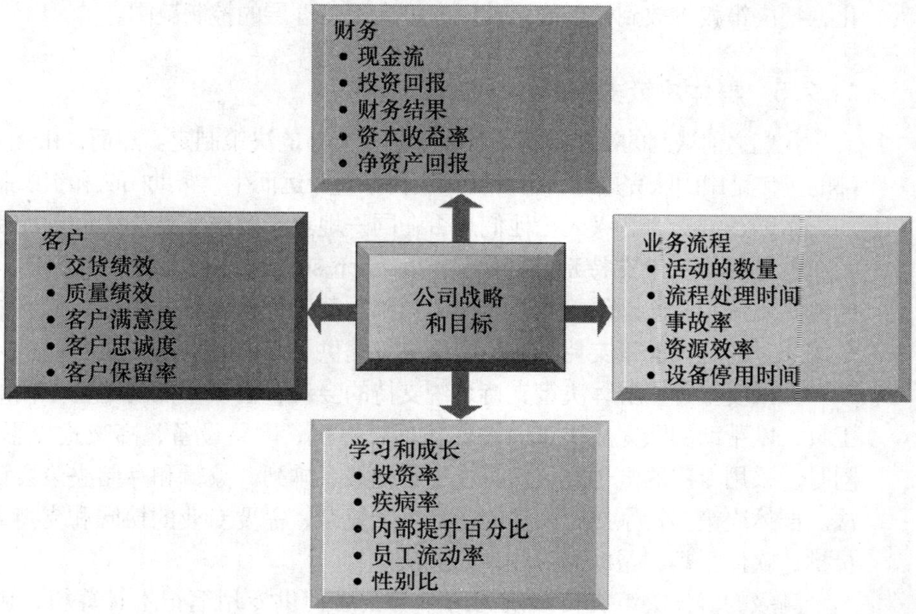

说明：在平衡计分卡框架下，公司的战略目标沿着四个维度展开：财务、业务流程、客户、学习和成长。每一个维度都由若干关键绩效指标衡量。

每个维度的业绩由**关键绩效指标**（key performance indicator，KPI）衡量，这些指标由高层管理人员提出，旨在了解公司各个方面的表现。比如，对于网上零售公司来说，将包裹送达客户所需的平均时间就是客户的满意度指标之一。如果是一家银行，业务流程的关键绩效指标之一就是办理基本业务（如开户）所需的时间。

平衡计分卡架构应该是“平衡”的，因为它让管理者看到了除财务绩效之外的东西。由此看来，财务绩效已经是过去时，因为它是过去行动的结果，而管理者应该关注那些当下可以改变的部分，比如业务流程的效率、客户满意度和员工培训。一旦顾问和高管建立起平衡计分卡，下一步就是针对每个关键绩效指标自动地把信息流传递给行政人员和其他管理者。

另一种紧密相关的流行管理方法是**企业绩效管理**（business performance management，BPM），这一概念最初是在 2004 年由一行业组织定义的（该行业组织由销售企业级数据库的公司领导，如甲骨文、SAP 和 IBM）。企业绩效管理力图将公司战略（如差异化、低成本生产、市场份额的增长以及经营范围）系统性地转化为经营目标。一旦定义好公司战略和经营目标，就能生成一系列关键绩效指标，以衡量努力的成效。公司的绩效则由企业数据库系统中获取的信息来衡量。企业绩效管理的理念与平衡计分卡相同，但更具战略意义（BPM Working Group，2004）。

如今，大部分主管支持系统都依靠公司已有的企业应用（企业资源计划、供应链管理和客户关系管理），它们能让很多管理者接收新闻、金融市场数据、经济信息和所需的任何其他外部数据。如果管理者需要更详细地解读数据，主管支持系统还具有**下钻功能**（drill-down）。

设计良好的主管支持系统能够协助高管监控组织绩效，了解竞争者的动向，认清不断变化的市场环境，识别问题和机遇，从而提高管理的有效性。主管能对数据进行即时访问，这增强了主管监控下层单位活动的能力。这样的监控能力使决策去中心化，把决策权下放到较低的运营层，扩大了管理层的控制范围。

11.2.5 群体决策支持系统

我们之前谈到的决策支持系统主要涉及个体的决策制定。然而，由于大部分公司内部的工作是由团队完成的，群体决策支持系统应运而生，帮助团队和组织制定决策。

帮助一群决策者（无论他们是否在同一地点）解决非结构化问题的交互性计算机系统就是**群体决策支持系统**（group decision-support systems，GDSS）。本章中提到的协作系统和基于网络的电视会议工具都是帮助群体决策的手段，但它们的主要目的是沟通。而群体决策支持系统为团体决策提供了专门的工具及技术。

如果要举行由群体决策支持系统支持的会议，会议室需要配备专门的硬件和软件工具，以帮助团队完成决策。硬件包括计算机、网络设备、高架式投影仪和投影屏。同时，采用专门的电子会议软件收集、记载、排列、编辑和存储决策会议上提出的想法。群体决策支持系统比以往的工具更加复杂，需要专业的协同和支持人员。协同人员挑选软件工具，帮助组织和举办会议。

高级的群体决策支持系统为每个与会者提供专用笔记本计算机，由他们自己控制。在准备好交流信息之前，没有人能看到其他人在计算机上的操作。他们输入的信息通过网络传送到存储所有会议信息的中央服务器上，并展示给全体与会人员。人们还可以在会议室的大投影屏上看到数据。

群体决策支持系统既扩大了会议规模，又提高了会议效率。与会人员可以同时提交信息，不必依次进行。由于可以匿名提出建议，群体决策支持系统增进了会议的协作性，因为在这种情况下与会者可以将精力集中在想法上，而不用担心个人遭到批评，或者担心建议会因提出者的身份而遭到否决。群体决策支持系统的软件工具使用结构化方法激发和评价想法，并保存会议的结果，没有参加会议的人也可以找到所需信息。群体决策支持系统的效率取决于问题的性质和团队的类型，以及会议的规划和举办情况。

11.3 智能决策支持系统

借助智能技术和知识管理系统也可以提高决策水平。**智能技术**（intelligent techniques）包括专家系统、案例推理、模糊逻辑、神经网络、遗传算法和智能代理。这些技术都是基于**人工智能**（artificial intelligence，AI）技术，人工智能由试图模拟人的行为和思维方式的计算机系统（包括硬件和软件）组成。智能技术通过捕捉个人和集体的知识、在大量数据中探索模式和行为，以及生成对于人类来说极大而复杂的问题解决方案来帮助决策者。

我们在第 2 章介绍过知识管理系统和知识工作系统，它们为知识发现、交流和合作提供工具，使决策者更容易地获得知识，并且将它们整合到公司的业务流程中。

11.3.1 专家系统

如果你公司的员工需要某些专业知识来辅助决策，比如，如何制造出一种快干的封胶，或者如何诊断并修理一台出故障的柴油发动机，但是所有具备这方面专业知识的人才都不在，这时该怎么办呢？此时专家系统能够提供决策支持，帮你摆脱困境。**专家系统**（expert system）将人类在有限领域内的专业知识作为一套规则存储到软件系统中，该系统可被组织中其他成员使用。这些系统一般执行专业人员用几分钟或几个小时就能完成的有限的任务，例如诊断一台出故障的机器或决定是否发放一笔贷款。在请专家比较昂贵或专家较为缺乏的情况下，专家系统十分有用。

■ **专家系统如何工作**

人类的知识必须转化成模型或其他计算机能够处理的形式。专家系统将人类知识建模成一系列规则，这些规则的集合称为**知识库**（knowledge base）。根据决策问题的复杂性，专家系统可包含 200 条到几千条规则。这些规则的比传统软件程序中的规则更具关联性（见图 11-8）。

图 11-8 专家系统中的规则

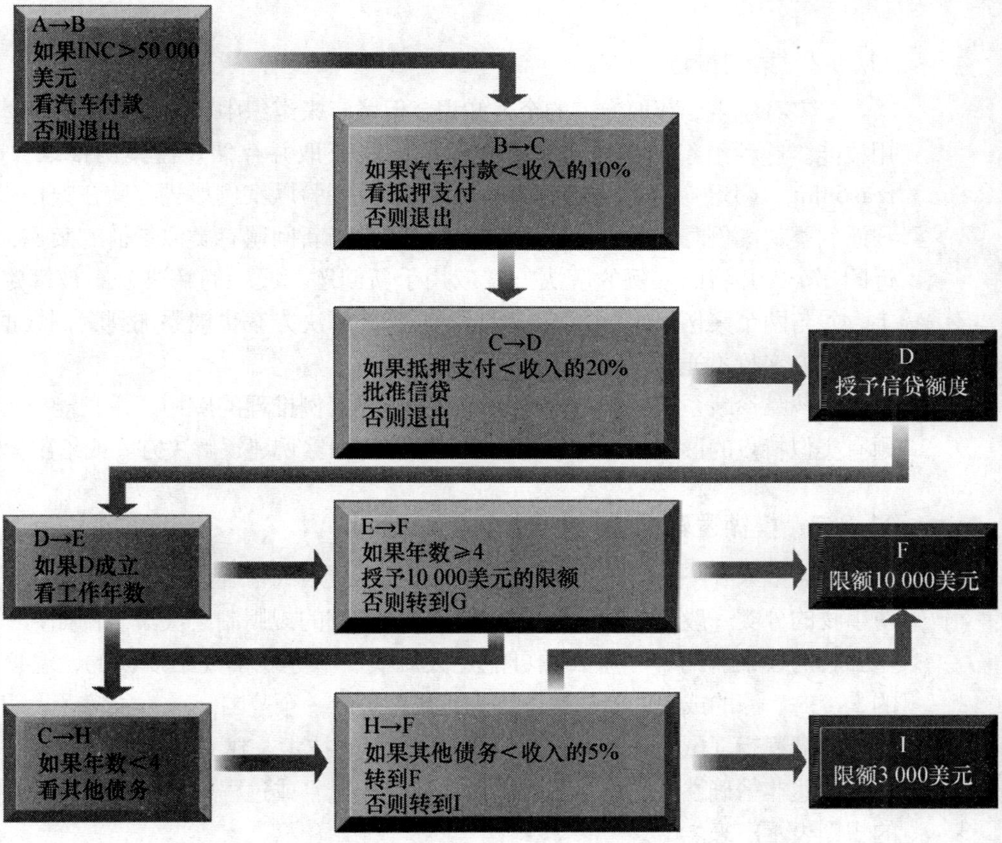

说明：专家系统包括一套使用时需遵循的规则。这些规则相互关联；结果的数量是已知且有限的；存在多条路径通向同一结果；系统可以同时考虑多条规则。该图显示的是一个简单的信贷审批专家系统使用的规则。

用来搜寻规则集并构造结论的战略称为**推理机**（inference engine）。用户输入所收集的事实信息后，推理机在规则中查找、“推导”并触发相应的规则。

专家系统能给企业带来很多益处，包括提高决策水平、减少错误、降低成本、减少培训时间以及提高服务质量。例如，Con-Way 物流公司建立了一套名为“Line-haul”的专家系统，为其全球货运业务自动制定运输计划，优化夜间运输线路。该公司每天有50 000批重型货物运往美国 25 个州以及加拿大。调度员需要分派司机、卡车和拖车，并绘制运输线路。Line-haul 系统记录下这一过程所需遵守的业务规则。该系统运行在 Sun 公司的平台上，并使用 Oracle 数据库中有关客户每天的货运请求、可用的司机、货车、拖车以及货运量等数据。该专家系统使用数千条规则及用 C_{++} 语言编写的 100 000 条代码来管理这些数据，并为公司 95%的日间运输制定最优线路计划。Con-Way 的调度员对专家系统提供的线路计划进行调整，再将最终的路线说明传送给负责夜间装车的现场人员。专家系统帮助公司减少了司机数量，增加了每辆货车的装载量，降低了再处理的损失，Con-Way 在两年内就收回了在该系统上的投资 300 万美元。系统还减轻了调度员的夜间工作负担。

虽然专家系统没有人类那样丰富全面的智慧，但如果能充分理解其局限性，企业也能获益良多。专家系统仅能解决某些类别的问题。几乎所有成功的专家系统应用处理的都是分类问题，这些问题的可能结果相对较少且可预知。在处理非结构化管理问题上，专家系统的作用甚微。

11.3.2 案例推理

专家系统主要获取专家的个人知识，但多年来组织中积累了大量的集体知识和专用技能。这种组织知识可用案例推理的方式获取并存储。在**案例推理**（case-based reasoning，CBR）中，人类专家的知识和以往经验以案例形式存储在数据库中，供用户遇到类似案例时查阅。系统在案例库中搜寻与新问题有类似特征的案例，找到最接近的那个，并将旧案例的解决方案应用于新问题。成功的解决方案被绑定到新案例上，并与两个案例一同存入知识库。不成功的解决方案也被添加到案例数据库中，并附上此方案行不通的原因（见图 11 - 9）。

在药品诊断系统或客户支持系统中可发现案例推理的应用，用户能够检索与新问题有类似特点的旧案例。系统会根据最匹配的旧案例建议解决方案或给出诊断。

11.3.3 模糊逻辑系统

大多数人并不是以传统的“如果—那么”规则或精确数字的方式思考问题。人们对事物的分类一般都不精确，可能使用含义模糊的规则制定决策。例如，一个人可能是强壮的或柔弱的，一家公司可能是大规模、中等规模或小规模的，温度可能是热的、冷的、凉的或暖的。这些分类的结果都表示一个范围。

模糊逻辑（fuzzy logic）是一种基于规则的技术，建立使用近似值或主观值的规则来表达非精确性。它用语言描述一个特定的现象或过程，然后将该描述用少量灵活的规则表示出来。

让我们来看看在一个计算机应用中模糊逻辑是如何表示不同的温度从而自动控制房间温度的。条件（称为从属函数）的定义是不精确的，如图 11 - 10 中，虽然温度在60℉～67℉间最符合“凉”的定义，但人们把 45℉～70℉都定义为“凉”。注意：“凉”和“冷”或“暖”的定义范围有重叠。根据该逻辑控制房间温度，程序员还要为湿度和其他因素（例如室外的风和温度）作出类似的不精确定义。程序中可能会出现这样的规则：“如果室内温度凉或者冷、湿度低，而室外风大、温度低，那么升高室内的温度和湿度。”计算机会加权组合从属函数的读数，应用所有规则，提高或降低温度和湿度。

图 11-9　案例推理的工作原理

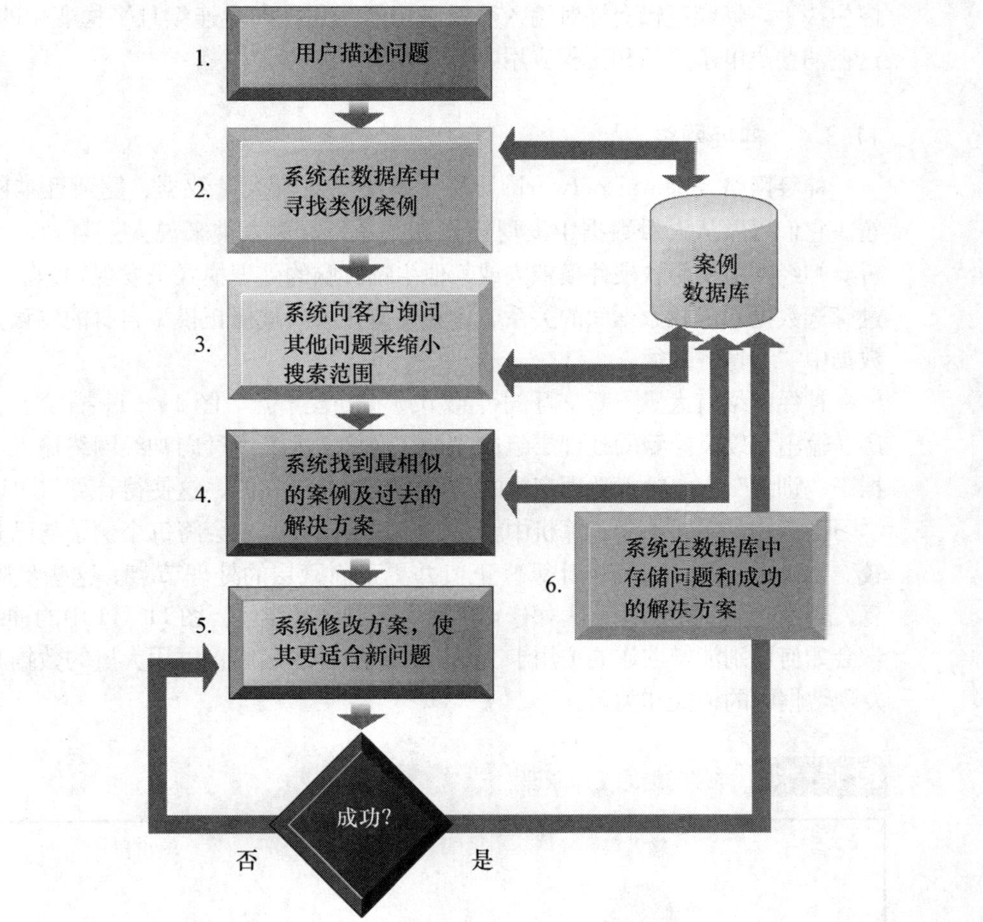

说明：案例推理将知识表示为过去的案例及其解决方案的数据库。系统使用一个六步骤的过程来得到用户遇到的新问题的答案。

图 11-10　使用模糊逻辑进行温度控制

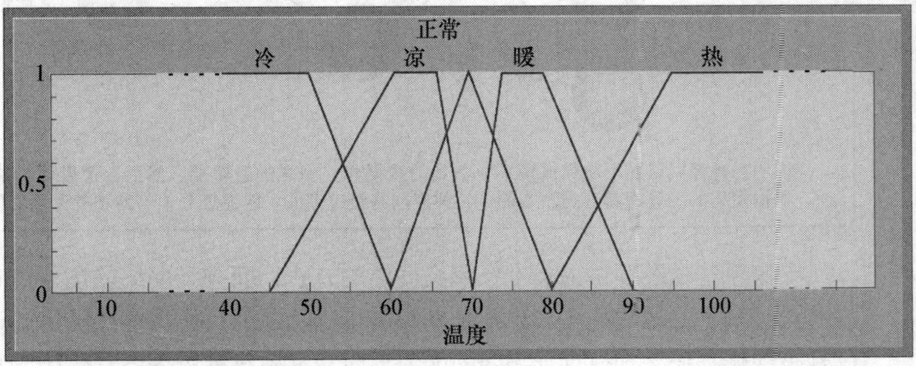

说明：输入变量“温度”的从属函数运用了恒温器的逻辑来控制房间的温度。从属函数帮助将语言表达如“暖”翻译成计算机可以操作的数字。

模糊逻辑能帮助解决无法用单纯的“如果—那么”规则表示的专业问题。在日本，Sendai 公司的地铁系统使用模糊逻辑控制来保证平稳加速，站立的乘客甚至无须握住扶手。模糊逻辑允许对输入变量做增量变化，产生连续且平稳变化的输出结果。这在消费类电子产品和工程应用中十分有用。

11.3.4 神经网络

神经网络（neural networks）用于解决需收集大量数据、复杂且难以理解的问题。它们可以从大量数据中发现模式和关系，这对人类来说太过复杂，难以进行分析。神经网络使用软硬件模拟人或其他生物大脑的处理模式来发现知识。神经网络通过筛选数据、寻找数据间的关系、建立模型并不断地修正模型自身的错误，从大量的数据中“习得”规律。

神经网络有大量不断交互的传感节点和处理节点。图 11－11 描绘了一种由输入层、输出层以及隐藏的处理层组成的神经网络。人们通过向神经网络输入一组训练数据来“训练”它，输入数据产生的结果或结论是已知的，这使得计算机可以根据例子学习正确的结果。当向计算机中输入更多的数据后，它会将每个例子与已知结果做比较。如果不一样，系统将计算修正值并更正隐藏层的处理节点。这些步骤被不断重复，直至达到某个条件，比如修正次数小于某个特定值。图 11－11 中的神经网络已经学会如何识别涉嫌欺诈的信用卡交易。自组织神经网络也可用大量的数据来训练，以发现数据中的模式和关系。

图 11－11 神经网络的工作原理

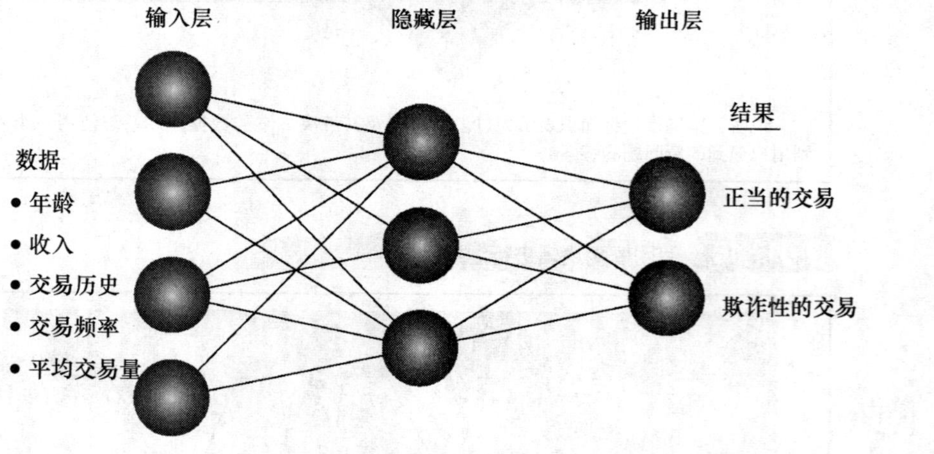

说明：神经网络使用从数据模式中学到的规则建立隐藏的逻辑层。然后，逻辑层对输入数据进行处理，根据模型的经验将其分类。本例中，神经网络经过训练，能够区分正当的和欺诈性的信用卡交易。

专家系统试图模仿人类专家解决问题的方式，而神经网络的创建者认为，他们并没有设计解决问题的程序，也不是以解决具体问题为目标。神经网络的设计者设法将硬件智能化，使之拥有推理学习的能力。而专家系统针对高度具体化的特定问题，难以重新训练。

医学、科学和商业领域广泛应用神经网络处理模式分类、预测、金融分析、控制和优化等问题。医学上，神经网络应用系统被用来检查冠状动脉疾病，诊断癫痫病和阿尔茨海默病（老年痴呆症），识别病变图像。金融行业使用神经网络从海量数据中识别规律，帮助投资公司预测股市动向、公司债券评级或公司破产。维萨国际组织利用神经网络监控所有的 Visa 卡交易，识别持卡人消费模式的突变，监控信用卡欺诈行为。

神经网络还有很多让人看不透的地方。它们不像专家系统那样总是可以对其解决方案做出解释，有时无法解释为什么会得到某个特定结果。如果训练的数据过少或过多，神经网络的执行效果都可能不佳。现阶段，神经网络最适用于辅助人类决策，而非取而代之。

11.3.5　遗传算法

遗传算法（genetic algorithms）可考察某个具体问题的诸多可行解决方案，寻求最优方案。其基础是一些受生物进化启发的技术，比如遗传、变异、选择、杂交（重组）。

遗传算法用 0 和 1 的字符串来表示可行方案。遗传算法搜索所有随机生成的二进制数字字符串，从中找到代表最佳问题解决方案的正确字符串。随着方案的不断变化与组合，最差的方案被舍弃，较好的方案则被留下来，继续生成更好的方案。

图 11－12 中，每个字符串对应问题的一个变量。对其进行适应性测试，根据字符串作为可行方案的可取程度将其排序。测试完最初的字符序列后，遗传算法随即生成下一批字符串，它们由第一批测试中保留下来的字符串和对字符串进行组合后产生的后代字符串组成，再测试其适应性。持续该过程，直至找到满意的解决方案。

图 11－12　遗传算法的组成

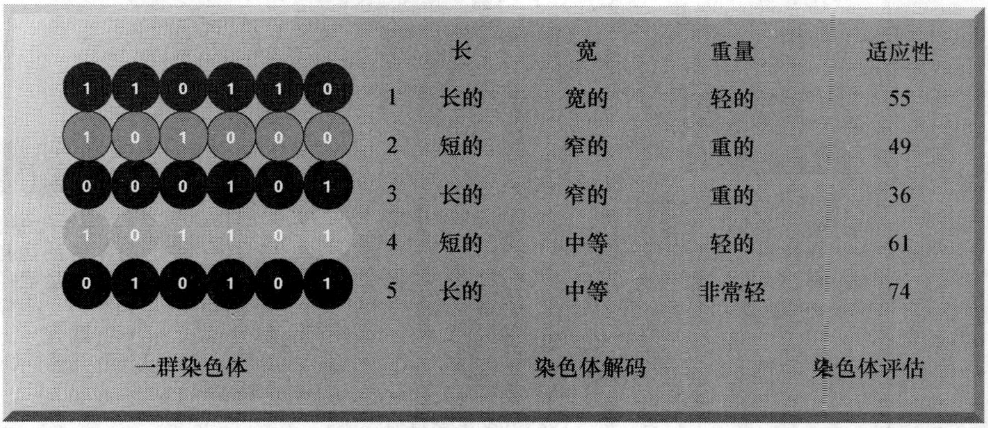

说明：本例描述了一组最初的“染色体”，每个代表不同的方案。遗传算法使用反复迭代的过程来优化初始方案，生成更好（即适应性更高）的方案，最后找到最佳方案。

遗传算法常用于处理极为复杂的动态问题，这些问题涉及数百乃至数千个变量或公式。另外，问题的所有可能的解决方案必须以遗传形式表示，且必须建立评判适应性的标准。遗传算法能够快速评价大量的解决方案，加速生成最佳方案。例如，通用电气的工程师使用遗传算法优化喷气涡轮式飞机引擎的设计，每一次设计的修设都涉及 100 多个变量。i2 Technologies 公司的供应链管理软件使用遗传算法优化生产计划模型，涵盖有关客户订单、可用原料和资源、生产和销售能力以及送货日期等的几十万个细节。

11.3.6 智能代理

智能代理技术帮助企业和决策者搜索大量数据、定位重要信息并执行相关操作。**智能代理**（intelligent agents）是指在后台运行的软件程序，它无须人工干预就能为个人用户、业务流程或软件应用处理特定、重复、可预测的任务。代理器使用有限的内置或习得的知识库代替用户执行任务或制定决策，比如删除垃圾邮件、安排任务或寻找前往加利福尼亚的最便宜的航班。

智能代理广泛应用于操作系统、应用软件、电子邮件系统、移动计算软件和网络工具。企业特别感兴趣的是能够在网上搜寻信息的智能代理。第 7 章介绍了购物机器人如何帮助消费者找到他们想要的产品并帮助他们比较价格和其他特征。

宝洁公司使用智能代理技术提高供应链的效率（如图 11－13 所示）。它将复杂的供应链建模成一组半自动化的“代理器”，这些代理器代表供应链的某个组成部分，比如卡车、生产设备、分销商和零售店。然后对每个代理器的行为进行编程，使其遵守模拟真实行为的规则，例如“当某个物料项目出现缺货时立即采购”。仿真代理使得公司可对库存水平、缺货和运输成本进行假设分析。

图 11－13 宝洁公司供应链网络中的智能代理

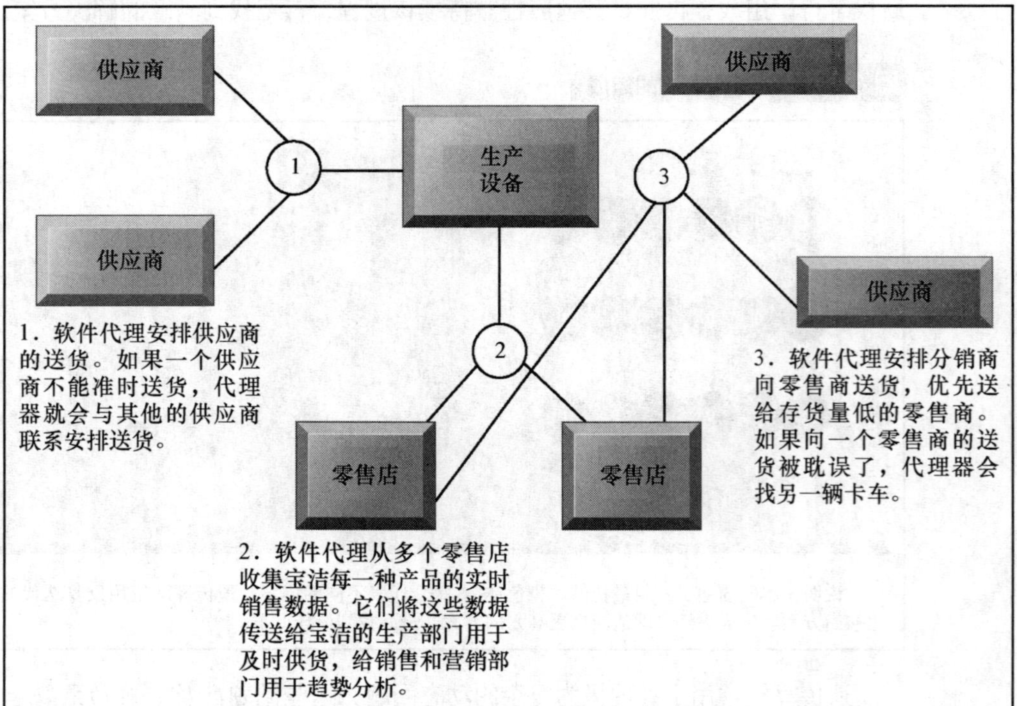

说明：智能代理帮助宝洁公司缩短产品（例如一箱汰渍洗涤产品）的补货周期。

应用智能代理模型，宝洁公司发现应在满载之前就将卡车派出去。虽然卡车未满载会增加运输成本，但模拟显示，这会降低零售店发生缺货的可能性，减少销售损失，且减少的损失远远弥补了增加的运输成本。基于代理的模型每年帮助宝洁节省 3 亿美元，其投资还不到该数目的 1%。

虽然人工智能技术在当代知识管理中扮演着非常重要的角色，但它依然不具有人类智慧的广度、复杂性和独创性。计算机科学家和神经学家都意识到人类的大脑多么复杂，同时意识到像识别语言、物体并做出明智的决定这样的复杂任务可以交给电脑完成。

解决“帕丽斯·希尔顿问题”（确定短语“帕丽斯·希尔顿”是指名人还是巴黎的一家酒店）对于人工智能开发者来说是最大的难题之一。人类在解决这类模棱两可的问题时会使用背景知识，但计算机不会。

11.4 知识管理系统

知识管理系统能提高决策制定过程所用知识的质量和利用率。**知识管理**（knowledge management）是指用于在组织中创造、存储、传播和应用知识的一系列业务流程。知识管理能够提高组织从环境中学习知识并将其应用于业务流程和决策制定的能力。

知识如果无法在企业和管理者遇到问题时得以分享和应用，就不会给企业带来任何价值。知道如何采用其他组织无法复制的高效方式来做事，是获取利润和竞争优势的主要途径之一。这是因为从自己的生产过程中以及客户处获得的知识通常都保留在公司内，无法从公开市场上购买。从这个意义上讲，自主的商业知识是一种战略资源，能创造战略优势。如果这种独有的知识不能用于决策制定和持续经营，企业的经营绩效和效率都将下降。主流的知识管理系统有两种类型：企业级知识管理系统和知识工作系统。

11.4.1 企业级知识管理系统

企业必须至少处理三种类型的知识。有些知识以结构化文本文件（报告和简报）的形式存在于企业中。决策者还需要半结构化知识，例如电子邮件、语音邮件、聊天室交流、视频、数字图片、宣传册和电子公告板。在一些情况下，不存在任何正式的或数字的信息，信息存储在企业员工的头脑中。这些知识大多数是**隐性知识**（tacit knowledge），很少被记录下来。

企业级知识管理系统（enterprise-wide knowledge management systems）可处理这三种类型的知识。企业级知识管理系统是收集、存储、分配和应用数字内容与知识的通用企业系统，具有在企业中搜寻信息、存储结构化和非结构化数据以及为员工查找专业知识的功能。这些系统也具有门户网站、搜索引擎、协作工具以及学习管理系统等支持技术。

■ **企业内容管理系统**

如今企业需要管理结构化和半结构化的知识资产。**结构化知识**（structured knowledge）是一种显性知识，存在于正式文件和规则中，这些规则是组织通过观察专家及其决策行为得到的。然而，专家称，企业至少 80%的业务内容都是半结构化或非结构化的，如文件夹、消息、备忘录、提案、电子邮件、图表、电子幻灯片演示稿以及视频等不同形式、位置各异的媒介中的信息。

企业内容管理系统（enterprise content management systems）能够帮助企业管理这两种类型的信息。该系统具有获取、存储、检索、发送和维护知识的功能，有助于企业改进业务流程，提高决策水平。系统包含存有企业文件、报告、演示稿和最佳实践的信息库，还具有收集和组织诸如电子邮件等半结构化知识的功能（见图 11－14）。在大多数企业内容管理系统中，用户能够访问外部信息资源，例如新闻源和调查研究，并可使用电子邮件、聊天室/即时通信、讨论组以及视频会议进行交流。

图 11－14 企业内容管理系统

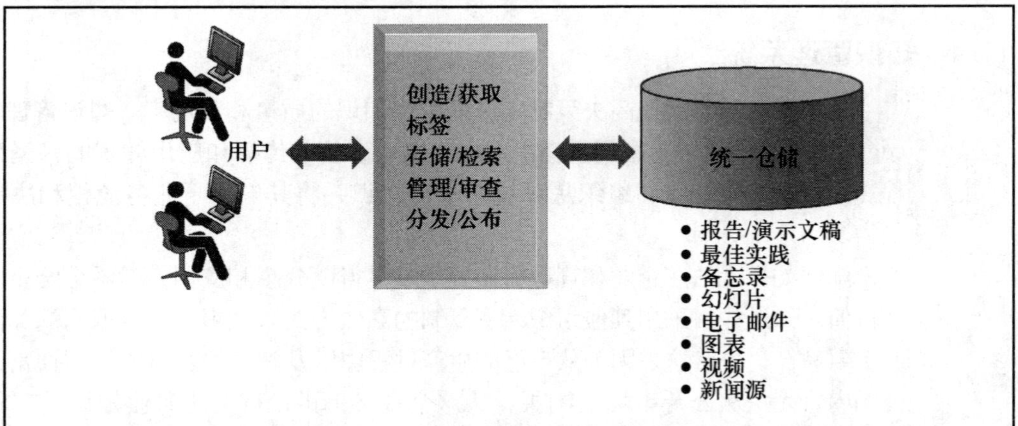

说明：企业内容管理系统能够分类、组织和管理结构化和半结构化知识，供全公司使用。

企业需要制定一套合适的分类方案，将信息划分为有意义的类别，这是知识管理过程的关键之一。知识分类方案确定后，每一个知识载体都要被“标记”或者分类，便于快速检索。企业内容管理系统能够标记信息，连接存放文件的企业数据库，创建企业门户环境，供员工搜索企业知识使用。Open Text、EMC Documentum、IBM 和甲骨文是领先的企业内容管理软件供应商。

丹佛市采用 Alfresco 公司的一个基于网络的开源内容管理系统，来代替 70 多个市县政府机构使用的 14 种不同文件管理系统，因为它们不能彼此交流或互动。Alfresco 公司的企业内容管理系统有以下功能：文档、记录和图像管理，文档版本控制，多语言支持，支持多个客户操作系统，网站内容管理，与丹佛用于关系数据库管理系统的 MySQL 整合。实施单一的企业内容管理系统可以提高安全性，共享文件，审计扫描合同和财务记录。员工生产率也得到提高，管理层相信 Alfresco 公司的系统可为丹佛市节省 150 万美元。

出版、广告、广播和娱乐行业的公司尤其需要存储和管理非结构化的数字信息，包括照片、绘图、视频以及音频内容。**数字资产管理系统**（digital asset management systems）能帮助这些公司分类、存储和发布数字信息。

■ 知识网络系统

当知识不是以电子文档形式存在而是存储在公司专家的头脑中时，可使用**知识网络系统**（knowledge network systems）。知识网络系统提供一份根据所在领域分类的在线专家目录。利用搜索工具，员工能轻松地定位公司内相关专家。像 Hivemine's AskMc 这样的知识网络系统中包括专家生成的内容库。主要的企业内容管理、社交网络和协作软件产品都有知识网络功能。

- **协作工具和学习管理系统**

在第 2 章和第 7 章，我们讨论了协作工具在信息共享和团队合作中所起的作用。社交书签和学习管理系统为知识分享和管理提供更多的功能。

社交书签（social bookmaking）允许用户将书签保存到公共站点的网页中，并用关键字标记书签，让用户搜索和共享信息更便捷。这些标签可用于收集和搜索文件。与他人共享标签列表，能帮助用户找到感兴趣的信息。用户为共享的书签和社会化标记所创建的分类方法称为**大众分类**（folksonomies）。Delicious 和 Digg 是两家知名的社交书签网站。

例如，假设公司某个团队正研究风力发电，你是成员之一。如果你在网上搜索后发现了与风力发电相关的网页，可以点击社交书签网站上的"书签"按钮，创建一个标签将你所发现的各个网页文件链接到风力发电。通过点击社交书签网站上的"标签"按钮，你能看到自己创建的标签列表，选择所需文档。

公司需要跟踪和管理员工的学习，将其更全面地整合到公司的知识管理系统和其他系统中。**学习管理系统**（learning management system，LMS）提供管理、传送、跟踪和评价各类员工的学习和培训的工具。

公司除运行自己的学习管理系统外，还可利用公开可用的**大规模网络开放课程**（massive open online courses，MOOC）来教育员工。大规模网络开放课程是一种在线课程，通过网络向大量参与者传授知识。例如，2013 年，通用电气、强生、三星和沃尔玛的员工与来自 143 个国家的超过 90 000 名学习者一起参与 Foundations of Business Strategy 的课程，该大规模网络开放课程是由弗吉尼亚州立大学达顿商学院的 Coursera 在线学习平台提供的，探讨了成功的商业策略的框架和理论（Nurmohamed，Gillani，and Lenox，2013）。

11.4.2 知识工作系统

前面介绍的企业级知识系统的许多功能可供组织中的大多数员工和小组使用。企业也有专门供知识工人使用的系统，可帮助他们创造新知识，改进企业业务流程和决策制定。**知识工作系统**（knowledge work systems，KWS）是工程师、科学家和其他知识工人的专业化系统，旨在促进新知识的创造，确保新知识和技术专长恰当应用到业务中。

- **知识工作系统的需求**

知识工作系统为知识工人提供所需的专业工具，比如强大的绘图工具、分析工具、交流和文档管理工具。这些系统需要强大的计算能力来处理复杂的绘图或计算，以满足科研工作者、产品设计者和财务分析师等知识工人的需求。知识工人十分关注外界的知识，因此这些系统必须能快捷方便地连接外部数据库。它们通常界面友好，用户无须花时间学习就能用来执行任务。图 11－15 总结了知识工作系统的需求。

图 11-15 知识工作系统的需求

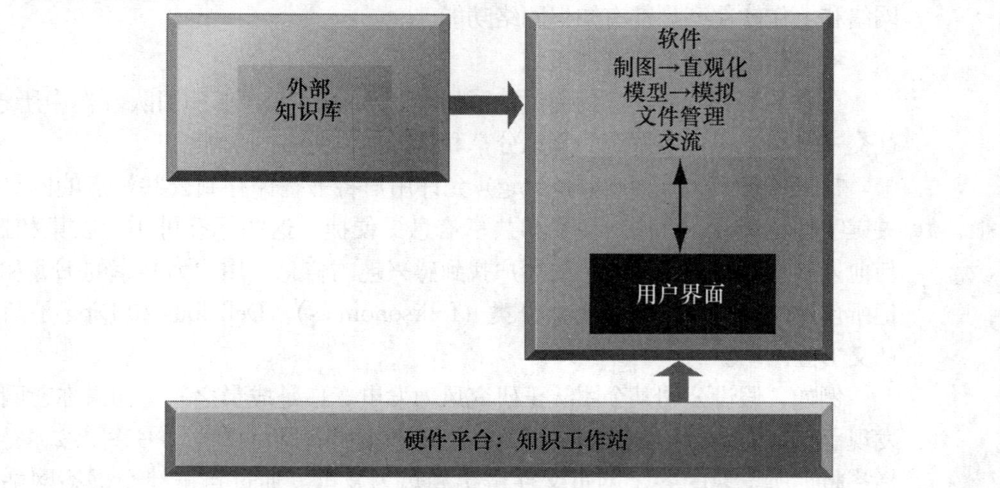

说明：除专业的硬件和软件外，知识工作系统还需要与外部知识库建立强大的链接。

知识工作站通常是为了执行特定的任务而设计和优化的。设计工程师需要足够强大的绘图能力来操作三维的计算机辅助设计系统。而财务分析师对使用许多外部数据库和技术来有效存储和获取大量财务数据更感兴趣。

■ **知识工作系统的例子**

主要的知识工作应用包括计算机辅助设计（CAD）系统（第 3 章介绍）、模拟和建模用的虚拟现实系统以及财务工作站。

现代的 CAD 系统能够生成逼真的三维设计图形，通过旋转可观看不同角度的图形。CAD 软件可生成用于制造的设计规格，从而降低了错误、节约了生产时间。“互动讨论：技术”专栏展示了这些优势中的一部分，并显示了它们如何成为竞争优势的来源。

互动讨论：技术

Firewire 公司的冲浪板通过 CAD 技术卖得更好

尼夫·海曼（Nev Hyman）在澳大利亚生产冲浪板 35 年，2005 年，他与马克·普赖斯（Mark Price）和一群长期冲浪的朋友们在加利福尼亚州卡尔斯巴德建立了 FireWire 冲浪板公司。该公司依靠创新快速发展，一直引领冲浪板制造和组装方法的重大变革。FireWire 公司的冲浪板不采用聚氨酯树脂和聚氨酯泡沫，而是使用发泡聚苯乙烯和环氧树脂。海曼和普赖斯相信将这种材料作为冲浪板的核心，并在甲板表面和轻木轨道（外部边缘）上使用航空航天复合材料，可以创造一种更为灵活的产品，这将吸引最顶尖的冲浪者，同时使 FireWire 公司从众多竞争对手中脱颖而出。

FireWire 所在的领域竞争激烈，竞争对手包括 Isle Surfboards，Surftech，Aviso Surf，Boardworks Surf，Channel Island 和 Lost Enterprises。FireWire 是唯一一个重新将轻木用于冲浪板板缘的公司，它这么做的目的是在做危险动作时增加弹性响应时间和保持速度。FireWire 相信自己可以取得成功，因为其冲浪板比其他竞争对手的更轻便、更结实也更灵活。公司的另一个卖点是对环境更友好：FireWire公司所用的材料释放的污染物仅仅是传统冲浪板的2%，并且公司回收发泡聚苯乙烯使它获得了国际大奖和好评。

但只做这些是不够的。为了确保自己的领先地位，FireWire公司决定生产顾客定制的冲浪板而不仅仅是常规款式。对于那些每天冲浪的人来说，FireWire公司材料的耐久性和灵活性是重要的卖点。然而，在高端冲浪板市场上定制的冲浪板符合冲浪者的规格要求是非常重要的，能吸引高水平的冲浪者成为自己的客户有助于获得更大的市场份额。

传统上，那些能工巧匠都是通过手工来设计和生产冲浪板，但是FireWire公司决定使用计算机辅助设计（CAD）技术来完成这些工作。公司的计算机辅助制造工艺可以完成85%～90%的工作，定制化和层压工艺留给工匠们来完成。

FireWire公司CEO普赖斯称，在冲浪板制造工艺流程中有29个费时的劳动密集环节。最初，这种复杂的制造工艺流程使公司不可能向普通消费者提供个性化的计算机辅助设计，定制化的冲浪板只能为那些精英客户生产。如果不增加FireWire公司计算机辅助设计系统的负担，就无法向更大的市场提供定制化服务。此外，大部分定制的冲浪板需要填写一张带有各种尺寸变更需求的表格才能完成订单。我们无法看到这些变更的可视化展示，也无法评估它们对冲浪板体积的影响，而这会直接影响浮力、划动能力和表现。

FireWire公司需要这样一个系统：它可以允许顾客对既定的设计进行试验，反馈到计算机辅助设计过程中，并将它与计算机数字控制（CNC）制造工艺进行整合。ShapeLogic Design-to-Order Live! For NX可以提供一个带有基于网络的用户界面和先进3D计算机辅助设计工具的在线定制系统。

FireWire公司在2009年开始使用ShapeLogicNX软件来开发自己的定制冲浪板设计（CBD）系统，这将允许用户轻松地操控带有设计参数的既定模型的冲浪板尺寸。任何一个注册客户都可以选择一个标准的FireWire模型，使用拖放工具在不改变冲浪板设计完整性的前提下调整冲浪板的长度、中点宽度、鼻宽、尾部宽度和厚度。CBD系统可以生成一个精确的三维库存模型，该模型以一种定制化冲浪板的三维便携式文档格式（PDF）文件为设计基础。这个PDF文件可以记录冲浪板的尺寸和体积。用户可以从各种角度对模型进行操控，并将定制化的冲浪板与标准的冲浪板进行对比，通过这些可以使顾客在提交订单前完全理解之前的设计。当用户使用系统订购一个定制化冲浪板时，CBD系统可以生成一个冲浪板的精确的计算机辅助设计模型，它可以直接发送到FireWire公司的工厂驱动CNC设备制造该冲浪板。

这种技术上的结合可完成一个冲浪板97%的生产量，使制造时间、生产过程最短，制造成本最低。与之前的计算机辅助设计技术（冲浪板的10%～15%由手工完成）相比，一旦一名冲浪者设计了他梦寐以求的冲浪板，公司就可以制造特定规格的产品。无论是理想化的手工制造冲浪板还是成品冲浪板，都无法达到这样的精确度。

FireWire公司的在线设计系统还带来一个额外的好处：客户们共享独特的设计文件产生了一个社交网络。在提交订单前，客户可以向他们的朋友展示所做的修改，征询意见。在提交订单和使用产品后，他们可以分享自己的经历并将自己的设计或改进建议告诉其他客户。类似的互动交流可以促使客户访问FireWire公司的网站，形成一种可提升销量的口碑营销。

资料来源："Case Study: NX CAD Technology Drives Custom Surfboard Design," http://www.plm.automation.siemens.com/en_us, accessed August 9, 2013; www.firewiresurfboards.com, accessed August 9, 2013; "Firewire Partners with NanoTune 'Board Tuning Technology'," www.surfnewsdaily.com, February 22, 2012; "Firewire Surfboards Custome Board Design Blends Replicability of Machine Made Boards With Uniqueness of Custom

Boards," http://surfingnewsdaily.com, October 12, 2011; and William Atkinson, "How Firewire Surfboards Refined Its 3D Order Customization," www.cioinsight.com, November 21, 2011.

案例思考题

1. 分析 FireWire 公司使用的价值链和竞争力模型。
2. FireWire 公司使用何种策略来使产品差异化、接近客户并说服他们购买自己的产品？
3. 计算机辅助设计（CAD）在 FireWire 公司的商业模式中扮演了什么角色？
4. 如何整合在线定制冲浪板设计（CBD）、计算机辅助设计（CAD）和计算机数字控制（CNC）以改善 FireWire 公司的运营？

虚拟现实系统（virtual reality systems）使用交互式的制图软件创建由电脑特技生成的模拟场景，这些场景十分接近现实，用户几乎相信他们处于真实场景中。在许多虚拟现实系统中，根据不同应用程序的要求，用户穿戴上特殊服装、帽子和装备。服装内有传感器，记录用户的一举一动，并立即将信息传回到计算机。例如，在虚拟现实模拟的一间房屋中行走时，你需要穿着特殊服装，记录手、脚和头部的每个动作，你还要佩戴装有显示屏幕和音频附件的护目镜以及触摸手套，以使你能清晰感受到计算机的反馈。

福特汽车公司已经使用虚拟现实系统来帮助设计汽车。比如，在其沉浸式虚拟环境中，设计师可看到汽车座椅、方向盘和空白仪表盘。穿戴装有传感器的虚拟现实眼镜和手套，设计师可以“坐”在被汽车 3-D 设计包围的座位上体验内饰。设计师可以找出盲点或者查看旋钮是否处于一个尴尬的位置。设计师也可以使用这种技术来查看设计对制造的影响。例如，组装线工人需要紧固很难够到的螺栓吗（Murphy，2012）？

增强现实（augmented reality，AR）是一种与提高可视化水平相关的技术。增强现实直接或间接地生动展示了物理现实环境，真实世界中的元素是由计算机生成的虚拟图像增强的。用户处于真实的物理世界，虚拟图像和真实场景合在一起形成更强的效果。数字化技术提供了额外的信息，以提升用户对现实的感知，并使用户周围的现实世界更具互动性、更有意思。足球比赛电视转播中显示的黄色首攻标记是一个增强现实的典型例子，另外一些医疗程序也可以看作增强现实的例子，比如图像导航的外科手术，仿佛看到由计算机断层扫描（CT）、磁共振成像（MRI）或者超声图像等获得的数据叠映在手术台上的病人身上。谷歌眼镜具有免持听筒，是一种可穿戴计算机，可以像戴眼镜一样使用。在谷歌眼镜中有各种增强现实的应用，例如可以告知使用者当前看到的建筑物有多高，可以将一种符号翻译成另外一种语言。

针对网络开发的虚拟现实应用采用的标准称为**虚拟现实建模语言**（Virtual Reality Modeling Language，VRML）。VRML 是一套基于万维网的交互式三维建模规范，利用动画、图像、音频等多媒体形式，使用户置身于模拟的真实环境中。VRML 与平台无关，可在台式计算机上运行，对宽带的要求低。

位于特拉华州威明顿市的杜邦化学公司（DuPont）开发了一种名为“超级车间”的 VRML 应用程序，用户可使用网页浏览器在互联网上访问三维数据。工程师可身临其境在三维建模的工厂中行走，亲眼看到各种物体。这种细致的观察可有效减少在建造油井设备、炼油厂和其他建筑物时所犯的错误。

金融行业使用专门的**投资工作站**（investment workstations）来充分利用经纪人、贸易商和投资经理的知识和时间。比如，美林证券和 UBS 金融服务公司建立投资工作站，整合内外部的大量数据，包括接触管理数据、实时和历史市场数据以及研究报告。过去，金融专家要花费相当多的时间从各个系统中获取数据，整合所需信息。工作站能够更快地提供更准确的一站式信息，提高从选股到更新客户记录的整个投资过程的效率。

本章小结

1. 决策可分为哪些类型？决策过程是怎样的？

决策可分为结构化决策、半结构化决策和非结构化决策，结构化决策集中于组织的运营层，非结构化决策则集中在战略层。决策可由个人或者群体制定，无论是普通员工还是运营层、中层和高层管理者都可参与决策过程。决策过程包括四个阶段：情报、设计、选择和实施。

2. 商务智能和商务分析是如何支持决策制定的？

商务智能与商务分析能为决策者提供准确和几乎实时的信息，分析工具能帮助决策者快速了解信息并采取行动。商务智能环境包括商业环境中的数据、商务智能基础设施、商务分析工具集、管理者及其管理手段、服务供应平台（MIS，DSS 或 ESS）和用户界面。为实现这些目标，商务智能系统提供了以下六项分析功能：生产报告、参数化报告、仪表盘/计分卡、即时查询/搜索/创建报告、下钻到数据的详细视图以及模拟情境和预测的能力。商务智能现在开始处理大数据。预测分析和位置分析是非常重要的分析能力。

运营层和中层管理者使用管理信息系统预先包装的产品报告做出结构化决策。对于非结构化决策，分析人员和“超级用户”使用带有强大分析和建模工具的决策支持系统，包括电子表格和数据透视表。高级管理人员利用仪表盘和可视化界面做出非结构化决策，显示影响公司利润、成功和策略的关键绩效指标。

3. 信息系统如何帮助个人或群体成员更有效地制定决策？

群体决策支持系统（GDSS）帮助群体成员共同更高效地制定决策。GDSS 使用专门的会议室设备，与会者使用会议室的联网计算机和软件工具来组织观点、收集信息、设定优先级，并记录会议进程。

4. 在决策制定和知识管理中使用智能技术的商业利益何在？

专家系统从有限领域内的人类专家处捕获隐性知识，并以规则的形式表达出来。用于搜索知识库的策略叫做推理机。案例推理以案例数据库的方式表达知识，可不断扩充和完善。

模糊逻辑是一种使用近似值或主观值建立知识规则的软件技术。神经网络由试图模拟人脑思维过程的软硬件组成。神经网络备受关注，因其具备学习能力而无须编程，可识别海量数据中的模式。

遗传算法使用基于遗传学的过程（如适应、杂交、变异）寻找特定问题的解决方案。智能代理是指拥有内置或习得的知识库的软件程序，为个人用户、业务流程或软件应用处理特定、重复和可预测的任务。

5. 用于企业级知识管理和知识工作的信息系统有哪些？它们如何为企业创造价值？

企业知识管理系统提供组织、存储结构化文档和半结构化信息（比如电子邮件、富媒体）的数据库和工具。知识网络系统提供目录和工具，帮助员工定位企业特定领域的专家，他们是隐性知识的重要来源。这些系统通常包含群体协作工具、快捷访问信息的门户网站、搜索工具及根据合适的分类法将信息予以分类的工具。学习管理系统提供用于管理、传送、跟踪和评价各类员工的学习和培训的工具。

知识工作系统（KWS）支持创造新知识，并将其整合到组织中。知识工作系统能够快速访问外部知识库，配有支持绘图、分析、文档管理和交流功能的强大计算机硬件，用户界面友好。

复习题

1. 决策可分为哪些类型？决策过程是怎样的？

● 列出并详述制定决策的不同层级，以及组织中制定决策的不同群体，说明他们对制定决策的需求有什么不同。

● 非结构化决策、半结构化决策和结构化决策有什么不同？

● 列出并详述决策制定过程的各个阶段。

2. 商务智能和商务分析是如何支持决策制定的？

● 定义并描述商务智能和商务分析。

● 列出并详述商务智能环境的组成要素。

● 列出并详述商务智能系统提供的分析功能。

● 定义预测分析和位置分析，并分别给出两个例子。

● 列出商务智能用户的类型，描述为每一类用户提供决策支持的系统类型。

● 定义并描述平衡计分卡法和企业绩效管理。

3. 信息系统如何帮助个人或群体成员更有效地制定决策？

● 定义群体决策支持系统，并解释它的工作原理，以及它所能解决的问题类型。

4. 在决策制定和知识管理中使用智能技术的商业利益何在？

● 定义专家系统，描述它的工作原理，并解释它对企业的价值。

● 定义案例推理，解释它与专家系统的区别。

● 定义神经网络，描述它如何工作，以及企业如何从中获益。

● 定义并描述模糊逻辑、遗传算法和智能代理，分别解释各自的工作原理以及它们适合解决的问题类型。

5. 用于企业级知识管理和知识工作的信息系统有哪些？它们如何为企业创造价值？

● 定义知识管理，解释它对企业的价值。

● 定义并描述各种不同类型的企业级知识管理系统，说明它们如何给企业带来价值。

● 定义知识工作系统，解释知识工作系统的一般需求。

● 描述下列系统是如何支持知识工作的：计算机辅助设计（CAD）系统、虚拟现实系统和投资工作站。

讨论题

1. 如果企业更广泛地使用 DSS，GDSS 和 ESS，它们就能更好地制定决策吗？为什么？
2. 阐述知识管理系统如何为公司的销售与营销、制造与生产提供多方面的帮助。
3. 商务智能和商务分析怎样帮助企业优化经营战略？请解释。

管理信息系统实践项目

本部分的实践项目涉及以下几个方面：设计一个知识门户网站，识别商务智能的机会，使用电子表格的数据透视表分析销售数据，利用智能代理在网络上搜索待售产品。

管理决策问题

1. U. S. Pharma 公司总部在新泽西，但它在德国、法国、英国、瑞士和澳大利亚都有研究所。新药品的研发是实现利润持续增长的关键，U. S. Pharma 研究并检测成千上万的药品。公司的研究员需要与公司内外的其他人员或组织分享信息，其中包括美国食品药品管理局、世界卫生组织以及国际药品制造商协会联合会。此外，参与行业会议、阅读专业期刊以及访问美国国家医学图书馆这样的健康资讯网站对于 U. S. Pharma 公司来说也非常重要。请你为 U. S. Pharma 的研究员设计一个知识门户网站。设计说明中应包含相关的内部系统和数据库、外部信息资源以及内外交流与协作的工具。此外，为该门户网站设计主页。

2. 苹果蜂（Applebee）是世界上最大的休闲食品连锁餐厅，在美国有 1800 多家，在其他 20 个国家也有分店。主要经营牛肉、鸡肉和猪肉菜肴，以及汉堡包、意大利面和海鲜。虽然汽油和农产品等成本增加，但是苹果蜂的 CEO 想要通过升级菜单、增加更美味和更受顾客欢迎的菜品来增加利润。管理层如何应用信息系统来实施这一策略呢？苹果蜂需要收集哪些数据？为了帮助管理层在优化菜单和增加利润方面制定决策，需要什么样的报告？

提高决策水平：利用数据透视表分析销售数据

软件技能：数据透视表

商业技能：销售数据分析

通过本练习，你将学到如何使用 Excel 数据透视表功能分析数据库或数据列表。使用本章前面提到的 Online Management Training Inc. 公司的数据文件。这是该公司某天的销售交易列表。你可从 MyMISLab 网站获取这份文件。使用 Excel 软件的数据透视表来帮助你回答以下问题：

- 哪个地区的平均购买量更高？答案可能启示管理者向哪里分配更多的营销和销售资源，是否采取差异化营销战略。
- 最常见的支付方式是哪种？答案可用于决定在广告中着重宣传最受欢迎的支付方式。
- 哪些时段的销量更好？人们会在工作场所（很可能是白天）还是在家里（很可能是晚上）购买产品？
- 地区、产品类型及平均售价之间有何联系？

提高决策水平：应用智能代理工具进行比较购物

软件技能：网络浏览器和购物机器人软件

商业技能：产品评估与选择

通过本练习，你将体验如何使用购物机器人在线搜索产品，寻找产品信息，找到最优价格和卖家。假设你要购买一部新的数码相机。可选择 Canon PowerShot S110 或 Olympus TG-2 iHS。为了以尽可能低的价格购入相机，你需要尝试各种提供价格比较服务的购物机器人网站。访问 MySimon（www. mysimon. com），BizRate. com（www. bizrate. com）以及 Google Product Search 等网站。从易用性、搜索结果数量、搜索速度、产品和卖家信息完整性以及价格选择等各个方面比较这些购物网站。你会使用哪些站点？为什么？你会选择哪部相机？为什么？这些站点有助于你制定决策吗？

章末案例

计算机可以为你的论文评级吗

你愿意由计算机来给你的大学论文评分吗？这一举措很可能在你下一门课程中出现。2013 年 4 月，哈佛大学和麻省理工学院合资的风险项目 EdX 开发了大规模网络开放课程（MOOC），推出了一个论文评分软件。该软件通过人工智能技术，可以立即对论文和简答题评分，并提供反馈，这样学生就可以多次修改、重新提交，从而提高成绩。非营利的 EdX 正在向那些想要使用评分软件的机构免费提供该软件。支持者强调，等待论文发回需要数天甚至数周的模式可能使学生没有修改机会，相比之下论文自动评分更为优越。而且从教育学的角度看，立即反馈和即时提供解决方案可以营造出最佳的学习环境（当然建立在这些指导都是合理的基础上）。反对者则提出，尽管软件可以节省教员的时间，但人类是否可以被取代还是一个问题。

休利特基金会（Hewlett Foundation）赞助阿克伦大学教育学院院长马克·舍米斯（Mark Shermis）和数据科学家本·哈姆纳（Ben Hamner）合作开展了一项研究。他们使用来自包括培生教育集团（Pearson）和麦格劳-希尔教育集团（McGraw-Hill）在内 9 个公司的自动论文评分（automated essay scoring，AES）软件，重新评估了超过 16 000 份初高中作文，这些作文来自 6 个州的标准化考试。研究发现，机器评分与人工评分很接近，在某些情况下，机器评分更准确。但麻省理工学院教授写作课程的前主任莱斯·佩雷尔曼（Les Perelman）在 2012 年写了一篇文章反对 AES 软件。佩雷尔曼提出，人工评分和机器评分之间不具有直接的统计可比性。舍米斯也承认他们的研究未采用恰当的统计分析方法，因为这些软件公司强加了某些条件才允许他和哈姆纳来测试产品。毋庸置疑，他也可以指责佩雷尔曼自己没有做研究就来评价他们的工作。

后来，佩雷尔曼对美国教育考试服务中心（Educational Testing Service，ETS）开发的论文电子化评分软件 Electronic Essay Rater（e-Rater）进行了研究，因为 ETS 是唯一允许他进行访问的机构。e-Rater 考察句法多样化、语篇结构和内容分析，并且以自然语言处理技术为基础。分数的确定不仅与论点形成和句法多样化等语用特征的统计分析有关，而且会对词汇和主题内容进行赋权。在有访问权限的一个月内，他尝试研究 e-Rater，并分析其算法，以验证他先前的批判。目前 AES 程序最大的问题是它不能区分事实与虚构。例如，在以高等教育成本为何急剧上涨为主题的作文写作中，佩雷尔曼指出最大的原因是那些贪婪的助教，他们的工资是大学校长的 6 倍，拥有诸如南海度假、私人飞机和电影合同之类过高的福利套餐。他还引用艾伦·金斯堡（Allen Ginsberg）在《嚎叫》（Howl）中的一段话来补充他的论证，结果获得了最高分 6 分。

判断这篇文章值这个分数的指标包括：总长度、段落长度、每句字数、单词与诸如“然而”“而且”这样的连接性副词的使用。由于计算机程序不能推测意思，文章长度是书写流畅的一个代名词，连接性副词的使用代表了思考的全面性，高难度词汇代表了词汇丰富性。培生和 Vantage Learning 等程序供应商为这些指标进行辩驳，声称它们确实具有高度代表性。因为一个好的写作者一定拥有在有限的时间内写出更多内容的技能，他们更能使用复杂的词汇和连接性副词等，并知道怎样起承转合。虽然 AES 程序也可以识别句子片段，根据“和”或“或”将学生的句子断开，但是专业的作家知道怎样兼顾两者达到良好的效果。同时，佩雷尔曼和一个新成立的教育者团体——“反对重大考试中对学生作文进行机器评分的专业团队”（Professionals Against Machine Scoring of Student Essays in High-stakes Assessment）警告说，写作教学可能会被简化，来迎合通过有限且僵化的指标进行评分的机器。

高效率的 AES 软件无疑将夺走部分标准化测试公司聘请的人工阅卷评分者的工作。例如，培生每小时要付给阅卷评分者 40～60 美元。一小时内每个评分者要为 20～30 篇文章评分，也就是说每篇文章需要 2～3 分钟（美元）。显然，这些评分者为了尽快完成评分也会使用一些速记指标。但是，他们可以识别出结构完善的句子中的一些错误。例如，“在 2013 年 7 月 4 日，美国见证了自己的第 2013 个生日”。尽管 e-Rater 可以在 20 秒内给 16 000 篇文章评分，但它不能发现这些错误。或许像佩雷尔曼论证的那样，如果人工评分者给一篇 150 个词的短小精悍、内容真实、叙述合理的文章 5 分的话，那么一篇 716 个词的废话连篇的文章就不可能得到 6 分。

作为多个州 SAT，GRE，Praxis 和 K-12 等标准化测试的开发者，美国教育考试服务中心回应称，e-Rater 在重大测试中不会取代人工评分者，而是对他们的一个补充。人和机器同时对文章进行评分，当两者出现不一致时，另一个人会打破这一僵局。此外，他们猜想佩雷尔曼教学生们怎样应对 AES 软件评分的考试预备课程所传授的高阶思维能力，恰恰是考试需要考察的内容。因此，如果学生掌握了佩雷尔曼教给他们的技巧，就很可能得到 6 分。培生补充指出，它的智能文章评阅器（Intelligent Essay Assessor）是一款课堂工具，可以允许学生在将论文提交给老师评分前多次修改他们的文章。对于那些想要将写作部分引入 K-12 标准化测试但由于成本高而不得不放弃的州来说，裁掉所有的人工评分者将使它们负担得起。对没能通过州标准化考试的学生来说，这样做有利于重新测试、采取补救方案以及参加暑期学校等。

免费的 EdX 工具看起来比一些供应商提供的产品更复杂，它至少具有经“训练”可开发评分标准和适应评分偏好的能力。首先，教师对 100 篇文章或 100 个简答题进行评分，并将得分输入程序。借助这些指南，EdX 工具学习定制化的评分指标，遵守教师偏好的评分方法，给出一个分数或字母等级。就像舍米斯指出的，在很多不太注重排名的大学里，班级都非常大，以至于提供全面的写作反馈是不可行的。而且，在顶级学校中，教学水平较高，需要特别辅导的学生较少。在教育领域中，如果一个工具能够充分模拟人工评分，且评分不像教师之间的评分那样存在较大变化，同时可以提供即时的指导，那么它一定会受到教师的青睐。但是随着需要教员的时间变少，大学管理者是否会通过裁减员工来满足预算要求呢？是否会出现越来越少的教师教育越来越多的学生呢？

随着 MOOC 和 AES 的普及，以上问题的答案是：非常可能。EdX 在学术圈中备受争议。目前，它的课程是免费提供的，学生可以获得一个结业证书，但不是课程学分。然而，为了自我维持，EdX 计划将它的 MOOC 平台打造成一个“自助服务”系统，教职员工可以使用它开发课程以提高学校的品牌效应。第一次开课 EdX 会收取 50 000 美元，后续重复开课则收取 10 000 美元。这些收入将由学校和 EdX 平分。第二种创收模式是 EdX 为大学的课程开发提供“制作帮助”，开发一门新课程会向大学收取 250 000 美元，如果再次使用该课程收取 50 000 美元。如果一门课程成功获利，那么学校可以获得收入的 70%，因为 EdX 已经从自主服务的课程中得到了足够的报酬。然而，为了创造足够它与 12 所大学合作伙伴（目前包括加州大学、伯克利大学、韦尔斯利大学、乔治城大学和得克萨斯大学等）共享的收入，实施一种证书服务模式是必要的。2012 年在圣何塞州立大学进行了免费测试后，EdX 的一门 MOOC 被作为综合网络工程课程的基础。这些浓缩的课程最终将通过率从 60% 提高到 91%。阿南特·阿拉瓦尔（Anant Agarwal）（EdX 的电子工程总裁）预计，在招生有限的情况下证书服务模式可能会成为主要的收入来源。

但是圣何塞州立大学的部分教师感到惊慌。当第二门 EdX 网络开放课程 JusticeX 在酝酿之中时，学校哲学系给哈佛大学课程开发者迈克尔·桑德尔（Michael Sandel）（实际上也是大学管理者）寄去一封措辞严厉的信，信中称哲学系并不存在需要整治的学术问题，也不缺少教授相同课程的教师，并不避讳地抨击了公立大学偏好 MOOC 背后的经济动机。他们进一步声称 MOOC 代表教育质量的一种倒退，并讽刺了平台上的社会公平课程其实正是社会不公平的载体——一种“拆除部门和替换教授”的长期努力。桑德尔对此进行了温和的回应，他愿意分享免费的教育资源，但厌恶诋毁同事的态度，并且呼吁 EdX 和高等教育界之间进行一次深入的讨论。

其他学校也都持消极态度，抵制 EdX 和其他一些新的 MOOC 公司，例如由斯坦福大学教职员工成立的 Coursera 和 Udacity。MOOC 和 AES 有着千丝万缕的联系。大量在线课程需要自动评估系统。Coursera 和 Udacity 都表示使用自动评估系统可获得即时反馈。阿默斯特学院的教师投票反对加入 EdX 联盟。杜克大学教职员工阻挠管理者试图加入其他 9 所大学和教育技术公司 2U 所成立的合资企业，而该企业主要开发荣誉学士课程。

但 EdX 是由美国最杰出的两所学校成立的，聚集了很多久负盛名的合作伙伴，并且已经在形成教育标准。其中，斯坦福大学决定采用 OpenEdX 开源平台，并在 2013 年夏天向大一新生提供了一个暑期阅读计划和两门公共课。斯坦福大学未来将与 EdX 合作开发 OpenEdX，并在这一平台提供公共课和大学课程。

佩雷尔曼教授调侃道，他之前教授的计算机科学专业学生就可以开发出一个安卓应用程序，在完全没有人参与的情况下写出在 e-Rater 上得到 6 分的程式化文章。他认为存在严重的问题：减少人际互动和人力投入将导致什么样的教育成果？人工智能可以发展到评估真实性、准确性、组织的有效性、说服力、论点和论据吗？未来在教育领域还有多少就业机会将消失？

资料来源：Michael Gonchar，"How Would You Feel About a Computer Grading Your Essays?" *New York Times*，April 5，2013；Steve Kolowich，"How EdX Plans to Earn，and Share，Revenue From Its Free Online Courses，" The Chronicle of Higher Education，February 21，2013；John Markoff，"Essay-Grading Software Offers Professors a Break，" *New York Times*，April 4，2013；Ry Rivard，"Humans Fight Over Robo-Readers，" Inside Higher Ed，March 15，2013；David Rotman，"How Technology Is Destroying Jobs，" MIT Technology Review，June 12，2013；Randall Stross，"The Algorithm Didn't Like My Essay，" *New York Times*，June 9，2012；Michael Winerip，"Facing a Robo-Grader? Just Keep Obfuscating Mellifluously，" *New York Times*，April 22，2012；Paul Wiseman，Bernard Condon，and Jonathan Fahey，"Can smart machines take your job? Middle class jobs increasingly being replaced by technology，" *The Associated Press*，January 24，2013；"San Jose State University Faculty Pushes Back Against EdX，" Inside Higher Ed，May 3，2013.

◆ 案例思考题

1. 论文自动评分有多"智能"？请解释你的答案。
2. 论文自动评分的效果如何？
3. 论文自动评分的优缺点各有哪些？
4. 当决定是否使用论文自动评分软件时需要考虑的人员、组织和技术因素有哪些？
5. 当论文自动评分软件给你的论文打一个很低的分数时你会怀疑吗？请解释原因。你会要求再进行一次人工审查吗？

第Ⅳ篇

开发和管理系统

Building and Managing Systems

第 12 章　信息系统开发与项目管理

第Ⅳ篇介绍如何利用前面章节所学的知识，来分析、设计商业问题的信息系统解决方案。这部分内容回答如下问题：如何针对信息系统出现的问题设计解决方案，以创造真正的商业利益？企业应如何适应采用新的系统方案带来的变化？有哪些方法可用于构建系统方案？

第 12 章
信息系统开发与项目管理
Building Information Systems and Managing Projects

学习目标

学完本章后，你将能够回答以下问题：

1. 开发新信息系统用到的解决问题的核心步骤是什么？
2. 构建信息系统的可选方法有哪些？
3. 系统建模与设计的主要方法是什么？
4. 如何选择与评估信息系统项目？
5. 如何管理信息系统项目？

章首案例

新的女童子军饼干订购系统

花生酱小饼干、焦糖酱饼干和淡薄荷饼干吃起来简单，但出售这些女童子军饼干却是很重要的业务。2012 年销售旺季，女童子军卖掉约 2.15 亿盒饼干，带来 7.85 亿美元的收入。销售饼干是女童子军组织收入的主要来源，并且给 150 万参与销售的女童提供了提高销售和财务管理技能的机会。然而，收集、清点和处理每年大量涌入的订单极具挑战。

女童子军一贯的饼干订单流程依赖成堆的文书工作。1 月的销售旺季，每名女童子军将每笔销售记录到个人订单卡上，工作完成后上交给队长。队长将这些信息填至五段式表格中，再将表格交给社区志愿者汇总，之后传递给地区委员会总部。总部将订单数据批处理制成最终订单，发给生产商 ABC 饼干公司。除负责订单外，女童子军志愿者和军团成员还必须亲自协调饼干的配送过程：从生产商到地区仓库，到当地卸货点再到每位女童子军，最终到达顾客手中。

文书工作已使人不堪重负。纸质订单转手次数过多，大量备注项、多重单价的存在，以及要不同的人在截止日期前完成计算工作，增大了出错的可能性。

名为“爱国者之路”的女童子军委员会，代表波士顿地区的 65 个社区和 1.8 万名女童子军。该委员会每年售出 150 万盒饼干，是第一批开始着手解决这个问题的委员会之一。一开始，“爱国者之路”委员会考虑用微软的 Access 数据库管理软件和应用开发工具构建计算机系统。但是，该方案需要 25 000 美元的开发费用，且要花至少 3～4 个月系统才能上线运行。对女童子军来说，这太耗费时间，成本高且过于复杂。除微软的 Access 软件外，女童子军还必须购买运行系统所用的服务器，如果要在网上使用系统，还得支付网络服务和站点维护费用。

与管理顾问公司 Dovetail 协商后，该委员会决定选用 Intuit 公司针对公司工作组应用开发的 QuickBase 系统。QuickBase 是一项针对小企业和公司工作组的基于网络的软件托管服务。它特别适用于快速创建简单的数据库应用程序，且不需要大量的操作培训。QuickBase 可定制，旨在收集、组织不同位置的数据，并在团队间共享。

Dovetail 公司的一位咨询顾问在几个小时内为女童子军创建出具备一些基本功能的 QuickBase 工作原型。利用 QuickBase 开发、测试并实施整套系统只花了两个月。整套系统的开发成本仅为微软 Access 方案的一小部分。QuickBase 的所有服务都在自己的系统上运行，女童子军不必支付任何硬件、软件或网络服务费。有 100 位用户的企业每月要花费 500 美元，有超过 500 位用户的企业则需支付 1 500 美元。该系统使用极为简便。

QuickBase 方案能向整个委员会提供一份清晰的中心数据集，通过网络能便捷地在线下单，从而减少文书工作和计算错误。队长们收集女童子军的订单卡，利用家中联网的电脑直接将其输入 QuickBase 系统。只需点点鼠标，委员会办公室的工作人员就能汇总所有订单，并以电子方式传送给 ABC 饼干公司。地区订单进入系统后，地区负责人就能实时跟踪数据。

此外，“爱国者之路”委员会还使用 QuickBase 系统管理储存饼干的仓库，志愿者要到该仓库提取所订购的饼干。志愿者可使用该系统进行预约，这样仓库就能提前准备好订单，从而节省时间、降低库存管理成本。运送饼干的卡车公司也能接受 QuickBase 发送的电子指令，制定高效率的交货计划。

自实施 QuickBase 系统以来，文书工作已减少 90% 以上，错误率降至 1%，志愿者的时间节省了一半。过去要花两个月时间统计订单，确定销售业绩最佳的女童子军予以奖励，现在这一时间缩短至 48 小时。

其他的女童子军委员会也实施了类似的 QuickBase 系统用于销售，并取得了相同的效果。洛杉矶的女童子军委员会，服务于洛杉矶县以及科恩和圣贝尔纳尔迪诺部分地区，每年出售 350 万盒饼干，文书工作减少了 95%。

资料来源：Ron Lieber，“More Than Pushing Cookies，” *New York Times*，February 8，2013；www. girlscouts. org，accessed August 19，2013；Liz McCann，“Texting＋QuickBase Make Selling Girl Scout Cookies Easier in LA，” March 8，2010，www. quickbase. intuit. com，www. girlscoutseaternmass. org/cookies，accessed July 15，2011；and “Girl Scouts Unite Behind Order Tracking，” *Customer Relationship Management*，May 2005.

“爱国者之路”女童子军委员会的经历体现了设计与构建新信息系统的一些必要步骤和新系统方案的某些效益。过去，女童子军使用过时的人工纸质流程处理饼干订单，既耗时且错误频出。女童子军尝试过许多方案，最终选择了基于 QuickBase 应用服务的新订货系统。本章中，在描述构建新信息系统的步骤时，我们将会检查女童子军搜寻系统方案的过程。

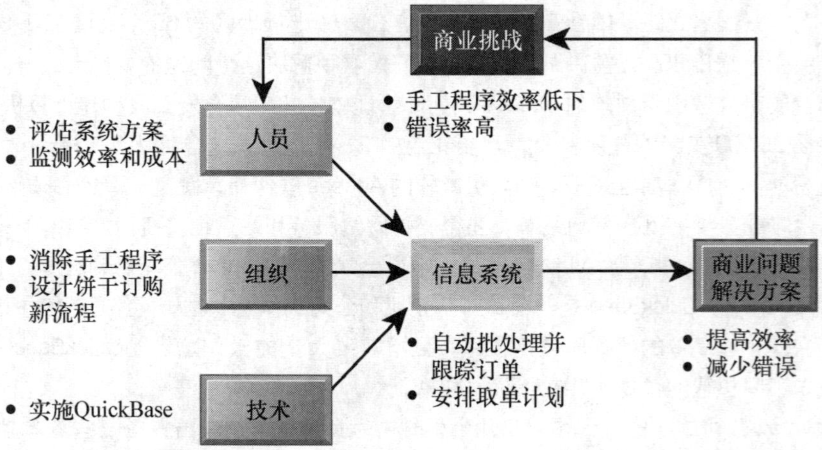

12.1 问题解决和系统开发

我们已经描述过解决问题的过程，以及它如何帮助我们分析并理解信息系统在企业中的作用。解决问题的过程对构建新系统非常有价值。新信息系统的构建被组织视为解决其面临的某个或一系列问题的方案。问题可能是管理层和员工认为企业的运营不如预期，或者他们意识到组织应该抓住新机遇实现更高效的运作。

让我们把解决问题的过程应用到系统构建上。图 12-1 显示了所需采取的四个步骤：(1) 定义并理解问题；(2) 设计备选方案；(3) 选择最佳方案；(4) 实施最佳方案。

图 12-1 开发一个信息系统解决方案

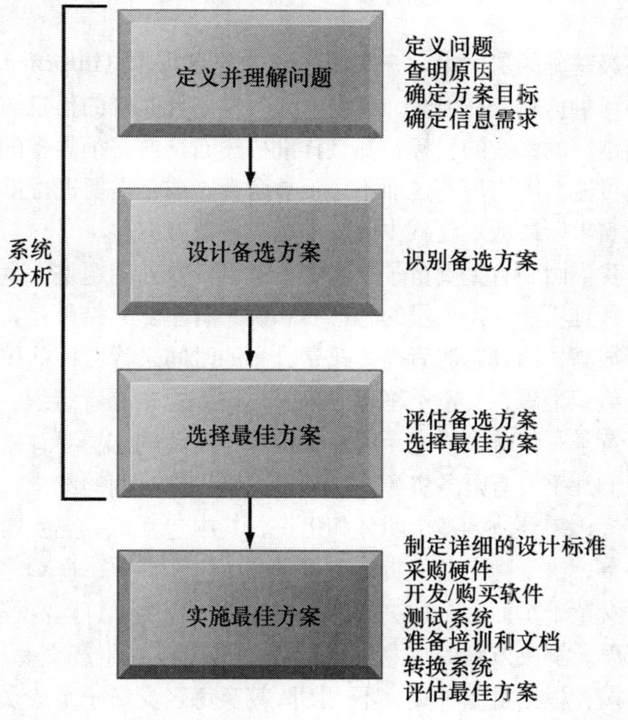

说明：信息系统解决方案的开发建立在解决问题的过程之上。

解决问题前，必须先准确地定义问题。组织成员必须一致认为问题确实存在，且十分严重，再进一步研究该问题，以得到更好的理解；下一步是开发备选方案；再下一步是评估各备选方案，选出最佳方案；最后是实施最佳方案，确定该方案的设计细节，将设计转化为物理的系统，测试系统，将其引入组织，并在后续的使用中加以完善。

在信息系统领域，这些活动有一个专门的名称。图 12-1 显示，解决问题的前三个步骤包括识别问题、收集信息、设计备选方案、选择最佳方案，统称为**系统分析**(systems analysis)。

12.1.1 定义并理解问题

因为公司成员对于问题的性质及其严重程度的看法可能不一致，所以需要做些工作才能定义问题。出现该问题的原因是什么？为什么仍然存在？为什么之前没有解决？系统分析员通常会通过审查文件、工作文书、操作程序和系统运行流程，与系统主要用户的面谈，来收集现有系统和存在的问题的详细信息。

商业领域中的信息系统问题通常是人员、组织和技术等因素共同造成的。在确认一个关键问题时，应了解该问题是哪种类型的：是人员问题、组织问题、技术问题，还是这些因素共同导致的问题？人员、组织和技术等因素对这个问题的影响有多大？

问题一旦得到定义和分析，就能确定应该做什么、可以做什么、该问题解决方案的目标是什么。公司的目标是降低成本、提高销售额，还是改善与客户、供应商以及员工的关系？管理人员是否有足够的信息来制定决策？要实现这些目标需要哪些信息？

在最基础的层面上，一个新系统的**信息需求**（information requirements）会明确谁需要何种信息，在何时、何地、如何需要什么样的信息。需求分析清楚地定义新系统或调整后的系统的目标，并且详细描述新系统必须具备的功能。根据错误需求设计的系统可能会因表现不佳而不得不被舍弃，或者需要进行重大修改。12.2 节介绍了能够捕获需求以最大限度减少此类问题的备选方案。

让我们回到有关女童子军的章首案例。此处问题是女童子军的订购流程过分依赖手工，并且不能支持大量的志愿者和饼干订单。其结果是，饼干订购效率非常低，错误率却很高，而且志愿者需要花费过多的时间来管理订单和发货。

从组织上看，女童子军是一个分布广泛的志愿者组织，饼干销售是其收入的主要来源。童子军依赖几乎毫无商业或计算机经验的志愿者，来负责销售、订单管理和发货。他们几乎没有财务资源，而且志愿者受到时间的约束。女童子军的饼干订购流程步骤繁多，需要协调多个团体和组织，其中包括每一名女童子军成员、志愿者、委员会办公室、饼干生产商、货运公司以及“饼干食橱”仓库。

对女童子军而言，解决方案的目标是减少饼干订购流程中耗用的时间和成本及产生的错误。解决方案的信息需求包括：迅速合并生产交易订单，将订单传送到 ABC 饼干公司；根据饼干种类、不同团队甚至每名女童子军成员来跟踪订单；从“饼干食橱”仓库收集整理订单。

12.1.2 设计备选方案

什么样的备选解决方案可能实现这些目标并满足信息需求？系统分析考虑到这个问题的本质，给出了最有可能采纳的方法。有的可行的解决方案并不要求开发一个信息系统解决方案，而是要求改进管理，或者增加培训，或者改进组织的现有流程。但在某些情形下，确实需要对公司现有的信息系统加以改进，或者需要一个全新的信息系统。

12.1.3 评估方案并选择最佳方案

系统分析包括一个**可行性研究**（feasibility study），用以确定提出的每种解决方案在资金、技术和组织等方面是否可行，是否可以实现。可行性研究确定了每一种备选方案是不是好的投资，系统所需的技术是否可用，公司的信息系统员工能否掌握该技术，组织能否接受系统带来的变化。

系统提交的书面报告介绍了每种备选方案的成本和收益以及优缺点。从资金角度来说，哪种方案最好？从组织角度来说，哪种方案最好？系统分析将详细说明每种备选方案的成本收益，以及组织为了有效利用该解决方案所必须做出的改变。我们将在下一节就如何确定系统的商业价值以及如何管理进行详细讨论。在报告的基础上，管理层将选择它认为对于公司来说最佳的解决方案。

"爱国者之路" 女童子军有三种备选方案。其中之一是简化现有流程，继续依赖手工程序。然而，鉴于女童子军成员和饼干订单的数量巨大，以及与制造商及运输商的关系，重新设计并简化手工订单和交货流程并不能带来多少好处。女童子军需要的是一个自动化的解决方案，它能准确地追踪成千上万个订货和发货交易，减少文书工作，并建立一个主要的实时销售数据来源，以让女童子军委员会总部和每个志愿者对其进行访问。

第二种备选方案是利用微软的 Access 构建一个定制的饼干订购系统。该方案被认为过于耗时、昂贵，并且对于女童子军来说在技术上具有挑战性。初期的开发成本需要 25 000 美元，此外要购买硬件和网络设备来运行系统，连接到互联网上，还要对员工进行培训，使其能够运行并维护系统。

第三种备选方案是利用软件服务提供商迅速创建一个系统。QuickBase 能够提供模板和工具，可在很短的时间内创建简单的数据库系统，还能够提供硬件以运行应用程序和网站，使网上用户都能访问。该解决方案无须女童子军购买任何软硬件或网络技术，也无须雇用任何信息系统技术人员来维护系统。此备选方案对女童子军来说最可行。

12.1.4　实施最佳方案

实施系统解决方案的第一步就是拟定一个详细的设计说明。**系统设计**（system design）旨在说明所选择的解决方案应如何实现。系统设计是信息系统解决方案的模型或蓝图，包括系统分析过程中确认的功能的所有说明。这些说明应涉及系统解决方案中的所有技术、组织、人员等组成部分。表 12－1 根据选定方案所需的信息，列出了在女童子军新系统设计过程中可能产生的说明的类型。

表 12－1　女童子军饼干系统设计说明

输出	在线报告
	硬拷贝报告
	网上查询
	ABC 饼干公司的订单交易
	货运公司的交货单据
输入	订单数据录入表格
	团队数据录入表格
	女童子军数据录入表格
	装运/交付数据录入表格
用户界面	图形网络界面

数据库	订单文件、货运文件及团队联系文件的数据库
进程	根据饼干类型和箱数来计算订单总量
	由团队和女童子军个人追踪订单
	规划“饼干食橱”的订单接收流程
	更新女童子军和团队的地址及人员变化数据
手工程序	女童子军以纸质形式接收订单
	团队领导从女童子军处收集订单卡片，在线输入订单数据
安全和控制	在线密码
	控制总量
转换	输入女童子军成员及团队的数据
	转换工厂及交付数据
	测试系统
培训与文档编制	系统用户指南
	在线实践示范
	在线培训课程
	培训 ABC 饼干公司和货运公司如何从女童子军的系统中自动接收数据和指令
组织变革	工作设计：志愿者不再需要汇总订单
	处理设计：接收记在手工卡上的订单，但将其输入在线系统
	在线规划“饼干食橱”的订单接收流程

■ **完成实施**

在最后一步实施系统方案时，应完成以下活动：

● 硬件的选择与获取。系统构建者为应用程序挑选合适的硬件。他们或者购买必要的计算机和网络硬件，或者从技术提供商那里租赁。

● 软件开发和程序设计。软件可以内部自定义编写，也可以向外部（比如外包供应商、应用软件程序包供应商或应用服务提供商）购买。

女童子军无须购买额外的硬件或软件。QuickBase 为生成简单的数据库应用提供模板。Dovetail 协会的咨询人员利用 QuickBase 工具，快速创建该系统的软件。该系统在 QuickBase 服务器上运行。

● 测试。系统要进行全面的测试，以确保产生正确的结果。**测试**（testing）过程要求对每一个计算机程序进行详细的检测，这被称为**单元测试**（unit testing），也叫**系统测试**（system testing），它测试信息系统作为一个整体的工作性能。**验收测试**（acceptance testing）提供最终的认证，证明系统已准备就绪，可以用于生产过程中。信息系统测试由用户进行评估，由管理层进行审查。当各方认为新系统符合标准时，同意该系统正式安装。

系统开发团队与用户一起设计系统测试计划。**测试计划**（test plan）包括上述一系列测试的所有准备工作。图 12－2 是可用于女童子军饼干订购系统的测试计划样本。测试的条件是在线访问某个女童子军队伍的一条已有记录。

图 12-2　女童子军饼干订购系统的测试计划样本

测试案例编号：GS02-010	
制表人：A.纳尔逊	日期：2014年2月15日
目标:下面的测试针对现有队伍的访问记录	
特定环境：QuickBase的工作组	
程序描述: 点击“我的队伍简介”链接 输入队伍编号 预期结果: 当用户点击“我的队伍简介”时，队伍简介画面出现。 当用户输入正确的队伍编号时，队伍记录出现。 当用户输入错误的队伍编号时，提示错误信息“错误的队伍编号”。	
测试结果: 一切正常	

说明：制定一个测试计划时，必须包括测试的各种条件、对每一种测试的条件的要求以及预期结果。测试计划需要最终用户和信息系统专家双方的参与。

- 培训及文档编制。最终用户和信息系统专家需要接受培训，以便能够使用新的系统。必须准备详细的**文档编制**（documentation），从技术和最终用户的角度详细说明该系统是如何工作的。

女童子军的饼干订购系统为用户提供在线练习区域，使其根据一步步的操作指示，练习将数据输入系统。同时，系统的循序渐进的教学指南可以在网上使用，也可以下载并打印成一份硬拷贝手册。

- 转换。**转换**（conversion）是指从旧系统到新系统的转变过程。主要有三种转换策略：并行策略、直接转换策略和阶段转换策略。

在**并行策略**（parallel strategy）中，旧系统和潜在的替换系统同时运行一段时间，直到所有人都确认新系统运行正常。旧系统作为备份，在有问题出现时仍然可以使用。**直接转换策略**（direct cutover strategy）中，在指定的某一天新系统完全替换旧系统，这会有一定的风险：如果出现问题，就没有系统可以使用。**阶段转换策略**（phased approach）阶段性地引入系统（比如，首先引入女童子军饼干的订购模块，然后引入订单传送，以及给饼干制造商和运输商指令的模块）。

- 生产和维护。当新系统安装且转换完成之后，系统被认为进入**生产**（production）阶段。在此阶段，用户和技术专家对解决方案进行审查，来判断它实现原定目标的程度，并决定是否需要对其进行必要的修改。对生产系统中的硬件、软件、文档或者程序进行修改，以纠正错误、满足新的需求或提高处理效率，这些举措都被称为**维护**（maintenance）。

女童子军持续改进并完善其 QuickBase 饼干订购系统。在网速缓慢的情况下，该系统对于用户而言反而更有效率。最近对其他方面的改进包括：能更快地支付订单，无须等到特定的开始日期就可以访问队伍的信息和最初的订单，能在线确认来自“饼干食橱”的预订订单。

■ **变革管理**

制定新信息系统方案不仅仅是安装硬件和软件的问题。企业还必须应对新的解决方案带来的组织变化——新的信息、新的业务流程或新的汇报关系及决策权。一个精心设计的解决方案除非被非常小心地引进组织，否则可能无法运行。对组织中的变革进行计划，能使解决方案以一种有序高效的方式实施，这对信息系统解决方案的成败非常关键，12.4 节将详细讨论这一话题。

为推动原手工饼干订购流程向新系统转变，女童子军必须将流程的变化告知领导和志愿者，对其进行培训，并提供资源，以回答来自家长和使用该系统的志愿者的问题。他们需要与 ABC 饼干公司及运输商合作，采用新流程传送和交付订单。

12.2 构建系统备选方案

利用我们前面描述的问题解决思路构建系统有多种备选方法。这些方法包括：传统的系统开发生命周期法、原型法、最终用户开发法、应用软件包和外包。

12.2.1 传统的系统开发生命周期法

系统开发生命周期法（systems development lifecycle，SDLC）是最原始的信息系统构建方法。生命周期法是一种分阶段构建系统的方法，如图 12-3 所示，它将系统开发过程划分为一系列正式的阶段。虽然系统构建者可以往返于生命周期的各个阶段，但系统开发生命周期法主要还是一种像“瀑布”一样的方法，其中一个阶段的任务要在下一阶段的工作开始前完成。

图 12-3 传统的系统开发生命周期法

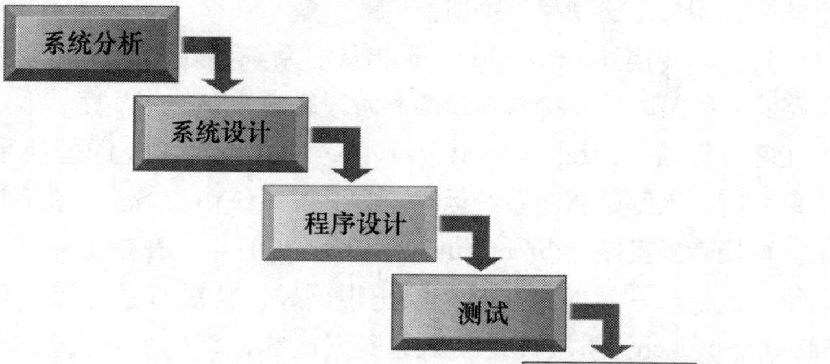

说明：系统开发生命周期法将系统开发划分为多个正式的阶段，每个阶段的任务要在下一阶段开始前完成。

这种方法保留了最终用户和信息系统专家之间非常正式的分工。技术专家（如系统分析员和程序员）负责大部分的系统分析、设计和实施工作；最终用户仅负责提供信息需求，审查技术人员的工作。生命周期法还强调正式的说明书和文书工作，所以在一个系统项目的流程中会产生许多文件。

系统开发生命周期法也适用于构建复杂的大型系统，这种系统的构建需要严密且正式的系统分析、预先定义的说明书以及系统构建过程中的严格控制。但是，这种方法不仅费时而且成本高昂。此外，一个阶段的任务要在下一阶段的工作开始前完成。活动可以重复，但如果需求和说明书需要修订，必定会产生大量的新文件，重复以前的步骤。这就导致在开发过程的初期确定说明书。生命周期法不适合许多小的桌面系统，这些系统往往是非结构化的，而且更个性化。

12.2.2　原型法

原型法（prototyping）要快速、低成本地建立实验系统，以便最终用户作出评价。原型是信息系统的一个工作版本或系统的一部分，但它仅被认为是一个初步的模型。用户与原型交互，以更好地了解他们的信息需求，对原型进行多次完善。章首案例介绍了 Dovetail 公司如何利用 QuickBase 建立原型系统，帮助“爱国者之路”女童子军委员会完善饼干订购系统的设计。当设计完成后，原型就被转换为完善的生产系统。图 12－4 显示了原型法过程的四步骤模型。

图 12－4　原型法过程

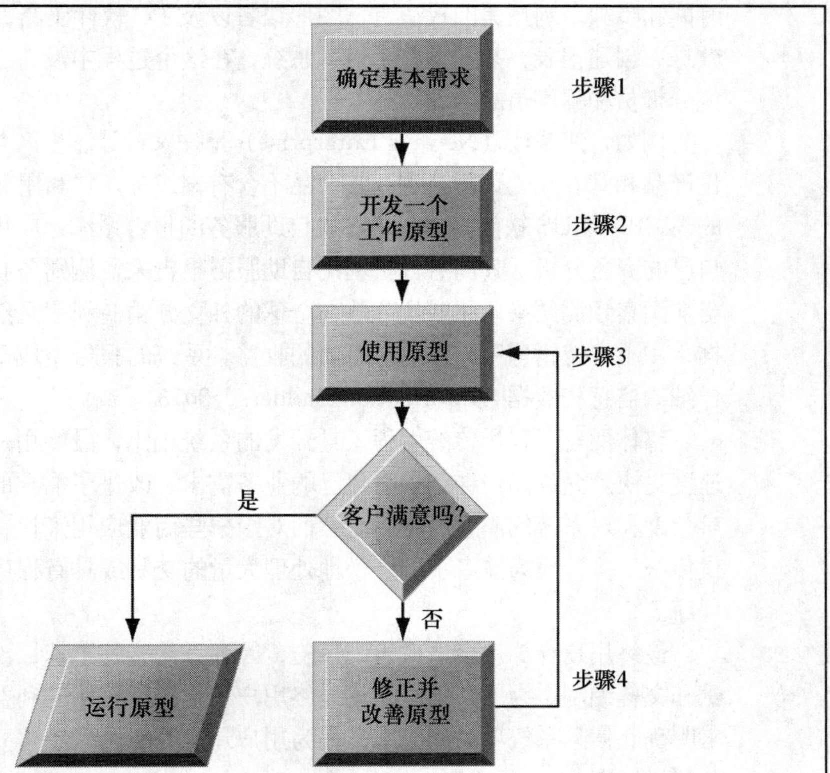

说明：开发原型系统的过程包括四个步骤。因为原型开发快速，成本低廉，所以系统构建者可能会有几次反复（如重复步骤 3 和步骤 4），以在最终使用原型前完善原型。

步骤 1. 确定用户的基本需求。系统设计者（通常是一位信息系统专家）与用户一起工作，以获取用户的基本信息需求。

步骤 2. 开发一个最初的原型。系统设计者利用快速生成软件工具，迅速地创建一个工作原型。

步骤 3. 使用原型。鼓励用户利用系统来判断原型是否满足其需求，并为完善原型提出建议。

步骤 4. 修正并改善原型。系统构建者应关注用户需求的变化，并据此对原型进行完善。在修改原型后，返回到步骤 3。重复步骤 3 和步骤 4，直到用户满意为止。

在设计信息系统的用户界面时，原型法特别有用。由于原型法鼓励最终用户在整个系统开发生命周期中积极参与，因而它更有可能产生满足用户需求的系统。

然而，快速原型法可能会掩盖系统开发中的必要步骤，比如全面的测试以及文档编制。如果已完成的原型运行得相当不错，管理层可能就认为没有必要构建一个完善的生产系统了。然而，有些仓促构建的系统不容易适应生产环境中的大量数据或大量用户。

12.2.3 最终用户开发法

最终用户开发法（end-user development）允许用户在只有很少或几乎没有技术专家的正式帮助的情况下，创建简单的信息系统，减少产生一个完善的应用程序所需的时间和步骤。利用第四代语言、图形语言以及 PC 软件工具，最终用户可以独立访问数据、创建报表，并开发整个信息系统，在这个过程中没有或很少获得来自专业的系统分析员和程序员的帮助。

例如，纽威仕（Neways Enterprise）是一家设计、生产并出售个人护理产品、家用产品和营养品的跨国公司，其产品不含有害成分。它利用 Information Builders 公司的 WEBFOCUS 软件，建立了在线自助服务的报告系统，应用于数千个独立分销商和自己的商务分析。其商务分析利用自助服务报告来监测财务状况和预测趋势，并基于当前洞察预测结果。纽威仕分散在全球的独立分销商利用系统能够获取实时的生产数据，用于支持销售工作和追踪每月的收益。系统的报告生成工具使用户可以获取更加详细的信息和数据（Information Builders，2013）。

整体而言，与用传统编程工具开发的系统相比，最终用户开发的系统完成工作的速度更快。允许用户详细说明自己的业务需求，改进了需求的收集方式，使得用户的参与度和对系统的满意度更高。然而对于一些商业应用来说，第四代工具仍然无法取代传统工具，因为前者不能轻松地处理大量的交易或具有程序逻辑及更新要求的应用程序。

最终用户计算也会造成组织风险，因为系统构建迅速，没有正式的开发方法、测试和文档编制。为了帮助组织将最终用户开发应用程序的利益最大化，管理层应当要求明确此信息系统项目的成本，并为用户开发的应用程序建立硬件标准、软件标准以及质量标准。

12.2.4 采购解决方案：应用软件包和外包

第 5 章指出，如今大多数系统的软件都不是内部开发的，而是从外部购买的。企业可以选择从一个商业供应商那里购买一套软件，从应用服务提供商那里租用软件，或将开发工作外包给其他公司。软件或软件服务的选择往往基于**需求方案说明书**(Request for Proposal，RFP)，这是一份提交给外部供应商的详细的问题清单，便于外部供应商明白如何满足系统的要求。

■ **应用软件包**

目前，大多数新的信息系统是利用应用软件包或预先编写好的软件组件构建的。许多应用软件对于所有商业组织而言是通用的，比如工资表、应收账款、总账或库存控制。对于这种标准程序而言，其通用的功能不会随着时间的推移有很大的变动，一个通用的系统可以符合许多组织的要求。

如果一个软件包可以符合一个组织的大多数要求，组织就不必编写自己的软件。使用软件包中预先编写、设计、检测好的软件程序，能够节约时间和金钱。

许多软件包包括定制功能，以满足软件包不能解决的独特需求。**定制**（customization）功能允许对软件包进行修改，以满足组织的独特需求，而不破坏软件包的完整性。但如果需要大规模定制，那么额外的编程和定制工作就可能变得昂贵且耗时，从而掩盖软件包的许多优点。如果软件包不能定制，该组织就必须适应软件包，改变自己的程序。

■ **外包**

如果一家企业不想利用内部资源来构建或运行信息系统，可以将该工作外包给外部专门提供这些服务的组织。我们在第 5 章描述的软件服务提供商就是外包的一种形式。女童子军从 QuickBase 处租用软件和硬件来运行饼干订购系统，就是一个例子。公司使用由应用服务提供商提供的软件和计算机硬件，作为其系统的技术平台。在外包的另一种形式中，公司聘请外部供应商为其系统设计并创建软件，但在公司自己的计算机上运行系统。

外包供应商可能是国内的，也可能是国外的。国内外包主要基于这样一个事实：外包公司拥有其客户没有的技能、资源和资产。在一个非常大的公司安装新的供应链管理系统可能要雇用额外的、在供应链管理软件方面有专门知识的员工 30～50 人。与雇用正式新员工，然后在系统构建完成后将其解雇相比，将该工作外包 12 个月更有意义，成本也不会太高。

在离岸外包的案例中，做出这样的决策很大程度上是受成本驱动的。一位印度或俄罗斯的熟练的程序员年收入为 1 万美元，而美国的一位类似的程序员年收入为 7.3 万美元。互联网和低成本通信技术已大大降低了相距很远的国际团队协调工作的费用和难度。除了成本的节省，许多离岸外包企业还提供世界级的技术资产和技能。

像希尔顿、NBC、福克斯和雅虎这样的顶尖企业已经将网站设计和开发工作外包给印度公司。印度外包公司配有许多领域（比如 Ajax 编程）的专家，定制系统的内容管理和电子商务解决方案，利用 Adobe Flash、Adobe Flex 和微软银光开发移动应用，这是国内大多数公司做不到的。

在职业生涯中，你很可能与离岸外包供应商或国际团队合作。如果你的公司花时间评估了所有的风险，并且确保外包满足其特殊需要，那么它将极有可能从外包中受益。任何将其应用外包的公司都必须充分认识项目，比如它的要求、实施方法、预期收益的来源、成本的组成部分以及衡量绩效的指标。

许多公司低估了确认和评价信息技术服务供应商的成本、转换新供应商的成本、为配合外包供应商而改进内部软件开发方法的成本，以及监督供应商以确保其履行合同义务的成本。由于要应对会消耗生产力的文化差异，以及处理如解雇或重新安排国内员工这样的人力资源问题，离岸外包带来了额外的费用。这些隐性成本会影响外包的预期收益。当公司利用外包商去开发或操作能给公司带来某种竞争优势的应用软件时，应特别谨慎。

图 12－5 显示了离岸外包项目总成本的最好和最差情形，以及隐性成本对项目总成本的影响程度。最好情形反映了额外成本的最低估计数，最差情形则反映了其最高估计数。正如你所看到的，隐性成本占离岸外包项目总成本的 15%～57%。即使有这些额外成本，如果能做好管理工作，许多公司仍将受惠于离岸外包。

图 12－5　离岸外包的总成本

外包合同成本：	1 000万美元			
隐性成本	最好情形	额外成本（美元）	最差情形	额外成本（美元）
1.选择外包商	0.2%	20 000	2%	200 000
2.转换成本	2%	200 000	3%	300 000
3.临时解雇/保留	3%	300 000	5%	500 000
4.生产力损失/文化问题	3%	300 000	27%	2 700 000
5.改进开发过程	1%	100 000	10%	1 000 000
6.管理合同	6%	600 000	10%	1 000 000
总额外成本		1 520 000		5 700 000
	未完成合约	额外成本	总成本	额外成本
总外包成本（最好情形）	10 000 000	1 520 000	11 520 000	15.2%
总外包成本（最差情形）	10 000 000	5 700 000	15 700 000	57.0%

说明：如果一家公司在离岸外包合同上花费了 1 000 万美元，那么即使是在最好的情形下，也要花费 15.2%的额外成本。在最差的情形下，即生产力急剧下降、转换和裁员成本极高的情况下，一家公司可以预期，为离岸外包合同要支付高达 57%的额外成本，最多会达到 1 000 万美元。

12.2.5　移动应用开发：为多屏世界而设计

如今，员工和顾客都希望并且需要自主选择移动设备，随时随地获取信息或者完成交易。为了满足他们的需求，公司有必要开发移动端网站、移动应用、本地应用以及传统的信息系统。数字广告代理 Vertica 称，到 2015 年，移动应用开发项目与本地计算机项目之比将超过 4∶1（Greengard，2013）。

移动端网站（mobile Web site）是正常网站在内容和导航上的缩小版，可以使小屏移动端更容易访问和查询。（从你的电脑和智能手机端分别进入亚马逊网站，然后比较不同之处。）现在大多数大公司都有移动端网站。

移动网络应用（mobile Web app）位于服务器上，通过嵌入智能手机或平板电脑的移动端浏览器使用。例如，苹果智能手机和平板使用 Safari 浏览器，这些设备能够运行基于 Safari 开发的移动应用。移动应用能支持游戏和富媒体涉及的复杂交互、运行实时快速的计算，利用嵌入智能手机的全球定位系统确保其位置敏感性。

本地应用（native app）是一种独立运行于特定移动平台的应用，它必须直接安装在设备上。例如，Kindle 可以从互联网上下载电子书，在切断网络后仍可以显示需要阅读的内容。不同的本地应用需要根据不同的移动端操作系统和硬件来开发。

移动平台应用的开发与电脑端的开发差异很大，后者有更大的屏幕。移动设备的尺寸变小，使用手指多点触碰比用键盘打字更方便。移动端应用要根据所要完成的任务进行优化，不应执行过多的任务，设计要考虑可用性。用户在移动端交互的体验与台式电脑或笔记本电脑有着很大的不同。节约诸如带宽、屏幕空间、内容、处理、数据输入和用户手势等资源，是首要任务。

当一个电脑端网站全屏页面缩小到智能手机屏幕大小时，用户很难在网站上查找资料。用户必须不断地进行放大、缩小和滚动等操作。因此，公司需要专门为移动端界面设计网站，创建多个移动端网站来满足不同的智能手机、平板电脑和桌面浏览器的需求。这至少相当于三个内容、维护和花费分开的网站。目前，网站会根据你登录时浏览器发送给服务器的信息，确定你正在使用的设备。根据这些信息，服务器会提供合适的屏幕。

解决需要多个网站的问题可以使用**响应式网页设计**（responsive Web design）。无论是台式电脑、笔记本电脑、平板电脑还是智能手机，响应式网页设计都能使网页根据访问者的屏幕分辨率自动改变布局，从而使不同浏览内容的设计最优。这消除了为每一种新设备单独设计和开发网页的需要。第 5 章介绍的 HTML5 也可用于移动应用开发，因为它支持跨平台的移动应用。

“互动讨论：技术”专栏描述了一些公司如何应对上述移动端开发的挑战。

互动讨论：技术

实现移动的代价是什么

我们怎样才能实现移动？我们应该做些什么？我们应该从哪里着手？随着智能手机和平板电脑成为主流，现在几乎每一个公司都在问这些问题。

开发移动应用或者移动端网站有一些特殊的挑战。用户在移动端的体验与电脑端有很大不同。移动设备所拥有的特殊功能（如基于位置的服务），使公司创造新的与客户互动的有意义方式成为可能。公司在传递适用于小屏幕的体验时，需要利用这些功能。可使用包括 IOS、安卓和 Windows 8 在内的多种移动平台，公司的应用在这些平台上运行时需要不同的版本。你不能只是把网站或台式电脑上的应用搬到智能手机或平板电脑上。这是一个不同的系统开发过程。

用户如何、为何以及在哪里使用移动设备？这些移动体验是如何改变商业互动和表现的？了解这些显得尤为重要。例如，使用应用的客户在大量的交易中会独自完成并很少使用手机吗？他们在移动设备上搜索和购买商品所用的时间会更多还是更少？

德克斯户外公司（Deckers Outdoor Corporation）是 UGG Australia，Teva 和 Simple Shoes 等品牌的母公司，它花了大量时间研究消费者的移动端行为。公司十分关注消费者购物和搜索品牌时是如何使用移动设备的，以便发现如何能使消费者通过移动渠道与它的品牌产生关联。当人们使用移动设备时，他们是怎样搜索产品的？他们想知道品牌的哪些信息？他们查找的是品牌特征、产品评价或者零售店位置这样的信息吗？

德克斯户外公司的消费者分析表明，当消费者在其店内使用移动设备时，最重要的是无缝交互。客户想要在他们的移动设备上看到店内所售的产品，并想看到消费者评价等其他信息。

移动策略不仅仅涉及移动设备、操作系统和应用的选择，还包括商业过程的改变，人们工作方式及公司与客户互动方式的改变。移动技术能够简化过程，使设备变得更轻便，增强触摸界面、定位和绘图特征、通知、短信、相机和视频功能。如果移动应用设计得不合理，技术也会使过程变得无效或者不能产生效益。

USAA 是服务于美国军队和军人家属的巨头金融服务公司，它很清楚，只有确保移动技术与面向客户的商业过程结合在一起，才能有巨大的进步。公司利用移动技术改善了它的商业过程，为客户提供更简单有效的方式与公司交互。

USAA 在 2007 年建立了网站，10 年后转向移动方式，与客户的交互业务有约 90%是通过这两种自助渠道完成的。2011 年，USAA 仅在移动渠道处理的客户就多达 1.83 亿，它希望在未来两年，移动渠道会成为客户联系的主要终端。USAA 有 200 位专业的移动开发者，他们为使用 iPhone、iPad 和安卓操作系统的设备编写应用程序，当然也为黑莓和 Windows 手机编写。

USAA 开发了一个智能手机事故报告和索赔的应用，它能让消费者对事故现场拍照并直接在事故地点提交索赔申请。这个应用还能将地理信息系统的数据发送给拖车服务公司并显示附近的租车地点。另一个移动应用支持利用照片储蓄：用户可以用智能手机捕获发票图像并自动提交给银行，钱会立即存放到用户的账户里。这个系统消除了人工和票据审查的费用，也节省了邮寄发票以及 3 天后到账的时间。2011 年，USAA 联邦储蓄银行通过这个应用处理了 64 亿美元存款。

这个移动应用也会显示贷款和信用卡余额、购物服务、房屋和车辆保险政策信息、房屋和车辆购买服务、出租的产品和信息、ATM 和出租车位置，以及一个能够让用户看到其他人在推特、脸书和 YouTube 上发布的关于 USAA 的内容的社区。

丹佛 Markwest 能源合作商是一家拥有 1 000 名员工的公司，处理和运输需要提炼的石油以及天然气产品，公司被烦琐的人工审批流程束缚，不能一直与总部保持联系的出差人员和野外作业人员使流程变得更加复杂。

获得支出授权（authorization for expenditure，AFE）文件已经成为影响公司效率和收益的极大瓶颈。2011 年 12 月，Markwest 开发出 K2's Black Pearl——一款为建立流程驱动应用提供的可视化设计工具，并开始实地支持 iPad 和 iPhone。公司与电信运营商合作，在缺少移动服务的工地附近安装手机发射塔。这个方案让 Markwest 能实现工作流程自动化、处理过程标准化，并加快审批速度。现在管理者能看到任务列队中待处理的 AFE 文件，可以通过电脑、笔记本电脑或移动设备检查文件并通过电子方式签署文件。Markwest 的会计人员能通过中心仪表盘看到每一件事的状态。

Markwest 只支持 iOS 设备，在工作中执行 BYOD 政策。公司现在打算将移动商业过程推广到其他员工团体中。

资料来源：Samuel Greengard，"Pervasive Mobility Creates New Business Challenges," *Baseline*，June 28，2013 and "Mobility Transforms the Customer Relationship," *Baseline*，February 2012；"K2 Blackpearl," www.pinpoint.Microsoft.com，accessed August 18，2013；William Atkinson，"How Deckers Used a Mobile Application to Build Customer Traffic," *CIO Insight*，November 9，2011；and "Going Mobile：A Portable Approach to Process Improvement," *Business Agility Insight*，June 2012.

案例思考题

1. 在建立移动应用时要处理人员、组织和技术方面的哪些问题？
2. 用户对移动应用需求的定义与传统系统分析有哪些不同？
3. 描述 USAA 使用移动应用前后商业过程的变化。

12.2.6　电子商务应用程序的快速开发

技术和商业条件的变化如此迅速，以至于敏捷性和可扩展性已成为系统解决方案的关键因素。许多公司正在为电子商务应用程序采用更短、非正式的开发流程，这一流程能提供快速解决方案，不破坏公司核心交易处理系统和组织数据库的快速解决方案。除了利用软件包、应用服务提供商以及其他的外包服务，企业更多地依赖快速循环技术，比如联合应用设计、原型法，以及可重复使用的标准化软件组件，该组件可以构建一套完整的电子商务服务。

快速应用开发（rapid application development，RAD）是指在非常短的时间内建立可行系统的过程。RAD 包括利用可视化编程和其他工具，构建用户图形界面、系统关键组成部分的迭代原型，自动生成程序代码，以及建立起最终用户与信息系统专家之间的密切协作。简单的系统往往可以通过预制部件进行组装（见 12.3 节）。这个过程不一定是连续的，开发过程的关键部分可以同时进行。

有时，利用**联合应用设计**（joint application design，JAD）技术可加快信息需求的生成，进行初步的系统设计。JAD 使最终用户和信息系统专家一起参与一个互动的会议，讨论系统设计。有了全面的准备，JAD 会议可以大大加快设计进程，使用户处于一种紧张的状态。

12.3　系统建模与设计

我们前面描述了一些开发系统的可选方法。系统建模和设计也有一些方法，最主要的两种方法是结构化方法和面向对象开发方法。

12.3.1　结构化方法

20 世纪 70 年代以来，结构化方法已用于记录、分析和设计信息系统。**结构化**（structured）是指这样一个事实，即技术是循序渐进的，每一步都建立在前一步的基础之上。结构化方法是自上而下的，由最高、最抽象的级别进展到最低水平的细节——从一般到具体。

结构化开发方法是面向过程的，当数据流通过一个系统时，主要对那些能捕获、存储、处理和分发数据的过程或行动进行建模。该方法将数据从过程中分离出来。每当有人想改动特定的数据时，必须写一个单独的程序。这会影响程序传递的数据。

展示一个系统的构成过程，以及它们之间的数据流的主要工具是**数据流程图**（data flow diagram，DFD）。DFD 给出了信息流的一个逻辑图形模型，它把系统分割成许多模块，来显示管理层次的细节。它严格规定了发生在每个模块中的过程或转换，以及模块之间的接口。

图 12-6 显示了一个函授大学课程注册系统的简单数据流程图。圆角的方形代表过程，描述数据之间的转换。长方形代表外部实体，是信息的发起者或接收者，该信息位于模型化系统边界之外。开放的方形代表数据存储，可能是手动存储的数据，也可能是自动存储的数据。箭头代表数据流，显示过程、外部实体和数据存储之间的移动。它们通常包括列在箭头旁的数据包的名字，或每个数据流的内容。

图 12-6 函授大学注册系统的数据流程图

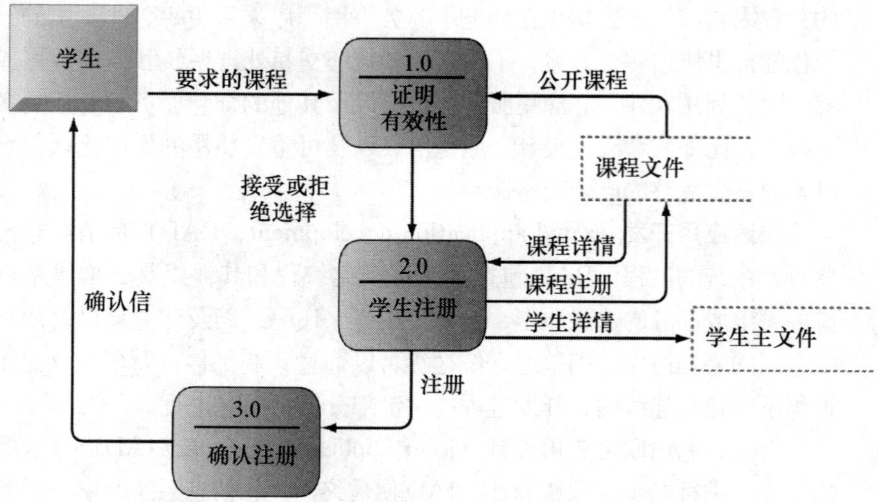

说明：该系统有三个过程：证明有效性（1.0）、学生注册（2.0）、确认注册（3.0）。每个数据流的名字和内容显示在每个箭头旁。该系统有一个外部实体：学生；存储了两类数据：学生主文件和课程文件。

该数据流程图显示了学生提交注册表的过程，该表上有其名字、身份证号，以及他们想上的课程的代码。在过程 1.0 中，系统参照大学的课程文件来确认仍然可选的课程。该文件将那些可选的课程与那些已被取消或选满的课程区分开来。之后，过程 1.0 决定哪些学生的选择是可以接受的，哪些是要拒绝的。过程 2.0 允许那些已被接受的学生注册。该过程更新课程文件中的学生姓名和身份证号，并重新计算班级人数。如果已达到最大注册规模，课程编号就标记为关闭。过程 2.0 还更新了大学的学生主文件中新学生的信息或地址的变化。之后，过程 3.0 给每位学生申请人发送一封注册确认信，列出他所注册的课程，并通知他哪些课程无法注册。

通过层次化的数据流程图，一个复杂的过程可被分解成连续的具体的层次。一个完整的系统可以被分解为有高层次数据流程图的子系统。每个子系统又可以分解为有较低层次数据流程图的次子系统，而较低层次的次子系统又可继续再分，直至达到最低层次。**过程规范**（process specification）描述了出现在数据流程图最低层次的转换，显示了每个过程的逻辑。

在结构化方法中，软件设计建模是利用层次结构图进行的。**结构图**（structure chart）是一个自上而下的图，显示了每一个层次的设计、该层次与其他层次的关系以及在整体设计结构中的地位。该设计首先考虑的是一个程序或系统的主要功能，然后把该功能分解为子功能，再对每个子功能进行分解，直至达到最低层次。图 12-7 显示了一个工资系统的高层次结构图。如果一个设计有太多的层次，无法与一个结构图相匹配，那么它可以在一个更详细的结构图上进一步分解。结构图可以记录一个程序、一个系统（一组程序）或一个程序的一部分。

图 12-7　一个工资系统的高层次结构图

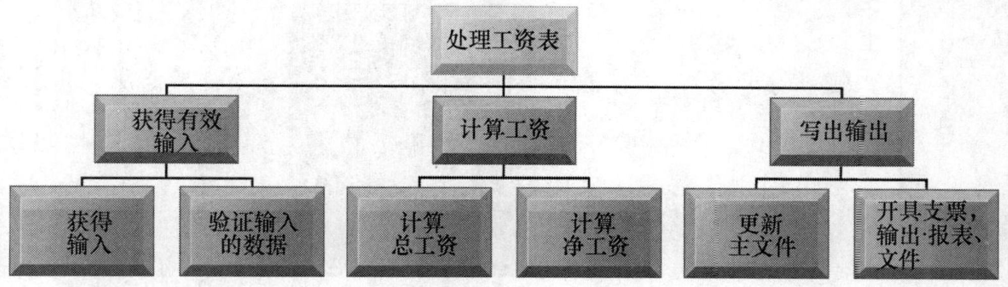

说明：该结构图显示了一个工资系统设计的最高或最抽象层次，是整个系统的概述。

12.3.2　面向对象开发方法

结构化方法将数据和过程处理为逻辑独立的实体，而在现实世界中并非如此。分析（数据流程图）和设计（结构图）可以利用不同的建模惯例。

面向对象开发（object-oriented development）解决了这些问题。面向对象开发利用第 5 章介绍的对象，作为系统分析与设计的基本单位。对象将数据以及操作那些数据的具体过程结合起来。存储在一个对象里的数据只能通过与该对象有关的操作或方法来访问和修改。与将数据传递到程序不同，程序为一个对象传送信息，以执行一个已内置于对象中的操作。系统被建模为一组对象，以及对象之间的关系。由于处理逻辑存在于对象内部而不是其他的软件程序中，因此对象必须彼此合作，以使系统运行。

面向对象建模基于类和继承的概念。属于某一类的对象，或属于类似的一般类别的对象，具有该类的特征。对象的类又继承了一个更一般的类的所有结构和行为，然后增加了每个对象特有的变量和行为。新对象类的创建不是每次都从零开始，而是通过选择一个现有的类，说明新类与现有的类有何不同来进行。

在图 12-8 中，我们可以看出类和继承是如何工作的，该图介绍了与员工以及他们如何获得报酬有关的类之间的关系。对于其他三类来说，"员工"是共同的原型，或称为超类。"领薪水的员工""按小时支付报酬的员工"及"临时的员工"是"员工"的子类。类名位于顶部，每个类的属性位于中间部分，操作列表则位于底部。所有员工共享的特征（编号、姓名、地址、聘用日期、职位以及薪水）存放在"员工"这个超类中，而每个子类存放了针对特定类型员工的特征。比如，按小时支付报酬的员工领取的报酬就是他们工作的小时费用和加班费用。从子类到超类的实线是一条泛化的路径，表明"领薪水的员工""按小时支付报酬的员工"及"临时的员工"有相同的特征，可以一般化为超类"员工"。

与传统的结构化开发相比，面向对象开发更具迭代性，有更多的增量。在进行系统分析期间，系统构建者证明系统的功能需求，说明其最重要的性质，提议系统必须做什么。分析系统与其用户之间的交互作用可识别对象，其中包括数据和过程。在面向对象的设计阶段会介绍对象如何起作用，对象之间如何相互作用。相似的对象归到一起形成一个类，类又分为不同的等级，子类继承了超类的属性和方法。

图 12-8 类和继承

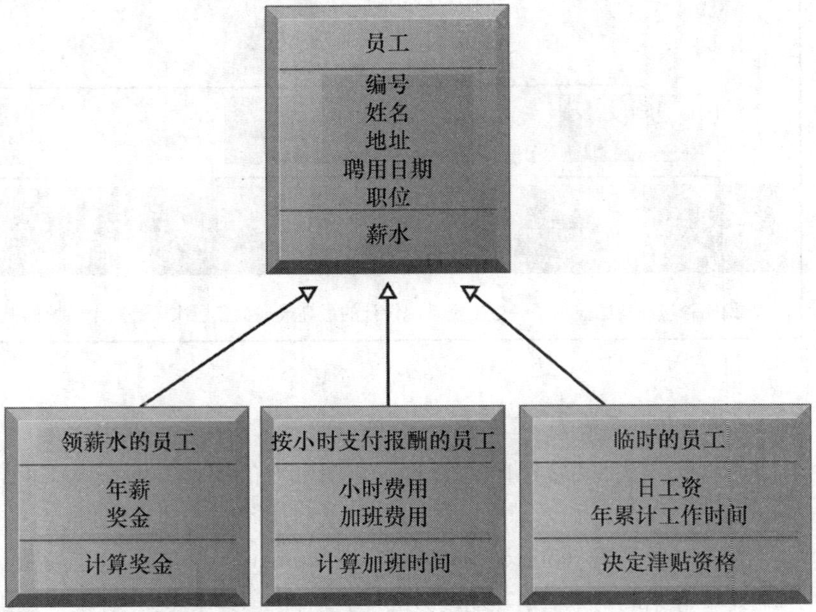

说明：该图说明类如何继承其超类的相同特征。

将设计翻译成程序代码，重复使用已存在于可重复使用的软件对象库中的类，增加在面向对象的设计阶段创造的新类。实施过程中也可能需要创建一个面向对象的数据库。对由此产生的系统必须进行全面的测试和评估。

由于对象是可重复使用的，因此如果组织重复使用已经创建好的可以作为其他应用程序基石的软件对象，面向对象的开发就有可能减少编写软件的时间和成本。通过利用一些现有的对象，改变其他的对象，以及增加一些新的对象，就可以创建一个新的系统。

■ **基于组件的开发、网络服务和基于云的开发**

为了进一步加快软件开发，对象组被组装成具有通用功能（如用户图形界面或在线订购功能）的软件组件，这些组件可以结合起来，创建大规模的业务应用程序。这种软件开发方法称为**基于组件的开发**（component-based development）。许多企业正在利用基于组件的开发方法，通过将软件与可用的商业组件（如购物车、用户身份验证、搜索引擎以及目录的组件）相结合，为其独特的业务需求创建电子商务应用程序。

第 5 章介绍了网络服务，即基于可扩展标记语言（XML），与其他开放式协议和标准松散耦合、可重复使用的软件组件，它能使一种应用程序与其他的应用程序交流，而不需要定制程序。除了支持系统的内外部集成之外，网络服务还提供非专有工具来构建新的信息系统应用程序，或增强现有系统的功能。

第 5 章有关云计算的讨论中提到了平台即服务（PaaS），它在帮助系统开发者快速编写和测试面向用户或员工的网页应用方面具有巨大潜力。在线开发环境得益于许多供应商，包括甲骨文、IBM、Salesforce. com（Force. com）和微软（Azure）。这些平台使任务自动化，比如建立一个新组成的应用，用于网页服务或与其他应用或服务连接。有些还提供云架构服务，或者连接到亚马逊等云服务提供商，这样开发者就可以应用其在云架构中建立的东西。

12.3.3　计算机辅助软件工程

计算机辅助软件工程（computer-aided software engineering，CASE）也称计算机辅助系统工程，它提供软件工具来使前述方法自动运行，以减少系统开发中的重复工作。CASE 工具为生成图表、屏幕和报表生成器、数据字典、扩充报告工具、分析和检查工具、代码生成器以及文件生成器提供自动绘图设施。CASE 工具也包含确认设计图表和说明的功能。

CASE 工具有助于生成清晰的文件，协调团队的开发工作。团队成员可以通过访问彼此的文件来分享他们的工作，检查或修改已经完成的工作。如果工具使用得当，就能获得一定的收益。许多 CASE 工具是基于个人计算机的，具有很强的绘图能力。

12.4　项目管理

你的公司可能制定了一个看上去很好的系统解决方案。然而，当使用该系统时，它却不能正常工作，或无法带来所承诺的收益。此类事件绝不会只发生在一家公司。由于信息系统项目可能没有得到很好的管理，失败率很高。专门跟踪 IT 项目成功率的权威机构 Standish Group 发现，只有 32%的技术投资项目能够具有最初设计的所有功能，在预算内按期完成（McCafferty，2010）。公司可能错误地估计新系统的商业价值或者不能很好地适应新技术进行所需的组织变革。这就是有必要了解如何管理信息系统项目及其为何成败的原因。

“互动讨论：组织”专栏列举了一个存在很多问题的信息系统项目的例子。阅读该案例，尝试找出这个项目不成功的原因以及项目管理的作用。

互动讨论：组织

奥斯汀能源支付系统应用困难

奥斯汀能源（Austin Energy）负责奥斯汀、得克萨斯及周边县城的用电、用水和废物处理，为超过 100 万居民服务。它是一家上市公司，也是市政府的一个分支机构，公司每年的收益都会返还社区。1976 年以来，公司已经返还给奥斯汀 15 亿美元的红利，这些钱用于提供城市服务（比如消防、治安、紧急医疗服务），也用来投资建设停车场和图书馆。

奥斯汀能源公司拥有全美最大的可再生能源项目，但它之前的支付系统不能与智能电表和其他新技术相匹配，缺少新的客户服务选项，比如选择客户想要支付费用的月份。为了使支付系统变得现代化并用新的节能方法更新信息系统，2009 年奥斯汀能源公司与 IBM 签订了建立一个集中式支付系统并运行 5 年的合同。奥斯汀能源公司同意支付 IBM 5 500 万美元，其中 3 800 万美元用于构建和安装新的支付系统，另外 1 700 万美元用于系统建成后 5 年的运行。新的支付系统被决定用于水电、垃圾回收和循环利用。奥斯汀能源公司乐观地认为，成功安装后节约的成本会与花费相抵。

至今，该项目是最令人失望的一个项目。这个系统本来预计在2011年初上线，但至今仍不能全面运行。软件漏洞导致了成千上万个账单错误。共有超过65 000名客户没有收到账单，有35 000人收到的是错误的账单。例如，一家公司欠奥斯汀能源公司3 000美元，却收到30 000美元的账单。尽管奥斯汀能源公司能确定哪些账单受到影响，并与客户单独联系解决问题，但公司并没有准备好应对客户对新系统源源不断的抱怨，客服部门面临超负荷工作的危险。

奥斯汀能源公司管理人员拉里·维斯（Larry Weiss）说："不稳定问题……还会严重地影响我们的业务和客户，代价很高。"持续的系统错误使公司无法让公寓居民支付水费、平衡公司财政收入和填写审计报告。不能合理地收取水电费，使奥斯汀市失去了收入。

奥斯汀能源公司管理者将项目灾难归咎于IBM。公司CIO艾伦·克莱普尔（Alan Claypool）在采访中表示，"我们非常失望，到现在还没有建成一个稳定的系统，我们会严肃考虑IBM所提供服务的质量问题。"他在2011年8月发表声明，IBM在改善系统时仍然出错。IBM的两个错误使项目推迟37小时完成，其中一个错误是该团队在2010年12月曾犯过的。克莱普尔说："我们对项目的延迟以及处理这个问题的方法仍很不满。"

奥斯汀能源公司现在计划在与IBM的合同中增加新的条款以防止此类事件的发生，对系统的可用性加以详细说明，并且扣留应付给IBM的380万美元，直到系统满足基本性能指标。

克莱普尔与公司的其他执行者对IBM的许多管理者——从支付系统项目的管理者一直到IBM的CEO山姆·帕米沙诺（Sam Palmisano）——直接提出诉求。克莱普尔一开始直接写信给IBM的全球商务服务部门在北美的主管马克·洛唐巴克（Marc Lautenbach），他负责这个支付系统项目。克莱普尔解释说，成千上万的消费者要求一对一帮助他们访问账户或者纠正账单错误。弗兰克·科恩（Frank Kern）不久后就接手了帕米沙诺的职位，他在给奥斯汀能源公司的回信中描述了计划解决支付系统问题的五个步骤。

科恩的计划如下：加强在受影响业务（由已知的缺陷引起）方面的沟通，保证系统的问题能够委托给正确的人，实现最佳实践过程从而使成功具有可复制性，与甲骨文这样的第三方更紧密地合作，发现项目范围之外的缺口并提出解决方案。之后，科恩退休，克莱普尔又一次写信给IBM指出，IBM为奥斯汀支付系统提出五步计划以来并没有实质性进展。奥斯汀能源公司的管理者也拒绝了IBM为解决问题增加一些性能更好的服务器的建议，因为那会让公司花在这个项目上的资金超出最初的预算。

尽管困难重重，但奥斯汀能源公司仍相信存在一个成功而友好的解决方案。奥斯汀能源公司与IBM打交道要追溯到几年前两家公司签订合同以共同开发一个用于城市库存管理的系统。尽管那个系统也遇到了一些问题，但相对于支付系统的惨败就不算什么了。奥斯汀能源公司还宣称，立项以来，IBM的错误已经让公司花费800万美元，如果换服务商，对于已经在项目开发上投入巨资的奥斯汀能源公司来说可能更糟。当被问及时，IBM只表示正在与奥斯汀能源公司一起解决支付系统问题。

IBM在过去成功地完成过类似的项目。IBM支付系统由Oracle数据库组成，运行在IBM的Websphere中间设备和Tivoli管理工具上。系统问题并非来源于同一处。新的支付系统很复杂，有73个不同的界面，使它们在工作中实现无缝连接是一个很困难的过程。顾客不能进入系统的在线门户，奥斯汀能源公司的员工描述他们使用系统的经历就像"阿尔法测试"，这意味着他们遇到了漏洞和问题，影响了系统上线。

大约 1/4 的顾客在 IBM 的系统中遇到问题。一些客户的账户被删除了，只能打电话解决。支付系统灾难发生的时间也对奥斯汀能源公司很不利，它正打算 17 年来第一次提高收费。因为支付系统导致的公关危机，公司不得不重新考虑这些计划。

截至 2012 年 2 月，支付系统大部分错误被修复。克莱普尔仍希望奥斯汀能源公司可以与 IBM 保持良好的关系，并且成功完成工作。克莱普尔发现 IBM 一直很负责，但表示它的反应“太迟缓……我们希望看到更快的回应”。当奥斯汀能源公司与 IBM 签订合同时，克莱普尔还不是公司的 CIO。今后，奥斯汀能源公司的外包合同将明确对未履行合约（包括系统可用性有问题）的服务商更严厉的惩罚。

资料来源：www. austinenergy. com，accessed August 17，2013；Paul McDougall，“Chronology of an Outsourcing Disaster，” *Information Week*，February 23，2012；“Austin Energy Fixes Billing System Bug，” MyFoxAustin. com，February 22，2012；and IBM，“Austin Energy，” 2012.

案例思考题

1. 奥斯汀能源公司的项目失败了吗？解释你的答案。
2. 描述举步维艰的奥斯汀能源公司的项目对业务的影响。
3. IBM 和奥斯汀能源公司对项目问题应各负多大责任？解释你的答案。
4. 这个项目的失败涉及哪些组织、技术和人员因素？
5. 描述奥斯汀能源公司和 IBM 要想更好地管理这个项目所应采取的步骤。

12. 4. 1 项目管理的目标

项目（project）是指一系列有计划的旨在实现某个具体的商业目标的相关活动。信息系统项目包括新信息系统的开发，现有系统的升级，或者信息技术架构的替换、升级。

项目管理（project management）是指在时间、预算约束下应用知识、经验、工具和技术实现特定的目标。项目管理包括计划工作、评估风险、估计完成工作所需的资源、组织工作、获取人力和物料资源、分派任务、指导行动、执行控制项目、报告进度和分析结果。与其他商业领域一样，信息系统的项目管理需要处理五个主要的变量：范围、时间、成本、质量和风险。

范围（scope）定义了一个项目包含的工作。比如，新的订单处理项目的范围可能包括输入订单，将之转至生产、会计（但相关的收款账户不会有变化）、制造、分配或者库存控制系统的模块。项目管理定义成功完成项目所需的所有工作，确保项目不超出原来定义的范围。

时间是指完成项目所需的时间。项目管理往往会估计完成项目主要组件所需的时间。每个组件会进一步分解为活动和任务。项目管理试图计算完成每个任务所需的时间，建立一个完成工作的时间进度表。

成本是基于完成项目所需的时间与完成项目每日所需的人力成本的乘积。信息系统项目的成本还包括硬件、软件和工作场所的成本。项目管理建立项目的预算，监控项目的运行费用。

质量是项目最终结果满足管理具体目标的程度的指示器。提高信息系统项目的质量通常意味着改善组织业绩和决策制定。这就需要考虑新系统生成信息的准确性、及时性和易用性。

风险是指影响项目取得成功的潜在问题。时间和成本的增加、项目输出质量的下降或者项目整合欠佳，这些潜在问题可能阻止项目达到目标。我们稍后会讨论信息系统项目最重要的风险因素。

12.4.2 选择项目：将新系统作为商业案例

公司常常面对很多需要解决问题和改善业绩的项目。有关系统项目的想法往往比拥有的资源要多。你需要对项目进行选择以保证企业利润最大化。

■ **确定项目成本和收益**

正如前面指出的，系统分析包括每种备选方案的经济可行性的评估——每种方案对于公司来说是不是一项好的投资。为了识别出将给企业带来最大价值的信息系统项目，你需要识别出各项目的成本和收益以及它们与公司信息系统的相关程度如何。

表12-2列出了系统比较常见的成本和收益。**有形收益**（tangible benefits）可以用货币价值来量化及分配。**隐性收益**（intangible benefits），例如更有效的客户服务或得到改进的决策制定，不能被立即量化。然而，产生隐性收益的系统如果从长期来看能够产生可量化的收益，则仍然是好的投资。

表12-2 信息系统的成本与收益

实施成本	降低费用增长率
硬件	降低设备成本
通信	增加销售额
软件	**隐性收益**
人力资源费用	提高资产利用率
运营成本	改善资源控制
计算机处理时间	改进组织规划
维护	提高组织灵活性
操作人员	更及时的信息
用户时间	更多的信息
持续培训费用	加强组织学习
设备成本	获得合法需求
有形收益	提升员工期望值
提高生产率	提高工作满意度
降低运营成本	改进决策
减少劳动力	改进业务
降低计算机费用	更高的客户满意度
降低外部供应商成本	更好的企业形象
降低文书和专家费用	

要确定某一特定解决方案的收益，你需要计算其所有的成本和收益。显然，成本超过收益的解决方案应该被否决。但即使收益大于成本，也需要通过一些额外的财务分析来确定该收益是不是公司已投资本的良好回报。资本预算指标，如净现值、内部

收益率（IRR）、会计投资收益率，通常用来评估拟投资的信息系统解决方案。

女童子军获得的有形收益包括由自动化订购流程及错误减少带来的生产率的提高，以及运营成本的降低。隐性收益则包括志愿者工作满意度的提高，以及业务的改进。

■ 信息系统计划

信息系统计划（information systems plan）展示了信息系统如何符合公司的整体业务计划和战略。表 12－3 介绍了这样一个计划的重要组成部分。该计划包括公司目标的陈述，以及对信息技术将如何帮助企业实现这些目标的说明。该报告显示了如何通过具体的系统项目来实现总体目标。它确认了今后要关注的预定日期和重大事件，以评估计划进度，即在计划明确规定的时间框架内，已实际达到多少目标。该计划明确了关键的管理决策，包括：硬件的获取，通信，集权/分权、数据和硬件，以及组织变革的要求。

表 12－3　信息系统计划

1. 计划目的
- 计划内容概述
- 当前和未来的企业组织
- 关键业务流程
- 管理战略

2. 战略业务计划
- 现状
- 当前的企业组织
- 不断变化的环境
- 业务计划的主要目标
- 公司的战略计划

3. 现有系统
- 系统支持的主要业务功能和流程
- 目前的基础设施
  - 硬件
  - 软件
  - 数据库
  - 通信和互联网
- 达到业务要求面临的困难
- 预计的未来需求

4. 新进展
- 新系统项目
  - 项目描述
  - 企业理念
  - 应用程序在战略中的作用
- 所需的新基础设施
  - 硬件
  - 软件
  - 数据库通信和互联网

5. 管理战略

采购计划

重大事件和时间安排

组织调整

内部重组

管理控制

主要的培训举措

人才战略

6. 计划实施

实施过程中预期的困难

进度报告

7. 预算要求

要求

潜在结余

融资

采购周期

该计划应说明包括管理层和员工培训需求变化在内的组织上的变化，业务流程的变化，以及权力、结构或管理实务方面的变化。当你为一个新的信息系统项目制作商业案例时，你要说明目标系统是如何与计划相一致的。

■ 组合分析和计分模型

一旦确定系统开发的总体方向，**组合分析**（portfolio analysis）将帮助你评估备选系统项目。组合分析要清查所有的信息系统项目和资产，包括基础设施、外包合同和许可证等。对于公司来说，信息系统的投资组合可以被描述为某一风险收益组合（见图 12－9），类似于金融产品组合。每一个信息系统项目都有自己的风险和收益。公司通过平衡其系统的投资风险和回报，来努力提高信息系统组合的回报。

图 12－9 系统组合

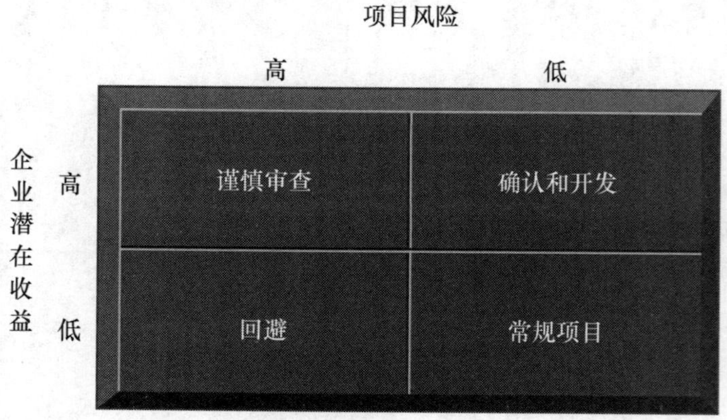

说明：公司应通过潜在的收益和可能的风险来审查其项目的组合，某些类型的项目应完全否决，有些则应迅速开发。不存在完美的组合。不同行业的公司有不同的信息系统需求。

显然，你一开始会侧重于高收益、低风险的系统，这些系统承诺早回报和低风险。然而，你还应审查高风险、高收益的系统，完全否决高风险、低收益的项目，重新审查低收益、低风险的系统，决定是否有重建系统或以更高收益、更可取的系统来取代的可能性。利用组合分析，管理层可以决定公司的投资回报和风险的最优组合，即平衡高风险、高回报的项目与安全、低回报的项目。

另一种从备选系统解决方案中得到最终决策的方法是**计分模型**（scoring model）。计分模型是指，基于所选系统对于特定目标的满足程度，给该系统一个单一的评分。表 12－4 显示了一个简单计分模型的一部分，该模型被女童子军用来评估其备选系统。第一列列出了决策者用来评价项目的标准。如表 12－4 所示，女童子军最重视的内容包括：处理销售订单的能力、易用性、支持不同地点的用户的能力以及低廉的成本。第二列列出了决策者赋予决策标准的权重。第三列和第五列表明了每个备选系统满足每个功能要求的百分比。每个备选方案的分数是由每个功能要求被满足的百分比与赋予该功能的权重相乘得出的。QuickBase 解决方案的总分最高。

表 12－4　女童子军饼干订购系统的计分模型示例

标准	权重	Microsoft Access 系统（%）	Microsoft Access 系统评分	QuickBase 系统（%）	QuickBase 系统评分
1.1　订单处理					
1.2　在线订购入口	5	67	335	83	41
1.3　团队订单追踪	5	81	405	87	435
1.4　女童子军个人订单追踪	5	72	360	80	400
1.5　从仓库取货	3	66	198	79	237
订单处理总计			1 298		1 487
2.0　易用性					
2.1　从多个地点访问网络	5	55	275	92	460
2.2　缩短培训时间	4	79	316	85	340
2.3　用户友好界面和数据输入形式	4	65	260	87	348
易用性总计			851		1 148
3.0　成本					
3.1　软件成本	3	51	153	65	195
3.2　硬件（服务器）成本	4	57	228	90	360
3.3　维护和支持成本	4	42	168	89	356
总成本			549		911
汇总			2 698		3 546

12.4.3　管理项目风险及与系统相关的变革

一些系统开发项目比其他项目风险更高，更容易遇到问题或被拖延。项目的大小和结构、信息系统员工和项目小组的技术专业水平都会影响项目的风险水平。大型项目有更高的风险，而是否属于大型项目，是依据支出的规模、项目组的大小、受新系统影响的组织单元的数量来判断的。一些超大规模的系统项目的失败率为

50%～75%，比其他系统项目的失败率要高，因为这些系统项目十分复杂且难以控制。如果系统的信息需求不明确，或项目小组必须掌握复杂的新技术，就会有较高的风险。

■ **实施和变革管理**

处理项目风险需要理解实施过程和变革管理。广义的**实施**（implementation）是指致力于开展和管理一项创新（比如一个新的信息系统）的所有组织活动。成功的实施需要用户的参与和管理层的支持。

如果用户深入参与系统的开发，就会有更多的机会按照其重点需求和业务需求来塑造系统，也会有更多的机会来控制结果。因为他们积极地参与了流程的改变，所以更有可能对已完成的系统作出积极的反应。

因为最终用户和信息系统专家有不同的背景、兴趣，关注的重点也不一致，所以如何处理两者之间的关系一直是信息系统实施工作中的难题。这些分歧导致了**用户—设计者沟通鸿沟**（user-designer communications gap）。信息系统专家往往会有一个很明确的技术方向，关注技术解决方案，即以牺牲易用性和组织效率为代价来使软件和硬件效率最优。最终用户则偏好面向解决业务问题或促进组织任务完成的系统。通常这两类人的目标有差异，就像他们使用不同的语言讲话一样。这些差异体现在表 12-5 中。

表 12-5 用户—设计者沟通鸿沟

用户关注点	设计者关注点
系统能提供我工作所需的信息吗?	系统对服务器会有哪些附加要求?
我能在 iPhone、黑莓手机、平板电脑、台式机上访问数据吗?	我们团队有什么样的编程需求?
当我们要向系统导入数据时会涉及哪些新的操作步骤?	数据存储在哪里? 最高效的存储方法是什么?
运行这一系统会给员工的日常工作带来怎样的变化?	应该运用何种技术来保护数据?

如果一个信息系统项目能得到各级管理层的支持，那么用户和信息技术服务人员都会认同此项目。管理层的支持还能确保系统项目得到充足的经费和资源支持。此外，为了实施起来更加有效，在工作习惯和程序以及同新系统相联系的组织协调等方面发生的所有变革，都需要管理层的支持。

■ **控制风险因素**

你可以遵循一些策略，来增大系统解决方案成功的可能性。如果新系统涉及有挑战性的复杂的技术，你可以招募有丰富的技术和管理经验的项目负责人。如果你的公司没有具有所需技术技能和专业知识的员工，那么外包或利用外部顾问也是可行的选择。

如果能正确地使用**正式计划和控制工具**（formal planning and control tools）记录和监督项目计划，大项目能够受益。两种最常见的记录项目计划的方法为计划评审法（PERT）和甘特图。**甘特图**（Gantt chart）列出项目的活动和每个活动对应的开始和结束时间。甘特图以图形显示开发项目不同任务的持续时间和人力资源需求（见图 12-10）。图中，每个任务以水平条表示，它的长度与完成任务所需的时间成正比。

图 12-10 甘特图

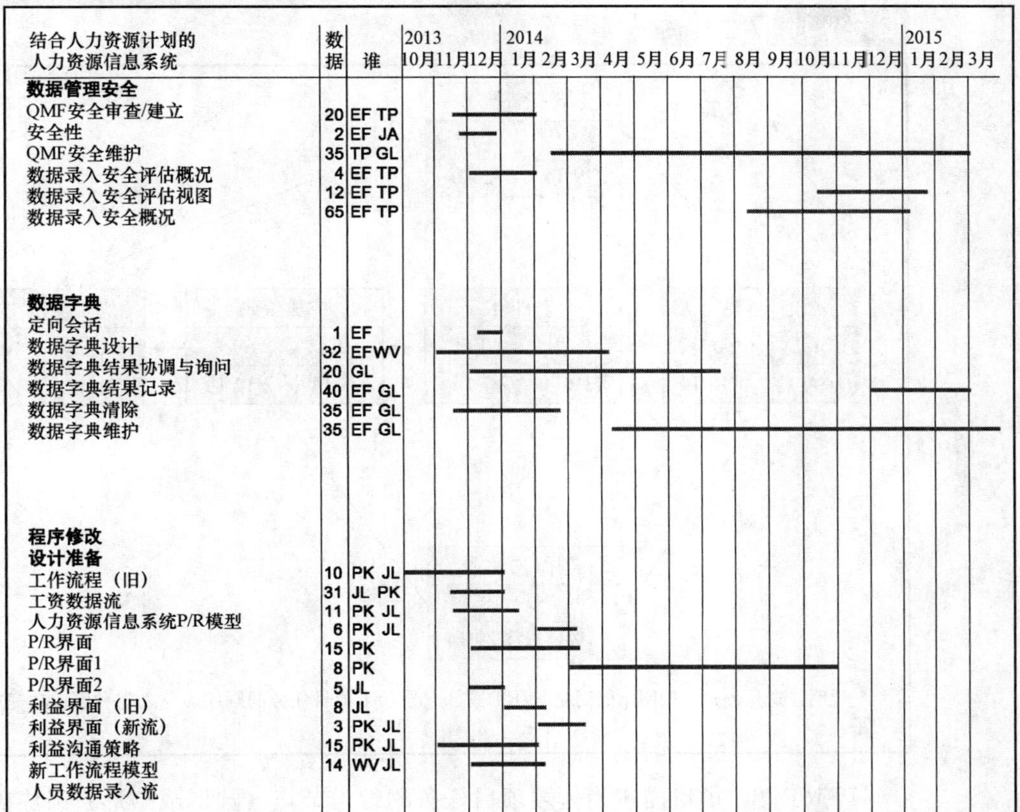

资源汇总

	数据	谁	2013 10月	11月	12月	2014 1月	2月	3月	4月	5月	6月	7月	8月	9月	10月	11月	12月	2015 1月	2月	3月
Edith Farrell	5.0	EF	2	21	24	24	23	22	22	27	34	34	29	26	28	19	14			
Woody Vinton	5.0	WV	5	17	20	19	12	10	14	10	2							4	3	
Charles Pierce	5.0	CP		5	11	20	13	9	10	7	6	8	4	4	4	4	4			
Ted Leurs	5.0	TL		12	17	17	19	17	14	12	15	16	2	1	1	1	1			
Toni Cox	5.0	TC	1	11	10	11	11	12	19	19	21	21	21	17	17	12	9			
Patricia Knopp	5.0	PC	7	23	30	34	27	25	15	24	25	16	11	13	17	10	3	3	2	
Jane Lawton	5.0	JL	1	9	16	21	19	21	21	20	17	15	14	12	14	8	5			
David Holloway	5.0	DH	4	4	5	5	5	2	7	5	4	16	2							
Diane O'Neill	5.0	DO	6	14	17	16	13	11	9	4										
Joan Albert	5.0	JA	5	6			7	6	2	1				5	5	1				
Marie Marcus	5.0	MM	15	7	2	1	1													
Don Stevens	5.0	DS	4	4	5	4	5	1												
Casual	5.0	CASL		3	4	3			4	7	9	5	3	2						
Kathy Mendez	5.0	KM		1	5	16	20	19	22	19	20	18	20	11	2					
Anna Borden	5.0	AB					9	10	16	15	11	12	19	10	7	1				
Gail Loring	5.0	GL		3	6	5	9	10	17	18	17	10	13	10	10	7	17			
未赋值的	0.0	X										9			236	225	230	14	13	
带薪实习	5.0	CO		6	4				2	3	4	4	2	4	16			216	178	
临时的	5.0	CAUL								3	3	3								
总天数			49	147	176	196	194	174	193	195	190	181	140	125	358	288	284	237	196	12

说明：甘特图显示了任务、人·天数、责任人的缩写，以及在数据管理项目中每项任务的起止日期。资源汇总为管理者提供每个月的情况或者参与此项目每个人总的人·天数。

虽然甘特图能够显示项目活动的开始和结束时间，但它不能刻画出项目之间的依赖关系，比如一个任务没有按期完成会对另一个任务产生怎样的影响，或者如何为任务排序。使用**计划评审图**（PERT chart）则会很有效。PERT 是指计划评审技术，它是 20 世纪 50 年代美国海军在管理北极星潜艇导弹项目时发明的一项技术。PERT 图形化地描述了项目任务和它们之间的内部关系。PERT 图列出了组成项目的所有活动，在某项活动开始之前，另一项活动必须完成，如图 12-11 所示。

图 12-11 PERT 图

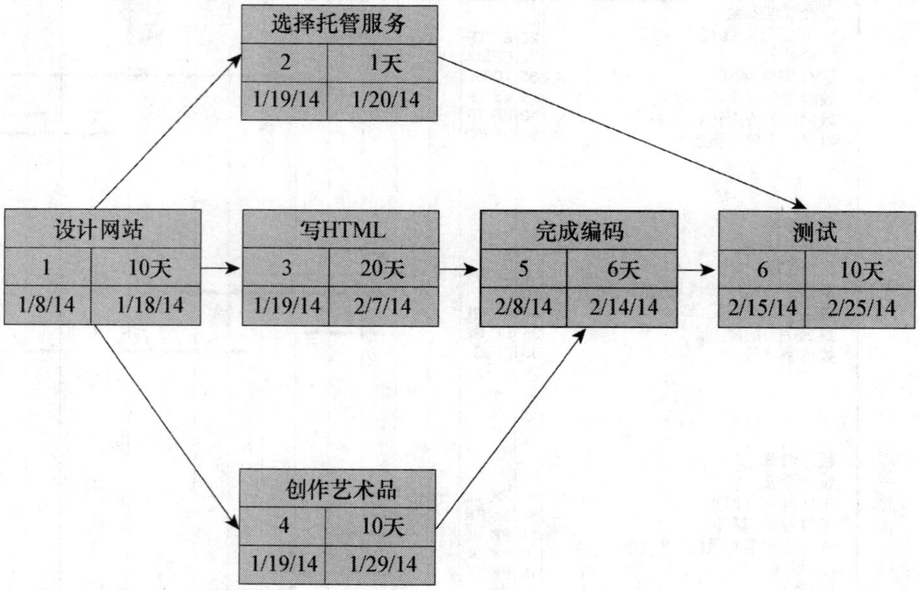

说明：这是创建小型网站的简化 PERT 图。它显示了项目任务的顺序、与之前和已成功完成项目的关系。

PERT 图把项目描述为代表项目任务的编号节点（圆形或矩形）组成的网状图表。每个节点被编号，显示任务、持续时间、开始时间和结束时间。直线的箭头指向表示任务的顺序，显示某项任务开始执行前，另一项任务必须完成。图 12-11 中，节点 2，3，4 的任务彼此互不依赖，能够同时进行，但是每一个都依赖第一个任务的完成。

项目管理软件 商业软件工具能够自动地创建甘特图和 PERT 图，实现项目管理过程。项目管理的典型特点是能够定义和组织任务，将资源分配给用户，确定任务的开始和结束时间，追踪进程，帮助修改任务和资源。目前使用最广泛的项目管理工具是 Microsoft Office Project。需要指出的是，这些传统的项目管理工具会与第 2 章提到的一些社交商业工具一起应用。比如，项目可能会用到协同共享工作区，项目计划可以在那里实时更新，或者当项目发生事件时及时通知小组成员。

■ **应对用户抵制**

你可以通过推动用户参与（征求意见以及改进设计），让用户更容易地获得教育和培训，给合作用户提供更好的奖励，来应对用户的抵制。最终用户可以成为项目小组的积极参与者，发挥领导作用，并负责系统的安装和培训。

你应特别关注用户与系统的交互、涉及人机工程学的敏感问题。**人体工程学**（ergonomics）指的是工作环境中人与机器的交互作用。它考虑了岗位设计、健康问题以及信息系统最终用户界面。例如，如果系统有一系列复杂的在线屏幕输入数据，处理起来非常困难且耗时，如果这导致工作负荷或者工作压力增大，用户会抵制这个系统。

如果组织问题在新信息系统引入之前得到解决，那么用户会更为合作。除了程序上的变化，工作职能、组织结构、权力关系和行为的改变都应当在利用**组织影响分析**(organizational impact analysis) 进行系统分析期间得到确认。

12.4.4　管理全球项目

随着全球化的推进，公司必须建立全球化的新系统，扩展到不同国家的不同机构。全球系统的项目管理挑战与国内系统类似，但在全球化环境下更加复杂。用户信息需求、商业流程、工作文化都因国家不同而不同。很难说服某一区域经理改变他们自己的商业流程和工作方式来与其他国家保持一致，当此举会影响他们的业绩时更是如此。

让人参与到变革中，使他们确信变革完全是为了公司和区域的利益，是让用户接纳新系统和新标准至关重要的策略。信息系统项目应该让用户参与流程设计，不放弃对涉及区域利益的项目的控制。

第一种策略是允许全球化公司分布在每个国家的子公司首先在该国境内开发一种跨国应用，再推广到全球。通过这种方式，拥有不同系统的各国公司参与到跨国系统的开发中，它们在跨国项目上会有主人翁意识。不过，这是以各国有能力开发高质量系统为前提的，如德国团队能够成功地在法国和意大利实施系统。这种情况不是很常见。

第二种策略是开发一种新的跨国示范中心或者跨国中心。这些中心很大程度上依赖本地的子公司，以多国团队为基础，向全球化公司的管理层报告。示范中心进行商业活动和系统分析，完成所有的设计和测试工作。然而，实施过程中的测试将在全球的其他区域展开。召集大量本地公司的人员到跨国中心，意味着所有重要团队都参与设计，并将影响整个项目。

本章小结

1. 开发新信息系统用到的解决问题的核心步骤是什么?

开发新的信息系统用到的解决问题的核心步骤为：(1) 定义并理解问题；(2) 设计备选方案；(3) 评估方案并选择最佳方案；(4) 实施最佳方案。第三步包括评估每种备选方案的技术、财务和组织可行性。一旦开始实施，第四步必须决定最终设计规范、采购软硬件、测试、培训与文档编制、转换，以及评估方案效果。

2. 构建信息系统的可选方法有哪些?

系统开发生命周期法要求信息系统开发分为一系列正式的阶段。这些阶段必须按顺序进行，且有明确定义的阶段成果。只有在每一阶段正式通过后才能开始下一阶段。系统开发生命周期法较为死板且成本高，适用于大型项目。

原型法可快速、低成本地开发实验系统，以便最终用户与其交互和评估。原型系统被不断完善与增强，直至用户满意。这时原型包含用户所有的需求，可作为模板创建最终系统。利用第四代软件工具可快速创建非正式的最终用户开发系统。最终用户开发法能加快需求确认，减少应用开发延迟。

使用应用软件包开发信息系统无须编写程序代码。应用软件包对内部没有信息系统技术人员或者没有财务资源定制开发系统的企业很有帮助。

外包则利用外部供应商来构建（或运作）企业的信息系统。若管理得当，外包可节省应用程序开发成本，使公司无须内部信息系统人员就能开发应用程序。

快速应用开发、联合应用设计（JAD）、云平台，以及可重复使用的软件组件（包括网络服务）等技术可用于加快系统开发进程。

3. 系统建模与设计的主要方法是什么？

信息系统建模与设计主要有两种方法：结构化方法与面向对象开发方法。结构化方法强调将过程建模与数据建模分开。数据流程图是结构化分析的主要工具，结构图是展示结构化软件设计的主要工具。面向对象开发方法将数据和过程结合起来，把系统建模成一组对象集。

4. 如何选择与评估信息系统项目？

要确定信息系统项目对公司而言是不是一项好的投资，必须先计算其成本和收益。有形收益可以量化，隐性收益则无法立即量化，但可能创造可量化的未来收益。利用资本预算方法对超出成本的收益部分（即利润）进行分析，确保其能带来较高的投资回报。

企业应当制定信息系统开发计划，描述信息技术如何支持公司的整体业务计划和战略。组合分析和计分模型可用于评估信息系统备选项目。

5. 如何管理信息系统项目？

信息系统开发项目与整个实施过程都应像计划组织变革一样，使用组织影响分析这一方法进行管理。对每个新系统项目而言，管理支持和实施控制必不可少，风险管理机制亦是如此。项目风险会受项目规模、项目结构、信息系统员工和项目团队技术水平的影响。正式计划和控制工具（包括甘特图和 PERT 图）可跟踪资源分配和具体的项目活动。鼓励用户积极参与系统的开发，参与系统安装及培训。全球信息系统项目应让本地部门参与到设计中，同时保证对项目的严格控制，以免追求狭隘利益。

复习题

1. 开发新信息系统用到的解决问题的核心步骤是什么？
- 列出并描述构建新系统的问题解决步骤。
- 定义信息需求，解释为何它对开发新系统方案如此重要。
- 列举新系统所需的各类设计说明。
- 解释系统开发的测试阶段如此重要的原因。指出并描述信息系统测试的三个阶段。
- 描述文档编制、转换、生产以及维护在系统开发过程中的作用。

2. 构建信息系统的可选方法有哪些？
- 定义传统的系统开发生命周期法。描述用此方法构建系统的优缺点。
- 定义信息系统原型，描述其优点及局限性。列出并描述原型法的步骤。
- 定义最终用户开发法，解释其优缺点。
- 描述基于应用软件包开发信息系统的优缺点。
- 定义外包，描述在何种环境下应该选择外包信息系统。列出和描述离岸软件外包的隐性成本。
- 解释企业如何快速开发电子商务应用程序。

3. 系统建模与设计的主要方法是什么？
- 比较用于系统建模与设计的面向对象开发方法与传统的结构化方法。

4. 如何选择与评估信息系统项目？
- 解释有形收益与隐性收益的区别。
- 分别列出六种有形收益与隐性收益。
- 列出和描述信息系统计划的主要内容。
- 描述组合分析与计分模型如何评价系统的价值。

5. 如何管理信息系统项目？

- 解释实施过程中对新信息系统相关的组织变革进行管理的重要性。
- 定义用户—设计者沟通鸿沟，解释它会造成哪些实施方面的问题。
- 列出和描述影响项目风险的因素，描述使项目风险降至最低的策略。
- 描述管理全球化项目的策略。

讨 论 题

1. 对开发系统方案过程中企业最终用户和信息系统专家所起的作用进行讨论。使用原型法或最终用户开发法来开发系统方案时，这两类角色有何不同？

2. 有人说，如果系统开发者忽略“人”的因素，系统就会失败。原因何在？

3. 为什么建立一个系统是解决组织问题的一种形式？

管理信息系统实践项目

本部分的实践项目涉及以下几个方面：评估信息系统项目，设计并建立汽车销售客户系统，分析网站信息需求。

管理决策问题

1. Warm and Toasty 燃油公司过去在运送燃油时，由运输卡车打印燃油票据，这些票据会被放在客户的家门口。用户在两周后在邮箱中收到他们的燃油交货单。公司最近修改了燃油运送和账单系统，司机可以就每一次运送计费并打印完整的账单，在运送时就把账单和回函交给客户。评估推行新技术所要求的新的系统、人员和组织变革对业务的影响。

2. 卡特彼勒是世界领先的挖掘机械制造商和农业设备供应商。公司的经销商使用经销商业务系统（DBS）来帮助开展业务，但该系统软件已陈旧。高层管理者想改用埃森哲咨询公司的托管版软件，这样卡特彼勒就能够专注于公司的核心业务。DBS 已经成为公司处理业务的标准，北美 50 家卡特彼勒代理商大都在使用，世界其他地区约 200 家代理商中也有一半在使用。卡特彼勒从未要求经销商使用 DBS，但该系统实际上已成为与卡特彼勒合作采用的标准。在将该产品移交给埃森哲前，卡特彼勒应考虑哪些因素和问题？它应该问什么问题？其经销商又应该问什么问题？

提高决策能力：使用数据库软件设计汽车销售客户系统

软件技能：数据库设计、查询、报告、表格

商业技能：销售机会分析、客户分析

在本练习中，你需要完成一次系统分析，然后用数据库软件设计一套系统方案。

Ace 汽车经销商在波兰和俄勒冈销售斯巴鲁（Subaru）新车。公司在当地报纸上投放广告，并作为授权经销商出现在斯巴鲁网站和其他大型售车网站上。该公司因在当地口碑好、知名度高而效益不错。

Ace 公司认为所拥有的客户信息还不够，不能轻易判断哪些潜在客户已购买汽车，也无法分辨哪个客户接触点可带来最多的销售机会或实际销量，因而无法将广告和营销集中到创造收益最多的地方。购买者是从哪里获知公司的，报纸广告、他人介绍，还是网络？

准备一份系统分析报告，详细列出 Ace 公司存在的问题，并给出基于个人计算机数据库管理软件的系统方案。然后利用数据库软件开发一个简单的系统。在 MyMISLab 中，你会找到关于 Ace 及其所需内容的信息，来帮助你设计解决方案。

实现卓越运营：分析网站设计和信息需求

软件技能：网络浏览器软件

商业技能：信息需求分析、网站设计

访问你所选的网站，对其进行深入研究。准备一份报告，分析该网站提供的各项功能及其信息需求。报告应当回答这些问题：网站具有哪些功能？网站使用哪些数据？其投入、产出和数据处理过程是怎样的？还有哪些设计说明？该网站是否链接到某一内部系统或其他组织的系统？该网站对公司的价值何在？

章末案例

NYCAPS 和 CityTime：纽约市的两个信息系统项目

纽约市长迈克尔·布隆伯格（Michael Bloomberg）上任不久，就宣布开发纽约市自动化人事系统（New York City Automated Personnel System，NYCAPS），项目的初始预算是 6 600 万美元。这个项目的目标是建立一个现代化自动系统，用于管理和更新纽约劳动力个人信息（包括员工福利信息）。纽约一直在用的全市性个人系统有 8 个，个体机构中有 200 个系统，处理员工福利和职位变化涉及错综复杂的文书工作。NYCAPS 的成功应用为城市每年在人工和 IT 上节省了几百万美元。至今，项目还未完成，而总的花费已经达到 3.63 亿美元，几乎是当初预算的 6 倍。

监测报告指出，项目存在长期错误管理、过度花费和普遍浪费问题，但是纽约市没有做出明显的改变，还在继续运行该项目。这些报告表明，项目过度花费和无限延期是因为缺少强有力的领导。

NYCAPS 项目是由政府官员负责的，他们没有权威或者专业知识来做出重要的决定，因此错过了许多减少开发成本的机会。2002 年初，NYCAPS 唯一可用的是一个网站，大家可以在网上申请公务员考试。但是网站建立不到两周，就有一个用户发现他可以利用安全漏洞获取其他用户的个人信息，网站被立即关闭。负责项目的官员承诺会修补漏洞使其恢复正常。

然而纽约市政府没有监管项目中更多的内容，而是将其委托给了著名的咨询公司埃森哲。市政府将制定系统说明书和整合系统的任务都交给了埃森哲。想要建立新系统的公司和政府机构很少这样做，因为这会导致无法核实承包商的花费。

埃森哲对市政府的收费高达每小时 400 美元，2004 年它就从市政府赚取了 800 万美元，2005 年是 2 600 万美元，2006 年是 2 900 万美元，到 2007 年高达 5 300 万美元。项目指定的管理者拉杰·阿加瓦尔（Raj Agarwal）公开指责埃森哲的收费技巧，声称该公司实际工作的咨询专家要比收费所体现的人数少，公司让大学毕业生和实习生工作，却以经验丰富的员工的收费标准来算账。阿加瓦尔已辞职很久，市政府一直想从私人企业吸引有经验和能力的管理者。政府最终要求埃森哲以固定价格收费。

埃森哲指责市政府扩大了项目最初定义的范围和功能。随着时间的流逝，人们已经不再对这个系统抱有期望，市政府放弃了最初计划的系统所拥有的许多功能。在项目启动将近 10 年之后，纽约终于有了 NYCAPS 上线版本，但许多退休员工仍然不能访问网站，还有更多的在职人员未被纳入系统。更糟糕的是，NYCAPS 是在旧的遗留系统的基础上开发运行的，而项目开发的初衷主要是升级旧系统。

之前开发的更宏大的纽约市项目使 NYCAPS 看起来很逊。CityTime 工资单系统最早于 1998 年开发，它的预算从大约 6 500 万美元增加到 2012 年的 7 亿多美元。CityTime 是为了使原来依靠纸笔完成的工资计时能自动完成，这个程序可以限制给工人不合理的加班费，并且增强整个政府的责任。具有讽刺意味的是，这个项目的每个层级都充斥着谎言，来自项目主要咨询机构——科学应用国际公司（Science Applications International Corporation，SAIC）的工程师被指控犯欺诈罪。

2011 年 6 月，美国曼哈顿的检察官普利特·巴拉拉（Preet Bharara）指出，承包商和次承包商有组织地抬高成本，收取过多咨询费用，故意延长完工日期。这个项目的预算前所未有地被抬高的原因也是缺乏监管。一直监控该项目的几名政府人员对 SAIC 造成的成本上升和项目的毫无进展视若无睹。相信软件开发可以外包给其他公司，可能是花费剧增的另一个原因。

据报道，布隆伯格的预算主管马可·佩奇（Mark Page）是 CityTime 重要的支持者。他曾希望警员、消防员和其他老龄城市工人在即将结束职业生涯时不必再加班，还有望增加抚恤金。许多工人对报酬远低于他们所付出的劳动提起诉讼，佩奇希望可以减少这样的问题。但他的专业背景是法律而不是信息系统，导致他在监管 CityTime 时做出了错误的选择。其他的政府部门（比如市审计机构）将项目几乎全权交给了佩奇。威廉·汤普森（William C. Thompson）在 2002—2009 年任市审计员，尽管有很多媒体对 CityTime 提出警告，他却从来没有审计过这个项目。市长助理确实提醒过，审计机构曾向市长提出了对项目的担忧，但佩奇忽略了。

2000 年，项目工作由最初的合同商（MCI 的子公司）转交给了 SAIC。市政府直接选择与 SAIC 合作，而没有投标。SAIC 承包项目后不久，CityTime 的工作由固定收费变成按小时计费。这导致费用增加，从 2006 年 2.24 亿美元到 2009 年总计 6.28 亿美元。由于按时计费，市政府要负责 SAIC 带来的所有浪费。合同的条款也不停地改动：另一个为 CityTime 提供质量保证的咨询公司修改了 11 次合同，将价格从最初的 340 万美元提高到近 500 万美元。

SAIC 把 CityTime 的大多数工作交给了子承包商，使项目的指挥链变得更复杂。最明显的是 Technodyne 从市政府得到了 4.5 亿美元的资金。目前，超过 150 000 名城市员工在使用 CityTime 记录出勤和休假，但据估计每名用户的成本大约为 4 000 美元。这种规模的项目的费用标准应在 200～1 000 美元之间。纽约州政府仅用 2.17 亿美元就建成了一个功能类似的系统，相比之下，CityTime 7.2 亿美元的价格看起来更糟糕。

2012 年 3 月，市政府得到一些好消息——SAIC 同意归还 5 亿美元作为赔偿和罚款，以避免因 CityTime 项目被控告欺诈。布隆伯格市长表示，市政府收到了大多数赔款，SAIC 的赔偿意味着纳税人仅需为 CityTime 花费 1 亿美元。然而这个丑闻一直是布隆伯格想建设现代化城市系统的污点。

纽约市议会召开了一个听证会，回应两个项目都存在的预算失效、成本攀升问题。政府部门再一次承诺，会反省处理复杂的、投资数百万美元的技术项目的方式，提出在开发并没有实际需求的定制软件之前，先寻找商业软件。市政府还指出，要根据项目功能基准指标而不是按小时给承包商付费，避免更多像埃森哲和 SAIC 这样的合作者加入，并且要保证投资数百万美元的技术项目由资深专家，而不是来自其他领域没有项目管理经验的政府官员监管。

资料来源：Jennifer Fermino, "Bloomberg Says New York City 'Lucky' It had $500 Million CityTime Fraud," New York Daily News, July 26, 2013; www.nyc.gov, accessed August 17, 2013; "CityTime," *The New York Times*, March 14, 2012; Micheal M. Grynbaum, "Contractor Strikes $500 Million Deal in City Payoll Scandal," *The New York Times*, March 14, 2012; David M. Halbfinger, "For Mayor, Waste Mars Another Digital Project," The New York Times, September 23, 2011 and "City Hall Admits Mishandling Technology Projects," *The New York Times*, October 31, 2011; Josh Margolin, "277M Overrun a City 'Soar' Point," *The New York Post*, August 11, 2011, Robert Charette, "New York City's $720 Million CityTime Project a Vehicle for Unprecedented Fraud Says US Prosecutor," IEEE Spectrum, June 21, 2011, David W. Chen, Serge F. Kovaleski and John Eligon, "Behind Troubled City Payroll Project, Lax Oversight and One Powerful Insider," *The New York Times*, March 27, 2011.

◆ 案例思考题

1. NYCAPS 和 CityTime 对纽约市来说有多重要？它们原本可以带来哪些商业效益？
2. 评估两个项目中最主要的风险因素。

3. 识别和描述 NYCAPS 和 CityTime 系统在开发过程中各自遇到的困难。哪些人员、组织和技术因素是导致这些问题产生的原因?

4. 两个项目的管理有哪些相同和不同的地方?

5. 这些搞砸的开发对业务有哪些影响? 解释你的答案。

6. 描述避免这些项目的负面结果所要采取的步骤。

术语表

3D 打印（3-D printing） 根据电子文件说明，利用机器逐层制造实物。也称增材制造。

3G 网络（3G networks） 基于分组交换技术的高速的蜂窝网络，可让用户传输除语音外的视频、图形和其他富媒体。

4G 网络（4G networks） 实现数据包交换，并提供 1Mbps～1Gbps 高质量和高安全性的网络。

可接受使用策略（acceptable use policy，AUP） 规定公司的信息资源和计算设备（包括台式电脑和便携式电脑、无线设备、电话以及互联网）的可接受使用情况，并详细说明不服从的结果的策略。

验收测试（acceptance testing） 提供最终的认证，证明系统已经准备就绪，可以用于生产过程的测试。

责任机制（accountability） 为所做出的决定和所采取的行动评定责任的机制。

广告盈利模式（advertising revenue model） 网站通过吸引大批用户盈利的方式。

合作盈利模式（affiliate revenue model） 一种获取盈利的方式，网站（称为"联营网站"）向访问者发送其他网站链接，收取介绍费作为回报。

分析平台（analytic platform） 专门为快速分析大数据集设计的预配置软硬件系统。

分析型客户关系管理（analytical CRM） 处理客户数据分析的客户关系管理应用，为提高企业绩效提供信息。

Android 由谷歌和开放手机联盟开发的移动操作系统，已成为全球应用最广的智能手机操作系统。

杀毒软件（antivirus software） 专门设计用于探测、排除计算机系统的病毒的软件。

应用控制（application control） 针对具体计算机应用（如工资结算或订单处理）的特定控制活动。

应用代理过滤（application proxy filtering） 使用代理服务器检查、传输流进和流出组织数据包的防火墙筛选技术，所有组织内部应用与外界的交流都是通过代理服务器。

应用服务器（application server） 处理基于浏览器的计算机和公司后台的企业应用或数据库之间的所有应用操作的软件。

应用软件（application software） 为特定应用而写的程序，以执行由最终用户指定的任务。

应用程序（apps） 可以在互联网、电脑、手机上运行的小型软件，通常通过互联网传输。

人工智能（artificial intelligence，AI） 开发的行为表现像人的基于计算机的系统，具有学习语言、完成物理任务、使用感知仪器以及模仿人的专门技术和决策等能力。

属性（attributes） 描述某个特定实体的部分信息。

增强现实（augmented reality） 一种与提高可视化水平相关的技术，直接或间接地生动展示了物理现实环境。

认证（authentication） 在交易中一方确定另一方身份的活动。

自主计算（autonomic computing） 需进一步开发的一种无须用户介入而可以自己控制的系统。

平衡计分卡法（balanced scorecard method） 公司高层辨别真正重要信息的主流方法，着眼于四个维度来测量公司的业绩，包括财务、业务流程、客户以及学习和成长。

带宽（bandwidth） 某个通信渠道可以传输的最高频率和最低频率之间的差值，用来度量该通信渠道的传输能力。

行为定向（behavioral targeting） 追踪客户在众多网站上的点击流（历史点击行为），以更好地了解客户行为习惯和兴趣，进行有针对性的广告宣传。

最佳实践（best practices） 由一个特定组织或行业开发出的最成功的解决方案或解决问题的方法。

大数据（big data） 典型的关系数据库管理系统无法获取、存储和分析的极大的数据集。数据通常是非结构化的或者半结构化的。

生物认证（biometric authentication） 将一个人的指纹、脸型、视网膜图像等特征与这些特征的存储资料进行比较，以此来鉴别系统用户的技术。

博客（blog） 一种受欢迎的日志专用语，指一种个人网站，其中包括一系列作者按时间顺序记录的内容（由最新到最旧）和连接到其他网站的链接。

博客圈（blogosphere） 所有与博客有关的网站。

蓝牙（bluetooth） 无线个人空间网络标准，可以在 10 米的范围内每秒传输 772 个字节。

僵尸网络（botnet） 在用户不知情的情况下被僵尸病毒感染的一组计算机，使得黑客可以使用这些计算机中的大量资源来进行分布式拒绝服务攻击、网络钓鱼或发送垃圾邮件。

宽带（broadband） 一种高速传输技术，也指可以同时传输多个渠道的数据的单个传输媒介。

漏洞（bugs） 程序代码中存在的缺陷。

牛鞭效应（bullwhip effect） 一种现象，当一种产品从供应链中的一个实体转移到另一个实体时，有关它的需求信息会失真。

业务持续计划（business continuity planning） 关于企业在遭受灾难后如何恢复商业运营的计划。

商务智能（business intelligence，BI） 帮助用户做出更好的商业决策的应用和技术。

商业模式（business model） 一家企业生产、配送、出售产品和服务，进而创造利润的方式。

企业绩效管理（business performance management） 力图将公司战略（如差异化、低成本生产、市场份额的增长以及经营范围）系统性地转化为经营目标的方法。

业务流程管理（business process management，BPM） 企业持续改进业务流程的方法。

业务流程重组（business process reengineering，BPR） 企业流程的彻底重新设计，旨在实现信息技术效益最大化。

业务流程（business processes） 企业协调和组织工作活动、信息和知识以生产产品或者提供服务的独特方式。

企业（business） 一个以盈利为目的的生产产品或提供服务的正式组织。

企业对企业的电子商务（business-to-business（B2B）electronic commerce） 企业之间用

电子方式销售产品和提供服务。

企业对消费者的电子商务（business-to-consumer（B2C）electronic commerce） 用电子方式直接向个体消费者零售产品和提供服务。

自带办公设备（BYOD） 允许员工在工作场合使用自己的移动设备。

C 具有严密控制和执行效率的功能强大的编程语言，可在不同的微处理器上轻松运行，主要在个人计算机上使用。

有线网络连接（cable Internet connections） 使用数字电缆同轴线给家庭和企业提供高速的互联网访问服务的网络连接。

容量规划（capacity planning） 预测计算机硬件系统何时达到饱和状态的过程，以确保有充分的计算机资源可供不同优先级别的工作使用，以及确保企业对它目前和未来的需求有足够的计算能力。

腕管综合征（carpal tunnel syndrome，CTS） 重复性劳损（RSI）的一种。症状是压力作用于腕关节的骨组织的中央神经而引发疼痛。

案例推理（case-based reasoning，CBR） 一种人工智能技术，将知识表示成案例和解决方法的数据库。

只读光盘存储器（compact disk read-only memory，CD-ROM） 用于多媒体以及含有大量不变数据的图像、参考目录和数据库应用的光盘存储器。

可重写光盘（CD-ReWritable，CD-RW） 使用者可以重复改写的光盘存储器。

集中式处理（centralized processing） 使用一台大型的中央计算机来完成任务。

变革管理（change management） 恰当考虑采用新系统或变更现有系统对组织改革带来的影响。

聊天（chat） 通过公共网络进行的即时的、互动的交谈。

首席信息官（chief information officer，CIO） 公司中负责信息系统运行的高级管理人员。

首席知识官（chief knowledge officer，CKO） 公司中负责知识库管理项目的高级管理人员。

首席隐私官（chief privacy officer，CPO） 负责确保公司遵守有关数据隐私的法律。

首席安全官（chief security officer，CSO） 领导组织中正式的安全部门，负责实施公司的安全策略。

选择（choice） 西蒙的决策制定四阶段中的第三个阶段，在此阶段，个体在各种解决方法中作出选择。

Chrome OS 一款谷歌开发的轻量级操作系统，可用于联网计算机和移动设备的云计算。

流失率（churn rate） 反映企业客户数量变化的一个重要指标，用于衡量停止使用或购买本企业产品或服务的客户的数量。

点击欺诈（click fraud） 个人或计算机程序点击在线广告，却不想进一步了解广告商信息或无购买意向的欺骗行为。

客户机/服务器计算（client/server computing） 在网络上把客户机和服务器的处理分开的计算模型，每台机器被分配了最适合执行的功能。

客户机（client） 是从客户机/服务器计算中用户输入所需功能的角度来说的，通常是指台式计算机、工作站或便携式计算机。

云计算（cloud computing） 企业或个人通过网络获得计算资源和软件应用服务的一种计

算模式。

面向商业的通用语言（Common Business Oriented Language，COBOL） 商业应用中主要的编程语言，它能用字符处理大量的数据文件。

协作（collaboration） 和别人一起工作来达到共同而明确的目标。

主机托管（co-location） 企业购买或租用一台网络服务器（这样就可以完全控制网站的运营），但是可以将服务器放在商家那里。

社区提供商（community provider） 提供一个网上碰面的地点，让拥有共同兴趣爱好的人可以相互交流和分享有用的信息。

竞争力模型（competitive forces model） 用来描述一个组织的外部影响交互作用的模型，这些外部影响具体来说就是影响一个组织的战略和竞争力的威胁和机遇。

基于组件的开发（component-based development） 将先前存在的软件组件结合起来创建一个大的软件系统。

计算机滥用（computer abuse） 使用计算机时合法的但被视为不道德的行为。

计算机犯罪（computer crime） 使用计算机或针对计算机系统的违法行为。

计算机取证（computer forensics） 科学地收集、审查、鉴定、保存和分析取自计算机存储媒介中的数据，这种信息可以作为法庭上的证据。

计算机硬件（computer hardware） 信息系统中用于输入、处理和输出活动的物理设备。

计算机文化（computer literacy） 关于信息技术的知识，重点在于了解基于计算机的技术如何工作。

计算机软件（computer software） 信息系统中控制和协调计算机硬件的详细的、预先编好的程序指令。

计算机病毒（computer virus） 流氓软件程序，附加在其他的软件程序或数据文件中以得到执行，经常会引起硬件和软件的故障。

计算机视觉综合征（computer vision syndrome，CVS） 长时间使用计算机显示屏导致的眼睛疲劳，症状包括头痛、视力模糊、眼睛干涩和疼痛。

计算机辅助设计系统（computer-aided design（CAD）system） 使用复杂的制图软件自动创建和修改设计的信息系统。

计算机辅助软件工程（computer-aided software engineering，CASE） 使软件和系统的开发方法逐步自动化，从而减少开发人员的重复工作。

信息技术消费化（consumerization of IT） 市场中产生的新的信息技术传播到企业组织中。

消费者对消费者的电子商务（consumer-to-consumer（C2C）electronic commerce） 消费者用电子方式向其他消费者销售产品和提供服务。

控制（controls） 所有确保组织资产安全、会计记录精确可靠、管理标准严格执行的方法、政策和程序等。

转换（conversion） 从旧系统到新系统的转变过程。

cookies 用户访问特定网站时存储在计算机硬盘上的小文件，被用来识别访问者并跟踪其对网站的访问。

版权（copyright） 法律赋予知识产品所有者的，保护其知识产品不因任何目的被复制的权利，法律保护期限为作者的一生及其死后 70 年。

核心竞争力（core competency） 影响一个公司成为世界级领导者的因素。

成本透明（cost transparency） 消费者发现产品的真实成本的能力。

骇客（cracker） 有犯罪意图的黑客。

批判性思考（critical thinking） 从多个角度、用多种方法进行持续的怀疑性判断。

交叉销售（cross-selling） 向顾客推销互补性产品的营销方式。

众包（crowdsourcing） 一个公司或机构把过去由员工执行的工作任务，以自由自愿的形式外包给非特定的（而且通常是大型的）大众网络的做法。

文化（culture） 已经被组织中大多数成员接受的基本的假设、价值观和做事的方式。

客户终身价值（customer lifetime value，CLTV） 某一特定客户在客户关系周期中为企业带来的收益与企业为获得该客户及为其服务所支付的费用之间的差额，用货币表示。

客户关系管理系统（customer relationship management（CRM） system） 跟踪企业与客户的所有交互活动并分析这些活动，以使收入、利润、客户满意度及客户保持率最大化的信息系统。

定制化（customization） 在电子商务中，根据用户的偏好和行为改变送达的产品或服务。

软件定制（customization） 修改一个软件包以满足组织的独特需求，但不破坏该软件包的完整性。

云盘（cyberlocker） 在线的文件分享服务，用户可以将文件上传到安全的在线存储网站，可以同步并分享给其他人。

破坏网络（cybervandalism） 故意破坏、损毁甚至摧毁一个网站或公司的信息系统。

网络战（cyberwarfare） 由国家操纵的旨在通过破坏、干扰计算机或网络来毁坏或打败其他国家或地区的活动。

周期（cycle time） 一个流程从开始到结束的总时间。

数据管理（data administration） 管理组织数据资源的专门的组织功能，涉及信息政策、数据规划、数据字典维护和数据质量标准。

数据中心（data center） 安放计算机系统以及通信、存储、安全系统和备用电源等相关组件的设施。

数据清理（data cleansing） 检查并修正一个数据库或文件中不正确、不完整、格式不规范或冗余的数据的活动，也称数据净化。

数据定义（data definition） 定义数据库中数据的结构的功能。

数据字典（data dictionary） 存储和组织一个数据库中需要维护的数据的一种自动化或者人工操作的工具。

数据流程图（data flow diagram，DFD） 用于结构化分析的一种基本工具，以图形表示系统的构成过程以及它们之间的数据流。

数据管理软件（data management software） 用来制作和控制列表，创建文件和数据库以存储数据，以及为完成报告而整合信息的软件。

数据管理技术（date management technology） 在物理存储介质上管理数据的软件。

数据操纵语言（data manipulation language） 与数据库管理系统相关的一种语言，被最终用户和程序员用来操纵数据库中的数据。

数据集市（data mart） 仅仅用于特定功能或者特定用户的包含一部分组织数据的一个小数据库。

数据挖掘（data mining） 分析大量的数据找出其中的模型和规律，用以指导决策和预测未来的行为。

数据质量审核（data quality audit） 为确定信息系统中数据的准确性和完整性而对文件和样本文件进行的调查。

数据可视化（data visualization） 用图形来表示数据以帮助用户看清大量数据的模式和关系。

数据仓库（data warehouse） 具有报告和查询工具，存储从各种操作系统获取的当前数据和历史数据，并且作为管理报告和分析的基础的一个数据库。

数据工人（data workers） 处理组织的文书工作的人，如秘书或职员等。

数据库管理（database administration） 专注于管理数据的技术性和操作性方面，包括物理数据库的设计和维护。

数据库管理系统（database management systems，DBMS） 用于建立、使用和维护数据库的专业软件，可使个体企业无须建立单独的文件或在它们的计算机程序中定义数据就可以获取数据。

数据库服务器（database server） 客户机/服务器环境中的计算机，负责运行 DBMS 以处理 SQL 声明和执行数据库管理任务。

决策支持系统（decision-support systems，DSS） 组织中处于管理层次的信息系统，用复杂的分析模型或数据分析工具对数据进行分析，支持半结构化和非结构化的决策制定。

深度报文检测（deep packet inspection，DPI） 一种对网络通信量进行控制的技术，检查网络上传输的数据文件，整理出那些优先级低的在线材料，而赋予关键业务文件更大的优先权。

需求计划（demand planning） 确定企业需要生产多少产品来满足所有客户的需求。

拒绝服务攻击（denial-of-service（DoS）attack） 向网络服务器或站点发送成千上万的虚假通信信息或服务请求，以使网络崩溃。

笛卡尔变化规则（Descartes' rule of change） 此规则说明，如果一种行为不能反复做，那么在任何时候都不应该做。

设计（design） 西蒙的决策制定四阶段中的第二个阶段，在此阶段，个体构思解决问题可能的方案。

数字资产管理系统（digital asset management systems） 分类、存储和管理非结构化的数字数据的系统。

数字证书（digital certificates） 电子信息的一个附件，能够验证发送者的身份并向接收者提供把回复译成密码的方法。

数字检查（digital checking） 扩展现有支票账户的功能以使其可以用于在线购物支付的系统。

数字仪表盘（digital dashboard） 以图表的形式展示公司所有的关键绩效指标，对制定重要的行政决策所需的关键衡量指标加以概述的一种工具。

数字鸿沟（digital divide） 不同社会群体和地区在使用计算机和互联网上的巨大差距。

数字化商品（digital goods） 可以通过数字网络传输的商品。

《千禧年数字版权法案》（Digital Millennium Copyright Act，DMCA） 一部调整版权法以适应网络时代的法规，它规定：制作、分销或使用规避版权保护的技术设备都是违法的。

数字用户线路（digital subscriber line，DSL） 通过现有的铜电话线提供高传输能力的一组技术。

数字视频光盘（digital video disk，DVD） 可以存储完整的视频和大量数据的高性能光盘存储介质。

直接转换策略（direct cutover strategy） 在指定的某一天用新系统完全替换旧系统的一种冒险的转换方法。

灾难恢复计划（disaster recovery planning） 计算机和通信服务遭到破坏后的修复计划。

消除中介（disintermediation） 在一个价值链中，将组织或者业务流程层次的某些中间环节取消。

颠覆性技术（disruptive technologies） 新技术的到来有时就像一场海啸，会破坏一切，这样的新技术就是颠覆性技术。

分布式拒绝服务攻击（distributed denial-of-service（DDoS）attack） 利用无数台计算机从无数个发射点涌向网络，进而淹没网络。

分布式处理（distributed processing） 使用通过通信网络连接在一起的多台计算机来处理问题。

文档编制（documentation） 从技术或最终用户的角度说明信息系统是如何工作的。

域名系统（Domain Name System，DNS） 服务器的一个层次系统，维护能够将域名转换成数字 IP 地址的数据库。

域名（domain name） 与每台连接到网络的计算机的唯一 32 位数字 IP 地址相对应的英文名称。

国内输出（domestic exporter） 公司权力被最大化地集中于国内的一种战略。

停机时间（downtime） 信息系统无法运行的时间段。

向下挖掘（drill-down） 从概括性的数据探索到越来越低层的详细数据的功能。

隐蔽强制下载（drive-by download） 附着在用户想要下载的软件上的恶意软件。

法定诉讼程序（due process） 确保法律被广泛知晓和理解，允许人们向更高层的权威机构申诉以保证法律正确运用的程序。

动态定价（dynamic pricing） 买卖双方基于实时交易的物品定价，在任何特定的时刻决定一件物品的价格。

有效客户反应系统（efficient customer response system） 将消费者的行为直接与分销、生产及供应链相连接的系统。

电子政务（e-government） 利用互联网及相关技术来改善政府及公共部门与公民、企业和其他政府组织的关系的一种方式。

电子商务（广义）（electronic business/e-business） 利用互联网和数字技术来处理企业中所有的业务流程，包括电子贸易、企业内部管理、与供应商及其他业务伙伴协调的过程。

电子商务（狭义）/电子贸易（electronic commerce/e-commerce） 利用互联网、网络和其他数字技术进行电子化的商品和服务的买卖交易的过程。

电子数据交换（electronic data interchange，EDI） 使得两个进行正常交易的组织之间可以通过计算机交换订单、装运或付款等信息的技术。

电子邮件（e-mail） 计算机之间交换信息的一种方式。

员工关系管理（employee relationship management，ERM） 处理目标制定、员工绩效管

理、基于业绩的报酬及员工培训等与客户关系管理密切相关的员工问题的软件。

加密（encryption） 对信息进行编码和干扰以阻止他人未经授权而阅读或获取信息的技术。

最终用户/终端用户（end users） 信息系统部门以外的部门的代表，他们使用信息系统部门为其开发的系统。

最终用户开发法（end-user development） 在只有很少或几乎没有技术专家的正式帮助的情况下，由最终用户开发信息系统。

企业应用（enterprise applications） 连接企业中不同的职能、层级、业务单元间的活动、决策和知识的系统，包括企业系统、供应链管理系统、客户关系管理系统和知识管理系统。

企业内容管理系统（enterprise content management system） 管理企业的半结构化和非结构化数据的系统，具有获取、存储、检索、发送和维护知识的功能。

企业系统（enterprise systems） 协调企业内部关键流程的集成的企业信息系统，也称企业资源计划。

企业级知识管理系统（enterprise-wide knowledge management systems） 收集、存储、分配和应用数字内容与知识的通用企业系统。

实体（entity） 必须保存信息的一个人、一个地方、一件东西或一个事件。

实体—关系图（entity-relationship diagram） 将描述不同实体之间关系的数据库文档化的一种方法。

人体工程学（ergonomics） 关注工作环境中人与机器的交互作用的学科。它考虑了职业设计、健康问题以及信息系统的最终用户界面。

网络零售商（e-tailer） 在网上直接向消费者或企业出售实体商品的公司。

伦理上的"无免费午餐"原则（ethical "no free lunch" rule） 该原则假设所有有形的和无形的物品都归他人所有，除非有特殊声明，并且假设创造者希望他所做的工作能有回报。

伦理（ethics） 作为自由道德代理者的个体用来做出选择、指导自己的行为的是非标准。

双子星病毒（evil twins） 伪装成合法的 Wi-Fi 网络的无线网络，诱使使用者登录而暴露其密码或信用卡号码的电脑病毒。

交易所（exchanges） 主要以交易为目的的第三方网络市场，为众多买方和卖方的即时交易服务。

主管支持系统（executive support systems，ESS） 在一个组织战略层中通过采用先进的图形和通信来进行非结构化决策制定的信息系统。

专家系统（expert systems） 捕捉人类在有限的知识领域内的专业知识的知识密集型计算机程序。

可扩展标记语言（Extensible Markup Language，XML） 由万维网联盟（W3C，引导网络发展的国际组织）在 1996 年开发的一种标记语言，在网页应用上比超文本标记语言（HT-ML）更灵活、更强大。

外联网（extranet） 获得授权的外部人可以进入的专用内联网。

公平信息惯例（Fair Information Practices，FIP） 于 1973 年提出的管理收集和使用个人信息的一系列原则；它是美国和欧洲绝大多数隐私保护法的基础。

容错计算机系统（fault-tolerant computer systems） 包含特别的硬件、软件和电源组件的系统，能够支持备份和避免系统故障以维持系统的运行。

可行性研究（feasibility study） 系统分析过程的一部分，确定解决方案能否在给定的组织资源和限定条件下实现。

反馈（feedback） 将输出返回给组织的相应成员以帮助他们评估和改进输入。

字段（field） 一组字符构成的一个词、一组词或者一个完整的数值，例如一个人的名字或者年龄。

文件传输协议（file transfer protocol，FTP） 从远程计算机检索并传输文件的工具。

防火墙（firewalls） 设置在组织内联网和外联网之间的硬件和软件，防止局外人侵入私人网络。

大众分类（folksonomies） 社交书签中，用户为共享的书签和社会标记所创建的分类方法。

外部关键字（foreign key） 数据表中的一个字段，能使用户找到另一个数据表中的相关信息。

正式计划和控制工具（formal planning and control tools） 通过列出一个项目的具体活动、持续时间以及任务的顺序和时间安排来改进项目管理的工具。

特许经营（franchisers） 一种公司经营方式，将产品开发、设计、融资、最初的生产放在母国进行，而将以后的生产、营销、人力资源等分散于其他各国。

免费/免费增值盈利模式（free/freemium revenue model） 企业免费提供基本的服务或内容，但对高级或特别的功能收取额外费用。

模糊逻辑（fuzzy logic） 一种基于规则的技术，使用被称为从属函数的不确定性条件解决问题，以忽略不精确性。

甘特图（Gantt chart） 一种表示项目的开始结束时间、持续时间和资源需求的图形。

一般控制（general controls） 贯穿整个组织信息技术基础设施，为管理计算机程序的设计、安全和使用，以及一般数据文件安全而进行的控制活动。

遗传算法（genetic algorithms） 利用生物体模型适应环境，促进特定问题解决方案演变的问题解决方法。

地理广告服务（geoadvertising） 根据用户 GPS 定位分发广告。

地理信息系统（geographic information systems，GIS） 通过使用数字地图分析和显示数据，以提高计划和决策水平的软件系统。

地理信息服务（geoinformation services） 提供当地的和基于用户 GPS 定位的信息。

地理社交服务（geosocial services） 基于用户 GPS 定位的社交网络。

Google Apps 谷歌基于云的产品，适用于商业。

黄金法则（Golden Rule） 该定律指出，如果你希望别人怎么对你，就应该以同样的态度对待别人。

《金融现代化法案》/《格里姆-里奇-比利雷法案》（Gramm-Leach-Bliley Act） 一部要求金融机构确保客户数据安全和保密的法规。

图形用户界面（graphical user interface，GUI） 操作系统的一部分，用户使用图标和计算机鼠标来执行命令和进行选择，并与它进行交互。

绿色计算（green computing） 通过设计、生产、使用和处置计算机、服务器以及相关设备（如显示器、打印机、存储设备、网络和通信系统）来减少对环境的不利影响的实践和技术。

网格计算（grid computing） 使用网络中的多台计算机来解决一个问题。

群体决策支持系统（group decision-support system，GDSS） 一个基于计算机的交互系统，便于一群决策者在相同或不同的地点共同解决非结构化的问题。

黑客（hacker） 出于个人利益、违法损害或幸灾乐祸的目的，未经授权而进入一个计算机网络的人。

Hadoop 开源的软件框架，可以将大量数据的并行运算分配到许多费用低的计算机上完成。

赫兹（hertz） 每秒电子脉冲频数的度量单位，1 赫兹相当于每秒一个周期。

《健康保险流通与责任法案》（HIPAA） 一部描述医疗安全和隐私规则，以及简化保健账单管理，并使保健数据在保健提供者、支付者和计划之间自动传送的程序的法规。

热点（hotspots） 在专门的地理位置设置的访问点，提供公开的 Wi-Fi 网络服务。

超文本标记语言（Hypertext Markup Ianguage，HTML） 制作网页和其他超媒体文件所用的网页描述语言。

HTML5 HTML 的下一代，可以将图片、视频和声音直接嵌入文档，而不用附加软件。

集线器（hubs） 连接网络组件的一种简单设备，可以向与其连接的所有设备传输数据包。

混合云（hybrid cloud） 公司使用自己的 IT 设施和公共云计算服务的一种计算模式。

超文本传输协议（Hypertext Transfer Protocol，HTTP） 一种用来在万维网上传送网页的通信标准，定义了信息是如何被设计和传送的。

身份管理（identity management） 将业务流程和软件工具用于识别一个系统的有效用户，并控制他们进入系统资源的路径。

身份盗用（identity theft） 盗窃关键个人信息（如信用卡号、社会保险号），从而以被盗者的名义购买商品或服务或者获得虚假身份。

康德的绝对律令（Immanuel Kant's Categorical Imperative） 该原则表述为：如果一种行为每个人都不能做对，那么任何人做出这种行为都不对。

实施（implementation） 所有围绕一个创新（如新的信息系统）的采纳、管理和常规化所进行的有组织的活动。

实施（implementation） 西蒙的决策制定四阶段中的最后一个阶段，在此阶段，个体实施决策并报告该方案的进展情况。

推理机（inference engine） 在一个专家系统中用于搜索规则库的战略，可以正向链接也可以反向链接。

信息不对称（information asymmetry） 在一次交易中双方相对的讨价还价能力取决于哪一方比对方拥有更多的重要信息的现象。

信息密度（information density） 所有的市场参与者（包括消费者和商家）所能获得的信息的数量和质量。

信息政策（information policy） 在一个组织中控制信息的维护、发布和使用的正式规则。

信息需求（information requirements） 对一个新系统必须满足的信息需要的详细陈述，明确谁需要何种信息，在何时、何地、如何需要这些信息。

信息权利（information rights） 个体和组织拥有的涉及其自身的信息的权力。

信息系统（information system，IS） 由一系列相互关联的组件构成的系统，这些组件用于采集、处理、存储和发送信息，以支持组织的决策、协同、控制、分析和可视化。

信息系统审计（information system audit） 查明管理各个信息系统的所有控制环节并评估

其效力。

信息系统部门（information systems department） 负责执行组织中信息系统功能的正式的组织单位。

信息系统文化（information systems literacy） 对信息系统的广泛了解，包括在了解关于计算机的技术知识的同时，还要了解关于使用信息系统的组织和个人行为的知识。

信息系统管理员（information systems managers） 信息系统部门众多专家的领导者。

信息系统计划（information systems plan） 指出信息系统开发的目标、基本原理、目前的情况、管理战略、实施计划以及预算的文件。

信息技术基础设施（information technology（IT）infrastructure） 为组织提供大量的共享信息技术资源的计算机硬件、软件、数据、管理技术和网络。

信息技术（information technology，IT） 企业为实现目标而需要使用的所有硬件和软件技术。

信息（information） 以对人类有意义和有用的形式存在的数据。

知情同意（informed consent） 在了解制定合理决策所需的所有事实之后作出的同意的表示。

内存计算（in-memory computing） 通过将数据存储在计算机主存而不是辅助存储器中，来提高分析和处理大量数据的速度的技术。

输入设备（input devices） 收集数据并将它们转换成能被计算机使用的数字形式的设备。

输入（input） 从组织内部或外部环境中获取或采集原始数据以在信息系统中进行处理。

即时通信（instant messaging） 一种允许参与者创建他们自己的专用聊天渠道的聊天服务，不论何时，当用户的列表上的某个人在线时，该系统就会通知他，这样他就可以和那个人开始聊天。

隐性收益（intangible benefits） 不容易量化的收益，包括更有效的客户服务或得到改进的决策制定。

知识产权（intellectual property） 由个人或公司创造的隐性资产，以保护商业秘密、版权和专利。

情报（intelligence） 西蒙的决策制定四阶段中的第一个阶段，在此阶段，个体收集信息来确定组织中出现的问题。

智能代理（intelligent agents） 使用一个内置的或丰富的知识库，为个人用户、业务流程或软件应用完成特定的、重复的和可预测的任务的软件程序。

智能技术（intelligent techniques） 通过获取个人和集体的知识、发现大量数据中的模式和行为，以及解决人们不能独自应对的大而复杂的问题，从而帮助决策者制定决策。

互联网协议地址（Internet Protocol（IP）address） 表示一台计算机在网络中位置的由四部分构成的数字地址。

互联网服务提供商（Internet service provider，ISP） 一个与互联网永久相连，并向用户提供临时的网络连接服务的商业组织。

互联网（Internet） 使用全球通用的标准来连接成千上万的不同网络的全球网络。

第二代互联网（Internet2） 一个具有新协议和传送速度，为支持高带宽的互联网协议提供基础设施的研究网络。

物联网（Internet of Things） 一个无处不在的网络，每个实体或机器都有一个唯一的身份，也可以通过网络将它们连接在一起或传输数据。也称工业互联网。

跨组织系统（interorganizational system） 使信息流跨组织界限自动流动，将公司与其顾客、分销商以及供应商连接起来的信息系统。

内联网（intranet） 基于互联网和万维网技术及标准的内联网络。

入侵检测系统（intrusion detection systems） 监控网络中最脆弱的节点以发现并制止未经授权的入侵者的工具。

iOS 用于苹果的平板电脑、手机和音乐播放器的操作系统。

互联网协议标准 6（IPv6） 新的 IP 地址系统，使用 128 比特的 IP 地址。代表第六个版本的互联网协议。

投资工作站（investment workstations） 财务专家使用的功能强大的台式计算机，被优化以获得和处理大量财务数据。

Java 一种程序语言。只能够提供特殊任务（如从网上下载小程序）所需的软件功能。能在任何计算机和操作系统上运行。

联合应用设计（joint application design，JAD） 通过让最终用户和信息系统专家一起参与一个互动的会议，加速信息需求的产生的过程。

准时生产（just-in-time） 零件在正好需要时到达，产成品也可以在刚离开生产线时就装运出去的最小化库存的调度系统。

关键字段（key field） 在记录中唯一标识该记录的字段，使记录可以被检索、更新或分类。

击键记录器（keyloggers） 可记录计算机上每一次击键的间谍软件。

关键绩效指标（key performance indicator） 由高层管理人员提出的一系列指标，旨在了解公司在各个方面的表现。

知识库（knowledge base） 被专家系统使用的人类知识模型。

知识管理系统（knowledge management systems，KMS） 支持企业专业技能和知识的创造、获取、存储和传播的系统。

知识管理（knowledge management） 在组织中形成的创造、存储、传递和应用知识的一组企业流程。

知识网络系统（knowledge network systems） 在划分明确的知识领域中寻找公司专家目录的系统。

知识工作系统（knowledge work systems） 在组织中帮助知识工人创造和整合新知识的信息系统。

知识工人（knowledge workers） 为组织设计产品或服务以及创造知识的人，例如工程师和设计师。

学习管理系统（learning management system，LMS） 为管理、开展、跟踪以及评估各类员工的学习和训练活动提供工具的系统。

遗留系统（legacy systems） 已经使用了很长时间，并继续被使用，以避免因替换或重新设计而支付高额费用的系统。

法律责任（liability） 法律作出的允许人们要求其他行为人、系统或组织对他们造成的损害予以赔偿的规定。

Linux UNIX 的衍生物，一种可以在许多不同的硬件平台上运行的可靠、简洁的操作系统，可以免费或者以很低的成本获得。被作为 UNIX 和 Windows NT 的替代物。

局域网（local-area network，LAN） 需要专门渠道并覆盖有限的地理范围的通信网络，通常在一幢建筑物或距离很近的几幢建筑物的范围内搭建。

位置分析（location analytics） 从包含位置（地理图像）的数据中洞察问题的能力，位置数据来自手机、传感器或扫描设备输出以及地图。

长尾营销（long tail marketing） 针对大量的微小市场占据着一定市场份额等情况开展的营销活动。

磁盘（magnetic disk） 通过硬盘或软盘上的磁化点存储数据的辅助存储介质。

磁带（magnetic tape） 廉价的、较老的辅助存储介质，大量的信息通过磁带上的磁化点和非磁化点来按顺序存储。

大型计算机/主机（mainframe） 最大类型的计算机，用于大批量的业务处理。

维护（maintenance） 对一个生产系统的硬件、软件、文档或者程序进行修改，以纠正错误、满足新的需求或提高处理效率。

恶意软件（malware） 有恶意的软件程序，如计算机病毒、蠕虫、特洛伊木马。

安全管理服务提供商（managed security service providers，MSSPs） 为客户提供安全管理服务的公司。

管理信息系统（management information systems，MIS） 着重研究信息系统在企业和管理中的使用情况，也指向组织提供中级管理层的日常业绩报告的信息系统。

管理信息系统（management information systems，MIS） 对信息系统的研究聚焦在它们在商业和管理中的应用。

市场创造者（market creator） 提供购买者与销售者交流、搜索产品、展示产品和为这些产品标明价格的数字环境的公司。

市场准入成本（market entry costs） 商人将其产品投入市场所需付出的成本。

市场空间（marketspace） 一个超越了传统市场的界线、不受时空限制的市场。

糅合（mashups） 一种复合的软件应用，依赖于高速的网络、通用的通信标准和开源代码，其功能大于各部分加总的功能。

大规模定制（mass customization） 一种大批量提供定制的产品和服务的能力。

菜单成本（menu costs） 经销商为改变价格需要花费的成本。

城域网（metropolitan-area network，MAN） 覆盖一个城市所在的区域（即一个城市中心及其主要郊区）的网络，它的地理范围介于广域网和局域网之间。

微博（microblogging） 这种博客的特点是内容很短，比如推特。

微支付系统（mircopayment system） 用于总额很小的支付，一般少于 10 美元。

微处理器（microprocessor） 将计算机的内存、逻辑和控制集成在一个芯片上的大规模集成电路技术。

中级管理层（middle management） 处于组织层次的中部、负责执行高层管理者制定的计划和目标的人群。

移动商务（mobile commerce/m-commerce） 使用手机、手持式数字信息设备等无线设备，通过互联网进行的企业对企业和企业对消费者电子商务交易。

移动设备管理（mobile device management） 监测、管理和保护组织所使用的移动设备的软件。

移动网络应用（mobile Web app）　嵌入服务器并通过智能手机或平板电脑的移动端浏览器进入的应用程序。

移动端网站（mobile Web site）　正常网站的缩小版本，便于在小的移动屏幕上更方便地访问和查找内容和导航。

调制解调器（modem）　把计算机的数字信号转换成能在普通的电话线中传输的模拟信号，或者把模拟信号转换成能被计算机接收的数字形式的设备。

多核处理器（multicore processor）　为了提高效率、减少能耗和有效同步地进行多任务处理，将两个或更多个处理器连接在一起的技术。

多国公司（multinational）　将财务管理和控制权集中于母国，但是将生产、销售和市场运营分权于各国的组织形式。

多点触控（multitouch）　运用多个手指对屏幕进行触控式操控的技术。

纳米技术（nanotechnology）　用单个原子和分子来建造构件和处理器的技术。

本地应用（native app）　专门设计的在移动平台上运行的独立应用程序。

网络市场（net marketplaces）　以互联网技术为基础的连接众多买方和卖方的数字市场。

网络地址转换（network address translation，NAT）　隐藏组织网站主机电脑的 IP 地址，防止防火墙外的探索程序获取并利用该信息入侵内部系统。

网络经济（network economics）　建立在网络概念基础上的产业层次的战略系统模型，增加一单位的投入的边际成本为零，但能创造非常大的边际收益。

网络操作系统（network operating system，NOS）　传送和管理网络上的通信并协调网络资源的专用软件。

网络（network）　将两台或多台计算机连接起来以共享数据或资源（如打印机）的系统。

网络与通信技术（networking and telecommunications technology）　连接各种硬件并将数据从一个物理位置传递到另一个地点的物理设备和软件。

神经网络（neural networks）　试图模拟生物大脑的处理模式的硬件或软件。

模糊关系认知（nonobvious relationship awareness，NORA）　通过分析很多不同来源的信息，发现人们或其他实体间的模糊的、隐藏的关联，并连接这些关系。

非关系数据库管理系统（non-relational database management system）　处理大量结构化和非结构化数据的数据库管理系统，这些数据很难用关系模型分析。

规范化（normalization）　在设计一个关系数据库时，由复杂的数据组创建小的、稳定的数据结构的过程。

多层客户机/服务器架构（N-tier client/server architecture）　在多层次的服务器上平衡整个网络工作的客户机/服务器。

对象（object）　将数据和作用于数据的程序结合起来的软件模块。

面向对象开发（object-oriented development）　一种系统开发方法，使用对象作为系统分析与设计的基本单位。系统被模块化为对象以及对象之间关系的一个集合。

离岸软件外包（offshore software outsourcing）　将系统开发工作或维护现有系统的工作外包给其他国家的公司。

按需计算（on-demand computing）　在需求达到顶峰时将计算能力转移给远距离、大范围的数据处理中心。这样，公司就可通过足以处理平均任务量的投资，并根据需要为使用的额外的计算能力支付费用来减少技术费用。也称效用计算。

联机分析处理（online analytical processing，OLAP） 从多个角度处理和分析大量数据的能力。

联机事务处理（online transaction processing） 一种事务处理模式，在该模式中，进入网络的事务会被计算机及时处理。

开源软件（open-source software） 免费公开其程序代码的软件，允许用户修改程序代码以改进程序或改正错误。

操作系统（operating system） 管理和控制计算机活动的系统软件。

操作型客户关系管理（operational CRM） 面向客户的应用，例如，销售自动化工具，提供呼叫中心和客户服务支持，以及实施营销自动化。

运营管理层（operational management） 监督组织日常活动的人。

选择加入（opt-in） 一种知情同意模型，组织不允许收集任何个人信息，除非消费者明确地表示同意信息的收集和使用。

选择退出（opt-out） 一种知情同意模型，允许收集个人信息，除非消费者明确地要求数据不被收集。

组织影响分析（organizational impact analysis） 对一个拟建系统怎样影响组织的结构、态度、决策和运行状况的研究。

输出设备（output devices） 显示经处理后的数据的设备。

输出（output） 将处理后的信息传递给需要这些信息的人或活动。

外包（outsourcing） 将一个组织的计算机中心、远程通信网络或者应用软件开发承包给外部供应商的过程。

数据包过滤（package filtering） 检查在可信的网络和互联网上来回流动的数据包中所选的字段。

分组交换（packet switching） 一种把信息分解为小的、固定的数据包，并以最经济的方式通过任何可用的路径发送出去的技术。

并行策略（parallel strategy） 一种安全且保守的转换方法，旧系统和潜在的替换系统同时运行一段时间，直到所有人都确认新系统运行正常。

合作伙伴关系管理（partner relationship management，PRM） 自动化管理企业与销售伙伴的关系，利用客户数据和分析工具改进合作及销售。

密码（password） 授权给用户的密钥或一串字符，可以用来访问某些资源，比如计算机系统。

补丁（patches） 修补程序缺陷而不打断程序的正常运行的小软件。

专利权（patent） 法律赋予专利所有者对其发明享有 20 年的专有权；在推广新机器或新方法时，确保其发明者因付出劳动而得到报酬。

对等（peer-to-peer） 使网络上的所有计算机拥有相同功能的网络体系结构，主要用于小型网络。

个人数字助理（personal digital assistant，PDA） 带有可以完全实现数字通信传输的内置无线通信功能的小型触控笔式掌上电脑。

个人区域网（personal-area networks，PANs） 用于个人的数字设备之间交流的计算机网络，包括电话和个人数字助理。

个性化（personalization） 商家根据顾客的姓名、兴趣和过去的购买经历调整营销信息，使之针对具体的客户。

计划评审图（PERT charts） 一种图形化地描述项目任务和它们之间的内部关系的方法。

域欺骗（pharming） 诱导用户到假网页的“网络钓鱼”技术，即使用户在他的浏览器中输入了正确的网页地址。

阶段转换策略（phased approach） 一种按功能或者按组织单元分阶段引入新系统的策略。

网络钓鱼（phishing） 一种电子骗术，通过建立虚假网站或发送看似来自合法企业的电子邮件，来骗取用户个人的机密资料。

数据透视表（pivot table） 一张以一种简便的格式显示二维或更高维度数据的表格。

播客（podcasting） 通过网络发布音频资料的方法，允许订购的用户将音频文件下载到他们的个人电脑或便携式播放器中。

门户（portal） 展示多个来源的集成个性化内容的网站界面，也指提供网站的初始进入点的一个网站服务器。

组合分析（portfolio analysis） 对公司内潜在应用的组合进行分析，以确定风险和效益，并为信息系统选择应用。

博彩市场（prediction market） 一个对等的赌博市场，参与者针对特定事件（比如新产品的季销量、新产品设计或政治选举等）的结果下赌注。

预测分析（predictive analysis） 使用数据挖掘技术、历史数据和对未来情况的假设来预测事件的结果。

简报制作软件（presentation graphics software） 制作包含图表、声音、动画、图片、视频剪辑等内容，达到专业质量水平的简报的软件。

价格歧视（price discrimination） 将相同或非常相似的产品以不同的价格卖给不同的目标群体。

价格透明（price transparency） 企业让消费者在市场上能容易地发现产品的不同价格。

基本活动（primary activities） 与一个公司的产品或服务的生产和分销直接相关的活动。

主关键字（primary key） 数据表中任意一行的所有信息的唯一标识。

隐私权（privacy） 个人拥有独立空间，不受其他个体、组织或国家的监视或干涉的权利。

私有云（private cloud） 一个专有的网络或者数据中心，它将多个服务器、存储设备、网络、数据以及应用程序连接起来作为一系列虚拟化服务，从而可以被一个企业的用户共享。

专用交易所（private exchange） 专用行业网络的另一种表达方式。

专用行业网络（private industrial networks） 连接一个行业中多家企业的系统以促进跨组织业务流程的协调的网络。

过程规范（process specifications） 对出现在数据流程图最低层次的流程逻辑的描述说明。

处理（processing） 对原始输入的转换、操作和分析，使其成为对人类有意义的形式。

产品差异化（product differentiation） 一种竞争策略，它通过开发不易被竞争对手复制的全新的、独特的产品和服务来建立品牌忠诚度。

生产或服务工人（production or service workers） 组织中实际生产产品或提供服务的人。

生产（production） 新系统安装完毕且转换完成之后的阶段，在此阶段，用户和技术专家检查系统来判断它实现原定目标的程度。

概况分析（profiling） 使用计算机对来自多渠道的数据进行整合，创建包含个体详细信息的电子档案。

程序员（programmers） 受过高级培训的为计算机编写软件指令的技术人员。

项目管理（project management） 在时间、预算约束下应用知识、经验、工具和技术实现特定目标的活动。

项目（project） 一系列有计划的旨在实现某个具体的商业目标的相关活动。

协议（protocol） 用来管理网络节点之间的信息传输的一套规则和流程。

原型法（prototyping） 一种快速、低成本地建立一个用以演示和评估试验系统的方法，使用户可以更好地决定信息需求。

公共云（public cloud） 由外部服务提供者维护，任何用户都可以通过互联网来获取其服务。

公钥加密（public key encryption） 一种加密方法，使用两种密钥：一种共享的密钥（或称为公共密钥）和一种私人的密钥。

公钥基础设施（public key infrastructure，PKI） 通过认证中心和权威的数字证书来制作公共的和私人的密钥的系统。

拉式模型（pull-based model） 一种供应链运营模型，供应链由客户的实际预订和购买所驱动，只生产和发送客户已订购的产品。

推式模型（push-based model） 一种供应链运营模型，供应链由产品生产者根据其对产品需求的预测或最佳估计制定的计划所驱动，产品被“推向”客户。

质量（quality） 指产品或服务的规格与标准的一致性。

量子计算（quantum computing） 利用量子物理的原则表示并操作数据，能处于许多不同的状态来同步执行不同的运算。

射频识别（radio frequency identification，RFID） 一种技术，使用内嵌了包含项目数据和位置信息的微型芯片的小标签，在短距离内将无线信号传输到专门的 RFID 阅读器，然后将数据传给计算机处理。

快速应用开发（rapid application development，RAD） 通过使用原型法、第四代工具，用户和系统专家之间密切合作，在非常短的时间内开发系统的过程。

记录（records） 一组相关联的字段。

面向恢复的计算（recovery-oriented computing） 出现故障时能够快速恢复的计算机系统。

参照完整性（referential integrity） 关系数据模型中用以确保相互连接的实体保持一致的规则。

关系数据库（relational database） 一种逻辑数据库模式，将数据看成是存储在一个二维表中。它可以将两个拥有相同数据元素的数据表中的数据联系起来。

重复性劳损（repetitive stress injury，RSI） 当肌肉组织被迫重复做高强度的动作或重复做大量的低强度动作时引发的职业病。

需求方案说明书（Request for Proposal，RFP） 提交给软件销售商或者其他服务提供商的详细的问题清单，以确保销售商的产品能够更好地满足组织的特定需求。

责任（responsibility） 接受你所做出的决定带来的潜在成本、职责和义务。

响应式网页设计（responsive Web design） 当用户换用不同尺寸的设备（比如笔记本电脑、平板电脑或智能手机）时网站自动变换屏幕分辨率和图片大小的能力。这样就不需要再为每一种新设备分别设计和开发网页。

盈利模式（revenue model） 一种经营模式，反映企业如何获得收入、创造利润并得到投资回报。

丰富程度（richness） 用于衡量企业为客户提供和收集的信息的深度和详细程度。

风险评估（risk assessment） 一种评估方法，能够确定一个问题的潜在发生频率和真正发生时的潜在损失，用于决定一项控制的成本或收益。

风险规避原则（Risk Aversion Principle） 该原则表明：一个人应该做那些危害最小或潜在成本最低的事。

路由器（router） 从一个网络向另一个网络转发数据包的专门的通信处理器。

聚合内容（RSS） 使用整合软件从网站上获得内容并自动发送到订阅用户的计算机上的技术。

软件即服务（software as a service，SaaS） 可以从主要商业软件提供商处将企业软件和其他复杂的企业功能作为一种服务来获得的模式。

安全港（safe harbor） 符合政府管理者和立法者目的的一种私有的自我调节政策和执行机制，但又不涉及政府强制执行规则。

销售盈利模式（sales revenue model） 以向客户出售产品、信息或者服务作为公司主要收入来源的盈利模式。

《萨班斯-奥克斯利法案》（Sarbanes-Oxley Act） 美国国会 2002 年通过的一部法案，规定公司及其管理者在内部使用或向外投资者公布财务信息时，要保护这些信息的准确性和完整性以保护投资者的利益。

可扩展性（scalability） 计算机、产品或系统成功地扩张后向更多的用户提供服务的能力。

范围（scope） 定义了一个项目包含的工作。

计分模型（scoring model） 基于对所选目标的评分机制，在备选系统中快速作出选择的一种方法。

搜寻成本（search costs） 为找到合适的产品并确定它的最优惠价格而花费的时间和金钱。

搜索引擎营销（search engine marketing） 一种营销方式，使用搜索引擎在搜索结果中提供赞助链接，由广告商来付费。

搜索引擎优化（search engine optimization，SEO） 当人们在搜索框内敲入特定的关键字和短语时，企业为了自己的网站能得到主要搜索引擎的较靠前的排位，而利用一系列技巧来提高网站流量的质量和容量的过程。

搜索引擎（search engines） 一种在互联网上寻找具体网站或者信息的工具。

安全超文本传输协议（Secure Hypertext Transfer Protocol，S-HTTP） 加密互联网上数据流的协议，仅限于个人信息。

安全套接层协议（Secure Socket Layer，SSL） 使客户和服务器计算机在一个安全的网络通信环境中进行交流时，可以管理加密和解密活动的协议。

安全策略（security policy） 包括给信息风险分级、确定可接受的安全目标以及实现这些目标的机制。

安全（security） 用于阻止对信息系统未经授权的访问、修改、盗窃或物理破坏的政策、程序和技术措施。

语义网（Semantic Web） 让网络更加智能的一种方式，由于信息都被赋予明确的含义，机器能够自动地处理和集成网上可用的信息。

半结构化决策（semistructured decisions） 一种决策类型。在这种决策中，问题的一部分可以由既定的程序提供明确的答案。

半结构化知识（semistructured knowledge） 信息以不太结构化的对象（比如电子邮件、聊天室交流、录像、图片、手册或者布告栏）的形式呈现。

高级管理层（senior management） 处于组织的顶层、负责制定长期决策的人。

灵敏度分析（sensitivity analysis） 为了确定一个或多个变量的变化对结果的影响而反复进行假设分析的模型。

情感分析（sentiment analysis） 挖掘电子邮件信息、博客和社交媒体中的文字评价。

服务器（server） 经过专门优化的在网络上为其他计算机提供软件和其他资源的计算机。

服务等级协议（service level agreement，SLA） 客户与服务提供商之间签署的正式合同，规定了服务提供商承担的特殊责任和客户想要的服务。

面向服务的架构（service-oriented architecture，SOA） 建立在软件程序集合之上的企业软件体系，这些软件程序相互交流以执行分配的任务，创建一个工作性的软件应用。

购物机器人（shopping bots） 一种具有不同层次的内置智能工具的软件，可以帮助电子商务购物者寻找和评价他们想要购买的产品或服务。

六西格玛（six sigma） 质量的一个具体度量，代表了每 100 万个机会中出现 3.4 个失误，用来设计一组方法和技术以提高质量和降低成本。

智能卡（smart card） 一个存储了数字信息的信用卡大小的塑料卡，可代替现金进行电子支付。

智能手机（smartphones） 具有语音、文本和上网功能的无线电话。

嗅探器（sniffer） 一种监视网络上传输的信息的窃听程序。

社交书签（social bookmarking） 允许用户将书签保存到公共站点的网页中，并用关键字对这些书签进行标记，从而使用户更容易搜索和分享信息。

社交商务（social business） 利用包括脸书、推特和企业内部社交工具在内的社交网络作为平台，来吸引员工、客户和供应商。

社交客户关系管理（social CRM） 能够使企业将来源于社交网站的客户对话、数据和关系与客户关系管理过程结合在一起的工具。

社交工程（social engineering） 通过伪装成公司的合法用户或成员，以工作需要为由骗取密码的做法。

社交图谱（social graph） 与描述线下关系的社交网络相比，是记录所有明显的线上社交关系的地图。

社交网络（social networking） 使用户能建立好友社区与专业团队社区的网络。

社交搜索（social search） 试图通过一个人的社交网络提供更多相关的准确的搜索结果。

社交购物（social shopping） 以网络形式进行购物体验。

软件包（software package） 一组预先写好的商业上可用的程序，不必为了获得某些功能而另外编写程序。

软件定义网络（software-defined networking，SDN） 使用与网络设备分离的中心控制程序管理网络上的数据流。

固态硬盘（solid state drive，SSD） 一种把数据存储在半导体存储器数组中的存储设备被当作磁盘驱动器。

垃圾邮件（spam） 未经用户许可强行发送到用户邮箱中的电子邮件。

电子欺骗（spoofing） 在互联网上制造虚假身份或将一个网页链接重新指向一个错误的地址，该地址被伪装成目的地。

电子表格（spreadsheet） 通过有列和行的表格展示数据，便于更简单地重新计算数值型数据的软件。

间谍软件（spyware） 一种可以通过依附于大的应用软件悄悄安装在互联网用户的电脑上的软件。

SQL 注入攻击（SQL injection attack） 利用网络应用程序中的编程漏洞，将恶意的程序代码植入企业系统和网络。

状态检测（stateful inspection） 通过判断数据包是不是发送者和接收者之间持续对话的一部分来提供额外的保障。

存储域网络（storage area networks，SAN） 用于存储的高速网络，连接不同的存储设备（例如磁带库和磁盘阵列），以使它们能被多个服务器共享。

结构图（structure chart） 一个系统文档，指明了设计的每一个层次、该层次与其他层次的关系以及在整体设计结构中的地位；可以记载一个程序、一个系统或者一个程序的一部分。

结构化决策（structured decisions） 不断重复的、常规的、有明确的程序的决策。

结构化知识（structured knowledge） 结构化的文档和报告形式的知识。

结构化查询语言（Structured Query Language，SQL） 关系数据库管理系统的标准数据操纵语言。

结构化（structured） 技术被按部就班地实施，每一个步骤都建立在前面步骤的基础之上。

订阅盈利模式（subscription revenue model） 网站对读者持续获取的部分或全部内容或服务收费。

超级计算机（supercomputer） 能够极速进行非常复杂的计算的高性能计算机。

供应链执行系统（supply chain execution systems） 通过销售中心和仓库来管理产品流动的系统，确保以最有效的方式将产品运送到正确的地点。

供应链管理系统（supply chain management（SCM）systems） 使企业和供应商之间的信息自动流动，以最优化产品和服务的计划、采购、制造和运送的信息系统。

供应链计划系统（supply chain planning systems） 使企业能对产品的需求进行预测并制定采购和生产计划的系统。

供应链（supply chain） 关于企业部门和业务流程的一个网络，其作用是采购原材料，将原材料转化为中间产品和产成品，以及将产成品销售给客户。

支持活动（support activities） 使企业的基本活动的实施成为可能的活动，包括组织架构、人力资源管理、技术开发和采购。

交换机（switch） 比集线器更智能的网络连接设备，可以根据特定目的过滤和提交数据。

转换成本（switching cost） 当从一个供应商或系统换成另一个供应商或系统时，一个顾客或公司在时间和资源方面的花费。

系统软件（system software） 管理诸如中央处理器、通信连接和外围设备等计算机资源的通用程序。

系统测试（system testing） 把信息系统作为一个整体进行测试，试图判定离散的模块能否如计划的那样一起运行。

系统分析（system analysis） 对组织试图使用信息系统来解决的问题的分析。

系统分析员（system analysts） 将商业问题和需求转化成信息需求和系统的专家，作为信息系统部门和组织其他部门的联络人。

系统设计（system design） 对一个系统如何满足根据系统分析确定的信息需求的详细描述。

系统开发生命周期法（systems development life cycle，SDLC） 一种开发信息系统的传统方法，它将系统开发过程划分为一系列正式的阶段，这些阶段必须在最终用户和系统专家之间有了非常正式的分工后才能有序地完成。

T1 线路（T1 lines） 从通信提供商处租来的高速数据线路，传输能力为 1.544Kbps。

平板电脑（tablet computer） 手持移动电脑，比手机大，主要通过触屏操作。

隐性知识（tacit knowledge） 没有正式用文献资料表示出来的组织成员的专业知识和经验。

有形收益（tangible benefits） 可以用一个货币价值来量化及分配的效益，包括降低的操作成本和增加的现金流。

团队（teams） 一种正式的群体，其成员一起合作来完成特定的目标。

技术压力（technostress） 使用计算机所引发的压力，症状包括易怒、对人的敌视、缺乏耐心和疲劳。

远程呈现（telepresence） 能够使人实时地以远程的方式于某处出场，即虚拟出场，进而让人拥有亲临实境的感觉的技术。

测试计划（test plan） 由开发团队和用户一起制定的计划，其中包括要在系统上进行的一系列测试的所有准备工作。

测试（testing） 确定系统在已知条件下能否产生所期望的结果的全面彻底的检测过程。

文本挖掘（text mining） 从大量非结构化的数据集中提取关键信息，发现隐藏的模式和关系，并总结信息中规律的技术。

令牌（token） 类似于身份证的物理设备，用来证明单个用户的身份。

总拥有成本（total cost of ownership，TCO） 拥有技术资源的总成本，包括初始采购成本、硬件和软件的升级成本、维护成本、技术支持成本以及培训成本。

全面质量管理（total quality management，TQM） 一种使质量控制成为一个组织中所有人的职责的管理方法。

接触点（touch point） 企业与客户交流的途径，例如电话、电子邮件、客户服务台、普通信件、零售店等。

商业机密（trade secret） 对不以公共领域的信息为基础、用于商业目的的著作或知识产品的统称。

交易费盈利模式（transaction fee revenue model） 企业通过提供或执行交易来收费的在线电子商务盈利模式。

事务处理系统（transaction processing systems，TPS） 一个基于计算机的系统，它可记录和处理企业开展业务所必需的日常交易；它们服务于组织的运营层次。

传输控制协议/网络互联协议（Transmission Control Protocol/Internet Protocol，TCP/IP） 实现不同网络之间连接的主要模型。提供一种全球公认的方法，将数字信息打包传送到恰当的地点，然后将它们重新组织成连贯的信息。

跨国（transnational） 真正的全球形式的企业组织，从全球的层面来进行价值增值管理而不考虑国界，优化资源供应和需求以及充分利用当地的竞争优势。

特洛伊木马（Trojan horse） 看似合法但隐藏着另一个会带来损害的功能的软件程序。

元组（tuples） 一个关系数据库中的一行或者一条记录。

统一通信（unified communication） 将截然不同的通信模式合并成一个利用统一通信技术的通用服务。

统一威胁管理（unified threat management，UTM） 将大量的安全工具，包括防火墙、虚拟专用网络、入侵检测系统、网站内容过滤及反垃圾邮件软件，集成到单个复杂的安全管理产品中。

统一资源定位器（uniform resource locator，URL） 一种描述互联网上一个具体资源的地址的标识方法。

单元测试（unit testing） 独立地测试系统中的每一个程序的过程，又称程序测试。

UNIX 适用于所有类型计算机的操作系统，独立于机器并支持多用户、多任务和网络，用于高端工作站和服务器中。

非结构化决策（unstructured decisions） 非常规决策，决策者必须对问题进行判断、评价和深入研究；不存在一致认可的制定决策的程序。

用户—设计者沟通鸿沟（user-designer communications gap） 最终用户和信息系统专家在背景、兴趣和关注重点等方面的差异阻碍了沟通和问题的解决。

实用原则（Utilitarian Principle） 假设你能够将价值按大小排序，并且知道各种行为会带来的后果的原则。

价值链模型（value chain model） 关注那些能够增加产品或服务附加值的基本活动或支持活动的模型，利用信息系统可获得竞争优势。

价值网（value web） 独立公司的由客户驱动的网络，这些公司共同使用信息技术来协调价值链，为一个市场生产产品或提供服务。

虚拟企业（virtual company） 一种新的企业形式，通过网络来连接员工、资产和想法，使它与其他企业结成联盟来创造并分销产品和服务，而不受传统的组织边界或物理位置的限制。

虚拟专用网络（virtual private network，VPN） 在互联网上两个点之间传输企业数据的安全连接，是专用网络的低成本的替代品。

虚拟现实建模语言（Virtual Reality Modeling Language，VRML） 万维网上交互式的三维模型的一套规范说明。

虚拟现实系统（virtual reality systems） 用于制造由计算机生成的近似现实活动的模拟图的交互式制图软件和硬件。

虚拟化（virtualization） 提供一组计算资源，使它们可以在不受物理配置或地理位置限制的情况下被访问。

可视化编程语言（visual programming language） 用户操作图形或图标进行编程时所用的语言。

视觉网站（visual Web） 指网站链接到可视站点，比如 Pinterest，它用图片代替文本，在网站上用户基于图片和视觉特征进行搜索。

IP 电话（voice over IP，VoIP） 通过互联网协议传输语音信息的设备。

战争驾驶（war driving） 一种窃听技术，窃听者在建筑物或公园外窃取无线网络的通信流量。

Web 2.0 更注重用户的交互作用，可以让人们合作、共享信息并在线创建新服务和内容的二代交互式基于网络的服务。

Web 3.0 以统一的通信协议，通过更加简洁的方式为用户提供更个性化、定制的互联网信息资讯的一种技术整合。

网络信标（Web beacons） 无形地嵌入电子邮件信息和网页的微小物件，被用来监控使用者浏览一个网站或发送电子邮件的行为。

网页浏览器（Web browsers） 进入万维网和互联网的常用的软件工具。

网页主机服务（Web hosting service） 拥有大的 Web 服务器的公司，为付费的客户维护其网站。

Web 挖掘（Web mining） 分析来自万维网的信息并发现隐藏在其中的有用模式的技术。

网页服务器（Web server） 管理计算机用户对网页的需求并将网页传送到用户的计算机上的软件。

网络服务（Web services） 利用互联网技术整合不同来源的不同应用而避免费时地自行编码的一套通用标准。用于连接不同组织的系统或连接同一个组织内的不同系统。

网站（Web site） 由一个组织或个人维护的所有的网页。

广域网（wide-area network，WAN） 覆盖范围很广的通信网络，可能包括各种电缆、卫星和微波技术。

无线保真（Wi-Fi） 802.11 家庭无线网络标准。

维基（wiki） 一个自由、免费、内容开放的百科全书协作计划，参与者来自世界各地。

WiMax IEEE 802.16 标准的流行术语，能在 31 英里的范围以高达 75Mbps 的速率传输。

Windows 7 由微软公司开发的具有革命性变化的操作系统。

Windows 8 由微软公司开发、可以在平板电脑和个人电脑上运行、包括多点触控功能的操作系统。

Windows Server 2012 用于服务器的最新的 Windows 操作系统。

无线传感器网络（wireless sensor networks，WSN） 相互连接的无线设备构成的网络，这些设备带有内置的处理、存储和射频传感器及天线，它们被植入物理环境中来测量覆盖大范围的多个点。

群体智慧（wisdom of crowds） 通过网络了解众多消费者的意见和想法，从而对产品进行改进。

文字处理软件（word processing software） 将文档的创建、编辑、设计格式和打印进行电子化的软件。

工作站（workstation） 具有强大的图形和数学处理能力，能够同时执行许多复杂任务的台式机。

万维网（World Wide Web） 运用被广泛接受的标准在网络环境中对信息进行存储、搜索、格式化以及显示的系统。

蠕虫（worms） 可以自动传播的破坏计算机网络运行或毁坏数据及其他程序的独立的软件程序。

图书在版编目（CIP）数据

管理信息系统：精要版第 11 版/(美) 肯尼思·劳东等著；劳帼龄译. —北京：中国人民大学出版社，2018.1

（工商管理经典译丛）

ISBN 978-7-300-24021-3

Ⅰ. ①管… Ⅱ. ①肯…②劳… Ⅲ. ①管理信息系统-教材 Ⅳ. ①C931.6

中国版本图书馆 CIP 数据核字（2017）第 021536 号

工商管理经典译丛

管理信息系统（精要版第 11 版）

[美] 肯尼思·劳东
简·劳东 著

劳帼龄 译

Guanli Xinxi Xitong

出版发行	中国人民大学出版社		
社　址	北京中关村大街 31 号	邮政编码	100080
电　话	010－62511242（总编室）		010－62511770（质管部）
	010－82501766（邮购部）		010－62514148（门市部）
	010－62515195（发行公司）		010－62515275（盗版举报）
网　址	http://www.crup.com.cn		
经　销	新华书店		
印　刷	北京昌联印刷有限公司		
规　格	185 mm×260 mm　16 开本	版　次	2018 年 1 月第 1 版
印　张	27.5 插页 2	印　次	2021 年 12 月第 4 次印刷
字　数	636 000	定　价	62.00 元

Pearson

尊敬的老师：

您好！

为了确保您及时有效地申请培生整体教学资源，请您务必完整填写如下表格，加盖学院的公章后传真给我们，我们将会在2～3个工作日内为您处理。

请填写所需教辅的开课信息：

采用教材			□中文版 □英文版 □双语版
作　　者		出版社	
版　　次		ISBN	
课程时间	始于　年　月　日	学生人数	
	止于　年　月　日	学生年级	□专科　□本科 1/2 年级 □研究生　□本科 3/4 年级

请填写您的个人信息：

学　　校			
院系/专业			
姓　　名		职　　称	□助教 □讲师 □副教授 □教授
通信地址/邮编			
手　　机		电　　话	
传　　真			
official email（必填） （eg：×××@ruc.edu.cn）		email （eg：×××@163.com）	
是否愿意接受我们定期的新书讯息通知：　□是　□否			

系/院主任：＿＿＿＿＿＿（签字）

（系/院办公室章）

＿＿年＿＿月＿＿日

资源介绍：

——教材、常规教辅（PPT、教师手册、题库等）资源：请访问 www.pearson highered.com/education。（免费）

——MyLabs/Mastering 系列在线平台：适合老师和学生共同使用；访问需要 Access Code。（付费）

100013　北京市东城区北三环东路 36 号环球贸易中心 D座 1208 室

电话：（8610）57355003　　传真：（8610）58257961

Please send this form to：elt.copub@pearson.com

Website：www.pearson.com

教师教学服务说明

中国人民大学出版社管理分社以出版经典、高品质的工商管理、统计、市场营销、人力资源管理、运营管理、物流管理、旅游管理等领域的各层次教材为宗旨。

为了更好地为一线教师服务，近年来管理分社着力建设了一批数字化、立体化的网络教学资源。教师可以通过以下方式获得免费下载教学资源的权限：

在中国人民大学出版社网站 www.crup.com.cn 进行注册，注册后进入“会员中心”，在左侧点击“我的教师认证”，填写相关信息，提交后等待审核。我们将在一个工作日内为您开通相关资源的下载权限。

如您急需教学资源或需要其他帮助，请在工作时间与我们联络：

中国人民大学出版社　管理分社

联系电话：010-82501048，62515782，62515735

电子邮箱：glcbfs@crup.com.cn

通讯地址：北京市海淀区中关村大街甲59号文化大厦1501室（100872）